cahiers libres

Habib Souaïdia
LA SALE GUERRE
Préface de Ferdinando Imposimato
Le témoignage d'un ancien officier des forces spéciales de l'armée algérienne, 1992-2000
LA DÉCOUVERTE

Habib Souaïdia

Le procès de *La Sale Guerre*

Algérie : le général-major Khaled Nezzar contre le lieutenant Habib Souaïdia

Notes établies
par François Gèze et Salima Mellah

ÉDITIONS LA DÉCOUVERTE
9 *bis*, rue Abel-Hovelacque
PARIS XIIIe
2002

Catalogage Électre-Bibliographie

SOUAÏDIA, Habib
Le procès de *La Sale Guerre*. Algérie : le général-major Khaled Nezzar contre le lieutenant Habib Souaïdia. – Paris : La Découverte, 2002. – (Cahiers libres)
ISBN 2-7071-3900-9

Rameau :	Algérie : politique et gouvernement : 1992-... : récits personnels Algérie. Armée : activité politique Souaïdia, Habib (1969-...) : procès
Dewey :	320.7 : Science politique (politique et gouvernement). Conjoncture et conditions politiques. 650 : Algérie
Public concerné :	Tout public

« Je considère que le processus historique algérien est un processus qui a mené, comme autrefois en Prusse, à la formation d'un État armé, d'une armée ayant un État à son service et non une armée au service de l'État. »

Mohammed HARBI, historien

« J'ai toujours été persuadée que la dictature consiste à nous empêcher de parler, à nous empêcher d'être vus. En réalité, la dictature consiste aussi à nous empêcher de voir. Je crois que le drame de trop nombreux intellectuels algériens et acteurs qualifiés de "démocrates" algériens a été de n'avoir pas compris en quoi la dictature a consisté : essentiellement à leur ôter la capacité de voir ce qui se passait autour d'eux et cette souffrance de la population exclue des cercles, malgré tout privilégiés, de la capitale. […]

« Simplement, ce que je ne pardonnerai jamais au général Nezzar et à ses complices dans ce crime contre les Algériens, contre l'Algérie, contre notre mémoire, même contre notre avenir, c'est que j'ai vu mes élèves devenir des morts, je les ai vus devenir des assassins : des islamistes assassins, des policiers assassins, des militaires assassins. »

Salima GHEZALI, journaliste

« C'est notre peuple qui meurt, livré à lui-même, tout seul ! Nous étions livrés à nous-mêmes, pendant des années : le terroriste intégriste, il tue d'un côté, et de l'autre, l'État tue. Livrés à nous-mêmes en traversant des mares de sang, des têtes coupées et des ombres qui se penchaient sur la population. J'ai des témoignages de torture, l'horreur ! Comment peut-on faire ça à un être humain ? »

Nassera DUTOUR, mère de disparu

Général Khaled Nezzar. — S'agissant des infiltrations, c'est un travail de tous les services. Les infiltrations et les coups de Jarnac, c'est partout. On les a connus à travers le monde entier.
Colonel Mohamed Samraoui. — Mais pas les assassinats, mon général !

Abderrahmane Mosbah. — Ces gens-là, ils sont nuisibles pour l'environnement humain, il faut les isoler, il faut les soigner. Je ne dis pas qu'il faut leur faire ce qu'ils m'ont fait.
Dans la salle. — Il faut les tuer !
Abderrahmane Mosbah. — Non, Monsieur, je suis contre le crime, je ne dis pas comme ont dit ces personnes. Je dis que pour combattre la barbarie, on ne peut pas user des mêmes armes que la barbarie.

Général Khaled Nezzar. — M. Aït-Ahmed, je suis un peu dans votre logique d'une certaine manière, sauf qu'entre nous il y a un écart extraordinaire. C'est vrai, il y a un écart extraordinaire…
Hocine Aït-Ahmed. — Il y a un fleuve de sang !

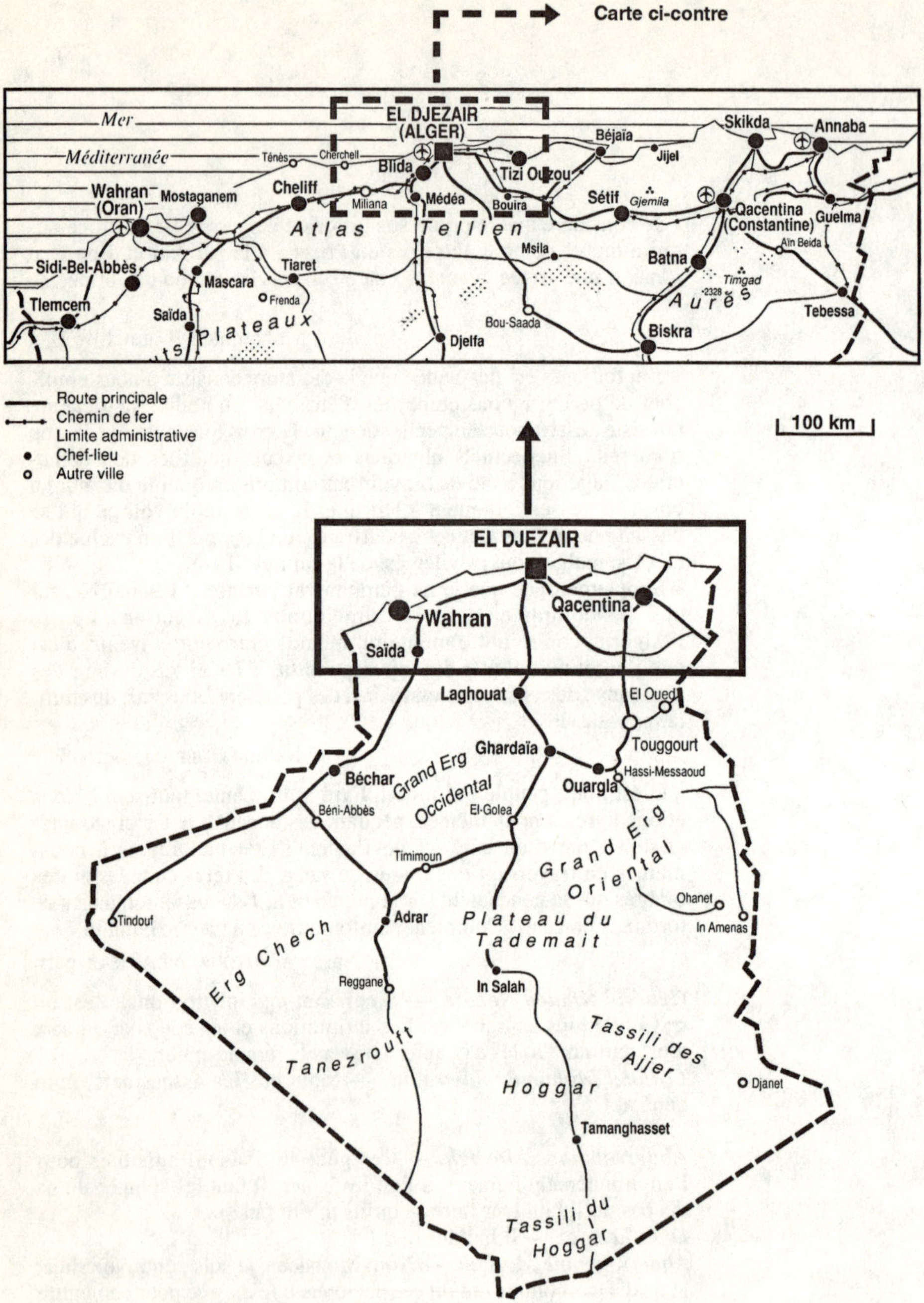

Carte ci-contre
Mer
Méditerranée
EL DJEZAIR
(ALGER)
Ténès
Cherchell
Blida
Miliana
Médéa
Tizi Ouzou
Bouira
Béjaïa
Jijel
Skikda
Annaba
Sétif
Gjemila
Qacentina
(Constantine)
Guelma
Aïn Beida
Wahran
(Oran)
Mostaganem
Cheliff
Atlas Tellien
Msila
Batna
Timgad
2328
Aurès
Sidi-Bel-Abbès
Mascara
Tiaret
Frenda
Tlemcem
Saïda
Plateaux
Bou-Saada
Djelfa
Biskra
Tebessa
Route principale
Chemin de fer
Limite administrative
Chef-lieu
Autre ville
100 km
EL DJEZAIR
Qacentina
Wahran
Saïda
Laghouat
El Oued
Touggourt
Ghardaïa
Hassi-Messaoud
Béchar
Grand Erg Occidental
Ouargla
Béni-Abbès
El-Golea
Grand Erg Oriental
Timimoun
Ohanet
Tindouf
Adrar
Plateau du Tademait
In Amenas
Erg Chech
Reggane
In Salah
Tassili des Ajjer
Tanezrouft
Djanet
Hoggar
Tamanghasset
Tassili du Hoggar

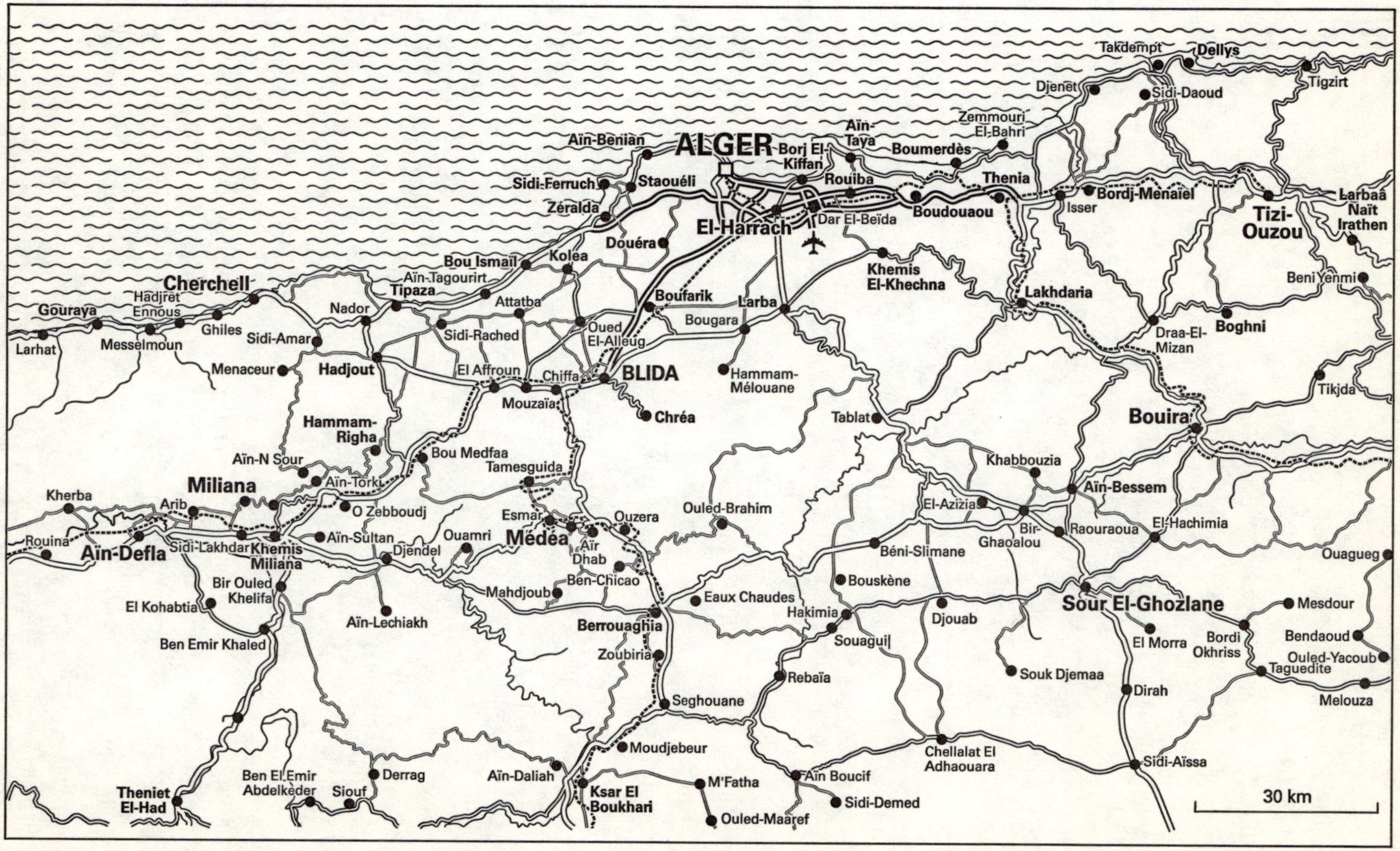

ALGER
El-Harrach
BLIDA
Tizi-Ouzou
Bouira
Médéa
Sour El-Ghozlane
Cherchell
Miliana
Aïn-Defla
Takdempt
Dellys
Tigzirt
Djenet
Sidi-Daoud
Zemmouri El-Bahri
Aïn-Taya
Boumerdès
Borj El-Kiffan
Aïn-Benian
Sidi-Ferruch
Staouéli
Zéralda
Rouiba
Thenia
Bordj-Menaiel
Isser
Boudouaou
Dar El-Beïda
Larbaâ Naït Irathen
Douéra
Bou Ismaïl
Kolea
Khemis El-Khechna
Beni Yenmi
Aïn-Tagourirt
Tipaza
Hadjret Ennous
Gouraya
Larhat
Messelmoun
Ghiles
Sidi-Amar
Nador
Attatba
Boufarik
Larba
Bougara
Lakhdaria
Draa-El-Mizan
Boghni
Sidi-Rached
Oued El-Alleug
Menaceur
Hadjout
El Affroun
Chiffa
Mouzaïa
Hammam-Mélouane
Tikjda
Chréa
Tablat
Hammam-Righa
Bou Medfaa
Aïn-N Sour
Tamesguida
Aïn-Tork
Khabbouzia
Aïn-Bessem
Kherba
Arib
O Zebboudj
Esmar
Ouzera
Ouled-Brahim
El-Azizia
Bir-Ghaoalou
Raouraoua
El-Hachimia
Rouina
Sidi-Lakhdar
Khemis Miliana
Aïn-Sultan
Ouamri
Aïr Dhab
Djendel
Béni-Slimane
Ouagueg
Bir Ouled Khelifa
Ben-Chicao
Bouskène
Mahdjoub
El Kohabtia
Eaux Chaudes
Hakimia
Djouab
Mesdour
Aïn-Lechiakh
Berrouaghia
Souaguil
El Morra
Bordi Okhriss
Bendaoud
Ben Emir Khaled
Ouled-Yacoub
Taguedite
Zoubiria
Souk Djemaa
Rebaïa
Dirah
Melouza
Seghouane
Chellalat El Adhaouara
Moudjebeur
Sidi-Aïssa
Derrag
Aïn-Daliah
Aïn Boucif
Ben El Emir Abdelkeder
M'Fatha
Theniet El-Had
Siouf
Ksar El Boukhari
Sidi-Demed
Ouled-Maaref
30 km

Préface

par Habib Souaïdia

> « Ceux qui ne veulent plus entendre parler de morale devraient comprendre en tout cas que, même pour gagner les guerres, il vaut mieux souffrir certaines injustices que les commettre. »
>
> Albert CAMUS, *Actuelles III*

Le procès qui m'a opposé au général-major Khaled Nezzar, ancien ministre de la Défense et membre du Haut Comité d'État, au cours de la première semaine de juillet 2002, a coïncidé avec le quarantième anniversaire de l'indépendance de mon pays – une indépendance chèrement conquise après sept années d'une guerre sans nom, pour se libérer d'un colonialisme qui n'avait que trop duré. Malheureusement, dès l'Indépendance, le pouvoir a été confisqué par des militaires qui dirigent depuis le pays d'une main de fer, en se cachant derrière des civils.

Quarante ans après, je me suis retrouvé accusé d'avoir dénoncé l'un des symboles de ce régime répressif, et de surcroît devant une juridiction française. Ce qui m'a choqué au cours de ce procès, c'est d'être confronté à certains « résistants » qui avaient dénoncé hier la pratique de la torture par la police et l'armée françaises, et qui aujourd'hui soutiennent la bête immonde qui s'est approprié les mêmes lieux de supplice qu'il y a quarante ans. C'est ainsi que la torture et les exécutions sommaires sont à nouveaux utilisées contre des Algériens, par ceux-là mêmes qui se prétendent les héritiers de la révolution et du nationalisme algériens.

À partir de 1962, après l'arrivée au pouvoir à Alger de l'« armée des frontières », une grande partie de notre histoire a été dénaturée : tout un arsenal pédagogique a été mis en œuvre pour que les générations futures en sachent le moins possible sur la guerre de libération et sur la façon dont elle a été détournée. Et en 1992, coupés de notre passé, notre liberté nous a été confisquée par une poignée de généraux mentalement colonisés. La génération de l'Indépendance à laquelle j'appartiens ne le leur pardonnera jamais. Deux cent mille vies ont été sacrifiées pour servir de rançon à la préservation de leur mainmise sur ce qu'ils considèrent comme leur butin : l'Algérie. « *Oulach Essmah !* (Pas de pardon !) » ont crié les jeunes révoltés algériens, il y a à peine un an. Pas de pardon !

Dans sa citation pour « diffamation » devant le tribunal correctionnel de Paris signifiée le 24 août 2001, le général Nezzar me reprochait des propos que j'ai tenus lors de l'émission « Droit d'auteurs » sur la chaîne de télévision La Cinquième diffusée le 27 mai 2001, suite à la publication de mon livre *La Sale Guerre* (paru en février 2001 aux Éditions La Découverte [1]).

Pour les avocats de l'ex-homme fort du régime algérien, je me suis exprimé « en des termes portant gravement atteinte à l'honneur et à la considération » de leur client. Or en tant que témoin d'une « sale guerre » que j'ai vécue dans ma chair et dans mon âme et qui a plongé mon pays dans l'anarchie et le chaos, j'ai fait état de faits qui ont été confirmés par des responsables militaires et politiques algériens – y compris par le général Nezzar lui-même –, ainsi que par des organisations non gouvernementales de défense des droits de l'homme et des institutions internationales.

Si j'ai tenu à témoigner dans mon livre, c'est que j'ai ressenti de plein fouet les souffrances du peuple algérien soumis à la barbarie de ces dix dernières années. Et que je suis convaincu qu'aucun argument, aucune loi ne peuvent soumettre la morale et le respect de la personne humaine. Le droit de se révolter, de refuser des ordres criminels, est supérieur à la discipline militaire, d'ailleurs violée par ceux qui sont chargés de la faire respecter. Aucun règlement militaire au monde ne peut justifier ce qui s'est passé dans mon pays.

Après ce procès, je suis plus que jamais convaincu que cette réaction est légitime. Et je tiens toujours à mettre à nu les rouages du pouvoir responsable de cette barbarie : le pouvoir de ceux qui ont créé, manipulé et entretenu à leur profit cette situation aussi obscure pour les uns que funeste pour les autres. Lors de ce procès, grâce aux témoins qui m'ont soutenu, nous avons commencé à prouver la réalité d'une mafia sans foi ni loi qui gouverne l'Algérie depuis plus d'une décennie. Et à lui faire savoir haut et fort ce que le peuple algérien pense d'elle et de sa politique d'exclusion. Ce procès a permis de lever devant l'opinion nationale et internationale le voile sur l'un des tabous les plus obscurs de l'histoire de l'Algérie « indépendante ».

Si les généraux aujourd'hui se cachent derrière Khaled Nezzar pour m'attaquer sur des propos que j'ai tenus sur La Cinquième, pourquoi ne m'ont-ils pas attaqué avant sur le contenu de mon livre, d'autant qu'ils

1 Habib SOUAÏDIA, *La Sale Guerre*, La Découverte, Paris, 2001 (édition de poche : coll. « Folio/Essais », Gallimard, Paris, 2001). Dans la suite de l'ouvrage, ce sont les pages de l'édition originale qui sont citées.

l'ont qualifié de « tissu de mensonges » ? Pourtant, j'ai toujours affirmé que si la justice algérienne voulait me juger pour ce que j'ai pu faire quand j'étais dans les forces spéciales et pour ce que j'ai dit dans mon livre, je prendrais le premier vol pour Alger – bien entendu, cela dans le cas où ces tyrans seraient capables de me juger loyalement, ce qui n'est pas évident. Mais on ne m'a jamais rien demandé de tel.

En revanche, le 29 avril 2002, la justice algérienne m'a condamné par contumace à vingt ans de prison ferme sur une accusation grotesque : « Démoralisation de l'armée ayant pour objet de nuire à la défense nationale et appartenance à une organisation secrète. » Comme si cette armée avait pu lire mon livre pour être démoralisée ! À lire l'accusation, on pourrait croire qu'une institution comme l'Armée nationale populaire est une société d'intellectuels… À vrai dire, l'administration militaire ne souhaite nullement que les soldats se cultivent : elle a toujours préféré des soldats obéissants, passifs et stupides, afin de mieux les dompter. Pourquoi donc ce procès expéditif à Alger, qui s'est tenu juste trois mois avant ma comparution devant la justice française ? Sans doute pour faciliter la tâche de Nezzar à Paris… Mais comment peut-on faire confiance à une justice aussi « spéciale » que les cours qui la rendent, quand on sait que les lois en Algérie sont quotidiennement piétinées par le pouvoir ? Et que celui-ci considère la castration ou le supplice de l'eau comme des moyens normaux d'investigation…

On m'a reproché beaucoup de choses depuis la parution de *La Sale Guerre* : « voleur », « mythomane », « fils de traître »… Mais ni ces calomnies, ni les pressions sur ma famille, ni la prison, ni les magistrats et les tortionnaires du pouvoir ne me font peur. Je sais que j'ai été « puni » par l'État pour avoir écrit depuis mon exil ce que des milliers d'opprimés, de condamnés et de sinistrés ne peuvent exprimer. J'ai payé au prix fort le droit de parler, et je continuerai à le payer pour qu'un jour les généraux paient leurs crimes.

Ce combat est d'ailleurs déjà engagé : deux mois après la parution de mon livre, trois Algériens ont déposé plainte auprès du procureur de la République à Paris contre le général Nezzar, pour faits de torture et mauvais traitements.

Mais la machine infernale du général Nezzar et de ses acolytes n'a pas de limites : quelques jours après le dépôt de la plainte, les noms des trois plaignants étaient divulgués et, depuis, les autorités algériennes n'ont cessé de les menacer. Le 24 avril 2002, le fils de l'un des plaignants, M. Amin Boukhezouha, âgé de vingt-deux ans, a été enlevé par les forces de l'ordre, alors qu'il se trouvait chez sa mère à Alger. Et on a fait savoir à son père que son fils ne réapparaîtrait pas s'il maintenait sa plainte. Suite à ce chantage, il l'a retirée, et son fils a été libéré. Mais ni la presse algérienne, qui revendique pourtant fièrement son « indépendance », ni aucun parti politique n'ont dénoncé cet acte arbitraire.

« Exfiltré » en avril 2001, le général Nezzar a pu se rendre en France, un an plus tard, pour être entendu à sa demande par la Brigade criminelle.

Et suite à cette audition, la plainte contre lui a été classée par le Parquet de Paris. Comme l'a été la nouvelle plainte déposée contre lui à la veille du procès de juillet 2002. En venant à Paris le 1er juillet 2002, le général Nezzar savait très probablement que les plaintes déposées contre lui n'aboutiraient pas : tout s'est passé comme s'il avait reçu, au plus haut niveau, un sauf-conduit lui permettant de circuler librement à Paris.

Dans ce nouveau contexte, les généraux algériens et les intellectuels aux ordres sont revenus à la charge pour se définir comme « victimes » de la majorité du peuple algérien et d'une partie de la communauté internationale, qui les accusent de crimes de guerre et de crimes contre l'humanité. Pour le pouvoir algérien – comme d'ailleurs pour tous les autres régimes totalitaires –, le 11 septembre a été une occasion extraordinaire de redorer son blason et de justifier aux yeux du monde sa politique criminelle. Car ce que l'opinion internationale ignore ou veut ignorer, c'est que, derrière le terrorisme islamiste, se cache un terrorisme d'État, qui l'entretient, l'un et l'autre étant également condamnables.

Et c'est ce terrorisme d'État qui, depuis dix ans, nourrit la violence, comme l'ont bien montré plusieurs des témoins du procès. Je l'ai dit dans mon livre, la politique de torture généralisée et de liquidations est devenue un système à la fois de terreur et de fabrication des terroristes : pour nous, officiers des forces spéciales, l'armée, ou du moins ses grands chefs, était devenue la « société nationale de formation des terroristes ». Comme l'a dit Mehdi Mosbah dans son témoignage, qui m'a vraiment fait mal, les survivants de la torture n'avaient plus qu'une obsession : monter au maquis pour tuer leurs tortionnaires. C'est aussi ce qu'ont expliqué dans leur témoignage le colonel Mohamed Samraoui et le capitaine Ahmed Chouchane : les GIA ont été fabriqués et entretenus dans les laboratoires du DRS. Ce ne sont pas là les paroles d'un petit sous-lieutenant, mais celles d'un colonel et d'un capitaine, qui n'ont pas été sérieusement contestées.

Telle est la ronde macabre engendrée par la politique d'« éradication ». Combien faudra-t-il de Nassera Dutour (dont on lira ici le témoignage) pour que les responsables de ce terrorisme d'État comprennent le désarroi et la révolte des dizaines de milliers de femmes qui ont perdu un fils ou un mari et parfois même leur famille entière ? Pour qu'ils mettent fin à leur politique de répression, d'exclusion et d'injustice qui a poussé des milliers de jeunes Algériens à prendre les armes, des jeunes que la presse aux ordres traite de « hordes sanguinaires », de « bandits » et d'« analphabètes » ? Il faudra sûrement du temps encore, puisque aussi bien le général Nezzar ne s'est même pas rendu compte que les témoignages des femmes victimes du terrorisme islamiste, qu'il a fait venir au procès de Paris pour sa « défense », ont plutôt sonné comme des actes d'accusation contre la politique d'État qui a conduit à ces crimes.

Quand le chef d'état-major de l'armée, le général Mohamed Lamari, a déclaré le 3 juillet 2002 à l'Académie militaire de Cherchell son soutien à la démarche du général Khaled Nezzar, la presse algérienne a félicité la

« grande muette » de s'être exprimée pour la première fois sur la situation politique et sécuritaire. Les déclarations de l'un des hommes les plus influents du pouvoir ont certes marqué un tournant dans la vie politique nationale, mais il n'est pas de bon augure. En prononçant la formule magique « Si le terrorisme est vaincu, l'intégrisme est resté intact », il a en fait envoyé un message clair : sa volonté d'une planification totalitaire de l'avenir de l'Algérie pour perpétuer le système et l'oppression.

Il est difficile de convaincre des hommes portant autant de mépris envers leur peuple, qui se retranchent derrière les murs laissés par les pieds-noirs et qui traitent d'analphabètes leurs compatriotes ne parlant pas aussi bien français qu'eux. Ce qui est certain en tout cas, le lecteur de ce livre pourra en juger, c'est que ni leur itinéraire « glorieux », ni même leur nationalisme tronqué n'ont pu convaincre les personnes qui ont assisté aux audiences de la 17e chambre. Et ce sera, pour finir, mon seul point d'accord avec le général Nezzar : comme il l'a dit, l'Histoire jugera.

Avertissement de l'éditeur

« L'Histoire jugera » : tous les acteurs de ce procès – M. Nezzar, M. Souaïdia, témoins, avocats, magistrats – ont fait leur, explicitement ou non, cette conviction. Et c'est d'abord pour cette raison que nous avons décidé de publier, intégralement, les minutes de ce procès.

Certes, tous étaient également conscients que l'objet de ce procès n'était pas de juger les responsables du drame qui ensanglante l'Algérie depuis 1992, mais bien de savoir si M. Souaïdia avait ou non diffamé M. Nezzar. Reste que l'enjeu majeur était ailleurs : si beaucoup de choses ont été dites et écrites sur ce drame, c'était la première fois que se sont retrouvés, face à face, sur un pied d'égalité, l'un des principaux responsables du coup d'État de janvier 1992 et ceux qui dénoncent depuis des années – sans être assez entendus – les conséquences tragiques de cet événement. À ce titre, par les échanges qu'il a permis, ce procès est assurément historique. Et il importait d'en conserver la trace, comme cela a été fait avec le livre des minutes du procès d'Émile Zola dans l'affaire Dreyfus, en février 1898, ou plus récemment avec celui du procès ayant opposé trois chefs d'État africains aux auteurs et à l'éditeur du livre *Noir Silence*[1].

Pour donner toute sa force et son utilité à cette publication, il nous est apparu essentiel de compléter les informations ou prises de position des différents acteurs du procès. Car l'oralité des débats, pour riche et précieuse qu'elle soit – notamment par sa charge d'émotion –, implique parfois des raccourcis ou des allusions qui ne sont pas toujours explicites ; d'autant que le lecteur de ce livre, lui, n'aura pas à sa disposition, comme

1 *L'Affaire Dreyfus. Le procès Zola* […], compte rendu *in extenso*, deux vol., P.-V. Stock, Paris, 1898 (réédité partiellement en un volume, Stock, Paris, 1994) ; François-Xavier VERSCHAVE, Laurent BECCARIA, *Noir Procès. Offense à chefs d'État*, Les Arènes, Paris, 2001.

les avocats et les magistrats, l'importante documentation écrite versée aux débats par les deux parties.

C'est pourquoi Salima Mellah (collaboratrice du site Internet Algeria-Watch) et moi-même avons élaboré un important appareil de notes, visant à éclairer – sans esprit de polémique – certaines déclarations, à fournir les références de sources écrites complémentaires. De même, on trouvera à la fin de l'ouvrage une chronologie de la période concernée, une liste des principaux sigles et une bibliographie.

Même si ce n'est pas habituel, je me dois d'expliquer mon implication personnelle dans ce travail, que nous avons voulu aussi rigoureux que possible. En effet, comme le lecteur le verra, j'ai été personnellement mis en cause plusieurs fois dans ce procès, par le général Nezzar lui-même, par ses avocats ou par certains témoins. Et cela fut le cas, également, de certains journaux algériens, parfois très virulents à mon égard dans leurs comptes rendus d'audience.

En l'espèce, qu'est-ce qui a motivé ces mises en cause, certaines feutrées, d'autres (dans la presse algérienne « indépendante ») carrément délirantes ? Le fait que j'ai publié deux livres importants : en octobre 2000, celui de Nesroulah Yous, *Qui a tué à Bentalha ?* et, quatre mois plus tard, celui de Habib Souaïdia, *La Sale Guerre*, qui est à l'origine du présent procès. Pour les responsables du vrai pouvoir en Algérie – la direction de l'armée et des services – et pour ceux qui les soutiennent, les graves accusations en matière de violation des droits de l'homme portées contre eux par ces auteurs (mais aussi par bien d'autres témoignages) ne peuvent être que le fruit d'un « complot ».

Ils ne peuvent pas imaginer que Nesroulah Yous et Habib Souaïdia sont simplement deux Algériens sincères, révoltés par ce qu'ils ont vu, et qui ont eu le courage d'en témoigner. Pour les « décideurs » algériens et nombre de ceux qui les soutiennent, cela ne peut pas exister : leur peuple, à leurs yeux, n'est rien d'autre qu'une masse d'« infra-humains [2] », dont la vie n'a aucune valeur. Ils ne peuvent donc concevoir que des femmes ou des hommes issus de ce peuple puissent parler, vivre, exister comme eux-mêmes. Dans cette logique mortifère, ils ne peuvent comprendre que des hommes du peuple comme Yous, le civil, et Souaïdia, le militaire, aient pu

---

2 Ce terme a notamment été utilisé, en mars 2001, dans un « Appel des intellectuels algériens contre la confusion et le défaitisme » signé par plus de deux cent cinquante personnes, en réaction à la publication de *La Sale Guerre*. Le terme visait bien sûr les terroristes islamistes, mais quand on sait – ce que montrent dans ce livre plusieurs témoins de la défense – que la grande majorité des victimes de la violence d'État n'a rien à voir avec ce terrorisme, il dénote une très singulière vision de la société algérienne. Voici le passage concerné : « Nous soutenons, loin de toute préoccupation politicienne, avec la plus grande fermeté et sans aucune ambiguïté, l'action menée par nos forces armées républicaines pour en finir avec le terrorisme. Dans la lutte terrible qu'elles mènent contre des infra-humains au cœur glacé, nous leur disons qu'elles ne sont pas seules et qu'elles ont le soutien de la société et de ses intellectuels nationaux » (texte complet à l'adresse : <http ://www.algeria-watch.de/farticle/contreappel.htm>).

avoir la volonté de parler. Forcément, ils ont été « manipulés », comme les services secrets algériens (la « Sécurité militaire », qui s'appelle aujourd'hui le DRS) manipulent depuis des décennies intellectuels et journalistes. Et comme l'un et l'autre se sont exprimés dans des livres, le « manipulateur » tout trouvé, c'est leur éditeur. Un éditeur accusé tour à tour d'être l'instrument de l'Internationale socialiste, de l'« Internationale islamiste », voire d'une Internationale « socialo-islamiste »...

Je tiens ici à dire que je fais simplement mon travail en publiant ces livres hier, et aujourd'hui celui-là. L'héritage de la maison que je dirige depuis vingt ans, les nombreux contacts qu'il m'a permis d'avoir, les recherches personnelles que j'ai pu mener, m'ont convaincu que, depuis la fin de la guerre d'Algérie, nous n'avions en France qu'une vision totalement fausse et déformée de la nature réelle du pouvoir qui a soumis le peuple algérien depuis 1962. Par fidélité à ceux qui se sont battus, en France, pour l'indépendance de ce peuple qui nous est si proche, par respect pour les centaines de milliers d'Algériens et d'Algériennes qui sont tombés pour la libération de leur pays, il m'est apparu indispensable de donner la parole à ceux qui, des deux côtés de la Méditerranée, s'engagent, témoignent ou s'efforcent de rechercher la vérité historique, pour permettre au peuple algérien de retrouver la paix civile, de vivre enfin la liberté et la démocratie. D'où plusieurs dizaines de livres depuis vingt ans et, aujourd'hui, celui-là.

Un livre pour l'Histoire, assurément. Pour autant, il serait choquant de s'en remettre au seul jugement de l'Histoire, si cela devait signifier que les bourreaux d'aujourd'hui, de quelque bord qu'ils soient, échappent à toute sanction. Et que leurs victimes, quelles que soient leurs convictions, n'aient pas droit à la vérité et à la justice. C'est pourquoi j'espère sincèrement que ce livre n'est qu'une étape, et qu'il aidera tous ceux qui, en Algérie comme au sein de la communauté internationale, se battent pour que ce pays sorte enfin de ce cauchemar sanglant où il est plongé depuis plus de dix ans. Et pour que, un jour, justice soit faite.

Il est certain que le verdict rendu le 27 septembre 2002 par le tribunal de Paris est un pas très important dans cette direction : en accordant, de façon très argumentée, « au prévenu Souaïdia le bénéfice de la bonne foi » et en déboutant le général Nezzar de l'« ensemble de ses demandes », il constitue une brèche significative dans le mur de désinformation et d'intimidation dressé par les « décideurs » algériens pour occulter leurs crimes et dissuader les victimes et les militaires dissidents de témoigner comme l'a fait Habib Souaïdia.

Il me reste à remercier tous ceux qui ont contribué à l'édition de ce livre, en particulier Salima Mellah. Et Annie-Christine Richardot et toutes les sténotypistes qui ont retranscrit l'intégralité des débats de ce procès.

François GÈZE
Directeur général
des Éditions La Découverte

Introduction

Les données du procès

L'assignation

Le 24 août 2001, les avocats du général-major Khaled Nezzar, ancien ministre de la Défense, faisaient délivrer une citation pour diffamation contre le P-DG de France-Télévision, M. Marc Tessier, et M. Habib Souaïdia pour les propos tenus par ce dernier lors de l'émission « Droit d'auteurs », le 27 mai 2001, sur « La Cinquième », où il était invité avec d'autres auteurs suite à la publication de son livre *La Sale Guerre*, publié en février 2001 aux Éditions La Découverte.

Voici l'« objet de la demande » de cette assignation.

> Attendu que le 27 mai 2001, « La Cinquième » (la 5ᵉ) chaîne de télévision a diffusé une émission intitulée « Droit d'auteurs, spécial Algérie », d'une durée de 50 minutes.
>
> Attendu que différents écrivains, auteurs d'ouvrages consacrés à l'Algérie étaient invités à cette émission afin de s'exprimer sur les événements qui ont frappé ce pays et présenter leurs ouvrages.
>
> Attendu que c'est dans ces conditions que Monsieur Habib Souaïdia, convié à raison de la parution de son livre intitulé *La Sale Guerre*, s'est s'exprimé en des termes gravement diffamatoires à l'égard notamment du général Khaled Nezzar, ancien ministre de la Défense, ayant assumé de hautes responsabilités au sein du Haut Comité d'État de l'Algérie.
>
> Attendu en effet qu'invité à s'exprimer par le présentateur de cette émission sur le point de savoir ce qu'il répondait à ceux qui prétendaient qu'on ne peut pas lutter contre l'islamisme avec la Déclaration des droits de l'homme et du citoyen, Monsieur Habib Souaïdia, sur un ton outrancier et véhément, a tenu ces propos :
>
> *« Je vais vous dire une chose. C'est le contraire de ce qui est arrivé aux Français pendant la guerre de libération. À l'époque, il y avait des hommes politiques en France. Chez nous, il n'y en a pas. Les hommes politiques sont*

des généraux, c'est eux qui décident. Il n'y a pas de président. Cela fait dix années qu'il n'y a pas de président, plus même.
« Il y avait des généraux, ce sont eux les politiciens, c'est eux les décideurs, c'est eux qui ont fait cette guerre. C'est eux qui ont tué des milliers de gens pour rien du tout. C'est eux qui ont décidé d'arrêter le processus électoral, c'est eux les vrais responsables, c'est eux les vrais responsables.
« Pour moi, ces gens-là, il n'y a aucun pardon, on ne peut pas pardonner.
« Je ne peux pas pardonner au général Massu et au général Aussaresses les crimes qu'ils ont commis, comme je ne peux pas pardonner au général Nezzar, ex-ministre de la Défense.
« Il faut qu'on juge les coupables. »

Attendu que Monsieur Habib Souaïdia impute ainsi au général Khaled Nezzar, ex-ministre de la Défense d'avoir tué « des milliers de gens pour rien du tout » et d'une manière plus générale, la commission de crimes.

Attendu que de tels propos, outre le fait qu'ils sont inexacts s'agissant du général Khaled Nezzar, portent gravement atteinte à son honneur et à sa considération.

Attendu que Monsieur Habib Souaïdia poursuit encore :
« Ils sont trop lâches. Un ministre de la Défense nationale qui dit qu'il a protégé la République ! De qui ces gens parlent ?
« Lui quitte la France à minuit.
« Il n'a pas le courage de dire : "Si vous avez quelque chose contre moi je suis là, jugez-moi." Voilà, ce n'est pas la question des grades qu'il porte sur les épaules, car pour moi c'est un [inaudible], *c'est pas un général-major. Pour moi, quelqu'un comme ça, il doit passer devant un tribunal. Je condamne la France. »*

Attendu dès lors que Monsieur Habib Souaïdia porte encore manifestement atteinte à l'honneur et à la considération du général Khaled Nezzar, en prétendant que ce dernier est un lâche, un fuyard, qui n'a pas le courage de comparaître devant un tribunal pour répondre de ses actes.

Attendu qu'alors que le journaliste avance :
« Le soutien de la guerre par la vente d'armes et le blanchiment de centaines de millions de dollars avec la complicité des autorités françaises »,
Monsieur Habib Souaïdia rétorque :
« Non, mais il ne faut pas oublier une chose, ces généraux comme Nezzar, c'est un déserteur de l'armée française. »

Attendu que l'échange verbal entre le journaliste et Monsieur Habib Souaïdia se poursuit ainsi :
Le journaliste : « Ce que vous montrez très bien, c'est donc quand vous sortez vous découvrez votre pays, vous remarquez que la guerre a profité à certains, vous dites, militaires, douaniers, islamistes, hommes politiques, se sont enrichis pendant ces années de guerre par je ne sais quel miracle.
« C'est un livre très amer, votre carrière est brisée. »
Habib Souaïdia : « Pas uniquement moi tout seul, tous ces jeunes Algériens, mêmes les insoumis, pas uniquement moi.
« La guerre, les stratèges pensent la guerre, ce sont les fous qui mènent cette guerre. Ce sont les lâches qui en profitent, c'est exactement ce qui est arrivé, chez nous, ce sont les ex-déserteurs de l'armée française qui ont mené le pays vers l'anarchie, vers la faillite.
« Ce sont eux les responsables. »

Attendu dès lors que Monsieur Habib Souaïdia réitère ainsi des propos gravement diffamatoires à l'encontre du général Khaled Nezzar, qu'il accuse d'avoir mené son pays vers l'anarchie et vers la faillite.

Attendu que les propos susvisés, reproduits en italique entre guillemets dans le présent acte, tenus par Monsieur Habib Souaïdia le 27 mai 2001 lors de l'émission « Droit d'auteurs – spécial Algérie », diffusée sur la 5e chaîne de télévision française et visionnée tant sur le territoire algérien que sur le territoire français, porte manifestement atteinte à l'honneur et à la considération du général Khaled Nezzar.

Attendu en effet qu'il est clairement imputé au général Khaled Nezzar d'être responsable de l'arrêt du processus électoral, d'avoir commis des tueries et des crimes, d'être un lâche auquel la guerre profite et qui s'en enrichit, de faire partie des ex-déserteurs de l'armée française responsables d'avoir mené l'Algérie vers l'anarchie et la faillite.

Attendu que Monsieur Habib Souaïdia procède par allégations mensongères et inexactes de faits précis et déterminés, imputés au général Khaled Nezzar, qu'il identifie nommément.

Attendu que les propos de Monsieur Habib Souaïdia s'analysent ainsi en une diffamation publique telle que définie par la loi du 29 juillet 1881 en son article 29 alinéa 1er aux termes duquel : « Toute allégation ou imputation d'un fait qui porte atteinte à l'honneur ou à la considération de la personne ou du corps auquel le fait est imputé est une diffamation. La publication directe ou par voie de reproduction de cette allégation ou de cette imputation est punissable même si elle est faite sous forme dubitative ou si elle vise une personne ou un corps non expressément nommé mais dont l'identification est rendue possible par les termes des discours, cris, menaces, écrits ou imprimés, placards ou affiches incriminés. »

Attendu que l'article 93-3 de la loi du 29 juillet 1982, issu de la loi du 13 décembre 1985 dispose : « Au cas où l'une des infractions prévues par le chapitre IV de la loi du 29 juillet 1881 est commise par un moyen de communication audiovisuel, le directeur de la publication sera poursuivi comme auteur principal lorsque le message incriminé a fait l'objet d'une fixation préalable à sa communication au public. À défaut l'auteur et, à défaut de l'auteur, le producteur sera poursuivi comme auteur principal… »

Attendu que l'émission « Droit d'auteurs – spécial Algérie » diffusée le 27 mai 2001, au cours de laquelle Monsieur Habib Souaïdia a tenu les propos diffamatoires poursuivis n'est pas en direct et a fait l'objet d'une fixation préalable.

Attendu que ce mode de diffusion impose que soit poursuivi, en qualité d'auteur principal de la diffamation, le directeur de la publication.

Attendu qu'aux termes de l'article 93-2 de la loi du 29 juillet 1982 susvisée, « lorsque le service de communication audiovisuelle est fourni par une personne morale, le directeur de la publication est le président du directoire ou du conseil d'administration, le gérant ou le représentant légal suivant la forme de la personne morale. Lorsque le service est fourni par une personne physique, le directeur de la publication est cette personne physique ».

Attendu que la Cour de Cassation déduit des dispositions légales que la responsabilité du directeur de publication audiovisuelle est de même nature que celle qui résulte de la loi du 29 juillet 1881 susvisée, telle que fixée en son article 42.

Que le directeur d'une chaîne de télévision est donc responsable de plein droit d'une émission diffusant une séquence portant atteinte à l'honneur et à la considération d'une personne dont l'identification est permise (Cass. Crim. 29 octobre 1991 Gaz. Pal. 1994, 1, page 321).

Attendu qu'en conséquence Monsieur Marc Tessier, en sa qualité de président du conseil d'administration de « La Cinquième », SA au capital de 98 000 000 F, sera déclaré responsable de plein droit de la diffamation commise à l'encontre du général Khaled Nezzar.

Attendu que Monsieur Habib Souaïdia, auteur des propos diffamatoires qu'il a sciemment tenus à l'encontre du général Khaled Nezzar, sera déclaré complice de la diffamation poursuivie sur le fondement de l'article 43 de la loi du 29 juillet 1881 et de celui de l'article 93-3 de la loi du 29 juillet 1982 qui impose les mêmes règles aux infractions prévues par le chapitre IV de la loi de 1881 commises par un moyen de communication audiovisuel.

Attendu que de surcroît la particulière mauvaise foi de Monsieur Habib Souaïdia n'échappera pas au tribunal qui constatera que le récent ouvrage de celui-ci, intitulé *La Sale Guerre* et consacré aux événements qui déchirent l'Algérie depuis 1992, s'il mentionne le général Khaled Nezzar, ne le critique pas personnellement et ne porte aucunement atteinte à son honneur ou à sa considération.

Attendu dès lors que les propos et le ton véhément et outrancier utilisé lors de l'émission incriminée, par Monsieur Habib Souaïdia à l'encontre du général Khaled Nezzar, attestent d'une particulière malveillance, exclusive de toute bonne foi de la part de son auteur.

Attendu que le général Khaled Nezzar entend voir sanctionner le fait d'avoir prononcé et diffusé de telles accusations diffamatoires à son encontre.

Qu'il est incontestable que la diffusion incriminée, et précisément les passages susvisés en italique dans le présent acte, en portant atteinte à l'image et à la réputation du général Khaled Nezzar, lui causent un grave préjudice.

Attendu dès lors que le tribunal condamnera *in solidum* Monsieur Marc Tessier en sa qualité de président du conseil d'administration de la société anonyme « La Cinquième », et Monsieur Habib Souaïdia, auteur des propos diffamatoires ainsi que la société anonyme « La Cinquième » à verser au général Khaled Nezzar la somme de 1 F à titre de dommages et intérêts.

Attendu que le général Khaled Nezzar est par ailleurs parfaitement fondé à demander la publication du jugement à intervenir dans trois journaux de son choix aux frais des défendeurs et ce dans les quinze jours suivant la date à laquelle sera prononcé ledit jugement.

Attendu enfin qu'il serait inéquitable de laisser à la charge de l'exposant les frais irrépétibles qu'il sera contraint d'exposer par la présente procédure.

Que le tribunal condamnera en conséquence les défendeurs *in solidum* à verser au requérant la somme de 100 000 F sur le fondement de l'article 475-1 du Code de procédure pénale.

Le procès

Les audiences se sont tenues, du 1er au 5 juillet 2002, devant la 17e chambre correctionnelle du tribunal de grande instance de Paris. Lors des débats, le tribunal était composé de :

– **M. Hervé Stephan**, président ;
– Mmes **Anne Depardon** et **Isabelle Pulver**, assesseurs ;
– Mme **Béatrice Angelelli**, ministère public ;
– Mmes **Martine Vail** et **Virginie Reynaud**, greffières.

Les avocats de la partie civile (M. Khaled Nezzar) étaient **M. le bâtonnier Jean-René Farthouat** et **Me Bernard Gorny.**

Les avocats de la défense étaient :

– pour **M. Marc Tessier** (La Cinquième) : **M. le bâtonnier Bernard de Bigault du Granrut** ;
– pour **M. Habib Souaïdia** : Mes **William Bourdon** et **Antoine Comte**.

Les témoins

Les témoins cités par chacune des parties et présents à l'audience étaient les suivants (cités dans l'ordre de leur passage devant le tribunal).

Pour M. Khaled Nezzar :

– **M. Sid Ahmed Ghozali** (retraité, Premier ministre du gouvernement algérien du 18 juin 1991 au 19 juillet 1992) ;
– Me **Ali Haroun** (avocat, ministre des Droits de l'homme du 18 juin 1991 au 22 février 1992, membre du Haut Comité d'État du 14 janvier 1992 au 31 janvier 1994) ;
– **M. Mohammed Sifaoui** (journaliste) ;
– **M. Kamel Rezzag-Bara** (diplomate, directeur de l'Observatoire des droits de l'homme du 22 février 1992 jusqu'en avril 2001) ;
– **M. Mohamed Daho** (père d'une victime, Lakhdaria) ;
– **M. Hamid Bouamra** (chef d'un groupe de légitime défense, Bentalha) ;
– Mme **Safia Zamine**, née Caïd (dont le mari a été assassiné par un groupe armé) ;
– Mlle **Attika Hadjrissa** (victime d'un groupe armé en 1993) ;
– Mlle **Saâdia Hadjrissa** (victime d'un groupe armé en 1993) ;
– **M. Rachid Boudjedra** (intellectuel et écrivain) ;
– Mme **Hadda Chaouche**, née Farhat, dite Khalti Aïcha (mère de victimes d'un groupe armé) ;

– **M. Samir Menguelati** (rescapé du massacre de Bentalha en septembre 1997) ;
– **M. Omar Lounis** (syndicaliste, employé dans une entreprise publique, membre du Comité national de sauvegarde de l'Algérie en janvier 1992) ;
– **M. Ahmed Djebbar** (écrivain et professeur d'université à Paris, conseiller du président Mohammed Boudiaf du 18 janvier 1992 au 29 juin 1992, ministre de l'Éducation nationale du 19 juillet 1992 au 16 avril 1994) ;
– **Mme Leïla Aslaoui** (magistrate et écrivain, ministre de la Jeunesse et des Sports du 18 juin 1991 au 19 juillet 1992, ministre chargée de la Solidarité nationale et de la Famille du 13 avril au 17 septembre 1994, sénatrice de 1998 à janvier 2001).

Pour La Cinquième et M. Habib Souaïdia :

– **M. Mohammed Harbi** (historien, membre du FLN de 1956 à 1965) ;
– **Me Patrick Baudouin** (avocat, président d'honneur de la Fédération internationale des Ligues des droits de l'homme) ;
– **M. Ahmed Chouchane** (réfugié politique au Royaume-Uni depuis juin 1999, ex-capitaine de l'Armée nationale populaire) ;
– **Mme Hélène Flautre** (députée au Parlement européen) ;
– **Mme José Garçon** (journaliste au quotidien français *Libération*) ;
– **M. Mohammed Samraoui** (réfugié politique en République fédérale d'Allemagne depuis le 19 avril 1996, ex-colonel du Département du renseignement et de la sécurité) ;
– **Mme Nicole Chevillard** (journaliste à *Nord-Sud Export*) ;
– **M. Omar Benderra** (consultant, en exil en France depuis décembre 1992, ancien président du Crédit populaire d'Algérie et responsable de la gestion de la dette extérieure algérienne de 1989 à 1991) ;
– **M. Ghazi Hidouci** (consultant, en exil en France depuis décembre 1991, ministre de l'Économie du 20 septembre 1989 au 5 juin 1991) ;
– **Mme Nassera Dutour** (présidente du collectif des familles de disparu(e)s en France, mère d'un disparu) ;
– **Mme Salima Ghezali** (journaliste, directrice de l'hebdomadaire algérien *La Nation* de novembre 1994 à décembre 1996) ;
– **M. Abderrahmane El-Mehdi Mosbah** (technicien supérieur, arrivé en France en mai 1994 et réfugié politique depuis le 30 juin 1995, victime de tortures) ;
– **M. Hocine Aït-Ahmed**, président du Front des forces socialistes (FFS).

1

Audience du 1er juillet 2002

La séance est ouverte à 13 h 35, sous la présidence de M. Hervé Stéphan.

M. Stéphan, président du tribunal, donne lecture de trois passages de l'émission de La Cinquième dans laquelle, selon M. Nezzar, il aurait été diffamé par M. Souaïdia qui lui aurait reproché d'avoir commis ou participé à la mort de milliers de gens « pour rien du tout », puis d'être « un lâche et un fuyard », enfin d'avoir mené l'Algérie vers « l'anarchie et la faillite ». M. Stéphan rappelle que le troisième passage cité a fait intervenir le journaliste animateur de l'émission.

Puis il indique que par référence au livre de M. Souaïdia et au regard du nombre de témoins cités, les débats vont « nécessairement » déborder le cadre strict des propos incriminés. Il donne alors la parole à la défense pour exposer des points de procédure.

Me Antoine Comte soulève trois questions de procédure en vue de faire invalider la citation en diffamation. Soulignant qu'il est très conscient de l'importance de ce procès du fait que, pour la première fois, il y aura un débat contradictoire sur les dix dernières années d'une guerre qui a ravagé l'Algérie, il indique qu'il s'agit d'un « choix éthique » : « Si nous commençons par des questions de droit c'est que, dans des situations de guerre, il n'y a pas de place pour le droit, il n'y a pas de place pour la justice. C'est pour cela que le choix que nous faisons aujourd'hui de présenter des questions de droit est justifié non seulement, évidemment, par la loi sur la presse, mais par notre démarche. » Les trois points soulevés sont les suivants :

– la citation n'est pas conforme à l'article 53 de la loi sur la presse, qui exige de préciser le fait, de le qualifier et de viser le texte applicable à la poursuite, la référence à l'article 32 alinéa 1er ne suffisant pas en l'espèce à la clarté des débats ; de plus, il relève l'ambiguïté sur

l'étendue et la nature de la poursuite et sur la nature de l'infraction dès lors qu'il s'agit d'un plaignant titulaire d'un passeport diplomatique, chargé d'une mission officielle ;

– la comparaison du script de l'émission et des termes réputés diffamatoires relevés de la citation fait apparaître une dénaturation des propos tenus par M. Souaïdia ;

– M. Souaïdia a été cité à une adresse qui n'est pas la sienne et il n'a de ce fait pu prendre connaissance que tardivement de la citation, ce qui constitue une atteinte aux droits de M. Souaïdia, par référence à l'article 55 de la loi sur la presse.

Le bâtonnier Jean-René Farthouat, au nom de M. Nezzar, intervient alors pour réfuter les trois arguments de la défense. Il précise que « se féliciter qu'il y ait enfin un débat contradictoire et vouloir le refuser sous des prétextes d'éthique dépasse [son] propre entendement ». Pour lui, c'est M. Nezzar qui a voulu un débat contradictoire. Il ajoute que, s'agissant d'une diffamation contre une personne physique étrangère, les indications figurant sur la citation sont d'une parfaite clarté.

Il affirme qu'il n'y a eu aucune dénaturation sur le troisième passage qui concerne les faits et qui est cité par son contradicteur auquel il donne acte de l'existence de « deux erreurs de pluriel », mais qui « vont dans le sens inverse » de ce qu'a indiqué Me Comte.

Il déclare enfin que M. Souaïdia a fini par être touché par la citation à l'endroit où il s'est domicilié lui-même dans d'autres procédures.

Le bâtonnier Bernard de Bigault du Granrut, au nom de M. Marc Tessier, P-DG de France-Télévision, déclare s'associer aux conclusions versées par la défense.

Mme la procureur, dans ses observations, estime qu'il s'agit d'une diffamation envers un particulier qui ne souffre d'aucune ambiguïté dans la mesure où l'article 32 est visé. S'agissant du deuxième point soulevé, elle indique que, suivant la jurisprudence, la citation doit reproduire les textes mais pas forcément de façon fidèle. Concernant le problème de l'adresse, elle déclare : « C'est un vrai problème et [il y a] une vraie jurisprudence quant à la notification au domicile réel pour que le prévenu puisse être en mesure de faire valoir ses moyens de défense. Il s'avère que M. Souaïdia a été touché et que personne ne peut faire l'économie de ce procès par un moyen de nullité, mais sur l'article 55 cela paraît poser un vrai problème juridique. »

Répondant à l'intervention de Me Farthouat, Me Bourdon relève pour sa part le paradoxe que M. Nezzar se trouvait en protection diplomatique jusqu'au 24 avril 2001 mais devient un simple particulier quand cela l'arrange, paradoxe pour lequel la défense demande une réponse.

Il ajoute que les deux erreurs dont il a été donné acte ne sont pas anodines puisqu'en fait, dans la citation, le pluriel, en devenant un singulier, par une sorte de « métabolisme étrange », permet d'imputer la diffamation à l'encontre de M. Nezzar, alors que ce qu'a dit

M. Souaïdia peut s'imputer à l'ensemble des généraux algériens (dans l'émission, M. Souaïdia a déclaré, affirme Me Bourdon : « Ils n'ont pas le courage de dire : si vous avez quelque chose contre moi, je suis là, jugez-moi » ; alors que, selon la citation, ce serait : « Il n'a pas le courage de dire... »).

Le président Stéphan indique alors que « le tribunal se retire pour statuer sur le devenir de ces incidents ».

La séance est suspendue à 14 h 42 et reprise à 14 h 50.

M. Hervé Stéphan, *président.* — Le tribunal a décidé de joindre au fond les incidents qui lui sont soumis et statuera par une seule et même décision sur ces nullités de procédure qui nous sont soumises et sur le fond de ce dossier.

Nous allons projeter le passage [de l'émission de La Cinquième] constitué d'extraits qui durent une dizaine de minutes, à la fin de l'émission. M. Souaïdia est le dernier à intervenir, sauf erreur.

La cassette vidéo de la fin de l'émission « Droit d'auteurs » du 27 mai 2001 est projetée devant le tribunal, sur deux écrans de télévision.

Me Jean-René Farthouat, *partie civile.* — Je ne suis jamais sûr de la qualité de mon audition. Me concernant, s'agissant du passage mis en cause par la défense et qui aurait été déformé, j'ai précisément entendu : « Il n'a pas le courage de dire. »

Me Antoine Comte, *défense.* — J'ai entendu autre chose. Cela s'appelle la perception sélective et le tribunal tranchera.

Audition de M. Habib Souaïdia

M. Stéphan, *président.* — M. Souaïdia, je vous demande de venir à la barre. Vous aurez l'occasion de le faire de façon assez régulière après les auditions des différents témoins que nous serons amenés à entendre, étant entendu que le principe de la procédure pénale est le contradictoire et que vous serez également interrogé par les conseils des parties civiles, par vos avocats et le ministère public, ainsi que les membres du tribunal, et qu'il peut y avoir des échanges entre M. Nezzar et vous.

L'intérêt de ce type de procès consiste à dégager une vérité qui ne sera peut-être pas la vérité historique – d'ailleurs, comment la ferait-on, ce serait présomptueux –, mais du moins une certaine vérité qui se dégagera de ce procès et que le tribunal dira. Il faut que cela se fasse dans la clarté et à partir de ces échanges qui doivent avoir lieu entre l'ensemble des participants de la procédure pénale.

Pour vous entendre la première fois sur certaines données générales et arriver plus particulièrement à ce qui nous occupe réellement, à savoir ces propos tenus dans cette émission, je vais vous demander de respecter un certain ordre dans cette intervention : quel a été votre parcours militaire, avec tous ces événements que vous relatez dans votre livre, votre condamnation, votre arrivée en France ? Ensuite, on verra dans quelles conditions vous avez élaboré ce livre, puisque cela semble s'être fait avec certaines difficultés. En fonction des pièces soumises au tribunal, il apparaît qu'il y a déjà eu un procès – dans cette chambre, cela a été évoqué – sur les conditions dans lesquelles il a été élaboré. Nous vous demanderons donc ce qu'il en est.

Ensuite, vous pourrez en venir aux propos tenus dans votre livre proprement dit et dans cette émission plus particulièrement concernant M. Nezzar.

Avez-vous une observation préliminaire à faire sur cette poursuite dont vous faites l'objet de la part de M. Nezzar ?

M. Habib Souaïdia. — Je voudrais expliquer que je ne suis pas le premier ni le dernier qui va parler de ce qui se passe en Algérie. Il y a des témoignages qui sont sortis ces derniers temps, en particulier celui d'un capitaine du Département de renseignement et de sécurité en Algérie qui accuse M. Nezzar de beaucoup de faits, notamment d'avoir tué sa femme [1]. Il a parlé de ce général et c'était presque incroyable de voir qu'il n'y a aucune différence par rapport à ce que j'ai dit dans cette émission.

Je ne sais pas pourquoi il m'attaque en particulier. Je n'arrive pas à comprendre, mais je suis certain que la vérité blesse car on raconte le quotidien d'un Algérien. Que l'on soit militaire ou civil, ce n'est pas facile de raconter son histoire. C'est difficile, surtout en Algérie où l'on n'a pas le droit de parler.

Personnellement, je me suis réfugié en France – et il y a pas mal d'officiers et de civils réfugiés en Europe, parce qu'ils n'avaient pas le droit de parler, de protester ou de dire quoi que ce soit. Tout ce que les généraux disent de faire doit être appliqué à la lettre. Si on refuse, on est un homme mort ou on passe en prison. On n'a pas le choix.

Ou bien on peut monter dans le maquis, devenir un terroriste, commencer à couper les têtes des gens et déposer des bombes. Il n'y a pas d'autre choix pour un Algérien en Algérie que la prison, l'exil ou le maquis. La quatrième solution, c'est la mort. Pas mal de gens que je connais ont été exécutés par les militaires. Des gens que je connais ont été tués par des militaires et j'en ai les noms !

Ce qui est important, comme vous l'avez vu dans la cassette, c'est que j'aime mon pays et c'est pour cela que je me suis engagé dans cette armée. Si quelqu'un essaie de dire que je ne l'aime pas, il se trompe. Au moment

---

1 Habib Souaïdia fait ici allusion à l'ouvrage de Hichem ABOUD, *La Mafia des généraux*, Lattès, Paris, 2002. Le Département de renseignement et de sécurité (DRS) est, depuis le 4 septembre 1990, le nouveau nom de la « Sécurité militaire » (SM), service secret qui joue un rôle important en Algérie depuis l'indépendance de juin 1962.

où je me suis engagé dans cette armée, en 1989, l'Algérie était à feu et à sang. J'avais vingt ans.

M. Stéphan, *président*. — Depuis les événements de 1988 ?

M. Souaïdia. — Après les événements de 1988, je me suis engagé pour faire une carrière militaire afin de servir mon pays. C'était vraiment dans un contexte où l'Algérie – je vous demande de me pardonner – était dans une situation catastrophique, pour tout le pays et le peuple. Même après, quand j'ai continué, des gens me demandaient pourquoi je n'avais pas déserté en 1990, 1992 ou 1995. Je croyais toujours que ce qui se passait n'était pas vrai, que mon imagination me jouait des tours. Malheureusement, j'ai commencé à découvrir que ce qui m'arrivait était un cauchemar…

J'ai fait trois années à l'Académie militaire et je suis sorti en juillet 1992 de Cherchell, trois ou quatre jours après la mort du président Boudiaf – c'est ma promotion qui l'a enterré. Pour les généraux, on était de la chair à canon, ils s'en foutaient des Algériens comme des officiers.

J'ai choisi les forces spéciales et d'aller à l'école de parachutistes à Biskra. J'ai fait quatre mois pour devenir instructeur. Malheureusement, on a commencé à entendre qu'il y avait soi-disant beaucoup d'islamistes qui prenaient des armes, rejoignaient le maquis et que l'armée et le pays avaient besoin de nous : on devait monter à Alger soi-disant pour combattre le terrorisme.

J'ai été muté au 25e régiment de reconnaissance qui était installé à Béni-Messous, près de la caserne de la garnison bien connue à Alger. Là, j'ai commencé à opérer dans ces unités – on était quelques unités – et notre chef direct était le commandant du CCLAS, le Centre de commandement de la lutte antisubversive, dirigé par le général-major Mohamed Lamari, qui n'était pas le chef de l'armée. Il a voulu avoir ce poste pour combattre le terrorisme. C'était un type… Je ne peux pas décrire des gens comme cela, je suis désolé.

Il était secondé par le général Brahim Fodhil Chérif et le colonel Hamana, qui est l'un des pires assassins que l'Algérie ait connus. Personnellement, je n'ai jamais connu un colonel pouvant tuer n'importe qui, quand il veut, faire n'importe quoi, détourner de l'argent, parfois même lors d'opérations. On montait dans des maquis, on arrivait dans des casemates et il y avait un accrochage avec les islamistes. On rentrait dans les casemates et on trouvait du matériel, des ordinateurs, de la nourriture, des vêtements, de l'argent. Il prenait tout, sans même rendre compte à ses supérieurs. Tout le monde connaît Hamama en Algérie, il n'y a pas de problème. C'est un type connu, tous les officiers le connaissent. Il était avec nous à Boufarik quand j'étais à Béni-Messous.

Là, on a commencé à mener des opérations contre le terrorisme avec des patrouilles de chasse, des patrouilles de nuit, on faisait du ratissage de temps en temps. On n'était pas prêts à mener une guerre contre les terroristes, car on n'était pas formé à 100 % pour cela.

Avec le temps, on commence à apprendre, à connaître, à savoir. C'est une expérience que j'ai faite moi-même. Puis tout a basculé avec le début des contacts avec les civils. C'était catastrophique. Personne n'était libre, tout le peuple était pris en otage. Si on se souvient des années 1992-1993, il n'y avait pas un bus qui passait sans qu'on descende les gens, les insulte, les frappe, les malmène. Nous arrêtions les gens qui n'avaient pas de papiers d'identité, ou dont le nom n'était pas lisible sur la pièce d'identité.

C'est un comportement qui a commencé peu à peu et nous recevions des ordres bien clairs. Une guerre comme celle-là, c'est une guerre psychologique. Malheureusement, on a des hommes sous ses ordres, on a une responsabilité sur ces hommes, sur les armes, et en même temps on ne peut pas abandonner le peuple. Personnellement, je ne peux pas abandonner ce peuple.

J'ai commencé à me rendre compte que ces ordres n'avaient aucun sens. Je voyais des collègues à moi s'habiller en civil, porter des fusils de chasse récupérés sur des groupes armés, des couteaux, des poignards, des grenades. Ils avaient une barbe d'une semaine ou quinze jours. Ils portaient des barbes et après ils sortaient dans des voitures banalisées de l'armée. Ils allaient faire la « chasse aux hommes », aux êtres humains, même pas aux terroristes algériens.

C'est ainsi que j'ai commencé à prendre conscience. Jusqu'au moment où, un soir de mars 1992, j'ai personnellement été convoqué par mon commandant dans son bureau, où il y avait le général Fodhil Chérif et le colonel Djebbar du DRS (commandant le CTRI de Blida [2]). Je suis arrivé dans la nuit et j'ai trouvé un groupe d'hommes dans la caserne de Béni-Messous. Ils n'étaient pas habillés en militaires, ils ne portaient pas l'uniforme. Je les ai vus. Je connais l'officier qui a commandé cette opération et je l'ai cité dans le livre ; il s'appelle Chouaïbia, il est lieutenant parachutiste dans les forces spéciales. M. Nezzar le connaît très bien car il avait servi comme sous-officier avec lui.

L'ordre était bien clair. Je devais accompagner le camion transportant ces hommes jusqu'à un point précis, à environ 12 ou 15 kilomètres. L'endroit est un maquis qui s'appelle Zaâtria, près de Mahelma. J'ai demandé pourquoi ils m'ont engagé à faire cette mission : c'est parce qu'il y avait deux barrages de la gendarmerie à passer, l'un à Cheraga et l'autre à Douira, dans la banlieue sud-ouest d'Alger. L'ordre était qu'aucun gendarme ne s'approche du camion, car les gens qui étaient à l'intérieur étaient des terroristes : il n'y avait pas de différence entre eux et les

---

2 Il existe un « Centre technique de recherche et d'investigation » dans chacune des six régions militaires, dépendant de la Direction du contre-espionnage (DCE) du DRS, dirigée depuis septembre 1990 par le général Smaïl Lamari, dit « Smaïn ». Dans divers rapports, des ONG de défense des droits de l'homme ont signalé que, depuis 1992, le CTRI de Blida est l'un des plus importants centres de torture et de liquidation des opposants présumés (voir en particulier : FIDH, *La Levée du voile : l'Algérie de l'extra-judiciaire et de la manipulation*, Paris, juin 1997 ; et également : « Algérie : les révélations d'un déserteur de la SM », *Nord-Sud Export*, n° 427, 21 septembre 2001).

terroristes. Je pense que c'était des soldats déguisés. Ils avaient peur qu'il y ait un accrochage avec les gendarmes.

Ma mission était d'arriver au barrage et de demander au chef de barrage de ne pas fouiller le camion qui me suivait. C'était un K66 bleu. Je suis arrivé, j'ai pris la direction d'Ez-Zaâtria, je suis arrivé à Tselt-el-Mardja, j'ai pris à droite, c'était un carrefour. J'ai commencé à rouler vers une route qui mène vers Ez-Zaâtria et ma mission était finie.

Ils sont montés vers les maquis et je suis allé jusqu'à Magtaâ Kheira, parce qu'il y avait un bout de chemin où, à cette époque, il y avait pas mal de groupes terroristes. J'attendais les ordres pour revenir récupérer le camion.

Je sais qu'à Mahelma douze individus ont été tués dans la direction de Zaâtria (je peux me tromper sur une date ou sur un point précis, car le maquis c'est comme une grande forêt, c'est très vaste). Le groupe est revenu et le lieutenant m'a appelé par mon indicatif en me disant de revenir au point où je l'avais laissé. Je suis revenu. J'ai vu à l'intérieur du camion les éléments qui apparemment avaient tué des gens : ils avaient des couteaux avec du sang.

C'était une opération, mais ce n'était pas la seule opération, M. le juge. Je peux le confirmer, je le répète et je le répéterai jusqu'à ma mort : le pouvoir algérien exécute des gens et torture des gens.

Si on fait une commission d'enquête, on prouvera – ce n'est pas *La Sale Guerre* car c'est seulement deux cents pages – qui est le responsable de tous les massacres depuis 1992 jusqu'à maintenant. Je ne veux pas dédouaner les islamistes ou certains groupes. Je ne suis pas là pour les dédouaner. Ils ont une certaine responsabilité dans tout ce qui se passe en Algérie, mais je n'arrive pas à comprendre qu'un militaire qui doit appliquer la loi, un gendarme qui doit appliquer la loi, un policier qui doit appliquer la loi, se transforment en terroristes, torturent des gens et violent des filles.

M. le juge, ils ont même violé des vieilles dames. Ils ont fait des choses atroces qu'aucun être humain ne peut supporter. *(S'adressant à M. Nezzar.)* Un jour l'Histoire le prouvera, même si vous n'en avez pas envie. L'Histoire vous rattrapera, même dans vingt ans. Je vous demande de m'excuser, mais je vous tiens pour responsable, vous et tous ces assassins.

M. Stéphan, *président.* — Vous pouvez manifester avec un certain émoi ce que vous avez à dire, mais il faut rester dans les limites. Quand je parlais d'échanges avec M. Nezzar, la partie civile, ce n'est pas vraiment dans le sens que l'on vient de voir. Cela peut être utile, mais pas ainsi.

M. Souaïdia. — Je m'excuse, M. le juge.

M. Stéphan, *président.* — Vous parlez de ces exactions que vous attribuez à l'armée et que vous avez découvertes selon votre expérience…

M. Souaïdia. — J'étais un militaire et j'étais un chef de section. Je n'étais pas général ni chef d'unité, mais j'étais tout le temps sur le terrain avec mes hommes et on faisait le sale boulot. On faisait notre travail, on faisait un sale travail.

On a commencé à travailler comme cela. C'est la première chose qui m'a marqué en arrivant à Lakhdaria, qui est une préfecture à 70 kilomètres à l'est d'Alger. J'étais avec mon unité là-bas, on était la seule unité des forces spéciales. Ils ont modifié le système et ont créé des « secteurs opérationnels » ; j'ai été affecté au SOB, le secteur opérationnel de Bouira, commandé par le général Abdelaziz Medjahed, dont l'adjoint était le colonel – devenu plus tard général – Chengriha.

La 1re division blindée, qu'ils ont engagée, c'était vers le côté est d'Alger : on appliquait le couvre-feu sur Alger, Blida, Médéa, jusqu'à El-Asnam. À l'ouest, il n'y avait pas de couvre-feu. À Lakhdaria, on était le poste avancé de la division, et le poste de commandement était à Bouira, dirigé par le général Medjahed. On menait des opérations dans tous les secteurs opérationnels. On intervenait avec les autres unités pour faire des ratissages, des missions. Un peu après, on a créé ce centre de détention. Il y avait des cellules au sous-sol et on habitait là.

On a installé un campement d'une compagnie rattachée à cet endroit. Il y avait avec nous des agents du DRS qui venaient d'Alger, Ben-Aknoun et Bouzaréah, et même du secteur opérationnel de Bouira pour tirer des renseignements par la torture. On ne peut pas… Je n'ai jamais vu un officier du DRS parler avec un type et lui dire : « Vous avez fait… vous avez quelqu'un dans le maquis, vous avez des armes… » Ils ne parlent pas comme cela [3].

Je me souviens de gens dont j'ai donné le nom. J'ai vu plus d'une centaine de personnes entrer dans cette villa et la plupart n'en sont jamais ressortis vivants. Tous ont été tués.

Je suis prêt à être jugé en Algérie, car des gens disent que je mens et que je suis un « manipulateur ». C'est à eux de le prouver. Je prends la responsabilité de tout ce que j'ai dit dans *La Sale Guerre* et de tout ce que j'ai vécu. Je l'ai répété.

Je voulais apporter le témoignage d'un officier puisque, depuis 1992 ou 1991, depuis le commencement du terrorisme, les gens ne parlaient que des islamistes : « Ils font ceci, ils font cela, et l'armée ce sont les gentils. » Bien sûr…

M. Stéphan, *président*. — On va revenir sur l'ouvrage proprement dit et sur les conditions dans lesquelles il a été élaboré.

Parmi ces événements que vous citez et auxquels vous avez participé, il y en a peut-être d'autres sur lesquels vous pourriez vous exprimer, notamment celui de cet enfant de quinze ans sur lequel le journaliste vous

---

3 C'est-à-dire que les hommes du DRS ne font pas d'interrogatoire, ils torturent directement.

interroge puisque c'était au début de votre livre. Sauf erreur, c'est un événement que vous évoquez dans la première page et que vous reprenez après. Que pouvez-vous en dire ?

M. Souaïdia. — M. le juge, j'ai assisté à l'exécution de cet enfant avec un autre monsieur. Je ne connais pas le nom de l'enfant et c'est la raison pour laquelle je ne pouvais pas le citer. Ils peuvent dire que je mens, cela ne me dérange pas, mais je peux vous donner le nom de l'homme qui a été brûlé avec lui. Je n'ai pas donné son nom dans le livre car je connais la famille de la victime qui a été tuée avec l'enfant.

J'ai vu mes collègues, ils étaient avec moi. On est sortis avec la Renault Express de la Sonelgaz – l'équivalent d'EDF-GDF –, on est sortis avec trois véhicules banalisés de cette société. Ils étaient bleu nuit, et comme c'était la nuit on ne nous voyait pas… On est allés vers la décharge publique qui se trouve à trois ou quatre kilomètres de Lakhdaria.

Les rails du train séparent la route de la décharge publique. On a passé les rails et on est allés dans la décharge et là pour moi c'était incroyable. Jusqu'à maintenant je n'arrive pas à dire ce que nous étions en train de faire. C'était un gamin de quinze ans ! On a pris du A72 – un kérosène –, on l'a versé sur l'enfant qui était attaché et complètement à poil – je vous demande de m'excuser –, l'homme qui était avec lui était à poil et attaché avec du fil de fer. Ils avaient passé je ne sais combien de temps dans la cellule et ont vécu ce que personne n'a vu. Après on les a amenés dans cet endroit. C'était un enfant ! Même s'il était impliqué avec les islamistes, il y a des institutions, une justice et des juges. Ce n'est pas à nous de juger des gens et de les exécuter.

On a pris l'enfant de quinze ans, on l'a mis sur la décharge publique, on a versé sur lui de l'essence et allumé du plastique que l'on a jeté sur lui – du plastique pour ne plus rien laisser du tout – et on a allumé. Est-ce qu'il y a un être humain… Voilà. Si M. Nezzar dit que je mens, vous avez tout à fait raison de dire non…

M. Stéphan, *président*. — Ce sont des événements auxquels vous avez assisté.

M. Souaïdia. — Ce monsieur s'appelle Barket et c'est un commerçant. Ils lui ont fait dire que soi-disant il a été avec les islamistes et ils l'ont brûlé vif. Le lendemain, comme après tout assassinat, c'est pareil. La gendarmerie vient avec les pompiers, elle voit des corps. On les embarque comme de la merde – je vous prie de m'excuser –, on les emmène et ils sont portés disparus. On ne sait pas qui l'a tué. Quand vous dites à sa mère : « Est-ce l'armée qui l'a tué ? », elle ne va pas dire oui, elle va dire que ce sont les islamistes.

Tous les Algériens qui sont ici connaissent le système en Algérie. S'il y a des gens ici qui peuvent dire qu'on a tué, en Algérie, il est impossible de parler de cela. Si ces gens-là m'écoutaient, si je voyais que mon pays est un pays de droit et de justice, je ne serais jamais venu en France, j'aurais dit cela en Algérie.

Je connais le système, j'ai été militaire et je sais ce qui se passe. J'ai pu quitter l'Algérie. Mais peut-être que les gens se posent des questions comme vous l'avez entendu là dans la cassette : « Pourquoi vous ont-ils épargné ? »

M. Stéphan, *président*. — On va y venir. Ce sont des questions que l'on va poser.

Est-ce que vous dites que ce type d'exactions est l'œuvre de certains services spécialisés, notamment l'ex-Sécurité militaire, ou est-ce plus compliqué que cela, avec à l'intérieur des différents services des gens capables de commettre ce type d'exactions, et d'autres, dont vous faites partie, qui ne le font pas ? Peut-être qu'ils se taisent ou ont une certaine réaction ensuite ? Cela nous amènera à savoir la réaction que vous-même vous avez eue.

M. Souaïdia. — Ce que j'ai vécu personnellement – peut-être que des gens sont d'accord avec moi –, c'est que les mêmes pratiques et la même méthode que l'armée coloniale a employées en Algérie sont maintenant appliquées à la lettre en Algérie. Il y avait des parachutistes, la 10e DB commandée par le général Massu. Il y a aujourd'hui des unités de forces spéciales (il y en avait quatre ou cinq au début, maintenant elles sont une dizaine ou une douzaine).

M. Nezzar, ex-ministre de la Défense, a donné cette mission à un type qui s'appelle Mohamed Lamari, un général-major. Il a mené cette opération à la lettre, comme dans le manuel. La lutte antirévolutionnaire ou la guerre antiterroriste, il n'y a pas de différence : actions psychologiques, arrestations, bombardements, tortures, exécutions massives. Voilà, c'est fait.

On est maintenant à 200 000 morts et eux disent 50 000. Je dis 200 000 morts. *(S'adressant à M. Nezzar.)* L'Algérie va gagner ! Un Algérien qui tue un autre Algérien… Nous sommes devenus… Je me demande comment je peux avoir un honneur en tant que militaire. Quand un chef comme M. Nezzar dit qu'il défend son « honneur », il doit voir ce qui se passe dans son pays avant de parler. En tant que militaire, ministre ou général, n'importe qui peut dire : « J'ai un honneur. » Pourquoi m'attaquer en diffamation ?

Il faut voir où nous en sommes : 13 millions de pauvres en Algérie, dans un pays aussi riche que le nôtre ! Eux, ils peuvent m'expliquer cela ? Je ne pense pas qu'ils aient une explication. 200 000 morts, 7 000 disparus, des milliers de gens torturés… Ce n'est pas que moi qui dit que la torture existe. Mais ils disent que tout le monde ment : la Fédération internationale des droits de l'homme ment, Amnesty International ment, même la Ligue algérienne de défense des droits de l'homme ment. Quand on leur dit qu'ils ont torturé, ils répondent que ce sont des mensonges et que c'est un complot. Si c'est un complot, faites une commission d'enquête. Je n'ai rien à perdre. Vous m'avez chassé de mon pays. Entre la mort et l'exil, il n'y a rien du tout.

M. Stéphan, *président*. — Vous expliquez que vous avez été arrêté à la suite des réactions que vous aviez eues par rapport à ces faits auxquels vous avez assisté. Pouvez-vous préciser ces réactions et comment vous expliquez votre arrestation ?

M. Souaïdia. — J'ai été surpris le 25 ou le 26 juin 1995. Je ne sais pas si je peux vous convaincre avec ce papier qui est un ordre de mission qui est resté dans ma poche pendant quatre années en prison. Il a été effacé, mais c'est lisible. J'ai été envoyé en prison par un ordre de mission le 27 juin 1995. J'étais tout seul, j'étais armé, j'ai pris un taxi pour arriver au tribunal [4].

M. Stéphan, *président*. — Vous avez été convoqué ?

M. Souaïdia. — Ils m'ont donné un ordre de mission pour l'aller le 27 et retour le 28. Je peux vous le donner.

J'arrive devant le juge, je me présente. On me dit d'attendre et j'attends tranquillement. Le procureur militaire Boukhari me reçoit dans son bureau et commence à m'insulter. Ce sont des insultes que je n'arrive pas à répéter. C'est vraiment incroyable d'entendre un procureur général, quelqu'un qui est chargé d'appliquer la loi, dire des insultes d'un tel niveau et parler de telle façon. Cela m'a étonné.

J'étais désespéré. Qualifier de « voleur » sans preuve… C'est très facile en Algérie d'accuser quelqu'un, il suffit d'amener un homme ou une femme pour dire : « Il a fait… » J'ai été écroué immédiatement, sans preuve, sans rien contre moi pour prouver que j'ai volé. Ils m'ont arrêté. Il n'y avait même pas de procédures au niveau de la police ou de la Sécurité militaire. Comment savoir que j'allais être incarcéré du jour au lendemain ? Qu'un criminel arrive au tribunal avec un ordre de mission, c'est impensable.

J'ai pu affronter la justice. Peut-être que je risquais vingt ou trente ans, mais j'y suis allé quand même. J'étais militaire.

M. Stéphan, *président*. — Vous expliquez que votre arrestation est un faux prétexte ?

M. Souaïdia. — Il n'y a pas d'arrestation.

M. Stéphan, *président*. — Selon vous, pourquoi avez-vous été arrêté ?

M. Souaïdia. — Le général Mohamed Chibane m'a souvent convoqué chez lui. Un jour, je suis rentré, et je vais vous expliquer en détail comment cela s'est passé. Il m'a regardé et m'a dit textuellement : « Je croyais que vous aviez deux mètres.

---

4 Il s'agit du tribunal militaire de Blida.

– Je suis un homme, j'ai 1 m 62 mon général.

– Parce que vous êtes en train de demander aux soldats de se rebeller contre l'armée et de prendre les armes.

– Je n'arrive pas à comprendre. Je n'ai jamais fait cela.

– Vous parlez trop, il faut rester calme. Pourquoi avez-vous dit à tel lieutenant ou capitaine du DRS qu'ils sont pareils aux terroristes, aux islamistes ? »

Les comparer à des terroristes ou des islamistes, c'est vrai, ce sont des discussions que j'ai eues avec ces collègues. Mais là, c'était comme si j'étais quelqu'un qui devait prendre les armes pour aller rejoindre le maquis. Je pouvais le faire. J'avais des responsabilités graves de sous-lieutenant. J'aurais pu le faire, mais la violence ne pouvait pas résoudre le problème. Je refuse cette violence. Je ne peux pas personnellement tuer un autre Algérien comme cela : on le fait sortir de sa maison, on lui dit qu'il est terroriste ou islamiste. Il y a une justice, on doit faire passer les gens devant la justice. C'est notre travail : si on arrête quelqu'un, on le fait passer devant la justice. Ce n'est pas à nous d'exécuter ou de juger les gens. C'est ainsi que cela a commencé.

M. Stéphan, *président*. — C'est ainsi que vous expliquez votre arrestation ?

M. Souaïdia. — Il m'a dit : « Un jour je veux t'envoyer au tribunal militaire. » Mais je n'ai pas cru qu'il allait faire cela. Pourquoi ?

J'étais en permission avant le 27 juin et je suis rentré à la caserne. Ils m'ont donné l'ordre de mission indiquant que j'étais convoqué au tribunal militaire de Blida. Ils m'ont donné l'ordre de mission.

M. Stéphan, *président*. — À la suite de cette discussion que vous évoquez, vous avez été convoqué au tribunal. Vous avez été condamné, à la suite d'un faux témoignage, à quatre ans de prison pour vol qualifié à la prison militaire de Blida. Que pouvez-vous dire sur votre détention ?

M. Souaïdia. — Je peux vous montrer ma jambe.

M. Stéphan, *président*. — Si vous le souhaitez.

M. Souaïdia. — J'ai failli perdre ma jambe en prison. *(M. Souaïdia montre sa jambe.)* À Blida, c'est l'enfer. Nous sommes envoyés en prison par des procureurs, des juges, on nous prive de notre liberté. Peut-être que l'on a fait des bêtises. Vous condamnez l'homme, d'accord, mais pourquoi en arriver à casser l'homme, à le détruire et à le briser ?

On fait déshabiller quelqu'un, on l'accroche à la grille de la prison avec des menottes, on amène un adjudant – qui ne sait rien du tout, un illettré qui ne comprend rien à ce qui se passe – avec un tuyau de deux ou trois mètres, et on commence. J'ai vu des gens mourir en prison, pour une simple maladie de la gorge. J'ai cité des noms. J'ai donné deux noms de personnes qui ont perdu la vie en prison. Il faut voir les conditions de vie en prison en Algérie. La torture ne s'applique pas uniquement sur les prisonniers politiques ou les islamistes. Tout le monde…

Il y a des gens qui ont volé. Quelqu'un qui a volé un poulet – une cuisse de poulet – a été jugé et condamné à six mois de prison. M. Nezzar ne se demande pas pourquoi cela arrive. Pourquoi un soldat qui n'arrive pas à manger vole une cuisse de poulet ? Le commandant qui commande l'unité mange, mais le soldat, il meurt, il crève. C'est la réalité de notre armée. Si je vous racontais ce qui se passe à l'intérieur de l'armée… Je n'arrive pas à comprendre. Et pourtant, ils sont prêts à manœuvrer avec l'OTAN ! C'est incroyable ! J'en suis convaincu, notre armée en est incapable. Je suis désolé pour eux, mais pas pour moi.

M. Stéphan, *président*. — Vous avez purgé quatre années de prison réelles, sans réduction de peine, soit quatre années complètes dans cette prison. Ensuite, vous avez été libéré. Que s'est-il passé à ce moment-là ?

M. Souaïdia. — M. le juge, M. Nezzar a dit dans *Le Figaro* : « Si M. Souaïdia est innocent, pourquoi n'est-il pas allé en cassation ? » Je connais des gens qui sont restés cinq ans, ils ont purgé leur peine et sont sortis. Les gens espèrent, en prison, avoir une grâce, demain, après-demain ou l'année prochaine. Or celui qui fait un recours en cassation n'est pas gracié. Les gens qui ne supportent plus cette prison se disent, même s'ils ont plusieurs années de prison, qu'un président ou un général peut arriver et se dire que c'est beaucoup trop pour eux.

Mais pendant quatre années, je n'ai pas vu une seule grâce qui a touché les gens, à l'exception des soldats, les appelés, qui ont fait des désertions ; ils ressortent après une semaine ou quinze jours. C'est pour cela que la plupart des gens n'ont pas fait de cassation, parce qu'ils espèrent sortir et se disent : « Je veux sortir de cette armée, je ne veux pas continuer à vivre dans cette armée, j'ai vu trop de choses. » Les gens veulent sortir avec leurs papiers [5].

M. Stéphan, *président*. — C'est donc pour cela que vous n'avez pas formé de recours. Quand vous êtes sorti, vous avez voulu venir en France. Cela s'est fait comment ?

M. Souaïdia. — Il y avait des cadres diplômés en prison, des gens qui ne sont pas des voleurs, mais on les a accusés de beaucoup de choses. Ils m'ont conseillé de quitter l'Algérie, de dire la vérité sur ce qui se passe.

Je suis sorti le 27 juin 1999 et je suis resté trois jours à la caserne de transit militaire à Blida, au centre-ville – n'importe quel militaire connaît. J'ai passé trois jours avant d'être relâché ; en fait, j'ai reçu trois permissions de vingt-neuf jours. Chaque fois, on me donnait vingt-neuf jours de

---

5 Les militaires détenus à la prison de Blida préfèrent éviter, en cas de pourvoi en cassation, le risque d'un non-lieu qui les conduirait à devoir réintégrer l'armée, alors qu'ils n'ont qu'une idée en tête, c'est d'être radiés et d'avoir les papiers de radiation indispensables pour travailler dans le civil.

permission, avant d'obtenir ma radiation. Ils disent que j'ai été radié en 1996. J'ai apporté les papiers, j'ai mon livret qui indique : « Délivré en septembre 1999. »

J'ai les preuves que j'ai demandé ma radiation, car je suis intervenu pour avoir mes papiers. J'ai tout fait pour sortir et pour ne pas attirer les agents. Malgré cela, à chaque fois des agents du DRS sont venus chez moi, et après j'ai quitté l'Algérie.

M. Stéphan, *président*. — Vous êtes donc arrivé en France ?

M. Souaïdia. — Je suis arrivé à Marseille le 7 avril 2000.

M. Stéphan, *président*. — Sur l'élaboration du livre – brièvement, car on entendra M. Mohammed Sifaoui comme témoin demain –, je précise qu'il y a eu un procès à ce sujet, notamment sur le fait de savoir dans quelles conditions il a été rédigé et le rôle de M. Sifaoui qui estimait être coauteur de cet ouvrage et qui n'est pas d'accord avec la version définitive qui aurait été donnée en disant que cela ne correspond pas à ce que vous-même vous vouliez dire. Il nous en dira plus demain, mais que pouvez-vous dire dans l'immédiat ?

M. Souaïdia. — Je suis arrivé à Paris le 11 avril 2000 et je me suis dirigé vers Reporters sans frontières. Je voulais une adresse pour faire mon témoignage. Je suis tombé sur un monsieur qui était là et qui ne m'a pas dit qu'il était un journaliste algérien. On a discuté et il était intéressé ; il voulait m'aider à écrire un livre. Pourquoi pas ? Il n'y a pas de problème.

Après un certain moment, on a commencé à se connaître. Il m'a aidé à voir certains journalistes, il m'a envoyé à Amnesty International et à la Fédération internationale des droits de l'homme. J'y suis allé. Il n'a jamais nié auprès d'eux qu'Habib allait écrire un livre uniquement sur l'armée. Je n'étais pas un terroriste pour écrire un livre sur les islamistes. Des gens ont écrit un livre sur les islamistes parce qu'ils étaient des émirs ou des islamistes. Mais je n'ai pas vécu avec les islamistes. Mon témoignage consiste à éclairer l'opinion publique française et algérienne, et même l'opinion internationale, sur cette guerre en Algérie qui a commencé en 1992. C'est ce que je voulais faire ; je voulais apporter mon témoignage personnel et sur ce que des copains à moi m'ont raconté parce qu'on faisait le même travail. Cela correspondait au même travail et aux mêmes opérations parce qu'il y avait des gens de ma promotion.

Sur ce projet, on a contacté les Éditions La Découverte, on a fixé un rendez-vous avec l'éditeur. Sur ce principe, on est allés voir l'éditeur et on m'a présenté. L'éditeur m'a demandé si je pouvais raconter ma vie et j'ai commencé à raconter mon histoire. Il était convaincu. Cela intéressait l'éditeur car ce serait le premier témoignage d'un officier qui parlerait à visage découvert. Ce n'était pas le témoignage d'un journaliste ou de qui que ce soit ; c'était un témoignage bien précis d'un militaire qui a vécu la guerre, qui a fait l'Académie militaire, qui est arrivé en France et qui veut témoigner.

On était tous sur cette ligne jusqu'au moment où M. Sifaoui… Je lui donne ce que j'écris, on se voit parfois pour qu'il puisse noter, j'écris moi-même et je lui donne. J'ai des témoins. J'ai engagé des poursuites contre lui.

M. Sifaoui ne me parlait jamais d'argent. Je ne m'intéressais pas à l'argent quand je suis arrivé ici. Mais lui, depuis que je suis arrivé, il n'a pas cessé de harceler les gens pour demander de l'argent.

Quelqu'un comme moi qui ne connaît pas la France… Par exemple, je ne connais pas Sipa Presse, l'agence de photos. Il m'y a amené, on y va ensemble pour voir les journalistes, il a même signé un contrat – je ne sais pas ce qu'il est devenu – avec quelqu'un qui veut vendre mes photos. Moi, je ne sais pas comment cela se passe avec Sipa Presse ; il a voulu signer le contrat sur des photos en me disant que c'était parce que j'étais dans le besoin. Il avait une femme et un enfant qui venait de naître et vivait dans un hôtel deux étoiles, alors que je dormais dans la rue. Lui, il est réfugié politique, comme par hasard, moi aussi.

Je lui ai dit que je n'avais pas d'argent et pas d'endroit pour dormir, mais il ne s'en inquiétait pas. J'étais avec lui jusqu'au moment où l'on a signé le contrat d'édition, avec une avance de 70 000 francs ; l'éditeur a partagé l'avance en deux. Il avait les papiers [6], mais le monsieur a gardé l'argent pour lui ; il croit que je suis sa propriété. Je suis un militaire. Je lui ai dit : « Vous n'allez pas me jouer ce tour-là. Si vous êtes un journaliste et que vous êtes honnête, vous me donnez mon argent. » Mais le seul argent que j'ai reçu de lui, c'est 8 500 francs sur 70 000 francs.

Cela a commencé avec l'argent, puis cela a continué avec l'écriture : je voyais comment il détournait mes propos, il les déformait, il ajoutait des faits que je ne connais pas et dont je n'ai pas été témoin, des analyses politiques bizarres… Je n'arrive pas à comprendre pourquoi il faisait ça…

M. Stéphan, *président*. — Ce qu'il proposait aboutissait à une déformation, mais en revanche le livre tel qu'il est paru correspond à ce que vous vouliez dire.

M. Souaïdia. — Pour lui, des chapitres comme « Kabous et carta » n'étaient pas importants [7]. Ce sont des choses normales que chaque Algérien connaît un peu, car il vit avec le système ; mais avec les militaires, savoir comment ils font, cela intéresse les gens. Je pense que dans tout le livre, il y a pas mal de choses qui intéressent le lecteur et que M. Sifaoui

---

6 Comme Habib Souaïdia n'avait pas encore de statut stable en France, pour des raisons pratiques, la part lui revenant a été versée par l'éditeur à Mohamed Sifaoui (qui avait les papiers le lui permettant), lequel devait la lui rétrocéder.

7 Habib SOUAÏDIA, *La Sale Guerre*, *op. cit.*, p. 84 *sq.* Dans ce chapitre, Habib Souaïdia évoque les mœurs dépravées des hommes du DRS, « qu'on appelle en Algérie "Kabous et carta" (pistolet automatique et carte professionnelle, les symboles de leur puissance) ».

n'avait pas la possibilité de connaître ; il ne voulait pas faire connaître mon témoignage. Mais il s'agit uniquement de mon témoignage, et pas du sien.

Je me suis trompé en le mettant comme coauteur. Je n'avais pas pensé qu'un mec comme lui puisse se transformer du jour au lendemain. Il a fait sa propre *Sale Guerre* avec un autre livre, qu'il a publié en Algérie [8].

M. Souaïdia donne un document au président du tribunal [9].

M. Stéphan, *président*. — De quoi s'agit-il ?

M. Souaïdia. — Ils disent qu'en Algérie il y a une liberté d'expression et que les gens peuvent parler. Mais pourquoi Sifaoui publie une *Sale Guerre* dans une maison d'édition algérienne, alors que les Algériens, il faut voir comment ils lisent mon livre ?

M. Stéphan, *président*. — C'est sous cette forme-là qu'il est diffusé en Algérie ?

M. Souaïdia. — Oui. C'est un Algérien qui m'a dit : « Voilà comment on fait pour lire ton livre. » C'est uniquement les gens qui défendent le pouvoir des généraux qui peuvent publier sur la sale guerre en Algérie.

M. Stéphan, *président*. — Vous dites que c'est la photocopie de votre ouvrage ?

M. Souaïdia. — Ils l'impriment pour qu'ils puissent le lire.

M. Stéphan, *président*. — L'ouvrage n'étant pas accessible.

M. Souaïdia. — Oui.

Me Farthouat, *partie civile*. — Cela vient d'Algérie ?

M. Stéphan, *président*. — Apparemment, cela vient d'Algérie.

Me Comte, *défense*. — Sous le manteau.

M. Souaïdia. — Des Algériens peuvent confirmer.

M. Stéphan, *président*. — Revenons au fond de l'ouvrage proprement dit – on reviendra sur les critiques dans l'élaboration – et sur le fond du livre. En fonction des éléments qui ont été soumis au tribunal par les parties, il apparaît un certain nombre de contestations ou de reproches. Vous venez de vous exprimer à ce sujet.

Un reproche vous est notamment fait au sujet d'un certain déséquilibre, puisque vous parlez des exactions de l'armée et, concernant celles

---

8 Mohamed Sifaoui, *La Sale Guerre, histoire d'une imposture*, Chihab Éditions, Alger, juin 2002. Dans ce livre, Mohamed Sifaoui présente sa propre version de sa collaboration avortée avec Habib Souaïdia.

9 Il s'agit d'une version photocopiée du livre de Habib Souaïdia, forme sous laquelle il circule clandestinement en Algérie.

des islamistes, vous êtes beaucoup plus discret. Vous venez de donner une explication. Vous voulez la répéter ?

M. Souaïdia. — M. le juge, je voulais vous expliquer que je suis un militaire et que je n'étais pas dans les maquis. Je n'ai pas vécu avec les islamistes. J'ai parlé de certaines de leurs exactions, mais pour moi le problème islamiste avait déjà été médiatisé en France. Dans la presse, on lit que les islamistes ont tué et ont massacré. C'était un devoir pour moi de défendre ce qui reste de l'honneur de l'Armée nationale populaire et je l'ai fait.

M. Stéphan, *président*. — C'est l'explication que vous donnez. Un autre document a été soumis au tribunal parmi les pièces produites par la partie civile[10]. Une autre contestation de fond sur certains événements que vous avez évoqués, notamment aujourd'hui au sujet de cet enfant de quinze ans dont vous parliez. Il est dit, semble-t-il, dans cet ouvrage que cet assassinat, et celui de la personne qui l'accompagnait, seraient le fait des islamistes et non pas de l'armée.

Il y a également le massacre que vous avez évoqué, de Douar Ez-Zaâtria, qui lui, selon les témoignages recueillis dans cet ouvrage, n'aurait pas existé.

M. Souaïdia. — Le monsieur qui a fait ce livre se présente comme un journaliste. Je l'ai rencontré le 13 ou 14 février après la sortie du livre. Je l'ai reçu à Paris. Il voulait m'interviewer et j'ai accepté ; c'est un compatriote. On s'est rencontrés à l'Opéra – s'il est ici, il peut le confirmer – et j'ai commencé à parler.

Je lui ai demandé s'il voulait poser des questions et il m'a dit qu'il souhaitait que je lui parle de M. Sifaoui. Je lui ai répondu que ce n'était pas le sujet. Il pouvait m'interviewer sur le livre, mais le problème entre M. Sifaoui et moi serait réglé devant la justice.

Devant mon refus, il m'a dit qu'il était un journaliste travaillant à la télévision, la presse écrite, la radio – selon lui, il travaillerait pour MBC, une chaîne arabe à Londres –, et qu'il voulait m'enregistrer pour me faire passer à la radio et faire des articles dans la presse. Cela m'a étonné qu'un journaliste fasse tout ce travail, pourtant je lui ai accordé un entretien.

Quatre ou cinq jours après, ma mère me téléphone, elle était affolée. Mouloud Benmohamed est rentré chez ma mère, il a débarqué avec tous les flics, caméra à la main, et des gens en civil. La panique a commencé dans mon quartier. Ma mère, qui est une vieille dame de soixante-deux ans, l'a supplié. Elle lui a dit qu'elle ne savait rien de ce qu'il voulait écrire ou de ce que moi j'avais écrit. Il n'a aucun sentiment. Ce sont des gens… qui n'ont vraiment rien dans le ventre pour essayer d'être corrects avec les

---

10 Il s'agit d'une brochure du journaliste du quotidien algérien *El Moudjahid* Mouloud BENMOHAMED, *Algérie : mensonges et vérités sur La Sale Guerre*, avril 2001 (sans mention d'éditeur).

gens. Aller vers une dame de soixante-deux ans et la menacer, pour l'interviewer de force… Est-ce qu'un journaliste en France ferait cela avec des policiers ? En Algérie, cela existe.

Il vient se présenter comme quelqu'un qui travaille dans un journal. La plupart des officiers qui connaissent le DRS et y ont travaillé le connaissent très bien et ont confirmé que c'est un type qui travaille pour les services secrets.

Il existe des gens comme cela, c'est leur travail, ils le font chaque jour – même en France des journalistes travaillent pour la DGSE. Il faut être au moins honnête avec les gens. Je ne vous ai pas envoyé chez ma mère pour la déranger. Il l'a dérangée à trois reprises et elle était terrorisée. Elle m'a appelé et m'a expliqué ce qui lui est arrivé. Il lui a donné son nom.

Sur ce qu'il a écrit dans son tract, j'aimerais bien que vous voyiez la cassette l'émission de TF1 « Sept à Huit [11] » – moi cela me fait mal de regarder cette cassette – pour voir les contradictions de ce Benmohamed. C'est un journaliste français qui est allé enquêter. J'ai donné le nom de Mme Allouache [12] à ce journaliste. Il lui a parlé de ce que l'on a fait à Zbarboura et elle a complètement confirmé mon témoignage.

M. le juge, je le répète aujourd'hui devant tout le monde : comment peut-on faire la vérité ou la justice sans une commission d'enquête ? Ils vont nous amener des gens d'Algérie. Ils ont raison de les amener, puisque les pauvres gens, qu'est-ce que je vais leur dire ? Je vais leur dire : vous mentez ! Ce n'est pas possible, parce que quelqu'un à qui ils demandent de témoigner contre moi, il sait très bien que s'il va dire non, on va lui dire : « Vous avez fait ceci ou cela, vous avez tué… » Mais dans la cassette de TF1, même le frère du maire dit exactement que « ce que raconte Habib est vrai » [13].

---

11 Émission diffusée le 8 avril 2001, où était présenté un reportage réalisé à Lakhdaria par Nicolas Poincaré, après la sortie de *La Sale Guerre*. Le journaliste y interroge plusieurs personnes au sujet d'épisodes rapportés par Habib Souaïdia dans son livre.

12 Mme Houria Allouache est la veuve d'un homme dont Habib Souaïdia raconte dans son livre qu'il a été arrêté avec son fils par son unité, dans un village voisin de Lakhdaria, Zbarboura (voir *La Sale Guerre*, *op. cit.*, p. 124 *sq*). Ces deux hommes, expliquait Habib Souaïdia dans le livre, ont été torturés et « liquidés » à la villa où il était en poste. Interrogée par Nicolas Poincaré, Mme Allouache a déclaré : « Ce sont les soldats du "Radar" qui les ont arrêtés et il y avait Habib, celui dont on parle à la télévision. Tous les hommes et les jeunes qu'ils ont arrêtés, ils les ont enterrés dans un puits dans la caserne. »

13 Habib Souaïdia parle de l'ancien maire FIS de Lakhdaria, Mohamed Yabouche, dont il raconte qu'il avait été arrêté, torturé et tué par des officiers du DRS travaillant avec son unité (voir *La Sale Guerre*, *op. cit.*, p. 106 *sq*). Voici l'entretien entre le journaliste Nicolas Poincaré et le frère du maire diffusé dans le reportage de TF1 :

« *Est-ce que ce qu'il dit dans le livre, c'est la vérité ?*

– Moi ce que je sais, c'est que tous ceux qui ont été tués et dont on a trouvé les corps ont été assassinés par l'État… Oui, parce qu'il y en a qui ont été arrêtés, torturés puis relâchés, et c'est eux qui m'ont dit que c'est les militaires qui tuent.

– *Et votre frère, est-ce qu'il lui est arrivé la même chose ?*

– Oui, d'après ce qu'ils m'ont dit, c'est les militaires qui l'ont assassiné. »

M. Stéphan, *président*. — C'est un autre élément évoqué. On va en venir à ce qui nous préoccupe, mais on ne pouvait pas ne pas évoquer tout ce que l'on vient de dire, puisque cela sous-tend l'émission proprement dite. Je voulais vous demander si c'était la première fois que vous participiez à une émission télévisée.

M. Souaïdia. — Je suis passé dans certains reportages. J'ai participé une fois à une autre émission sur France 3, « On ne peut pas plaire à tout le monde ». J'étais invité et j'ai dit ce que j'avais envie de dire.

M. Stéphan, *président*. — Vous n'avez pas participé à des émissions pour des télévisions étrangères ? On nous a parlé, de mémoire, d'Al-Jazeera.

M. Souaïdia. — J'ai été interrogé par un journaliste d'Al-Jazeera qui voulait parler de mon livre. Je lui ai répondu par téléphone. J'ai donné mon avis. Je ne refuse jamais de parler à un journaliste s'il veut faire son travail.

M. Stéphan, *président*. — Et pour d'autres télévisions étrangères ?

M. Souaïdia. — L'Espagne, l'Allemagne, la Hollande, l'Italie.

M. Stéphan, *président*. — Pour cette émission, en décalage par rapport à votre ouvrage, c'est l'évocation de M. Nezzar : vous en parlez dans votre livre – on ne va pas reprendre tous les passages intégralement –, vous l'évoquez une dizaine de fois, pas toujours sur des événements très précis d'ailleurs. C'est une personne que vous n'avez jamais rencontrée et que vous voyez pour la première fois aujourd'hui ?

M. Souaïdia. — Je l'ai vu à l'Académie militaire, où il est venu faire la sortie de la vingtième promotion quand il était ministre de la Défense. J'étais parmi les petits soldats et les petits élèves officiers qui n'avions pas encore un grade.

M. Stéphan, *président*. — Pourquoi l'évoquer plus particulièrement, lui, alors que dans votre ouvrage vous parlez de nombreux généraux – puisque vous citez pas mal de personnes – et sur des faits très précis, très graves, compte tenu de ce que vous venez d'indiquer ? Ce qui n'est pas le cas du général Nezzar, que vous évoquez en sa qualité de ministre de la Défense, mais sur des points très précis, sauf erreur – s'il y a d'autres exemples, ils seront les bienvenus. On retire du livre qu'il n'y a pas de mise en cause aussi directe et aussi impliquée d'autres généraux que vous citez. Pourquoi dans l'émission ne citer que lui ?

Ce que confirme à Nicolas Poincaré Messaoud Bouzajia, un gardien de la fourrière proche de la villa coloniale qui servait de caserne à l'unité de H. Souaïdia :
« *Qu'est-ce qui se passait dans la caserne ?*
– On dit que tout ceux qui rentrent là-bas n'en sortent pas vivants.
– *Vous en connaissez un ?*
– Oui, par exemple le maire Yabouche, on l'a pris et on ne l'a jamais revu. »

M. Souaïdia. — Pourquoi ai-je cité M. Nezzar à la télévision ? *(S'adressant au général Nezzar.)* Je suis vraiment désolé, M. le général, je ne sais pas comment un général ne peut pas assumer ses responsabilités devant l'opinion et la justice [14].

Fuir la justice, c'est être un criminel, un hors-la-loi. Fuir la justice, c'est dire : « Je suis lâche. » Imaginez : je suis un militaire et je pense comme un militaire. Imaginez ce général qui fait une bataille, une guerre, il quitte ses soldats, les laisse mourir et revient après deux ou trois jours pour récupérer quoi ? Pour faire quoi ? C'est trop tard ! Un militaire ! M. le juge, malheureusement je ne suis pas général pour le critiquer, mais je peux dire que c'est un acte de lâcheté.

Il revient après une année pour être entendu par un procureur ou un juge. C'est beaucoup une année. Qu'est-ce qu'il va me dire ? Dans le feu de l'action, on peut faire n'importe quoi. Lui, dans le feu de l'action, il n'a pas pu réfléchir sur ce qu'il devait faire, il a pris ses bagages.

M. Stéphan, *président.* — Je n'ai pas franchement la réponse à ma question.

M. Souaïdia. — Quelqu'un qui était ministre de la Défense – c'était un général-major –, comment peut-il s'abaisser en fuyant ? C'est ce que je n'arrive pas à accepter de quelqu'un. Il doit assumer ses responsabilités devant la justice.

M. Stéphan, *président.* — Vous parlez de lui par référence à cette procédure dont il a fait l'objet à l'initiative de certains plaignants. Vous n'évoquez pas complètement cette procédure, mais vous parlez de lui et de certains faits à son sujet.

La première imputation consiste à le rendre responsable parmi d'autres de ces milliers de morts dont vous parlez et de ces événements. Qu'est-ce que vous avez à dire sur ces premières imputations qui le mettent directement en cause ?

M. Souaïdia. — Il a dit qu'il prenait l'entière responsabilité du coup d'État [15]. Cela ne me dérange pas qu'il y ait eu un coup d'État. Ce qui me dérange, ce sont les gens qui ont été tués, les Algériens qui ont été tués.

Je ne crois pas qu'il a fait cette action d'arrêter le processus électoral avec ses acolytes, ses généraux, certains civils responsables, des Premiers ministres, pour protéger la démocratie, je crois qu'ils ont forcé le président Chadli à démissionner.

---

14 Habib Souaïdia fait allusion à l'attitude du général Nezzar face à la plainte pour « tortures » déposée contre lui le 25 avril 2001 à Paris, où il était de passage pour la promotion de son livre *Algérie : échec à une régression programmée* (Publisud, Paris, avril 2001). Informé que cette plainte avait été déposée devant le Parquet de Paris le matin même à 10 heures, ce qui pouvait le conduire à être entendu par la Brigade criminelle, M. Nezzar est rentré précipitamment en Algérie, le soir même.

15 L'interruption du processus électoral en janvier 1992.

Je croyais que c'était quelqu'un qui pouvait prendre des décisions. Il devait dire qu'il était responsable en tant que ministre de la Défense, car il avait tout le pouvoir. La plupart des généraux qui existent maintenant, c'est lui qui les a amenés au pouvoir. Tout le monde le sait en Algérie. Le général Toufik [16], le patron de l'armée, le patron des Renseignements, il les a amenés. Il est le parrain, c'est lui qui les a amenés et qui a conduit ce groupe d'officiers pour arrêter le processus électoral.

Il est le plus haut gradé et je m'adresse à lui en tant qu'ex-ministre de la Défense.

M. Stéphan, *président*. — En fonction des responsabilités qu'il a eues et de certains éléments, il sera lui-même amené à s'exprimer tout à l'heure, puisqu'il a un rôle important, du moins à une certaine époque. C'est la première imputation.

La deuxième imputation : vous faites référence à son audition dans le cadre de cette plainte, et à son départ précipité. Qu'avez-vous à dire ?

M. Souaïdia. — Il aurait dû prendre ses responsabilités devant la justice française ; fuir est un acte de lâcheté. Je me suis exprimé dans ce contexte.

M. Stéphan, *président*. — Enfin, la dernière imputation est le fait de parler de cette désertion de l'armée française, de lâcheté et du fait d'avoir mené le pays à l'anarchie et la faillite.

M. Souaïdia. — Tout le monde sait en Algérie – même les jeunes militaires le disent – qu'il y a des déserteurs de l'armée française. Je ne suis pas en train de mentir. Quant au fait que ce sont les déserteurs de l'armée française qui ont amené le pays à la faillite, il suffit de voir leur biographie pour savoir qu'ils dirigent l'Algérie. La plupart des décideurs algériens ont déserté l'armée française. Les jeunes officiers de l'époque, tout le monde les connaît. Même le ministre reconnaît qu'il a déserté l'armée française. Je ne vois pas où est le problème.

M. Stéphan, *président*. — Sur le fait d'avoir mené le pays à l'anarchie et la faillite ?

M. Souaïdia. — Ils ont assumé quelque chose qu'ils n'arrivent pas à contrôler après. On est à 200 000 morts. Qui est le responsable ? Qu'ont-ils donné à l'Algérie ? Il dit qu'ils ont sauvé la République de l'intégrisme, que l'on a sauvé la démocratie. Est-ce que maintenant il y a une démocratie en Algérie ? Il n'y en a pas. Est-ce qu'ils ont réussi à arrêter cette guerre ? Jusqu'à maintenant il y a des dizaines de morts chaque jour. Est-ce que l'économie algérienne est bonne alors que nous sommes endettés de je ne sais combien de milliards ?

M. le juge, on est arrivé à des choses vitales : on importe l'eau de… Marseille ! Est-ce acceptable ?

---

16 Il s'agit du général Mohamed Médiène, dit « Toufik », commandant du DRS depuis le 4 septembre 1990.

M. Nezzar a dirigé ces gens-là, les a placés au pouvoir et ils dirigent maintenant l'Algérie. Ils n'ont même pas assuré la sécurité du peuple. Ils sont pourtant militaires. Il y a des dizaines de morts chaque jour. Est-ce qu'ils ont assuré la sécurité ? Cette guerre dure depuis des années. Moi, j'aimerais que cette guerre s'arrête et que l'on sauve des vies humaines qui sont massacrées chaque jour. J'aimerais que cela arrive.

Est-ce que j'incite les gens à prendre les armes ? Non. Je dis qu'il faut faire une paix juste, avec tous les Algériens sans exception. Ils n'osent pas faire cela car ils savent qu'ils sont perdus avec leur démocratie. La démocratie, pour eux, c'est l'intégrisme ; c'est pareil. L'intégrisme et la démocratie, pour eux c'est pareil. *(H. Souaïdia désigne le général Nezzar.)* Ils savent que si l'Algérie devient un État démocratique, où il y a une vraie opposition et une vraie démocratie, il sera le premier jugé.

Applaudissements dans l'assistance.

M. Stéphan, *président*. — Ce genre de manifestation est totalement déplacé. On est sur un sujet sérieux – tout le monde le sait –, qui touche au cœur de pas mal de ceux qui sont dans cette salle. On peut comprendre une certaine réaction, mais je ne veux pas qu'elle dépasse certaines limites, sinon cela atteint le fond du débat que nous pouvons avoir et je crois que personne n'en sortira gagnant.

On sera amené à vous réinterroger au cours des débats. Y a-t-il des questions de la part de la partie civile ?

Me Farthouat, *partie civile*. — Je souhaiterais poser deux ou trois questions à M. Souaïdia. J'aimerais qu'il nous précise ce qui s'est passé entre la date de sa libération, en juin 1999, à l'issue de la condamnation dont il avait fait l'objet, et son départ en France. Il me semble qu'il s'est écoulé environ huit mois.

M. Souaïdia. — Je suis sorti le 27 juin 1999. Je suis resté trois jours dans une caserne de Blida où l'on emmène tous les détenus. C'est un centre de transit. J'ai reçu une première permission de vingt-neuf jours – comme on l'appelle dans l'armée. On attend vingt-neuf jours et après on voit si on vous radie ou pas.

Je suis rentré chez moi. Je n'avais pas vu ma mère depuis quatre ans, sauf quelques fois à travers une grille au parloir, mais je ne pouvais pas la toucher et rien faire. Elle venait de Tébessa, à 800 km de là, pour me voir. Je n'attendais que cela, voir ma mère et mes frères.

Je suis rentré, je suis allé chez moi, je me suis reposé et après j'ai pris contact avec des amis comme le lieutenant Boukachabia – dont le père était colonel de l'armée, que M. Nezzar connaît sans doute –, avec le fils de Mohamed Lamari – dont le père est actuellement un homme fort du régime – et d'autres copains. J'avais un autre copain, qui était avec moi en prison, un capitaine qui a fait ses études en France et que j'ai rencontré à trois reprises.

J'ai voyagé entre Tébessa et Alger pour mes affaires, pour essayer de trouver un visa et partir. J'avais envie de rester avec ma famille que je n'avais pas vue depuis quatre ans ; j'avais envie de rester une année, le temps de faire mes papiers et de partir.

Me Farthouat. — M. Souaïdia, pendant ces huit mois, entre juin 1999 et avril 2000, vous n'avez pas fait l'objet de persécutions particulières.

M. Souaïdia. — J'en ai parlé avant. Après ma sortie de prison, des gens du DRS venaient régulièrement, dans une voiture 306, à la boutique d'un ami qui vendait des vêtements. Ils sont venus dans la boutique pour essayer de savoir je ne sais quoi... Ces gens nous poussaient à prendre les armes. Mais je n'ai rien fait. Je suis là, je ne suis ni militaire, ni civil. Avant que je finisse ma troisième permission, ils étaient là et j'étais obligé de rester en Algérie car tous les vingt-neuf jours je devais aller pointer à Blida. Je n'avais même pas l'argent pour prendre un taxi et aller à Blida. Ces gens-là venaient de temps en temps.

Me Farthouat. — Il s'est écoulé combien de temps entre l'arrivée en France de M. Souaïdia et le moment où il a demandé l'asile politique ?

M. Souaïdia. — Je suis arrivé le 7 avril 2000 et j'ai attendu une année.

Me Bourdon montre la carte de réfugié de M. Souaïdia.

M. Stéphan, *président.* — Ce document est daté du 29 décembre 2000.

Me Farthouat. — Combien de temps s'est-il écoulé entre son arrivée et l'obtention ?

M. Souaïdia. — J'ai fait la demande environ deux mois ou deux mois et demi après mon arrivée. Avec les procédures administratives, ici, pour obtenir l'asile politique, ce n'est pas facile. On va à la Préfecture et des procédures sont à suivre.

Me Farthouat. — Est-ce que M. Souaïdia connaît le nom du malheureux garçon dont il décrit l'assassinat à Lakhdaria ?

M. Souaïdia. — J'aurais pu inventer un nom, mais je ne connais pas son nom. Je ne pense pas que c'est uniquement cet enfant qui a été brûlé à Lakhdaria. Dans le centre de détention où nous étions, toutes les unités opérationnelles dans le secteur opérationnel nous ramenaient les gens qu'ils arrêtaient pour qu'ils soient torturés [17]. C'était le seul centre de

---

17 Ces personnes pouvaient donc avoir été arrêtées dans des lieux éloignés de Lakhdaria. Ces précisions visent à éclairer le témoignage de M. Daho (voir *infra*, chapitre 3, p. 195), habitant de Lakhdaria, dont le fils a été assassiné par des terroristes en octobre 1994 et dont la défense de M. Nezzar dit qu'il s'agirait en fait de l'enfant dont Habib Souaïdia raconte comment il a été brûlé vif par ses collègues en juin 1994. Pour M. Souaïdia, cet enfant ne venait pas de Lakhdaria et ne peut donc être le fils de M. Daho.

sécurité du secteur opérationnel. Il n'y avait pas trois ou quatre centres. C'était le seul où il y avait le DRS et une compagnie des forces spéciales. Ils étaient tout le temps là. Je ne peux pas dire le nom d'un garçon que je ne connais pas.

Me Farthouat. — Dans son livre, M. Souaïdia écrit : « Le 13 février, le général Nezzar, alors ministre de la Défense, échappait à un attentat : un fourgon bourré de TNT explosait au passage de sa voiture blindée près du stade d'El-Biar à Alger. C'est cette voiture qui lui a sauvé la vie. Je n'ai pas compris comment les terroristes pouvaient connaître l'heure et l'itinéraire emprunté par le ministre de la Défense. »

J'aurais voulu savoir ce qu'il voulait dire.

M. Souaïdia. — Au moment où la bombe a explosé, l'endroit était sécurisé : ce n'est pas n'importe qui qui pouvait entrer là-bas. Je ne connais pas la réponse, mais cela m'a semblé bizarre car il y avait le cas d'un général qui roulait dans une Lancia blindée vers Alger : un pneu a éclaté et il est mort [18]. M. Nezzar était dans le même genre de voiture : une bombe a explosé, mais il n'est pas mort. Le général le connaît ; c'était le commandant de la 4e région militaire et il était contre les généraux au pouvoir.

Me Farthouat. — Je n'ai pas compris. Est-ce que M. Souaïdia veut dire que c'était un « attentat bidon », ou veut-il dire que c'était un attentat fait par les amis du général Nezzar ?

M. Souaïdia. — J'étais à Béni-Messous quand la bombe a explosé. On est sortis et quand on est arrivés, on n'a rien trouvé. On a trouvé la voiture, les gardes du corps, mais tout avait été encerclé. Des gens du PCO [19] sont descendus de Châteauneuf avec leurs cagoules. C'était un attentat. Je ne sais pas si ce sont des terroristes ou un clan du pouvoir. C'est peut-être une bombe qui a explosé comme ça.

Me Farthouat. — Pourquoi écrivez-vous cela ?

M. Souaïdia. — Il fallait noter qu'une bombe avait explosé alors que M. Nezzar était dans la voiture. Pourquoi je ne noterais pas cela ?

Me Gorny, *partie civile*. — Dans l'émission télévisée que nous avons vue, le général Nezzar est le seul à être mis en cause nommément. Je voudrais savoir pourquoi M. Souaïdia n'a pas mis en cause, en les dénommant, d'autres généraux, les chefs de gouvernement, les membres du Haut Comité d'État, les présidents de la République successifs ?

---

18 H. Souaïdia fait allusion à la mort du général Saïdi Fodhil, commandant de la 4e région militaire, le 4 juin 1996, tué selon la version officielle dans un accident de sa Lancia blindée. Beaucoup d'observateurs estiment qu'il s'agissait en fait d'un attentat commandité par un clan du pouvoir.

19 Poste de commandement opérationnel situé à Châteauneuf, service dépendant du général Smaïl Lamari, commandant de la Direction du contre-espionnage du DRS.

M. Souaïdia. — J'ai dit que cela faisait plus de dix ans qu'il n'y a pas de président. Même le poste de ministre ne veut rien dire en Algérie. président ne veut rien dire, alors imaginez un ministre ! Je ne suis pas en train de fantasmer ou de balancer des trucs. L'histoire est là. Quatre présidents se sont succédé au pouvoir depuis le coup d'État et l'interruption du processus électoral en 1992 : l'un a été assassiné, le second a démissionné et Bouteflika est là.

Permettez-moi de me poser la question. Le général Larbi Belkheir – je pose des questions – est au pouvoir depuis 1979, depuis que le chef d'État [20] est au pouvoir : il est toujours sur la chaise du chef du cabinet du président [21]. Lamari est là depuis 1993 [22]. Tous les présidents sont passés, mais la plupart des généraux que l'on connaît sont là depuis 1991 ou 1992.

Bouteflika ou un autre… Je ne crois pas que les présidents dirigent l'Algérie. Tous les Algériens savent cela. En Algérie, il vaut mieux être un général qu'un président.

M. Stéphan, *président*. — Voilà la réponse.

Me Gorny. — En 1988, le général Nezzar n'était pas chef d'état-major, ni ministre de la Défense nationale, mais adjoint au chef d'état-major. Pourquoi ne l'avez-vous jamais mentionné ?

M. Souaïdia. — Je n'étais pas dans l'armée. Dans le livre *La Sale Guerre*, je raconte ce que j'ai vu. En 1988, j'étais un civil.

Me Gorny. — En 1991, il est ministre de la Défense dans un gouvernement dont nous entendrons le chef de gouvernement demain. Avez-vous pensé à mettre en cause – j'y reviens – la responsabilité de ce chef du gouvernement ?

M. Souaïdia. — Quel gouvernement ? Ghozali, ce n'est pas un chef de gouvernement.

---

20 Il s'agit de M. Chadli Bendjedid, président de la République de 1979 à janvier 1992.

21 Bien qu'il n'ait que rarement occupé de poste de premier plan (chef du cabinet du président Chadli puis ministre de l'Intérieur d'octobre 1991 à juillet 1992 et conseiller du président Abdelaziz Bouteflika depuis septembre 2000), le général Larbi Belkheir est considéré par de nombreux observateurs comme le véritable homme fort du pouvoir militaire.

Ancien sous-lieutenant de l'armée française, il a fait sa carrière dans le sillage de Chadli Bendjedid qui en fera son conseiller une fois à la tête de l'État : « Tour à tour président du HCS, secrétaire général de la présidence de la République, puis directeur de cabinet de Chadli Bendjedid, Larbi Belkheir fut l'éminence grise du régime durant la décennie 1980. De septembre 1991 à juin 1992, il est ministre de l'Intérieur dans le gouvernement de Sid Ahmed Ghozali. Il se voit confier la tâche de préparer les élections législatives de décembre 1991, interrompues par la destitution du président Chadli. Aujourd'hui, les principaux chefs de l'armée et les réseaux du régime lui doivent tous quelque chose. En termes d'influence, Larbi Belkheir constitue, avec le général-major à la retraite Khaled Nezzar, ancien numéro un de l'armée, le duo le plus actif en coulisses » (ALGERIA INTERFACE, <www.algeria-interface.com>, 2000).

22 Le général Mohamed Lamari a été nommé chef d'état-major de l'ANP en juillet 1993.

Me Gorny. — Qu'est-ce que c'est ?

M. Souaïdia. — Il était en France, on lui a téléphoné : « J'ai besoin de vous, vous allez être Premier ministre. » N'importe qui aimerait être Premier ministre.

Me Gorny. — La réponse est non satisfaisante. En 1992, s'est créé un Haut Comité d'État, c'est-à-dire une présidence de la République collégiale avec cinq personnes à la tête de ce comité, dont M. Boudiaf. Pourquoi ne pas avoir recherché la responsabilité de l'un ou de l'autre des cinq membres agissant de manière collégiale, mais uniquement celle du général Nezzar ?

M. Souaïdia. — Parce que cela revient aux militaires, puisqu'ils décident tout. Personnellement, je n'ai rien à reprocher à M. Boudiaf qui est un « historique », et tous les Algériens le connaissent. C'est un homme historique qui a été tué dans des conditions troublantes. On n'a jamais élucidé qui est derrière l'assassinat du président.

Je crois qu'il faut se poser la question parce que le premier président qui a commencé à parler de la mafia, c'est le président Boudiaf. C'est sur cette phrase-là ou ce mot-là que M. Boudiaf a été tué. Ce ne sont pas les islamistes, comme certains le disent. Quant à Ali Haroun et les autres, je ne les connais pas, je n'ai que trente ans, mais j'entends parler d'eux à travers la presse comme tout le monde.

Je crois que la vraie décision est entre les mains des généraux, des décideurs algériens. Qu'il s'agisse de MM. Nezzar, Lamari, Toufik, Belkheir, Smaïn, c'est une seule famille. C'est eux qui décident, c'est eux qui font ce qu'ils veulent des Algériens et du sort de l'Algérie.

Je ne suis pas un politicien, M. le juge, je n'essaie pas d'analyser ou de faire des critiques. J'ai donné mon avis sur un pouvoir, ce que n'importe quel autre Algérien pourrait donner. Vous n'avez qu'à aller en Algérie pour comprendre ce qui se passe.

La Kabylie a montré le rejet du peuple pour ce pouvoir. Ils le savent très bien, même M. Nezzar, qu'ils sont refusés par le peuple qui leur demande de partir, mais ce sont les affaires…

Me Gorny. — Dans le cadre du procès Sifaoui, que M. Souaïdia connaît bien, le propriétaire fondateur du journal *El Watan* a déclaré : « Je pense que Souaïdia a passé quatre ans en prison et qu'il a voulu se venger de sa hiérarchie. » M. Souaïdia peut-il nous dire ce que cette déposition lui inspire ?

M. Souaïdia. — C'est lui qui dit cela, c'est Sifaoui.

M. Stéphan, *président*. — C'est le propriétaire d'*El Watan* entendu comme témoin.

Me Gorny — Il est directeur de publication, ce qui n'est pas neutre.

M. Souaïdia. — Il a aussi déclaré qu'il avait des doutes sur certains assassinats [23], et que peut-être ils avaient été tués par l'armée. Il dit que la torture existe. Je ne peux pas dire autre chose sur lui. Je ne le connais pas, j'ai eu une ou deux fois un débat avec lui.

Me Bourdon, *défense*. — M. Souaïdia, le président a demandé ce que recouvrait l'expression « Ils sont lâches ». Vous avez donné un élément d'explication, la fuite précipitée de nuit, et on comprend à travers votre réponse que le mot « lâche » va au-delà de cette fuite précipitée, mais qu'elle vise le fait de ne pas, pour quelqu'un qui commet des crimes, assumer ses responsabilités.

Ma question est la suivante : vous avez indiqué que dans le régime tel qu'il est en Algérie, il était impossible de solliciter des témoignages, d'obtenir les réponses que l'on voulait. C'est le royaume de l'arbitraire.

La partie adverse a communiqué vendredi un certain nombre de pièces concernant M. Souaïdia : des témoignages, un document provenant de l'institution militaire. Quel est le regard que vous jetez sur ces pièces communiquées par les avocats ?

M. Souaïdia. — J'aimerais vous dire, M. le juge, que si l'Algérie était un pays de droit, je pourrais croire à des témoignages, aux gens qui veulent témoigner, mais ce n'est pas le cas. Tout le monde sait qu'il y a des violations des droits de l'homme en Algérie, la torture, les exécutions, la presse en a parlé. Les ONG ont parlé de cela.

Comment peut-on amener des témoignages pour un tribunal, pour votre tribunal, pour dire que je suis menteur, voleur ou même violeur ? Vraiment, croire à ces témoignages c'est dire qu'il y a une liberté en Algérie, ce qui n'est pas le cas.

Me Bourdon. — Particulièrement, un document indique que vous n'avez jamais fait l'Académie militaire alors que vous l'avez faite.

M. Souaïdia. — Il a été dit que j'avais été radié en tant qu'officier. Mais M. le général-major, le chef d'état-major des armées, quand il a communiqué après la sortie du livre *La Sale Guerre*, a dit : « M. Souaïdia est un ex-sous-lieutenant. » Il a confirmé que j'étais sous-lieutenant, que j'étais dans une unité opérationnelle. Même la presse algérienne a confirmé.

Maintenant, ils sortent des pièces où ils disent que j'ai été radié de l'armée quand j'étais élève officier, parce que mon père a été commandant dans l'armée française. Mon père n'a jamais été commandant dans

---

23 De civils et de journalistes ; ce qu'a rapporté en ces termes l'association Reporters sans frontières : « Le 5 novembre, Omar Belhouchet est condamné à un an de prison ferme pour "outrage à corps constitué" en raison de déclarations faites en octobre 1995 à la chaîne de télévision française Canal Plus. Dans cette interview, le directeur d'*El Watan* déclarait : "Il y a des journalistes qui gênent le pouvoir. Et je ne serais pas étonné demain si j'apprenais que certains de mes collègues ont été assassinés par des hommes du pouvoir" » (REPORTERS SANS FRONTIÈRES, *Algérie : les violations de la liberté de la presse de 1992 à 1998*, mai 1998).

l'armée. Comme d'autres Algériens, il a fait la guerre d'Indochine et M. Nezzar connaît cela.

Ils ont fait un autre dossier pour dire que je n'ai pas été sous-lieutenant dans les unités opérationnelles. Je n'arrive pas à comprendre. C'est un usage de faux. Ils fabriquent des preuves, ils ont une administration, ils ont l'argent, ils ont une justice.

Me Bourdon. — Est-ce que le général Nezzar a communiqué des faux devant le tribunal ?

M. Souaïdia. — Oui.

Me Comte, *défense*. — Vous êtes sûr de vous ?

M. Souaïdia. — Oui.

Me Bourdon. — Le général Nezzar, dans son audition du 4 avril 2002 et dans le mémoire qui a été communiqué au Parquet par ses conseils [24], dit : « J'ai toujours été impitoyable avec les abus et les dépassements commis par des forces de sécurité dans l'exercice de leurs fonctions. » On comprend au travers de l'audition du général Nezzar qu'il parle de « bavures ».

Les exactions dont vous parlez, peut-on les qualifier de « dérapages », de « bavures » qui peuvent se comprendre en cas de lutte impitoyable, ou considérez-vous qu'elles s'inscrivent dans le cadre d'une politique, qu'elles sont le résultat de l'application d'ordres et d'instructions ?

M. Souaïdia. — J'ai été étonné quand ils ont parlé de la liste remise au « panel » [25]. Les autorités algériennes ont donné les noms de certains

---

24 Suite à la plainte pour tortures déposée contre lui le 25 avril 2001 devant le Parquet de Paris (voir *supra*, note 14, p. 44), le général Nezzar a fait remettre, le 17 décembre 2001, par ses conseils (Mes Jean-René Farthouat, Bernard Gorny, Khaled Bourayou, Abderrahmane Boutamine, Zoubeir Soudani), au procureur de la République du tribunal de grande instance de Paris, un « Mémoire » entendant réfuter les termes de cette plainte (ce « Mémoire » et ses annexes ont été publiés en juillet 2002 sous forme de livre – cosigné par Ali HAROUN, Leïla ASLAOUI, Khaled BOURAYOU, Kamel REZZAG-BARA, Abderrahmane BOUTAMINE et Zoubeir SOUDANI, et préfacé par Rédha Malek – par les Éditions Publisud à Paris, sous le titre *Algérie : arrêt du processus électoral, enjeux et démocratie*).

Puis, le 4 avril 2002, le général Nezzar est venu spécialement à Paris pour être entendu, à sa demande, par la Brigade criminelle sur les termes de la plainte d'avril 2001. Suite à cette audition, Mme Fabienne Goget, premier substitut près la 4e section du Parquet du tribunal de grande instance de Paris, en charge du dossier, a décidé de classer définitivement sans suite la plainte, ayant estimé que cette audition n'avait pas apporté des « éléments de nature à [la] convaincre de prendre, en l'état, l'initiative de poursuites à l'encontre du général Nezzar ».

25 Sur la mission de l'ONU qui s'est rendue en Algérie au cours de l'été 1998, voir *infra*, chapitre 1, note 29, p. 60. Dans le « Mémoire » précité des conseils de M. Nezzar, ceux-ci écrivent : « C'était dans le but de répondre à l'opinion internationale inquiète du comportement de l'armée algérienne qui aurait péché par laxisme face aux excès de ses propres membres, que la liste jointe (annexe n° 27) fut remise en août 1998 au "panel de l'ONU". Cet organe qui enquêta en Algérie sous la direction du président

militaires au « panel », soi-disant pour dire que les personnes qui ont commis des dépassements ont été arrêtés et jugés.

Cela m'a étonné, M. le juge. Il y avait mon nom et d'autres noms, et tous étaient des gens que M. Nezzar et l'armée accusaient d'avoir commis des dépassements. Je vais vous donner un exemple, et j'en ai plusieurs. Il parle d'un groupe d'officiers et de sous-officiers.

Là c'est un officier du DRS (Département de renseignements et de sécurité), qui s'appelait Benyacoub Mahfoud. Il travaillait au MDN et n'était pas dans une unité opérationnelle, c'était un bureau administratif. Le deuxième est Kbeïli, un adjudant qui était le garde du corps d'un général. Le troisième s'appelle Kamel dit « Toro » ; il était opérationnel dans le CPMI [26], un centre de torture, où il travaille jusqu'à maintenant. Il était garde du corps d'un ambassadeur au Nigeria.

Imaginez comment ils essaient de faire monter des pièces ; des gens comme cela n'ont rien à voir avec l'opérationnel, ils n'ont pas fait d'opérations de maintien de l'ordre, mais leur nom est remis au « panel » pour indiquer : voilà les gens qui ont fait des dépassements.

Un autre cas n'a pas été cité dans la liste de « panel ». Je connais un lieutenant Mouloud Rouani, et je me demande pourquoi les avocats n'ont pas cité le nom de ce pauvre malheureux. Il s'appelle Rouani. Il était dans le 17e régiment d'infanterie mécanisée et était stationné à Larbaa. En 1996, il a reçu l'ordre du général-major qui était commandant dans la 1re région

---

Mario Soares, comprenait parmi les cinq membres du groupe, Mme Simone Veil. Sur la liste des soixante-huit délinquants militaires transmise au panel se trouvait le nom de Souaïdia. L'on ne saurait de bonne foi prétendre que les autorités militaires algériennes auraient créé un faux procès pour les besoins de la cause, puisque le livre attribué à Souaïdia n'était ni écrit ni publié, lorsque le "panel onusien" se rendit en Algérie. »

Dans leur « Mémoire en réponse » au « Mémoire » de M. Nezzar, document transmis au procureur de la République à l'appui de la nouvelle plainte pour tortures déposée le 28 juin 2002 au nom de six plaignants par Mes William Bourdon et Antoine Comte (et également communiqué à la partie adverse et au tribunal dans le cadre du présent procès ; ce document est consultable sur le site de Algeria-Watch, à l'adresse : <http://www.algeria-watch.org/farticle/nezzar/reponse_memoire.htm>), ceux-ci ont répondu en ces termes à cet argument : « Quant à l'annexe n° 27 remise par le général Nezzar, simultanément avec son mémoire, qui se présente comme une liste remise au panel onusien des affaires traitées par les juridictions militaires, sa lecture confond à nouveau le général Nezzar dans sa tentative de manipulation des juridictions françaises.

« En effet, réserve à nouveau étant faite dès lors qu'il ne s'agit que d'un document dactylographié, sans être accompagné de copie de décisions, force est de reconnaître que sa lecture révèle qu'il s'agit pour l'essentiel d'affaires que l'on pourrait qualifier de vandalisme, c'est-à-dire de vols commis par des soldats en opération ou d'attentats à la pudeur, pour quelques-unes d'entre elles d'abus très graves commis par des groupes de légitime défense, c'est-à-dire des civils et non pas des militaires.

« Ainsi, il ne résulte ni de cette annexe ni de la précédente, que des militaires en fonction, alors qu'ils procédaient à des arrestations et à des interpellations, ont été poursuivis et condamnés précisément pour des faits de tortures sur les personnes arrêtées. »

26 Centre principal militaire d'investigation (CPMI), installé à Ben-Aknoun (dans la banlieue d'Alger), dépendant de la Direction centrale de la sécurité de l'armée (DCSA), branche du DRS commandée de 1990 à 1997 par le général Kamel Abderrahmane.

militaire – le général M. Nezzar le connaît –, après l'arrestation de six ou sept personnes, après la torture, de les exécuter. Il a appliqué l'ordre. Mais – je ne peux pas dire malheureusement pour lui, car il a tué – une de ces personnes a pu s'échapper. Il connaissait un très bon avocat à Alger et celui-ci a commencé à dénoncer. Ils ont camouflé cette affaire. Ils ont condamné Rouani, bien qu'il ait dit que ce sont le général Bey Saïd et le lieutenant-colonel Boubachir qui lui avaient donné l'ordre. Imaginez qu'un général de la 1re région militaire vienne au tribunal miliaire et demande de quoi on l'accuse ! Jamais !

Il a été condamné à quinze ans de prison, tout seul, alors que le vrai responsable de la mort, celui qui a ordonné l'exécution de ces gens, est aujourd'hui chef de la 5e région militaire.

Je jure, M. le juge, si on doit faire une commission d'enquête et si on veut m'emprisonner, je suis prêt, même s'ils veulent me tuer. On prouvera ce que je dis. *(S'adressant à M. Nezzar.)* Cela fait des années que vous fabriquez les pièces, malheureusement vous n'êtes pas à la hauteur.

M. Stéphan, *président*. — On évoque un document qui a été fourni par la partie civile qui répertorie un certain nombre d'actions qualifiées de « dépassements ». C'est le terme utilisé. Cette liste à été remise à des membres d'une mission de l'ONU.

M. Souaïdia. — Si vous avez observé cette liste : il y a uniquement viol et vol, et pas de torture ni d'exécutions. Parmi les personnes répertoriées, il y a douze ou treize officiers et six ou sept hommes de troupe. Dans une prison militaire où l'on peut mettre 1 600 prisonniers, ils ne seraient que 68 ayant commis des dépassements au niveau de l'Algérie ?

Me Bourdon. — On reviendra sur la question du document qui vise un certain nombre d'affaires.

Dans la foulée du commentaire de M. Souaïdia sur les faux documents, qu'en est-il des menaces qui pèsent sur ceux qui veulent déposer plainte ? Je ne parle pas simplement des menaces qui s'exercent contre ceux qui sont toujours en Algérie, mais aussi ceux qui sont en France. Que savez-vous des agissements menés pour dissuader certains plaignants de déposer plainte ou de retirer leur plainte en Algérie ?

M. Souaïdia. — L'Algérie, c'est un État de non-droit. Il n'y a pas de justice. En tant que civil, il était impossible de témoigner contre un militaire. C'est impossible pour lui. Il est impossible de dire que son fils ou son père a été torturé. Aucune plainte n'a été déposée en Algérie contre un service quelconque. J'ai entendu parler des trois plaintes déposées à Paris après que M. Nezzar a quitté la France malheureusement.

J'ai parlé avec l'un des plaignants [27]. Il m'a dit que son fils a été enlevé à Alger. Il a été contacté et on lui a clairement dit que s'il allait témoigner,

---

27 Il s'agit de M. Abdelouahab Boukezouha, dont le fils a été arrêté à Alger en avril 2002 pendant quelques jours, par des éléments du DRS. Voir le communiqué à ce sujet de

il ne verrait plus son fils. Il me l'a confirmé. C'est ce qu'il dit et je ne suis pas le seul à dire cela. Il y a pas mal de témoins. Si vous entendez des Algériens, ils vous diront que cela se passe comme ça en Algérie. Quelqu'un ne peut pas témoigner en Algérie contre l'armée, car c'est impossible.

Me Comte. — On a énormément parlé de votre livre, qui n'est pas poursuivi à votre connaissance ?

M. Souaïdia. — Non, pas du tout. J'aimerais bien.

Me Comte. — Pouvez-vous dire au tribunal pourquoi vous pensez que votre livre n'a pas été poursuivi et pourquoi l'on vous fait aujourd'hui un procès sur des déclarations qui ont été faites à la télévision plusieurs mois après ?

M. Souaïdia. — Je sais que les généraux en Algérie ne peuvent pas me juger sur le livre, car c'est un livre intéressant qui s'est vendu à 70 000 exemplaires et qui a été traduit en sept langues. Pourtant, j'ai cru à un moment qu'ils allaient m'attaquer en diffamation ; c'est leur droit absolu s'ils croient que j'ai écrit des mensonges quelconques sur les exécutions, les massacres et la torture. J'étais prêt, ici, en France, ils pouvaient m'attaquer, mais ils ne l'ont pas fait. Cela m'a toujours étonné.

Moi-même, parfois à la télévision ou à la radio, j'ai fait un appel : si quelqu'un a quelque chose contre moi ou si l'on veut me juger, que l'on dépose une plainte contre moi. Et maintenant, M. Nezzar m'attaque pour quatre ou cinq lignes que j'ai dites à la cinquième chaîne, alors que le livre a presque 200 pages et que j'y ai décrit des assassinats, des tortures ; j'ai dénoncé le pouvoir algérien, tous les généraux sans exception. Pourquoi ne m'ont-ils pas attaqué sur ce sujet ?

Pour moi, c'est clair. Le pouvoir a peur d'une commission d'enquête. Je vous le dis, M. le juge, ils ont peur d'une commission d'enquête, même nationale, avec des gens honnêtes. Ils ont peur parce qu'ils vont passer devant les tribunaux pour crimes de guerre. Je vous le dis, j'en suis sûr, comme la plupart des Algériens. Je ne suis pas en train de mentir. Je sais de quoi je parle. C'est cela leur problème.

Me Comte. — Je voudrais à ce sujet « tordre le cou » à une affirmation, répétée à plusieurs reprises dans la citation qui vous saisit, selon laquelle M. Souaïdia dans l'émission n'aurait pas traité de la même manière le plaignant. Je voudrais, M. Souaïdia, que vous lisiez la page 191 de votre livre, *in fine*, pour que le tribunal mesure à quel point vous avez dit bien pire dans le livre que dans l'émission.

M. Souaïdia. — « Ces généraux n'ont jamais voulu "défendre la République" ; ils ont déclaré la guerre à tout le peuple algérien et non aux islamistes, une sale guerre d'intérêts pour défendre leur pouvoir et leur argent, celui du pétrole, qu'ils volent depuis des années aux Algériens et qu'ils

---

Mes William Bourdon et Antoine Comte, en date du 17 avril 2002 : <http://www.algeria-watch.org/farticle/nezzar/amin_boukezouha_enleve.htm>.

veulent transmettre à leurs enfants. Khaled Nezzar, Larbi Belkheir, Mohamed Lamari, Mohamed Médiène, Fodhil Chérif, Smaïn Lamari, Gaïd Salah, Liamine Zéroual, etc., la liste est longue de tous ces "décideurs" qui ont plongé l'Algérie dans le malheur. À cause de quelques centaines de terroristes islamistes, ils ont combattu tous les musulmans algériens au point que chacun a maintenant peur de dire qu'il est pratiquant. »

M. Stéphan, *président*. — On peut terminer sur ce que vous avez dit vous-même dans l'émission, le fait que vous soyez presque étonné d'être toujours en vie par rapport à ce qui s'est passé, le fait que par rapport aux menaces à l'égard d'autres personnes, dont vous venez de parler, vous êtes passé au travers. Comment expliquez-vous cela ?

M. Souaïdia. — Dans une guerre comme celle-là, on ne peut pas tout contrôler. Je ne suis pas le seul militaire qui a pu s'échapper et sortir vivant de cette guerre. Il y a beaucoup de militaires. Mon cas est semblable à celui des autres militaires, chacun a sa destinée et a fait ce qu'il fallait faire pour quitter l'Algérie.

Je ne peux pas dire que je suis un Rambo ou un James Bond, je suis un simple Algérien, j'ai eu de la chance de sortir d'Algérie et j'ai toujours voulu que ces généraux paient leur crime ; un jour ou l'autre, ils devront le payer.

Je n'ai aucune explication, sauf que j'ai eu des menaces à la prison. Généralement, quand on entre à Blida, on ne sort pas intact. Je peux vous le confirmer. Un plaignant qui a fait un livre sur Blida pourrait vous raconter cela [28]. Je n'ai pas raconté l'enfer de Blida, mais j'aurais pu être tué ou même sortir fou, ce qui n'est pas mon cas.

Il fallait que des gens sortent vivants, qu'ils témoignent. Ils n'ont pas réussi à m'avoir parce que je ne suis pas islamiste ; même si je suis musulman et que je pratique, ils le savent. Pour eux, un islamiste, c'est lui qu'il faut avoir. C'est ce qu'ils ont fait avec pas mal de militaires, policiers et gendarmes. J'ai réussi à rester en vie. Je pense que c'est grâce à Dieu.

M. Stéphan, *président*. — On va s'arrêter jusqu'à 17 h 15.

L'audience est suspendue à 16 h 56 et reprise à 17 h 20.

Audition du général Khaled Nezzar

M. Stéphan, *président*. — M. Nezzar, vous êtes partie civile dans ce procès et vous avez manifesté, par l'intermédiaire de vos avocats, le désir de faire une déclaration préalable.

---

28 Il s'agit de : Lyès LARIBI, *Dans les geôles de Nezzar*, Paris-Méditerranée, Paris, juin 2002.

M. Nezzar. — Avant de passer à cette déclaration, M. le président, permettez-moi de dire que M. Souaïdia, en intervenant tout à l'heure, a fait la relecture de son livre, a planté le décor pour ceux qui ne l'ont pas lu. S'agissant de toutes les questions qu'il a soulevées, mes conseils ainsi que les témoins qui passeront répondront à ces questions.

Je voudrais commencer par mes états de services avant de passer à cette déclaration. Je suis le général Nezzar, né à Seriana près de Batna, le 25 décembre 1937.

J'ai rejoint l'Armée de libération nationale le 27 avril 1958 après avoir milité pendant près d'une année au FLN. À l'indépendance, dès novembre 1962, je suis nommé capitaine et j'ai commandé un sous-groupement, l'équivalent du régiment français des années cinquante. Adjoint au secteur opérationnel à la frontière ouest lors des événements avec le Maroc, j'ai rejoint fin 1964 l'Académie de Frounzé en ex-URSS pour y suivre la formation d'état-major.

J'ai pris le commandement d'une brigade d'infanterie motorisée le 30 septembre 1966. J'ai participé à la guerre d'usure en Égypte de 1968 à 1969 et je suis nommé au grade de commandant le 19 juillet de la même année.

En 1970, je suis encore une fois en ex-URSS pour un stage de parachutisme, puis premier commandant de l'école des parachutistes à Biskra de 1971 à la fin de l'année 1976. Je suis nommé au grade de lieutenant-colonel en novembre 1974.

De 1976 à fin 1977, je suis à l'École supérieure de guerre de Paris, puis je suis rappelé lors de la guerre du Sahara occidental pour prendre le commandement du groupement opérationnel de Biskra, près de 25 000 hommes, pendant trois années.

J'ai été nommé colonel le 19 juillet 1979, je suis le commandant de la 3e région militaire de Béchar pendant trois autres années. Par la suite, je suis chef de la 5e région militaire de Constantine, de septembre 1982 au 31 décembre 1984. Nommé général en novembre 1984, j'arrive pour la première fois à Alger le 1er janvier 1985 pour prendre les fonctions de sous-chef d'état-major chargé du département de la logistique au ministère de la Défense nationale.

Commandant des forces terrestres et adjoint au chef d'état-major le 16 juin 1985, je suis chargé par le chef de l'État de présider la restructuration des forces. Chef d'état-major le 16 novembre 1988, je suis nommé ministre de la Défense nationale le 25 juin 1990. En 1992, je suis membre du Haut Comité d'État et ministre de la Défense nationale. Il fut mis fin, sur ma demande, au poste de ministre de la Défense nationale le 10 juin 1993. À la fin du mandat présidentiel, soit le 1er janvier 1994, il est mis fin à mes fonctions de membre du Haut Comité d'État, HCE, et je suis admis à faire valoir ma retraite.

M. le président, à travers ce parcours classique d'un militaire, il apparaît clairement que je ne suis pas un assoiffé de pouvoir, à l'instar de l'ensemble de mes compagnons. M. le président, sachant que la nature du problème de l'Algérie est difficile et complexe à la fois, et au risque de faire des digressions, je préfère tout d'abord lire une déclaration, étant entendu que je resterai à votre disposition pour toutes les questions que vous jugerez utiles.

Ci-joint ma déclaration préliminaire.

M. le président,

En ouverture de ces débats, permettez-moi d'expliquer pourquoi j'ai décidé de saisir votre juridiction. Il ne m'appartenait pas, en qualité d'ancien ministre de la Défense d'un pays indépendant, de plaider devant un tribunal étranger pour des faits relatifs à l'exercice de ma fonction. Seules les juridictions de mon pays auraient été normalement compétentes pour en connaître.

Cependant, malgré les réticences de certains et les incompréhensions de beaucoup de mes compagnons, j'ai en toute conscience pris la décision de déposer ma plainte devant le tribunal de Paris, dès lors que les assertions de certains milieux médiatiques européens et spécialement français tentent de faire croire à l'opinion mondiale que les odieux massacres perpétrés par les islamistes intégristes seraient l'œuvre de l'armée algérienne ou, à tout le moins, le résultat de son coupable laxisme.

Une procédure en Algérie aurait été, aux yeux de mes accusateurs, frappée de suspicion au motif maintes fois évoqué d'une justice subordonnée au pouvoir.

Persuadé que mon comportement a toujours été celui d'un homme d'honneur, élevé dans le respect de la dignité humaine, je ne crains pas d'explication, à visage découvert, devant une juridiction que nos détracteurs n'oseraient accuser de partialité.

M. le président,

Une plainte pour torture, en vertu de la Convention du 10 décembre 1984, a été déposée contre moi devant M. le procureur de la République du tribunal de grande instance de Paris.

Les faits avancés par les plaignants rejoignent totalement ceux allégués par M. Habib Souaïdia. Après ma comparution volontaire et mon audition, cette plainte a été classée sans suite. Aussi est-ce devant la même juridiction que je souhaite évoquer en audience publique la tragique réalité de mon pays pour éclairer la religion de votre tribunal.

Au-delà des propos diffamatoires à l'égard de ma personne, c'est en réalité sur tout un peuple, son gouvernement et son armée, confrontés au terrorisme intégriste, que les diffamateurs et leurs porte-voix tentent de jeter l'opprobre. Ces allégations ayant été tenues et amplifiées dans la capitale de la France, j'ai saisi la justice française car je crois en la Justice Universelle.

Depuis 1980, tout particulièrement durant les douze dernières années, l'Algérie a été l'objet d'une tentative d'assujettissement à un ordre rétrograde, moyenâgeux, tirant ses justifications d'une exploitation de l'islam aussi aberrante que sanguinaire. En y résistant et en s'y opposant, l'action de la majorité des citoyens, spécialement des femmes algériennes, et des institutions constitutionnelles s'appuyant sur l'Armée nationale populaire (ANP), a eu pour but de préserver l'ordre gravement menacé par les intégristes et d'assurer le fonctionnement normal des services publics. Il fallait absolument éviter au pays la guerre civile et un glissement inéluctable vers l'afghanisation. En un mot, s'opposer aux Talibans.

C'est après les premières élections législatives pluralistes de décembre 1991-janvier 1992 que le pays s'est trouvé au bord du gouffre, risquant avec l'arrivée au pouvoir des « fous de Dieu » de sombrer dans l'irrationnel et la barbarie. Les résultats du premier tour du scrutin devaient entraîner la chute inéluctable de la République dans les ténèbres d'un régime totalitaire des siècles révolus. D'ailleurs, le porte-parole le plus autorisé du FIS n'avait-il pas déclaré le 23 février 1989, je cite : « Le multipartisme ne peut admettre l'apparition de partis qui prônent la contradiction avec l'islam. [...] La seule source de pouvoir c'est Allah à travers le Coran. [...] Si le peuple vote contre la loi de Dieu, c'est un blasphème. [...] Les oulémas ordonnent dans ce cas de tuer ces mécréants [qui] veulent substituer leur autorité à celle de Dieu. »

Fallait-il épargner à la nation cette régression mortelle et dès lors interrompre le processus électoral ? Mais cette interruption était-elle une violation des principes démocratiques ? Tel était le terrible dilemme qu'il fallait absolument et sur-le-champ résoudre. Pour les démocrates, travailleurs, intellectuels, syndicalistes, anciens maquisards, pour les associations féminines, pour l'armée et les services de sécurité, l'État islamique intégriste est la négation de la démocratie.

Aucun scrutin, même apparemment régulier, ne saurait le légitimer.

Aussi, sans porter atteinte aux dispositions constitutionnelles comme il sera montré au cours des débats, le processus électoral a été interrompu, et une transition instituée, pour préparer le retour aux élections dès novembre 1995.

C'est précisément cet acte salvateur que le FIS (Front islamique du salut) entend avilir, autant par ses propres militants que par ses porte-voix, dont Habib Souaïdia, ses commanditaires et soutiens, en France et à l'étranger, sont les agents conscients.

Dans le cadre de cette campagne diffamatoire, menée particulièrement en Europe contre l'armée algérienne et sa hiérarchie, la chaîne française de télévision « La Cinquième », lors de l'émission « Droit d'auteurs, spécial Algérie », a permis à Habib Souaïdia de porter atteinte à mon honneur et à ma dignité.

Dans ses allégations diffamatoires, Souaïdia utilise notamment les expressions que je cite textuellement :

1) « C'est eux qui décident (c'est-à-dire les généraux). Il n'y a pas de président. »

2) « C'est eux qui ont décidé d'arrêter le processus électoral. C'est eux les vrais responsables. C'est eux les vrais responsables. »

3) « Je ne peux pardonner au général, ex-ministre de la Défense, des crimes qu'il a commis. »

4) « Ils sont trop lâches. Un ministre de la Défense nationale qui dit qu'il a protégé la République. De qui ces gens parlent ? »

5) « Lui quitte la France à minuit, il n'a pas le courage de dire : "Si vous avez quelque chose contre moi, je suis là, jugez-moi." C'est pas un général-major, c'est un djoundi *(simple soldat) quelqu'un comme ça, il doit passer devant le tribunal. »*

Fin de citation.

À ces affirmations, le journaliste de « La Cinquième » avance : « Le soutien de la guerre par les ventes d'armes et le blanchiment de centaines de millions de dollars avec la complicité des autorités françaises. »

Sur aucun de ces points, M. Souaïdia n'apporte la preuve de ses allégations. Cette incapacité suffit à démontrer la gravité de ses accusations. Aussi, pour échapper à une juste sanction, il tentera de s'abriter derrière la bonne foi.

Je laisse aux débats et à mes conseils le soin de démontrer au tribunal quel crédit accorder à cet ancien sous-lieutenant rayé des cadres de l'armée, après sa condamnation par le tribunal militaire de Blida, pour avoir, avec ses complices, deux lieutenants et un sergent, dépouillé au cours de sa mission de contrôle de paisibles automobilistes, volé des biens de la collectivité et menacé de son arme de service des fonctionnaires de l'administration.

M. Souaïdia figure d'ailleurs sur la liste des militaires condamnés pour crimes ou délits dans le cadre de la restauration de l'ordre, remise au « panel » de l'ONU en août 1998[29]*.*

---

29 Du 22 juillet au 4 août 1998, une « mission d'information » (dite « panel ») a été dépêchée en Algérie, avec l'accord du gouvernement, à la demande du secrétaire général des Nations unies. La délégation, présidée par M. Mario Soares, était composée de Mme Simone Veil, MM. I. K. Jurgal, Abdel Karim Kabariti, Donald McHenry et Amos Wako. Survenant quelques mois après les grands massacres de civils qui avaient bouleversé l'opinion internationale à la fin 1997, cette mission avait pour objet de dresser un tableau de la situation en Algérie « pour en donner une plus grande clarté ». Il ne s'agissait donc pas d'une « commission d'enquête », comme ont pu l'affirmer certains témoins de la partie civile. Rendu public un mois plus tard, le rapport du « panel » a été jugé par la majorité des observateurs comme très timoré, et relayant très largement les positions du pouvoir algérien, en particulier sur la question des droits de l'homme (voir les réactions : <http://www.algeria-watch.org/farticle.htm#onu>).

Le panel a certes rendu compte de témoignages faisant état d'exactions des forces de sécurité (voir *infra*, chapitre 2, note 26, p. 126). Mais il a surtout repris la thèse officielle selon laquelle le terrorisme était presque vaincu, même si on pouvait déplorer des « bavures » et « dépassements ». Il a même expliqué des exécutions extrajudiciaires par le fait que « les terroristes préfèrent être tués que d'être pris vivants » pour ne pas donner d'informations aux militaires… Le panel a fait également un résumé étonnant d'un récent rapport du Comité des droits de l'homme de l'ONU (HUMAN RIGHTS COMMITTEE, *Consideration of Reports Submitted by States Parties under Article 40 of the Covenant, Concluding Observations of the Human Rights Committee*, August 1998, <http://www.unhchr.ch/tbs/doc.nsf/(Symbol)/CCPR.C.79.Add.95.En ? Open-

Pour ma part, je me propose de démontrer devant votre juridiction le caractère diffamatoire de ses allégations.

En ce qui concerne la démission du président Chadli, et sans entrer dans le détail que mes conseils aborderont plus amplement, je rappelle qu'il a volontairement démissionné de ses fonctions pour les raisons exposées dans sa lettre du 11 janvier 1992 au Conseil constitutionnel. Il s'en est d'ailleurs expliqué le 9 janvier 2001 dans son interview à un journal indépendant algérois.

De plus, c'est sur avis du Conseil constitutionnel, que le Haut Conseil de sécurité a désigné l'instance de transition chargée de terminer le mandat du président de la République démissionnaire. Ce Haut Comité d'État (HCE) fut placé sous l'autorité du président Boudiaf dont le patriotisme, les convictions démocratiques, la rigueur et la droiture sont reconnus, et dont l'assassinat fut indignement applaudi par les responsables du FIS. Néanmoins, le Haut Comité d'État termine sa mission dans le délai imparti en janvier. En janvier 1994, la Conférence nationale de consensus appelle M. Liamine Zéroual pour assurer la transition en qualité de chef d'État. En novembre 1995, il est élu président de la République lors d'un scrutin, dont en France même on a noté la régularité et le pourcentage élevé de participation.

Ce sont précisément ces trois institutions, le Haut Comité d'État, le président de l'État, puis le président de la République, auxquelles il incomba d'assurer la défense de la République contre les assauts du terrorisme intégriste, dont les chefs revenus d'Afghanistan entendaient soumettre l'Algérie au régime sanguinaire de l'État théocratique islamiste.

Dans le respect des textes régissant les situations d'exception, à l'instar de tous les pays démocratiques, l'armée algérienne a rempli son devoir. Des dizaines de milliers de membres de l'ANP sont tombés... et il en tombe encore pour préserver l'Algérie de ce terrorisme transnational, dont les tentacules menacent aujourd'hui le monde.

Je voulais rappeler que nous avons toujours considéré que ce dangereux fléau, dont souffre encore mon pays, menacera l'humanité entière, comme le 11 septembre 2001 l'a tragiquement illustré.

Persuadés que l'armée algérienne, et sa hiérarchie, constituent pour eux un obstacle infranchissable, les islamistes algériens du FIS, leurs alliés et certaines chapelles idéologiques européennes, conscientes ou non, continuent d'abuser l'opinion sur le « qui tue qui ».

---

document>), en ne mentionnant que les deux seuls points de ce rapport favorables au gouvernement algérien, oubliant ainsi que le Comité avait condamné de façon explicite les autorités algériennes pour les violations des droits de l'homme par les forces de sécurité (notamment la torture, y compris dans les lieux de détention, et les disparitions), pour l'absence de protection des populations et le défaut d'organisation d'enquêtes indépendantes et impartiales (voir *infra*, chapitre 1, note 65, p. 83).

Lorsqu'un acte terroriste est perpétré à Louxor, on l'attribue logiquement à la Djamaâ Islamyâ ; lorsqu'il se produit à Madrid, on évoque sans hésiter l'ETA ; à Londres, l'IRA ; à Washington et à New York, on condamne Ben Laden et Al Qaïda. Mais en Algérie, les promoteurs du livre publié par M. François Gèze, et dont M. Souaïdia est censé être l'auteur, s'interrogent et finissent par accuser l'armée régulière. On a même vécu le paradoxe d'un attentat suicide contre le commissariat central d'Alger, causant une centaine de victimes, fièrement revendiqué par Anouar Haddam, dirigeant du FIS, et contesté par l'un de ses partenaires de Sant'Egidio qui l'attribue au pouvoir algérien[30].

---

30 En novembre 1994 et janvier 1995, les représentants de l'opposition algérienne se sont réunis à Rome, sous les auspices de la communauté catholique italienne de Sant'Egidio. Il s'agissait des « trois Fronts » (FLN/Front de libération nationale, FFS/Front des forces socialistes et FIS/Front islamique du salut, qui représentaient à eux seuls environ 80 % des votes du premier tour des élections de décembre 1991) et d'autres petits partis, ainsi que de la Ligue algérienne de défense des droits de l'homme (LADDH). Ils ont élaboré lors de cette rencontre une « plate-forme de sortie de crise » en Algérie, selon laquelle toutes les parties au conflit – y compris l'armée – devaient se réunir autour d'une table et mettre en place des structures de transition menant à de nouvelles élections. Cela, sur la base de certains principes (liberté d'opinion, pluralisme, renoncement à la violence, reconnaissance de la diversité linguistique, etc.) et après avoir rempli certaines conditions (libération des prisonniers politiques, ouverture de la sphère politique et des médias, jugement des auteurs d'attentats contre les civils et les institutions publiques, etc.). Ce « pacte national » a été rejeté « en bloc et en détail » par le pouvoir algérien et les signataires ont été présentés comme des « traîtres à la nation » (texte de la plate-forme : <http://www.algeria-watch.org/farticle/docu/platform.htm>).

Quinze jours après la signature de la plate-forme de Rome, le 30 janvier 1995, un effroyable attentat à la bombe était perpétré au niveau du commissariat central d'Alger, boulevard Amirouche, faisant 42 morts et près de 300 blessés. Cet attentat a en réalité été revendiqué par le GIA de Djamel Zitouni (« Dans un communiqué, signé par Abou Abderrahmane Amine, *alias* Zitouni, le GIA indique que "cet attentat est en fait un message : ni trêve, ni repos, ni dialogue" », *La Tribune*, 3-4 février 1995). Et on sait aujourd'hui que ce dernier était un agent du DRS, comme en attestent de nombreux témoignages (voir notamment *infra*, ceux de MM. Ahmed Chouchane, chapitre 2, p. 166, et Mohammed Samraoui, chapitre 3, p. 236). À l'époque, la plupart des journaux algériens ont affirmé qu'Anouar Haddam, responsable de la « délégation parlementaire » du FIS et signataire de plate-forme de Rome, aurait « justifié » cet attentat, dans un communiqué transmis à l'AFP le 6 février. Mais aucun d'entre eux n'a indiqué (comme l'affirme M. Nezzar) que le FIS, par la voix de A. Haddam, alors résident aux États-Unis, l'aurait « revendiqué ». Ce qui est vrai en revanche, c'est que les extraits publiés de son communiqué (celui-ci n'a jamais été publié dans son intégralité, ce qui rend difficile son appréciation) semblent attester qu'il ne condamnait pas l'attentat sans aucune ambiguïté. Ainsi, le quotidien *La Tribune* du 7 février 1995 titrait : « Anouar Haddam cautionne implicitement l'attentat du central », en citant ses propos selon lesquels il qualifiait ce drame de « douloureux événement » qui « ne pourra faire oublier au peuple algérien des dizaines d'événements hebdomadaires [...] perpétrés des mains de la junte militaire ». Selon le journal, il expliquerait que la bombe a « probablement » visé un « haut lieu de torture et d'exécution connu de tout un chacun » et il présenterait ses condoléances aux familles des victimes. Anouar Haddam a ensuite, à plusieurs reprises, demandé qu'une commission d'enquête soit envoyée en Algérie ; le 8 mars 1995, il lançait ainsi un appel à la Commission des droits de l'homme de

M. le président,

Je voudrais souligner à l'attention de votre tribunal qu'en ma qualité de général-major, ex-ministre de la Défense, il m'a été pénible de poursuivre un ancien subordonné, sous-lieutenant de surcroît. S'il ne s'était agi que d'écarts de langage, dépourvus de caractère diffamatoire, provoqués par l'amertume d'une carrière brisée par sa condamnation à quatre années d'emprisonnement, je me serais abstenu. Mais sur les ondes et à la télévision, en sa pseudo-qualité d'« auteur » et de « conférencier », M. Souaïdia continue d'attenter à mon honneur. Il s'appuie sur les maîtres à penser de l'intégrisme selon lesquels « plus le mensonge est gros, plus il a de chances d'être crédible ». Il persévère dans les fausses accusations et la calomnie qui éclaboussent à travers ma personne cette armée dont j'étais témoin de la naissance et que j'ai eu l'honneur de commander à la fin de ma carrière.

Je me dois de défendre ici mon honneur comme j'ai l'obligation morale de défendre celui de l'armée algérienne.

Voilà pourquoi je me trouve devant vous et attends avec sérénité votre décision.

M. Stéphan, *président*. — Par ce propos liminaire, vous avez précisé les motivations de votre action devant le tribunal. On va vous poser des questions et vous demander des précisions, encore que vous ayez de façon assez large évoqué tous les problèmes que l'on peut se poser.

Par rapport aux imputations qui ont été proférées lors de cette émission concernant votre propre responsabilité sur ces événements en Algérie, le point important c'est quand même l'interruption du processus électoral en 1992. On vous attribue assez largement, au niveau de cet événement, une responsabilité qui n'est peut-être pas la seule, mais qui est essentielle.

Est-ce que vous partagez ce sentiment, étant entendu que par la suite vous avez eu un rôle important à tout niveau ? Parmi les témoins que l'on sera amené à entendre, certains vous attribuent ce rôle, sinon essentiel du moins très important. Vous partagez cette opinion ? Cela renvoie – si on dit, du moins pour certains, que l'interruption du processus électoral explique en grande partie ce qui s'est passé par la suite – à ceux qui en sont les initiateurs, et parmi ceux-ci il y a vous.

---

l'ONU : « Au nom de la délégation parlementaire du FIS, nous réitérons notre appel à la constitution immédiate d'une commission d'enquête indépendante pour instruire les crimes perpétrés par la junte militaire contre le peuple algérien, comme il a été stipulé dans la plate-forme de Rome. »

Quant à Rabah Kebir, responsable de l'« instance exécutive à l'étranger » du FIS alors résident en Allemagne, il a été beaucoup plus catégorique : il a qualifié, selon les extraits d'un communiqué publiés par *La Tribune* (3-4 février 1995), cet attentat d'« ignoble complot », dont les auteurs seraient des « parties douteuses et occultes » qui agiraient pour « justifier la politique de répression dans laquelle s'est engagée la junte militaire ». D'après *La Tribune*, Kebir rejoignait ainsi les positions antérieures de l'instance « en accusant les *moukhabarat* [services] d'avoir noyauté le GIA ou même d'être à l'origine de certains attentats ».

M. Nezzar. — M. le président, c'est sur l'appel de l'ensemble des institutions, femmes et hommes d'Algérie. Il faut savoir que c'était pour nous un grand dilemme à partir du moment où la majorité des Algériens demandait à arrêter le processus. L'Armée nationale populaire, avec l'ensemble de la population, nous avons arrêté le processus électoral.

Personnellement, je ne suis pas le seul responsable. Il est vrai que l'institution militaire joue un rôle dans la société, comme elle l'a toujours joué dans toutes les autres sociétés. Qu'aurait-on dit de nous si on était restés l'arme au pied ?

Nous savions qu'au deuxième tour ce serait le raz-de-marée, exactement comme ce qui s'est passé en Iran, et l'Algérie aurait sombré dans les ténèbres. C'est pour cela que l'on a fait face, comme un seul homme, à cette situation en arrêtant le processus. L'Histoire jugera.

M. Stéphan, *président*. — Comme un seul homme, peut-être pas. Il y avait peut-être des avis divergents, notamment celui du président Chadli à l'époque.

M. Nezzar. — Le président Chadli a démissionné de sa propre initiative et il l'a d'ailleurs déclaré à la télévision, devant le Conseil constitutionnel et récemment dans un journal algérois.

M. Stéphan, *président*. — Vous avez eu un rôle, et vous l'admettez. Sur l'appel de M. Boudiaf pour prendre la tête du Haut Comité d'État, avez-vous quelque chose à dire, à propos d'une participation de votre part ? Les avis étaient peut-être partagés sur l'idée de faire appel à M. Boudiaf, qui se trouvait au Maroc à cette époque.

M. Nezzar. — J'ai eu à m'expliquer dans mon livre[31].

M. Stéphan, *président*. — Vous avez écrit un ouvrage qui nous a été remis.

M. Nezzar. — J'ai eu à m'expliquer sur les choses, comment elles se sont déroulées. Le choix s'est porté sur le nom de M. Boudiaf. Je ne pouvais que dire oui, s'agissant d'un homme connu comme étant le père de la révolution qui est resté loin de l'Algérie depuis l'Indépendance, je ne pouvais qu'adhérer à ce point de vue. C'est pour cela que nous avons invité à l'époque M. Boudiaf, qui avait accepté de venir pour sauver l'Algérie.

Pourquoi avoir porté notre choix sur M. Boudiaf ? C'est très simple. Nous étions dans un parti unique et, à une certaine époque, j'ai eu à porter des jugements. J'ai fait partie de ce parti unique. J'ai peut-être eu à porter des jugements sévères sur ce parti. J'ai été le premier à faire un article à un camarade d'école de guerre, que vous connaissez (M. La Maisonneuve, qui édite la revue *Agir*). J'ai été le premier à parler de son parcours, de son évolution politique et j'ai eu à casser des tabous. J'ai parlé exactement de la situation de l'armée.

---

31 Khaled NEZZAR, *Algérie : échec à une régression programmée, op. cit.*

Il faut savoir, M. le président, que l'on essaie de présenter l'armée algérienne comme une « armée de barbares ». Pourquoi est-elle courtisée aujourd'hui par l'ensemble des pays européens et l'Amérique si c'était vraiment une armée de « barbares » ?

Les généraux dont parle M. Souaïdia sont passés par l'École de guerre. Je les connais personnellement et j'ai eu à les former. Il faut savoir qu'à partir de 1988 l'armée n'est plus la même que celle d'avant 1988, parce que la restructuration a permis de casser la chape de béton et a amené des jeunes, des compétences au niveau des responsabilités. L'armée d'aujourd'hui est une armée de professionnels.

Je peux simplement peut-être retourner une question à M. Souaïdia. Pourquoi cette armée qui a débuté à 80 % avec des appelés du service national est-elle restée unique, pourquoi a-t-elle gardé sa cohésion si vraiment ses cadres étaient des « barbares » ?

Jusqu'à ce jour, l'armée, malgré une situation inédite, a fait face et continue à faire face, du soldat au général. Des généraux sont tombés, des généraux ont été blessés. Des officiers sont tombés à la tête de nos unités. Des milliers de militaires sont tombés. C'est une situation difficile. Il est vrai qu'il y a eu des bavures, mais c'est une situation inédite, particulière.

Quand vous avez une famille cassée, quand un enfant qui est militaire court derrière son frère, quand un frère descend égorger son frère devant sa mère, parce qu'il fait son service national, vous comprenez que c'est une situation difficile. Nous avons fait face, malgré ces difficultés, et dans ces situations-là il y a des dépassements.

Quant aux ordres que j'ai eu à donner, ce sont des ordres tout à fait clairs et nets. Toutes les directives qui ont été données sont des directives d'un État de droit et nous avons agi dans le cadre d'un État de droit. Nous ne sommes pas une république bananière comme M. Souaïdia veut le faire croire.

M. Stéphan, *président.* — Votre rôle – ce sont toujours des problèmes que l'on peut aborder – apparaît aussi important sur la suite des événements. Vous avez dit, à la suite de l'assassinat du président Boudiaf, que vous étiez le numéro deux du Haut Comité d'État et que vous aviez vocation à avoir la première place, ce qui prouve l'importance que vous aviez. Vous avez expliqué que vous n'avez pas souhaité le faire, dans la mesure où le président Boudiaf avait été assassiné par un militaire et que, en tant que militaire et ministre de la Défense, il était difficile d'assurer la succession dans de telles conditions.

M. Nezzar. — C'est exact, je l'ai dit et je l'ai écrit. D'abord, la première des choses est que je n'étais pas préparé – et vous avez vu mon parcours – aux problèmes politiques. Je n'étais pas, comme vous le dites, le « deuxième ». Je commandais l'armée à l'époque et je connaissais l'armée bien plus que les autres, parce qu'ils étaient des civils. J'étais le mieux placé pour proposer à quelqu'un de prendre le ministère de la Défense.

Les gens s'accrochent au mot « désigné » [32]. Le mot « désigné » ne veut pas dire textuellement « nommé ». Désigné, c'est un terme militaire, comme désigner du doigt quelque chose. J'ai été amené à proposer un officier qui pouvait assurer ma place. La raison en est simple : j'ai été ciblé à trois reprises. La première fois, exactement à la veille de l'état de siège de 1991, par des tirs venant de la foule ; la deuxième voiture qui me suivait a été touchée par deux balles. J'ai subi un attentat à la bombe et j'ai été menacé chez moi. Cette tentative a été déjouée par des sentinelles.

Il fallait donner à l'armée quelqu'un qui pouvait assurer sa continuité, étant donné qu'elle était l'ossature de la situation de l'époque, et c'est dans ces conditions, M. le président, que je suis parti. Rien ne m'intéressait sur le plan… Je ne suis pas un assoiffé de pouvoir. Ce n'est pas le pouvoir qui m'intéressait ; je souhaitais que l'armée puisse faire face à ce fléau.

M. Stéphan, *président*. — C'est comme ce que vous dites dans votre ouvrage. Vous avez appelé Liamine Zéroual.

M. Nezzar. — J'ai proposé Liamine Zéroual avec qui je n'avais pas d'atomes crochus, mais je l'ai désigné parce qu'il avait le même parcours que moi. C'est un homme honnête, même si, à un certain moment, nous avons eu des relations qui n'étaient pas nettes, c'étaient simplement des points de vue différents. C'était un homme qui avait commandé l'ensemble des personnels, qui avait eu un parcours tout à fait honorable et il avait la capacité et la possibilité d'être accepté par l'ensemble des militaires. Il l'a été et a mené son travail jusqu'au bout [33].

M. Stéphan, *président*. — On était sur la première imputation vue de façon assez large par rapport aux propos de M. Souaïdia. Qu'avez-vous à dire sur le fait qu'on vous traite de « lâche », que vous quittiez la France à minuit, sur cette plainte dont vous aviez fait l'objet et sur le fait que vous ne souhaitiez pas vous expliquer sur vos responsabilités éventuelles ? C'est la deuxième imputation de M. Souaïdia dans l'émission.

---

32 M. Nezzar fait allusion au chapitre de son livre intitulé « Comment j'ai désigné Zéroual » : « L'état-major étant la tête de l'armée, je devais lui trouver un chef. Après mûres réflexions, mon choix se porta sur le général Lamari que je me devais d'entourer d'un certain nombre d'officiers capables de le seconder, de manière à former un groupe homogène. […] Après quoi, je me mis à réfléchir à mon remplacement. […] Mon choix se porta sur le général démissionnaire Liamine Zéroual. Je pris des contacts avec la majeure partie des hauts cadres pour les convaincre du bien-fondé de mon point de vue. À force de persuasion, j'arrivai à leur faire partager ma vision des choses » (Khaled NEZZAR, *Algérie : échec à une régression programmée*, *op. cit.*, p. 216).

33 Liamine Zéroual, d'abord désigné à la tête de l'État en janvier 1994, sera élu président en novembre 1995. Il n'a pas achevé son mandat de cinq ans, puisqu'il a annoncé sa démission en septembre 1998, suite à des luttes de clans féroces. Des élections présidentielles anticipées ont été organisées en avril 1999. (Voir la postface de François Gèze et Salima Mellah au livre de Nesroulah YOUS, *Qui a tué à Bentalha ?*, La Découverte, Paris, 2000, p. 271 *sq.*)

M. Nezzar. — J'ai toujours assumé mes responsabilités. Je tiens à le dire haut et fort. Quand la plainte a été déposée contre moi, mon point de vue et ma position ont été de rester en France et de crever l'abcès.

M. Stéphan, *président.* — Vous étiez en France de façon régulière à cette époque ?

M. Nezzar. — J'avais mon passeport diplomatique – je l'ai à vie –, mais je voulais à tout prix crever l'abcès. Cependant, j'ai vu que ceci entraînait des problèmes entre l'Algérie et la France, et j'ai préféré rentrer et me voilà devant vous, M. le président.

M. Stéphan, *président.* — Et sur la troisième imputation : « déserteur de l'armée française » et le fait d'avoir « mené le pays à la faillite » ? Qu'avez-vous à dire ?

M. Nezzar. — C'est le point de vue de M. Souaïdia qui circule partout chez nous en Algérie. Je ne suis pas de la dernière heure de la révolution comme certains l'ont dit à la télévision. J'ai cinq ans d'Armée de libération nationale, j'ai participé à des combats, et je suis blessé de guerre.

Je ne suis pas d'accord avec tous ceux qui catégorisent des gens venant de-ci ou de-là. Pour moi, c'est un tout. Maintenant, je laisse à ceux qui veulent catégoriser les gens qui ont participé à la révolution… On sait qu'en France un résistant est un résistant. Malheureusement, chez nous on en riait à une époque, parce que c'était entre nous, on pouvait en rire. Mais aujourd'hui, il y a des générations nouvelles.

J'ai attaqué en justice un compagnon qui était avec moi [34]. Il m'a été pénible de l'attaquer en justice. Seulement, c'était trop grave s'agissant des générations montantes qui ne connaissent pas la situation, qui ne connaissent pas l'histoire, de traiter ces gens… Ce n'est pas parce que c'est moi, ce n'est parce que certains sont encore vivants, c'est surtout pour ceux qui

---

34 Il est probable que M. Nezzar fasse allusion à sa réaction suite à la publication du livre d'Ali Kafi, *Moudhakirat Er-raïs Ali Kafi, min al-mounadil as-siyassi ila al-qaïd al-askari 1946-1962* (Mémoires du président Ali Kafi, du militant politique au dirigeant militaire 1946-1962), Dar El Casbah, Alger, 1999. Le quotidien *El Watan* a rendu compte en ces termes de cette réaction : « Le général en retraite Khaled Nezzar a riposté hier aux accusations portées à son encontre par l'ancien président du Haut Comité d'État, Ali Kafi. Une plainte pour diffamation sera déposée aujourd'hui par son avocat, Me Tayeb Belloula, près le tribunal d'Alger. Dans une conférence de presse organisée à la maison de la presse Tahar Djaout, le général en retraite a qualifié les propos d'Ali Kafi de "graves accusations" et d'"insulte". L'ancien président du HCE avait accusé les officiers algériens ayant déserté l'armée française au temps de la Révolution d'avoir servi pour l'infiltration de l'ALN. "Je connais cette étiquette depuis l'Indépendance. Il est donc temps de rétablir la vérité et de mettre un terme à ces accusations par le biais de la justice. Je n'ai rien caché sur mon passé puisque j'ai tout mentionné dans mes mémoires. J'ai confiance en la justice et je sais que j'aurai gain de cause. Je le fais non pas pour moi seulement mais également pour les générations futures et pour l'histoire de mon pays" » (Salima Tlemçani, « Khaled Nezzar révolté par les accusations d'Ali Kafi », *El Watan*, 20 mars 2000). M. Nezzar a finalement renoncé à ce procès.

sont morts, et c'est surtout pour leurs familles. On ne peut pas catégoriser des gens et dire que c'est la cinquième colonne qui a été intégrée dans l'armée de libération. C'est pour cela que je me suis élevé contre cela, sans quoi je n'aurais jamais parlé d'« officiers de l'armée française » ou « du Moyen-Orient »[35]. Tous sont des officiers de l'ALN qui ont accompli leur devoir, chacun à sa manière.

M. Stéphan, *président*. — Sur les exactions de l'armée, vous en reconnaissez le principe. Vous avez, par l'intermédiaire de vos avocats, produit cette liste de personnes qui ont été sanctionnées pour différents faits. Qu'avez-vous à dire là-dessus, comment expliquez-vous cela et quelle importance donnez-vous à ce phénomène qui, apparemment, n'est pas dans les mêmes proportions que ce que peut indiquer M. Souaïdia ?

M. Nezzar. — Nous avons reçu des documents, mes conseils ont reçu à la dernière minute des documents. J'ai essayé d'en compulser un. Ce sont des documents tirés des sites Internet d'Algeria-Watch et du MAOL[36]. Si l'on doit se baser sur cela pour dire que l'armée algérienne tue et massacre, c'est un peu trop gros. Si vraiment l'armée massacrait, avec la liberté de presse en Algérie… Les journalistes français que j'ai rencontrés ont dit que la presse est plus libre qu'en France. Je vous assure que les avocats algériens ici sont des avocats de la presse et peuvent vous le dire. Il existe un contre-pouvoir à Alger. Ces milliers d'associations qui existent en Algérie, composées de femmes et d'hommes, sont des milliers d'intellectuels. Comment ces gens-là n'ont-ils pas dénoncé un quelconque crime de cette armée ?

---

35 Les « officiers de l'armée française » sont ceux qu'on appelle en Algérie les DAF (déserteurs de l'armée française), qui ont rallié la lutte de libération après son déclenchement (dont certains ont déserté quelques mois seulement avant la signature du cessez-le-feu). Les militaires qui actuellement tiennent les rênes du pouvoir sont presque tous issus de leurs rangs, contrairement à ceux qui sont passés par des écoles militaires du « Moyen-Orient » et qui ont été progressivement marginalisés au cours des années quatre-vingt.

36 Les annexes à la réponse de Me Bourdon et Me Comte au « Mémoire » de Khaled Nezzar ne comportent pas uniquement des écrits publiés par Algeria-Watch et le MAOL : elles regroupent de nombreux documents, dont des rapports de la FIDH, d'Amnesty International, divers articles publiés par *Libération*, par la revue *Nord-Sud Export*, des témoignages de victimes ou de transfuges de l'armée algérienne.

Algeria-Watch est une organisation de défense des droits de l'homme en Algérie qui publie un site Internet <www.algeria-watch.org> en langues allemande et française, sur lequel elle publie ses propres rapports, communiqués, témoignages et ceux d'autres organisations internationales et nationales, notamment d'associations de défense des droits de l'homme de l'intérieur de l'Algérie (s'y trouvent aussi des articles de la presse germanophone, anglophone et francophone relatifs à la situation en Algérie depuis 1997).

Le Mouvement algérien des officiers libres (MAOL), organisation de militaires dissidents, dispose depuis 1998 d'un site Internet <www.anp.org> sur lequel sont publiés de nombreux documents relatifs à l'armée et aux services secrets algériens.

Il suffit qu'un jeune sous-lieutenant parle de cette affaire… Je sais très bien que cela a été au-delà, je suis absolument certain qu'il n'aurait pas été au-delà si on ne l'avait pas poussé à aller au-delà, et M. Gèze a une responsabilité.

M. Stéphan, *président*. — Sur M. Souaïdia et sa condamnation, qu'avez-vous à dire par rapport à cela ? Dans le prolongement de ce que vous avez évoqué – c'est un élément qui a une certaine importance –, vous indiquez le fait que son nom ait été donné avant même l'élaboration du livre, alors semble-t-il qu'il était détenu. Une délégation de l'ONU est allée en Algérie. Parmi le nombre de personnes condamnées, des militaires l'ont été pour avoir procédé à différentes exactions. Qu'avez-vous à dire ?

M. Nezzar. — Dans ce cas-là, il est possible que des exactions n'aient pas été portées à la connaissance de la Sécurité. Quand vous faites de la contre-subversion, quand vous avez des éléments… Il y avait un groupe dans un carrefour… Quand vous avez des milliers de carrefours occupés, évidemment c'est possible qu'il y ait des exactions qui ne nous sont pas signalées. Toutefois, à chaque fois que cela nous est signalé, nous prenons des mesures.

M. Stéphan, *président*. — Vous dites que le nom de M. Souaïdia a été donné avant, alors qu'il était incarcéré ?

M. Nezzar. — En 1998 : date exacte, avant que son livre soit sorti. Je dirai un mot sur son incarcération. Il a été incarcéré pour désaveu. Un dossier de justice a été réalisé. Si vous croyez à la justice algérienne, M. le président, comme je crois à la justice française…

Mes conseils traitent du problème. M. Souaïdia dit que l'on a antidaté sa sortie, ce qui est faux. Il apprend à Cherchell le Code de justice militaire : l'article 248 dit que quand vous êtes condamné, quand la condamnation est prononcée, vous êtes cassé. C'est pour cela que j'hésite à dire le « soldat Souaïdia », car nous avons à faire à une…

M. Stéphan, *président*. — Vous avez comparé ce qui a été dit sur l'armée algérienne à Timisoara [37] ?

M. Nezzar. — Je l'ai dit et j'espère que peu à peu… Je disais un jour à des journalistes qui venaient en Algérie : « Venez en Algérie, interrogez dix Algériens. Vous en aurez huit qui vous diront qui tue, mais deux vous

---

37 M. Stéphan fait allusion à une interview du général Nezzar au *Figaro-Magazine*, où il a déclaré : « Souaïdia dit qu'il partage le combat du MAOL. Selon moi, ce sont donc les islamistes qui ont participé à l'élaboration de ce livre qui est une supercherie du même genre que celle de Timisoara, mais en bien pire ! Car accuser une armée nationale et issue du peuple de tuer ses compatriotes, est une abomination. Même nos intellectuels – qui comme tous les intellectuels sont plutôt antimilitaristes – se sont levés comme un seul homme pour dénoncer ce mensonge » (« Algérie : une interview exclusive de l'ex-chef de l'armée. Le général Nezzar attaque », propos recueillis par Henri-Christian GIRAUD, *Le Figaro-Magazine*, 21 avril 2001).

diront le contraire, soit parce qu'ils sont dans l'opposition ou appartiennent au FIS. » Huit Algériens sur dix vous diront la vérité. M. André Glucksmann et M. Bernard-Henri Lévy sont allés sur place et ont vu et entendu[38]… Vous entendrez au cours de ce procès des victimes du terrorisme qui vous diront qui tue.

M. Stéphan, *président*. — Le tribunal n'a pas de question complémentaire. On sera amené à le faire dans les débats et l'audition des témoins.

Me Farthouat, *partie civile*. — Dans la pièce nº 9 de la communication de pièces adverses[39], il est indiqué qu'au mois de juin 1988 vous seriez allé chez le président Chadli à sa demande, qu'il vous aurait demandé de faire le nécessaire pour que l'armée « s'oppose à toute tentative visant à désigner un autre candidat que lui » et que vous auriez, au mois de juin, décidé de provoquer les manifestations à la date du 5 octobre 1988[40]. Je vous remercie d'indiquer au tribunal si ces insinuations sont exactes.

---

38 Début janvier 1998, Bernard-Henri Lévy s'est rendu en Algérie et a publié à son retour deux longs articles : « Choses vues en Algérie », *Le Monde*, 8 et 9 janvier 1998. André Glucksmann, invité à la même période en Algérie, a multiplié alors interviews, articles et reportages, dont celui diffusé le 6 mars 1998 sur FR3 : « Ce que j'ai vu en Algérie. Carnets de route d'André Glucksmann ». Tous deux ont alors déclaré que la question « qui tue ? » était « obscène » et ils ont fustigé ceux qui demandaient la constitution d'une commission d'enquête à propos des massacres de 1997.

39 La pièce visée est la suivante : Abdelhamid Brahimi, « La responsabilité du général Khaled Nezzar dans la répression et l'inauguration d'une politique de terreur en Algérie », témoignage produit en défense pour le procès en diffamation de M. Khaled Nezzar contre M. Habib Souaïdia, 30 mars 2002. A. Brahimi y écrit notamment : « C'est ainsi qu'au mois de juin 1988 le président Chadli reçoit à son bureau le général Abdallah Belhouchet (chef d'état-major de l'armée) et le général Khaled Nezzar (commandant des forces terrestres), en présence de Larbi Belkheir, pour leur demander que l'armée, représentée au congrès du FLN par quelque 800 officiers, s'oppose à toute tentative visant à désigner un autre candidat que lui aux prochaines élections présidentielles lors du congrès de novembre 1988. […] Il apparaît ainsi, aux yeux des organisateurs des événements, que le 5 octobre constitue une date opportune pour provoquer des manifestations encadrées et contrôlées, moyen de défoulement, de canalisation et de récupération de la vague de mécontentement populaire pour éviter précisément une explosion sociale et une révolte spontanée des populations à l'échelle nationale, dont les conséquences seraient désastreuses et incalculables pour le pouvoir. Ce faisant, ils contribueraient à sauver le régime et à éliminer, dans la foulée, des responsables politiques, alors en fonction au sein du parti FLN et au gouvernement, qui ne leur sont pas acquis. […] De cette manière, ils auront la mainmise sur l'appareil du FLN et sur le gouvernement qui sera formé après le congrès. Cela leur ouvrira la voie plus tard pour éliminer sans peine le président Chadli au moment opportun. »

40 À partir du 5 octobre 1988, de graves émeutes se sont déroulées dans les grandes villes d'Algérie. L'état d'urgence a été décrété et l'armée a réprimé brutalement. Des milliers de jeunes ont été arrêtés et systématiquement torturés. Le bilan officiel de cette répression a été de 169 morts, des sources indépendantes avançant le chiffre d'environ 500 morts. Très rapidement après ces événements, tous les observateurs, y compris ceux proches du pouvoir, s'accorderont pour dire que le déclenchement des émeutes était le fruit d'une manipulation, comme le reconnaît M. Nezzar dans le « Mémoire » précité de ses conseils (p. 6) : « À propos de ces manifestations, on se demande encore

M. Nezzar. — Elles sont totalement fausses et dénuées de tout fondement. J'ai été appelé par le président de la République, je ne savais même pas ce qui se passait. Je m'occupais de la restructuration de l'armée à l'époque.

Il y a eu, c'est vrai, bien avant le 5 octobre, des manifestations, en 1988 et même en 1987. J'étais au département logistique de l'armée. Je travaillais sur les dossiers financiers de l'armée, des équipements de l'armée. Je voulais ajouter que je ne travaille pas seul. L'armée ne travaille pas seule. Nous avions deux directeurs du ministère des Finances accrédités ; pour une affaire de sécurité, les deux travaillaient sur les problèmes militaires.

En 1985, nous touchions déjà le fond, la crise était là. En 1986 ou 1987, le directeur des Finances me le disait et me le racontait, alors qu'on faisait dire au président de l'époque que la crise était ailleurs et pas chez nous, alors que les marchés allaient être engagés. J'ai eu à les saborder exprès, car je savais que l'on touchait le fond et je ne veux pas citer. Tout le monde savait que l'Algérie touchait le fond. La France savait que l'Algérie touchait le fond en 1985. L'armée le savait.

Prenons le témoignage de M. Abdelhamid Brahimi, Premier ministre de 1979 à 1988. Il a été d'abord ministre de l'Économie, puis Premier ministre, et il a dilapidé en cinq ans le pétrole, le dollar et l'industrie de Boumediene qui avait commencé à fonctionner. Maintenant, il se pose la question de savoir comment cela s'est passé. Comment prendre en considération des témoignages envoyés à M. Gèze ? Qu'a à voir M. Gèze dans cette affaire ?

Quand j'ai été appelé – je reviens à la question – en 1988, les événements qui se sont passés avec les généraux ont été réprimés. Aujourd'hui, « réprimer », c'est quelque chose ! On a l'impression !... C'est dans le sens normal du mot, du maintien de l'ordre et c'est tout à fait normal. On ne donne pas une arme à un policier comme cela. On sait qu'un État est répressif dans le cadre de l'État de droit et dans le cadre des règles ; c'est tout à fait normal.

J'ai pris connaissance des faits réels le 5 octobre, alors que la partie adverse parle du 6 octobre [41], ce qui est tout à fait faux. J'ai été appelé le

---

s'il s'agit d'un mouvement spontané, ou d'une provocation d'une partie du sérail politique qui, à l'instar de l'apprenti sorcier, aurait été dépassé par son initiative. » Sur ces événements et leur origine, voir Abed CHAREF, *Algérie 88, un chahut de gamins ?*, Laphomic, Alger, 1990 ; *Octobre, ils parlent*, ouvrage conçu par Sid Ahmed SEMIANE, Éditions Le Matin, Alger, 1998. Voir également *infra*, chapitre 3, le témoignage de José Garçon, p. 215, et le témoignage du capitaine Hacine Ouguenoune, reproduit en annexe, p. 491.

41 Dans le « Mémoire en réponse » de Mes William Bourdon et Antoine Comte déjà évoqué, les auteurs, citant diverses sources officielles de l'époque, écrivent : « Officiellement, l'état-major de l'armée n'est donc informé de l'annonce de l'état de siège que le 6 dans la journée, alors que le général Nezzar a affirmé en 1998 : "Les événements avaient éclaté le 5 au matin, la désignation du commandement pour le rétablissement de l'ordre et le décret de l'état de siège sont intervenus le 5 au soir ; quant à l'armée, elle s'est déployée dès le 6." En fait, à la lumière des témoignages des protagonistes de

5 octobre dans l'après-midi avec le chef d'état-major et j'ai été responsable du maintien de l'ordre dans la capitale, pas sur l'ensemble du territoire algérien [42].

La confusion que l'on essaie de maintenir se trouve là. J'ai été responsable d'Alger et je peux vous assurer que je ne sais pas d'où sortent ces chiffres de 500 ou 600 morts. Tout de suite après les événements, le 11 octobre, nous avons fait une conférence de presse : nous avons donné des noms et nous avons dit aux journalistes d'aller enquêter. À Alger, il n'y a eu que 56 morts. Qui peut me prouver le contraire, je lui dis de m'apporter des preuves. J'étais responsable à l'époque. Au 11 octobre, il y avait 169 morts et ce chiffre a été ensuite dépassé de quatre, cinq, jusqu'à dix, parce que des blessés sont morts dans les hôpitaux. Par la suite, je n'ai pas suivi la situation [43].

On aurait pu, malgré les 10 000 hommes et les engins blindés ramenés de Djelfa... *[inaudible]*. Parce qu'on avait auparavant éloigné l'armée de la capitale, je ne sais pour quelle raison. Nous demanderons à M. Hidouci [44] de nous dire pourquoi. M. Hidouci était de 1979 à 1988 conseiller économique de Chadli Bendjedid : il faudra qu'il nous dise pourquoi il faisait dire au président que tout allait mal ailleurs et pas chez nous, et pourquoi ils ont fait partir l'armée. La brigade d'intervention la plus proche se trouvait à Guelma. Je me pose la question.

On me rappelle. J'ai été chargé du maintien de l'ordre ; je suis militaire et c'est tout à fait normal. J'ai une mission et je dois l'accomplir. Je l'ai

---

l'époque, il apparaît que les responsables militaires de l'opération ont décidé dès le 5 octobre l'instauration de l'état de siège, raison pour laquelle des unités de l'armée stationnées à Djelfa ont été mises en branle dans la nuit pour arriver au petit matin du 6 à Alger, alors que le président réunissait l'état-major le 6 pour décider officiellement de l'intervention de l'armée. »

42 Le commandement militaire chargé de rétablir l'ordre était alors dirigé officiellement par le général-major Abdallah Belhouchet, vice-ministre de la Défense, chef d'état-major de l'armée, et par le général Khaled Nezzar, chef d'état-major adjoint, commandant des forces terrestres. Mais en réalité, c'est K. Nezzar qui tenait les commandes pour tout le territoire national et non pas pour Alger uniquement. Lui-même a précisé à ce sujet : « Le président avait alors décrété l'état de siège et j'ai été désigné responsable du rétablissement de l'ordre. Il y a eu des morts. J'ai affronté une situation moralement et psychologiquement difficile. Mais j'étais un militaire qui devait assumer son rôle jusqu'au bout. [...] [Le] chef d'état-major fut beaucoup plus un frein dans le déroulement de notre travail. Son action paraissait tellement suspecte que j'ai dû le tenir à l'écart » (Khaled NEZZAR, « Nous ne savions pas », *in Octobre, ils parlent*, *op. cit.*, p. 74 et 79).

43 Ce bilan de 169 morts concerne l'ensemble du pays, comme M. Nezzar l'a indiqué dans son « Mémoire ». Il faut préciser qu'après le 11 octobre les forces de sécurité ont continué à arrêter des jeunes qu'elles soupçonnaient d'avoir participé aux émeutes, ceux-ci étant torturés systématiquement (voir en annexe le témoignage du capitaine Hacine Ouguenoune, p. 491).

44 M. Ghazi Hidouci, ancien conseiller du président Chadli Bendjedid et ancien ministre de l'Économie du gouvernement de M. Mouloud Hamrouche (voir son témoignage *infra*, chapitre 3, p. 274).

accomplie avec beaucoup de douleur. Je l'ai faite et j'ai essayé de préserver des vies humaines. Je peux assurer que les islamistes, le troisième jour, ont récupéré la manifestation non autorisée qui a entraîné une fusillade incontrôlée parce qu'elle a pris en tenaille les forces sur la place devant le siège de la DGSN. Nous avons relevé trente-neuf morts et plusieurs blessés.

Sans cette marche du 10 octobre, le nombre n'aurait pas dépassé dix à Alger qui auraient été tués en légitime défense. Voilà la vérité, M. le président.

Interventions dans la salle.

M. Stéphan, *président.* — On ne peut pas accepter ce genre de chose. Essayez de respecter. Il ne peut y avoir de débat que dans certaines limites. Sinon, les personnes qui manifestent de cette façon seront invitées à sortir.

Me Comte, *défense.* — M. Nezzar, n'a-t-on pas l'impression, en lisant votre livre, que l'idée d'interrompre le processus, qui viendra en 1992, est en fait assez ancienne chez vous ? N'a-t-on pas l'impression qu'au mois de décembre 1990, quand vous envoyez un certain nombre de généraux rencontrer le président de la République, vous êtes déjà en train de poser les jalons d'une éventuelle interruption du processus qui viendra en janvier 1992 ?

M. Nezzar. — Je ne les ai pas envoyés.

Me Comte. — C'est dans votre livre, communiqué par mon excellent confrère : « Déjà en novembre, j'avais désigné le général Mohamed Touati, comme conseiller auprès du ministre, avec le général Lamari et le général Abdelmadjid Taghrirt, afin de proposer une démarche politique de type état-major compte tenu des dérives répétées du FIS et de l'apathie des autorités publiques annonciatrices de graves écarts [45]. »

Pour être très clair, n'a-t-on pas l'impression, en lisant votre livre, les mots que vous avez écrits, que dès décembre 1990 l'idée d'interrompre un processus démocratique se dessinait parce que vous craigniez l'arrivée du FIS au pouvoir ?

M. Nezzar. — Maître, c'est une lecture. Vous avez le droit d'avoir cette lecture. Les généraux n'ont pas été envoyés au président de la République. J'étais ministre et ils étaient mes conseillers. Quand on a une situation comme la nôtre, qui est celle décrite lors de l'année 1991, les manifestations quotidiennes, des dépassements quotidiens, vous savez très bien qu'en tant que militaires de l'état-major il fallait que nous pensions, et que nous réfléchissions. Partout ailleurs, les gens réfléchissent à des problèmes et à des questions. Moi-même, j'ai fait partie de l'École de

45 Khaled NEZZAR, *Algérie : échec à une régression programmée*, *op. cit.*, p. 148.

guerre française ; et je suis parti aux Antilles : la question était posée à l'état-major : fallait-il lâcher les îles ou pas ?

Me Comte. — La réponse était ?

M. Nezzar. — Cela ne veut pas dire que cela va être accepté. Nous avons apporté notre point de vue qui est exact et nous avons attiré l'attention du président Chadli. Avant d'attirer son attention, je suis allé voir M. Hamrouche[46], M. Mehri, chef du parti FLN, à l'époque. Je leur ai proposé d'en débattre. Je leur ai donné le rapport, mais ils l'ont rejeté. J'ai dit textuellement : « Nous avons un arbitre et je vais le remettre à un arbitre[47]. »

Me Comte. — La question que je posais à la partie civile : nous sommes en décembre 1990 et aux élections de juin de la même année, communales ou municipales, il y a eu un certain raz-de-marée au profit du FIS. Je vois, dans le livre de M. Nezzar : « En conséquence, force est de constater que le pari de l'apprentissage de la démocratie par les partis religieux, et notamment le FIS, est un échec[48]. » C'est un peu le programme proposé par l'état-major, si je comprends bien la phrase que je viens de lire... *(M. Nezzar manifeste sa réprobation.)*

Laissez-moi poser la question, car nous sommes dans un débat contradictoire et pas ailleurs. La question est la suivante : est-ce que l'analyse de la partie civile en décembre 1990 était celle-là – c'est écrit sous sa plume – et cela ne préfigure-t-il pas l'interruption du processus électoral qui interviendra en janvier 1992 ?

M. Nezzar. — Je reviens à ma première réponse. Cela n'a été que des cogitations d'un état-major. J'ai été ministre de la Défense, et sachez, Monsieur, que je suis un homme légaliste. En 1988, le pouvoir était dans mes mains. Croyez-vous que j'en ai profité ? Le pouvoir était à côté de moi en 1991, en ai-je profité ? En 1994, en ai-je profité ?

Me Comte. — M. Nezzar, vous êtes allé voir M. Chadli pour lui demander de démissionner ?

M. Nezzar. — Absolument pas.

Me Comte. — Ce n'est pas vous ?

M. Nezzar. — Je l'ai dit et écrit.

Me Comte. — Je tiens à ce que cette réponse...

M. Nezzar. — Je dis non.

---

46 M. Mouloud Hamrouche avait été nommé Premier ministre le 9 septembre 1989 (en remplacement de M. Kasdi Merbah), à la tête d'un gouvernement « réformateur », selon le terme de l'époque.

47 M. Nezzar fait allusion au président Chadli Bendjedid.

48 Khaled NEZZAR, *Algérie : échec à une régression programmée*, *op. cit.*, p. 151.

Me Comte. — D'autres témoins n'ont pas la même version que la partie civile.

M. Nezzar. — Vous les présenterez.

Me Comte. — Vous les entendrez demain. Ne trouvez-vous pas que la lettre de démission de M. Chadli est un désaveu de la politique qui se dessine ? Je lis cette lettre de démission, pièce qui nous a été transmise confraternellement par notre bâtonnier : « Devant l'ampleur de ce danger imminent, je considère, en mon âme et conscience, que les initiatives prises ne sauraient garantir actuellement la paix et la concorde entre les citoyens. » N'avez-vous pas l'impression que cette lettre est un désaveu de la politique qui se dessinait au moment où elle a été signée ?

M. Nezzar. — Le président, déjà, depuis les événements de 1988… Vous avez d'ailleurs traité cette affaire en disant : « Le général Nezzar a dit qu'il aurait dû partir six mois après [49]. » C'est vrai que je pensais qu'il allait partir six mois après. Il n'est pas parti, c'est son affaire.

Le FIS est apparu. Je ne pense pas que ce soit confirmé, mais cela a peut-être été une possibilité de continuer ensemble [50]. Cette politique a été pratiquée, jusqu'aux élections, et le président a été surpris par les résultats obtenus. C'était le raz-de-marée. À partir de ce moment-là, il avait la même analyse que nous. Il a abouti à la même analyse. D'ailleurs, il l'a dit récemment dans sa déclaration : « On m'a trompé. »

Me Comte. — Le tribunal verra s'il partage votre analyse de la lettre de démission de M. Chadli. Plus loin, il écrit : « Devant ces graves développements [il parle de ce qui se passe], j'ai longuement réfléchi à la situation de crise et aux solutions possibles. La seule conclusion à laquelle j'ai abouti est que je ne peux plus continuer à exercer pleinement mes fonctions sans faillir au serment sacré que j'ai fait à la nation. » Comment comprenez-vous cette formule, M. Nezzar ?

M. Nezzar. — Je ne voudrais pas dire des choses…

Me Comte. — Vous avez dit des choses violentes sur M. Brahimi.

M. Nezzar. — Vous avez présenté un mémoire qui est exactement la reproduction du parti du MAOL. Il est normal que je réponde. J'ai été membre du Haut Comité d'État et je me permets de parler du Premier ministre.

---

49 M. Nezzar fait probablement allusion à cet extrait de son interview dans le livre *Octobre, ils parlent* (*op. cit.*, p. 80), cité dans le « Mémoire en réponse » de Mes Bourdon et Comte (p. 10) : « Pour l'histoire, je dirais que j'étais, honnêtement, convaincu que Chadli allait quitter le pouvoir six mois après le rétablissement de l'ordre. Je pensais qu'il comprendrait qu'il devait partir dans les six mois suivants, le temps de prévoir un mode de désignation d'un successeur. Il ne lui restait plus rien. »

50 M. Nezzar fait allusion à la possibilité d'une cohabitation entre le président Chadli et le FIS.

C'est mon droit. S'agissant du président, c'est une autre affaire. Seul le président Chadli pourra vous répondre. Moi, je n'ai rien à vous dire.

Me Comte. — Ce que vous reprochez notamment à M. Souaïdia, c'est d'avoir dit que vous étiez les « décideurs », que vous avez interrompu le processus électoral ; vous trouvez cela diffamatoire. Je suis donc en droit de poser la question de savoir comment le tribunal va interpréter le texte de démission de M. Chadli.

M. Nezzar. — Je n'ai jamais dit, à aucun moment, que c'était diffamatoire. Les textes diffamatoires, je les ai cités. Maintenant, qu'il ait dit : « Ce sont les décideurs », ce n'est pas diffamatoire. On va démontrer, à travers mes conseils et les témoins, que cela est faux.

Me Comte. — Nous sommes dans une histoire assez dense. Vous avez dit, M. Nezzar, que c'est à la demande de la majorité du peuple algérien que l'armée a dû interrompre le processus, dans le cadre de ce que vous avez indiqué être le Haut Comité d'État.

J'ai une question à vous poser. De mémoire, mais je peux me tromper, en janvier 1992, il y a une énorme manifestation à Alger qui regroupe un million de personnes [51]. Le mot d'ordre est : « Ni dictature militaire, ni dictature islamiste. » Où était, M. Nezzar, la majorité de la population qui vous soutenait ?

M. Nezzar. — C'était toute la manifestation qui était pour l'interruption du processus électoral [52].

Me Comte. — Pas du tout : « Ni dictature militaire. »

M. Nezzar. — Le FFS répète la même chose, c'est normal.

Me Comte. — Où était la majorité des gens en votre faveur ?

M. Nezzar. — Monsieur… Maître… Je ne sais pas très bien comment vous appeler.

Me Comte. — Voilà les méthodes ! Cela ne me dérange pas. M. Nezzar a voulu un procès ici, il faut qu'il s'habitue aux règles d'ici, sinon vous allez là-bas faire votre procès. Je vais continuer mes questions. Je voudrais que vous m'appeliez « Maître ».

M. Nezzar. — Parfois, j'oublie de vous appeler « Maître ».

M. Stéphan, *président*. — Je ne crois pas que ces échanges soient utiles.

Me Comte. — Ma question est la suivante : au mois de janvier – je n'ai pas la date exacte – 1992, manifestation d'un million de personnes à Alger :

---

51 Il s'agit de la manifestation appelée par le Front des forces socialistes (FFS) de Hocine Aït-Ahmed, le 2 janvier 1992.

52 Voir *infra* le témoignage de Hocine Aït-Ahmed, chapitre 4, p. 376.

« Ni dictature militaire, ni dictature islamiste », de mémoire. Où se trouve la majorité des Algériens qui vous soutiennent, M. Nezzar ?

M. Nezzar. — Au lendemain du premier tour, le vote qui s'est passé est un vote sanction. Les gens n'ont pas voté FIS comme cela. Beaucoup de gens ont voté… Il y a des gens convaincus, je vous l'accorde. Des gens ont sanctionné le parti unique et, le lendemain, se sont demandé ce qu'ils avaient fait.

C'est ce qui s'est passé réellement. Trois millions de personnes ont voté pour le FIS alors que nous étions treize millions d'Algériens [53]. C'est l'abstention. Le problème est là. Où se trouve la majorité ? Quand je dis la majorité, c'est parce qu'il y a réellement une majorité.

Me Comte. — Comment avez-vous pu mesurer cette majorité alors que d'autres manifestations pouvaient avoir lieu dans un autre sens ? Quels ont été les éléments d'évaluation de cette majorité, quels étaient les associations et les groupements qui vous soutenaient ?

M. Nezzar. — Quand vous vous référez à mon livre, j'ai parlé de sondages faits par le ministère de la Défense [54].

Me Comte. — Vous avez dit, me semble-t-il, que ceux qui avaient été faits sur les élections de décembre étaient totalement faux [55].

M. Nezzar. — Non. Nous avions raison. Nous avons donné plus de trois millions, puisque le FIS avait eu quatre millions pendant les élections communales. Nous lui avons donné quatre. Il n'y en a eu que trois millions. Je l'ai dit et écrit.

Me Comte. — Je n'ai pas obtenu de réponse à ma question, il me semble. On va prendre un autre aspect si vous le voulez bien, M. le président. M. Nezzar, en votre qualité [56], que vous avez assumée à ce moment-là, avez-vous donné des instructions pour que des personnes soient arrêtées – on est en janvier 1992 –, déportées dans des camps de détention qui avaient été ouverts précédemment ? Avez-vous donné des instructions pour cela ?

M. Nezzar. — Le mot « déportation », dans votre bouche, Maître…

Me Comte. — Je peux dire « éloignement ».

---

53 M. Nezzar veut parler du nombre d'électeurs.

54 Il n'est pas fait mention de tels sondages dans les mémoires précités de M. Nezzar (*Algérie : échec à une régression programmée*, *op. cit.*).

55 L'ancien président Chadli Bendjedid, pour sa part, a déclaré : « Nous avons été trompés par les sondages officiels et officieux qui parvenaient régulièrement à la présidence, qui faisaient fausse route totale et qui attribuaient au parti d'Abassi Madani moins du quart des sièges » (interview au quotidien *Le Matin*, 13 janvier 2001).

56 De membre du HCE.

M. Nezzar. — Je viens de sortir, à la suite de la plainte déposée contre moi, un livre qui reprend tout [57]. Dans ce livre, il y a des tas d'annexes et une directive signée de ma propre main, s'agissant de 1988, des instructions pour le tir. J'ai mis le document français récent du 9 mai 1995 [58], « Défense, protection et sécurité du territoire », qui reprend les mêmes termes. Nous n'avons rien inventé.

Me Comte. — Ce n'était pas ma question, M. le président. Nous savons, et personne ne peut le nier, que des milliers de personnes ont été arrêtées dans l'année 1992. *(S'adressant à M. Nezzar.)* Je ne dis pas que vous n'avez pas donné les instructions précises pour le tir, pour la manière de se comporter face à une insurrection armée. On a les textes. Mais avez-vous donné les instructions pour que des gens soient arrêtés en fonction d'une étiquette politique, d'un soupçon d'étiquette politique, et qu'ils soient éventuellement éloignés vers des camps de détention qui avaient été précédemment ouverts ? Nous avons des faits et des décrets qui datent d'avant vos prises de fonction.

M. Nezzar. — Signés par qui ?

Me Comte. — Nous avons les décrets.

M. Nezzar. — L'arrêté est signé par le Premier ministre, par le ministre de l'Intérieur qui gérait. Nous étions en état d'urgence [59]. Le ministre de

---

57 Ali HAROUN et *alii*, *Algérie : arrêt du processus électoral, enjeux et démocratie*, *op. cit.*

58 À moins qu'il ne s'agisse d'une erreur de transcription de ses propos, M. Nezzar semble commettre ici une confusion sur la date. Il fait probablement allusion au passage suivant du « Mémoire » de ses conseils en date du 17 décembre 2001 (reproduit dans le livre précité qui en est tiré) : « En ce qui concerne l'emploi de la force et l'usage des armes, la réglementation algérienne s'inspire étroitement de l'instruction interministérielle française nº 500-SGDN/AC/REG du 20 juillet 1970 relative à la participation des forces armées au maintien de l'ordre (Annexe 3 : Défense, protection et sécurité du territoire). »

59 Le décret présidentiel nº 92/44 du 9 février 1992 instaurant l'état d'urgence à partir du 9 février 1992 stipule dans son article 4 : « Le ministre de l'Intérieur, sur l'ensemble ou une partie du territoire national et le wali, dans les limites régionales de la wilaya, sont habilités à prendre les mesures nécessaires pour sauvegarder l'ordre public par le biais de décisions conformément aux dispositions suivantes et dans le cadre du respect des orientations gouvernementales. » Et dans son article 9 : « Le ministre de l'Intérieur peut, par délégation, transférer à l'autorité militaire la direction des opérations de rétablissement de l'ordre au niveau local ou au niveau de certaines circonscriptions territoriales. » Ce dernier point sera spécifié dans un arrêté du 10 février 1992, signé par le ministre de la Défense, le général-major Khaled Nezzar et le ministre de l'Intérieur, le général-major Larbi Belkheir, qui indique dans son article 3 : « Conformément à l'article 9 du décret nº 92/44 du 9 février 1992 susvisé, les commandants de région militaire, pour leurs circonscriptions territoriales respectives, et le commandant des forces terrestres, pour la wilaya d'Alger, sont les autorités militaires délégataires chargées de la direction des opérations de rétablissement de l'ordre public à l'échelle de leur territoire de compétence. » C'est une partie de l'arsenal ayant permis aux autorités militaires d'ouvrir des « centres de sûreté », d'y interner des milliers de civils, d'interdire de

l'Intérieur gérait ces camps et il a fait un arrêté – sur ordre de Boudiaf –, parce que les gens perturbaient l'ordre.

Me Comte. — Puisque l'on est dans ce décret et cette discussion légaliste, vous souvenez-vous de qui prenait les mesures de placement ? Quelle autorité ?

M. Nezzar. — Le ministre de l'Intérieur.

Me Comte. — Article 3.1 du décret exécutif du 25 juin 1991 des mesures de placement : « … est prononcé par l'autorité militaire investie. »

M. Nezzar. — Nous étions alors dans un état de siège, pas dans l'état d'urgence[60].

Me Comte. — Peut-on revenir à ma question initiale : avez-vous donné des instructions pour que les personnes soient arrêtées et éventuellement éloignées vers les camps de détention déjà mis en place ?

M. Nezzar. — Les camps d'isolement sont prévus par la loi dans tout État de droit. Nous avons pris cette décision au niveau du Haut Comité d'État, en commun, et le ministre de l'Intérieur l'a appliquée.

Me Comte. — Vous avez dit – c'était votre déclaration liminaire, M. Nezzar – que vous aviez sauvé l'Algérie d'un « glissement vers l'afghanisation » et d'un risque de Talibans. M. Nezzar, 150 000 ou 200 000 morts plus tard, 7 000 disparus, ou plus, plus tard, après tant de personnes abîmées dans leur chair et torturées, comme nous le savons : pensez-vous encore que vous avez sauvé l'Algérie du pire ?

---

séjour ou de placer en résidence surveillée « toute personne dont l'activité peut s'avérer nuisible pour l'ordre public ».

60 Il est exact que c'est l'état de siège, et non l'état d'urgence, qui a été proclamé en juin 1991 ; il y a été mis fin le 29 septembre 1991 (l'état d'urgence, on l'a vu, a été proclamé le 9 février 1992, après l'interruption du processus électoral, et il était toujours en vigueur à la date du procès, plus de dix ans plus tard). Dans une interview de juillet 1991, Me Abdennour Ali Yahia, président de la Ligue algérienne de défense des droits de l'homme, a déclaré à propos de l'état de siège : « Le décret du 4 juin constituant l'état de siège est, lui, anticonstitutionnel, […] parce qu'il met en veilleuse les deux tiers des dispositions de la Constitution. Dans son article 4, ce décret prévoit l'internement administratif. Cela veut dire que le wali, assisté d'une petite commission composée d'un commissaire de police, d'un représentant de la gendarmerie ou de l'armée et de deux personnes, peut mettre un Algérien en prison. […] Beaucoup plus grave : le recours contre un internement administratif ne se fait pas devant la justice, mais devant l'autorité administrative supérieure. Ainsi, lorsque c'est le wali qui a pris la décision, le recours se fait devant le ministère de l'Intérieur. Alors que normalement c'est la justice seule qui doit trancher. […] Il [le décret] interdit à un Algérien de circuler dans son pays ; on dit aux Algériens, si vous recevez quelqu'un chez vous, vous devez le déclarer parce qu'il peut être recherché. […] Dans le décret, il y a une phrase grave pour les droits de l'homme : "L'autorité civile est subordonnée à l'autorité militaire." Cela veut dire que même la justice est subordonnée à l'autorité militaire » (*Algérie Actualité*, 11-17 juillet 1991, p. 9).

M. Nezzar. — Pouvez-vous me dire, si on était passé au deuxième tour, quels auraient été les dégâts ?

Me Comte. — Des témoins nous éclaireront de ce point de vue.

M. Nezzar. — Si nous étions passés au deuxième tour, connaissez-vous la réponse ?

Me Comte. — Moi je pense – mais je n'ai pas à le faire – qu'un certain nombre de personnes en Algérie pensaient, et souhaitaient, que le processus continue jusqu'au bout et qu'éventuellement, si un certain nombre de dépassements de la légalité algérienne étaient constatés, il y aurait eu à intervenir d'une autre manière.

M. Nezzar. — Ces avis, Maître, ont été émis – je les ai entendus – plus particulièrement par des gens du FFS. C'est vrai que l'on a envoyé des gens expliquer le phénomène inédit en Algérie et on nous a dit que l'on avait affaire à des conservateurs : « Laissez-les passer. Après tout, vous allez vous organiser et vous allez passer au deuxième tour aux autres élections. » Or, ceux du FIS n'ont fait que dire : « Nous allons utiliser la démocratie une seule fois. C'est-à-dire, une fois arrivés au pouvoir, nous allons appliquer la *charia.* » Cela a été répété par tout le défilé.

Me Comte. — Il me semble me souvenir que M. Hachani était au pouvoir au FIS à l'époque et qu'il était plus modéré que les deux autres, qui d'ailleurs avaient été arrêtés [61].

M. Nezzar. — M. Hachani était submergé par la violence des gens qui sont revenus de l'Afghanistan, ceux qu'on appelle les « Afghans ». Les deux branches, qu'elles soient violentes ou qu'elles veuillent arriver par la politique, avaient pour but l'application de la *charia* islamique. Il y a à ce jour des islamistes, il y a des partis islamistes – il y en a trois, dont l'un dans la

---

61 Les deux principaux leaders du FIS, Ali Benhadj et Abassi Madani, ont été arrêtés respectivement le 29 et le 30 juin 1991. Après cette arrestation, Abdelkader Hachani a repris le parti en main lors d'un congrès organisé en août 1991, à Batna, qui a consacré la prédominance du courant djaz'ariste (défendant une solution politique islamiste nationaliste) sur le courant salafiste (optant pour une action islamiste internationale). Face à la répression du régime qui devait toucher Hachani lui-même (il sera arrêté le 27 septembre), la participation aux élections restait aléatoire. Ce n'est que quelque semaines avant le scrutin que les dirigeants se décidèrent à y participer.

Ali Benhadj et Abassi Madani se verront reprocher d'avoir organisé et dirigé une grève qualifiée d'insurrectionnelle et ils seront condamnés par un tribunal militaire, le 15 juillet 1992, à douze années de prison. Au moment du procès de juillet 2002, Ali Benhadj était toujours en détention et Abassi Madani était assigné à résidence, avec interdiction absolue de quitter les lieux. Abdelkader Hachani, quant à lui, a été emprisonné du 27 septembre à fin octobre 1991, puis arrêté une seconde fois le 23 janvier 1992 pour avoir signé un communiqué considéré par le pouvoir comme un « appel à la désertion ». Il ne sera jugé que le 7 juillet 1997, et condamné à cinq ans de prison. Libéré immédiatement, il a été assassiné le 22 novembre 1999 (la plupart des observateurs attribuent son assassinat aux services secrets algériens).

coalition, mais il n'est pas violent. Les deux branches allaient vers l'application de la *charia*.

Me Comte. — Dix ans de guerre, de camps, des centres d'internement… Comment avez-vous protégé l'Algérie ?

M. Nezzar. — L'Algérie n'a pas sombré dans les ténèbres. Elle est toujours debout.

Me Bourdon, *défense*. — M. Nezzar, le FIS est arrivé en 1989. S'il représente – Me Comte a lu quelques *verbatim* de votre ouvrage – l'expression d'une menace, pourquoi avoir agréé un tel parti ?

M. Nezzar. — Je n'étais pas responsable, je l'ai désapprouvé dès le début.

Me Bourdon. — Vous l'avez désapprouvé…

Page 168 de votre ouvrage *Algérie, échec à une régression programmée*, vous écrivez : « La fameuse lettre de démission que M. Chadli avait lue à la télévision le soir même avait été rédigée par le général Touati et par Ali Haroun. » M. Chadli n'était-il pas assez grand pour le faire tout seul ?

M. Nezzar. — C'est un arabisant [62]. Il ne l'a pas faite. Ils l'ont faite avec lui, la lettre.

Me Bourdon. — Je relis votre phrase. C'est très précis. Ce n'est pas une œuvre de collaboration : « La fameuse lettre de démission que M. Chadli avait lue à la télévision le soir même avait été rédigée par le général Touati et par Ali Haroun. »

M. Nezzar. — Tous les documents rédigés par le président sont rédigés par les différents partis. Chez nous, le président ne rédige pas.

Me Bourdon. — C'est un président qui signe des courriers qu'il ne rédige jamais !

M. Nezzar. — Il ne rédige pas.

Me Bourdon. — Il signe.

M. Nezzar. — Il voit, il explique et il lit.

Me Bourdon. — Ce président, qui ne rédige jamais ce qu'il signe, est interviewé par le journal *Le Matin* le 13 janvier 2001. Vous avez dit qu'il était d'accord pour signer cette lettre, mais il dit ceci : « Nous avons été trompés par les sondages officiels et officieux […] qui attribuaient au parti d'Abassi Madani moins du quart des suffrages. » Plus loin : « On ne peut prétendre édifier un État de droit et accepter qu'on bafoue le verdict des

---

62 Pour apprécier cette réponse, il faut savoir que M. Chadli parle aussi bien le français que l'arabe. Et aussi qu'en Algérie, la langue officielle étant l'arabe, tous les documents officiels sont rédigés dans cette langue.

urnes, quel que soit ce verdict. » Il dit encore : « C'était mon choix de poursuivre le processus électoral, d'affronter l'énorme incertitude et de faire confiance à l'avenir. [...] Le temps aurait travaillé pour la vérité et aurait dévoilé la véritable face du FIS. » Comment conciliez-vous cette prise de position de M. Chadli avec votre opinion selon laquelle il aurait approuvé sans réserve aucune ce que vous lui avez, semble-t-il, proposé ?

M. Nezzar. — Quand on fait le bébé, on vous le jette dans les bras ! Qu'est-ce que vous faites ? Le président a démissionné. Ce qui venait après ne le regardait pas du tout.

Me Bourdon. — Qu'est-ce que ce « bébé » a à voir ?

M. Nezzar. — Le bébé, c'est ce que l'on a eu entre les mains.

Me Bourdon. — Pourquoi M. Chadli dit dans deux interviews successives...

M. Nezzar. — ... C'est son affaire. Il n'est pas aux commandes.

Me Bourdon. — Vous voulez dire que la liberté du droit d'expression de M. Chadli est très faible ?

M. Nezzar. — Je ne veux pas dire cela. Le président a démissionné. Son avis, après sa démission, est secondaire, totalement secondaire. Je le confirme.

Me Bourdon. — M. Nezzar, dans une interview au *Figaro-Magazine* [63], le journaliste vous pose la question : « Quelle politique faut-il adopter envers les terroristes qui refusent la concorde civile ? » Et vous répondez : « À mon sens, il n'y en a qu'une : l'éradication. »

M. Nezzar. — Exact.

Me Bourdon. — La question suivante du journaliste est : « C'est-à-dire les exterminer ? » et votre réponse : « C'est-à-dire les combattre jusqu'au bout et mettre le prix qu'il faut. » Que voulez-vous dire par là ?

M. Nezzar. — Nous avons des services de sécurité. Quand il s'agit de subversion, quand l'ensemble de la nation est concerné, tous les moyens doivent être regroupés pour combattre ces terroristes.

Me Bourdon. — Tout à l'heure, vous avez écarté d'un revers les critiques qui ont été faites s'agissant des violations des droits de l'homme dès l'année 1991 et vous avez tout de suite accusé Internet, alors qu'en 1991 Internet n'était pas à la mode.

Je vous pose une question très précise qui appelle une réponse très précise. J'oublie les officiers. J'oublie Internet. Comment expliquez-vous

---

63 « Algérie : une interview exclusive de l'ex-chef de l'armée. Le général Nezzar attaque », propos recueillis par Henri-Christian GIRAUD, *Le Figaro-Magazine*, 21 avril 2001, *loc. cit.*

que l'ensemble des organisations internationales de défense des droits de l'homme a, de façon unanime, dès 1989, stigmatisé l'utilisation systématique et massive de la torture et des exécutions sommaires ? Je veux bien croire que, s'agissant des officiers – on en reparlera –, dans votre logique, vous les contestiez. Mais toutes ces organisations, de façon unanime, répètent la même chose. Comment expliquez-vous cela ?

M. Nezzar. — Mon explication est simple. Les Nations unies sont venues à plusieurs reprises en Algérie : le « panel » est venu, la sous-commission des droits de l'homme est venue[64], mais à aucun moment l'Algérie n'a été condamnée[65]. Partant de là, ils ont pris leur décision et ils ont dit qu'il fallait encourager l'Algérie, qui n'a jamais été condamnée.

---

64 M. Nezzar fait vraisemblablement allusion à la sous-commission des droits de l'homme des Nations unies, qui se réunit annuellement à Genève, au mois d'août. Si tel est le cas, son assertion est inexacte : la sous-commission des droits de l'homme des Nations unies n'a jamais envoyé de mission en Algérie (ce n'est, au demeurant, pas sa façon de fonctionner).

65 On a vu plus haut que le Comité des droits de l'homme des Nations unies, en août 1998, a eu des mots sévères à l'encontre des autorités algériennes, déclarant notamment : « Le Comité est également préoccupé devant l'absence de mesures opportunes ou préventives de protection des victimes de la part des autorités de police et du commandement de l'armée dans le secteur concerné, ainsi que devant les allégations persistantes de collusion de membres des forces de sécurité dans la perpétration d'actes de terrorisme. [...] Bien que la délégation algérienne ait nié que certaines autorités recourent à la torture, le Comité est profondément préoccupé par les allégations persistantes de torture systématique. Le Comité déplore le fait que des juges semblent admettre couramment les aveux obtenus sous la contrainte, alors même qu'il existe des preuves médicales attestant que des actes de torture ont été perpétrés, et il demande à l'État partie de prendre toutes mesures pour remédier à cette situation. [...] Vu le caractère insatisfaisant des réponses fournies par la délégation et le nombre de plaintes émanant des familles, le Comité exprime les graves préoccupations que lui inspirent le nombre des disparitions et l'incapacité de l'État à réagir de manière appropriée, ou à répondre tout simplement, à des violations aussi graves » (voir *supra*, chapitre 1, note 29, p. 60).

Par ailleurs, d'autres institutions onusiennes ont critiqué l'État algérien. Ainsi, en 1996, le Comité contre la torture écrivait dans ses conclusions finales : « Tout en se félicitant du fait qu'aucune exécution capitale n'ait eu lieu depuis 1993, le Comité reste préoccupé par les informations que des organisations non gouvernementales de défense des droits de l'homme ont fournies concernant des exécutions extrajudiciaires, des disparitions et la recrudescence de la torture depuis 1991, alors que celle-ci avait pratiquement disparu entre 1989 et 1991. »

Et en mars 2002, le Groupe de travail sur les détentions arbitraires s'est adressé en ces termes aux autorités algériennes à propos de la situation des deux dirigeants du FIS : « La privation de liberté de M. Abassi Madani et de M. Ali Benhadj est arbitraire, car elle va à l'encontre des articles 9 et 10 de la Déclaration universelle des droits de l'homme et des articles 9 et 14 du Pacte international relatif aux droits civils et politiques et relève de la catégorie III des catégories applicables à l'examen des cas soumis au Groupe de travail. [...] En ce qui concerne l'assignation de M. Abassi Madani à résidence, il considère, conformément à sa délibération 01, cette mesure comme une forme de privation de liberté » (texte reproduit sur : <http://www.algeria-watch.org/mrv/mrvrap/groupe_travail_0302.htm#rapport>).

Me Bourdon. — Je précise à l'attention du tribunal que très peu de condamnations sont prononcées [66] contre les États, en raison des mécanismes complexes de vote.

M. Nezzar, une pièce versée aux débats par vous et vos avocats (annexe n° 35 du document que vous avez déposé entre les mains du Parquet) est un document de la sous-commission des droits de l'homme des Nations unies, qui « reste préoccupée par les informations que les organisations non gouvernementales de défense des droits de l'homme ont fournies concernant des exécutions extrajudiciaires, des disparitions et la recrudescence de la torture depuis 1991 [67] ». Faites un effort, s'il vous plaît. Comment expliquez-vous le fait que la sous-commission des droits de l'homme en 1997 stigmatise une recrudescence de la torture ? C'est une pièce que vous avez vous-même communiquée.

M. Nezzar. — On vous communique toutes les pièces, qu'elles soient bonnes ou mauvaises, parce que c'est la preuve de notre bonne foi. Vous avez pris ce qui vous intéresse de cette pièce.

Me Bourdon. — Votre réponse est que j'ai fait une lecture sélective. Pensez-vous que cette réponse est susceptible de gagner la plus grande adhésion ?

M. Nezzar. — C'est l'avis du tribunal… Exactement, vous avez fait une lecture sélective.

Me Bourdon. — Une autre organisation des droits de l'homme dit ceci : « Il est en effet prouvé que les tenants du discours extrémiste procèdent au sein de ces centres… » – des centres d'internement où sont parqués des gens…

M. Nezzar. — « Centres d'isolement ».

Me Bourdon. — S'il vous plaît, ne faisons pas de bataille de sémantique ! Je poursuis : « … à une action ininterrompue d'endoctrinement, alors que, d'autre part, l'autorité militaire chargée de la surveillance de ces centres ne peut pas contrecarrer cette situation, puisque les internés n'ont pas un statut de prisonnier [68]. » Il y a donc là une critique modérée du fait que l'autorité militaire est incapable de contrecarrer cette situation, c'est-à-dire l'endoctrinement, c'est-à-dire le danger latent que représente la situation dans laquelle sont ces gens. Comment expliquez-vous ce rapport ?

M. Nezzar. — Je vous vois venir ! Tous ces gens qui sont sortis des camps seraient montés au maquis…

---

66 Par les Nations unies.

67 Assemblée générale, Documents officiels, cinquante-deuxième session, supplément n° 44 (A/52/44), Rapport du Comité contre la torture, Nations unies, New York, 1997.

68 ONDH, « Note de situation sur les centres de sûreté », mars 1993, *Revue des droits de l'homme*, Alger, juin 1993, p. 81-84.

Me Bourdon. — Cette citation vient de l'Observatoire national des droits de l'homme algérien[69].

M. Nezzar. — C'est son avis, mais je vous donne la réalité.

Me Bourdon. — Vous contredisez donc les conclusions d'une institution qui existe sur place ?

M. Nezzar. — Lisez tout le compte rendu, vous faites des lectures sélectives, Maître.

Me Bourdon. — Revenons sur la condamnation prononcée à l'encontre de M. Souaïdia qui figure dans le « cas 5 » de la liste remise au « panel » de personnalités de l'ONU en août 1998. Cette liste, puisqu'elle est remise à un panel de personnalités éminentes, désignée sous les auspices de Kofi Annan, a été rédigée avec beaucoup de soins.

M. Nezzar. — Je ne l'ai pas rédigée.

Me Bourdon. — J'ai un document : l'ordre de mission, qui confirme que la date de la convocation donnée à Habib Souaïdia – convocation à l'issue de laquelle il allait être arrêté – est le 27 juin 1995. Il s'agit d'une reproduction assez pâle, car le temps a fait son affaire. Comment expliquez-vous, alors qu'il n'y a aucune raison d'imaginer que ce document destiné au panel ait été rédigé rapidement, que la date figurant sur le « cas 5 » est tout à fait différente : le 23 décembre 1994 ?

M. Nezzar. — Vous parlez de la date…

Me Bourdon. — Je parle de la date à laquelle…

M. Nezzar. — La date… Il n'a pas été condamné…

Me Bourdon. — Il a été condamné le 16 avril 1996 et l'ordre de mission date de 1995.

M. Nezzar. — Pour l'ordre de mission, il est tout à fait normal qu'il y ait un ordre de mission de la part de la gendarmerie. À l'époque, il y avait de l'insécurité dans le territoire – et il y en a encore – et l'ordre était donné de ne pas détourner les gendarmes de leur mission. Les gens devaient se déplacer sans carte militaire, en civil, pour rejoindre quand bien même un tribunal militaire. Cela se passe partout dans le pays.

Me Bourdon. — Un autre général, comme vous, le général Attaïlia, dans une interview au *Quotidien d'Oran* le 26 mars 2000, a dit : « Sur le fond du problème algérien, l'arrêt du processus électoral en janvier 1992 a été la cause majeure de la catastrophe nationale. On aurait pu l'éviter si on avait

---

69 L'ONDH est une institution publique dépendant de la présidence de la République. Il a été créé en février 1992 et dissous en 2000 (voir *infra*, chapitre 2, le témoignage de son président, M. Kamel Rezzag-Bara, p. 175).

laissé les mécanismes institutionnels fonctionner. » Quelle appréciation portez-vous sur quelqu'un qui a le même grade que vous ?

M. Nezzar. — Ce général a écrit… Je vais vous donner l'occasion d'en parler… C'est un général illettré. Il y en a, des illettrés ! Dans une armée de libérateurs, nous avons des illettrés. C'est tout ! Un illettré ne veut pas dire inintelligent.

Je vais répondre à la question. Pendant que le FIS défilait dans les rues, on appelait publiquement son nom, Attaïlia, uniquement parce qu'il était connu et parce qu'il avait une affaire en dehors de l'armée en tant que militaire. Il avait une « couverture », une ligne de cars et de transport. Il a commencé, en 1992, par se réfugier en Tunisie, puis il a eu un visa pour la France, avec beaucoup d'insistance, car en France on le connaît bien…

Me Bourdon. — La citation délivrée à M. Souaïdia est délivrée à son adresse personnelle que personne ne connaît. Comment connaissez-vous cette adresse ?

M. Nezzar. — *(Pas de réponse.)*

Me Farthouat. — J'en prends acte.

Me Comte. — Adresse personnelle fictive.

Me Bourdon. — Comment avez-vous eu connaissance de cette adresse ?

M. Nezzar. — Celle que j'ai, je la connais.

Me Bourdon. — Vous ne l'avez pas sortie d'un chapeau !

M. Nezzar. — Je n'en sais rien. Ils ont fait leur travail. J'ai donné l'adresse des Éditions La Découverte.

Me Bourdon. — M. Nezzar, quand vous êtes interrogé, le 4 avril 2002, par la Criminelle, vous dites : « En aucun cas, je n'ai été amené à donner des directives concernant l'arrestation des islamistes. Cela ne relevait pas de ma responsabilité. » C'est un premier élément de réponse.

Un second élément de réponse – c'est une pièce communiquée par vos conseils –, à propos des abus ou débordements, vous dites : « Toutefois, en ma qualité de ministre de la Défense, j'ai systématiquement condamné et sanctionné de tels agissements qui sont restés marginaux. » Comment conciliez-vous le fait que vous n'étiez pas responsable du processus d'arrestation et le fait de dire que vous étiez responsable s'agissant du châtiment pour les abus et les dépassements ?

M. Nezzar. — L'un ne va pas avec l'autre.

Me Bourdon. — Expliquez-moi cela. Comment peut-on être irresponsable dans le processus d'arrestation et de détention, et responsable s'agissant des abus et des excès commis ?

M. Nezzar. — Vous voulez faire de moi un responsable moral. Je m'expliquerai devant la justice qui jugera.

Me Bourdon. — Vous avez dit dans votre exposé : « L'Histoire jugera. »

M. Nezzar. — Oui.

Me Bourdon. — Accepteriez-vous de répondre à une question simple : le général Pinochet, vingt-cinq ans après les faits, a été poursuivi ; les juges chiliens l'ont poursuivi. Est-ce que cela vous paraît anormal, scandaleux, dérisoire ?

M. Nezzar. — Je n'ai rien à voir avec M. Pinochet. Je ne suis pas un Pinochet *bis*.

Me Bourdon. — Vous ne répondez pas à la question.

M. Nezzar. — J'y réponds.

Me Bourdon. — Est-ce que vous accepteriez que les responsables militaires des crimes commis en Algérie rendent des comptes ?

M. Nezzar. — Qu'ils rendent des comptes à leurs citoyens, oui.

Me Bourdon. — De quelle façon ?

M. Nezzar. — De la manière dont les citoyens jugeront.

Me Bourdon. — Cela peut être un processus judiciaire.

M. Nezzar. — Je ne sais pas. On verra.

M. Stéphan, *président*. — Pourquoi avoir attaqué l'émission et non pas le livre ?

M. Nezzar. — Honnêtement, s'agissant des médias, j'ai eu beaucoup de contacts avec les journalistes. Pourquoi abuser de leur bonne foi ?

Avec M. Souaïdia, si ce n'était les propos qu'il a tenus, je ne l'aurais jamais attaqué en diffamation. Ce sont des enjeux bien plus graves, plus importants, que nous jugeons aujourd'hui dans ce tribunal. On a sali l'armée, l'Algérie et son peuple pendant plus d'une décennie. Je veux qu'une fois pour toutes la vérité soit dite. Je suis venu pour cela. Je ne suis pas venu pour M. Souaïdia.

M. Stéphan, *président*. — Pourquoi l'émission et pas le livre ?

M. Nezzar. — Je dis, M. le président, que l'émission… J'ai parlé avec les journalistes et beaucoup sont convaincus, d'autres ne l'ont pas été. Beaucoup sont abusés dans leur bonne foi. La Cinquième a peut-être été abusée.

Me Farthouat, *partie civile*. — Nous avons considéré que le livre ne comportait pas des imputations diffamatoires susceptibles d'être poursuivies. J'y chercherai en vain l'accusation contre le général Nezzar qui serait le « responsable de milliers de morts », qui serait assimilable à

Massu et Aussaresses et qui aurait pratiqué la torture. La personne la plus visée par ce livre n'est pas le général Nezzar, c'est un autre militaire : « Pour conclure, je tiens à m'adresser à M. Mohamed Lamari, le principal responsable à mes yeux de cette tragédie. »

C'est le dérapage d'un livre dans lequel on cite le général Nezzar, mais on ne lui impute pas – en dehors de l'imputation citée par mon confrère Me Comte concernant éventuellement des problèmes financiers – des faits de meurtres et des faits de torture. Or, brusquement, à la télévision, on vient dire à qui s'adressait ce livre, et que c'est Nezzar qui est à l'origine de tout.

M. Stéphan, *président*. — Voilà l'explication qui nous est fournie.

Me Comte, *défense*. — Ce n'est pas important, car cela fera partie du débat de fond.

M. Stéphan, *président*. — M. Nezzar, je n'ai pas d'autres questions à vous poser. Le tribunal vous remercie. Vous vous êtes exprimé comme M. Souaïdia.

M. Souaïdia, souhaitez-vous dire quelque chose après la déposition de M. Nezzar ?

M. Souaïdia. — Je le ferai plus tard.

M. Stéphan, *président*. — Nous reprendrons l'audience demain.

L'audience est suspendue à 19 h 10.

2

Audience du 2 juillet 2002

L'audience est reprise à 9 h 30 sous la présidence de M. Stéphan.

M. Stéphan, *président*. — Nous allons poursuivre les débats avec les auditions des témoins. Le tribunal insiste dans l'intérêt des parties et des témoins sur le nombre de témoins cités, afin d'éviter de faire passer certains témoins du matin dans l'après-midi ou de les faire attendre trop longtemps. Les témoins sont : Me Ali Haroun, M. Sid Ahmed Ghozali, M. Sifaoui.

Audition de M. Sid Ahmed Ghozali,
à la requête de la partie civile

M. Sid Ahmed Ghozali. — Je m'appelle Sid Ahmed Ghozali. Je suis né le 31 mars 1937. Algérien, marié, trois enfants. Mon occupation a été tout le temps au service de l'État et je suis actuellement dans la position de retraité, mais en même temps j'ai repris des activités politiques depuis quatre ans où j'essaie de construire un parti politique qui s'appelle Front démocratique.

M. Stéphan, *président*. — Vous avez été chef du gouvernement algérien. Vous êtes entendu comme témoin dans le cadre d'un procès qui oppose le général Nezzar à M. Habib Souaïdia et notamment M. Marc Tessier, en diffamation. Nous vous demandons de prêter serment.

Le témoin prête serment.

M. Stéphan, *président*. — Je passe la parole aux avocats du général Nezzar qui vous ont fait citer pour ce procès.

Me Farthouat. — Vous avez été Premier ministre. J'aimerais que vous rappeliez au tribunal quel a été votre parcours politique et les conditions dans lesquelles vous avez été appelé à ces fonctions.

M. Ghozali. — Depuis l'indépendance de l'Algérie, qui a coïncidé avec la fin de mes études, je suis un ancien élève des Ponts et Chaussées, ingénieur de formation. La fin de mes études a coïncidé avec l'indépendance de l'Algérie, et dans deux jours nous fêtons le quarantième anniversaire de l'Indépendance. Durant ces quarante ans, je n'ai eu comme patron que l'État algérien. J'ai occupé, jeunesse de l'Algérie oblige, des postes de responsabilité très élevés dans l'administration et au gouvernement.

Par courtoisie vis-à-vis de la Cour et puisque je témoigne sur des faits, je voudrais consacrer deux minutes à l'énumération de mon parcours professionnel afin que la Cour puisse juger de la fiabilité des faits et la véracité de mon témoignage. C'est la seule lecture que je ferai.

Je suis né le 31 mars 1937 à Tighenif, je suis marié depuis trente et un ans à Nadra Mostefai, native, elle, de Sétif. Nous avons trois enfants : Sabri, Ladmilla et Salim. Fils d'un enseignant en arabe, j'ai eu la chance d'être scolarisé très jeune et de réussir un cursus scolaire qui m'a conduit de l'école primaire à Nédroma à la classe de mathématiques spéciales à Alger.

Après une interruption d'un an et demi durant le boycott des examens et des cours ordonné en mai 1956 par le FLN (dont j'ai rejoint les rangs en France de 1957 à l'Indépendance), j'ai passé avec succès les concours d'entrée aux grandes écoles françaises. J'ai choisi d'entrer en septembre 1958 à l'École nationale des Ponts et Chaussées de Paris, où j'ai obtenu mon diplôme d'ingénieur.

Ma vie professionnelle, je l'ai entièrement consacrée au service de l'État. J'ai été le premier directeur de l'administration centrale algérienne de l'énergie (1962-1964). Puis président et même fondateur de la Sonatrach, qui était la société nationale pétrolière créée aux fins de préparer les nationalisations de 1971. J'ai pris cette société au berceau, au niveau de la signature du décret. Quatorze ans après, j'ai laissé une entreprise de 120 000 employés, une entreprise et des cadres de standing international, acteurs à part entière dans le développement des enjeux stratégiques que représente l'énergie dans le monde.

J'ai été ambassadeur d'Algérie auprès du Benelux et de la Communauté économique européenne à l'époque, de 1984 à 1988, et ambassadeur en France à ma sortie du gouvernement en 1992 et 1993.

J'ai été ministre des Travaux publics, puis de l'Énergie et des Industries pétrochimiques, puis de l'Hydraulique et de l'Environnement, puis des Finances et de l'Économie. J'ai dirigé les Affaires étrangères de 1989 à 1991, et enfin le gouvernement en 1991 et 1992, à des moments critiques de la vie internationale et nationale de mon pays, au terme d'un parcours qui m'a confronté à nombre de dossiers économiques, sociaux, diplomatiques, politiques comme la nationalisation des hydrocarbures, les négociations des relations économiques de l'Algérie avec les grandes puissances industrielles, l'Union du Maghreb arabe, la crise et la guerre du Golfe, le dialogue Nord-Sud, la crise libanaise, la dette des pays du tiers monde.

Je rappelle la loi dont j'ai été l'instigateur ou le promoteur, qui a ouvert le secteur pétrolier aux sociétés privées et qui a mis un frein aux destructions des œuvres nationales en Algérie et a relancé le développement des réserves nouvelles en hydrocarbures et de leur production.

Au total, vingt-huit années de service actif à des niveaux élevés de responsabilité et quatre années depuis 1998 dans la vie politique, dont je m'étais éloigné de 1992 à 1998. Les huit années restantes ont été passées, selon le point de vue dans lequel on se place, dans la traversée du désert ou en réserve de la République. Concrètement, pour ce qui me concerne, j'ai vécu ces années, à l'instar de beaucoup de cadres, tantôt à la chasse aux sorcières, côté sorcières bien sûr, tantôt en point de mire de certains appareils politiciens qui ont tout fait pour me salir en faisant répandre les mensonges les plus calomnieux envers ma personne.

Si je suis ici, M. le président, et si j'ai tenu à dire ceci, c'est pour souligner qu'en ce qui concerne les faits que j'ai cités, je veux que la Cour sache bien que j'ai servi l'État et les citoyens dans des secteurs qui couvraient un large éventail de la vie nationale, et ils expriment d'eux-mêmes que je n'ai jamais été ni un apparatchik, ni le serviteur obligé et zélé d'un système. J'insiste sur le fait que c'est sur le terrain et dans l'entreprise d'abord que j'ai fait mon apprentissage d'homme d'État.

Je suis venu ici pour contribuer au rétablissement de la vérité concernant l'image de mon pays. J'ai à citer des faits pour contribuer au rétablissement de la vérité en ce qui concerne l'honneur de l'ANP (l'Armée nationale populaire) et de mon pays. Et dans ma conviction, il y a identification entre les deux. Je ne suis pas venu ici pour défendre un homme, un patriote, lui-même d'ailleurs n'est pas venu pour cela, il est venu dans le même esprit et il a des moyens pour se défendre, si cela devait être le cas. Je suis prêt à parler de mes relations avec cet homme et avec tous les militaires, et des faits qui sont directement liés aux assertions qui ont conduit à cette diffamation.

Voilà, M. le président, en ce qui me concerne. Si j'ai dit cela, ce n'est pas pour le plaisir de parler de ma personne, mais il était important que la Cour me situe exactement dans le contexte.

Me Farthouat. — Au cours de ce long parcours qui a été le vôtre au contact du personnel politique et militaire de l'Algérie, quel jugement pouvez-vous porter sur vos rapports avec les militaires, et plus particulièrement avec le général Nezzar ?

M. Ghozali. — Sur vingt-huit ans consacrés au service public, vous aurez remarqué que plus de la moitié ont été consacrés à une situation de chef d'entreprise. J'ai été d'abord chef d'entreprise, et les postes politiques que j'ai occupés, c'est-à-dire principalement au niveau du gouvernement ou de l'administration centrale, ont été des postes éminemment techniques.

Ce n'est que pendant la période où j'ai été ministre des Affaires étrangères en 1990-1991, et quand j'ai été nommé par le chef de l'État chef du gouvernement que j'ai occupé des fonctions politiques au sens le plus noble du terme. Je précise cela pour éclairer dans quelles conditions j'ai été amené à avoir des rapports avec les militaires, aussi bien en tant qu'institution qu'en tant qu'individu.

Ayant été à la tête des responsables, ces rapports ont été pendant vingt-cinq années des rapports entre ingénieurs. J'ai été chef d'un secteur, le secteur pétrolier, dont tout le monde connaît le caractère stratégique et, pour moi chef d'entreprise, l'armée n'était pas seulement un client, mais aussi une institution extrêmement concernée par la vie de ce secteur. Ce qui fait que j'ai contribué, en tant que chef d'entreprise dans ce secteur, à la construction de la logistique de l'armée : les bases aériennes par exemple à organiser, de concert avec l'armée, le mode d'approvisionnement en cette matière, aussi bien en temps de paix que de guerre ; et à ce titre, mes rapports étaient surtout des rapports avec des responsables militaires, avec des officiers supérieurs dans la logistique.

Mes rapports ont été strictement sur ce plan-là et, à ce titre, je n'ai jamais été en situation d'exécuter ou de recevoir des ordres de l'institution militaire, ni dans la gestion quotidienne ni dans la définition des stratégies de l'entreprise.

J'ai connu les autres officiers supérieurs ou généraux quand j'ai occupé des fonctions éminemment politiques. De la même manière que cela se passe dans tous les pays organisés, la diplomatie ne peut pas être séparée de la sécurité. J'ai été amené à travailler de concert avec les responsables militaires pour des questions très importantes, qui avaient une implication directe sur la sécurité : la crise libanaise, dans la résolution de laquelle l'Algérie a joué un rôle important (et les militaires étaient profondément impliqués dans cette affaire), la crise du Sahara occidental et la crise de la guerre du Golfe.

Là aussi, tant au stade de ma nomination que dans mon travail quotidien, je n'ai jamais été en situation de recevoir des ordres des militaires. Sur le plan professionnel, mes ordres venaient du chef constitutionnel, c'est-à-dire soit mon ministre de tutelle quand je n'étais pas ministre, soit le chef de l'État quand j'étais ministre des Affaires étrangères ou chef du gouvernement.

Par la suite, mes rapports avec les militaires responsables d'autres secteurs que techniques datent de la période où j'étais chef du gouvernement. Je rappelle, M. le président, que dans notre Constitution, et même après le changement de la Constitution qui a transformé le chef du gouvernement en un responsable auprès de l'Assemblée nationale et non pas auprès du chef de l'État – c'est une modification de la Constitution intervenue après les événements sanglants d'octobre –, le chef du gouvernement propose au chef de l'État la nomination des ministres, à l'exception de deux : celui des Affaires étrangères et celui de la Défense nationale. Constitutionnellement, ces deux postes dépendent du chef de l'État. C'est une particularité toujours en vigueur dans la Constitution, et notamment celle de 1996.

À ce titre, j'ai été nommé chef du gouvernement par le chef de l'État, et pendant toute ma collaboration avec l'institution militaire, qui, compte tenu de la situation en Algérie à l'époque, avait une place toute particulière dans la vie politique du pays en état de siège à la suite de l'insurrection fomentée par les islamistes en juin 1991, je peux témoigner que j'ai été le seul à décider de la nomination des ministres. C'est moi qui ai choisi mes ministres, à l'exception du ministre de la Défense nationale et du ministre des Affaires étrangères. C'est moi qui les ai proposés et c'est le chef de l'État qui les a nommés.

Contrairement à ce qui est dit dans les propos objets de la diffamation, non, M. le président, l'Algérie n'a jamais été une république bananière, n'a jamais été un pays qui se résume à une armée et des militaires assoiffés de sang et de pouvoir, dictant leur volonté à des civils obéissants, simples acolytes ou simples comparses [1].

J'ai été nommé par le chef de l'État constitutionnel, même s'il était un chef d'État élu comme candidat unique d'un parti unique, mais c'est le chef de l'État qui m'a nommé et je n'ai jamais reçu un ordre quelconque du général Nezzar. Je n'ai jamais été en situation d'exécuter un ordre, ni en tant que ministre du gouvernement, ni en tant que responsable.

---

1 Trois semaines à peine après son témoignage, M. Ghozali donnait une interview au journal algérien *El Khabar el-usbu'i* (n° 177, 20-26 juillet 2002), dans laquelle il déclarait notamment : « Il existe en Algérie un pouvoir apparent et un autre occulte. [...] Toutes nos institutions sont fictives. Il n'y a que l'institution militaire qui existe réellement. [...] Lorsqu'on parle de l'institution militaire, c'est une "poignée" de personnes qui, au nom de l'armée, tient toute l'Algérie et pas seulement l'institution qu'elle représente... Mais, tout ce qu'ils ont fait, ils l'ont fait avec la complicité de la classe politique dans le cadre d'un contrat : à nous le pouvoir et à vous la responsabilité. C'est-à-dire : nous, nous décidons, et vous, vous êtes les responsables. Cette séparation entre le pouvoir et la responsabilité ne mène à aucun résultat et ne peut constituer un facteur susceptible d'aider à la construction d'un véritable État. [...] Officiellement, l'armée s'est retirée de la politique depuis 1989. Mais qui a désigné Chadli et Ghozali comme chefs du gouvernement ? Qui a désigné Belaïd Abdesslam [chef du gouvernement et ministre de l'Économie du 19 juillet 1992 au 25 octobre 1993] ? Qui a fait venir Boudiaf, Zéroual et le président de la République actuel ? Au contraire, je dis qu'il est préférable que les militaires aient le courage de prendre directement le pouvoir, à l'exemple des Turcs, et qu'ils laissent aux civils cinq à dix ans pour se préparer au pouvoir. Mais de persévérer dans cette voie n'est pas possible. »

Dans la même interview, M. Ghozali répondait également à une question relative au présent procès : « J'ai entendu que les coûts du procès – les honoraires des avocats et le voyage des témoins – ont tous été pris en charge par le gouvernement et que Nezzar n'a pas déboursé un centime. Ces propos confirment en fait ceux du général Mohamed Lamari lors de son allocution à propos de son soutien pour Nezzar dans cette affaire ?

– L'État a pris en charge l'affaire financièrement en payant les frais et les charges, mais il ne l'a pas prise en charge politiquement. »

Nous travaillions en coopération et en osmose, voilà quelle était la nature de mes rapports avec le général Nezzar. Je n'ai jamais eu de relations personnelles avec lui, nos rapports se sont établis par le fait du destin entre deux commis de l'État – l'un dans son secteur et l'autre dans le sien – qui ont été amenés à travailler en commun pour le bien du pays. La seule chose qui nous lie n'est pas une relation de clan – je n'ai jamais appartenu à un clan ni à aucune chapelle, lui non plus –, ce ne sont pas des relations de pouvoir politicien, mais une relation entre patriotes, commis de l'État qui étaient là et qui ont servi leur pays et leur patrie. Je n'ai jamais eu de relations personnelles ni privées avec le général Nezzar, ni de relations privées avec d'autres officiers supérieurs ou généraux. Toutes les relations avec les officiers ont été des relations fonctionnelles du fait d'un travail en commun.

Enfin, je dois préciser que ces relations se sont interrompues dès que la fonction s'est interrompue. En d'autres termes, je voyais presque quotidiennement le général Nezzar et les officiers supérieurs dans mon travail quotidien, dans un cadre structuré et constitutionnel. Dès que j'ai quitté le gouvernement et le poste d'ambassadeur à Paris, où j'ai été envoyé par le Haut Comité d'État à l'époque, je n'ai eu aucun rapport avec le général Nezzar et je ne l'ai revu qu'au cours d'une réception, six ans après, par le hasard de la vie sociale. Et depuis 1998, je n'ai jamais rencontré le général Nezzar ni aucun autre officier de l'ANP. Voilà l'exactitude des rapports qui ont existé entre les militaires et moi.

Me Farthouat. — Quelles sont les raisons qui expliquent que le choix se soit porté sur vous comme chef du gouvernement ?

M. Ghozali. — Au moment de l'insurrection du FIS au printemps 1991, j'étais ministre des Affaires étrangères, donc membre du gouvernement, mais un membre du gouvernement qui vivait en marge de celui-ci parce que j'étais plus sur les affaires extérieures que les affaires intérieures – et je dirais même exclusivement sur les affaires extérieures. Mes rapports étaient surtout avec le chef de l'État et non pas avec le chef du gouvernement.

Au point culminant de la crise, j'étais à Abuja, en Afrique, au Nigeria, où je représentais le chef de l'État à un sommet de l'Organisation de l'unité africaine. Quand l'état de siège a été décrété, le président de la République m'a envoyé un avion spécial pour me faire rentrer à Alger et c'est là qu'il m'a proposé – je dirais presque imposé – d'accepter la mission de chef de gouvernement. Je veux dire par là que cela n'était pas une nomination programmée. Jamais il n'en a été question entre lui et moi. C'est une mission qui s'est présentée dans ces circonstances. C'est en arrivant le 3 juin 1991 à Alger et en me rendant à la présidence de la République que j'ai pris connaissance de la décision du chef de l'État de me nommer chef du gouvernement.

J'ajoute que, nommé dans une situation d'état de siège à la mission que m'avait confiée à l'époque le président, celui-ci m'a dit : « Je vous demande d'accepter le poste de chef de gouvernement uniquement pour une période de six mois afin d'organiser les élections législatives. » Ces élections, je dois le rappeler M. le président, car vous n'êtes pas obligé de connaître les faits sur ce plan, étaient programmées pour juin 1991, mais elles ont été suspendues du fait de l'instauration de la situation insurrectionnelle.

Me Farthouat. — Pensez-vous que vous ayez été imposé au chef de l'État par les militaires ?

M. Ghozali. — C'est ce qui s'est dit et non seulement par des observateurs extérieurs, mais même par certains clans à l'intérieur du pouvoir. Ils ont dit que ce changement de gouvernement était intervenu suite à la démission de mon prédécesseur[2]. Ce ne sont pas seulement les médias, mais des clans politiciens à l'intérieur de l'Algérie qui ont laissé entendre que cette nomination n'était qu'un « coup d'État déguisé ». Bon. Moi, je témoigne, et j'ai juré de dire toute la vérité et rien que la vérité. Je n'ai jamais eu un contact direct ou indirect, un échange de propos direct ou indirect avant juin, date de ma nomination, avec les responsables des institutions militaires. Mes rapports avec eux se limitaient à mon travail de ministre des Affaires étrangères.

Mais je dirai tout à l'heure pourquoi cette assertion – tout ce qui se fait en Algérie ne peut être qu'en fonction des décisions des militaires, et les civils sont là en train de jouer leur jeu – a été faite.

Me Farthouat. — Vous pourriez le dire maintenant.

M. Ghozali. — L'une des raisons de ma conviction pour ne jamais cesser de défendre l'honneur de mon pays est de vouloir rétablir la vérité, une vérité qui a été trop longtemps défigurée. Ces assertions sont celles qui font l'objet de la diffamation.

En réalité, sous l'apparence de l'attaque ou de la culpabilisation d'un homme, on rentre, consciemment ou non, dans le cadre d'une stratégie que j'ai vécue personnellement, non seulement en tant que citoyen, mais aussi en tant que responsable. C'est la stratégie de l'intégrisme, de l'islamisme, qui s'est fixé comme but d'accéder au pouvoir, de prendre le pouvoir sur la base de l'effondrement de l'État. Cette stratégie a constamment visé à déstabiliser l'armée, parce que l'armée était aux yeux des islamistes, et à juste titre, le seul rempart à leurs projets. Et c'est dans le cadre de cette stratégie que le FIS a toujours communiqué et a toujours cherché par la déstabilisation de l'armée à obtenir l'effondrement de l'État.

Les attaques contre le général Nezzar, sous les apparences d'une attaque contre une personne, sont des attaques contre un homme qui a

2 Le 4 juin 1991, le Premier ministre Mouloud Hamrouche avait rendu publique sa démission, pour marquer son désaccord avec la façon dont les autorités militaires avaient interféré dans la gestion de la crise créée par la « grève insurrectionnelle » du FIS (sur le gouvernement Hamrouche, voir *infra*, chapitre 3, le témoignage de Ghazi Hidouci, p. 274).

incarné – et qui, même à la retraite, continue d'incarner – l'ANP, la vraie ANP. C'était discréditer l'État et discréditer l'armée. Les premiers assassinats ne datent pas, M. le président, de l'interruption du processus électoral. Les premières interventions armées ne datent pas de la légalisation officielle du FIS. Ce mouvement a été légalisé en 1989, mais cela ne veut pas dire que le mouvement n'existe que de ce jour, les maquis islamistes existent depuis le début des années quatre-vingt.

Pour revenir à la période où j'étais chef du gouvernement : les premières actions meurtrières du FIS ont été dirigées d'abord contre les services de sécurité d'une manière générale et les services de l'armée. Je cite notamment l'attaque d'un poste de gardes-frontières à la frontière tunisienne, où trois jeunes militaires algériens ont été abattus [3]. La déclaration du FIS le lendemain a été : « Ce n'est pas nous, c'est l'armée qui a exécuté. »

Il y a donc cette dialectique qui consiste à tuer, à massacrer, tout en laissant croire qu'ils sont derrière cela, aussi parce que leur but est de terroriser la population ; mais en même temps laisser filer l'idée qu'en fait ce ne sont pas eux qui massacrent, mais les militaires.

Un intervenant. — C'est vous qui avez créé…

M. Stéphan, *président.* — Je répète qu'à partir de maintenant, s'il y a des interruptions de ce genre, les gens qui sont dans la salle seront invités à sortir, et ce sera dommage pour eux parce qu'ils ne pourront plus rentrer après. Soyons très précis. J'ai fait cela en douceur, en quelque sorte, parce que je répugne à utiliser ce genre de méthode. Mais si on ne peut pas s'expliquer dans une salle d'audience, alors que c'est fait pour cela, j'en arriverai à ces solutions que je ne souhaite pas. Mais si c'est demandé de cette façon, nous y arriverons forcément.

M. Ghozali. — Donc, je dis et je répète, puisque j'ai été interrompu, cela ne m'empêche pas de répéter que la stratégie de l'islamisme intégriste a toujours eu comme objectif de cueillir le pouvoir sur la base de l'effondrement de l'État, et d'obtenir l'effondrement de l'État par la déstabilisation du seul rempart contre la barbarie obscurantiste. Car c'est ce qui a été occulté pendant dix ans, mais plus maintenant. Il a fallu le 11 septembre pour que, du côté occidental, on prenne réellement conscience de ce phénomène.

Qu'est-ce que le phénomène islamiste ? C'est un phénomène qu'on a voulu totalement occulter pour ce qui concerne l'Algérie, puisqu'on a présenté les événements vécus pendant ces dix années comme une sorte de bagarre ou de guerre entre deux forces violentes : l'armée d'un côté et les islamistes de l'autre.

---

3 Il s'agit de l'attaque du poste frontalier de Guemmar, qui a eu lieu le 29 novembre 1991 (voir *infra*, à ce sujet, les témoignages de Mohammed Sifaoui, p. 136 ; Ahmed Chouchane, p. 168 ; Leïla Aslaoui, p. 316 ; et également M. Nezzar, p. 171).

L'islamisme, M. le président, et c'est un musulman croyant qui vous le dit, est une idéologie totalitaire, c'est même l'un des grands totalitarismes du XXe siècle. Mais c'est aussi la conjonction entre cette idéologie qui existe, qui a un caractère international qui dépasse les frontières de l'Algérie et des autres pays musulmans, et l'exploitation des situations de détresse, des situations de frustration, des situations de corruption qui sont aussi de la responsabilité des pouvoirs en place. Voilà le problème auquel nous avons eu à faire face, nous, les militaires et le gouvernement, quand il y a eu les élections en 1991 et l'annulation du deuxième tour.

Me Farthouat. — Vous pensez donc qu'il y a eu un rejet systématique sur l'armée par le FIS des actes qu'il commettait ?

M. Ghozali. — Pas un rejet systématique. Un mouvement terroriste mise sur la terreur des populations. Donc, on ne peut pas terroriser la population si quelque part on n'apparaît pas comme l'auteur des actes destinés à terroriser. Le FIS n'a pas toujours rejeté, il s'est au contraire toujours arrangé pour que l'opinion algérienne pense et croie que c'est bien lui qui fait cela, selon ses convictions. Mais en même temps, c'est le FIS. Comment expliquer, comment revendiquer le massacre des populations civiles, l'égorgement et le viol des femmes ? Pour expliquer cela et pour discréditer l'armée et l'État, on laissait entendre et on disait que ce n'était pas lui qui a fait cela, mais les militaires.

Me Farthouat. – M. Sid Ahmed Ghozali était, au moment de la démission de M. Chadli, proche de lui. J'aurais voulu qu'il éclaire le tribunal sur les conditions de la démission de M. Chadli, les pressions dont il a pu être l'objet, le rôle qui a pu être joué par l'armée et la manière dont on lui aurait arraché cette démission.

M. Ghozali. — M. le président, dans la mesure où on peut objectivement parler de pression dans le cas de la démission d'un chef d'État en Algérie ou ailleurs, quelle est la personne qui, devant un acte précis d'un chef d'État qui démissionne, qui déclare publiquement qu'il démissionne, quelle est la personne, même parmi les acteurs, qui est capable de dire avec certitude et objectivement s'il y a eu pression, par qui et quel a été le niveau des pressions ?

Tout ce que je peux dire, c'est que je n'ai aucune connaissance de pressions. J'étais très souvent avec le chef de l'État au moment où se posaient toutes les questions nationales, et pas seulement depuis que j'étais chef du gouvernement, mais depuis que je suis revenu à la politique – parce que, après une traversée du désert de huit ans, j'ai été nommé comme ministre des Finances pendant les événements sanglants d'octobre. Et j'ai donc pu approcher le président de la République et connaître son état d'esprit, et même son état d'âme. Le président de la République a été extrêmement atteint, perturbé, par les événements sanglants d'octobre 1988.

Depuis la fin de 1990, j'ai cru, à force de le fréquenter, reconnaître souvent un président qui était moralement démissionnaire. Mais cela, c'est une appréciation. Quand il y a eu l'insurrection en juin 1991, là aussi j'ai pu percevoir la même chose chez le président, compte tenu de l'évolution des événements de l'Algérie. Et l'Algérie était à l'époque un pays en plein foisonnement, c'était à la fois une période d'espoir et de confusion : d'espoir, parce que la société civile était en train de se construire, le pluralisme était en train d'essayer de s'installer ; mais il y avait aussi la suite des problèmes très graves que vivait le pays sur le plan économique, sur le plan social, sur le plan moral, et même sur le plan politique. En 1990, nous étions presque en bout de course d'une dégradation de la vie des gens, et de la situation économique, et en même temps régnait une sorte de confusion générale.

On est passé en 1989 d'un parti unique, le FLN, à l'éclosion ou l'émergence plus ou moins spontanée de soixante partis. Et il y a eu ensuite les actions du FIS dans la rue, qui ont fait que le président ne s'était pas relevé encore moralement du choc qu'il avait subi pendant les élections de 1990 [4] quand il a appris les résultats du premier tour [5], à savoir un scrutin qui, avec 26 % des électeurs, donnait la majorité absolue au FIS.

J'ai été le premier à annoncer le résultat au président de la République. C'était un vendredi matin. Chez nous, le vendredi, c'est le dimanche ; les élections ont toujours lieu le jeudi, et les résultats étaient parvenus très tard dans la nuit ou plutôt très tôt, à 7 heures du matin. J'ai été le premier à informer le président de la République des résultats. Ensuite, nous nous sommes vus quasiment quotidiennement et le président était vraiment dans un état moral très bas. Il n'a jamais évoqué devant moi sa démission, mais j'ai bien perçu dans ses efforts d'essayer de comprendre ce qui s'était passé et ce qu'il fallait faire et ce qu'il pouvait advenir, j'ai bien perçu dans ce qu'il disait – et je dis bien *perçu*, il ne me l'a pas dit – que j'avais affaire à un président qui avait décidé de passer la main. C'est la manière dont je l'ai vécu moi, en tant que chef du gouvernement.

Mais il y a aussi des faits : le président de la République a annoncé lui-même sa démission à la télévision et il l'a fait en présence des huit

---

4 M. Ghozali fait allusion aux élections locales du 12 juin 1990, dont les résultats avaient marqué la percée du FIS : sur les 8 366 760 votants, ce parti avait recueilli 4 331 472 voix (soit 54,25 % des suffrages exprimés) ; le FIS avait obtenu 45,6 % des APC (Assemblées populaires communales) et 55 % des APW (Assemblées populaires de wilaya) ; le FLN 36,6 % des APC et 35,6 % des APW ; les indépendants 10,8 % des APC et 5,3 % des APW ; le RCD 4,75 % des APC et 2,9 % des APW (le FFS avait boycotté ce scrutin).

5 Des élections législatives du 26 décembre 1991 : sur les 7 822 625 votants (59 % des inscrits), 3 260 222 ont donné leur voix au FIS, ce qui lui a permit d'obtenir 81 % des sièges pourvus au premier tour (cent quatre-vingt-huit sur deux cent trente-deux) ; le FFS a obtenu vingt-cinq sièges avec 510 661 voix et le FLN seize sièges avec 1 612 947 voix. Le FIS était en ballottage favorable dans la plupart des circonscriptions pour l'obtention des cent quatre-vingt-dix-huit sièges restants et il était prévisible qu'il obtienne les deux tiers des sièges.

membres du Conseil constitutionnel. Il l'a annoncé à l'opinion algérienne, directement à la télévision, en disant : « J'ai décidé de démissionner. »

Alors, je ne peux pas dire qu'on l'a obligé à dire cela. Mais après qu'il a démissionné, le président de la République était devenu un homme libre. Or, il n'a jamais fait de critique et n'a jamais parlé. Il avait le droit de parler et de dire si vraiment il avait été obligé de démissionner. Surtout que c'est un chef d'État qui a reçu des coups de bâton tous les jours. On lui a mis tout sur le dos quand il est parti. C'est de pratique courante en politique, et il aurait pu se défendre. Il ne l'a jamais fait. La première fois que le président de la République s'est prononcé après sa démission, c'était dix ans après : il a donné une grande interview à un journal algérien, il a dit qu'il avait lui-même décidé de démissionner et de quitter la scène politique dans l'intérêt supérieur du pays.

Me Farthouat. — J'en viens, M. le président, à la période Boudiaf et j'aurais voulu que vous indiquiez au tribunal quelle était votre position en ce qui concerne l'arrêt du processus électoral ?

M. Ghozali. — Il y a deux questions dans cette question. La première est l'arrêt du processus électoral et la deuxième concerne M. Boudiaf.

Un journaliste qui me posait la question quand j'étais chef du gouvernement m'avait dit : « Mais ce que vous avez là, c'est un viol de la Constitution. » J'ai répondu : « Non, Monsieur, ce n'est pas un viol de la Constitution. » Et j'ai donné les faits. Et peut-être que d'autres témoins plus compétents que moi sur le plan juridique pourront évoquer ce sujet.

Le gouvernement et l'armée… Je réfute et rejette cette image d'un pays qui n'a rien que l'armée, et où tous les civils sont des acolytes et des comparses, d'un pays où il n'y a pas de chef. J'ai travaillé avec trois présidents de la République successifs et c'étaient des chefs. Les militaires auraient pris toutes les décisions et ils seraient ceux qui ont décidé l'arrêt des élections ? Non, M. le président. Nous nous sommes trouvés dans une situation qui était la suivante : la législature était arrivée à son terme, il n'y avait plus d'Assemblée nationale. Le président avait démissionné. Donc il y avait une situation constitutionnelle totalement inédite. Il était inconcevable de continuer comme si rien ne se passait. Il fallait quand même bien qu'il n'y ait pas de vacance à la tête du pays. Il fallait bien trouver une solution. Il était d'autant moins question d'organiser le deuxième tour, comme si rien ne s'était passé, que nous étions en face d'un problème.

Et là, ce ne sont pas les militaires seuls, ce sont les militaires, le gouvernement et la société civile qui étaient en face d'un choix. Même en supposant que la discussion permettait de continuer le processus, la société civile, les partis, la quasi-totalité, 90 % des partis, étaient passés dans mon bureau pour me dire : « Vous n'allez pas partir et laisser le pouvoir aux islamistes. Vous n'allez pas être le Chapour Bakhtiar de l'Algérie » (celui-ci étant le Premier ministre iranien qui a laissé le pouvoir aux islamistes).

Même un ancien chef d'État qui a été déposé en 1965 – lui, comme Boudiaf, ce sont nos aînés d'une vingtaine d'années – m'avait dit : « Mon fils, tu ne vas pas laisser le pouvoir à cette bête immonde qui monte. » La société civile de ce temps, des centaines de milliers de personnes dans la rue, exigeaient du gouvernement d'interrompre le processus électoral. Et c'était notre propre appréciation – quand je dis *notre* : celle du gouvernement dans sa totalité, dans sa quasi-totalité, à l'exception d'une ou deux personnes – et celle des militaires.

Nous nous sommes trouvés devant une position qui était unique et qui, sur le plan des enjeux, n'était pas un simple changement de majorité, donc un changement politique. Notre conviction, c'était le devenir de l'Algérie. Notre conviction était que laisser le pouvoir aux islamistes, c'était faire leur jeu. On peut dire que nous avons eu tort de penser cela. Beaucoup ont dit : il fallait les laisser prendre le pouvoir et, s'ils font les méchants, vous les interrompez.

C'est pourquoi, M. le président, si on veut simplifier au maximum les choses, et dire que ce sont les militaires qui ont décidé, c'est absolument faux. Ce ne sont pas les militaires qui ont décidé, c'est le gouvernement, c'est la société civile et les militaires d'un commun accord. Et si nous avions fait un calcul personnel et politicien, nous pouvions laisser courir et rentrer dans l'Histoire comme ceux qui ont été démocrates jusqu'au bout. Je me rappelle très bien une déclaration de Mandouze qui disait : « Hitler, le nazisme, est venu au pouvoir le plus démocratiquement du monde. » Et chez nous, le FIS n'a pas gagné la majorité démocratiquement.

À ce sujet, puisqu'on parle des élections… J'étais chef du gouvernement quand j'ai été le premier à m'adresser à l'opinion publique, en direct à la télévision devant huit journalistes qui m'ont interrogé. Ils m'ont dit : « Vous avez promis à votre nomination des élections propres et honnêtes. Est-ce que ces élections ont été propres et honnêtes ? » J'ai répondu en direct à la télévision nationale : « Du côté du gouvernement, ces élections ont été propres et honnêtes. » Je veux dire par là que nous avons verrouillé la loi de telle manière qu'il était impossible à l'administration de tricher. Mais du côté du FIS, elles n'ont été ni propres ni honnêtes. Pourquoi ? Parce que le FIS, avec la complicité de certains clans au pouvoir, avait pris un an auparavant la quasi-totalité des communes et le FIS a joué de sa position dominante dans la majorité écrasante des communes pour manipuler les listes électorales et même le scrutin. Il y a eu un million de votes blancs, tous les votes blancs étaient des votes favorables à d'autres partis que le FIS. Et il y a un million de citoyens qui se sont présentés pour voter dans leur commune et qui n'ont pas trouvé leur nom sur les listes électorales [6].

---

6 Après les élections, certains cercles ont affirmé que près de 900 000 cartes d'électeurs n'avaient pas été distribuées : cela aurait été, selon eux, une opération du FIS qui aurait identifié ceux qui ne voteraient pas pour lui et les aurait tout simplement privés de leur carte. Il est surprenant qu'une fraude d'une telle ampleur au profit du FIS, si elle était

C'est ce que j'ai dit à l'opinion nationale au sujet des élections, mais j'ai ajouté : « Ne croyez pas que ce que je dis là est une manière de se défausser sur la signification des résultats. » J'ai dit à l'opinion nationale que même si ce n'est que 26 % des Algériens qui ont choisi de donner leur bulletin au FIS, même si plus de 60 % se sont abstenus ou ont mis un bulletin nul, ces résultats n'en ont pas moins un sens politique. Et moi, chef du gouvernement de l'époque, donc un membre éminent du pouvoir, j'ai dit et je traduis mot à mot : « Ce vote n'est pas un vote, c'est un vomissement. C'est un cri très fort de rejet par les Algériens de tous ceux qu'ils considéraient, à un moment ou un autre, comme responsables des difficultés qu'ils étaient en train de vivre. »

Donc, ces élections n'ont pas été des élections libres et démocratiques, elles ont été faussées. Ce n'est pas la seule raison, mais c'est une raison importante qui justifie politiquement la décision que nous avons prise. Et la décision d'annuler le deuxième tour a été prise par le Haut Conseil de sécurité, qui est une structure institutionnelle de la Constitution de l'Algérie de l'époque. Il y a, en plus du gouvernement et des autres institutions auprès du président de la République, un Haut Conseil de sécurité qui est constitué par le président lui-même, le chef du gouvernement, le ministre de la Défense nationale, le ministre des Affaires étrangères, le ministre de l'Intérieur et le ministre de l'Économie [7].

C'est ce Haut Conseil de sécurité qui s'est réuni en l'absence du chef de l'État, donc présidé par le chef du gouvernement en lieu et place du chef de l'État, et qui a pris cette décision en son âme et conscience. Nous avons pris une décision, non point sous les ordres de l'armée, mais nous avons pris cette décision en tant que responsables politiques et en tant que

---

avérée, soit passée inaperçue avant la tenue des élections, comme l'a souligné un observateur : « Cette information, revue à la baisse (900 000 cartes seulement), n'a été donnée officiellement par le ministre de l'Intérieur qu'à l'issue du premier tour. Troublant, non ? » (Amine TOUATI, *Algérie, les islamistes à l'assaut du pouvoir*, L'Harmattan, Paris, 1995, p. 138).

Par ailleurs, dans les municipalités contrôlées par le FIS, les partis concurrents minoritaires étaient représentés dans les conseils municipaux et exerçaient avec vigilance leur droit de regard sur la distribution des cartes d'électeurs. Enfin, des responsables du FIS se sont plaints de la non-distribution de cartes avant la tenue des élections. C'est le cas d'Abdelkader Hachani, lors d'un meeting tenu le dernier jour de la campagne électorale : « Le régime craignait que le FIS participe aux élections. Sachez qu'un million trois mille quatre cent cartes d'électeurs n'ont pas été distribuées, sans parler de la fermeture des daïras dès le jeudi, fermeture destinée à empêcher les retardataires de se procurer leurs cartes d'électeurs ; ou de la campagne d'arrestations à l'encontre des candidats FIS qui se poursuit à Sidi M'Hamed et Ouargla, par exemple » (cité par Amine TOUATI, *Algérie, les islamistes à l'assaut du pouvoir*, *op. cit.*, p. 115). Voir aussi : H'mida AYACHI, *Al islamiyoun el djaza'iriyoun baïna as-sulta wa ar-rassass*, Alger, 1991.

7 En fait, outre le président de la République, le Haut Conseil de sécurité comportait six membres, dont trois militaires : M. Sid Ahmed Ghozali (Premier ministre), M. Khaled Nezzar (Défense), M. Lakhdar Brahimi (Affaires étrangères), M. Larbi Belkheir (Intérieur), M. Hamdani Belkhelil (Justice) et M. Abdelmalek Guenaïzia (chef d'état-major).

patriotes sur la base d'une évaluation de la situation de notre pays. Nous l'avons fait et nous ne le regrettons pas.

Maintenant, on dit que cet arrêt des élections était « programmé ». Programmé par qui ? Je viens de dire en quoi il n'a jamais été programmé par le gouvernement. Depuis que j'ai été nommé, nous n'avons jamais parlé de la perspective de cela. J'ai été nommé et la feuille de route a été dictée par le chef de l'État : il faut préparer les élections pour la fin de l'année.

Il s'est passé quelque chose. Il y a eu entre le premier et le deuxième tour la publication des résultats dans le *Journal officiel*. Je suis incapable de vous dire comment cela s'est fait. Mais une junte formée de militaires et de civils, décidée à annuler des élections arbitrairement, politiciennement, ne laisse pas publier les résultats du premier tour dans le *Journal officiel de la République algérienne*. Et enfin, si on se fonde à tout prix sur l'hypothèse que cette interruption était faite par des hommes assoiffés de pouvoir, pourquoi ne sont-ils pas allés jusqu'au bout et n'ont-ils pas pris le pouvoir eux-mêmes ?

Si cette interruption était faite par un chef de gouvernement qui cherchait le pouvoir, pourquoi n'a-t-il pas pris la place de M. Chadli à l'époque ? Bien que – et je vous le dis parce que cela n'était pas public – le Conseil constitutionnel, parmi les solutions qu'il avait envisagées pour remplir ce vide juridique, ait publié une lecture du droit disant que dans une situation qui n'était pas prévue par la loi, à partir du moment où le chef de l'État n'est plus là, la chose la plus naturelle est que l'autorité la plus élevée et la plus proche prenne ou assume les prérogatives du chef de l'État, ce qui pour moi à l'époque se traduisait concrètement par la possibilité, en tant que chef du gouvernement, de me mettre à la place du président de la République.

Nous avons jugé d'un commun accord que c'était tout à fait inacceptable, parce que précisément nous ne voulions pas que la signification de notre décision puisse, d'une manière ou d'une autre, laisser penser que nous avions là une simple révolution de palais – ce que l'arrêt du processus n'était absolument pas. C'était un acte historique. On peut le contester, on peut dire que cela n'était pas bien de le faire. Mais dire que c'est l'armée qui a décidé seule, c'est faux. Et dire que c'est un groupe assoiffé de pouvoir qui a fait cela est faux aussi.

Me Farthouat. — J'en viens à ma dernière question à propos de vos rapports avec M. Boudiaf, les conditions dans lesquelles il a pris le pouvoir et la manière dont les militaires se seraient ou pas imposés à lui. Voilà l'esprit de la question.

M. Ghozali. — J'ai effectivement oublié dans le feu de l'exposé de répondre à cette question. Comment ai-je connu moi-même, personnellement, le président Boudiaf ? J'étais étudiant à Paris parmi les quelques centaines d'étudiants algériens. À l'époque, j'étais à l'École nationale des Ponts et Chaussées. À l'instar aussi de la quasi-totalité des étudiants, nous étions structurés, c'est-à-dire nous étions membres de l'organisation clandestine du FLN. À ce titre, j'avais quelques petites responsabilités, dont l'une qui était une couverture juridique : j'étais secrétaire général de l'Association des étudiants musulmans nord-africains [8]. Elle était sise au 115, boulevard Saint-Michel et elle réunissait les trois pays : le Maroc, l'Algérie, la Tunisie. À l'époque, la Tunisie et le Maroc étaient indépendants. Nous, nous n'étions pas encore indépendants. C'était la phase de la lutte pour la libération nationale.

C'est une structure qui m'a permis d'avoir une couverture légale et à ce titre j'ai eu accès auprès des cinq leaders algériens qui étaient emprisonnés depuis 1956 sous le gouvernement Lacoste après le rapt de leur avion (M. Ben Bella, M. Khider, M. Aït-Ahmed, M. Bitat, M. Boudiaf) : les chefs historiques de la révolution avaient été emprisonnés dans un premier temps à Fresnes, puis à Turquant et enfin au château d'Aulnoy, au fur et à mesure des avancées des discussions et de la libéralisation du régime d'incarcération.

C'est la première fois que j'ai connu chacun d'eux et je leur rendais visite de temps en temps en ma qualité que j'ai citée. C'est là que j'ai connu M. Boudiaf, donc fréquentation très courte. Vingt ans de différence, lui, un chef, l'organisateur de la révolution algérienne. Et au lendemain de l'Indépendance, très peu de temps après, M. Boudiaf a été emprisonné par son ancien compagnon de combat, le président Ben Bella, ce qui explique que je n'ai pas vu M. Boudiaf au lendemain de l'Indépendance. Et je ne l'ai revu que trente ans après, en 1992, quand il est venu en Algérie.

Je l'ai donc connu assez peu puisque je n'étais ni son compagnon ni son rival en politique. Lui-même était ce que je considère comme l'un des chefs qui a fait preuve d'un esprit de rigueur tout à fait intact. J'ai trouvé, chez lui, une très forte personnalité. Pour tous ceux qui connaissent un tant soit peu M. Boudiaf, ce n'était certainement pas le motif, et en plus de cela, il était antimilitariste par choix.

Ce dont je suis absolument convaincu, M. le président, c'est que seul M. Boudiaf savait ou sait quel déclic s'est déclenché dans sa tête pour venir partager la responsabilité d'une situation à l'instauration de laquelle il était totalement étranger. On ne peut pas dire que M. Boudiaf était plus ou moins responsable de la situation dont il a hérité. Seul lui était en mesure de dire pourquoi il a accepté. Ce que peuvent dire les autres, c'est une matière d'interprétation. Mais M. Boudiaf n'était certainement pas l'homme qui venait comme un comparse pour ça. M. Boudiaf avait-il le sentiment d'être complaisant avec un coup d'État ? Non, ce n'est pas M. Boudiaf.

Parmi les propos malveillants qui ont été tenus – toujours par les mêmes qui cherchent à asseoir l'idée que tout cela, ce sont les militaires qui en sont responsables, et le reste, ce sont des polichinelles comme

---

8 L'Association des étudiants musulmans nord-africains de Paris (AEMNA) regroupait de nombreux étudiants nationalistes du Maghreb.

M. Boudiaf –, certains ont affirmé que M. Boudiaf, dès qu'il a mis le pied en Algérie, était déjà piégé. J'ai vu cela récemment dans une émission diffusée sur Arte où un ancien ambassadeur en France [9] – heureusement, il est mort – disait que, dès son arrivée, son discours a été censuré par les militaires.

M. le président, moi – je commence par moi, parce que j'étais le premier – plus deux collaborateurs, l'un s'appelle Munjal et l'autre s'appelle El Zaoui (deux universitaires dans mon cabinet qui n'ont rien à voir avec la politique), sommes des témoins de la véritable histoire du discours de M. Boudiaf le jour de son arrivée le 16 janvier. Dès que M. Boudiaf a mis le pied sur la terre algérienne, il a mis la main dans sa poche intérieure, il a sorti une enveloppe et il m'a dit : « Regarde cela et essaie de lui trouver une bonne traduction en arabe », parce qu'il ne savait pas rédiger suffisamment lui-même ses discours en arabe. Et il m'a dit : « Essaie de voir cela avec les amis et de faire une bonne traduction. »

C'est avec ces personnes que je viens de citer que nous avons, avec le président Boudiaf, réécrit le discours sur le plan de la forme et nous l'avons soumis au président. Je peux vous assurer, et j'affirme en défiant qu'on me démontre le contraire, que les militaires, y compris le général Nezzar, c'est-à-dire le plus élevé en grade, n'ont connu le discours adressé à la nation par M. Boudiaf qu'en même temps que toute la population algérienne.

On joue sur le fait qu'il a été publié avec retard. Il était prévu de le diffuser à 8 heures et il l'a été à 10 heures du soir. C'est pour une raison tout à fait prosaïque. C'était la première fois que j'assistais à cela : un chef d'État qui venait avec son propre discours qu'il avait rédigé, et puis j'ai vu – et je n'étais pas seul, puisqu'il y avait dans le bureau du président les deux collaborateurs que j'ai cités – le président, comme il n'avait pas l'élocution facile, répéter devant nous douze fois son discours. Il avait une volonté très forte de communiquer et il n'avait pas communiqué depuis longtemps face au public. Il m'a dit : « À chaque fois que vous voyez quelque chose qui cloche, si je bouge trop sur les chaises tournantes, cela fait très mauvais effet à la télévision, dites-le-moi. » Et nous étions tous bouleversés de voir l'humilité de cet homme qui avait rédigé son discours et qui, pour bien communiquer avec les Algériens, comme un élève, nous a demandé d'être ses censeurs. Voilà pourquoi le discours a été diffusé avec deux heures de retard.

De la même manière, toujours pour asseoir cette idée, inconcevable pour quiconque qui le connaît un tout petit peu, que M. Boudiaf a été tout

---

9 Il s'agit de Jean Audibert, à l'époque ambassadeur de France en Algérie. Son affirmation sera reprise par le propre fils du président assassiné, Nacer Boudiaf, qui déclarait dans une interview en janvier 2002 : « Vous vous souvenez du fameux discours qu'il a prononcé, le premier après son arrivée, eh bien, ils ont tenté de lui en imposer un autre. Ils ont essayé de l'en dissuader trois heures durant, mais il a refusé » (Nacer Boudiaf, « Le retour de mon père avait suscité l'espoir », *Le Matin*, 10 janvier 2002).

de suite prisonnier d'un gouvernement qui lui a été imposé : M. le président Boudiaf peut avoir tous les défauts de la terre, mais il y en a un qu'il n'avait pas, c'était de se laisser marcher sur les pieds et de se laisser imposer un gouvernement. Bien entendu, dès qu'il est arrivé, je lui ai proposé de démissionner. Il a refusé. Pendant cinq mois et demi, jusqu'à son assassinat, je lui ai proposé trois fois de quitter le poste pour qu'il choisisse lui-même un gouvernement. Et parmi les arguments que j'évoquais, je disais : « M. le président, en politique très souvent, ce qui compte, ce n'est pas ce qu'on croit vis-à-vis de l'opinion, c'est comment c'est perçu par l'opinion » ; et il y avait suffisamment d'éléments en Algérie pour faire croire aux autres que c'était un président potiche, prisonnier d'un gouvernement qu'il avait trouvé. Et à chaque fois, le président Boudiaf a refusé ma démission. Non, le président Boudiaf n'est pas un homme à qui on pouvait imposer, à lui, chef d'État, un gouvernement.

M. Stéphan, *président*. — Je voudrais vous demander une chose, parce que vous vous êtes exprimé longuement.

M. Ghozali. — Je m'en excuse.

M. Stéphan, *président*. — C'était normal. Vous avez ici M. Habib Souaïdia, auteur de ce livre. Qu'avez-vous à lui dire ?

M. Ghozali. — M. le président, je ne suis pas venu témoigner contre M. Habib Souaïdia. J'ai lu son livre et, puisque vous posez la question, j'ai coché toutes les pages qui contiennent effectivement les faits qui sont reprochés au général Nezzar et à l'homme. Sauf si je me trompe, j'ai compté au maximum une vingtaine de pages sur deux cents qui contiennent ces faits. Le reste, ce sont des considérations philosophiques, politiques, sur des faits que j'ai vécus moi-même. J'ai pratiqué les faits sur le terrain. C'est la théorie du « qui tue qui ? ».

Je ne suis pas venu témoigner contre lui, parce que je ne le connais pas. Je constate, la lecture du livre m'a convaincu, qu'il est porteur d'une opération, ce n'est pas lui qui la dirige, mais en tout cas, ce qu'il dit tend simplement à accréditer cette idée qui ne date pas d'hier : qu'en Algérie, ce sont des militaires qui tuent, qui massacrent, qui décident de tout, qu'il n'y a pas de chef. Et de l'autre côté, il y a une population civile qui subit et qui sont les vils serviteurs d'un système. Tout ce que je peux dire, c'est que les évocations dans le livre que vous avez nommé et sur lequel je ne suis pas là pour faire des commentaires, les évocations des faits que j'ai lues sont erronées.

Me Comte. — Le tribunal a bien compris qu'on réécrit beaucoup en Algérie. Tantôt, c'est la lettre de démission de M. Chadli, tantôt c'est le discours de politique générale de M. Boudiaf. Mes questions ne porteront pas sur cette observation qui n'en est qu'une. Je voudrais aborder les choses telles que le témoin les a abordées.

Le témoin a expliqué devant le tribunal qu'il n'avait jamais pris ses ordres des militaires. Alors, ma question est la suivante : quelle est la réalité du pouvoir qu'exerçait le témoin à partir du 18 juin 1991 ? Et je documente ma question, puisqu'à partir du 18 juin 1991 ont été promulgués quatre décrets : l'un créant les centres de détention livrés à la seule discrétion de l'armée, tant pour leur composition que pour leur création ; l'autre établissant un système d'assignation à résidence livré à la discrétion de l'armée : le troisième affinant, si j'ose dire, l'état de siège, notamment en investissant les autorités militaires du pouvoir d'interrompre et d'interdire toute publication ; et le quatrième en créant un système d'interdiction de séjour prononcé par les autorités militaires. Alors, quel pouvoir avez-vous réellement exercé quand on voit que vous avez signé quatre décrets donnant tous les pouvoirs à l'armée ?

M. Ghozali. — M. le président, j'ai été nommé dans un contexte où il y avait l'état de siège. Il avait été prononcé conformément à la Constitution. C'est une décision politique qui est en droite ligne de la Constitution, pas seulement de l'Algérie, mais de beaucoup de pays beaucoup plus anciens que le nôtre sur le plan de l'État de droit et de la démocratie.

Ensuite, en tant que chef du gouvernement, j'ai signé des décrets pour régir, ce n'est pas pour mettre à la discrétion de l'armée, ce ne sont pas des décrets qui livraient à l'arbitraire de l'armée, ce sont des décrets, comme tous les textes régissant des situations d'exception, qui effectivement se traduisaient par des restrictions exceptionnelles des libertés individuelles. C'est une décision qui est parfaitement constitutionnelle, sur la base d'une évaluation du danger qui était la nôtre en tant que gouvernement.

Me Comte. — Le témoin assume-t-il ce qui s'est passé sur la base de ces textes, c'est-à-dire, d'après les chiffres que nous avons et qui sont sujets à débat, dans la période de juin-juillet 1991, quelque 8 000 personnes déportées, « déplacées » dirait M. le bâtonnier, vers les centres de détention ? Dans la période postérieure à janvier 1992, un chiffre au moins aussi important de personnes envoyées dans ces centres de détention. Est-ce que le témoin assume tout cela ?

M. Ghozali. — M. le président, je suis venu ici pour vous éclairer à partir de faits vécus, pas pour décrire mes états d'âme. À partir du moment où ces décrets ont été signés par mon gouvernement, c'est enfoncer des portes ouvertes que de dire que c'est mon gouvernement qui était responsable de cela. Assumer, c'est une notion qui peut avoir un sens politique, subjectif, mais dans le cadre d'un témoignage qui, je le rappelle, porte sur des faits bien précis, je n'ai pas à répondre à cette question. Simplement, je rappelle que j'ai été nommé dans un cadre constitutionnel, dans une situation qui a été traitée constitutionnellement et en tant que chef du gouvernement. Bien sûr, tous les décrets ont été pris, soit par le chef du gouvernement, soit par le chef de l'État, et bien entendu, je ne peux que dire ce qui s'est exactement passé : c'est bien de textes pris par mon gouvernement qu'il s'agit.

Me Comte. — Autre question, puisque je n'ai pas de réponse très précise. Est-ce que dans la période de référence de fin juin 1991, les dénommés Benhadj et Madani ont été arrêtés ? Est-ce que le témoin a été informé de ces arrestations avant qu'elles ne se produisent ? A-t-il donné son accord ou cela s'est-il fait en dehors de son champ de compétence politique ?

M. Ghozali. — M. le président, la sécurité dans un pays relève du gouvernement de ce pays-là. Quand j'ai été nommé chef du gouvernement, j'ai eu à cœur d'avoir des consultations avec tous les partis, sans exception, y compris le FIS, et avec la plupart des associations de la société civile. Évidemment, le premier parti que j'ai reçu, c'est le FIS, qui posait problème puisqu'il était l'auteur de l'insurrection qui s'était instaurée dans le pays et responsable de l'état de siège qui s'en est suivi de la part des autorités.

J'ai reçu M. Madani en présence de témoins. Et ce que je dis là, je l'ai aussi dit en juin 1992, car j'avais été invité par le tribunal militaire à témoigner sur l'entretien que j'avais eu. Le président avait le souci de confronter la relation que lui avait faite le juge d'instruction de cet entretien que j'ai eu le 4 juin avec M. Madani [10] et ma propre relation des faits.

J'ai reçu Madani et je lui ai dit : « Je viens d'être nommé chef du gouvernement. 1) Ma mission est de préparer des élections législatives. Je vous l'annonce. Ces élections se tiendront avant la fin de l'année. 2) Ma mission ne consiste pas à détruire le FIS. Je vous le dis et je vous le confirme. Nous ne voulons pas détruire le FIS. 3) Il y a un moyen qui conduira nécessairement à la destruction du FIS, c'est de continuer comme vous le faites à exercer la violence verbale, physique. Continuez à semer le désordre et vous pouvez être sûr que cela conduira à la destruction du FIS. »

L'emprisonnement de personnes de ce niveau-là de responsabilité ne peut pas se faire sans que le gouvernement n'en soit avisé au préalable. Les services de sécurité sont venus me dire où en était la situation : « Il est impossible de laisser les choses continuer comme cela. Il y a une action de déstabilisation très claire, et même un plan qui a été saisi pour mettre l'Algérie à feu et à sang, et les responsables sont Benhadj et Madani et nous proposons qu'il y ait une action en justice contre eux. » Et j'ai approuvé, bien sûr.

---

10 M. Ghozali date cet entretien du 4 juin. Or c'est ce jour-là que M. Hamrouche, son prédécesseur, a présenté sa lettre de démission, l'état de siège étant proclamé le lendemain ; et ce n'est que le 6 que M. Ghozali a commencé ses consultations. Il semblerait en fait qu'il ait rencontré les dirigeants du FIS le 7 juin, le jour de l'annonce de l'arrêt de la grève par le FIS, qui dit alors avoir obtenu du nouveau Premier ministre la promesse d'élections présidentielles anticipées (voir la chronologie de la revue *Monde arabe, Maghreb-Machrek*, juillet-septembre 1991, p. 53).

Me Comte. — Quel est le délai entre le moment où, en qualité de Premier ministre, le témoin a reçu les partis, et notamment le FIS, et l'arrestation de deux de ses dirigeants ?

M. Ghozali. — C'était après le 8 juillet. Je ne me souviens pas de la date exacte. Mais je sais que mon gouvernement était formé. J'ai été nommé le 4 juin et j'ai présenté mon programme, et je n'ai formé mon gouvernement que trois ou quatre semaines après. J'ai présenté mon gouvernement à l'Assemblée nationale le 8 juillet et c'est quelque temps après que cela s'est passé [11].

Me Comte. — Dans son témoignage, M. Sid Ahmed Ghozali a indiqué qu'un dirigeant historique de la révolution algérienne lui avait dit quelque chose comme : « Tu ne vas pas laisser le FIS prendre le pouvoir. » Le témoin peut-il dire de qui il s'agit ? Il y a deux ou trois dirigeants historiques possibles. Je peux en citer quelques-uns, mais M. Sid Ahmed Ghozali les connaît mieux que moi.

M. Ghozali. — J'ai dit : « Un ancien chef de l'État qui a été déposé en 1965. »

Me Comte. — Est-ce que M. Ben Bella a été approché pour prendre à un moment quelconque des responsabilités, notamment après l'interruption du processus électoral, et quelle a été sa réponse ?

M. Ghozali. — S'il a été approché dans ce sens, ce n'est certainement pas par moi. S'il a été approché par d'autres, ils ne me l'ont pas dit, et c'est pourquoi je pense qu'ils ne l'ont pas fait, sinon ils me l'auraient dit. Et quand nous avons pris la décision d'arrêter le processus électoral et quand M. Boudiaf a accepté de venir, nous avons eu une réunion autour du président Ben Bella avec tous les officiers supérieurs généraux, les responsables des forces nationales et moi-même. Le président nous a dit : « Vous avez pris vos responsabilités, je suis à votre service. Vous me trouverez auprès de vous pour vous aider à titre de simple militant. » Je me souviens de l'expression. Voilà le contenu essentiel de cette réunion. C'était vraiment une rencontre autour d'une tasse de thé avec un de nos anciens chefs.

Me Comte. — Pas d'autres questions.

Me Bourdon. — Je vais limiter mes questions au maximum. Quelques questions brèves qui impliquent des réponses brèves.

Le général Nezzar dit dans son ouvrage que la lettre de démission de M. Chadli a été rédigée par le général Touati et Me Ali Haroun. Que pense le témoin du fait que la lettre signée par le président de la République ait

---

11 Comme on l'a vu (voir *supra* chapitre 1, note 61, p. 80), les deux responsables du FIS, Abassi Madani et Ali Benhadj, ont été arrêtés le 29 et 30 juin 1991, tandis que le gouvernement de M. Ghozali a été formé le 18 juin (décret 91-199 du 18 juin 1991).

été au préalable rédigée par les deux personnes que je viens de nommer et comment l'explique-t-il ?

M. Ghozali. — Je n'ai pas de commentaire à faire.

Me Bourdon. — Comment expliquez-vous que ce n'est pas le président de la République lui-même qui ait rédigé cette lettre ?

M. Ghozali. — J'ai travaillé en tant que commis d'État et jamais dans un appareil, avec quatre chefs d'État successifs. Comme les secteurs que j'ai eu l'honneur de diriger avaient souvent des extensions politiques et même militantes – M. le président, nous étions jeunes, à l'époque j'avais vingt-cinq ans, et j'ai été ministre à l'âge de vingt-sept ans –, nous étions amenés à faire des tâches autres que de gestionnaire ou de technicien. Et personnellement, je peux dire que j'ai contribué à la rédaction de beaucoup de discours du président de la République, qu'il s'agisse de M. Boumediene ou de M. Chadli. Ces discours que j'ai rédigés, c'était sur la base d'orientations que me donnaient mes chefs.

Vous avez cité Me Ali Haroun et le général Touati. Je peux vous confirmer qu'au lendemain du premier tour, quand nous nous sommes trouvés face à cette situation totalement inédite, nous avons créé une sorte de cellule de crise sous la supervision de mon directeur de cabinet à l'époque : il y avait du côté du gouvernement deux ministres, Me Ali Haroun, futur membre du Haut Comité d'État, qui était à l'époque ministre des Droits de l'homme, et M. Aboubakr Belkaïd, que Dieu ait son âme, qui a été assassiné en 1995 et qui était ministre de la Communication, et deux officiers du côté militaire, pour réfléchir à la gestion de la crise toute nouvelle qui nous tombait sur la tête. Je peux confirmer que le groupe avec des personnes côté civil et des personnes côté militaire s'est réuni pour évaluer la situation. La rédaction du discours, du texte, je n'ai aucune connaissance sur la manière dont cela s'est fait.

Me Bourdon. – M. Sid Ahmed Ghozali, le général Nezzar, dans ses mémoires (page 66 de son ouvrage), explique que l'arrêt du processus électoral n'a pas été une atteinte à la démocratie et a permis le rétablissement de l'État de droit, le retour vers la modernité, et a protégé l'intérêt général du plus grand nombre des Algériens. Dix ans après, est-ce que vous trouvez qu'il a réussi sa mission ?

M. Ghozali. — C'est une grande question, qui n'est pas sans arrière-pensées politiques. Loin de moi l'idée de vous prêter, mon cher Maître, des arrière-pensées. L'émergence d'un mouvement islamiste ne suffit pas à elle seule à expliquer ce qui est arrivé en Algérie. Il y a l'existence de cette idéologie, mais conjuguée à d'autres facteurs, et notamment à la dégradation continue de la situation qu'on a vécue pendant au moins dix ans, la dégradation de la situation économique, une crise économique qu'on a laissé filer parce que les politiciens ne se préoccupaient jamais ou très peu des vrais problèmes des citoyens, une crise sociale qui s'est muée en crise morale, et une crise morale muée en crise politique. Cela a débouché sur les événements sanglants d'octobre, et sur un essai de rebondissement pour construire des institutions. Quelle est la deuxième partie de la question ?

Me Bourdon. — Eu égard à ce qui a été écrit et dit par le général Nezzar, est-ce que, dix ans après, la mission qu'il s'était octroyée est réussie ? Puis-je vous demander de répondre brièvement dans le souci de respecter le temps imparti ?

M. Ghozali. — Il faut que j'essaie de répondre honnêtement et concrètement.

Me Bourdon. — Mais la concision peut être liée à l'efficacité.

M. Ghozali. — Vous m'avez interrompu et vous m'avez fait perdre le fil de mes idées.

Me Bourdon. — Je suis étonné qu'il soit nécessaire de vous poser pour la troisième fois la question. Vous êtes un ancien Premier ministre. La question est celle-ci : eu égard à ce qui a été écrit et dit par le général Nezzar, trouvez-vous dix ans après que c'est réussi ?

M. Ghozali. — Cette situation avait des responsables qui se sont attachés à occulter leurs responsabilités et c'est de là qu'est venue la thèse que le terrorisme est la conséquence de l'interruption du processus électoral. Ce n'est pas l'interruption du processus électoral qui justifie ou explique le terrorisme. Et si votre question est de savoir si l'Algérie a tiré les leçons de ce qui s'est passé en 1991, de 1992 à aujourd'hui, je vous dis non, l'Algérie n'a pas tiré les leçons de ce qui s'est passé en 1992.

Me Bourdon. — Quelques questions très simples qui appellent des réponses très simples. Vous avez indiqué dans une interview à un quotidien algérien, *Le Jeune Indépendant*, le 7 juillet 2001 : « L'État algérien ne respecte pas ses lois. » Confirmez-vous cette réponse donnée à un journaliste algérien ?

M. Ghozali. — J'ai certainement dit cela, je ne sais pas dans quelles circonstances, mais en tout cas plusieurs fois, et je vous remercie de dire le contexte dans lequel cela a été dit, c'est-à-dire dans les deux ou trois dernières années. C'était une appréciation que j'ai faite sur la base de la situation du parti que j'ai essayé de créer. Je suis obligé de préciser le contexte.

J'ai créé un parti. Chez nous, tous les Algériens ont le droit de créer un parti en suivant une procédure sur laquelle je ne reviendrai pas et qui débouche sur la tenue d'un congrès. Après, on dépose un dossier auprès du ministère de l'Intérieur et la loi algérienne dit explicitement que si le gouvernement ne répond pas au bout de deux mois, le parti est considéré comme accepté. Cela fait vingt-quatre fois que j'ai déposé le dossier, le gouvernement n'a répondu ni oui ni non, mais il a agi de telle manière que mon parti soit *de facto* interdit. Le ministre de l'Intérieur a dit à plusieurs reprises : « Le dossier est à l'étude, la loi dit qu'il faut deux mois, mais je trouve que cela n'est pas suffisant. » Et c'est ce qui m'a conduit à dire que le gouvernement algérien ne respecte pas ses lois.

Me Bourdon. — C'est votre réponse ?

M. Ghozali. — C'est ma réponse.

Me Bourdon. — Je vous lis : au quotidien algérien *Le Matin* du 27 décembre 2000, vous dites : « Que vivons-nous aujourd'hui depuis que l'interruption du processus de 1991 est officiellement qualifiée de violence juridique, justifiant la violence intégriste ? Une dérive totalitaire, sans précédent, l'interdiction non avouée du pluralisme, le refus de la sensibilité démocratique, l'abandon et le mépris du citoyen à ses problèmes et à son malheur, la légitimation officielle de la violence intégriste et la compromission avec les tenants de cette violence. » Ce sont des propos très durs. Les confirmez-vous devant ce tribunal ?

M. Ghozali. — Par courtoisie vis-à-vis de la Cour, je vais répondre, mais cela ne veut pas dire que je suis venu ici pour parler de la politique intérieure algérienne. Je ne rends compte de la politique intérieure algérienne que dans ce qui touche directement l'objet de la diffamation. J'ai dit cela et je ne veux pas que ce que j'ai dit, et que je confirme, soit tronqué. Il y a une manière de déformer la vérité, c'est d'extraire une déclaration de son contexte, mais c'est ma position, M. le président. L'institution qui est visée n'est pas l'institution militaire, si on lit bien ce que j'ai dit. Mais je confirme effectivement que depuis 1999 il y a une dérive totalitaire dans mon pays.

Me Bourdon. — Mme Aslaoui était ministre de la Jeunesse et des Sports et elle est citée comme témoin par le général Nezzar. Dans un ouvrage, elle fait, pour ce qui vous concerne, un commentaire peu sympathique, que la délicatesse me commande de taire. Mais elle dit également de vous, dans son ouvrage *Les Années rouges* publié en l'an 2000, que vous étiez un « apparatchik dépassé par les événements ». Quelle observation vous inspire ce commentaire qui est fait, vous concernant, par une de vos anciens ministres ?

M. Ghozali. — M. le président, voulez-vous bien me dire si je suis là en tant que témoin ou en tant qu'accusé ?

M. Stéphan, *président*. — Je vous confirme que vous êtes là en tant que témoin entendu à cette barre, mais cela allait de soi. Mais faites la réponse que vous souhaitez faire.

Me Bourdon. — Vous avez indiqué au début de votre exposé que vous n'étiez pas un « apparatchik ». Mais ce n'est pas un avis partagé par une de vos anciens ministres. Comment l'expliquez-vous ?

M. Ghozali. — Si on doit rentrer dans le détail de ce que peut penser un ministre de son chef de gouvernement, ou en France de son chef d'État, je crois qu'on va ennuyer la Cour. Je comprends très bien que plus on sort du vrai sujet et plus on noie le programme, plus on réussit à atténuer la vanité des propos qui sont l'objet de cette diffamation. Ce que peut penser cette personne de moi, à la rigueur, me regarde moi, mais cela n'a rien à voir avec l'idée de république bananière, de l'armée algérienne massacreur, etc.

Me Bourdon. — Je n'ai guère de réponse aux questions posées, mais je viens directement aux imputations faites à M. Habib Souaïdia. De l'aveu de toutes les organisations internationales de défense des droits de l'homme et de la sous-commission des droits de l'homme, en 1991-1992 des crimes très graves ont été commis par les services de sécurité algériens, donc pendant la période où vous étiez au pouvoir. Comment expliquez-vous ce consensus absolu des institutions et organisations internationales sur le fait que pendant que vous étiez au gouvernement, des crimes très graves, tortures et exécutions, ont été commis en Algérie ?

M. Ghozali. — Je laisse aux organisations la responsabilité de leurs assertions. Je noterai simplement que l'autorité de ces organisations internationales est une autorité d'abord morale, qui s'occupe de la protection et de l'intégrité de l'individu et qui dénonce les violences de toutes sortes commises par les organisations ou les États contre l'intégrité de la personne. Voilà l'autorité morale de ces organisations. Mais permettez-moi, M. le président, puisqu'on m'oblige à porter un jugement sur ce travail, de répondre à cette question par une question que je me pose à moi : ces mêmes organisations, quelle peut être leur autorité morale vis-à-vis d'un Algérien quand, pendant dix ans, elles n'ont pas dit un mot de tous les crimes contre l'humanité, contre l'islam, contre les femmes et les enfants qui ont été commis par le mouvement islamiste ?

M. Stéphan, *président.* — Plus d'autres questions. M. Sid Ahmed Ghozali, le tribunal vous remercie de votre témoignage, qui a été long, mais nous nous y attendions étant donné vos fonctions. *(S'adressant à Habib Souaïdia.)* Vous voulez dire quelque chose ?

M. Souaïdia. — Vous êtes un diplomate et vous savez très bien parler. Pouvez-vous m'expliquer, quand vous étiez Premier ministre, qui était votre ministre de l'Intérieur ?

M. Ghozali. — D'abord, M. Habib Souaïdia me fait trop d'honneur de dire que je suis un diplomate. Le reproche que j'ai souvent encouru, auprès de mes amis comme de mes ennemis, c'est que je ne suis pas tellement un diplomate. Mais enfin…

Quand j'ai été nommé chef du gouvernement, j'ai nommé comme ministre de l'Intérieur M. Abdelatif Rahal, ancien professeur de mathématiques, qui a quatre-vingt-un ans, conseiller à la présidence de la République, qui est un ancien militant de la cause de l'indépendance et qui, lui, effectivement, a été un diplomate de carrière depuis l'Indépendance jusqu'au moment où je l'ai nommé ministre de l'Intérieur. J'ai nommé, à la suite d'un remaniement partiel juste à la veille des élections, comme ministre de l'Intérieur M. Larbi Belkheir [12], qui était directeur de cabinet du président de la République. Je sais que les médias à l'époque avaient dit que c'était un ministre nommé par le président de la République. Je suis le seul et absolument le seul – car quand il s'agit de nommer un ministre de l'Intérieur, c'était toujours avec les services de sécurité – à avoir proposé la nomination des deux ministres.

M. Souaïdia. — Pouvez-vous donner sa biographie ?

M. Ghozali. — M. le président, on ne parle pas des absents chez nous !

Me Comte. — M. le président, pourrions-nous trouver une méthode pour accorder un temps pour chaque témoin, sinon, nous n'y arriverons jamais ? Un seul témoin, et il est 11 h 30.

M. Stéphan, *président*. — Il était manifeste que ce témoin serait long, mais le tribunal insiste auprès des parties sur la difficulté qui va nécessairement se poser. Un décalage existe déjà ce matin, car il est manifeste que nous n'entendrons pas M. Sifaoui. Ce décalage va faire qu'on arrivera jeudi soir avec des témoins qui n'auront pas été entendus. Pour l'instant, le tribunal n'intervient pas de façon autoritaire et ne souhaite pas le faire – le procès a été reporté pour cela –, mais il est manifeste que nous allons nous retrouver face à un problème qu'il appartient d'abord aux parties de régler.

Pour ce matin, nous allons entendre Me Ali Haroun comme deuxième témoin.

Audition de Me Ali Haroun, à la requête de la partie civile

Me Ali Haroun. — Je suis né à Alger le 8 février 1927. Je suis avocat à la Cour d'Alger. J'ai prêté serment à Paris et ensuite j'ai été avocat au barreau d'Alger jusqu'à 1991, date à laquelle j'ai été appelé par le président Chadli pour faire partie de son gouvernement en ma qualité de ministre des Droits de l'homme. Je suis resté ministre des Droits de l'homme de juin 1991 à janvier 1992 ; puis, de janvier 1992 à janvier 1994, j'ai été membre du Haut Comité d'État, qui était une espèce de directoire, c'est-à-dire une direction de la présidence de la République à cinq personnes, dont le président était M. Boudiaf.

12 Voir *supra*, chapitre 1, note 21, p. 49.

Le témoin prête serment.

M. Stéphan, *président.* — Je vais céder la parole Me Gorny, qui va vous poser des questions, en vous demandant, compte tenu du temps qui vous est imparti et qui défile très vite, d'être aussi concis que possible dans vos réponses.

Me Gorny. — Quel a été votre rôle au sein du HCE ?

Me Haroun. — Mon parcours n'est pas un parcours classique algérien. Depuis 1962, je me suis trouvé dans l'opposition au système algérien, qu'il s'agisse du système de M. Ben Bella, de M. Boumediene ou de la première partie du système de M. Chadli. Je vais dire rapidement pourquoi.

Ayant été membre du Conseil national de la Révolution, qui était pendant la guerre d'indépendance le législatif, j'ai estimé que M. Ben Bella n'ayant pas été régulièrement élu, je ne pouvais pas le suivre, et donc je me suis opposé à sa venue. Il n'empêche que la Fédération de France [13], dont je faisais partie, m'a désigné député. J'ai été député de la première Assemblée nationale constituante, j'ai fait partie de la commission de rédaction du projet de la première Constitution de 1963. Mais malheureusement M. Ben Bella nous a imposé non pas une Constitution qui avait été faite à l'Assemblée, mais une Constitution qui a été faite en dehors d'elle, au cinéma Majestic (qui s'appelle aujourd'hui L'Atlas), et qui, étant donné que l'Assemblée de l'époque de M. Ben Bella était l'Assemblée « bleu horizon », c'est-à-dire tout à fait favorable à M. Ben Bella, a été votée, y compris d'ailleurs par M. Boumediene. Nous étions dix-neuf à ne pas la voter.

Nous n'avons pas voté la Constitution et nous n'avons pas voté pour M. Ben Bella comme président. Donc, nous étions dans l'opposition. Et vous savez, M. le président, que dans des régimes à parti unique, à pensée unique, à régime unique, à journal unique, si vous ne faites pas partie du parti qui dirige le pays, vous êtes un adversaire. L'adversaire est un ennemi et l'ennemi est à éliminer. C'est pour cela que j'ai été personnellement hors du circuit depuis 1963 jusqu'à 1991.

Je dis cela, M. le président, non pas pour me mettre en valeur, mais pour vous expliquer quelle a été ma position au moment où le problème de l'intégrisme islamiste s'est posé en Algérie. J'étais complètement en dehors et je n'avais aucune raison de défendre l'armée.

Or, que s'est-il passé en 1990 ? Il y a eu des élections locales et j'ai vu des choses extraordinaires. J'ai vu par exemple M. Madani, qui était le leader du parti islamiste, faire un meeting dans un très grand stade où il disait : « Dieu est avec nous. » Et on a vu tout de suite écrit dans le ciel au

---

13 Pendant la guerre de libération, la Fédération de France du FLN a joué un rôle important pour structurer l'organisation et le soutien des immigrés algériens au combat pour l'indépendance (voir Ali Haroun, *La 7e wilaya. La guerre du FLN en France, 1954-1962*, Seuil, Paris, 1986).

laser : « Allahu Akbar. » C'était un charlatanisme politico-religieux. Je ne pouvais pas être de ceux qui pouvaient croire à un tel charlatanisme. J'ai commencé à me demander où allait l'Algérie. À partir de ce moment-là, j'ai vu, de mes yeux, à la télévision, des jeunes de dix-huit-vingt ans tomber en catalepsie, tomber dans un état second, la bave aux lèvres, il a fallu les emmener à l'hôpital. Et je me suis dit : est-ce que l'Algérie, pour laquelle nous avions lutté pour faire une République démocratique, une République ouverte sur la tolérance, une République ouverte sur l'acceptation de l'autre, va entrer dans le XXIe siècle à reculons ? Voilà quels étaient les hommes que ces messieurs les islamistes formaient pour prendre le pouvoir.

Lorsqu'il y a eu les autres élections, avec ces élections locales, les islamistes ont pris la plus grande partie des municipalités. Or, sur chaque municipalité, nous avions écrit : « Par le peuple et pour le peuple. » Cela a été barré et on a mis à la place, élégamment : « Municipalité islamique. »

Quand je suis revenu une fois de France quelques jours avant les élections législatives, j'ai été étonné de voir, entre l'aéroport et Alger, les plaques barrées sur le bas-côté de la route. Il n'y avait pas de sortie ni d'entrée, il y avait des versets coraniques. Sur les ponts qui couvraient l'autoroute, il y avait des versets coraniques, au point qu'on était perdu. On ne savait pas où sortir ni où rentrer sur l'autoroute.

Les élections ont eu lieu. Personnellement, M. le président, comme je vous l'ai dit tout à l'heure, de 1962 à 1991, je n'ai jamais voté. Pourquoi, allez-vous me dire ? Je dois dire à cette barre, parce que c'est la vérité, que les élections en Algérie n'ont jamais été honnêtes. Pourquoi ? Au départ, ce n'était pas grave qu'elles ne soient pas honnêtes. Pourquoi ? Pour la raison bien simple qu'il y avait un parti unique, des candidats uniques, et que vous votiez ou pas, c'étaient ceux qui étaient sur la liste du parti qui passaient. Qu'on passe à 5 % ou à 99 %, c'était pareil. Donc, je pensais personnellement qu'il n'était pas nécessaire que je joue ce jeu-là. Et donc, je ne l'ai pas fait. Par contre, j'ai essayé de voter lors du vote du premier tour des législatives le 26 décembre 1991.

Pourquoi ? Parce que depuis le mois de juin, j'étais avec M. Sid Ahmed Ghozali et j'étais ministre des Droits de l'homme. Et là, si vous permettez, je voudrais ouvrir une parenthèse. Moi, qui étais complètement en dehors du système, pourquoi être ministre des Droits de l'homme ?

Je connaissais M. Sid Ahmed Ghozali quand j'étais responsable au FLN et il était lui-même étudiant. Il m'avait appelé parce que, après 1988, il y a eu un espoir que nous allions enfin, après trente-cinq ans, vers le pluralisme et le pluripartisme, alors qu'avant on ne pouvait absolument pas constituer la moindre association. Pour l'Association des chasseurs de papillons, il fallait avoir l'autorisation du FLN. L'Association des amis des plantes, il fallait avoir l'autorisation du FLN. Donc, à partir de 1988, on a pu le faire sans cela. Et c'est pourquoi nous avons créé avec quelques amis, dont un héros de la révolution, l'Association des démocrates. J'en étais le secrétaire général. À cette époque, je suis allé au Maroc où se trouvait

M. Boudiaf, je lui ai montré quel était l'objectif de cette association, il a dit : « C'est très bien, continuez, et tenez-moi au courant. Cela a l'air de bien évoluer et si un jour l'Algérie a besoin de moi, je viendrai. »

Ayant constitué cette association, M. Sid Ahmed Ghozali, qui lui, après la chute du gouvernement Hamrouche, était chargé par le président Chadli de constituer un nouveau gouvernement, m'a appelé et m'a dit qu'il avait besoin de moi. Je lui ai dit : « Ce pays, s'il a obtenu son indépendance depuis trente-deux ans, n'a jamais obtenu ses libertés individuelles. Depuis trente ans, nous sommes soi-disant indépendants, mais l'Algérien n'est pas libre dans son pays. Alors, la seule chose, c'est de créer un ministère des Droits de l'homme. » Et avec Belkaïd – que Dieu ait son âme –, il était tout à fait d'accord.

C'est ainsi qu'il m'a demandé d'être ministre des Droits de l'homme. Mon ministère devait durer six mois et pas plus. La construction du gouvernement devait avoir lieu en juin et les élections législatives étaient prévues en décembre. Le gouvernement de M. Sid Ahmed Ghozali devait préparer les élections et, pour ma part, je venais au gouvernement pour créer ce ministère des Droits de l'homme et ensuite créer un précédent afin que dans les futurs gouvernements, s'il n'y avait pas un ministère des Droits de l'homme, il y ait au moins un observatoire ou un organe quelconque qui défendrait les droits de l'homme. Parce que M. le président, et je le dis et je l'affirme, c'est la première fois dans un pays arabe et musulman qu'on a créé un ministère des Droits de l'homme. Donc, nous avons créé ce ministère des Droits de l'homme et nous avons passé l'été. Puis, il y a eu les élections.

Pendant tout l'été, les islamistes tenaient le pavé et étaient les plus puissants – car quand on dit que l'islamisme a commencé à faire du terrorisme parce qu'il a été privé de sa victoire électorale, je m'inscris en faux. Nous avons eu déjà, en 1980, donc douze ans avant, le groupe Bouyali qui était un groupe constitué d'une dizaine d'intégristes. Il a fallu que la gendarmerie s'en occupe et il y a eu plusieurs morts parmi les terroristes et les gendarmes.

Ceux qui ont été arrêtés parmi les terroristes doivent beaucoup au régime du président Chadli : tous ceux qui avaient été arrêtés en 1980 ont été condamnés à mort. Deux ou trois ans après, ils ont été graciés et deux ou trois ans après, libérés. Et ce sont eux qui ont été les premiers chefs des maquis intégristes…

Donc, en 1992, que s'est-il passé ?

Les élections se sont préparées pendant deux ou trois mois avant. Dans toutes les mosquées, c'était l'appel au *djihad*, c'est-à-dire l'appel à la guerre sainte. Dans toutes les mosquées, il y avait des tracts. Dans toutes les mosquées, il y avait un placard sur lequel, c'est trop d'honneur pour nous, figuraient nos cinq photos : celle de M. Boudiaf, celle du général Nezzar, celle de M. Haddam, celle de M. Kafi et la mienne [14]. Elles étaient

---

14 Il s'agit à l'évidence d'une confusion de la part de M. Haroun : au moment de la campagne électorale pour les législatives de décembre 1991, le Haut Comité d'État (qui

placardées dans toutes les mosquées d'Algérie avec la mention : « Ces hommes sont à abattre, quiconque les abat a sa place assurée au paradis. »

Et je vais plus loin, M. le président : je me suis trouvé à Paris un peu avant l'élection. Je me suis adressé à un de mes amis qui était à Barbès, rue de la Charbonnière. Je lui ai demandé, parce que j'étais en retard pour mon billet d'avion : « Je ne suis pas parti aujourd'hui, je partirai après-demain. Veux-tu me mettre un ticket pour après-demain ? » Et il m'a dit : « Oui, d'accord. » Alors, je lui téléphone pour lui dire que je viens pour le prendre. Il m'a dit : « Surtout, ne viens pas. » Je lui demande pourquoi. Il me répond : « Mais parce que vos cinq photos sont en face de mon bureau à Barbès. » Et à Barbès, nos photos étaient affichées. Vous voyez comment le FIS préparait les élections !

Nous avons un grand nombre d'illettrés, beaucoup de femmes viennent voter. Le FIS était très présent dans tous les bureaux de vote. Le numéro du FIS dans la liste était le 6. Alors, ils écrivaient sur la paume de la main de toutes les braves femmes qui ne savaient pas lire le numéro 6, en leur disant : « Ma mère, si tu veux aller au paradis, vote comme cela, fais le 6. Mais si tu veux aller n'importe où, tu votes pour n'importe qui, c'est l'enfer. Mais le paradis c'est le 6. »

J'habitais à l'époque rue Dumont-d'Urville et mon cabinet était au premier étage. Je voyais passer des… Je ne voudrais pas employer un terme désobligeant, mais disons, des défilés énormes avec des gens dans des fauteuils roulants, d'autres avec des cannes, certains qui portaient des couvertures en bandoulière comme s'ils allaient à la guerre. Il y avait derrière eux également des ambulances, et tout ce monde-là prenait le Coran et disait : « Nous allons voter pour le Coran, nous allons voter pour l'État islamiste. »

Les gens qui les voyaient en avaient une peur bleue. Nous avons vécu trois ou quatre jours avant les élections dans un état… Je n'ai pas vécu en 1933 en Allemagne, mais j'ai l'impression que cela devait être cet état-là.

Alors, le vote a eu lieu. On s'est rendu compte que 8 000 cartes n'avaient pas été distribuées. Pourquoi, puisque c'est le pouvoir qui prépare les élections ? A-t-il mal préparé ? Non, ce n'est pas le pouvoir qui a préparé les élections, ce sont les municipalités. Et les municipalités étaient entre les mains du FIS à 70 % ou 80 %. Donc, 8 000 cartes n'ont pas été livrées [15]. D'autre part…

Brouhahas dans la salle.

M. Stéphan, *président*. — S'il vous plaît.

Me Haroun. — Nous avions des amis, une famille de huit personnes, qui allant au bureau de vote ne trouvèrent qu'un seul nom, et on leur dit : « Les

---

sera effectivement composé de ces cinq personnes) n'existait pas, puisqu'il a été créé en janvier 1992, après l'interruption de ces élections.

15 Voir *supra*, chapitre 2, note 6, p. 100.

sept autres ne sont pas là, voyez l'autre école. » Et à l'autre école, il n'y avait qu'un seul nom. Et à la fin de la journée, ils n'ont pu voter que deux ou trois fois, les six autres n'ont pas voté.

Voilà quelques-unes des techniques qui ont été utilisées par le FIS pour arriver aux élections du premier tour. Je veux bien que le FIS ait gagné le premier tour. Car après tout, il y a bien des pays où les élections ne sont pas toujours d'une honnêteté scrupuleuse. Supposons qu'ils aient été élus : le problème s'est posé le surlendemain. Le gouvernement s'est réuni et, à part trois ou quatre ministres, tout le monde estimait que c'était une élection truquée et que de toute façon, même si elle n'avait pas été truquée, est-ce qu'un vote, même régulier, a pour objet de détruire la République ? Est-ce que la défense de la République se limite à placer un bulletin dans l'urne et d'en subir les conséquences quelles qu'elles soient, fussent-elles néfastes à la République ?

Voilà le problème qui s'est posé. Donc, au gouvernement, plusieurs ont dit : « Il faut trouver une solution. » Nous étions très préoccupés par ce qu'allait penser l'étranger de notre position. Comment arrêter le processus électoral sans violer la Constitution ?

L'article 84 de la Constitution – je crois que vous l'avez, M. le président – prévoit l'empêchement du président. Lorsque l'empêchement du président est constaté par l'Assemblée, c'est le président de l'Assemblée qui devient président par intérim pendant quarante-cinq jours et il a la mission de préparer, non pas les élections législatives, mais les élections présidentielles, et le président, une fois élu, fixe les élections législatives.

Or, nous étions le 26 décembre. Le 4 janvier, donc huit jours plus tard, M. Belkhadem, président de l'Assemblée, réunit l'Assemblée et l'ensemble du gouvernement. J'en étais. Il dit : « La législature est terminée, je souhaite bonne chance à la future législature qui débutera le 16 janvier. Quant à celle-ci, elle a terminé sa mission. »

Donc, le 26, élections. Le 4, absence de l'Assemblée. Le 9, M. Chadli, président de la République, démissionne (après, je répondrai si vous voulez aux conditions dans lesquelles il a démissionné). Nous nous retrouvons devant les dispositions des articles 9 et 10 du paragraphe 84 [16] qui prévoient la conjonction d'absence d'Assemblée et de décès du président. L'équipe chargée de réfléchir à la question dit : « Dans ce cas-là, puisque le paragraphe 9 prévoit que c'est le président du Conseil constitutionnel qui remplit la mission intérimaire de quarante-cinq jours, nous allons lui demander de remplir cette mission et de préparer de nouvelles élections présidentielles. »

Nous nous présentons au président du Conseil constitutionnel, qui réunit son Conseil et qui déclare : « Je ne peux pas remplir cette mission pour la raison bien simple qu'il y a bien absence de l'Assemblée, mais pas décès du président, et, heureusement pour le président Chadli, il est vivant.

---

16 *Sic*. M. Haroun veut dire en réalité : les paragraphes 9 et 10 de l'article 84.

Donc, je considère que les paragraphes 9 et 10 ne sont pas applicables. Par contre, il appartient aux institutions prévues par la Constitution de prévoir le fonctionnement normal des institutions pour permettre au pays de reprendre la voie normale. »

Quelles sont ces institutions ? Ce sont le président de la République, or il est démissionnaire, le chef du gouvernement, le ministre des Affaires étrangères, il était présent. Le ministre de l'Intérieur, il était présent. Le ministre de la Justice, il était présent. Et un ou deux autres. Ils se réunissent et disent : « Nous considérons, en tant que Haut Conseil de sécurité [17], qu'on ne peut plus continuer des élections législatives et que nous désignons non pas un homme, parce qu'il est difficile de trouver un homme qui accepte une telle responsabilité, mais nous désignons, un peu comme cela s'est passé en France quand il y a eu le Directoire ou le Consulat, un groupe de cinq personnes chargées spécialement de terminer la mission du président Chadli, c'est-à-dire les deux ans qui lui restaient pour remplir sa mission. »

Voilà comment le Haut Comité d'État a été instauré, comment il a fonctionné et comment au bout de deux ans il a terminé sa mission, et ensuite il y a eu la Commission nationale de consensus qui, elle, a élu le président Zéroual, président de l'État, avant qu'il soit deux ans plus tard élu au suffrage universel président de la République.

Me Gorny. — Connaissiez-vous le général Nezzar avant le 18 juin 1991 ?

Me Haroun. — Comme je vous l'ai dit, M. le président, pendant vingt-neuf ans, je n'ai connu personne au sein de l'armée. J'étais considéré comme *persona non grata*. J'étais privé de mes papiers. On m'a interdit de quitter le territoire national. Pourquoi ? Pour la raison bien simple que j'ai plaidé dans tous les procès politiques contre le régime de M. Ben Bella, contre le régime de M. Boumediene. Dans ces pays où, comme l'a dit Napoléon, « je veux utiliser mon épée pour couper la langue aux avocats qui sont contre le gouvernement », nous étions un peu des parents pauvres. Non, je n'ai jamais connu le général Nezzar, ici présent. Je l'ai connu pour la première fois le 19 juin 1991, quand M. Sid Ahmed Ghozali m'a appelé au gouvernement.

Me Gorny. — Quelle appréciation pouvez-vous porter sur le rôle de l'armée en Algérie pendant toute cette période ?

Me Haroun. — Je suis très à l'aise pour parler de l'armée algérienne, puisque je vous ai dit quel était mon passé vis-à-vis de cette armée. Que l'armée algérienne se soit comportée d'une certaine façon de 1962 à 1988, je l'ai écrit dans une revue qui s'appelle *Confluences Méditerranée*, à laquelle vous pourrez vous reporter [18].

---

17 Voir *supra*, chapitre 2, note 7, p. 101.

18 « Algérie, décembre 1991 : "Il fallait arrêter le processus électoral" », entretien avec Ali Haroun, *Confluences Méditerranée*, n° 40, hiver 2001-2002.

Par contre, j'estime qu'à partir du moment où tous les démocrates, les travailleurs, les intellectuels, les artistes, se sont trouvés être les victimes de ces fous de Dieu, l'armée algérienne a été objectivement l'alliée des démocrates. Quels ont été ses objectifs lointains ? Je ne le sais pas. Mais normalement elle a été notre alliée, et c'est grâce à cette armée que nous avons pu tenir.

Vous savez, M. le président, quand par exemple, il y a quatre ou cinq ans, le FIS disait : « En octobre, fermeture des écoles. Vous n'irez pas à l'école et ceux qui enverront leurs enfants à l'école seront responsables de leur égorgement », eh bien les jeunes institutrices algériennes sont quand même allées à l'école, et sept ou huit ont été égorgées. Qui était là pour défendre après ? C'est l'armée algérienne.

On nous dit qu'il y a eu des dépassements au sein de l'armée. Vraisemblablement, il y en a eu. Et j'ai été personnellement membre d'un comité qui a remis à Mme Weil et à M. Soares la liste de 350 ou 400 militaires et membres des services de sécurité qui avaient tué, volé, mais ils ont été sanctionnés [19]. Mais on ne peut pas dire que l'armée algérienne est une armée qui tue. Je m'inscris en faux contre une telle affirmation.

L'armée algérienne a aidé les démocrates. Il s'est trouvé que lorsque nous avons appelé au secours et que nous avons décidé de lutter contre ce fléau… D'ailleurs, un fléau, M. le président – et j'ose attirer votre attention –, contre lequel nous luttons depuis douze ans et dont on vient simplement de se rendre compte des tentacules capables d'enserrer le monde entier depuis le 11 septembre. Depuis le 11 septembre, on sait ce qu'est l'intégrisme. Mais pendant douze ans, nous étions seuls à lutter contre l'intégrisme, et cela grâce à l'armée, grâce aux services de sécurité, grâce aux GLD [20]. Ce qui ne veut pas dire, encore une fois, que, comme dans

---

19 Voir *supra*, chapitre 1, note 25, p. 52. En fait, deux listes ont été remises au panel : l'une (annexe 27 au « Mémoire » des conseils de M. Nezzar) concerne les affaires de militaires traitées par des juridictions militaires et comprenant soixante-huit cas d'abus, qui ne mentionne que des cas de vols, d'attentats à la pudeur ou de détournements, mais pas de tortures ou d'exécutions sommaires ; l'autre (annexe 32 au « Mémoire » des conseils de M. Nezzar), correspondant à l'une des trois annexes au rapport remis au panel par les autorités algériennes, concerne les procédures judiciaires engagées contre les auteurs de dépassements, et n'y sont cités que deux militaires, les autres auteurs étant surtout des gardes communaux.

20 Groupes de légitime défense. Voici ce qu'a écrit à ce sujet la Fédération internationale des ligues des droits de l'homme (FIDH), en juin 1997 : « Par ailleurs, ont aussi été créés dans les villages, de façon spontanée ou provoquée, des groupes d'autodéfense. Les autorités ont décidé de les légaliser en faisant adopter le 4 janvier 1997 par le Conseil national transitoire (CNT) une loi relative aux GLD (groupes de légitime défense). L'objectif déclaré de ce texte est notamment de mieux encadrer les membres de ces groupes, qui sont des "bénévoles", pour les placer sous le contrôle des professionnels de la sécurité.

« Mais, d'une part, alors que les autorités algériennes reconnaissent elles-mêmes avoir des problèmes pour former les policiers de carrière, il semble singulièrement dangereux d'institutionnaliser ainsi des groupements de légitime défense dont les toute armée d'ailleurs, il n'y ait pas eu de dépassements. Mais ils ont été sanctionnés et ces dépassements ont été l'objet de recueils qui ont été remis aux autorités. Ils ont été remis aux deux personnes qui sont venues, envoyées par l'Europe. Ensuite, par la troïka dirigée par M. Soulier[21]. Ensuite, par l'organe international de l'ONU sous la direction de M. Soares et de Mme Weil.

Ce qui est curieux, c'est que quand on remet ces documents à ces hommes et ces femmes qui viennent au titre d'envoyés des services internationaux pour enquêter, on dit : « Non, vous les avez plus ou moins trompés. » Alors que quand on ne fait rien, on dit : « Vous n'avez rien fait. » Or, jusqu'à présent, je peux vous dire, M. le président, que chaque

---

membres, s'ils ne sont pas rémunérés officiellement, n'hésitent d'ailleurs pas à se payer sur la population.

« D'autre part, il est surprenant d'entendre le secrétaire général du ministère de l'Intérieur, interrogé sur ce point, répondre qu'il est dans l'incapacité de communiquer le nombre, même approximatif, des miliciens appartenant aux GLD alors que toute création de GLD est désormais soumise à l'autorisation du wali (préfet) après avis des forces de sécurité. Ou bien il s'agit là d'un mensonge, ou bien, fait plus inquiétant encore, cela signifie que le pouvoir ne contrôle pas réellement, comme il le prétend, les GLD » (FIDH, *La Levée du voile : l'Algérie de l'extrajudiciaire et de la manipulation*, *op. cit.*, p. 22).

21 M. Nezzar confond la visite de la « troïka » composée de trois secrétaires d'État de pays de l'Union européenne – le Britannique Dereck Fatchett, le Luxembourgeois Georges Wohlfart et l'Autrichienne Benita Ferrero-Waldner accompagnés du commissaire européen Manuel Marin, chargé de la coopération avec le Maghreb et le Proche-Orient –, venue en Algérie le 19 janvier 1998, et celle d'une délégation de neuf élus du Parlement européen présidée par M. André Soulier (France) et dont le rapporteur était M. Daniel Cohn-Bendit (Allemagne), qui s'est rendue en Algérie du 8 au 12 février 1998. Ces visites faisaient suite aux grands massacres de 1997 et du début 1998, et aux demandes des organisations internationales de défense des droits de l'homme qu'une commission d'enquête internationale fasse la lumière sur la responsabilité de ces crimes.

La visite de la troïka n'a en fait été qu'un coup médiatique pour le pouvoir algérien, puisqu'elle n'a pas insisté sur les massacres mais a confirmé son aide dans la lutte contre le terrorisme. Le Conseil des ministres européens a publié une déclaration à la suite de cette visite, dans laquelle il demandait au gouvernement algérien « de faire preuve d'une plus grande transparence » et souligné « que le renforcement d'institutions démocratiques représentatives et du rôle du pouvoir judiciaire aidera à affaiblir ceux qui cherchent à obtenir un changement politique par la violence » (*Bulletin UE* 1/2 1998, Pays de la Méditerranée et du Moyen-Orient, 18/35).

Les membres de la délégation du Parlement européen ont été reçus par le chef du gouvernement algérien, le ministre des Affaires étrangères, des représentants de partis, d'associations, de groupes parlementaires, des autorités religieuses, etc. Le 27 février 1998, la délégation a publié son rapport, dans lequel elle se prononçait contre une enquête internationale, affirmait la responsabilité des GIA dans les massacres et relevait les dangers de la distribution d'armes aux populations civiles. « Ils proposent en contrepartie d'avancées démocratiques et de davantage de transparence sur les droits de l'homme et la torture, la levée de l'embargo sur le matériel de lutte contre le terrorisme et la création d'une commission d'enquête en Europe sur les réseaux de soutien aux terroristes islamistes. Cohn-Bendit déclenche une polémique sur un éventuel dialogue avec le FIS, refusé par les autorités » (*Monde arabe Maghreb-Machrek*, n° 160, avril-juin 1998, p. 73).

fois que l'administration internationale – et d'autres le diront à ma place – a demandé à l'Algérie où en est l'action contre le terrorisme et comment agissez-vous contre le terrorisme, cela a été donné. Et je voudrais dire ceci : jusqu'à présent, aucun organisme international compétent au niveau des droits de l'homme n'a condamné l'Algérie sur des faits comme ceux que M. Habib Souaïdia dénonce dans son livre [22]. Il n'y en a pas un seul. Et d'ailleurs, à plusieurs reprises, ces documents ont été remis à ces instances internationales.

Me Gorny. — Dans l'émission de télévision que nous critiquons, M. Habib Souaïdia porte des appréciations très sévères sur la personne et le rôle de général Nezzar. Pouvez-vous nous dire quelle appréciation de valeur vous portez sur le général Nezzar et son action ?

Me Haroun. — Comme je vous l'ai dit, M. le président, je ne connaissais pas le général Nezzar avant d'être membre du gouvernement. Mais un jour, nous discutions avec des amis français et, l'expression n'est pas de moi – il faut rendre à César ce qui lui appartient – mais de M. Sid Ahmed Ghozali, qui est dans cette salle et qui a dit à nos amis français : « Voyez-vous, si en 1933 les Allemands avaient eu un général Nezzar, peut-être que l'Histoire n'aurait pas été ce qu'elle a été. »

Me Farthouat. — Vous avez suivi le procès de l'assassin de M. Boudiaf et vous avez eu connaissance de ses déclarations [23]. Il a indiqué qu'il avait envisagé d'assassiner deux autres personnes. Pourriez-vous indiquer de qui il s'agit ?

Me Haroun. — Il avait dit que son objectif d'abord était d'assassiner Larbi Belkheir et le général Nezzar.

M. Stéphan, ***président.*** — Mme le Procureur a-t-elle des questions ? Pas de question. La défense ?

Me Comte. — On va aller à l'essentiel. Qu'est-ce qu'un ministre chargé des droits de l'homme a fait dans le gouvernement de M. Sid Ahmed Ghozali, alors que sur la période de référence – et je cite Abed Charef, un journaliste du *Quotidien d'Oran* qui est fort connu en Algérie –, un bilan définitif a été publié au 1e août 1991, qui fait état de 2 976 arrestations et interpellations, 2 000 personnes dans les centres de détention, 55 morts, 326 blessés depuis

---

22 Sur ce point, voir *supra*, chapitre 1, note 65, p. 83.

23 Le président Mohammed Boudiaf a été assassiné le 29 juin 1992, à Annaba, par le sous-lieutenant Lembarek Boumaarafi. Considéré comme l'unique responsable de ce crime, ayant agi en raison de ses convictions islamistes, celui-ci a été condamné à mort, le 3 juin 1995 (cette peine n'a pas été exécutée, et il est toujours en détention depuis). De nombreux observateurs, mais aussi l'épouse et le fils de M. Boudiaf, ont estimé depuis que les commanditaires de ce meurtre n'étaient pas des islamistes, mais de hauts responsables du pouvoir militaire. Nacer Boudiaf est même allé jusqu'à accuser nommément le général Larbi Belkheir d'être le commanditaire de cet assassinat (« Nacer Boudiaf décide de l'ester en justice », *Le Matin*, 12 janvier 2002).

le début de l'état de siège. Alors, qu'est-ce qu'un ministre des Droits de l'homme fait dans l'état de siège quand on donne des chiffres comme ceux-là ?

Me Haroun. — Vous êtes, mon cher Maître, en deçà de la vérité. Ce n'était pas 2 000, mais 4 500. Quand j'ai été désigné ministre des Droits de l'homme, le 19 juin 1991, l'état de siège était proclamé depuis le 4 juin. Donc, les centres d'internement existaient, j'ai demandé à les voir tous et je les ai examinés tous, un à un. Et pour que ma parole ne soit pas mise en doute, j'ai chaque fois emmené un chef de bureau ou un chef de cabinet ou une directrice du ministère des Droits de l'homme.

Je suis allé à Ouargla. Ils [les détenus] ont commencé à refuser de me recevoir. Ils m'ont dit : « Ce n'est pas le gouvernement et tu n'es pas ministre. » J'ai dit : « D'accord, je ne suis pas ministre. Vous acceptez que je sois militant ? » Finalement, ils ont accepté que nous discutions. Ils ont voulu me donner un petit tabouret, c'était le seul tabouret qui restait parce qu'ils ont l'habitude, eux, de mettre un tapis et de s'asseoir en tailleur. Je me suis assis en tailleur et nous avons discuté. Il y avait un homme qui était membre du Hamas – on m'avait demandé d'intervenir pour le libérer – et d'autres qui me disaient : « Nous sommes là pour quarante-cinq jours, nous voudrions sortir après quarante-cinq jours. » J'ai dit : « Oui, les textes prévoient quarante-cinq jours de mise à l'écart, vous sortirez dans ce délai. »

Je suis allé à Blida. Ils étaient dans des baraquements dépendant de la 1re région militaire. Nous étions au trente-huitième jour de grève de la faim. Ils m'ont dit : « Nous commençons la grève de la faim parce que nous avons appris que le gouvernement va renouveler la période de quarante-cinq jours. » J'ai dit : « Non, quarante-cinq jours, c'est quarante-cinq jours, et je me fais fort de maintenir ces quarante-cinq jours et vous serez libérés. » Il y a eu une longue discussion, très violente – les discussions avec eux étaient très violentes. Ils m'ont dit : « Qu'est-ce qui nous prouve que ce que tu dis est vrai parce que toi, tu n'es qu'un petit ministre ; ceux-là, ce sont des services de sécurité et le chef du gouvernement ? » J'ai dit : « Je vous donne ma parole. » « Quelle est la preuve de ta parole ? » J'ai répondu : « Si dans les quarante-cinq jours vous n'êtes pas libérés, je viendrai avec vous et je ferai la grève de la faim. »

Il y avait quelqu'un qui était un ancien militant et qui me connaissait personnellement et il leur a dit : « Oui, je le connais et il le fera. » Et ils ont commencé à comprendre. Je suis revenu le lendemain pour voir le chef du camp en lui disant : « Attention, ne leur donnez pas à manger beaucoup et tout de suite, car, quand on a fait quarante jours de grève de la faim, si on mange beaucoup, c'est là qu'on risque de mourir. » Ayant vécu ces choses-là, je lui ai expliqué qu'il fallait leur donner des gouttes d'eau, une petite soupe et que toutes les deux heures on leur donne un petit peu de nourriture. C'est ainsi qu'ils ont pris la nourriture et qu'ils ont brisé la grève de la faim.

Quand ils sont sortis, M. le président, ils sont venus à mon bureau, qui était à côté de l'Hôtel Saint-George, ils sont venus à dix avec leur barbe et ils sont rentrés chez moi pour me saluer. Ils sont allés à la mosquée de Bab-el-Oued où ils ont fait une prière en mon nom. Voilà quels étaient mes rapports avec eux.

Me Comte. — Quel contrôle avait le ministre des Droits de l'homme sur les personnes arrêtées, c'est-à-dire sur les critères présidant à leur arrestation et leur envoi dans ces centres ou ces camps d'internement ?

Me Haroun. — Il ne faut pas confondre. Il y a deux périodes : la période de juin 1991 et février 1992.

Me Comte. — Je parle au ministre des Droits de l'homme, donc dans la période avant 1992.

Me Haroun. — Quelle est votre question ?

Me Comte. — Quels sont les éléments et les critères qui entraînaient l'arrestation des personnes que vous êtes allé voir pendant cette période où vous étiez membre du gouvernement et ministre des Droits de l'homme, et quel pouvoir aviez-vous sur ces critères de sélection ?

Me Haroun. — Faisaient l'objet d'un placement les personnes qui étaient susceptibles de porter atteinte à l'ordre public. Vous avez dans votre dossier les documents qui sont identiques à ceux prévus par la législation française, qui prévoient que lorsqu'une personne est susceptible de porter atteinte à l'ordre public, elle peut être placée pour une certaine période, à titre purement administratif. Cela a été fait.

Lorsque ces placements ont été faits – il ne s'agit pas de textes de pays de la période 1933 –, il existait deux voies de recours : une voie de recours en amont, à savoir que quand la personne était placée, un comité expliquait s'il était nécessaire de la placer ou pas. Mais ensuite, quand elle était placée, il y avait un recours possible – et d'ailleurs dans une autre affaire qui a intéressé le procureur, quelqu'un a dit qu'il était sorti après avoir déposé un recours. Il ne s'agissait pas de textes absolument dérogatoires du droit commun et de textes qui ne donnaient aucune garantie.

En tant que ministre des Droits de l'homme pour cette période, j'ai discuté à Blida avec MM. Madani et Benhadj et avec Mohamed Saïd, qui était un homme bilingue de grande culture. Ce dernier m'a expliqué qu'il se trouvait là parce qu'il avait fait un prêche et que ce prêche n'avait rien de particulièrement grave qui aurait justifié sa mise en camp d'internement. J'ai vu le prêche et je lui ai dit : « Tu as raison. » Je suis rentré au gouvernement et j'ai posé le problème au chef du gouvernement, qui m'a dit : « Il faut voir aussi les services de sécurité qui ont son dossier. » Je suis allé voir le chef des services de sécurité. Et je lui ai dit : « Si nous avons désigné un ministre des Droits de l'homme, ce n'est pas la cerise sur le gâteau, il faut qu'il remplisse sa mission. » Nous avons discuté du dossier, il m'a dit : « Tu as raison. » Et Mohamed Saïd a été libéré. Deux mois après, il rejoignait le maquis et avec son ami Redjam, dans les luttes intestines entre les différents maquis, il est mort [24].

Me Comte. — Je vais poser des questions précises qui demandent des réponses aussi précises que possible.

M. Stéphan, *président.* — Nous n'avons plus qu'un quart d'heure, je suis désolé. Et en début d'audience, il faudra que nous nous voyions afin de nous mettre d'accord, parce qu'on ne peut pas continuer comme cela.

Me Comte. — Je voulais savoir trois choses simples : combien de personnes sur les 4 000 sont sorties sur un recours ? Combien au bout de quarante-cinq jours ? Et combien au bout de quatre-vingt-dix jours [25] ? Sans délayage.

Me Farthouat. — Laissez répondre.

Me Comte. — Nous laissons les témoins parler longuement. Une heure de montre pour chacun d'eux.

M. Stéphan, *président.* — Répondez à cette question. Nous avons fixé un temps limite sur lequel nous ne pourrons pas déborder. C'est tout à fait manifeste. Nous avons donné une durée exceptionnelle à ce procès par rapport à tous les procès qui se sont tenus dans cette chambre, que ce soit bien clair, et il y a un moment où il faut rester dans les limites de l'acceptable. C'est tout ce que je dis, et ceci à destination de tout le monde. Répondez à la question qui vous a été posée.

Me Haroun. — Sur la période dont moi j'ai été responsable, c'est-à-dire juin à décembre, tous sont sortis. Il n'y en a pas un seul qui ne soit pas sorti. Pour la deuxième partie…

Me Comte. — Ce n'est pas ma question. Je parle de la première partie de la période et pas de la deuxième, par définition.

Me Farthouat. — Tous sont sortis.

Me Comte. — Cela veut dire quoi ? Combien dans le cadre des quarante-cinq jours et combien dans le cadre des quatre-vingt-dix jours ?

---

24 Mohamed Saïd, membre du FIS, a été libéré le 28 novembre 1991 et a participé à la préparation des élections législatives. En 1992, il est passé dans la clandestinité et a rallié plus tard le GIA. Il a été tué durant l'automne 1995 par des membres du GIA de Djamel Zitouni.

25 La détention administrative était prévue pour quarante-cinq jours et pouvait être prolongée une fois de la même durée. Théoriquement, ces personnes pouvaient déposer un recours, mais non seulement elles n'en étaient pas informées, mais très souvent les familles ne savaient pas où se trouvait leur parent détenu (situation qui se renouvellera avec les détentions dans les camps de sûreté à partir de février 1992 ; voir à ce sujet, *infra*, le témoignage de M. Mosbah, chapitre 4, p. 355 ; et également : AMNESTY INTERNATIONAL, *Algeria : Deteriorating Human Rights under the State of Emergency*, Londres, 1993).

Me Haroun. — Ne vous énervez pas. Je répondrai à toutes vos questions.

M. Stéphan, *président.* — Dans la limite d'un quart d'heure.

Me Haroun. — 4 500 sont sortis. Quand je dis première et deuxième partie, c'est parce que l'avocat de M. Habib Souaïdia ignore sans doute qu'il y a eu un ministère des Droits de l'homme jusqu'au mois de janvier [1992] et, à partir de janvier, il y a eu un Observatoire des droits de l'homme dont je n'étais pas responsable. Alors M. Rezzag-Bara, qui est responsable de l'Observatoire, sera là cet après-midi ou demain et posez-lui la question.

Me Comte. — Je n'ai pas de réponse à ma question.

Me Bourdon. — Les réponses sont totalement décourageantes. Tout le monde observe ici que la longueur des interventions n'est pas liée à la volonté des avocats de M. Habib Souaïdia de multiplier les questions, mais par la longueur et le caractère digressif des réponses. Tout le monde le note.

Vous avez fait vos gorges chaudes du rapport du groupe de « personnalités éminentes » dont on a beaucoup parlé, M. le président. Premier commentaire : ce n'est pas un rapport d'enquête, mais un rapport d'information, contrairement à ce que vous avez indiqué. D'autre part, sans faire de lecture, chacun s'y référera, les « personnalités éminentes » sont loin d'avoir donné une absolution au gouvernement algérien puisqu'il est fait état, à travers un certain nombre de témoignages, de pratique généralisée de la torture et d'exécutions sommaires [26]. Alors, ce document dont vous faites vos gorges chaudes, comment expliquez-vous qu'avec une prudence diplomatique il stigmatise une très grave situation des droits de l'homme en 1991-1992 ? Expliquez-moi.

Me Haroun. — Quel document ?

---

26 Le panel a en effet rapporté quelques éléments traitant des violations flagrantes des droits de l'homme par les services de l'État : « Il nous a été dit à plusieurs reprises que les personnes arrêtées étaient souvent retenues par la police pendant de longues périodes avant d'être présentées au magistrat chargé de l'enquête. Au cours de cette période, mauvais traitements et torture seraient fréquemment pratiqués. Certains des juristes avec lesquels nous nous sommes entretenus ont déclaré que les personnes soupçonnées de terrorisme étaient systématiquement soumises à de mauvais traitements et torturées, ce que les autorités démentent. Quand nous nous sommes rendus à la prison de Serkadji, un prisonnier nous a dit qu'il avait été torturé par la police pendant qu'il était en garde à vue et que sa femme avait subi des traitements dégradants sous ses yeux. Les autorités de la prison ont confirmé qu'il continuait à être traité pour des blessures à la jambe. [...] D'après certaines informations, il y aurait de nombreux cas de détention arbitraire, de torture – traitement auquel les personnes soupçonnées de terrorisme seraient fréquemment soumises – et d'exécutions extrajudiciaires sans que le pouvoir judiciaire intervienne pour exercer un contrôle. On a cité le cas de magistrats qui auraient délibérément fermé les yeux sur des preuves crédibles de tortures infligées à des détenus par des membres de la police » (*Rapport du groupe de personnalités éminentes*, juillet-août 1998, <www.algeria-watch.org/farticle/un/unorap.htm>).

Me Bourdon. — Vous êtes en train de me dire que vous n'avez pas compris de quoi je parlais ? Le rapport des personnalités éminentes dont vous avez parlé tout à l'heure, M. Soares, etc.

Me Haroun. – M. Soares…

Me Bourdon. — Comment expliquez-vous que dans ce rapport, dont vous faites des gorges chaudes, vous…

Me Haroun. — Je ne fais pas des gorges chaudes, je réponds sans chaleur.

Me Bourdon. — Alors, répondez.

Me Haroun. — M. Soares, Mme Weil et trois autres personnes désignées par l'ONU sont venus, ont visité les prisons, ont visité des camps, ont entendu des personnes – personnellement j'ai été entendu. Et leur rapport global, tout en relevant quelques imperfections, dit… Avec des extraits, on peut s'en prendre à n'importe qui, prenons le rapport dans son ensemble. Dans son ensemble, le rapport est positif. Il demande au gouvernement algérien de continuer à travailler de la sorte. Dire qu'il n'y a pas eu d'excès, c'est faux, il y en a eu, la preuve c'est qu'on a remis à M. Soares un relevé de trois cent quatre-vingt-six excès qui ont été sanctionnés.

Me Bourdon. — Pourquoi, dans cette liste, n'y a-t-il pas une seule fois un cas de torture ? Le cas d'un militaire poursuivi pour torture et condamné ?

Me Haroun. — Cela existe.

Me Bourdon. — J'ai vu la liste. Il n'y a pas une seule fois le cas d'un militaire condamné pour torture dans cette liste.

Me Haroun. — Il est rarissime qu'un soldat qu'on a pris à tuer dise : « J'ai tué après avoir torturé. » Or, si vous êtes juge, vous ne pouvez tenir compte que de ce qui est établi. Nous avons trois cent quatre-vingt-six condamnations. Cela, c'est pour une région militaire, et il y en a eu partout. Il y en a eu à Oran, c'est au dossier, qui ont torturé et ont été condamnés [27].

Me Bourdon. — Dernière question : un observateur attentif de la situation en Algérie, comme vous, dit : « Plus que jamais, plus que partout, l'économie est enlisée, la corruption généralisée, la population appauvrie, les libertés publiques piétinées, la démocratisation bafouée, le citoyen méprisé [28]. » Partagez-vous ce point de vue ?

Me Haroun. — La situation…

Me Bourdon. — Partagez-vous ce point de vue ? Oui ou non ?

Me Haroun. — Je ne le partage pas totalement.

---

27 Cela est inexact (voir *supra*, chapitre 2, note 19, p. 120).
28 *Le Matin*, 10 janvier 2002.

Me Farthouat. — Vous n'êtes pas capable d'entendre une réponse circonstanciée ?

Me Ali Haroun. — Vous m'avez posé quatre questions, je peux dire oui sur deux et non sur d'autres. Que le peuple algérien soit malheureux, oui. Qu'il manque d'eau, oui. Que le chômage soit important, oui. Mais dire que le peuple algérien est brimé dans son honneur, c'est porter atteinte à la considération d'un peuple qui a tout de même donné la preuve, il y a quarante ans, qu'il n'acceptait pas d'être brimé dans son honneur et qu'il est prêt à défendre cet honneur, quels que soient les moyens.

Me Bourdon. — Je n'ai plus de questions. Je voulais indiquer au tribunal que l'auteur de ces propos, c'est M. Sid Ahmed Ghozali.

M. Stéphan, *président.* — Me Ali Haroun, le tribunal vous remercie de votre témoignage. Je précise que l'audience sera reprise, pour ce qui concerne cette affaire, à 13 h 45 pour cette première partie, 14 heures, pour la deuxième, pour cette affaire. Et préalablement, le tribunal souhaiterait voir les avocats afin de s'organiser pour l'audition des témoins, car il est manifeste que nous n'y arriverons pas.

L'audience est suspendue à 12 h 45 et elle est reprise à 14 h 17.

M. Stéphan, *président.* — L'audition des témoins aura lieu de façon la plus raisonnable et la plus efficace, afin de ne pas les faire attendre trop longtemps. Nous allons entendre M. Mohammed Sifaoui, qui est présent, M. Mohammed Harbi, M. Patrick Baudouin, M. Chouchane et M. Kamel Rezzag-Bara.

Me Comte. — J'ai expliqué à M. Hidouci que l'on ne pourrait pas l'entendre. Je voulais donc demander à Mme Flautre si elle voulait bien revenir demain matin, ou si cela lui pose un problème, compte tenu de ses obligations à Strasbourg, et si elle préfère être entendue ce soir.

Me Bourdon. — Mme Garçon vient de m'indiquer qu'elle préfère être entendue aujourd'hui.

Me Farthouat. — M. Mohamed Daho sera entendu demain.

Me Comte. — Mme Flautre va rester ce soir.

M. Stéphan, *président.* — Les témoins sont M. Sifaoui, M. Harbi, Me Baudouin, M. Chouchane, M. Rezzag-Bara et Mme Flautre. Nous demandons aux autres témoins de bien vouloir quitter la salle et de revenir demain à 9 h 30.

Audition de M. Mohammed Sifaoui,
à la requête de la partie civile

M. Stéphan, *président.* — Précisez vos nom, prénoms, âge et profession.

M. Sifaoui. — Mohammed Sifaoui, trente-cinq ans, journaliste.

Le témoin prête serment.

Me Gorny. — M. Sifaoui, pouvez-vous dire au tribunal dans quelles conditions vous avez connu M. Souaïdia ?

M. Sifaoui. — M. le président, si vous le permettez, je souhaiterais tout d'abord ouvrir une parenthèse pour clarifier certains points. Beaucoup de gens ici présents savent que je suis un réfugié politique et beaucoup de gens se sont étonnés du fait qu'un réfugié politique puisse témoigner en faveur d'un général algérien. C'est vrai que cette acceptation, prise superficiellement, peut prêter à un certain paradoxe. Je voudrais, je souhaiterais, en deux mots, dire pourquoi je suis là aujourd'hui.

Je suis là aujourd'hui parce que d'abord, au-delà de l'histoire, ou de l'« aventure » que j'ai pu vivre avec M. Souaïdia, je pense que ce procès, et les propos qui ont été tenus, sont d'une certaine gravité, non pas parce qu'ils toucheraient M. Nezzar en tant que personne, ou en sa qualité de général ou d'ancien ministre de la Défense, mais parce qu'ils remettent en cause quelque chose qui me paraît fondamental et, du moins – ce sont là les convictions personnelles que j'exprime –, qui ne saurait être remis en cause par qui que ce soit.

On essaie, en quelque sorte – du moins il est courant de le penser en France –, de remettre en cause, et de remettre sur le tapis, cette question de l'arrêt du processus électoral en Algérie. M. le président, je suis quelqu'un qui a toujours combattu le système auquel M. Nezzar a appartenu et je continue à ce jour. Je continuerai tant qu'il n'y aura pas de rupture et tant qu'il n'y aura pas une autre Algérie, plus démocratique, plus républicaine, celle que beaucoup de gens souhaitent voir.

D'une manière la plus solennelle qui soit, je peux dire à M. Nezzar, en le regardant dans les yeux, que je ne suis pas du tout et que je n'ai pas été d'accord avec les politiques qui ont été suivies depuis l'indépendance en Algérie. Toutefois, je tiens, et j'assumerai toujours ces propos devant l'Histoire et devant ma conscience, à vous rendre hommage, à vous et à vos collègues, pour avoir arrêté le processus électoral et avoir empêché des islamistes intégristes de faire de l'Algérie un autre Afghanistan. Rien que pour cela, je tiens à vous rendre hommage.

Une autre chose m'a poussé à venir devant vous aujourd'hui, à savoir la liste des témoins de la partie adverse. Naturellement, dans toute affaire en justice, chaque partie a droit à un témoin ou à des témoins. J'ai constaté que s'il y avait des gens très respectables, militants qui certainement doivent croire en leur combat, il y avait des gens, du moins certaines personnes, qui, selon moi, sont très mal placées – vraiment très mal placées – pour juger les généraux algériens. Je parle d'islamistes – et je vais développer cela plus tard – qui, aujourd'hui, en quelque sorte, veulent se transformer en juges alors qu'en réalité ce sont des bourreaux. Il ne faut pas oublier que le terrorisme en Algérie n'a pas commencé en 1992 ni en 1991 ; c'était quelque chose de planifié et de décidé.

Les islamistes – pas uniquement algériens – à travers le monde tentent de combattre tout d'abord la démocratie, ce que beaucoup de gens ont de plus cher et ce que beaucoup ont acquis au prix de beaucoup de sacrifices. Nul n'a le droit de jouer avec cela. Nous voyons d'ailleurs aujourd'hui à travers le monde cette stratégie intégriste qui d'abord a visé les pays musulmans et qui, par la suite, a visé des pays occidentaux et qui visera encore des pays occidentaux. Je n'espère pas cela mais, au vu des indices et des signes avant-coureurs, je ne peux qu'être pessimiste. Je referme très vite cette parenthèse, mais il me semblait normal et très important de préciser et de clarifier ma présence ici, parce que j'ai remarqué, malheureusement, que même des confrères, par esprit simpliste ou militant, ont très rapidement collé des étiquettes.

Pour répondre à votre question, Maître, après m'être installé en France, je suis entré en contact avec une association de journalistes, Reporters sans frontières, et d'une manière très informelle j'ai essayé de les aider à mieux comprendre la situation en Algérie. Car, malheureusement, pour plusieurs raisons, beaucoup de gens ont suivi l'actualité algérienne à partir de Paris et beaucoup de gens qui se disent « spécialistes » de ce pays n'ont pas vécu ce que nous avons vu sur place. Il est quand même parfois bizarre de constater que des gens ont des certitudes, parce qu'ils ont des certitudes, parce que c'est comme ça et pas autrement.

Un jour, au mois d'avril 2000, on nous a annoncé, à l'association Reporters sans frontières, qu'un ancien militaire algérien s'était présenté à l'accueil et qu'il souhaitait être reçu. J'étais avec la responsable du bureau Maghreb/Moyen-Orient, qui a été surprise ; elle a dit que Reporters sans frontières s'occupait des journalistes et pas des militaires, et elle a demandé à la personne chargée de l'accueil de transmettre à ce monsieur le message que Reporters sans frontières ne recevait que des journalistes. Naturellement, en tant que journaliste algérien, sachant qu'un militaire se présentait, ou même un ancien militaire, j'ai insisté pour qu'il soit écouté. On ne perdait rien.

C'est à ce moment-là que M. Souaïdia est entré ; je le rencontrais pour la première fois. Il est rentré, a présenté brièvement son parcours, a montré ses documents militaires pour indiquer qu'il était bien un ancien membre de l'armée algérienne. Il a commencé à raconter son histoire.

Il a commencé par la fin en racontant qu'il avait été arrêté injustement, qu'il avait fait quatre années de prison et qu'il avait promis à ses anciens codétenus de raconter les conditions de détention qu'ils ont vécues ensemble. Par la suite, il a commencé à raconter autre chose et, naturellement, j'étais intéressé et très curieux de savoir ce qu'il avait à dire. Après avoir parlé avec la représentante de cette association, elle lui a expliqué que l'association ne pouvait rien faire pour lui, du moins de manière directe, car ce n'était pas sa mission, et elle lui a conseillé d'aller vers des associations qui seraient plus aptes à traiter son dossier et à l'orienter car il cherchait des journalistes auxquels il pourrait raconter cela.

Au moment où il s'apprêtait à partir, je me suis présenté en lui indiquant que j'étais journaliste et que j'étais intéressé par son histoire. Je voulais en savoir plus et nous avons parlé en tête à tête. Il m'a raconté beaucoup de choses, depuis les raisons qui l'ont poussé à s'engager dans l'armée jusqu'à son départ vers la France. Il a résumé cela en quatre heures de temps.

Sincèrement, au premier abord, je pensais qu'il devait être sincère car, contrairement à certains « témoins », son discours n'était pas excessif. Il m'avait raconté exactement cinq cas d'exactions, dont les auteurs seraient d'anciens collègues à lui, et il m'a parlé de ses conditions de détention. Je me suis dit qu'il fallait le revoir pour voir s'il y avait possibilité de médiatiser cela. Je lui ai donné rendez-vous le lendemain, le surlendemain, et on a commencé à se voir régulièrement.

Dès le surlendemain, je me suis rendu compte, et M. Souaïdia me l'avait expliqué, qu'il était dans des conditions très difficiles. Deux jours après l'avoir connu, au moment où nous allions nous séparer, je lui ai demandé dans quelle direction il allait ; il m'a répondu qu'il ne savait pas. Je lui ai demandé dans quel hôtel il était et il m'a répondu qu'il ne savait pas où aller car il n'avait plus d'argent. À partir de là, je pouvais faire comme si je n'avais rien entendu, le saluer et partir, ou essayer de l'aider avec mes moyens.

Naturellement, j'ai très vite choisi, car mon éducation et ma morale ne me permettent pas de laisser tomber déjà un homme, ensuite un compatriote, que je rencontre à l'étranger, et qui est quelque part dans la même situation que moi, c'est-à-dire loin de sa famille et de ses proches. Moi, j'ai au moins la chance d'avoir une épouse, un enfant à l'époque. Psychologiquement parlant, je tenais le coup, mais je savais que c'était quelqu'un qui se trouvait seul, qui ne connaissait personne à Paris, qui n'avait aucun contact….

Je lui ai conseillé d'aller dans un hôtel et je lui ai donné de quoi payer sa nuit. On s'est mis d'accord pour se revoir le lendemain. À partir de là, et c'est la première fois que cela m'arrive dans ma vie professionnelle, une relation subjective est venue se mêler à nos relations.

Je dis cela parce que – je préfère le dire dès maintenant –, malheureusement, quelques mois plus tard, je me suis rendu compte que je m'étais lourdement trompé sur la personne car je n'avais pas fait preuve d'une grande rigueur professionnelle. Je m'étais dit que ce monsieur qui était venu chez moi, qui connaissait mon épouse, qui prenait mon enfant dans ses bras, n'allait pas me mentir, me raconter des histoires. Il était en train de me dire la vérité, et gare à celui qui viendrait le contredire. À partir de là, ce que disait M. Souaïdia était une vérité incontestée, incontestable, et il n'était plus question de la remettre en cause.

M. Stéphan, *président*. — Ce que vous dites est intéressant, mais peut-on vous demander de synthétiser, car on ne pourra jamais passer tous les témoins qui sont prévus, et ce serait dommage pour le débat judiciaire.

Nous avons essayé, avec les avocats, de calibrer le temps des auditions, mais si tout le monde déborde de 50 %, certaines personnes ne seront pas entendues, et ce serait dommage. Nous avions prévu pour vous entendre environ quarante-cinq minutes. Je préfère vous le dire dans l'intérêt même de ce que vous avez à dire ensuite.

M. Sifaoui. — Je le comprends parfaitement. Je suis à la disposition du tribunal et mon souci, c'est d'éclairer au maximum.

Par la suite, je suis passé au traitement médiatique. J'ai préparé un article que j'ai proposé au magazine *Marianne*. Le rédacteur en chef, Christian Hoche, m'a dit qu'il souhaitait rencontrer M. Souaïdia. J'ai demandé à M. Souaïdia de m'accompagner au siège de *Marianne* et nous sommes partis ensemble. On a discuté et on lui a posé des questions.

Je tiens à préciser – mais vous devez certainement le savoir – que je suis déjà passé devant ce tribunal. J'étais prévenu, suite à une interview accordée à *Marianne*, mais la partie adverse a été déboutée[29]. Christian Hoche, le rédacteur en chef qui l'avait reçu, a produit une attestation, dans cette même chambre, disant la chose suivante : « Nous avons rencontré M. Souaïdia, il a parlé d'exactions, mais à aucun moment il n'a mis en cause l'armée algérienne dans les massacres de civils. » Finalement, le papier chez *Marianne* n'est pas passé parce que les confrères avaient un doute, que je n'avais pas eu à l'époque. J'ai pensé qu'ils étaient en train de faire de la censure, que ce n'était pas normal. Je me suis énervé et j'ai proposé un autre article au *Nouvel Observateur*.

Re-rendez-vous et re-interview avec René Backmann et Farid Aïchoune, deux journalistes du *Nouvel Observateur* qui lui ont posé la

---

29 M. Sifaoui fait allusion au procès en diffamation intenté contre lui et l'hebdomadaire *Marianne* par les Éditions La Découverte et leur directeur, M. François Gèze : ce procès visait une interview de M. Sifaoui publiée par *Marianne* le 19 février 2001, où il accusait l'éditeur de *La Sale Guerre* d'avoir « construit un tas de mensonges » et « manipulé » le texte de Habib Souaïdia auquel il avait initialement collaboré (voir communiqué des Éditions La Découverte du 20 février 2001, <http://www.algeria-watch.org/farticle/sale_guerre/sifaoui_diffamation.htm>. Dans son jugement rendu le 17 octobre 2001, le tribunal a estimé que l'imputation faite à M. Gèze « d'avoir dénaturé l'ouvrage, par la modification ou la suppression de passages, dans le but d'en infléchir le sens, pour imputer la responsabilité du drame algérien à l'une des parties au conflit, porte incontestablement atteinte à l'honneur et à la considération des parties civiles, accusées de manipulation et de malhonnêteté intellectuelle », et que « les pièces et témoignages produits [par la défense] ne font pas la preuve [...] d'une quelconque "manipulation" ou "dénaturation" imputable à faute à M. Gèze et à sa maison d'édition ». Le tribunal a néanmoins débouté La Découverte et M. Gèze en estimant que *Marianne* et M. Sifaoui pouvaient « bénéficier de l'excuse de bonne foi » : s'agissant de M. Sifaoui, le tribunal a estimé que, du fait du « litige éditorial » l'opposant à La Découverte, « il était fondé à s'exprimer publiquement, et il convient de retenir que son intervention n'a pas dépassé les limites admissibles en la circonstance » (voir communiqué des Éditions La Découverte du 23 octobre 2001, <http://www.algeria-watch.org/farticle/sale_guerre/jugement_appel.htm>. M. Gèze et les Éditions La Découverte ont fait appel de ce jugement.

question. Il a parlé des mêmes exactions. Ils lui ont posé la question sur les massacres collectifs. Le témoignage de Farid Aïchoune est passé sur cassette vidéo dans cette salle et il a dit : « Niet », pour reprendre *in extenso* le terme utilisé par Farid Aïchoune. Nous l'avons questionné sur l'identité des assassins et sur les meurtres des villageois. On lui a demandé si c'étaient les militaires, et M. Souaïdia a répondu : « Niet. » Là aussi, l'article n'est pas passé.

On commençait à s'énerver tous les deux. Finalement, ce pays qui prétend posséder une presse libre, indépendante, est en train de censurer. Moi, toujours aveuglé par ce sentiment très subjectif, j'allais dans son sillage. Par la suite, on a rencontré d'autres journalistes. Je vous les cite dans le désordre : Jean-Baptiste Rivoire de Canal Plus, Jean-Pierre Tuquoi du *Monde*, José Garçon de *Libération*, Florence Aubenas de *Libération*, Patricia Lémonière de TF1, d'autres de France 3, France 2 et beaucoup d'autres. Finalement, tout le monde l'a questionné, tout le monde l'a interviewé, et personne n'a rien voulu passer, hormis *Le Monde* et Canal Plus.

Je voulais savoir pourquoi. Parce que son discours n'était pas excessif, ça n'intéressait pas, il ne disait pas que l'armée algérienne massacrait les civils, et ce discours n'intéresse pas le courant de pensée dominant en France. Si vous dites que l'armée algérienne est composée de corrompus, vous les insultez tous, vous dites ce que vous voulez, mais si vous ne dites pas qu'ils massacrent les civils, vous n'intéressez pas.

Avec le recul, j'ai eu d'autres indices beaucoup plus probants et, si vous le permettez, l'état d'esprit de l'époque a été résumé par M. Tuquoi, journaliste connu pour ses positions qui ne sont pas tendres pour le régime algérien. On ne peut pas l'accuser d'être un « agent », comme on accuse souvent les journalistes qui ne rentrent pas dans cette ligne.

Pour le papier de M. Tuquoi, paru le 2 juin 2000 [30], je ne vais pas vous lire l'article en entier, il est à votre disposition, mais seulement deux ou trois phrases : « L'Algérie est à feu et à sang, et le pouvoir a un besoin urgent de militaires d'élite. » Si le pouvoir a un besoin urgent de militaires d'élite, c'est qu'il y a un risque réel en face, c'est qu'il y a une force qui est en train de mettre en péril l'État algérien et ses institutions.

Deuxième exemple : comment ces opérations se déroulaient dans les zones chaudes de la région d'Alger (contrôles routiers, perquisitions, accrochages avec les "barbus"...) : « On était formés pour défendre notre pays. Je pensais que ce que l'on racontait sur le FIS était exagéré. J'ai changé d'avis lorsqu'on est entrés en contact avec les terroristes. Ils nous ont fait beaucoup de mal. » Je cite M. Souaïdia.

Troisième exemple : M. Souaïdia se posait des questions sur des collègues qui ont été tués lors d'une embuscade. Il en parle à M. Tuquoi, et c'est résumé de cette manière : « Les premiers doutes sur la conduite de la guerre commencent à habiter M. Souaïdia en janvier 1993 lorsque, sur la

30 Jean-Pierre TUQUOI, « Le témoignage d'un ancien officier algérien : "On était devenus des sauvages" », *Le Monde*, 2 juin 2000.

foi d'un tuyau crevé, un groupe d'intervention spéciale de "ninjas" – surnommés ainsi en raison du masque qui leur couvre le visage – est envoyé vers la mort dans la Mitidja. Les quatre dernières Toyota du groupe sont prises sous le feu des "terros" et huit militaires tués. "Ça nous a fait mal. Si on était intervenus rapidement on aurait pu limiter les dégâts. Mais on nous l'a interdit." Pourquoi ce veto de la hiérarchie ? "On a envoyé les copains à la mort pour souder l'armée. Quand tu vois un ami torturé ou décapité par un terro, tu as la haine", lâche l'officier[31]. »

En règle générale, et d'une manière générale, si vous lisez tout l'article, à aucun moment on ne lit que l'armée massacre, hormis cette fameuse affaire de Zaâtria qui a fait couler tant d'encre et de salive. C'est une histoire que j'avais crue car il la racontait avec des détails incroyables.

Où se trouve Zaâtria, à combien de kilomètres de la ville de Zeralda ? *[Inaudible]* À la limite, avec un petit plan… *[Inaudible]* Et je me suis rendu compte par la suite que ce massacre n'avait jamais eu lieu. Quand des journalistes algériens sont partis enquêter et qu'ils ont écrit que ce massacre n'avait jamais eu lieu et que jamais la presse algérienne n'avait évoqué ce massacre, on a dit ce que c'était des journalistes qui « roulaient » pour les généraux.

Des confrères français, dont nul ne mettra en doute la probité intellectuelle, sont partis et je leur ai dit : « De grâce, allez voir à Zaâtria. » Les deux journalistes, en l'occurrence Nicolas Poincaré de l'émission « Sept à Huit », sur TF1, et deux journalistes, un Français et un Canadien, Blaise Robinson et Olivier Joly, sont partis et sont revenus. Je les ai rencontrés et ils m'ont dit qu'il n'y avait jamais eu de massacre, ni à Zaâtria ni dans les environs. Concernant, du moins Olivier Joly et Blaise Robinson, c'était la première fois qu'ils se rendaient en Algérie ; ils avaient un regard neutre, ils n'étaient pas partie prenante dans cette affaire.

Aujourd'hui, on veut faire croire à travers une certaine manipulation médiatique – certains médias, pas tous – que, d'un côté, il y a le bien et, d'un autre, il y a le mal. La situation est beaucoup plus complexe. Je suis sincèrement désolé. Il n'y a pas le bien et le mal, il n'y a pas le vrai et le faux. Je peux certifier, aujourd'hui, que ce supposé massacre de Zaâtria n'a

---

31 Jean-Pierre Tuquoi rapporte aussi dans cet article : « L'ancienne villa coloniale où il [Habib Souaïdia] loge, en retrait de la route nationale n° 5, est un centre de détention et de torture. "Les personnes kidnappées, des islamistes supposés, étaient enfermées dans la cave transformée en cachots. Ils étaient torturés par les gens de la Sécurité militaire. On lâchait sur eux un berger allemand ; on les obligeait à s'asseoir sur des tessons de bouteille ou à boire de l'eau de Javel diluée. J'entendais leurs cris, je les voyais dans la cave. Celui qui entrait dans cet endroit, il était mort, même s'il n'avait rien à se reprocher. Le seul à avoir été relâché au bout de quelques mois, c'est un médecin de Constantine : il était devenu fou", affirme l'officier. Après interrogatoire, les "barbus" présumés étaient abattus et leurs corps brûlés et abandonnés dans la nature. "La gendarmerie récupérait des cadavres carbonisés non identifiables. On mettait ça sur le compte des terros", poursuit-il, avant de conclure : "Je ne peux pas résumer tout ce que j'ai vu. C'était terrible." »

jamais eu lieu. Il n'a jamais eu lieu parce que des journalistes algériens l'ont confirmé et des journalistes français et occidentaux l'ont confirmé par la suite.

M. Stéphan, *président*. — Les notes d'audience de ce procès sont soumises au tribunal qui a lu votre audition qui est déjà longue. Venez-en à cela, sinon la défense ne pourra pas vous poser de questions et sur le principe du contradictoire cela risque de poser quelques problèmes, car il faudra arrêter à 15 h 05. Je vais être obligé de donner des horaires fixes, car nous ne pourrons pas nous en sortir autrement.

Me Gorny. — On va essayer de cadrer, M. le président. Pardon de vous interrompre M. Sifaoui. Vous avez été amené à dire, à plusieurs reprises, que vous avez constaté que M. Souaïdia vous avait menti et vous avez dit qu'il était rentré en France pour régler des comptes. Est-ce que vous le confirmez et que pouvez-vous dire, succinctement, à ce sujet au tribunal ?

M. Sifaoui. — Je le confirme. Non seulement il me l'a dit, mais toute sa démarche, vers la fin, me l'a confirmé. Quand j'ai su qu'il avait fait de la prison, n'étant pas habilité à le rejuger ni à le recondamner, je ne voulais pas porter un jugement à partir de là car il avait payé sa dette envers la société. Mais, par la suite, je me suis rendu compte de la chose suivante : en fait, ce monsieur n'était pas mû par des convictions parce que, M. le président, quand on est mû par des convictions, on n'attend pas d'être emprisonné pour quitter l'armée. On la quitte, c'est tout. Quand on voit des choses que l'on ne peut pas supporter, on part, on déserte. Mais quand on participe à une lutte antiterroriste, quand on tue des terroristes et quand on commet des exactions et que l'on vient raconter sur ses collègues que ce sont eux qui commettent les exactions, c'est grave.

Ce qui est dangereux dans ce livre est qu'il a lancé une autre opacité sur la question algérienne au moment où le brouillard se levait, ou commençait à se lever. Pourquoi ? Parce que le pouvoir algérien n'a jamais su communiquer. C'est avant tout un problème de communication et nous arrivons à penser que ce pouvoir est responsable – même s'il ne l'est pas – et coupable parce qu'il communique mal.

Je ne parle pas de tout cela parce que j'ai une quelconque amertume contre M. Souaïdia. Je ne suis pas là pour régler des comptes ; ce n'est pas mon tempérament. Je suis venu participer à un débat et non pas pour me rabaisser avec des histoires qui seront par ailleurs traitées par les tribunaux, mais dans la sérénité. Je suis venu ici parce que ce qui a été écrit dans ce livre, avec la complicité de François Gèze, est dangereux. Je ne sais pas comment ils se sont mis d'accord, mais les deux ont trouvé leur compte. Le premier est très militant, depuis des années il écrit, il réécrit qu'en Algérie le terrorisme n'est pas le fait des islamistes mais que c'est planifié et exécuté par l'armée algérienne. Il a plusieurs fois écrit qu'il manquait des preuves, et M. Souaïdia les lui apporte. On ne vérifie pas, ce n'est pas l'essentiel. C'est ce que disait M. Souaïdia.

Pour vous donner la preuve, je vais vous dire quelques exemples de la manière avec laquelle ils ont travesti le manuscrit sur lequel j'ai travaillé. Quand vous écrivez : « En 1991 un groupe terroriste a attaqué la caserne de Guemmar, tuant trois appelés », c'est un fait connu. En son temps, l'AFP en avait parlé, *Le Monde* aussi, ainsi que beaucoup de journaux français, algériens et étrangers.

Arrivé chez M. Gèze – cela a été fait bien avant que M. Souaïdia et M. Gèze travaillent ensemble –, ce n'était plus : « Un groupe terroriste a attaqué une caserne à Guemmar », c'était : « Selon ce qui s'est dit à l'époque. » On prend toutes les précautions pour ne pas dire que ce sont les islamistes – il est possible que ce ne soit pas les islamistes –, alors qu'il y a eu des aveux. C'est-à-dire que nous sommes dans un cadre extraordinaire : des terroristes islamistes viennent dire qu'ils ont tué et d'autres leur répondent que ce n'est pas eux, mais le pouvoir. C'est comme si Hitler venait dire qu'il avait tué cinq millions de Juifs et qu'on lui répondait que ce n'était pas lui. Toutes proportions gardées, c'est la même chose[32].

Cette opération de Guemmar démontre... *[Inaudible]* Tayeb El-Afghani est quelqu'un qui a fait la première guerre d'Afghanistan ; c'est un terroriste notoire. Il y avait aussi l'ancien maire du FIS qui a participé à cette opération. Il y a eu des accrochages entre l'armée algérienne et ces terroristes. Certains ont pu s'échapper, d'autres ont été abattus et les trois autres ont été arrêtés vivants et traduits devant les tribunaux. Beaucoup de journalistes spécialisés dans le traitement sécuritaire de l'information ont suivi cette affaire. Je renvoie tout le monde à ce qui a été écrit à l'époque : « Au nom d'Allah, on tue. » Cela a été dit.

M. Stéphan, *président*. — Vous dites que le livre a fait l'objet de déformations par rapport au manuscrit que vous aviez initialement fait avec M. Souaïdia.

M. Sifaoui. — C'est exactement ce que je dis.

Me Gorny. — Cela a été jugé.

Me Bourdon. — Cela n'a pas été jugé définitivement, des procès sont en cours.

---

32 Il est intéressant de rapprocher ces propos de M. Sifaoui de ceux de Jean-François Kahn, directeur de l'hebdomadaire *Marianne*, lors de l'émission de la chaîne de télévision publique algérienne, l'ENTV, consacrée le 14 avril 2001 au livre de Habib Souaïdia (M. Sifaoui y participait) : « On est dans un cas extraordinaire ! Le GIA dit "C'est nous." On est dans un cas où le GIA revendique, il revendique ! Alors imaginez ça, imaginez Hitler disant : "Ben oui, j'ai fait massacrer 3, 4, 5 millions de Juifs." Et des gens leur disant : "Écoutez, non, M. Hitler, ne vous calomniez pas, ce n'est pas vrai, vous êtes pas aussi méchant, c'est pas vrai, pourquoi vous dites ça ? C'est pas vous qui avez tué les Juifs, c'est les Juifs qui se tuaient eux-mêmes, qui se suicidaient eux-mêmes." [...] Est-ce qu'on peut concevoir ça ? Eh bien ça se passe, aujourd'hui, en Algérie. »

Me Gorny. — Cela a été jugé définitivement [33].

M. Sifaoui. — Un exemple pour vous permettre, M. le président, de voir le côté vicieux et comment les modifications de fond ont été apportées. J'ai écrit par exemple : « Les terroristes du FIS » ; on laisse « terroristes » et enlève « FIS ». Qu'est-ce que cela veut dire ? On veut jeter le doute sur l'identité des assassins. C'est un livre militant et c'est un éditeur qui ne respecte pas ses auteurs. Il a un contrat avec moi.

Me Bourdon. — C'est dans les notes d'audience versées au débat. On paraphrase les notes d'audience.

Me Farthouat. — Pourriez-vous préciser au tribunal sur quel site Internet M. Souaïdia a repris la liste des victimes qu'il liste dans la page 113 de son livre ?

M. Sifaoui. — Ce n'est pas M. Souaïdia, c'est un site. Je vais vous raconter ce qui s'est passé. Il faudrait s'expliquer car c'est très important. M. Souaïdia me cite deux noms de victimes : Moutadjer et Boussoufa. Ils sont mentionnés dans le synopsis que j'avais remis à l'éditeur. Je vais sur Internet et je fais une recherche en mettant les deux noms. J'ai un seul résultat. J'arrive sur un site *Haqiqa* (en arabe), ce qui signifie « La vérité », qui est un site où l'on déverse la littérature extrémiste. J'ai trouvé ce document, que j'ai imprimé intitulé « Témoignages de citoyens de Lakhdaria » (mai 1994). Il y a une liste de victimes, ou supposées comme telles, les frères Braiti, Boudjemaa, Mohamed Messaoudi, Mohamed Moutadjer, 75 ans, les frères Bairi, Djamel Mekhazni et des frères Boussoufa. Pour moi c'était intéressant. Je lui ai demandé s'il connaissait les autres ; il a répondu que non. Il m'a dit qu'il ne connaissait que Moutadjer.

Quand vous voyez le livre maintenant, vous trouverez ces noms alors qu'ils ne figuraient pas dans le synopsis [34]. C'est un site islamiste dont l'adresse est <www.membres.lycos.fr/elhakika/Temoignage_de_citoyens_de_Lakhdaria.htm>.

Me Gorny. — M. Sifaoui, vous avez dit que, par rapport à votre manuscrit, le livre était un tissu d'erreurs et de mensonges. La question vous a été posée en ces termes : « Qu'y a-t-il de vrai dans le livre ? », et vous avez répondu : « Presque rien. » Est-ce que vous le confirmez ?

---

33 Cela est inexact, puisque le jugement de première instance a été frappé d'appel par M. Gèze et les Éditions La Découverte (voir *supra*, note 29). Le procès en appel devait avoir lieu fin 2002 ou début 2003.

34 M. Sifaoui affecte d'identifier le livre au synopsis, qui n'était initialement, par définition, qu'un simple résumé. L'existence de ces témoignages de victimes de Lakhdaria, dont M. Souaïdia n'a au demeurant pris connaissance qu'après la parution de son livre en le découvrant dans un ouvrage publié en 1995 (COMITÉ ALGÉRIEN DES MILITANTS LIBRES DE LA DIGNITÉ HUMAINE ET DES DROITS DE L'HOMME, *Livre blanc contre la répression en Algérie*, tome 1, Hoggar Éditions, Genève, 1995) et non sur un site Internet, atteste au contraire la fiabilité de son témoignage.

M. Sifaoui. — Je le confirme. M. Souaïdia dit (il parle de l'attentat de l'aéroport d'Alger) : « Deux mois plus tard, une autre bombe déposée dans le cimetière de Mostaganem, sept enfants tués au cours d'une cérémonie de scouts. » Il raconte que c'est un attentat qui l'a beaucoup touché et qu'il aurait reçu des informations de je ne sais où. Cela a été rajouté, ce n'était ni dans le manuscrit, ni dans son témoignage.

Quand on est touché par un événement comme celui-ci – j'ai échappé à un attentat à la bombe quand j'étais journaliste en Algérie – et que cet attentat a eu lieu deux mois après l'attentat de l'aéroport, c'est que l'on raconte n'importe quoi. Cet attentat de Mostaganem n'a pas eu lieu le 1er novembre 1992 mais le 1er novembre 1994. Il y avait une cérémonie de jeunes scouts musulmans qui commémoraient la fête nationale algérienne. Une bombe avait été déposée par des terroristes islamistes et il y a eu des enfants morts déchiquetés.

Me Gorny. — Vous avez indiqué, Monsieur, dans le cadre de ce précédent procès : « Ce livre est un parti pris idéologique. » Et vous avez indiqué, par ailleurs, que l'éditeur, M. Gèze, était un « manipulateur » et que M. Souaïdia était un « mythomane ». Est-ce que vous confirmez ces propos ?

M. Sifaoui. — Je confirme ces propos et pour dire pourquoi c'est un manipulateur – il est vrai que l'affaire est encore devant les tribunaux, et je ne vais pas vous lire exactement le jugement qui a été rendu par cette même chambre, mais en deux mots…

Me Comte. — Le tribunal a le jugement, les notes d'audience et les conclusions.

M. Sifaoui. — … que M. Souaïdia, au printemps 2000, a livré à ses interlocuteurs des informations différentes sur les responsabilités effectives des militaires et des islamistes dans les massacres en Algérie, que de nombreuses modifications ont été effectuées au manuscrit livré par l'éditeur, qui affirme cependant les avoir apportées en accord avec M. Souaïdia, ce que celui-ci confirme. Ces modifications ont eu pour résultat d'atténuer la responsabilité des groupes islamistes pour aggraver celle des militaires.

M. Stéphan, *président*. — La question vous était posée par rapport à vos déclarations et par rapport à ce que dit le jugement.

M. Sifaoui. — Je maintiens mes déclarations et je dis à M. Souaïdia, je suis désolé de lui dire cela en face : « Monsieur, vous êtes un mythomane professionnel et vous arrivez à croire vos propres mensonges. »

Me Bourdon. — M. Sifaoui, est-il exact que vous avez participé à une émission, en duplex, organisée par la télévision publique algérienne, le 14 avril 2001, dont l'objet était de déconsidérer l'ouvrage qui venait d'être publié par Nesroulah Yous : *Qui a tué à Bentalha ?*

M. Sifaoui. — J'ai participé à une émission à laquelle étaient invités M. Gèze et M. Rivoire, qui ont décliné mon invitation. J'ai accepté parce qu'il y avait d'un côté Jean-François Kahn et moi-même et d'un autre côté M. Rivoire et M. Gèze. Les deux autres invités avaient décliné l'invitation, mais je n'allais pas refuser à mon tour parce que M. Gèze refusait de participer à l'émission.

Me Bourdon. — Avez-vous connaissance d'autres exemples de personnes qui se disent persécutées par le pouvoir algérien, réfugiées politiques, qui aient participé à une émission à la demande de la télévision publique algérienne ?

M. Sifaoui. — Cela ne m'intéresse pas. J'ai expliqué ma position en arrivant.

Me Bourdon. — Puisque vous avez parlé de façon assez précise – voire exhaustive – d'un document versé au débat dans le cadre de la procédure, ce document se présente de la façon suivante : « Synopsis du livre-témoignage de M. Habib Souaïdia, juin 2000 : *Moi, Habib, sous-lieutenant de l'armée algérienne* », et il y a le nom des deux auteurs.

Il y a un découpage de ce document qui est très proche du livre final publié par les Éditions La Découverte. Quand on prend connaissance des différentes écritures qui ont été échangées, on se rend compte que vous n'avez pas contesté être l'auteur de ce synopsis et, ce qui est très étrange, vous êtes auteur, par conséquent, d'un document extrêmement proche du livre final. Alors, comment expliquez-vous votre position, aujourd'hui, alors que vous êtes vous-même rédacteur d'un document qui est quasiment l'ouvrage final qui sera rédigé par Habib Souaïdia ?

M. Sifaoui. — C'est votre manière de voir l'ouvrage final. Ce qui ne figure pas dans l'ouvrage final c'est : « Je sentais l'explosion. L'affaire Guemmar en novembre 1991 allait être l'un des détonateurs. » C'est ce que j'ai raconté tout à l'heure. Je ne pourrais pas cautionner que l'on essaie de faire planer un doute sur l'identité des assassins, notamment dans cette affaire. Par ailleurs, quand M. Souaïdia me raconte – je vous renvoie à ce que j'ai dit au début –, je le crois – j'ai très bien compris votre insinuation –, je le crois et je l'encourage à témoigner. Je lui dis : « Puisque c'est comme cela, ces généraux il faut les dénoncer ; s'il y a des exactions, il faut les dire. » Je sais bien ce que votre client raconte à droite et à gauche. C'est pour cela que je vous dis que je suis très à l'aise. Ne vous inquiétez pas, il n'y a eu aucun mensonge dans ma déposition, et si jamais vous en trouvez un, je vous mets au défi de m'attaquer pour faux témoignage.

Me Bourdon. — Vous venez de vous protéger d'une accusation de mensonge que nous n'avions pas proférée. Je tiens à souligner devant le tribunal que ce document qui sera versé au débat, au-delà des petites divergences qui ont pu exister, sur le plan éditorial, sur le plan de l'architecture, est quasiment le même que celui qui sera écrit par M. Habib Souaïdia que vous n'hésitiez pas à accuser d'être « mythomane » il y a quelques minutes.

M. Sifaoui. — Je suis très conséquent avec moi-même. Pour terminer, si vous voulez un autre exemple flagrant de mensonge, M. Souaïdia verse une pièce où il raconte la chose suivante – je souhaitais terminer avec cela – pour dire que je suis un collaborateur des services secrets algériens mais aussi des services français : « Le vendredi 14 juin 2000, M. Sifaoui a tenu à faire rencontrer à M. Souaïdia un officier de la DST qu'il lui a présenté sous le nom de "colonel Philippe". Lors de cet entretien, qui a eu lieu dans un café situé à proximité du siège parisien de la DST, près du métro Bir-Hakeim, cet officier a proposé à M. Souaïdia de le faire prendre en charge matériellement par les services, lui proposant argent, logement et papiers. » Il dit ici que les services français rattachés au ministère de l'Intérieur – en l'occurrence je présume la DST – lui auraient proposé argent, logement et papiers contre son silence.

J'ai accompagné M. Souaïdia à un entretien qui a eu lieu avec un officier du ministère de l'Intérieur et je suis parti à sa demande car il avait peur : on lui avait raconté que la DST et les services algériens attrapaient les officiers déserteurs et les renvoyaient à Alger, voire les assassinaient. Il m'a demandé de l'accompagner. Je l'ai accompagné et ce monsieur lui a expliqué que cette rencontre rentrait dans le cadre d'une enquête préliminaire, parce qu'il était ancien militaire et demandeur d'asile politique. Il lui a demandé sa motivation, ce qu'il voulait faire, s'il était proche, ou non, des islamistes, des questions très générales. Alors l'accusation portée va plus loin, elle va jusqu'à dire que les services français lui auraient demandé de collaborer avec eux, c'est-à-dire de faire de l'espionnage.

Je suis catégorique. Je suis en train de faire – encore une fois je me répète – une déposition devant un tribunal et je sais ce qu'est un tribunal. Je réfute ces accusations mensongères – qui ne touchent pas l'armée algérienne –, parce que j'étais présent et à aucun moment le monsieur qu'il a rencontré en ma présence ne lui a proposé quoi que ce soit.

M. Stéphan, *président*. — Pas d'autres questions ?

Me Comte. — Je ne sais pas si c'est le hasard que les témoins de la partie civile soient si longs, mais je voudrais tout de même qu'un témoin de la défense soit entendu le plus rapidement possible.

M. Stéphan, *président*. — C'est le prochain. Que ce soit clair sur ce point, nous avons des accords pour intercaler. Merci de votre témoignage, M. Sifaoui.

Me Bourdon. — La mise en cause est grave et mérite une réplique de quelques minutes.

M. Souaïdia. — M. le juge, il parle d'un article du journal *Le Monde*, mais il n'a pas cité son titre : « On était devenus des sauvages. » Et un autre article est sorti avant, je vous en traduis le titre : « L'ex-officier Habib

Souaïdia : “Les dépassements des militaires algériens sont programmés et ce sont eux qui ont fait augmenter le nombre de disparus à plusieurs milliers” [35]. » Il est là l’article. *(H. Souaïdia montre un article de presse en arabe.)* C’est un titre ! Mais Sifaoui ne parle pas de cet article. À l’époque, c’est pourtant lui qui m’a fait rencontrer le journaliste [36] – celui-ci peut, si vous voulez l’entendre, venir ici pour vous dire que Sifaoui lui a volé de l’argent.

Sifaoui dit que c’est quinze jours ou un mois après qu’il a commencé à voir que je « mentais ». Mais le premier article qui est sorti [37], c’est son interview dans le journal *El Watan*, signée par Nadia Bouzegrane et datée du 20 janvier 2001. Depuis avril, je suis là, et rien jusqu’à janvier ! Si vous allez voir cette interview, il n’y parle que de M. Gèze qui « est un manipulateur ».

Sur la DST, j’étais prêt à rencontrer n’importe quel officier des services français, policier ou gendarme, mais que ce soit fait dans la légalité. Si la police me convoque à la préfecture, j’y vais, mais quand quelqu’un me donne un rendez-vous dans un café et par le biais de Sifaoui… Parce que je n’avais pas de téléphone portable à l’époque, je n’avais pas les moyens ; donc, il téléphone à M. Sifaoui pour lui dire qu’il aimerait bien avoir un entretien avec moi dans un café près de la Tour Eiffel. J’ai un témoin – c’est un ami à moi – qui dit qu’à l’époque M. Sifaoui avait contacté un colonel. Comment le colonel connaissait-il le numéro de téléphone de M. Sifaoui ? C’est la question à laquelle je voudrais qu’il réponde.

M. Nezzar. — *[Inaudible.]* Je suis le premier à avoir été informé par le ministre en Algérie et j’y suis resté cinq ans. J’ai fait faire 10 000 sauts et il y a eu un seul accident, contrairement à ce qui est raconté [38], surtout qu’à l’époque les sauts se faisaient d’une autre manière, à savoir avec un avion soviétique, à l’arrière et à une vitesse de 350 km/h.

S’agissant du colonel Boukhari, M. Souaïdia parle beaucoup de lui [39]. Je tiens à dire que M. Boukhari – que Dieu ait son âme – a été désigné le

---

35 Il s’agit d’un article publié le 6-7 mai 2000 par un journal arabophone de Londres, *Al Qods Al-Arabi*.

36 Il s’agit de M. Adel Gastel.

37 De M. Sifaoui contre l’ouvrage *La Sale Guerre*.

38 M. Nezzar fait allusion à ce que dit H. Souaïdia dans son livre des accidents de saut en parachute à l’École des troupes aéroportées de Biskra (auparavant commandée par M. Nezzar), où il était en instruction en 1992 : « Les mesures de sécurité étaient quasi inexistantes. En quelques mois passés à l’école des paras, j’ai assisté à une dizaine d’accidents mortels » (Habib SOUAÏDIA, *La Sale Guerre*, *op. cit.*, p. 66).

39 Il s’agit du commandant de l’École des troupes aéroportées de Biskra, dont H. Souaïdia raconte dans son livre comment, à l’automne 1992, son autorité avait été défiée par vingt-trois jeunes officiers (dont lui-même) qui étaient partis en permission malgré son interdiction, ce qui avait fait croire à une désertion : « Au retour, le sermon du colonel Boukhari et les quelques jours d’arrêt nous avaient donné une grande satisfaction : nous avions réussi à flanquer une “sacrée trouille” à cet officier fayot et sans scrupule. Il a d’ailleurs été radié de l’armée par le général Nezzar à la suite de notre “affaire”. Mais il sera rappelé en 1997 et reprendra du service comme chef du secteur opérationnel de

5 juillet [1992] (date des nominations, date des décisions de départ en stage et des occupations de fonctions) pour faire un stage en Union soviétique. Et il dit que je l'aurais sanctionné et enlevé de l'armée alors qu'il était parti ! Il a commencé son stage en novembre exactement, à Moscou. Pour tous les préparatifs qui ont eu lieu, il a fallu faire des consignes, qu'il parte avant, qu'il commence le 1er novembre son stage en Russie. Il n'a jamais été éjecté de l'armée. Revenu de Moscou, il est parti commander le secteur de Tiaret, puis il est parti commander le secteur de Bel-Abbès où il est mort à la tête de ses équipes.

M. Stéphan, *président*. — Une rectification par rapport à ce qui est indiqué dans l'ouvrage. C'est une précision que vous n'aviez pas apportée hier.

Nous allons poursuivre avec M. Harbi. Après trois témoins cités par la partie civile, nous aurons trois témoins cités par la défense.

Audition de M. Mohammed Harbi,
à la requête de la défense

M. Stéphan, *président*. — Quels sont vos nom, prénoms, âge, profession et domicile ?

M. Harbi. — Je m'appelle Mohammed Harbi, je suis né le 16 juin 1933 en Algérie dans le département de Skikda. Je suis historien et j'habite à Paris.

Le témoin prête serment.

Me Comte. — M. le président, je voudrais d'abord que M. Mohammed Harbi se présente à votre tribunal en quelques mots, qu'il fasse état à la fois de son passé et, d'autre part, qu'il fasse état du travail qu'il a entrepris depuis de très nombreuses années sur la question algérienne.

M. Harbi. — J'ai été, depuis l'âge de quinze ans, militant de la cause nationale algérienne, d'abord dans le village, ensuite au lycée et plus tard à l'université à Paris, à la Sorbonne, où j'ai fait des études d'histoire.

En 1955, j'ai appris que j'étais recherché pour mon appartenance au Mouvement pour le triomphe des libertés démocratiques. Je suis passé à la clandestinité en 1956 et j'ai occupé des responsabilités au sein du Front de libération nationale, comme responsable de l'information, et ensuite comme membre de la direction de la Fédération de France où je suis resté d'abord en France et ensuite en Allemagne jusqu'en septembre 1958 ; date à laquelle j'ai donné ma démission pour des divergences de nature politique avec mes collègues, et j'ai repris des études à Genève. Je n'y suis pas resté longtemps car, au bout de six mois, j'ai été rappelé à Tunis [40] où j'ai

Sidi-Bel-Abbès. Malheureusement pour lui, il sera tué en 1998 dans une opération » (Habib Souaïdia, *La Sale Guerre*, *op. cit.*, p. 70).

40 Qui était alors le siège du Gouvernement provisoire de la République algérienne (GPRA).

été directeur du cabinet civil du ministre des Forces armées. J'ai connu les principaux cadres qui vivaient aux frontières tunisiennes.

Par la suite, j'ai quitté ce ministère pour le ministère des Affaires étrangères, où j'ai dirigé le Département des pays socialistes puis le Département de l'information avant d'être envoyé en Guinée comme ambassadeur. Et j'ai été désigné aux premières négociations d'Évian, où j'ai assuré la présidence de la commission des experts.

En septembre 1961, j'ai été nommé secrétaire général du ministère des Affaires étrangères, jusqu'à l'Indépendance. Je suis entré dans l'opposition au gouvernement Ben Bella jusqu'au mois d'avril 1963, date à laquelle, après avoir été nommé ambassadeur à Beyrouth, j'ai été désigné comme conseiller à la présidence pour les problèmes de l'autogestion.

J'ai eu d'autres responsabilités, comme celles de directeur d'un journal, *Révolution Africaine*. Et lors du coup d'État de juin 1965, alors que j'étais sollicité pour des responsabilités, je ne les ai pas acceptées. J'ai été arrêté le 9 août 1965. J'ai passé plusieurs années en prison, sans avoir été jugé. D'abord à Lambèse, où j'ai été interné, avec l'accord du ministre de la Justice, en résidence surveillée en quelque sorte, mais dans une prison. C'est une formule curieuse, qui donne une idée de ce que pouvait être la justice dans notre pays.

Ensuite, après une grève de la faim, on nous a mis dans des prisons spéciales, dans la plaine d'Annaba[41] pendant des années, jusqu'au moment où l'on a été envoyés en résidence surveillée dans l'extrême Sud, d'abord dans le Touat (à Adrar) et ensuite dans le Gourara (à Timimoun). J'ai été libéré en novembre 1971 et envoyé dans la ville de Skikda, avec interdiction de séjour dans toutes les grandes villes.

Je me suis évadé en 1973 et, après être passé par la Suisse, je suis venu en France où j'ai obtenu une carte de résident par l'intermédiaire de personnes que j'avais connues comme le préfet Vitalis Cros, qui s'occupait de la lutte contre l'OAS.

Après, je suis resté quelque temps en France, puis je suis parti travailler en Belgique comme conseiller de la Fédération belge des coopératives, conseiller pour l'économie sociale. Je suis retourné après quelques années en France où j'ai assumé la fonction de professeur associé en histoire, puis celle de professeur en sciences politiques.

Me Comte. — C'est la raison pour laquelle nous avons demandé à M. Harbi de témoigner. À la fois, c'est une question qui se pose au militant qui a connu, depuis l'âge de quinze ans, l'engagement aux côtés du nationalisme algérien, qui a ensuite connu, dans une deuxième période, juste après l'Indépendance, l'emprisonnement, et qui après est devenu professeur d'histoire. C'est une question à l'homme dans toute sa dimension qui est posée. M. Harbi, pouvez-vous dire en quelques mots au tribunal quelle est

41 Ex-Bône. Plus précisément à Ben M'Hidi.

l'épine dorsale du pouvoir en Algérie, quel est le rôle de l'armée et comment fonctionne la relation entre l'armée et la population ?

M. Harbi. — Si je devais résumer en une formule ce que j'ai écrit dans mes travaux, je considère que le processus historique algérien est un processus qui a mené, comme autrefois en Prusse, à la formation d'un État armé, d'une armée ayant un État à son service et non une armée au service de l'État.

Je dois dire que ce processus s'est construit déjà pendant la guerre de libération et qu'il était en germe dans les premières décisions prises par les fondateurs du FLN car ils avaient, dès le début, confondu la voie politique et la voie militaire. Il y a eu une militarisation du processus politique. Cette militarisation a été remise en cause dans un congrès qui s'est tenu en 1956 [42], mais la séparation entre le politique et les militaires n'a duré qu'une année. Cela s'est terminé par un assassinat qui a été important dans la construction de l'armée algérienne. Il s'agit de l'assassinat d'un dirigeant civil qui a été à l'origine de la formule de la séparation du politique et du militaire [43].

Cet assassinat est instructif à bien des égards. Tout d'abord, parce qu'il a montré que la suppression d'une alternative politique pouvait passer par l'assassinat. La deuxième chose, c'est qu'il a montré que des chefs militaires pouvaient se comporter comme se comporte une mafia, puisque la décision qui avait été prise était d'emprisonner Ramdane Abbane et a été prise par cinq voix. Or, Abbane est tombé dans un guet-apens et trois des éléments qui avaient participé à la décision de son emprisonnement ont décidé, purement et simplement, de le faire assassiner. Le troisième élément, qui est aussi instructif, car il se reproduira dans notre histoire, est que l'assassinat commis par des militants de l'organisation à l'égard de l'un de leurs pairs a été attribué pendant des années à l'ennemi. Je pense que cette procédure va se retrouver dans nombre de phénomènes, après 1962, et même plus tard.

Dans la construction de cette armée, il y a eu également d'autres problèmes. L'unité de l'armée algérienne pendant la guerre est une fiction. Il y a eu des secousses qui portaient sur les problèmes politiques, sur les problèmes de l'armée, sur les rapports entre la résistance intérieure et la

---

42 « Réuni à partir du 20 août 1956 dans la vallée de la Soummam, à l'initiative de Belkacem Krim, Larbi Ben M'hidi et Ramdane Abbane, ce congrès avait réuni seize délégués venus de différentes régions d'Algérie ; il avait permis l'adoption d'une plateforme politique – affirmant la primauté du politique sur le militaire, de l'intérieur sur l'extérieur – et la réorganisation des structures de l'ALN » (Mohammed HARBI, *Une vie debout. Mémoires politiques, tome 1 : 1945-1962*, La Découverte, Paris, 2001, chapitre 6, p. 197).

43 Ramdane Abbane, l'un des dirigeants du FLN qui avait su imposer la « primauté du politique sur le militaire » au congrès de la Soummam. Il a été assassiné en décembre 1957 au Maroc par les hommes d'Abdelhafid Boussouf, le responsable des services de renseignement du FLN (le MALG), qui l'avait attiré dans un guet-apens. Cet assassinat a été imputé pendant très longtemps par la direction du FLN aux militaires français.

résistance extérieure. L'un de ces phénomènes, à l'origine de ces secousses et qui perdure encore aujourd'hui, est la lutte entre les différents segments de directions qui ne sont pas cohérentes, entre les factions, selon les itinéraires : les factions venues de la résistance, constituées par des militants civils, soit par des anciens militants, soit par des gens ralliés à la politique de libération et les officiers qui ont, par patriotisme, rallié l'armée nationale et qui viennent de l'armée française. Tout le monde n'est pas venu de bon gré : ils ont rallié ou on leur a fait rallier.

Me Comte. — Sur ce point, à partir de cette grille de lecture qu'a M. Harbi, tenant à la fois à son expérience propre, à sa vie et à ses études, quelle position a-t-il prise, ou s'est-il autorisé à prendre, à partir de ce que j'appelle le coup d'État de 1992 ?

M. Harbi. — Personnellement, je suis de conviction agnostique, mais je voyais venir depuis des années cette question. Mes ouvrages en témoignent. Dans mon ouvrage intitulé *Le FLN, mirage et réalité* [44], j'ai expliqué comment la manipulation de la religion et de la langue pouvait mener à des dérives dangereuses.

J'ai estimé que, faute de médiation politique, l'Algérie connaîtrait une évolution de type latino-américain. À l'époque, la discussion était la suivante : c'était une voie libérale ou une voie communiste. Personnellement, j'ai été le seul à avoir soutenu la possibilité d'une voie latino-américaine, c'est-à-dire l'irruption à nouveau de guérillas. Pourquoi ? Parce que la culture donnée aux générations nées après l'Indépendance était basée sur un refus total du politique, sur la méfiance à l'égard du politique et sur le refus des médiations politiques.

Il y a eu beaucoup de secousses dans notre vie. La première a eu lieu en 1967, avec une faction de l'armée dressée contre une autre faction [45]. Ensuite, la mise en œuvre de la théorie conspiratoire et chapeautée par des gens qui avaient fait leur formation politique au contact du KGB. Certaines personnes ont été poussées, manipulées, pour organiser des insurrections armées. Nous en avons connu une ou deux, notamment à la mort de Boumediene, où les services de la Sécurité militaire ont poussé un certain nombre d'hommes politiques, dont le président Abbas, à entrer dans une conspiration. Quelques années plus tard, les conspirateurs ont été libérés, parce qu'on s'était aperçu que tout cela avait été, d'une certaine manière, forgé et manipulé par les services de l'armée [46].

---

44 Mohamed HARBI, *Le FLN, mirage et réalité. Des origines à la prise du pouvoir (1945-1962)*, Éditions Jeune Afrique, Paris, 1980.

45 Il s'agit de la tentative avortée de coup d'État du colonel Tahar Zbiri, chef d'état-major, contre le président Houari Boumediene.

46 Il s'agit d'une opération trouble (appelée l'affaire de Cap Sigli) dans laquelle la Sécurité militaire a tenté d'impliquer une bonne partie de l'opposition : « Les services de la Sécurité militaire suscitent, par des manipulations diverses, un parachutage d'armes en Petite-Kabylie (10 décembre 1978) par les autorités marocaines. S'y trouvent amalgamés un État en conflit avec l'Algérie sur la question du Sahara occidental,

Pendant la construction de l'armée[47], il y a eu le rôle de factions civiles dont le rôle et celui de l'armée se sont inversés : alors que dans le Parti du peuple algérien[48], le militaire, à travers les organisations paramilitaires, était au service du politique, à partir de 1957, les rapports entre civils et militaires sont inversés. Les civils étaient sous les ordres des militaires, et cette situation va perdurer. Elle sera atténuée, d'une certaine manière, entre 1962 et 1965, mais, à partir de 1965, on va assister à la formation de ce que les Algériens appellent le « système » et que l'on peut appeler un régime militaire à façade civile.

Ce régime s'est fait essentiellement grâce à la fusion des différentes fonctions, à savoir le pouvoir, la violence et l'accumulation de richesses : elles sont entre les mains de décideurs qui appartiennent principalement à l'armée. Je peux peut-être donner quelques précisions. Quand je dis l'armée, il ne s'agit pas de l'ensemble de ses cadres, il s'agit de son chef et de ce que l'on pourrait considérer comme un parti militaire qui s'appelle la Sécurité militaire et qui a pris plusieurs dénominations par la suite, DRS, etc.

Cette organisation s'est édifiée pour capter à la fois toutes les forces de la société civile et neutraliser toutes ses initiatives. Il y a eu infiltration dans tous les secteurs et notamment un secteur choyé en matière d'infiltration, celui des médias. Il y a eu également des pénétrations dans les services des marchés publics et on va voir peu à peu se forger des liens d'intérêt entre des hommes d'affaires et des militaires, par personnes interposées, rarement directement. Évidemment, pour décoder tout cela, et le démontrer clairement, il faudrait un peu l'accord des gens qui dominent le marché international et les banques, ce qui est très difficile.

Me Comte. — Quelle position M. Harbi a-t-il prise en 1992 lorsque est intervenue l'interruption du processus électoral que j'avais qualifié de coup d'État ?

M. Harbi. — J'y étais opposé, non sans hésitation, parce que mes convictions ne me poussaient pas à sympathiser avec des forces qui ne s'exprimaient pas d'une manière démocratique. Toutefois, je considérais qu'il y avait suffisamment de ressources dans la société et au niveau du pouvoir

---

des personnalités aussi diverses que Ferhat Abbas, A. Mahsas, T. Zbiri, M. H. Hadj Smaïn, M. Benyahia. Seuls Aït-Ahmed et Boumaaza avaient flairé le piège » (Mohamed Harbi, *L'Algérie et son destin*, Arcantère Éditions, Paris, 1992, p. 188).

47 L'ALN (Armée de libération nationale), bras armé du FLN, s'est construite à partir de la guérilla dans les maquis pour devenir quasi régulière avant la fin de la guerre et constituer le noyau qui deviendra après l'Indépendance l'Armée nationale populaire. Les « déserteurs de l'armée française » seront incorporés dans les unités stationnées aux frontières tunisienne et marocaine (l'« armée des frontières »).

48 Fondé en 1937 par Messali Hadj, le Parti populaire algérien (PPA) rassemblait les militants luttant pour l'indépendance de leur pays. Clandestin à partir de 1939, il deviendra en 1946 le Mouvement pour le triomphe des libertés démocratiques (MTLD). Ce sont certains de ses militants qui ont créé le FLN en 1954.

pour empêcher l'Algérie de devenir une dictature religieuse. J'ai été sollicité pour faire partie du Conseil consultatif national [49] et j'ai refusé.

On m'a dit que le FIS ne posait pas de problème et que la majorité de son conseil consultatif était totalement investi par la Sécurité militaire. J'ai répondu à ceux qui m'ont parlé de cela en leur rappelant l'expérience du pope Gapone en Russie en 1905 : on peut manipuler de petites organisations, qu'elles soient de gauche ou de droite, mais on ne manipule pas un mouvement de masse. Et *a fortiori* un mouvement de masse en colère qui était la victime de la politique de l'État et de son désengagement social. Car le système de Boumediene était établi sur la base d'un compromis social : « Je satisfais vos attentes et vous ne vous occupez pas de pouvoir et de politique. » À partir du moment où l'on ne satisfaisait plus les attentes sociales, et où la crise commençait à brasser des milliers de personnes, les choses devenaient dangereuses pour le peuple. La manipulation devenait une chose dangereuse et incontrôlable.

Me Comte. — M. Harbi connaît-il un M. Sifaoui et a-t-il une opinion sur lui ? S'il ne le connaît pas, il n'a pas d'opinion. C'est une réponse simple dans les deux cas.

M. Harbi. — Personnellement, je n'ai jamais connu M. Sifaoui. Je l'ai vu aujourd'hui pour la première fois et je l'ai vu dans une émission de télévision aux côtés de responsables algériens. Mais comme je suis historien, il m'arrive de vouloir cerner les itinéraires de tel ou tel acteur. J'ai demandé après à des collègues journalistes, et la réponse qui m'a été donnée est qu'il fallait vraiment avoir la naïveté des sociétés innocentes pour considérer qu'il s'agissait de quelqu'un qui travaillait simplement à la rédaction d'ouvrages…

Me Farthouat. — Le témoin vient de nous dire qu'il ne pouvait pas y avoir des manipulations de mouvements de masse. Pense-t-il qu'en Afghanistan ou en Iran, ou dans d'autres pays, il n'y a pas de manipulation de mouvements de masse ?

M. Harbi. — Je pense que ce sont des mouvements de mécontentement qui ont été capturés dans des sociétés où l'islam forme la texture de ces sociétés, dans des pays où l'intelligentsia dite évoluée ne s'occupait que d'elle-même.

Applaudissements dans l'assistance.

Me Farthouat. — Je n'arrive pas à comprendre : je le dis pour ceux qui applaudissent. Cette réponse me satisfait tout à fait. Quand le président

---

49 Après l'arrêt des élections en janvier 1992 et la dissolution de toutes les institutions prévues par la Constitution, le pouvoir s'est doté de diverses structures, dont le Conseil consultatif national (CCN) : composé de soixante personnes choisies par les membres du HCE, c'était un ersatz de Parlement doté de prérogatives vagues et sans aucun pouvoir légiférant.

Boudiaf a été assassiné, il a été remplacé à la tête du Haut Comité d'État par M. Ali Kafi [50]. Quel jugement portez-vous sur M. Ali Kafi ?

M. Harbi. — C'est un résistant qui n'a pas les mêmes convictions que moi. Nous avons toujours milité dans des directions opposées.

Me Farthouat. — Vous n'avez pas écrit un article élogieux sur M. Ali Kafi ?

M. Harbi. — C'est un article de présentation qui n'était pas élogieux, c'est un article de présentation [51].

Me Farthouat. — Le tribunal étudiera la nuance. Vous avez été le collaborateur, certes dans une courte période, de M. Ben Bella en avril 1963. Est-ce que vous n'avez pas commis une erreur ?

M. Harbi. — Je n'ai pas commis d'erreur, parce que le mouvement de masse n'avait pas encore reflué et la situation n'était pas fermée. Je pensais, contrairement à des amis comme Boudiaf et Aït-Ahmed, que l'Algérie devait prendre le parti d'essayer de bousculer le FLN et de ne pas s'engager dans des aventures armées. Par conséquent, je voulais faire du travail de terrain et je l'ai fait. Je vous signale, Maître, que le seul homme qui ait posé le problème de la torture, qui ait écrit en juin 1964 un article sur la torture en Algérie et qui a posé la question ouvertement au comité central, c'était moi [52].

Me Farthouat. — Je n'en disconviens pas, mais vous écrivez [53] que l'impatience d'agir vous avait peut-être fait commettre une erreur.

M. Harbi. — J'ai dit : « Peut-être. »

M. Stéphan, *président*. — On comprend que vous n'avez pas eu la possibilité de retourner en Algérie depuis 1973.

M. Harbi. — J'y suis retourné en 1990, date à laquelle on m'a rendu mon passeport. J'étais le dernier exilé à qui on ait rendu son passeport.

M. Stéphan, *président*. — Vous êtes resté combien de temps ?

M. Harbi. — Je suis resté quelque temps et je suis revenu. Je ne refais pas ma vie tous les jours.

M. Stéphan, *président*. — Vous n'y êtes pas retourné depuis ?

---

50 Ali Kafi, qui joua un rôle important au cours de la guerre de libération, est l'oncle maternel de Mohammed Harbi.

51 Il s'agit d'un article publié dans *Jeune Afrique* en juillet 1992, au moment où Ali Kafi a été nommé président du HCE.

52 Il s'agissait d'un article de *Révolution africaine*, intitulé « La fin et les moyens », évoquant une dénonciation de Mohamed Harbi au comité central du FLN au sujet des tortures en Kabylie.

53 « Peut-on sortir d'une société bloquée : un historien répond », *Jeune Afrique*, hors série, n° 4, juillet 2002.

M. Harbi. — Si, j'y suis retourné. Un jour on m'a arrêté à l'aéroport et on m'a vite relâché, ensuite je n'y suis pas retourné [54]. Mon oncle était président du Haut Comité d'État, je connaissais le Premier ministre, et j'ai essayé de savoir pourquoi, mais eux-mêmes n'ont pas réussi à le savoir. Jusqu'au jour où un avocat voulant inscrire son fils dans une université parisienne est venu me voir pour me demander de l'aider ; il m'a raconté que le commissaire de l'aéroport d'Oran lui avait confié qu'ils avaient un télégramme venant des services de sécurité et leur demandant de m'arrêter chaque fois que je passais dans un aéroport, de signaler cela à Alger, et qu'ils aviseraient. Ce jour-là, ils ont bien avisé, puisqu'ils m'ont libéré une heure après.

M. Stéphan, *président.* — M. Harbi, le tribunal vous remercie de votre témoignage. Vous pouvez reprendre votre pièce d'identité et rester dans la salle pour suivre les débats, ou la quitter, comme vous le souhaitez. Merci à vous.

Audition de Me Patrick Baudouin,
à la requête de la défense

Me Baudouin. — Je m'appelle Patrick Baudouin, j'ai cinquante-quatre ans, je réside à Paris. Je suis avocat.

Le témoin prête serment.

Me Comte. — On ne présente pas Me Baudouin, M. le président, car votre tribunal le connaît déjà. J'aimerais qu'il commence son témoignage en racontant l'histoire de la Fédération internationale des droits de l'homme avec l'Algérie.

Me Baudouin. — L'histoire de la Fédération internationale des Ligues des droits de l'homme en Algérie est une vieille histoire. La FIDH est une organisation internationale non gouvernementale qui regroupe un certain nombre d'organisations nationales de défense des droits de l'homme. La FIDH a été créée en 1922 à l'initiative de deux ligues nationales de défense des droits de l'homme, la ligue allemande et la ligue française, qui a été la principale instigatrice. Un certain nombre de ligues ont rejoint la FIDH avant la Seconde Guerre mondiale. Il y a eu la Seconde Guerre mondiale et la FIDH et ses organisations membres ont été largement dispersées, voire décimées, et il a fallu du temps pour la reconstruire.

Nous sommes arrivés à la guerre d'Algérie et, à ce moment-là, quelques ligues composaient la FIDH. Parmi ces ligues, la Ligue française des droits de l'homme était très forte – comme elle l'est restée tout au long de son histoire. Cette Ligue française des droits de l'homme est l'une des

---

54 Pendant cinq ans : cet incident est survenu en 1993 ; Mohammed Harbi ne reviendra en Algérie qu'en 1998.

organisations, avec la FIDH, à laquelle elle appartenait, qui peut s'enorgueillir, au moment de la guerre d'Algérie, d'avoir dénoncé ce qui se passait là-bas, d'avoir dénoncé, à l'époque, ce qui était le comportement de l'armée française, d'avoir dénoncé les actes de torture qui étaient commis, et toutes les autres exactions. Et d'être allée même au-delà puisqu'il faut savoir qu'ayant présidé la FIDH pendant plusieurs années, j'ai eu l'honneur de succéder à Daniel Jacoby, lui-même un avocat qui a défendu à l'époque les militants du FLN, de même qu'Yves Jouffa qui a été président de la Ligue française des droits de l'homme, de même qu'Henri Leclerc, récemment président, et avocat que votre tribunal connaît bien, de même qu'Yves Dechezelle, de même qu'un certain nombre d'autres avocats qui, à l'époque, ont milité et ont plaidé pour ceux du FLN, qui étaient poursuivis dans des conditions dont l'Histoire a montré qu'elles étaient souvent fort inéquitables, pour le moins.

Je tiens à replacer, pour répondre à la question posée dans ce contexte, la FIDH comme une organisation qui a un mandat général de défense des droits de l'homme : tous les droits de l'homme, sociaux, économiques, politiques, civils, culturels, à défendre partout et en toutes circonstances. Sur la guerre d'Algérie, à ce niveau, nous avons démontré que nous étions en respect avec les principes qui étaient les nôtres.

La FIDH et l'Algérie, cela s'est poursuivi, puisque la FIDH et la Ligue française des droits de l'homme sont à l'origine de ce qu'on a appelé l'« affaire Aussaresses ». La Ligue française des droits de l'homme a saisi la juridiction pénale pour apologie de crimes de guerre suite à la parution de l'ouvrage du général Aussaresses, et la FIDH, pour sa part, a engagé une action pour crime contre l'humanité « contre le général Aussaresses et tous autres », toujours au nom des mêmes principes, c'est-à-dire la condamnation absolue des actes de torture qui avaient pu être commis au moment de la guerre d'Algérie. La mémoire nous rattrape toujours : même si c'est quarante ou quarante-cinq ans plus tard, vient le moment où l'on doit regarder ce passé en face, l'assumer, le juger le cas échéant. C'est ce que nous souhaitons.

L'Algérie d'aujourd'hui : la FIDH travaille principalement *via* ses organisations nationales de défense des droits de l'homme, les ligues nationales, *via* des militants. Nous sommes un gigantesque réseau de militants, puisque aujourd'hui nous comptons plus de cent dix organisations membres réparties dans toutes les contrées du globe.

Pour l'Algérie, nous avons des relais de militants des droits de l'homme en Algérie et je dois dire ici, à votre tribunal, que la situation n'est pas simple quand on veut être militant des droits de l'homme en Algérie. En effet, hélas, ce pays n'a jamais connu la démocratie, et les rêves qui étaient issus de l'Indépendance ont été fortement déçus. Quand les organisations de défense des droits de l'homme ont commencé à se créer en Algérie, dans les années 1985-1986, la situation était difficile. On a cherché à entraver la création de ces mouvements et on a aussi cherché, comme dans beaucoup d'autres pays, à créer de toutes pièces des organisations parallèles mises en place par le pouvoir lui-même, d'où des manipulations et des difficultés.

Néanmoins, il existe en Algérie deux ligues des droits de l'homme avec lesquelles nous travaillons. Et l'une en particulier – qui fait de l'excellent travail, même si le nombre de ses militants est réduit – est la LADDH, la Ligue algérienne de défense des droits de l'homme. Elle a à sa tête un avocat de courage et de talent, Me Ali Yahia. Une autre organisation, dont l'histoire est un peu plus complexe, est la Ligue algérienne des droits de l'homme, la LADH[55].

Avec ces organisations, nous avons suivi de près et mené le combat par rapport à ce qui s'est passé en Algérie depuis les années 1988, les émeutes d'octobre 1988, puis l'interruption du processus électoral – je ne reviens pas sur cet aspect de l'Histoire qui doit être largement évoqué au cours de ces débats – début 1992. C'est à ce moment-là que s'est mis véritablement en place en Algérie le système qui perdure aujourd'hui, à savoir le système répressif à l'origine de toutes les exactions que l'on pourra dénoncer par la suite.

Système répressif, puisque, dès le 9 février 1992, c'est l'instauration de l'état d'urgence. Puis, le 30 septembre 1992, sera mise en place une législation dite « antiterroriste », législation extrêmement sévère qui va rallonger les délais de garde à vue, instaurer une série de mesures répressives, qui va créer ces fameuses « cours spéciales » qui vont juger à la chaîne et condamner à la va-vite de très nombreux Algériens. Nous sommes à la période des internements administratifs : on n'est même plus dans le domaine de l'État de droit, mais dans celui de l'extrajudiciaire, où l'on se retrouve avec plus de 10 000 – sans doute 15 000 – personnes qui seront, pendant plusieurs années, dans des conditions épouvantables, incarcérées dans les camps du Sud.

La FIDH va suivre, avec ses militants locaux, cette situation. Nous allons la dénoncer. Nous avons essayé de nous rendre en Algérie à plusieurs reprises à compter de l'année 1992, surtout 1993. Il faut savoir que ce n'était pas facile de se rendre en Algérie, surtout à cette époque-là.

---

55 C'est à la suite du « Printemps berbère » de 1980 qu'un mouvement pour la défense des droits de l'homme a commencé à se construire en Algérie. Très vite, deux tendances se sont opposées : l'une était formée par des militants du mouvement berbère, des syndicalistes et des démocrates, regroupés autour de Me Abdennour Ali Yahia, qui rejetaient tout accord avec le FLN ; l'autre regroupait des personnes liées au FLN. Toutes deux déposèrent en 1985 une demande d'agrément auprès du gouvernement. Tandis que les membres du premier groupe étaient réprimés et frappés de condamnations à des peines de prison, c'est un troisième groupe proche du gouvernement, présidé par Me Miloud Brahimi, qui, sous le nom de Ligue algérienne des droits de l'homme (LADH), a été autorisé en 1987 ; cette ligue fusionnera ultérieurement avec le groupe proche du FLN. Avec l'ouverture politique de 1989, après avoir purgé leurs peines, les militants indépendants créeront la Ligue algérienne de défense des droits de l'homme (LADDH), présidée par Me Abdennour Ali Yahia. (Voir Mohammed HARBI, « Les ligues des droits de l'homme », *in* REPORTERS SANS FRONTIÈRES, *Le Drame algérien*, La Découverte, Paris, 1995, p. 157.)

Il fallait obtenir un visa et il fallait donc obtenir l'aval des autorités algériennes. Nous n'y sommes pas parvenus pendant deux ou trois ans.

Le premier déplacement qui a été accompli en Algérie par la FIDH, je l'ai effectué, alors que j'étais président, en 1995. J'ai profité de l'occasion d'un colloque ; c'était plus neutre et cela semblait pouvoir être moins gênant pour ce pouvoir qui ne souhaitait pas voir mis en pleine lumière ce qui se passait depuis trois ou quatre ans. J'ai dû commencer à prendre les premiers contacts, mais la moisson fut faible, car les possibilités de déplacement étaient extrêmement limitées.

En réalité, alors que nous avons continué à suivre, à dénoncer, avec d'autres organisations de défense des droits de l'homme la situation, ce n'est qu'au printemps 1997 (à un moment où la situation en Algérie était extrêmement critique, au-delà de tout ce qui avait précédé et de ce qui était connu : on était à l'époque des massacres qui n'allaient pas être ceux de quelques personnes, mais des massacres de centaines de personnes) qu'il y a eu, curieusement, une ouverture faite par le pouvoir algérien qui a pensé sans doute pouvoir redorer cette image de marque terriblement ternie. Car on sait que tous les régimes, y compris les pires, quelque part ont toujours une soif de respectabilité qui aide bien les militants des droits de l'homme, car c'est la petite porte entrouverte à travers laquelle on peut s'engouffrer.

Nous avons, au printemps 1997, effectué une mission plus complète en Algérie. Il faut dire que nous n'étions pas la seule organisation. Quatre organisations ont, en ce printemps 1997, pu obtenir les visas et se rendre en Algérie : la FIDH, Reporters sans frontières, Amnesty International et Human Rights Watch. Nous avons accompli ces missions de manière totalement séparée. Nous ne nous étions pas coordonnés et avons séjourné à des périodes différentes, et les conclusions des quatre organisations ont été similaires. Cela nous a permis, quelques mois plus tard, alors qu'on était au pire de la vague des massacres en Algérie, de sortir ce que l'on a appelé le *Livre noir*[56].

Juste quelques mots sur ces missions et cette époque. Je dois dire que, pour avoir effectué beaucoup de missions partout dans le monde, deux missions m'ont spécialement marqué et éprouvé par un contexte très particulier : une mission en Roumanie d'avant Ceausescu et une mission en 1997, en Algérie. Pourquoi ? Parce qu'il y avait cette impression constante de dissimulation et de mensonge.

Certes, les organisations internationales de défense des droits de l'homme avaient été conviées, on leur avait permis de venir sur place. Mais, bien évidemment, tout cela ressortait de la visite guidée. On entendait – et cela a été le cas – ne pas nous permettre de circuler beaucoup – il y avait une part de vérité – au motif pris des risques encourus au niveau de la sécurité. On a eu le droit, comme à chaque fois que l'on se rend en

---

56 Amnesty International, Fédération internationale des ligues des droits de l'homme, Human Rights Watch, Reporters sans frontières, *Algérie, le livre noir*, La Découverte, Paris, 1998.

Algérie, à la visite traditionnelle à l'ONDH, Observatoire national des droits de l'homme, présidé par M. Rezzag-Bara depuis 1992. M. Rezzag-Bara viendra tout à l'heure et il vous expliquera certainement – je ne doute pas qu'il tienne le même propos, je l'ai entendu en 1995, 1997 et 2000, et en 2002 ce sera le même – qu'en Algérie cela va beaucoup mieux et que les droits de l'homme sont tant bien que mal respectés, que le passé est derrière l'Algérie, que les attentats des islamistes c'est presque terminé. À la limite, tout irait pour le mieux dans le meilleur des mondes. C'est ce que l'on essayait de nous expliquer en 1997.

Fort heureusement, nous ne nous sommes pas contentés de ce discours officiel et des rencontres dans les palais présidentiels ou ministériels. Et nous avons, comme à l'accoutumée, selon la technique qui est la nôtre, rencontré des représentants de la société civile, des avocats, des défenseurs des droits de l'homme, des victimes ou proches des victimes. Nous avons pu, à ce moment-là, constater l'ampleur du désastre et des exactions que je résumerai par : des arrestations arbitraires, en masse, des camps de détention dits secrets – plus ou moins secrets, puisque l'on arrivait à les localiser à travers les recoupements –, une pratique tout à fait systématique de la torture et des mauvais traitements, des exécutions extrajudiciaires, et puis, ce qui nous avait déjà beaucoup préoccupé, l'existence de milices qu'on appelait les « patriotes », les « groupes d'autodéfense », les « gardes communaux » – il y avait des aspects divers –, qui avaient été légalisées sous le sigle GLD, Groupes de légitime défense, par une loi du 4 janvier 1997[57].

Pour donner un exemple de cette dissimulation à laquelle on était constamment confronté, on nous expliquait qu'on avait légalisé les milices en janvier 1997 pour pouvoir mieux les contrôler et répertorier leurs membres. On nous a dit qu'elles existaient depuis 1993-1994 mais qu'il n'était pas possible de les contrôler, donc autant les légaliser pour les encadrer. Nous n'adhérions pas à ce propos. Nous demandions : « Puisque vous les encadrez, vous savez combien de milices existent, combien de GLD, combien de membres composent ces GLD ? » (d'autant que les membres des GLD percevaient une petite rémunération quand ils ne s'alimentaient pas « sur la bête »). À ces questions posées, pas de réponse : « Nous ne savons pas. Nous poserons la question. Nous vous répondrons par écrit quand vous serez partis. » Nous n'avons jamais eu de réponse.

À cette même époque également, et pour terminer sur 1997, se posait la question, dont la presse s'est faite l'écho, des massacres, surtout en fin d'année, après notre départ principalement. Pour les massacres antérieurs ou pour les massacres postérieurs, la question – peut-être mal posée – était : « Qui tue qui ? » Il va de soi – je m'empresse de le dire ici pour lever toute ambiguïté – que la FIDH n'a aucune sympathie pour les islamistes et pour le terrorisme islamiste. Nous ne méconnaissons pas cette réalité,

57 Voir *supra*, chapitre 2, note 20, p. 120.

même si sur les explications nous pouvons avoir des divergences. C'est une condamnation absolue, et sans réserve, des actes terroristes, d'où qu'ils émanent, et en particulier des islamistes.

Nous l'avons dit et redit. Il faut savoir que, constamment, on a le sentiment que quand on n'est pas dans le camp des généraux, on est dans celui des islamistes. Or, nous ne sommes dans aucun de ces camps, nous sommes dans celui de la dénonciation des actes terroristes qui sont commis. Et nous disons qu'à la terreur des islamistes ne doit certainement pas répondre la terreur des autorités étatiques. Plus que quiconque, l'État doit respecter le droit et doit agir dans le cadre de cet État de droit.

Sur les massacres, bien entendu, nous n'avons pas de réponse. Aucune de nos organisations n'a apporté des éclaircissements, mais nous avons, sur un certain nombre de ces massacres – c'est l'un des objets de ce procès –, des éléments très précis qui permettent de poser des interrogations et, même au-delà, sur l'implication, pour certains d'entre eux, des forces de l'armée algérienne. On a toujours été très surpris par exemple que les massacres se produisent dans des lieux qui pourraient être beaucoup plus aisément protégés et à proximité de casernes ou d'établissements de gendarmerie ou de l'armée algérienne. Ce sont des massacres qui ont duré parfois pendant des heures, une nuit entière, sans aucune intervention. Tout cela pose des interrogations.

Quand nous sommes revenus en 1997, nos organisations ont, à l'époque, rappelé que nous nous comportions vis-à-vis de l'Algérie comme vis-à-vis de tous les autres pays. Ce sont des États qui ont souscrit des conventions internationales, qui ont des obligations internationales revendiquées. Quand on était en Algérie, à chacune de nos missions, il y a eu cette revendication de l'État de droit par nos interlocuteurs eux-mêmes. L'idée était de leur dire : « Chiche, puisque vous-mêmes vous revendiquez cet État de droit, est-ce que vous l'appliquez ? » Tout ce que je viens d'évoquer tend à prouver le contraire.

Nous avions demandé qu'une commission d'enquête internationale puisse se rendre en Algérie, composée d'experts totalement indépendants, à la limite même dans le cadre des mécanismes de la Commission des droits de l'homme, ou du Comité des droits de l'homme, à savoir des experts, des rapporteurs spéciaux. Cela a toujours été systématiquement refusé, au nom de l'indépendance de l'Algérie et du « refus d'ingérence » de la part de l'extérieur. Nous savons que ce refus de l'ingérence est souvent utilisé comme alibi pour empêcher de mettre en lumière ce qui se passe réellement. Je m'étonne ici de voir, alors que l'on est si sourcilleux de la protection de l'indépendance et du principe de non-ingérence en Algérie, que l'on vienne ici, devant une juridiction française, débattre de ces questions purement algériennes. Nous en sommes flattés. Cela nous conforte dans l'idée selon laquelle l'indépendance de la magistrature algérienne est sans doute sujette à quelque caution, et nous l'avons aussi dénoncé.

Pour terminer, puisque la question m'a été posée de la FIDH et de l'Algérie, nous avons refait une mission, M. le président, Mesdames, au mois de juin 2000, mission lors de laquelle l'impression a été un peu différente de celle de 1997. Nous n'étions plus dans l'opacité, la dissimulation, le mensonge, l'intimidation. Nous étions cette fois – le président Bouteflika avait été élu entre-temps, il y avait la loi sur la concorde civile [58], tout cela n'ayant pas à nos yeux réussi, mais c'est un autre débat – avec un couvercle qui sautait légèrement sur la marmite et qui donnait des possibilités d'expression.

Nous avons circulé plus librement en juin 2000 qu'au printemps 1997, la situation sécuritaire était améliorée, c'est incontestable, notamment dans les grandes villes, et nous avons circulé à Oran, Constantine, Alger, Tizi-Ouzou et quelques autres localités. Nous avons rencontré beaucoup de victimes et des parents de victimes. L'impression tout aussi cruelle, tout aussi éprouvante que celle de 1997, c'était celle de la litanie, des horreurs déballées sur ce qui s'est passé en Algérie depuis 1992. Nous avons recueilli des dizaines et des dizaines de témoignages, tous concordants et tous impliquant les forces de l'ordre ou les forces de police, les militaires, la gendarmerie de l'État algérien.

Lors de notre mission de juin 2000, nous avons également enquêté plus particulièrement sur les disparus. En 1997, on nous disait qu'il n'y avait pas de disparus : les seuls disparus qui existent sont des gens qui ont rejoint le maquis, des disparus imputables aux islamistes, ou le mari qui quitte le domicile et ne laisse pas son adresse ou l'enfant qui fugue. Inutile de dire que nous restions perplexes… L'avenir nous a donné raison, puisqu'en 2000 nous avons pu savoir – statistiques fournies émanant du ministère de l'Intérieur – que l'État algérien reconnaissait 4 600 disparus. Nos chiffres sont supérieurs, avec 12 000 ou sans doute 15 000 disparus.

La question des disparus est extrêmement révélatrice de ce qu'ont été les exactions tout au long de ces années noires, hélas non terminées, de l'Algérie. On sait tous que les disparus, c'est très emblématique des États répressifs, des États autoritaires, des États des bourreaux. On le sait. On sait aussi que ce passé-là vous resurgit à la figure un jour ou l'autre, que l'on ne fait pas abstraction de ces disparus, on l'a vu en Amérique latine, on le voit au Maroc, on commence à le voir en Algérie et ce n'est pas fini. Ce n'est qu'un début.

---

58 Par voie référendaire, le 16 septembre 1999, la loi dite de « concorde civile » a été approuvée par la quasi-totalité des votants. Cette loi prévoyait une exonération de peines pour les membres de groupes armés qui se rendraient avant l'expiration du délai fixé au 13 janvier 2000, sous condition de ne pas avoir commis de crime de sang, de viol ni d'attaque à la bombe. Les membres des groupes armés qui avaient décrété en octobre 1997 un cessez-le-feu bénéficiaient d'un règlement différent. Cette loi a été très controversée, car tout ce qui concernait son application (le nombre de bénéficiaires et leur profil, les critères d'exonération, etc.) est resté opaque. Mais le plus grave est qu'elle a été l'aboutissement d'un accord entre « militaires » des deux camps et qu'elle n'a pas été accompagnée d'une démarche de réconciliation et d'ouverture politique.

Aujourd'hui, on peut dire – et c'est le cas depuis plusieurs années –, alors que l'on commence à reconnaître le phénomène, qu'aucun cas de disparition n'a été élucidé. Des plaintes sont déposées par les familles des disparus, soit d'un point de vue administratif, soit d'un point de vue judiciaire, la justice étant saisie. Il faut savoir qu'aucune de ces affaires n'a abouti. Cela dénote une volonté délibérée des autorités algériennes de faire le silence.

Pour terminer, quand on représente une organisation de défense des droits de l'homme, je dirais que l'on voit très bien le fil conducteur tragique qui est celui issu des lendemains de l'arrêt du processus électoral. On voit très bien que l'on est dans un régime de terreur qui a fait des milliers et des dizaines de milliers de victimes. On parle de 100 000 victimes – c'était notre chiffre de 1997 –, et on parle aujourd'hui de 150 000 ou 200 000 victimes. C'est le résultat concret de cet arrêt du processus électoral. On nous rabâche l'idée selon laquelle la situation aurait été dramatique si les islamistes, qui ressortaient vainqueurs du processus électoral, avaient été au pouvoir. Je ne sais pas ce qu'aurait été la situation avec les islamistes. Elle n'aurait peut-être pas été bonne, mais je constate la réalité de ce qui s'est passé : 100 000 ou 150 000 victimes, le règne de l'impunité, c'est-à-dire l'absence absolue de sanction ; c'est un État – quoi qu'il nous en dise – qui continue de ne pas remplir ses obligations d'État de droit. On n'est plus à la période des grands massacres, cela ne fait plus la Une des journaux, car dix ici ou là, ce n'est pas suffisant pour que l'on en parle, ou à peine. Mais toutes les semaines encore, on peut voir qu'il y a des personnes massacrées. Où est la sécurité affirmée, où est cet État pacifié dont on nous parle ?

On est dans un pays où il y a cette absolue horreur, qui est celle d'une toute petite classe privilégiée – car je n'ai pas pu aborder tous les aspects, nous avons étudié les questions sur le plan économique et social –, où une poignée de dirigeants, les militaires, possède tout le pouvoir : le pouvoir militaire, le pouvoir politique, le pouvoir économique, le pouvoir financier. Car derrière tout cela, chacun sait que les enjeux sont des enjeux d'argent, d'enrichissement, de pétrole. Nous avons cette petite « clique » qui se maintient.

Certes, il n'y a plus le Haut Conseil d'État qui avait été créé non constitutionnellement en 1992 et qui a cessé d'exister en 1994, mais les mêmes ou leurs successeurs sont toujours là. On place devant une façade, ce qui n'est qu'une façade, c'est-à-dire une pseudo-démocratie avec de pseudo-élections, et la réalité du pouvoir n'est pas entre les mains des gens élus, mais entre celles des militaires. Cela vous donne, au bout du compte, un peuple algérien qui, lui, vit dans le malheur, la souffrance et la pauvreté accrue. Il faut savoir que le taux de chômage n'a jamais été aussi élevé, que beaucoup n'arrivent pas à vivre dans ce pays et sont désespérés. C'est le bilan quand on le fait au niveau d'une organisation de défense des droits de l'homme.

Je parle ici parce qu'on m'amène à témoigner. J'essaie de raisonner, mais à certains moments, quand on est en Algérie, ou quand on en revient, M. le président, Mesdames, l'émotion est plus forte sans doute que nulle part ailleurs, parce que c'est un pays qui nous est cher, c'est un pays qui est proche. Et de savoir que ce drame-là se passe et se poursuit dans ces conditions, de savoir que toutes ces familles que nous avons rencontrées et côtoyées sont désespérées, qu'il y a toutes ces victimes, M. le président et Mesdames, cela nous laisse vraiment dans beaucoup de tristesse aujourd'hui. Mais aussi dans beaucoup d'espoir demain, car nous savons que l'Algérie est celle qui comporte des personnes de la relève et ceux et celles qui, avec détermination, veulent simplement que demain ne soit pas semblable à aujourd'hui et hier, et que demain soit enfin le moment de la vérité et de la justice. Si, quelque peu, nos organisations y contribuent, si ce procès peut aussi y contribuer, ce sera tout de même au moins un pas en avant.

Mouvements dans la salle.

M. Stéphan, *président*. — Pas de manifestations dans la salle. Nous sommes dans un débat judiciaire. Je demande de le respecter.

Me Bourdon. — Me Baudouin, vous avez dû éprouver et écouter un discours, une rhétorique, un discours chaque fois que vous avez interpellé les autorités algériennes au nom de la FIDH. Ce discours, vous l'avez entendu à l'occasion des missions que vous avez effectuées et vous en avez eu connaissance par les réponses faites par l'État algérien aux différentes interpellations du Comité sur la torture. Que pouvez-vous nous dire sur cette rhétorique de l'État algérien face à toutes les très graves accusations portées contre lui par la FIDH et toutes les organisations internationales ?

Me Baudouin. — C'est une rhétorique, le terme est tout à fait judicieux. C'est une rhétorique très savamment orchestrée. Nous nous sommes rendu compte – c'est le seul hommage que je rende aujourd'hui aux autorités algériennes – qu'elles faisaient preuve d'une certaine habileté en la manière ou qu'elles essayaient. Effectivement, face à toutes ces réalités qui sont dénoncées, pas seulement par les organisations de défense des droits de l'homme, mais aussi par d'autres organismes officiels et d'autres hommes politiques, face à cette réalité, on essaie constamment de vous tenir un discours qui est pratiquement celui d'un État démocratique occidental.

Je dois dire que cette extraordinaire audace ne manque pas de nous suffoquer. Je vais citer des exemples. On va vous inviter au ministère de la Justice, ce qui est normal car, dans le cadre de nos rencontres, nous rencontrons les officiels, ou nous allons à la Cour suprême, à l'Observatoire national des droits de l'homme, et on vous montrera les dossiers. Par exemple, à l'ONDH, il y a des dossiers des disparus. On vous explique qu'une plainte a été déposée à telle date, nos organismes s'en inquiètent, nous avons écrit, nous avons fait des démarches, cela suit son cours, etc. La première fois, si on est un peu naïf, ce qui n'est pas notre cas, car on a cessé de l'être, on peut se dire que c'est vrai. Mais quand on y retourne plusieurs fois et que le dossier en est toujours au même stade, on comprend que ce n'est que de la rhétorique. Tout est à l'avenant et il est extrêmement difficile de discuter avec les représentants des autorités algériennes qui, constamment, passent sous silence ce qui se passe réellement. C'est toujours cette façade qui est mise en avant, que l'on essaie de présenter comme si elle était assez jolie. Derrière, il y a toute la réalité. C'est constant.

Un dernier exemple est celui de l'ambassadeur d'Algérie à Genève, qui a tout fait pour essayer de discréditer la FIDH suite aux rapports que nous avions pu émettre et pour essayer de soutenir que, en quelque sorte, la FIDH ne serait pas une organisation présentable : car on nous accusait de ne pas avoir pris position contre la torture au moment de la guerre d'Algérie, alors que tout ceci était faux et monté de toutes pièces. On n'hésite pas à utiliser le mensonge le plus évident et éhonté pour essayer de discréditer.

Me Farthouat. — Je n'ai pas du tout l'intention de discréditer la FIDH, dont j'ai un certain nombre de souvenirs. Je demanderai au président Baudouin… Six personnalités ont été désignées par le secrétaire général de l'Organisation des Nations unies, il le sait (dont M. Mario Soares, ancien président du Portugal, président, M. I. K. Jurgal, ancien Premier ministre de l'Inde, M. Abdel Karim Kabariti, ancien Premier ministre et ministre de la Défense de la Jordanie, M. Donald McHenry, ancien représentant permanent des États-Unis d'Amérique auprès de l'Organisation des Nations unies, Mme Simone Weil, ancienne ministre d'État de la France et ancienne présidente du Parlement européen, et M. Amos Wako, ministre de la Justice du Kenya), pour se rendre en Algérie postérieurement à la mission que vous avez effectuée, puisqu'ils y sont allés du 22 juillet au 4 août 1998 [59].

Ils y ont d'ailleurs été, si je me reporte aux indications qui figurent dans leur rapport, après avoir entendu ou interrogé un certain nombre de représentants d'organisations non gouvernementales en possession d'un certain nombre de rapports qui avaient été établis par ces organisations non gouvernementales sur la situation en Algérie. Notamment, vous avez cité – je suis désolé pour la Fédération internationale des droits de l'homme, mais c'est le côté de la prééminence anglaise, à travers ce malheureux monde – les rapports d'Amnesty International qui paraissent avoir le plus passionné les membres de l'ONU (il faudrait qu'ils fassent des efforts pour qu'ils s'intéressent aux organisations françaises…).

Vous pensez que ces cinq personnalités, qui relèvent un certain nombre de critiques graves et sévères sur la situation en Algérie, se sont laissées subordonner par leurs interlocuteurs ?

---

59 Voir *supra*, chapitre 1, note 29, p. 60.

Me Baudouin. — Les rapports d'Amnesty International sont une excellente lecture, mais ce n'est pas la même lecture que celle de la mission des six personnes que vous évoquez. Cette mission a été très largement abusée, effectivement abusée, par la rhétorique tenue, par le voyage organisé, et bien préparé, comme les autorités algériennes savent très bien le faire. Je pense qu'ils n'ont pas pu voir suffisamment pour se faire une opinion assez largement objective.

Il y a un autre élément, et il faut le dire. Les hommes politiques n'ont pas la même approche que les défenseurs des droits de l'homme. Il y a des considérations de nature politique, et parfois légitimes, qui sont prises en compte, et l'approche est un peu différente.

Sur l'Algérie il y a une forme – il y a actuellement d'autres sujets – d'autocensure qui s'impose quand on en parle. Un homme comme Mario Soares, que je respecte énormément et que je connais bien, peut être un peu victime de cette forme d'autocensure, car l'Algérie a un passé : la colonisation, la mauvaise conscience qui peut s'attacher à ce qu'ont fait les Occidentaux, les Français en Algérie. Au nom des abus qui ont pu être commis hier, on se refuse à dénoncer complètement, comme on le devrait, les abus d'aujourd'hui, ce qui est tout de même singulier.

Je ferai une dernière observation pour répondre à mon excellent confrère et ami, Me Farthouat : ce n'est pas la première fois qu'une mission de ce type se galvaude, ce n'est pas la première fois que des hommes politiques respectables se comportent d'une façon qui l'est beaucoup moins vis-à-vis de tel ou tel État.

Je vais quitter le sujet de l'Algérie pour parler de la Tunisie. Est-il normal de voir des hommes politiques européens, et français en particulier, trouver sain ce régime et trouver bon d'approuver les multiples violations des droits de l'homme commises par le régime de M. Ben Ali, dont on rappellera – car cela se suffit à soi-même – qu'il est réélu avec des scores qui feraient rêver les pires des démocraties populaires, à savoir 99 % des suffrages ? Malgré tout, on observe que s'attache une certaine respectabilité dans les propos tenus vis-à-vis du régime du président Ben Ali. Alors vis-à-vis de l'Algérie…

Me Farthouat. — Je ne citerai pas la liste de ceux qui approuvent M. Ben Ali, car ce serait cruel pour l'organisation que vous avez eu l'honneur de présider. Quant aux pourcentages de vote, en France aussi on arrive à des pourcentages extraordinaires !

Vous êtes allé en Algérie, et votre dernière mission est de 2000, c'est-à-dire très postérieure au départ du général Nezzar de ses fonctions, puisqu'il est à la retraite depuis le 1er janvier 1994. Avez-vous entendu beaucoup parler de lui ?

Me Baudouin. — Je me suis efforcé, dans l'exposé que j'ai fait, de replacer dans un contexte historique qui allait au-delà des dernières années, car – je l'ai dit et je le redis – tout a pris naissance bien avant, en particulier début 1992. Je pense, ou plutôt je ne pense pas car je sais, nous savons, que le général Nezzar occupait les plus hautes fonctions, et c'est pendant cette période-là que tout s'est mis en place. C'est de là que tout a découlé. Il y a eu ces années 1992, 1993, 1994, 1994 et 1996, pendant lesquelles le général Nezzar restait au plus haut poste.

Me Farthouat. — C'est-à-dire ?

Me Baudouin. — Vous venez de m'indiquer qu'il avait cessé en 1994. Jusqu'à la fin de 1993, jusqu'au début de l'année 1994, je me souviens que le général Nezzar était membre du HCE et il a « disparu » à ce moment-là. Par ailleurs, vous me demandez si j'ai entendu parler du général Nezzar sur la période qui a suivi. Je vous dis sincèrement : oui, et souvent, car en 1997 on parlait encore beaucoup du général Nezzar comme n'étant peut-être plus un homme qui occupait en pleine lumière des postes officiels, mais qui, dans l'ombre, restait l'un de ceux qui étaient les plus influents et agissants. Je ne prendrai pas parti, je le dis très honnêtement, depuis 2000, car je connais moins bien la situation. Je me garderai de dire quoi que ce soit sur le rôle que peut, ou ne peut pas, jouer le général Nezzar, mais jusqu'à cette période j'en ai entendu parler.

Me Farthouat. — Qu'avez-vous vérifié à cet égard ?

Me Baudouin. — Des vérifications s'imposent, comme on vient de le voir, jusqu'au début 1994, puisqu'elles résultent des fonctions exercées. Pour la suite, vous savez qu'il y a eu un certain nombre d'analyses, y compris celles que nous avons faites en étant sur place, où nous avons essayé de comprendre comment fonctionnait le mécanisme du pouvoir algérien. Je crois que ce n'est pas un scoop pour tous ceux qui connaissent l'Algérie que de dire que ce n'est pas le président de la République, ce n'est pas le gouvernement, ce n'est pas l'Assemblée nationale, qui jouent le rôle essentiel, mais un petit quarteron de généraux, dont tout le monde connaît les noms et l'influence qui se trouve derrière les décisions prises.

Me Farthouat. — Sur quoi vous appuyez-vous ? Combien de temps êtes-vous resté en Algérie ?

Me Baudouin. — La première fois, je suis resté trois jours, la deuxième fois, dix jours, et la troisième fois dix jours également. J'avoue que je n'apprécie pas beaucoup votre question. Il est évident que si vous demandez à un représentant d'organisation des droits de l'homme de passer une année dans un pays, aucune enquête de défense des droits de l'homme ne sera crédible, parce que par principe nous allons dans les pays sur une période temporaire. N'oubliez pas, et vous le savez bien, que ce sont des missions préparées en amont et suivies en aval. Cela ne se fait pas comme cela. Ce n'est pas seulement la période du séjour qui compte. Il faut tenir compte de la préparation et du suivi. Nous travaillons avant notre départ et après notre retour également.

Me Farthouat. — Vous avez, sur ce sujet, des documents, des éléments, des preuves, recueillies en aval ou en amont, qui vous permettent des affirmations ?

Me Baudouin. — Vous insistez sur une question qui n'est pas le propos sur lequel je souhaite m'engager.

Me Farthouat. — C'est mon procès ; vous me permettrez de poser des questions sur mon procès et pas sur un sujet qui n'est pas celui que j'ai à traiter dans cette enceinte de justice.

Me Baudouin. — Votre procès, c'est déjà la période pendant laquelle a été mis en place tout ce régime de terreur. Mais c'est aussi toute la période pendant laquelle M. Nezzar a été au sommet des affaires, au plus haut poste, aux plus hautes responsabilités, qualifié par beaucoup comme le principal responsable – je n'ai pas inventé le mot – jusqu'en janvier 1994. Et, depuis lors, je vous dis et redis que lorsque nous avons été amenés à enquêter, nous avons essayé de savoir qui étaient les hommes influents – et je pourrais citer quelques autres généraux, car il est vrai que le général Nezzar n'est pas le seul. Et on nous a indiqué – c'est connu dans tout Alger et toute l'Algérie – que ce sont ces militaires, parmi lesquels le général Nezzar, plusieurs années après 1994, qui se trouvent avoir été aux responsabilités.

C'est un propos qui sera complété par d'autres qui ont analysé, sur le plan de l'Histoire et de la politique, cette période et ce rôle. En tant que représentant d'une organisation de défense des droits de l'homme, je ne crois pas avoir à m'immiscer dans un cours de science politique. Je considère avoir largement répondu.

Me Farthouat. — C'est donc sur la commune renommée ?

Me Baudouin. — Je vous laisse votre appréciation.

M. Stéphan, *président.* — Vous avez parlé de M. Nezzar. Avez-vous eu des contacts avec M. Souaïdia, et plus généralement avec des ex-militaires de l'armée algérienne ou, encore plus généralement, avec des réfugiés en France venant d'Algérie ?

Me Baudouin. — Cela n'a pas été l'un de nos axes de recherche. On enquête par nos propres moyens, de préférence sur place, ce qui a été le cas. J'ai eu l'occasion, et quelques autres à la FIDH, dans des rencontres, de voir M. Souaïdia, mais il n'y a eu aucun suivi, aucune coopération particulière avec les personnes que vous évoquez. On a eu nos sources différemment.

Pour terminer, puisque vous m'offrez l'occasion de cette réponse, pour nous, ce qui est vraiment une source essentielle de nos travaux, comme pour toutes les organisations des droits de l'homme – je parle au nom d'Amnesty International, si elle le permet, car on a travaillé ensemble puisque ce sont des défenseurs des droits de l'homme –, ce sont les personnalités de la société civile, les victimes, les parents de victimes. Nous travaillons beaucoup ainsi, davantage qu'avec des gens qui ont eu une présence dans des fonctions militaires.

M. Stéphan, *président.* — Le tribunal vous remercie de votre témoignage, qui est complété par des pièces qui ont été produites contradictoirement au tribunal.

Audition de l'ex-capitaine Ahmed Chouchane,
à la requête de la défense, assisté d'un interprète [60]

M. Stéphan, *président.* — M. l'interprète, nous allons vous demander de prêter serment en votre honneur et conscience et d'apporter votre concours à la justice en votre honneur et votre conscience.

L'interprète. — Je le jure.

M. Stéphan, *président.* — Nous allons demander à M. Chouchane : quels sont vos nom, prénoms, âge, profession et domicile ?

M. Chouchane. — Je m'appelle Ahmed Chouchane, je suis né le 23 juin 1959 à Guerrara en Algérie, et j'étais officier dans l'armée algérienne.

Le témoin prête serment.

Me Bourdon. — M. Chouchane peut-il se présenter auprès du tribunal, donner les principales informations sur sa carrière militaire en Algérie, les principaux événements qui ont eu lieu pendant son séjour en Algérie jusqu'à son départ ?

M. Chouchane. — Je me suis engagé dans les rangs de l'ANP en septembre 1978 en qualité d'élève officier, dont la spécialité était l'infanterie mécanisée. J'ai été nommé au grade de sous-lieutenant, chef de section, le 19 janvier 1981 et j'ai été désigné chef de section aéroportée dans les troupes spéciales, puis chef de compagnie, puis chef du bureau de planification à l'École des troupes spéciales et enfin chef de bureau des troupes spéciales à l'Académie militaire interarmes jusqu'au 3 mars 1992. J'étais capitaine et j'ai été arrêté le 3 mars 1992. Je crois que mon arrestation venait du fait que ma réputation, plus spécialement dans les rangs des troupes spéciales, menaçait les missions que l'ANP avait engagées ou allait engager à partir de 1992. J'ai été arrêté le 3 mars et j'ai été interrogé dans le centre de torture de Ben-Aknoun. Là j'étais convaincu que les décisions que le commandement militaire a prises à cette époque allaient engager l'ANP dans une situation très délicate et dangereuse.

---

60 La qualité de la traduction de l'arabe ayant été très vite jugée insuffisante par les avocats de H. Souaïdia et par M. Chouchane, celui-ci a finalement témoigné directement en français.

J'ai signé de force un procès-verbal qui m'accusait d'atteinte à la sécurité de l'État algérien, de la création d'une armée secrète au sein de l'ANP et de la division du territoire national, mais j'ai essayé d'être franc avec mon commandement comme je l'ai toujours été.

J'ai écrit une lettre à M. le ministre de la Défense à l'époque pour confirmer mon désaccord et dénoncer les décisions à propos de l'implication de l'armée dans une confrontation armée avec la majorité du peuple algérien. C'était une décision très claire que l'on pouvait comprendre. Ces décisions ont ouvert les portes à tous les officiers et sous-officiers connus pour leur lâcheté, leur permettant de commettre leurs actes criminels.

C'est pour cela que maintenant je ne suis pas ici pour condamner qui que ce soit, mais je suis là pour dire que ces décisions ont été prises volontairement. Elles ont donné la possibilité aux criminels, dans les institutions de l'État algérien, y compris l'armée, de commettre des crimes que des groupes maintenant revendiquent.

Bien que je sois simple capitaine dans les troupes spéciales, j'étais honnête avec tout le monde. Je savais que ces décisions allaient engager l'armée dans cette situation critique. C'est pour cela que j'ai envoyé cette lettre à M. le ministre. Je l'ai écrite de ma main et j'ai confirmé mon désaccord avec ces décisions. J'ai essayé de montrer à M. le ministre que l'armée n'était pas capable de s'engager dans ces missions, que le commandement ne serait pas capable de maîtriser la situation. Enfin, j'ai dit à M. le ministre, dans cette lettre, qu'il serait bon, pour l'armée et pour toute l'Algérie, que le commandement militaire révise ses décisions et trouve une solution pacifique.

M. Stéphan, *président*. — Pouvez-vous préciser ces décisions ?

M. Chouchane. — La décision de pousser le président de la République, M. Chadli, à la démission. Pour nous, M. Chadli était le président de la République et le commandant suprême des forces armées algériennes. M. Nezzar était ministre de la Défense. Pour nous, c'était une hiérarchie. Pousser le président à démissionner, c'est pousser l'Algérie dans l'anarchie. Je préférais avoir de mauvaises institutions plutôt que de ne pas en avoir du tout [61].

---

61 En août 2002, M. Chouchane a publié (sur le site du MAOL) un texte dans lequel il précisait son témoignage lors du procès. Concernant les décisions prises par le commandement militaire au moment de la victoire du FIS aux élections et qu'il condamnait dans cette lettre adressée à M. Nezzar, il a indiqué : « J'ai écrit de ma prison au ministre de la Défense Khaled Nezzar, lui confirmant mon refus des décisions prises par le commandement et relatives à la destitution du président, à l'arrêt du processus électoral et à l'implication de l'Armée nationale populaire dans la confrontation armée contre le peuple. J'ai présenté les arguments et les exemples qui montraient que ces décisions conduiraient l'Algérie à une réelle catastrophe et que personne ne pourrait maîtriser les dérapages qui en découleraient et que l'armée n'est pas qualifiée pour réaliser la folle ambition du commandement. J'ai conseillé à Khaled Nezzar de revoir ses décisions et de coopérer avec les sages afin de trouver une solution à la crise ; à la

C'est pour cela que j'ai écrit cette lettre : j'ai signé ce procès-verbal pour encourager le commandant Ben Djerrou Dhib Djaballah, le chef de l'équipe d'officiers qui m'interrogeait, à remettre cette lettre à M. le ministre. Il m'a promis de le faire, car elle confirmait que j'étais coupable. Une dizaine de jours après avoir envoyé la lettre, il était prévu que le ministre nous rende visite, à moi et quelques autres officiers transférés à l'École de formation des officiers de réserve à Blida. On attendait de voir M. le ministre. À la dernière minute, la visite a été annulée et ils nous ont dit que M. le ministre avait un problème de santé imprévu.

Un mois plus tard, j'ai été convoqué par le commandant de la 3e région militaire, M. le général Gaïd Salah, et j'ai discuté avec lui du contenu de cette lettre. Il m'a promis de transmettre notre conversation au commandement.

De nouveau un mois plus tard, j'ai été convoqué par M. le chef d'état-major de l'armée algérienne [62] avec le général Boughaba Rabah, le général Gaïd Salah et le général Maazouzi. J'ai eu un entretien avec eux pendant plus d'une heure et demie et on a discuté de tout ce que j'avais écrit dans cette lettre. M. le chef d'état-major en personne m'a dit qu'ils avaient été envoyés spécialement par M. le ministre de la Défense et qu'il lui remettrait cette lettre comme il l'a entendue. Pour moi, cette audience était l'occasion de demander au commandement militaire et à la tête de celui-ci, à M. le ministre, de prendre ses responsabilités entières, courageusement, comme ils ont pris ces décisions en 1992 avec le même courage. C'est ce que je voulais demander.

Me Bourdon. — Vous avez évoqué la situation. Sur l'usage de la torture au sein de l'armée algérienne, que pouvez-vous indiquer au tribunal ?

M. Chouchane. — J'ai été arrêté quand les indices de la gravité de la situation sont apparus. J'ai été torturé. J'étais dans un centre de torture à Ben-Aknoun. C'est un vrai atelier de torture ; je ne peux pas le décrire autrement. Les indices de l'époque annonçaient que cela empirerait.

Ce sont les mêmes personnes qui m'ont enlevé à l'Académie militaire en 1992 que celles qui m'ont enlevé, plus tard, à la prison d'El-Harrach. Ils m'ont enlevé à l'intérieur de la prison d'El-Harrach, après que j'ai terminé toute la procédure pour ma sortie de la prison. Si vous allez maintenant à la prison d'El-Harrach, vous trouverez ma signature sur le registre de sortie, mais en réalité je n'étais pas sorti.

Me Comte. — Combien d'années après votre arrestation a eu lieu cette sortie de prison ?

---

fin, je l'ai rendu totalement responsable des conséquences de ses décisions, au présent et au futur, s'il ne révisait pas ces décisions » (<http://www.anp.org/tem/temoigne.html>).

62 Abdelmalek Guenaïzia, chef d'état-major de l'ANP de décembre 1990 à juillet 1993.

M. Chouchane. — Trois ans après. Les choses empiraient et je m'attendais à cela ; c'est pour cela que je m'étais arrangé avec deux avocats pour qu'ils viennent à la prison le jour de ma sortie. Ils ont tout vu. Quand on m'a enlevé de la prison, ces deux avocats ont rendu public mon enlèvement ; c'est ce qui a empêché ma disparition et m'a protégé. Je savais que les gens sur lesquels on devait s'appuyer n'étaient pas des braves, des gens qui avaient un honneur. C'est pour cela que j'avais prévu un plan pour la sortie.

Me Bourdon. — Que se serait-il passé si votre histoire n'avait pas été divulguée ?

M. Chouchane. — J'ai été amené à Ben-Aknoun en 1992 et en 1995, c'étaient les mêmes personnes et la même chose.

Me Bourdon. — Expliquez.

M. Chouchane. — Ils m'ont amené à Ben-Aknoun et j'y ai trouvé les officiers qui m'avaient arrêté et torturé en 1992. Ils m'ont dit que je ne leur échapperais jamais. Ils m'ont tout enlevé et je me préparais à une période de torture. Mais heureusement, les avocats sont intervenus.

M. Stéphan, *président*. — Vous avez été libéré ?

M. Chouchane. — Je n'ai pas été libéré. J'étais dans le centre de torture de Ben-Aknoun et le directeur général m'a dit que des sphères sécuritaires avaient décidé de me liquider, que je ne pourrais pas leur échapper et que ma seule chance serait de travailler avec lui [63].

Me Comte. — Expliquez clairement ce qui s'est passé, ce que l'on vous a proposé.

M. Chouchane. — On m'a proposé un plan de liquidation de quelques chefs du parti islamique. Ils m'ont cité des noms. C'était des chefs qui avaient pris le maquis : Mohamed Saïd et d'autres. Je leur ai dit que je ne voulais pas m'impliquer dans des plans criminels. J'étais prêt à collaborer avec eux et à exécuter n'importe quelle mission visant la réconciliation algérienne. J'étais prêt à contacter n'importe qui comme intermédiaire pour une grande réconciliation. Je leur ai dit que les gens qu'ils voulaient liquider étaient des universitaires et des cadres politiques : on pouvait négocier avec eux. J'ai dit que je croyais que les personnes qui devaient

---

63 « Après l'échec du kidnapping, le commandement des services de sécurité a adopté, avec moi, la méthode du chantage. Le général-major Kamel Abderrahmane lui-même m'a dit que certains au sein des services de sécurité avaient décidé mon élimination et que je ne pouvais échapper à cette peine qu'en travaillant sous son autorité personnelle ; et il m'a promis une promotion instantanée au grade de colonel et de mettre à ma disposition tout l'argent que je voulais. Mais ma réponse était claire : je lui ai dit que j'étais prêt à coopérer avec lui sans aucune contrepartie, à condition de revoir leur politique vis-à-vis du peuple sans exception et que l'intérêt de l'Algérie prime sur toute autre chose » (extrait du témoignage cité d'Ahmed Chouchane).

être ciblées par la force étaient les Zitouni [64] et compagnie, car ils tuaient des enfants et des femmes [65].

M. Stéphan, *président*. — Le chef du maquis.

M. Chouchane. — Le colonel Bachir [66], chef du centre de torture de Ben-Aknoun, assistait à la conversation. Il m'a dit : « Laisse Zitouni tranquille, c'est notre homme ; c'est avec lui que tu vas travailler. »

M. Stéphan, *président*. — Quel est, selon vous, le motif de votre arrestation réelle, puisque apparemment il y a une contestation ?

M. Chouchane. — Selon moi, les conséquences ou les événements qui ont suivi ma condamnation prouvent que j'avais raison.

M. Stéphan, *président*. — C'est quoi ?

M. Chouchane. — J'avais une bonne réputation au sein des troupes spéciales. Je dénonçais à voix haute l'implication de l'armée dans la confrontation armée contre les civils [67].

M. Stéphan, *président*. — C'est le courrier dont vous avez parlé ?

M. Chouchane. — C'est ce que j'ai confirmé dans la lettre.

---

64 Djamel Zitouni est réputé en Algérie avoir été le chef du GIA de septembre 1994 à juillet 1996.

65 « Après la première rencontre, ils m'ont proposé de participer à un projet d'assassinat des chefs du FIS en clandestinité qui ont pris les armes et ils m'ont cité à ce titre : Mohammed Saïd, Abdelrazak Redjem et Saïd Makhloufi. Je me suis étonné après la citation des cibles en leur disant que ces personnes sont des politiques et ont été forcées de prendre les armes ; et il est possible de trouver, avec eux, des solutions qui préserveront les droits de tous les Algériens et éviteront de faire couler plus de sang. J'ai aussi dit : "Si vous m'aviez parlé de l'assassinat de Djamel Zitouni, qui a reconnu sa responsabilité dans le massacre des femmes et des enfants, ma mission aurait été plus compréhensible !" » (extrait du témoignage cité d'Ahmed Chouchane).

66 Il s'agit du colonel Athmane Tartag, dit « Bachir », directeur du CPMI (Centre principal militaire d'investigation) de Ben-Aknoun, qui dépendait de la DCSA (alors commandée par le général Kamel Abderrahmane).

67 « La vraie raison de mon arrestation est la conviction du commandement que ma présence menaçait leur projet de confrontation armée contre la majorité du peuple, projet contre lequel je me suis opposé publiquement et à haute voix. Mais la cause directe est que beaucoup d'officiers et de sous-officiers étaient très irrités par les décisions du commandement, et de leurs conséquences ; à savoir l'oppression de la majorité du peuple, au point que ces militaires ont voulu assassiner le commandement militaire pour lever l'injustice. En effet, et en raison de ma bonne réputation dans l'armée et de la confiance dont je jouis parmi les officiers et les sous-officiers, notamment au sein des forces spéciales, des dizaines de militaires m'ont dévoilé leurs intentions et ont demandé mon avis sur la question. Bien que j'aie été persuadé de la légitimité de leurs intentions, je ne pensais pas que l'assassinat du commandement réglerait le problème ; alors, je leur ai conseillé de ne pas y penser. Aussi, aucun militaire, parmi ceux que je connaissais, n'a tenté quoi que ce soit » (extrait du témoignage cité d'Ahmed Chouchane).

M. Stéphan, *président*. — Officiellement, on vous a arrêté pour quoi ?

M. Chouchane. — La première fois, on m'a accusé d'atteinte à la sécurité de l'État, division du territoire national, création d'une armée secrète au sein de l'armée nationale, désignation de chefs de région.

M. Stéphan, *président*. — Avez-vous été jugé pour cela ?

M. Chouchane. — Non. Après la dernière visite faite par le chef d'état-major, la procédure a changé et j'ai été accusé officiellement devant le tribunal militaire de Béchar, dans une audience qui s'est déroulée du 5 au 13 janvier 1993, de « manœuvres subversives »[68]. J'ai été condamné à trois ans de prison. Trois ans après, quand je suis sorti de prison, on m'a dit que ce n'était pas la peine réelle.

Me Comte. — Cette lettre qui vous a valu, selon vous, tous ces problèmes, que contenait-elle et en quoi était-elle critique de l'attitude du commandement ? Qu'avez-vous vu, où étiez-vous placé en 1988, dans quel bataillon, que faisiez-vous en 1989, 1990, etc. ?

Me Farthouat. — Je ne sais pas ce que veut dire cette insinuation. C'est extrêmement curieux.

Me Comte. — Ce n'est pas une insinuation. Où étiez-vous en 1988, que faisiez-vous, dans quelles troupes, faisiez-vous du maintien de l'ordre ? Ensuite, que faisiez-vous en 1989, en 1990, etc. ?

M. Chouchane. — Jusqu'à mon arrestation, j'exerçais mes missions dans l'exemplarité totale. J'ai fait mon possible pour être un officier discipliné. À partir de 1991, il y a eu des visites d'officiers supérieurs. Je cite l'exemple de l'Académie militaire où le général Saïdi Fodhil[69], qui était à l'époque colonel, a fait une conférence dans laquelle en résumé – comme il l'a dit lui-même – il expliquait qu'il s'agissait d'empêcher les islamistes d'arriver au pouvoir, même par les armes s'il le faut. Dire cela dans une conférence où se trouvent des officiers, c'est une sorte de manipulation.

La conférence et les propos de Saïdi Fodhil tenus à l'Académie militaire ont été répétés par d'autres personnes et dans d'autres casernes. C'était une sorte d'orientation donnée aux responsables de l'armée de l'époque, expliquant l'opinion de l'autorité militaire et sa volonté ou ses intentions à propos de la gestion de la situation qui avait débuté en 1991.

---

68 Un groupe de sous-officiers a également été jugé pour les mêmes faits à cette date.

69 Saïdi Fodhil a été le directeur de la DDSE (Direction de la documentation et de la direction extérieure), une des trois directions du DRS, entre 1990 et 1994. Smaïl Lamari, chef de la DCE (Direction du contre-espionnage), n'appréciant pas qu'il soit l'interlocuteur des services étrangers, Saïdi Fodhil a été démis de ses fonctions et affecté au commandement de la 4e région militaire. En juin 1996, il sera victime d'un accident de voiture que beaucoup considèrent être un attentat (voir *supra*, chapitre 1, note 18, p. 48). Pour plus de précisions, voir : <http://www.anp.org/affairedesotages/affairedesotages.html> et <http://www.anp.org/etatdediscorde/tremblement.htm>.

C'était une sorte de feu vert pour les gens qui voulaient faire des dépassements (il y avait beaucoup de dépassements).

Je vais vous donner un autre exemple. En 1991, il y a eu un événement très connu, l'événement de Guemmar : quelques adolescents encadrés par un ex-militaire, un caporal-chef, ont attaqué ce poste de gardes-frontière dans le Sud algérien. C'était un acte criminel. Un brave sous-officier a été tué et des armes ont été volées. C'est clair. Les coupables devaient être condamnés et recevoir leur châtiment. Je suis d'accord avec tout cela.

M. le ministre de la Défense à l'époque, M. Nezzar, a été reçu à la télévision et a déclenché une opération contre les coupables. Que s'était-il passé lors de cette attaque ? Un sergent est mort, tué ; c'était un brave sergent. Des armes ont été volées. Et quelle est la réaction du commandement militaire ? On a engagé une opération. Les coupables – environ une trentaine – étaient principalement des adolescents qui ne savaient pas comment utiliser les armes. On a engagé une opération et le résultat a été de trente-quatre morts. Tous les adolescents et les participants à cette opération… Vingt-quatre d'entre eux ont été tués et quelques autres ont été brûlés. Tout le monde a vu l'armée présenter les corps calcinés dans des sacs poubelles à la télévision.

Me Bourdon. — Cela s'est passé où ?

M. Chouchane. — En novembre 1991, à Guemmar. Suite à cela, des centaines de paysans algériens ont été torturés et certains ont été condamnés à mort. Ils n'avaient pas participé à cela et ils n'étaient pas coupables dans cette affaire, mais ils ont été condamnés. Toute la région a été livrée à la merci des sadiques des troupes spéciales qui pouvaient faire ce qu'ils voulaient. C'était une punition générale et collective. Les officiers prenaient des gens de leurs maisons. Je l'ai dit au chef d'état-major et à l'époque j'ai donné les noms de quelques officiers. Cela nous donnait une idée. Quelques officiers et sous-officiers – des dizaines – sont venus me dire qu'ils en avaient assez et qu'ils étaient prêts à exécuter des attentats et des exécutions contre le commandement militaire. J'ai refusé. Le commandement sait cela. J'ai refusé en disant que ce n'était pas une solution. Si on tue le commandement, l'armée sera livrée à elle-même.

Me Bourdon. — Un autre événement a lieu quand vous vous trouvez à la prison de Berrouaghia en novembre 1994, à savoir une mutinerie. Que pouvez-vous dire au tribunal à propos des conditions dans lesquelles cette mutinerie a lieu et est réprimée ?

M. Chouchane. — En novembre 1994 a eu lieu un acte purement criminel, exécuté par un escadron de la gendarmerie contre 1 200 prisonniers dans un bloc à l'intérieur de la prison. Il y a eu cinquante morts par balles et plus de cinq cents blessés. Plusieurs corps ont été décapités et brûlés et, à la fin, ils ont été enterrés dans deux fosses. Les paysans connaissent ces fosses. J'étais dans la prison et j'étais concerné. Après cela, les prisonniers ont été châtiés et frappés jour et nuit avec des barres de fer de calibre 14 mm et ils étaient plus de 1 000 personnes. Peut-être que la moitié d'entre eux est encore dans la prison ou dans d'autres prisons.

Dire que c'était une mutinerie, je ne crois pas que cela explique ce massacre. J'étais moi-même dans le bloc des prisonniers, et l'opération ne valait pas tout ce massacre. De plus, le procureur général s'est interposé entre les gendarmes et les prisonniers, il a menacé le chef du groupement de la gendarmerie s'il ne cessait pas le feu ; sinon cela aurait été un horrible massacre. Pour moi, d'après ce que j'ai vu et entendu, c'était un crime clair et net.

Me Bourdon. — M. Chouchane, pour bien comprendre ce que vous avez indiqué, une rencontre a lieu entre vous et un certain nombre de membres des services après votre libération en 1995. Est-ce qu'on a bien compris, quand vous avez indiqué qu'un de vos interlocuteurs, un responsable, s'agissant de M. Djamel Zitouni, vous indique : « C'est un des nôtres » ?

M. Chouchane. — Oui, le colonel Bachir m'a dit cela. Il était le chef du centre de torture de Ben-Aknoun. Il était en compagnie de M. le directeur général de la sécurité de l'armée.

Me Bourdon. — Qui participait à cette réunion à l'occasion de laquelle on vous a donné cette indication ?

M. Chouchane. — Les deux : M. le général Kamel Abderrahmane, chef de la sécurité de l'armée, et le chef du centre de torture, le colonel Bachir.

Me Bourdon. — Comment viennent-ils à vous parler de M. Zitouni ?

M. Chouchane. — C'était la première proposition. Bachir m'a dit : « Vous allez travailler avec nous. » Mais après, on m'a convoqué dans le même centre pour un autre entretien, et on m'a fixé un rendez-vous avec un intermédiaire qui devait m'accompagner et assurer la rencontre entre moi et Djamel Zitouni. À ce moment-là, j'ai décidé de ne plus y aller et j'ai contacté mon avocat. Je lui ai tout dit et il est intervenu. Je leur ai dit que j'étais prêt à travailler à ma façon, mais en fait c'était juste pour prendre le temps de quitter l'Algérie.

Me Bourdon. — Vous quittez l'Algérie. Quelle est votre situation, maintenant, en Angleterre ? Vous avez obtenu le statut de réfugié politique, à quelle date et dans quelles conditions ?

M. Stéphan, *président.* — Quelles sont les conditions de votre départ ?

M. Chouchane. — Quand je suis arrivé à ce point, j'ai décidé de quitter l'Algérie. Je savais que je ne pouvais plus vivre en Algérie sans prendre les armes. Je pouvais participer à ces plans – que je qualifie de criminels – ou me défendre contre eux. Je ne voulais pas salir ma personne dans la crise. Il n'y avait pas d'autre moyen que de rentrer dans la crise par un côté ou par un autre. J'ai décidé de quitter l'Algérie. J'ai contacté un guide et j'ai quitté l'Algérie par la frontière du Mali, en traversant le désert, puis en Mauritanie. Je suis allé en Afrique cherchant une issue, et le 19 janvier 1997 j'ai pris l'avion, j'ai fait une escale à Londres, et j'ai demandé l'asile.

M. Stéphan, *président.* — Clandestinement. Depuis, quelle est votre situation en Grande-Bretagne ?

M. Chouchane. — Je travaille dans une bibliothèque en Angleterre.

Me Bourdon. — M. Chouchane, vous témoignez devant un juge aujourd'hui, un juge français. Vous venez de dire, aujourd'hui, des choses extrêmement graves à la juridiction française. Qu'est-ce que cela représente pour vous de contribuer ici à la vérité ?

M. Chouchane. — Je ne suis pas là pour attenter à l'honneur de qui que ce soit ou pour condamner qui que ce soit. Je suis là pour dire à chaque responsable algérien qu'il prenne ses responsabilités avec le même courage qu'il avait en prenant les décisions qui ont mené l'Algérie à cette situation. Si les responsables officiels algériens disent qu'ils ont sauvé l'Algérie d'une situation qui aurait été pire, je crois personnellement que cela ne leur donne pas le droit de se rétracter de leurs responsabilités. S'ils ont sauvé l'Algérie du « pire », alors ils doivent assumer la responsabilité de la situation actuelle, car c'est bien eux qui en sont responsables.

M. Stéphan, *président.* — Connaissez-vous M. Souaïdia ? L'avez-vous rencontré ?

M. Chouchane. — M. Souaïdia est l'un des élèves officiers qui étaient à l'Académie des cadres. Personnellement, je ne le connais pas. Mais il était l'un de mes élèves officiers en première année d'Académie, pendant sa première année d'études, quand j'étais directeur général de la formation physique, militaire et sportive.

M. Stéphan, *président.* — Que pensez-vous de son livre et de sa démarche ?

M. Chouchane. — Je n'étais pas son chef de section ou chef de compagnie. Pour moi, il était l'un des élèves officiers et n'avait rien de particulier.

M. Stéphan, *président.* — Maintenant, par rapport au livre, à sa démarche, qu'avez-vous à dire ?

M. Chouchane. — D'autres personnes m'ont posé la même question : « Des militaires parlent, est-ce la vérité ou pas ? » J'ai dit que chacun peut parler au niveau de ses responsabilités. Par exemple, s'il était chef de section, s'il avait exécuté des ordres et participé à des crimes ou s'il a vu ses camarades commettre des crimes, il est habilité à témoigner et à le dire. Mais je crois qu'il n'a pas, par exemple, le droit de discuter d'affaires politiques dans le livre.

M. Stéphan, *président.* — Il fait état, dans son livre, de certains militaires qui sont morts étant détenus à Blida. Est-ce des faits dont vous avez été le témoin ? Il semble que vous n'ayez pas fréquenté cette prison militaire, mais avez-vous connu des cas de militaires incarcérés, pour le fait de s'être élevés contre ce qui se passait, et qui seraient morts dans ces conditions durant leur incarcération ?

M. Chouchane. — J'ai eu la chance d'avoir été arrêté dès le 3 mars 1992. J'ai été placé dans une prison civile pour éviter de m'emprisonner dans une prison militaire avec des officiers et sous-officiers, en raison de ma réputation. Je ne peux pas confirmer qu'il y a eu des morts dans les prisons militaires, mais j'ai entendu parler d'officiers tués clandestinement. Parmi les officiers condamnés avec moi, cinq ont été tués. Je ne peux pas dire qui les a tués, mais je suis sûr que ces officiers n'avaient pas d'ennemi au sein de la société, même parmi les islamistes. S'ils ont été tués, c'est par des criminels. Je ne peux pas m'engager à qualifier qui que ce soit officiellement.

Me Farthouat. — Le général Nezzar souhaiterait présenter quelques observations.

M. Nezzar. — Je crois me souvenir du capitaine Chouchane qui était à l'Académie de Cherchell comme instructeur. J'étais persuadé que ce serait le seul qui viendrait témoigner, car c'est un convaincu. Ce que vous avez entendu tout à l'heure, c'est un discours d'extrémiste. Je voudrais dire que, concernant Guemmar, j'y suis allé personnellement seul, puis avec le Premier ministre Ghozali. L'attaque de Guemmar a été faite par le dénommé Tayeb El-Afghani avec la complicité du président de l'APC (du FIS) et soixante-dix éléments qui ont été formés par Tayeb El-Afghani. J'ai déclaré que c'est une action indirecte du FIS. J'ai eu à le dire à la télévision. Ce n'était pas le FIS qui avait donné directement les ordres, mais c'était des gens qui avaient agi… Était-ce de leur propre initiative ? Nous savions, à l'époque, qu'ils étaient surtout guidés par ce que l'on appelait El-hidjra wa at-takfir[70], à savoir une mouvance qui voulait arriver par les armes. Il y avait d'autres mouvances qui voulaient arriver par les armes. Ce ne sont pas des histoires de militaires qui ont combiné cette attaque. Il y a eu exactement sept militaires tués. J'ai été sur place. Des parachutistes sont intervenus parce qu'ils étaient à Biskra ; un régiment de parachutistes les a poursuivis. Il y a eu une soixantaine de tués et nous avons perdu cinq parachutistes. Voici les résultats exacts.

---

70 El-hidjra wa at-takfir signifie « exil et rédemption ». Il s'agit d'un groupe extrémiste qui a déclaré toute la société algérienne mécréante (*takfir*) et qui préconisait un nouvel exil (*hidjra*) des « vrais musulmans ». Les « Afghans », Algériens revenus d'Afghanistan où ils avaient combattu l'armée soviétique avec l'aide militaire de la CIA et le support idéologique de l'Arabie saoudite, y étaient nombreux. Comme les autres groupes, celui-là était largement infiltré par des éléments du DRS (voir *infra*, chapitre 3, le témoignage de Mohammed Samraoui, p. 234).

S'agissant de Berrouaghia, voilà quelque chose de totalement inventé. Il n'y a pas eu de massacre. Les gens qui sont des islamistes convaincus, qui ont participé au soutien, quand ils ont été pris comme terroristes, les armes à la main… Ce sont des gens convaincus et prêts à tout. Il y a eu ainsi près de neuf cents terroristes, avec la complicité de gardiens, qui ont pris le maquis avec trois cents armes de gardiens et nous avons mis pratiquement plus de deux ans pour en venir à bout[71]. Il y a eu Cherchell, Berrouaghia et Serkadji[72], où il y a eu malheureusement les quatre-vingt-dix-huit tués, et je regrette le nombre élevé de tués – en tout cas, ce qui, peut-être, a amené ce nombre est le fait que les ordres donnés à l'époque étaient de sauver à tout prix Boumaarafi, qui était celui qui a tué le président de la République.

M. Chouchane, je ne me souviens pas, mais je crois que vous avez fait partie de la commission d'éthique que j'ai créée. Est-ce que vous en faisiez partie ou pas ?

M. Chouchane. — …

M. Nezzar. — J'ai créé une commission d'éthique jugée par leurs pairs *[sic]*. Certains ont été envoyés à la justice, d'autres ont été envoyés en prison et j'ai reçu, dans mon bureau, un sous-lieutenant que j'ai libéré.

S'agissant de M. Chouchane, et comme je vous l'ai dit au départ, s'agissant de ce que l'on appelle le MAOL – le Mouvement algérien des officiers libres –, ils sont à Bruxelles. M. Samraoui, qui se dit colonel, apparaîtra tout à l'heure, et je le connais très bien. M. Chouchane est un convaincu et je le respecte, car le capitaine Chouchane, avant la grève insurrectionnelle organisée par le FIS en 1991 – un dossier de justice a été remis aux avocats et à M. le président –, a été reçu dans une maison sise à Sidi-Bousaïd par Saïd Makhloufi (chef du MIA, le général commandant

---

71 K. Nezzar fait ici référence à l'évasion de près de mille prisonniers (dont trois cent cinquante condamnés à mort) de la prison de Tazoult (ex-Lambèse) en mars 1994. De nombreux observateurs ont souligné le caractère tout à fait extraordinaire de cette évasion collective, dont de nombreux indices laissent supposer qu'elle n'a pu avoir lieu sans l'implication des services : elle aurait été « provoquée » pour permettre de liquider un grand nombre d'islamistes fuyant vers les montagnes (voir Habib SOUAÏDIA, *La Sale Guerre*, *op. cit.*, p. 111-112). Mais aussi pour nourrir la violence islamiste : c'est en effet après cette évasion que des groupes armés d'un autre genre se sont formés, des groupes sans lien avec les populations locales qu'ils ont commencé à terroriser (voir le témoignage de Nesroulah YOUS, *Qui a tué à Bentalha ?*, *op. cit.*, p. 62 *sq*). Cette « évasion » n'a jamais fait l'objet d'une enquête publique.

72 Il s'agit de la « mutinerie » de Serkadji du 21 février 1995, dont la répression sanglante a causé la mort de plus de cent prisonniers. De nombreux détenus politiques condamnés à mort ont alors été liquidés après y avoir été transférés peu avant de leurs prisons respectives, ce qui était contraire à la réglementation pénitentiaire. Différentes enquêtes ont été menées, l'une par l'ONDH, les autres par la LADDH et par le Comité algérien des militants libres de la dignité humaine et des droits de l'homme (voir COMITÉ ALGÉRIEN DES MILITANTS LIBRES DE LA DIGNITÉ HUMAINE ET DES DROITS DE L'HOMME, *Livre blanc contre la répression en Algérie*, tome 2, Hoggar Éditions, Genève, 1996, p. 179 *sq*).

l'ensemble des terroristes, qui se voulait le responsable de l'ensemble des terroristes), M. Chebouti et un autre responsable du FIS [73].

Le premier lui demanda d'effectuer un sondage au sein des unités déployées à Alger afin de déterminer quelles seraient les réactions aux manifestations du FIS. Le capitaine Chouchane a reconnu que, conformément aux recommandations de Saïd Makhloufi, je cite ses propos au juge : « J'ai entrepris moi-même l'opération de sondage au niveau des différentes unités des troupes spéciales déployées dans la capitale. J'ai pris contact avec des officiers. » Il s'est rendu à une deuxième réunion au mois de mai 1991 qui s'est tenue à Médéa où il rencontre les mêmes personnes. Une troisième réunion a eu lieu dans une habitation sise à dix kilomètres de Bousaïd pour remettre aux mêmes personnes ces évaluations.

Une fois arrêté, le capitaine Chouchane a déclaré au juge d'instruction : « Je reconnais avoir des relations directes avec les responsables du parti FIS, Front islamique du salut, desquels je recevais des instructions pour organiser des réseaux militaires et exécuter des opérations de

---

73 Jusqu'à ce jour, les informations concernant les premiers groupes armés qui se sont constitués *après* l'arrêt des élections restent incertaines. Mais aucun observateur, même parmi ceux qui sont proches des thèses de M. Nezzar, n'a jamais affirmé qu'un « Mouvement islamique armé » (MIA) était en activité à la veille de la « grève insurrectionnelle » de juin 1991, comme semble l'indiquer ici M. Nezzar. Ce qui, en revanche, est établi, est que le MIA était un groupe de guérilla islamiste créé aux début des années quatre-vingt par Mustapha Bouyali. Ce groupe a été démantelé en 1987 par les forces de sécurité : Mustapha Bouyali a été tué et ses principaux lieutenants, notamment Abdelkader Chebouti et Mansouri Meliani, ont été arrêtés et condamnés. Ceux-ci ont été libérés fin 1989, dans le cadre d'une amnistie qui n'était pas sans contrepartie : d'après le colonel Mohammed Samraoui (alors responsable du service de recherche de la DCE), ces militants islamistes ont à cette époque été « pris en charge » par le DRS pour qu'ils attirent, afin de les contrôler, les militants islamistes radicaux en désaccord avec la stratégie électoraliste du FIS (voir *infra*, chapitre 3, le témoignage de Mohammed Samraoui, p. 232). Ils « ressusciteront » le MIA ou des groupes qui seront désignés de l'extérieur par ce sigle tout en étant infiltrés par les services secrets. Selon un journaliste du *Matin*, « le nom de MIA est celui de l'organisation créée par Bouyali dans les années quatre-vingt. Il a été par la suite prêté à celle de Chebouti sans jamais en avoir été le nom revendiqué. Les islamistes, [...] ou même des officiels (le ministre de l'Intérieur, lors de l'attentat de l'aéroport d'Alger), parlent de MIA alors que cette organisation n'a jamais été reconstituée sous ce nom, collé à Chebouti du seul fait qu'il en a été membre du temps de Bouyali » (Nazim KHADRA, « Qui est l'AIS », *Le Matin*, 3 juillet 1999).

Ultérieurement, c'est en réaction à l'interruption du processus électoral et à la dissolution du FIS, en mars 1992, qu'Omar Eulmi, président du SIT (Syndicat islamique du travail), est entré en clandestinité et a créé en avril 1992 le MEI (Mouvement pour l'État islamique). Son groupe, qui disposait d'une véritable base militante, a été ensuite rallié pour cette raison par Saïd Makhloufi, Abdelkader Chebouti et Mansouri Meliani (en général présentés comme les fondateurs du MEI). Le MEI, ainsi infiltré par le DRS *via* Chebouti (lequel a probablement été assassiné par le DRS en 1994), disparaîtra rapidement. Tandis que Meliani, qui s'en était séparé, créera ses propres groupes et sera arrêté en mai 1992, condamné à mort et exécuté. Saïd Mekhloufi, quant à lui, ralliera le GIA ; il sera tué par Djamel Zitouni fin 1995, ainsi que deux autres anciens dirigeants du FIS, Mohamed Saïd et Abderrazek Redjam.

récupération des armes et perpétrer des actions de sabotage au siège de la TV et de la chaîne. Je suis un sympathisant du parti FIS ainsi que de tous les partis politiques prônant le régime islamiste. » M. Chouchane faisait du prosélytisme, condamné pour prosélytisme et pour ses contacts qui ont apparu par la suite au niveau de l'enquête, mais au départ c'était du prosélytisme à l'Académie de Cherchell.

M. Stéphan, *président.* — M. Chouchane, cela nous ramène à ce que vous avez déjà évoqué puisque vous avez parlé d'un procès-verbal que vous avez signé. Je pense qu'il s'agit de celui-ci.

M. Chouchane. — Concernant la commission, je n'ai pas été membre d'une commission créée par M. Nezzar.

Concernant ma rencontre avec Saïd Makhloufi, M. le ministre disait que ces rencontres ont eu lieu en avril ou mai. À cette époque, Saïd Makhloufi et Abdelkader Chebouti n'étaient pas recherchés. Ils étaient des chefs d'un parti politique : Saïd Makhloufi était membre du FIS et je pense qu'Abdelkader Chebouti l'était aussi. Ces gens-là m'ont contacté. J'ai dit qu'ils m'ont contacté et j'ai accepté de discuter avec eux en tant que citoyen algérien et j'ai réussi à les convaincre de ne prendre aucune initiative, et ils n'ont pas pris d'initiative jusqu'à l'arrêt du processus électoral.

Je peux demander à M. Nezzar qu'il m'indique une action exécutée par Saïd Makhloufi avant 1992. Pour moi, ces deux Algériens n'étaient pas recherchés et je n'avais aucune raison de ne pas parler avec eux. C'est pour cela que j'ai reconnu que je les avais rencontrés et j'ai refusé devant le tribunal militaire de m'impliquer dans un plan pour les liquider. Je savais, après une discussion avec eux, qu'ils n'avaient pas l'intention de prendre l'initiative de la violence. Ils craignaient que le commandement militaire en Algérie fasse la même chose que le commandement militaire en Syrie [74]. Ils avaient peur que cela arrive. C'est pour cela qu'ils n'ont pas contacté que moi ; ils ont contacté, avant moi, plusieurs officiers et sous-officiers.

Ma rencontre avec eux a stoppé les projets d'exécution du commandement militaire et peut-être d'autres projets. Je ne nie pas cette rencontre et j'ai l'honneur d'être celui qui a pu éviter à l'Algérie plus de sang versé à cette époque (avril 1991-janvier 1992). Par mon implication, j'ai réussi à faire en sorte qu'il n'y ait pas d'autres actes et notamment la tentative d'assassinat qu'ils voulaient effectuer sur M. Nezzar. J'ai refusé de participer à la capture de Saïd Makhloufi, même en 1995. J'ai dit que j'étais capable d'aller le voir et de le convaincre [75].

---

74 En 1982, pour combattre les Frères musulmans, le régime syrien a bombardé la ville de Hama. Plus de 10 000 personnes ont ainsi été massacrées.

75 « Je confirme ma rencontre avec ces deux citoyens algériens à l'instar des autres officiers et sous-officiers ; l'objectif de la rencontre était légitime ; en effet, le déploiement des forces armées sur tout le territoire national, sa mise en état d'alerte maximum et les provocations que subissaient les citoyens ont fait craindre à beaucoup d'entre eux que l'armée commette des massacres comme ceux subis par les islamistes en Syrie, en Égypte et en Irak. Si nous, les militaires, nous étions mécontents du comportement

M. Stéphan, *président*. — Le tribunal vous remercie. Vous pouvez rester dans la salle ou la quitter, comme vous le souhaitez.

L'audience est suspendue à 17 h 30 et reprise à 18 heures.

Audition de M. Kamel Rezzag-Bara,
à la requête de la partie civile

M. Rezzag-Bara. — J'ai cinquante-quatre ans, je suis diplomate, je suis domicilié à Alger et présentement je suis en poste en Libye, à Tripoli.

Le témoin prête serment.

Me Gorny. — Vous étiez président de l'Observatoire national des droits de l'homme. Qu'avez-vous, dans l'exercice de vos fonctions, constaté concernant le respect des droits de l'homme ?

M. Rezzag-Bara. — Très vaste question. Je suis l'un des premiers militants des droits de l'homme en Algérie. Je faisais partie de ce petit groupe qui, en 1985, a constitué le premier noyau de ce que l'on a appelé la Ligue algérienne des droits de l'homme. Par la suite, cette ligue s'est scindée en deux, en 1987 ; l'une des ligues a été officialisée, et en 1989, après l'entrée en vigueur de la Constitution pluraliste en Algérie, les deux ligues des droits de l'homme ont été agréées. Je faisais partie de l'une d'entre elles.

En 1992, mon ami, mon maître, Ali Haroun, m'a demandé de venir présider à l'Observatoire national des droits de l'homme qui est l'institution algérienne de protection des droits de l'homme. J'ai rencontré feu le président Boudiaf, qui m'a dit : « Je sais que l'état d'urgence a été décrété. Je sais qu'il y aura des bavures. Je sais qu'il y aura des dépassements. Je souhaiterais que vous soyez, avec votre assemblée plénière, un peu l'institution qui jouera ce rôle d'alerte. » Nous avons essayé de jouer ce rôle dans les conditions très difficiles que vous savez.

Me Gorny. — En même temps que vous continuerez, je vous demanderai d'éclairer le tribunal sur le problème des disparus.

---

agressif du commandement, les islamistes avaient plus de raisons d'avoir peur. Aussi ils nous ont contacté pour s'assurer des intentions non criminelles du commandement militaire ; je leur ai confirmé que je ne prendrais pas les armes contre un Algérien civil et qu'ils ne devaient pas devancer les événements et devaient respecter les ordres de la direction politique. Ces rencontres avaient permis d'éviter de faire couler le sang en 1991 et je défie le ministre de la Défense et tous les services de sécurité de prouver que Saïd Makhloufi et Abdelkader Chebouti ont accompli une action armée avant mon arrestation le 3 mars 1992. C'est la raison pour laquelle j'ai refusé de coopérer avec les services de sécurité pour arrêter ces deux hommes en 1992 comme j'ai refusé de participer dans le complot de leur assassinat en 1995, parce que je crois qu'ils sont des victimes du despotisme du pouvoir » (extrait du témoignage cité d'Ahmed Chouchane).

M. Rezzag-Bara. — L'institution nationale algérienne des droits de l'homme est une institution publique, indépendante, placée auprès du chef de l'État, qui joue un rôle consultatif, et qui présente un rapport annuel sur la situation des droits de l'homme. Je vous ai apporté, M. le président, les trois rapports concernant la période de 1992 à fin 1995. Je m'y reporterai, si vous le voulez bien, si des questions précises sont posées. Ces rapports sont publics après avoir été déposés auprès du chef de l'État.

Le premier gros problème que nous avons eu à affronter – puisque nous avons été constitués juste après l'instauration de l'état d'urgence –, dans le mécanisme d'alerte pour les droits de l'homme à cette période, est celui de l'internement administratif. Il a été pratiqué en Algérie à plusieurs périodes, pendant des périodes très courtes en 1991, et pendant une période assez longue après l'instauration de l'état d'urgence en 1992. Nous avons eu à suivre ces questions, puisqu'il s'agissait de la privation de liberté d'un certain nombre de citoyens en dehors du cadre judiciaire, puisqu'ils étaient arrêtés et détenus sans inculpation devant un magistrat.

Une dizaine de centres de sûreté ont été ouverts au Sud. Nous en avons la liste, avec la date à laquelle ils ont été ouverts et la date à laquelle ils ont été fermés. Nous avons visité un certain nombre de ces centres et d'autres organisations – nationales et internationales – les ont visités. Un certain nombre de rapports aux pouvoirs publics ont entraîné la fermeture de certains centres, l'élargissement d'un certain nombre de détenus dans ces centres, et ce n'est qu'en 1995 que les deux derniers centres qui restaient ouverts, Amisar et Aïn M'guel, ont été fermés [76].

Pour moi, M. le président, dès notre premier rapport, l'Observatoire national des droits de l'homme, parmi ses recommandations, a de manière directe, sur la question de l'internement administratif, des recommandations spécifiques contre l'internement administratif : « L'assemblée plénière de l'Observatoire national des droits de l'homme recommande que les pouvoirs publics ne recourent plus à l'internement administratif, c'est-à-dire à la privation de liberté d'un citoyen pour des considérations liées à la préservation de l'ordre public, en dehors du cadre judiciaire. »

Dans notre rapport de 1994-1995, nous avons estimé que plus aucune raison ne pouvait justifier que l'on maintienne cet internement administratif, puisque l'Algérie s'était dotée d'une législation spécifique de lutte contre le terrorisme et avait créé ses cours spéciales. Nous avons fait une recommandation tout à fait claire pour l'abrogation de l'état d'urgence, et donc la fermeture de tous les centres de sûreté. M. le président, c'est en 1994-1995. Malheureusement, l'état d'urgence est encore en vigueur, bien que l'essentiel du dispositif n'existe plus : plus de cour spéciale [77], plus de couvre-feu, plus de centre de sûreté. Il demeure que l'état d'urgence est

---

76 L'ONDH a précisé que le dernier « centre », celui d'Aïn M'guel, a été fermé en novembre 1995 (ONDH, *Rapport annuel 1996*, Alger, 1997, p. 44).

77 Mais l'essentiel des dispositions de la loi dite « antiterroriste » a été intégré dans le Code pénal.

encore en vigueur, et nous sommes très nombreux à continuer à demander qu'il soit levé.

M. Stéphan, *président*. — Concernant les disparus ?

M. Rezzag-Bara. — M. le président, juste après l'arrêt du processus électoral, l'Algérie est devenue un véritable brasier et la violence terroriste n'a connu aucune limite. Tous les rapports que nous avons ici commencent par une longue liste de tous les actes, exactions, crimes, attaques contre les civils commis par les groupes armés. Évidemment, les premiers visés étaient les forces de sécurité qui sont des enfants du peuple. Nous avons commencé à observer qu'un très grand nombre d'actions terroristes se faisaient sous le couvert de pratiques qui donnaient l'impression qu'il s'agissait de forces de sécurité. Il existe des faux barrages, à savoir que des citoyens sont arrêtés sur la route et pensent qu'ils ont affaire à un barrage des forces de sécurité, alors qu'en réalité il s'agit de terroristes qui les égorgent et les tuent.

À partir de cette violence terroriste, se sont développées des pratiques que l'on n'a vues qu'en Afghanistan. Ce sont les mêmes pratiques terroristes que les premiers groupes terroristes qui venaient d'Afghanistan ont pratiquées en Algérie. Parmi ces pratiques, l'entrée en clandestinité était cachée derrière une disparition : c'est une entrée en clandestinité, mais la famille, pour ne pas avoir de problèmes, déclare que le « disparu » a été pris par les services de sécurité, et on met en cause la responsabilité des pouvoirs publics. Ce problème a commencé très tôt. Dans ce rapport de 1993 – je souhaiterais le lire pour prouver que ce que je dis maintenant, en 2002 –, nous l'avons déjà écrit sur l'histoire de la disparition [78].

Nous plaçons les disparitions dans une rubrique que nous appelons « Dépassements et abus constatés dans l'application des mesures sécuritaires ». Nous les plaçons là parce que la majorité des familles qui déposent des demandes de localisation disent que la personne a été interpellée

---

78 Dans son rapport annuel 1994-1995, l'ONDH précise : « À cet égard, il a été établi que des personnes pour lesquelles leurs proches ont entamé une procédure de recherche et de localisation avaient en réalité disparu pour rejoindre les maquis » (publié à Alger, 1996, p. 61).

Les organisations de défense des droits de l'homme qui ont enquêté sur les disparitions ont constaté qu'environ 80 % des personnes disparues ont été arrêtées par des forces de sécurité, dans des ratissages, barrages ou individuellement. Il n'est d'ailleurs pas rare que les familles sachent où leurs proches ont été initialement détenus, soit parce qu'elles leur ont apporté un couffin de nourriture, soit parce que d'autres détenus les ont rencontrés dans des centres de détention. Pour plus d'information à propos des disparitions : Algeria-Watch, *Les disparitions en Algérie, suite à des enlèvements par les forces de sécurité*, mars 1999, <http://www.algeria-watch.org/farticle/aw/awrapdisp.htm> ; *1 000 cas de disparitions forcées*, <http://www.algeria-watch.org/mrv/2002/1000_disparitions/1000_disparitions_A.htm> ; AMNESTY INTERNATIONAL, *Les « disparitions » : le mur du silence commence à s'écrouler*, janvier 1999 ; *Rapport de l'association des familles de disparus de la wilaya de Constantine*, <http://www.algeria-watch.org/farticle/rapportconstantine.htm>.

et arrêtée par les forces de sécurité. Dans notre rapport de 1993, après « Interpellations et arrestations, Perquisitions, Gardes à vue, Présomption de mauvais traitements, Décès suspects, Brutalités policières » (toutes ces rubriques sont là pour appeler l'attention des pouvoirs publics sur un certain nombre de problèmes nés de l'affectation des mesures de lutte antiterroriste), il y a un paragraphe « Disparitions ».

Nous avons été les premiers à en parler : « Sous cette rubrique sont visés les cas dont l'Observatoire est saisi par les familles des personnes ayant fait l'objet ou alléguant avoir fait l'objet d'interpellations et d'arrestations de la part des services de sécurité, et dont ils n'ont plus localisé le lieu de détention en raison de l'absence de poursuites judiciaires. » Nous expliquons quelles sont les démarches que nous faisons. Nous avons mis en place une pratique de demande de localisation de personnes disparues et nous avons une banque de données qui, maintenant, est considérée comme l'une des mieux documentées sur la question des disparitions.

J'ai quitté l'Observatoire en 2000 et le dernier rapport de 1999 reprend l'essentiel de nos constatations sur la question des disparitions. Nous disons que les disparitions sont d'abord le résultat de la situation de terrorisme et de violence terroriste qui a sévi en Algérie et qui a entraîné une lutte antiterroriste qui, dans certains cas, a eu des déviances et des dépassements. Ce rapport est public et mis à la disposition de toutes les organisations des droits de l'homme qui n'ont été intéressées que par le chiffre. Amnesty International et la FIDH parlaient de quelques centaines de cas, de 2 000 cas. C'est l'ONDH qui a parlé de 4 000 cas documentés. Ils sont, selon mon confrère Me Ksentini [79], plus de 4 700.

Vous observez que sur cette liste qui fait état des cas de disparitions selon l'année de survenance de la disparition alléguée, sur les 4 038 à fin 1999, qui sont devenus 4 670 depuis, plus de 70 % des cas concernent la période 1993-1995. Le chiffre a diminué très régulièrement. À partir de l'année 2000, le nombre de cas était pratiquement égal à zéro et la plupart des déclarations de disparitions se rapportaient à des années précédentes. Beaucoup de familles viennent et déclarent une disparition de 1994 ou 1995. Quand on leur demande pourquoi elles ne viennent la déclarer qu'en 2002, elles répondent qu'elles avaient peur, qu'elles ne savaient pas. Beaucoup de familles n'ont exorcisé leur peur que depuis quelques années, depuis que cette violence terroriste est maintenant qualifiée de manière correcte par beaucoup de personnes.

Voilà ce que je peux dire sur cette très douloureuse question. L'Algérie portera le deuil de ses disparus. J'espère que l'on en parlera pendant très longtemps. Je connais des familles de disparus qui viennent régulièrement me voir. Une mère qui ne sait pas ce qu'est devenu son fils ou son mari,

---

79 Me Mustapha Farouk Ksentini est le responsable de la Commission nationale consultative de promotion et de protection des droits de l'homme, rattachée à la présidence de la République, organisme qui a été créé par décret présidentiel en mars 2001 pour succéder à l'ONDH, dissous en 2000.

c'est quelque chose d'intolérable et je comprends parfaitement la douleur de ces mères, et toute l'Algérie a été blessée au plus profond de son être par cette violence terroriste.

Me Gorny. — Monsieur, compte tenu de vos connaissances, qui peut être responsable des massacres de populations civiles comme ceux de Bentalha et Béni-Messous ?

M. Rezzag-Bara. — Il faudrait connaître l'idéologie islamiste intégriste. Je ne veux pas prendre de document ici, mais il est clair que pour ces groupes extrémistes intégristes, la seule loi est la loi divine, et le seul gouvernement est le gouvernement qui applique la loi divine. Ces personnes qui s'estiment investies de l'autorité, qui vont appliquer cette loi civique, n'acceptent pas que l'on puisse, d'une manière ou d'une autre, avoir une position différente.

Chez nous, en Algérie, l'idée d'État islamique a commencé à germer dans certains milieux extrémistes au début des années quatre-vingt. J'ai suivi l'affaire Bouyali : c'est le premier noyau intégriste armé, créé à l'époque. J'ai connu le dossier, j'étais avocat à l'époque. Dans l'idéologie de ces groupes, qui ont fait des émules depuis, c'était très simple : en Iran, l'ayatollah Khomeyni a imposé la loi de Dieu contre le Chah et nous allons imposer la loi de Dieu contre le « régime impie » du FLN, etc. Nous allons faire la jonction entre l'islam sunnite et l'islam chiite et le monde entier sera illuminé par la voix divine. À partir de ce moment-là, ce sont des personnes qui développent la négation absolue de l'être humain qui ne pense pas comme eux. Après avoir compris, en 1995, que la population algérienne n'avait pas à être ré-islamisée – nous sommes des musulmans et nous sommes en paix avec notre islam –, ils ont décrété que toute cette population était impie et ils ont commencé à égorger. Ce sont toujours des pratiques qui viennent d'Afghanistan.

J'ai un livre fait par l'un de nos meilleurs spécialistes des groupes armés, Mohamed Issami, qui explique comment l'empreinte des Afghans a dévié l'action islamiste en actions absolument inimaginables sur le plan de la violence [80]. Je n'ai aucun doute à émettre sur ce plan-là et plus personne n'en a, à moins d'être complètement sourd.

Me Gorny. — Vous avez participé, Monsieur, à de nombreux forums et commissions internationales. L'Algérie a-t-elle, à votre connaissance, fait l'objet d'une condamnation ?

M. Rezzag-Bara. — Non. Absolument pas. Je souhaiterais m'expliquer sur ce plan. À partir du moment où les problèmes sécuritaires ont été posés avec une grande acuité en Algérie, à partir du moment où la législation antiterroriste a été mise en place et a entraîné l'intérêt de la communauté internationale sur toutes les questions qui concernaient l'Algérie,

---

80 Mohamed ISSAMI, *Le FIS et le terrorisme : au cœur de l'enfer*, Le Matin Éditions, Alger, septembre 2001.

économiques, sociales, mais aussi des droits de l'homme, un certain nombre d'organisations ont focalisé leur attention sur l'Algérie.

L'Algérie, vous le savez, nous le disons dans nos rapports, a, au plan de la législation internationale, ratifié l'ensemble des conventions internationales des droits de l'homme et elle respecte de manière scrupuleuse les obligations nées de ces conventions, et notamment le fait de présenter très régulièrement ces rapports, soit initiaux, soit périodiques, devant le Comité des droits de l'homme qui est l'instrument de surveillance du Pacte international relatif aux droits civils et politiques, du Comité contre la torture, qui est l'instrument de surveillance de la convention contre la torture, du Comité des droits de l'enfant, du Comité des droits de la femme, etc. L'Algérie assiste régulièrement à la Commission des droits de l'homme chaque année à Genève, elle assiste régulièrement à la sous-commission des droits de l'homme, chaque année en août, à Genève, elle participe aux travaux du groupe de travail sur les disparitions, aux travaux du groupe de travail sur les exécutions sommaires et arbitraires. Il y a eu un intérêt très important porté sur l'évolution de la situation des droits de l'homme en Algérie.

On a, à chaque fois, fait état des énormes méfaits de la violence terroriste, mais aussi des pratiques contraires à la loi quand les services de sécurité avaient à mettre en œuvre la loi antiterroriste. Il y a toujours eu un appel aux autorités algériennes pour qu'elles maîtrisent la situation de protection des conventions des droits de l'homme, notamment en rappelant son attention sur le fait que l'état d'urgence ne doit pas être considéré comme la négation de l'État de droit. C'est la poursuite de l'État de droit dans une situation d'exception. Il y a eu beaucoup d'observations et de remarques, mais jamais de condamnations [81]. D'ailleurs, un certain nombre d'organisations internationales, M. le président, ont voulu à plusieurs reprises, soit mettre l'Algérie sous surveillance internationale, en demandant qu'un rapporteur spécial par pays soit désigné pour l'Algérie, ce qui n'a jamais été accepté par la communauté internationale, soit en demandant, à partir de l'année 1996, qu'une commission internationale d'enquête vienne en Algérie sous l'égide de l'ONU, ce qui n'a pas été le cas.

Par contre, l'Algérie a demandé à l'Organisation des Nations unies et à l'OUA de dépêcher une mission d'enquête [82], le « panel », qui est venu en juillet 1998, après que la troïka européenne, une délégation du Parlement européen ainsi que d'autres délégations telles que des ONG furent venues. À part les opinions minoritaires de certaines organisations internationales, la communauté internationale, si on comprend ce que les mots veulent dire, n'a jamais condamné l'Algérie.

---

81 Voir *supra*, chapitre 1, note 65, p. 83.

82 Ce n'était pas une mission d'enquête, mais d'information (voir *supra*, chapitre 1, note 29, p. 60).

Me Gorny. — Vous connaissez M. le général Nezzar. Vous savez qu'il a pris sa retraite pour raisons de santé en janvier 1994. Quel jugement de valeur pouvez-vous porter sur sa personne et son action ?

M. Rezzag-Bara. — C'est un militaire, c'est un homme qui a pris des responsabilités importantes à un moment important. Il ne les a pas prises seul, mais avec le soutien d'une tranche importante de la société civile républicaine et démocratique. Il a fait des erreurs – je le lui ai dit en toute amitié –, mais je pense qu'il a été l'un de ceux qui ont pris leurs responsabilités à un moment très difficile de l'histoire tourmentée de mon pays.

M. Stéphan, *président.* — Vous avez fait état d'une scission intervenue au sein du mouvement en faveur des droits de l'homme. Pouvez-vous en expliquer l'origine, car cela a peut-être un prolongement avec l'opinion émise par Me Baudouin sur les relations qu'il pouvait avoir avec vous et au sujet desquelles il a émis une certaine réserve ? Que pouvez-vous dire par rapport à cela ?

M. Rezzag-Bara. — Me Baudouin est un confrère, c'est un grand militant des droits de l'homme. Il a été président de la FIDH. Sur l'appréciation de la situation des droits de l'homme en Algérie, il se trompe. Je le lui ai dit très souvent et nous avons d'excellentes relations personnelles, bien que nous ne soyons d'accord sur rien concernant la situation en Algérie.

Pour répondre à votre question, M. le président, je serai un peu long. Nous étions un petit groupe qui, le 14 avril 1985, s'est réuni au restaurant Bassora, qui ne se trouve pas très loin du Palais de justice, et nous avons décidé de constituer la première Ligue des droits de l'homme. C'était l'époque du parti unique.

Me Issad, Khalida Messaoudi, Saïd Sadi, Ali Yahia Abdennour étaient avec nous ainsi que beaucoup de personnes que je ne pourrais pas citer ; et quinze jours après, une scission a eu lieu car nous n'étions pas d'accord sur le leadership. Le groupe que nous avons considéré comme étant celui de Me Ali Yahia a fait une scission et nous qui avions voulu une présidence pas trop contestée par les pouvoirs publics…

En 1987, Me Miloud Brahimi, un grand avocat chez nous, constitue la première Ligue des droits de l'homme, agréée pratiquement le jour même, ou le jour suivant. Il y a eu beaucoup de suspicions sur cette ligue de 1987. Après les événements de 1988, cette ligue prend des positions très courageuses sur la pratique de la torture pendant les douloureux événements d'octobre. L'une des deux composantes, dont je faisais partie, a rallié la ligue présidée par Me Miloud Brahimi.

En 1991, je deviens le secrétaire général de cette ligue, dont le président était à ce moment-là Youcef Fathallah, paix à son âme, tué par des terroristes à l'entrée de son cabinet de notaire le 18 juin 1994[83]. Après 1989,

83 Comme beaucoup d'autres, son assassinat n'a jamais été élucidé. Pour certains, dont l'ex-colonel du DRS Mohammed Samraoui, Youcef Fathallah aurait été assassiné parce

après le pluralisme en Algérie, les deux ligues, l'une présidée par Me Ali Yahia Abdennour, l'autre présidée par Youcef Fathallah et, après sa mort, par Guechir, ont continué sur deux trajectoires très différentes, disons divergentes les unes par rapport aux autres. Elles existent toujours toutes les deux et continuent d'avoir des positions assez divergentes sur l'interprétation des éléments, jusqu'à la création de l'ONDH en 1992, dont j'ai été élu président.

Me Comte, *défense*. — Une question dans la droite ligne de la vôtre. M. Rezzag-Bara, n'est-il pas étonnant qu'un responsable d'un Observatoire des droits de l'homme soit cité par le général Nezzar ? Je m'explique. Le général Nezzar, historiquement, a un rôle dans ce que certains peuvent appeler un coup d'État ; et ensuite est mis en place un système d'état de siège et d'état d'urgence entraînant la prolifération, avant ce coup d'État et après, d'une série de textes qui restreignent violemment les libertés.

Or, voilà que, dans un procès en diffamation, intervient aux côtés d'une personne qui a un rôle historique incontestable – revendiqué dans son livre – dans la mise en place de ce que l'on peut appeler, pour simplifier, un coup d'État et l'interruption du processus électoral, quelqu'un qui défend les droits de l'homme. N'est-il pas un peu bizarre que vous soyez cité dans ces conditions, dans ce contexte, par cette personne, et cela ne justifie-t-il pas la formule employée, en ce qui vous concerne pour vous caractériser, de « bureaucrate des droits de l'homme », c'est-à-dire quelqu'un qui travaille officiellement avec le gouvernement algérien sur les droits de l'homme ?

M. Rezzag-Bara. — Absolument pas, Maître. Je connais la théorie de certaines multinationales des droits de l'homme, qui ont développé une vision qui voulait absolument faire admettre que l'arrivée du FIS au pouvoir, donc une majorité théocratique, était un événement démocratique. Je suis un homme de convictions. Je suis un avocat et un professeur de droit. Je me suis toujours assumé. Je crois que l'institution militaire en Algérie est l'un des socles sur lesquels a reposé, du temps de l'Armée de libération nationale, la renaissance de l'État algérien. Je suis moi-même officier de réserve, puisque j'ai fait mon service national, et j'en suis fier. Je ne vois aucune contradiction à venir témoigner devant un tribunal à la demande du général Nezzar qui a été ministre de la Défense nationale de mon pays.

---

qu'il ne voulait pas cautionner le rapport de la commission d'enquête sur la mort du président Boudiaf, dont il faisait partie ainsi que Kamel Rezzag-Bara, lequel en était le rapporteur. D'après le MAOL, il aurait voulu y intégrer un passage mettant en cause des responsables des services de sécurité et exiger des démissions. Il semblerait qu'il ait rédigé son propre rapport, non publié. Peu avant son assassinat, il avait participé à une conférence sur l'Algérie à Berlin, où il avait critiqué publiquement les violations des droits de l'homme imputables aux services de l'État (voir Kamal ZEKRI, « Nouvelles attaques contre les généraux », *Liberté*, 4 août 2001 ; et <http://www.anp.org/affaireboudiaf/affaireboudiaf.html>.

Me Comte. — Je prends la question sous un autre angle et que l'on n'y voie absolument aucune insinuation. L'Observatoire national des droits de l'homme, que vous avez dirigé presque pendant dix ans, c'est-à-dire pendant la période où commence ce que l'on peut appeler une guerre civile, et qui continue aujourd'hui, comment était-il – que l'on n'y voie aucune insinuation – financé ? Y avait-il un financement de l'État et cet Observatoire était-il budgétisé ?

M. Rezzag-Bara. — L'ONDH est une institution publique de protection et d'information des droits de l'homme. Nous avons d'ailleurs pris le modèle de la Commission nationale consultative française des droits de l'homme. Dans beaucoup de situations, on nous reproche de prendre le modèle français. Moi, cela ne me pose aucun problème.

L'ONDH est une institution publique. Elle a été créée par un décret présidentiel et elle est composée d'un certain nombre de personnes, certaines désignées en raison de leurs fonctions, d'autres en raison de leurs qualités, et cet Observatoire a une assemblée plénière. La moitié des membres de l'Observatoire est, par son statut, constituée de femmes et nous étions l'une des institutions algériennes où il y avait le principe de parité (cela viendra peut-être un jour dans d'autres institutions). L'Observatoire est considéré comme une institution indépendante, consultative, dont la mission principale est de promouvoir et protéger les droits de l'homme en Algérie, conformément à la législation algérienne et aux conventions internationales ratifiées par l'Algérie. L'ONDH est placé auprès du chef de l'État, en tant que garant constitutionnel des droits des libertés des citoyens, et, me concernant, je n'avais aucune tutelle ministérielle ou gouvernementale. Je rapportais directement au chef de l'État, mais en sa qualité constitutionnelle de garant des droits des libertés des citoyens. Le budget de l'Observatoire est décidé au niveau du Parlement lors de la discussion du collectif budgétaire de la loi de finances.

Sur le plan international, cet Observatoire siège, avec ses autres institutions sœurs ou homologues, au sein du Comité international de coordination des institutions nationales. Chaque année, je faisais ma déclaration devant la Commission des droits de l'homme [84], avec celle des autres collègues. Sur ce plan, c'est une institution publique, mais une institution indépendante.

Me Comte. — L'Observatoire a été fondé en quelle année ?

M. Rezzag-Bara. — C'est un décret du 22 février 1992 mis en place le 14 avril 1992.

Me Comte. — Le Parlement n'était plus en exercice à cette époque-là, si ma mémoire est bonne. Il n'y a pas eu de vote du Parlement sur votre budget.

---

84 Des Nations unies.

M. Rezzag-Bara. — Il y a eu à la place un Conseil national de transition, qui jouait le rôle de Parlement pendant cette période de transition. Le budget a été voté par son intermédiaire. Je ne vois pas…

Me Comte. — Je vais vous expliquer le fin fond de ma pensée. Les ONG auxquelles nous sommes habitués, dans ces juridictions, parce qu'elles viennent témoigner parfois, ne sont pas budgétisées sur l'État et ne sont pas mises en place par décret d'un gouvernement quelconque. Ma question est de savoir comment vous pouvez garantir l'indépendance que vous revendiquez alors que je me demande même si vous n'êtes pas en partie composé de fonctionnaires. N'y aurait-il pas des fonctionnaires et, par conséquent, quelle peut être l'indépendance d'un corps budgétisé sur l'État, mis en place avant que le Parlement soit lui-même mis en place, avant le processus électoral, par un décret présidentiel ?

M. Rezzag-Bara. — L'ONDH n'est pas une ONG. C'est une institution publique, de droit public. Ces institutions de commissions nationales des droits de l'homme sont le résultat d'une résolution des Nations unies demandant aux États, depuis la grande conférence mondiale sur les droits de l'homme en 1993, et encourageant les États à créer des institutions publiques, des commissions nationales, pour développer la protection et la promotion des droits de l'homme dans un cadre consultatif, à côté des ONG. L'Observatoire n'est pas une ONG.

S'agissant de l'indépendance, je ne voudrais pas faire des appréciations, mais je connais beaucoup d'ONG qui ne sont pas toujours très indépendantes par rapport à leur environnement. C'est un autre problème.

S'agissant de l'Observatoire, il y a un certain nombre de personnes dans sa composition désignées en raison de leurs fonctions. Le Conseil constitutionnel désigne ses représentants, l'Assemblée nationale désigne ses représentants, le Conseil supérieur de la magistrature désigne ses représentants, l'Ordre national des avocats désigne ses représentants, et nous avons un groupe d'organisations, d'associations à caractère national, dont des associations qui protègent les femmes, les enfants, les handicapés, le droit au logement, l'alphabétisation, etc., qui se réunissent et désignent un groupe qui fait partie de l'Observatoire. C'est une représentation mixte, avec des représentants de l'État, des pouvoirs publics, pris en leur qualité, et des représentants des organisations professionnelles ou des syndicats, avec les représentants d'associations. L'ONDH n'est pas une ONG et revendique son indépendance.

Me Bourdon. — Je crois qu'il est important de « tordre le cou » à un propos énoncé de façon assez gourmande de l'autre côté de la barre et qui consiste à dire que l'Algérie n'a jamais été condamnée par les Nations unies. Je voudrais dire ici que cette observation n'a aucune espèce de sens. S'il faut faire le bilan de tous les pays qui sont dans le club des pays non condamnés, il y a eu l'Iran et la Chine, et l'Algérie se trouve en très bonne compagnie. Effectivement, il y a un système d'alliances politiques, d'intérêts politiques et économiques qui font que les États importants dans le concert des nations ne sont jamais condamnés. Il y a donc un abus de langage.

Me Farthouat. — On plaidera.

Me Bourdon. — Comment M. Rezzag-Bara explique – oublions les ONG – le fait que tous les rapports successivement depuis 1991 de la sous-commission des droits de l'homme des Nations unies stigmatisent de façon de plus en plus précise les exactions reprochées aux services de sécurité algériens, et notamment aux services militaires ? Les Nations unies ne sont pas un foyer islamiste. Donnez-nous une explication.

M. Rezzag-Bara. — La sous-commission des droits de l'homme, que je connais bien pour l'avoir pratiquée presque au même moment que vous – vous étiez secrétaire général de la FIDH –, n'a jamais stigmatisé l'Algérie. En 1997, un projet de résolution contre l'Algérie a été présenté par les quatre multinationales des droits de l'homme (les deux francophones, FIDH et Reporters sans frontières, et les deux anglophones, Amnesty International et Human Rights Watch), mais cette résolution n'est pas passée.

Me Bourdon. — Dans une interview très longue que vous donnez à l'agence Interface [85], à la question : « On considère l'ONDH comme le porte-parole du pouvoir... », vous répondez : « Puisqu'on en est à lancer des accusations, je peux parfaitement dire que cela est le langage des porte-voix des extrémistes et des groupes armés, et je peux dire que ces gens-là ne sont que les sous-traitants d'organisations internationales... Je peux dire beaucoup de choses pas très agréables à entendre. » Que voulez-vous dire par le fait que les organisations internationales sont les sous-traitants des groupes armés ?

M. Rezzag-Bara. — Suis-je obligé de répondre à cette question ?

M. Stéphan, *président*. — On se réfère à des propos tenus par vous.

M. Rezzag-Bara. — Je ne conteste pas ces propos, mais donnez la date.

Me Bourdon. — Le 24 octobre 1999 [86]. Si vous maintenez ce propos, expliquez-le au tribunal.

M. Rezzag-Bara. — C'est un propos extrême mais, à l'époque, il a été tourné à l'extrémisme. Certaines organisations n'arrivaient pas à comprendre la réalité de la situation et voulaient absolument continuer à penser qu'avec le FIS, avec les islamistes, nous aurions vu le pays de tous les paradis, alors que même sans le FIS on a eu un enfer sans nom. Cette

---

85 Il s'agit en fait d'une interview donnée à l'hebdomadaire *Libre Algérie* : « Le bureaucrate des droits de l'homme », Propos recueillis par Kamel YASSAR et Mohamed MEHDI, *Libre Algérie*, 28 février-12 mars 2000.

86 Date d'une autre interview donnée par M. Rezzag-Bara à l'agence Algeria-Interface. Cette erreur factuelle n'affecte pas la portée des propos échangés.

réaction est un peu extrême, peut-être que le propos était effectivement extrême. Je ne l'aurais pas tenu si on m'avait posé la question maintenant.

M. Stéphan, *président*. — Le tribunal vous remercie. Vous pouvez reprendre votre pièce d'identité.

Audition de Mme Hélène Flautre,
à la requête de la défense

M. Stéphan, *président*. — Je vous remercie d'avoir attendu longuement. Nous vous demandons d'indiquer quels sont vos nom, prénoms, profession et domicile.

Mme Flautre. — Hélène Flautre, je suis députée européenne et j'habite à Arras.

Le témoin prête serment.

Me Comte. — M. le président, nous avons cité comme témoin Mme Flautre, car dans le cadre d'une mission parlementaire européenne elle s'est rendue en Algérie en 2001. Pour que le tribunal comprenne bien, nous ne posons pas de questions sur la période 2001 mais, pendant ce voyage en Algérie, Mme Flautre a rencontré M. Nezzar. C'est une façon de répondre à la question de Me Farthouat posée à Me Baudouin.

Pouvez-vous dire au tribunal quel était le contexte de votre mission, comment vous avez été amenée à rencontrer M. Nezzar – c'est anecdotique –, et ensuite en arriver à la question centrale pour laquelle nous vous avons fait venir, à savoir quel jugement vous portez dix ans après l'arrêt du processus électoral, puisqu'il s'agissait alors de sauver la démocratie ?

Mme Flautre. — Je suis allée en Algérie fin mai de l'année dernière dans le cadre d'une délégation officielle du Parlement européen, qui est le mode ordinaire des relations entre la délégation Maghreb – dont je fais partie au Parlement européen – et nos homologues parlementaires algériens. Dans le cadre de la préparation de cette délégation, j'ai pris un certain nombre de contacts et il s'est trouvé, par le pur fruit du hasard, que j'ai été en interview téléphonée sur une question qui n'avait rien à voir avec l'Algérie, sur Radio Beur, et M. Nezzar était aussi invité. Par une sorte de réflexe de curiosité, j'ai demandé au journaliste de transmettre mes coordonnées à M. Nezzar et – environ une semaine avant d'aller en Algérie – j'ai eu un message de M. Nezzar me disant qu'il était disposé à me rencontrer. Ce rendez-vous s'est organisé hors délégation officielle, mais on en fait beaucoup. L'avantage des délégations officielles, c'est que vous voyez en même temps le gouvernement – j'ai rencontré M. Nezzar – et un ensemble d'acteurs de la société, les journalistes, les associations, les militants…

Les questions qui étaient, pour moi, principales étaient liées aux disparitions et l'on a beaucoup interpellé les gens que nous avons rencontrés sur cette situation. Nous étions un mois après le déclenchement des événements en Kabylie, et nous étions également porteurs d'une résolution du Parlement européen qui condamnait fermement la répression qui s'opérait là-bas. C'était le contexte.

Sur les disparitions, on a eu un certain nombre d'éléments de réponse très variés. J'ai rencontré, dès que je suis arrivée, hors délégation officielle, Me Khelili [87], qui nous a montré des dossiers, et qui nous a fait rencontrer des familles. Il nous a montré très clairement que certains dossiers comportaient des éléments très importants : des personnes des services de sécurité qui avaient été reconnues comme venant au domicile prendre leur frère, leur père ou leur mari ; certains dossiers comportaient des numéros de plaques d'immatriculation, des noms précis (par exemple, M. Abdelkarim Azizi a été torturé devant sa femme et ses enfants dans la baignoire). Ce sont des dossiers très lourds avec des personnes, en face, qui vous disent cela.

Ensuite, vous posez les questions aux membres du gouvernement qui disent avoir ouvert des bureaux pour que les gens puissent venir déposer leur dossier, et ils donnaient des éléments comptables. Ils revendiquaient à l'époque 4 000 cas de disparitions – plusieurs chiffres ont circulé. Et sur ces 4 000 cas, 1 000 auraient été élucidés, parmi lesquels 800 seraient des gens montés au maquis. J'ai posé cette question à M. Nezzar, sur les camps d'internement, sur les disparitions. Il m'a répondu : « Un jour, on saura la vérité. »

Avec tous ces éléments et la manifestation à laquelle j'ai assisté devant l'ONDH – il y avait une réunion de familles de disparus extrêmement émouvante, c'est vraiment le moins que l'on puisse dire –, vous vous rendez compte qu'aucune des personnes que j'ai rencontrées, *via* leurs interlocuteurs, avocats, aucune des familles n'avait reçu de réponse précise. Elles avaient parfois effectué des démarches auprès du tribunal, mais n'avaient obtenu que des non-lieux ou des certificats de disparition. C'était assez contradictoire avec le fait que les autorités aient élucidé 1 000 cas. Vous ne pouvez pas répondre à une famille qui a perdu son frère, son fils ou son mari avec des statistiques pour dire ce qui est précisément arrivé. Manifestement, le lien n'avait pas été opéré.

La deuxième question importante concernait ce qui se passait en Kabylie à cette époque. Le décalage entre la réponse des interlocuteurs officiels gouvernementaux et ce qui se passait… Je suis allée, hors délégation officielle, et bien qu'on m'en ait dissuadée, à Tizi-Ouzou. Je savais que les répressions n'étaient pas romantiques, à savoir que les jeunes épris de liberté s'avancent le poitrail ouvert face à la gendarmerie pour crier leur liberté. Je savais que ce n'était pas cela. Je savais aussi que c'était le cadre de dépassements. Mais ce que j'ai entendu était au-delà de tout : des jeunes

---

87 Me Mahfoud Khelili, président du Syndicat national des avocats algériens, mène depuis des années un combat inlassable pour la cause des droits de l'homme en Algérie ; il a notamment réalisé un travail considérable pour la défense des familles de disparus.

tirés dans le dos. C'était assez terrible. Quand j'ai posé la question à M. Nezzar, il m'a dit : « Quand les gendarmeries sont attaquées, c'est la loi, il faut tirer. Et le problème est que nous n'avons pas de balles en caoutchouc. »

J'avais fait la demande officielle pour aller à Tizi-Ouzou et on avait retardé l'échéance. L'autorisation a fini par arriver à une heure du matin. Je m'y rends, par des moyens plus militants et plus « off ». À la Maison des citoyens à Tizi-Ouzou j'ai assisté à une réunion où il y avait une centaine de personnes. J'ai écouté les gens toute la journée. J'ai mieux compris – je ne sais plus s'ils me l'ont dit – le rapport qu'ils pouvaient entretenir avec le pouvoir. Pour eux, leur sentiment était qu'ils étaient occupés, comme s'ils étaient occupés par une armée. La gendarmerie était une armée d'occupation ; c'était le mépris total.

Le nombre d'horreurs… Vous voyez des gens estropiés, des frères de jeunes tués. Et vous comprenez que ces jeunes-là sont morts tirés comme des lapins et non pas par une espèce de débordement. C'est impensable ! Je crois que cela a démarré dans quatre villages différents, à peu d'heures d'intervalle. Qu'il y ait des débordements, c'est assez compréhensible. Mais on a observé le plus de morts au moment où il y avait le plus de forces (il y avait des gendarmes, des forces spéciales, etc.). C'est au moment où il y avait le plus de forces et où, *a priori*, on aurait mieux contrôlé, qu'il y a eu le plus de morts.

Énormément de témoignages crédibilisent l'hypothèse que ce pouvoir est étranger à la société et que la société algérienne est dans un rapport de rejet total de toute forme de violence. Par rapport aux horreurs qui m'ont été racontées, j'ai été extrêmement impressionnée par cette sorte de civisme, de droiture et de dignité. Cela révèle une situation… Quand le pouvoir fait l'objet d'un tel rejet, je n'ai pas envie de regarder… Les gens, à l'époque, quand je leur parlais, étaient un peu indifférents : ils disaient « Généraux assassins » dans leurs manifestations, ils ne cherchaient pas à savoir si tel ou tel parti agissait de telle ou telle manière.

Certains des éléments de cette enquête empirique, complétée plus précisément par une association, la LADDH, qui a fait une enquête citoyenne, ont été confirmés en partie par le rapport officiel de M. Issad, que j'ai rencontré avec la délégation officielle [88].

---

88 Suite aux condamnations de plus en plus vives de l'attitude des forces de sécurité lors des émeutes en Kabylie qui firent suite à l'assassinat du jeune Guermah le 18 avril 2001, le président Bouteflika a chargé le professeur Mohand Issad de constituer une commission d'enquête sur les événements. Celui-ci a publié avec son équipe, le 27 juillet 2001, un *Rapport préliminaire de la Commission nationale d'enquête sur les événements de Kabylie*. Il y a confirmé le fait que le jeune homme avait été victime de balles tirées à l'intérieur des locaux de la brigade de gendarmerie et il a estimé que le bilan de la répression des émeutes était de plus d'une cinquantaine de morts et près de 1 500 blessés. Il a noté que « l'utilisation d'armes et de munitions de guerre pourrait apparaître largement excessive » et que le corps le plus impliqué était celui de la gendarmerie, dont les éléments « sont intervenus sans réquisition des autorités civiles

Me Comte. — Parmi les reproches qui sont faits par M. Nezzar à l'égard de M. Souaïdia, il y a des formules comme : « Les hommes politiques que l'on a sont des généraux, c'est eux qui décident, c'est eux qui ont tué des milliers de gens pour rien. »

Question très précise, Mme Flautre : dans vos rapports avec M. Nezzar, avez-vous eu l'impression qu'il revendiquait son rôle historique dans l'interruption du processus démocratique et avant ? Et, par conséquent, ces phrases qui sont reprochées, qui seraient diffamatoires aujourd'hui selon lui, cela ne correspond-il pas à ce qu'il aurait pu vous dire, à l'analyse qu'il pouvait faire, ou à l'impression que vous en avez tirée ?

Mme Flautre. — Le sentiment de M. Nezzar – il ne le nierait pas – est qu'il m'a dit clairement assumer pleinement la décision d'interrompre le processus électoral en 1992. Il a eu des propos que j'ai trouvés méprisants par rapport à la classe politique, qu'il comparait à une espèce de « cheptel » où il n'y a pas de compétence à la hauteur de la situation. Je crois bien qu'il a utilisé le terme de « cheptel ».

Je me souviens que quand on s'est quittés à la porte de sa maison, il m'a dit : « Est-ce que vous avez compris ? » Je lui ai répondu que je croyais avoir bien compris son point de vue, et j'ai vu son visage se durcir. Il m'a dit : « Ce n'est pas mon point de vue, c'est la vérité. » Or, j'imagine que pour revendiquer de dire la vérité sur toutes ces histoires compliquées et qui posent beaucoup de questions, c'est au moins que l'on doit avoir le sentiment d'être au cœur de quelque chose. On peut prétendre avoir des éléments de vérité, mais *la* vérité… Et cela a été dit de matière très docte. D'ailleurs, l'un des intérêts de cette visite était de me rendre perméable à cette vision qu'il défend de la situation de l'Algérie et des choix opérés depuis au moins 1991 et peut-être aussi avant.

Me Comte. — On fait grand cas de l'autre côté de la barre du fait que M. Nezzar a pris sa retraite à partir du mois de janvier 1994. Comment

---

comme la loi le stipule ». Relevant que les ordres de ne pas utiliser des armes n'avaient pas été suivis, il s'est demandé si cela était le signe d'une perte de contrôle du commandement ou plutôt du fait « que la gendarmerie a été parasitée par des forces externes à son propre corps, avec forcément des complicités internes, qui donnent des ordres contraires, et assez puissantes pour mettre en mouvement la gendarmerie avec une telle rudesse pendant plus de deux mois et sur une étendue aussi vaste » (le texte complet du rapport est consultable sur le site <www.algeria-interface.com>).

En décembre 2001, a été rendu public le *Dernier rapport de la Commission nationale d'enquête sur les événements de Kabylie* (rapport publié par *Le Jeune Indépendant*, 30 décembre 2001). D'emblée, la Commission a déploré le fait de n'avoir pu reprendre ses investigations, faute d'accès aux informations. Elle s'est donc penchée sur les textes juridiques encadrant l'état d'urgence et a relevé que l'arrêté interministériel (Défense nationale/Intérieur), non publié, du 25 juillet 1993, avait donné « des pouvoirs aux commandants des régions militaires [qui] sont des pouvoirs propres », ce qui a produit un « glissement subtil de l'état d'urgence vers ce qui s'apparente plutôt à l'état de siège ». De plus, « l'enchevêtrement des compétences rend impossible la détermination des responsabilités. Du moins dans les textes ».

interprétez-vous dès lors votre entretien avec lui presque sept ans après sa retraite, et comment vous est-il apparu – puisque c'est une question que posait Me Farthouat à Me Baudouin ? Était-ce quelqu'un qui vous semblait encore susceptible de prendre des décisions, capable d'influer ? Et peut-être pouvez-vous rappeler la manière dont vous avez été amenée à le rencontrer ?

Me Farthouat. — La manière dont ils se sont rencontrés a déjà été dite.

Me Comte. — Il y a peut-être autre chose. Il faut écouter, vous ne savez pas tout. C'est comme cela que l'on apprend.

Mme Flautre. — M. Nezzar, dans cette rencontre, n'a pas fait mention d'être en responsabilité. Il a clairement assumé les choix qui ont été faits, y compris les choix auxquels il n'aurait pas participé. Il a défendu la ligne dure de répression choisie depuis 1991. On peut s'interroger.

Cette rencontre est un malentendu. L'intérêt que j'avais à le rencontrer n'avait rien à voir et n'était pas énoncé, pas plus qu'il n'a énoncé l'intérêt qu'il avait à me rencontrer. Je voulais essayer d'obtenir des informations, des énoncés de la part de quelqu'un qui est sensé et qui revendique assumer une pleine responsabilité. Probablement, les intérêts de M. Nezzar étaient autres en la matière.

Cette ligne dure de répression est vraiment à interroger, car c'est quasiment du B.A. BA politique : quand vous coupez la tête politique d'un mouvement, vous le radicalisez furieusement. C'est d'ailleurs une technique largement utilisée à différentes échelles. Cela coule de source.

Pour énormément de gens – contrairement à quelques représentations qui restaient encore sans doute ici dans les têtes, c'est-à-dire deux camps qui s'affrontent –, ces histoires d'islamistes armés, c'était une violence dont ils ne voulaient plus entendre parler. Il ne pouvait plus se référer à ces histoires. L'espèce de stratégie de tension qui oblige chacun à se situer dans l'un des deux camps est mortelle car, pour échapper à ce type de tension, l'une des seules voies possibles était de monter dans les maquis. On a le sentiment que toutes les décisions prises ont renforcé le maquis et l'islamisme armé. C'est quasi mécanique.

Après, les débats sur les administrations, le contre-espionnage, leur rôle, cela devient plus compliqué. On part avec des questions telles que : pourquoi les grands massacres dans les quartiers populaires où il y a beaucoup de casernes et où les gens veulent vivre ? J'avais lu le livre de Nesroulah Yous [89]. Vous sortez de là avec plein de questions embêtantes : les neuf cents prisonniers qui s'évadent avec des camions autour qui ont l'air prêts pour cela [90] ? C'est hallucinant…

---

89 Nesroulah YOUS, *Qui a tué à Bentalha ?*, *op. cit.*

90 Référence à l'« évasion » collective de la prison de Tazoult (voir *supra*, chapitre 2, note 71, p. 172).

Sur toutes ces questions, j'essaie de formuler des hypothèses et je regarde si elles tiennent la route avec ce que je connais des faits. Je ne sais pas tout. Mais il est clair que l'hypothèse que l'on a interrompu les élections, que l'on a mené une bagarre pour rétablir la démocratie ne tient pas la route, car on est trop de loin de la démocratie. Ce qui se passe en Kabylie, mais pas seulement là, est la réalité de la non-démocratie en Algérie.

Me Farthouat. — Le général souhaiterait donner des indications et j'ai deux ou trois questions à poser. Vous avez rencontré le général Nezzar pendant combien de temps ?

Mme Flautre. — Pendant environ une heure trente, deux heures.

Me Farthouat. — Vous avez répondu à la question de Me Comte. Vous aviez commencé votre réponse et vous avez été interrompue. Vous est-il apparu comme quelqu'un qui dirigeait le pays, qui était aux affaires à la date à laquelle vous l'avez vu ?

Me Comte. — Ce n'est pas ma question.

Me Farthouat. — J'ai entendu le début de la réponse. J'ai dit : « À propos de la réponse que vous avez faite à mon confrère Me Comte. »

Mme Flautre. — Dans l'entretien, M. Nezzar est à la retraite. Il ne m'a pas dit qu'il organisait tout mais, manifestement, il se sentait détenteur de la vérité sur la situation en Algérie.

Me Farthouat. — Votre mission était la même que celle de M. Soulier ?

Mme Flautre. — C'était aussi une délégation officielle, mais pas celle-là.

Me Farthouat. — J'ai noté quelques divergences dans les conclusions… Vous n'avez pas eu l'air d'être très frappée. Pensez-vous que des massacres ont été perpétrés par le FIS, que des populations innocentes ont été massacrées par le FIS ? Ou cela ne vous paraît pas une réalité ?

Mme Flautre. — J'ai une horreur assez viscérale pour les solutions autoritaires, dures, religieuses, militaires, tout ce qui permet d'imposer du sens à une société au mépris de ce que veulent les gens. Pour moi, c'est un même sac : celui des sociétés non démocratiques.

Me Farthouat. — Les faux barrages, c'est secondaire ?

Mme Flautre. — Il n'y a rien de secondaire. Un mort n'est jamais secondaire. Je ne mets pas en doute le fait qu'il y a une réalité et que des gens soient morts de cela.

Me Farthouat. — Il y a une réalité.

M. Nezzar. — J'ai effectivement rencontré Mme Flautre sur sa demande. D'abord l'appel téléphonique a été passé quand j'ai fait ma conférence ici le 25 avril 2001. Quand elle était de passage à Alger, elle m'a téléphoné et je l'ai reçue. Ce qui m'étonne un peu, c'est que j'ai lu le rapport de Mme Flautre, qu'elle avait fait au niveau européen. Mme Flautre fait partie des Verts et nous savons ce que pensent les Verts de la situation en Algérie. Elle est connue depuis longtemps. Maintenant, ce qui m'étonne le plus, c'est que ce qu'elle rapporte est exactement en dehors de ce qui a été écrit. Elle est ici pour témoigner sur quelque chose, où je n'ai rien à voir, et elle omet beaucoup de choses.

J'ai exactement présenté les choses à Mme Flautre – j'ai reçu chez moi une belle femme et je lui ai parlé de bonne foi, sans aucune restriction, avec mon cœur – et j'ai essayé de lui expliquer. J'ai pris l'exemple du MAOL, il n'a jamais été inventé. J'ai dit : « Mme Flautre, regardez, voilà ce que dit un extrait du MAOL : "Lors d'une réunion en 1992 où il était question de trois cent cinquante officiers, etc."[91] » Ces gens ne connaissent pas les noms des militaires. Celui qui a été responsable de cette réunion, c'était moi. Cela n'a pas dépassé plus de vingt-cinq ou trente officiers. Elle m'a répondu textuellement : « Maintenant, je le sais, mais les autres ne le savent pas. » Or, cela n'a pas été rapporté dans son rapport alors qu'elle aurait pu le faire savoir aux autres.

La deuxième question n'est pas une question de sa part. Maintenant, elle s'étonne – alors que j'ai passé une partie de ma vie à travailler pour mon pays – que je ne puisse pas avoir des intérêts pour ce qui se passe en ce moment, d'autant que j'ai été celui, parmi tous ces gens, qui a eu à prendre la décision de l'interruption du processus électoral. Sachez que chaque fois qu'on entend qu'il y a des massacres, on ne reçoit pas cela avec plaisir, et tant qu'ils durent ce sera un problème pour chacun, plus particulièrement pour des hommes comme moi et ceux qui ont eu à prendre ces décisions. Nous l'avons prise, nous la revendiquons, je la revendique, mais ce n'est pas toujours agréable d'entendre que les massacres continuent, et c'est tout à fait normal. Je suis en droit de porter un jugement.

Parlons du « cheptel » ! Ce n'est pas le cheptel que l'on rencontre dans les forêts. On parle du cheptel politique. Nous n'avons pas de cheptel politique. Si on avait dix bonshommes capables demain de prendre le pouvoir, nous permettant de dormir sur nos deux oreilles, on serait sortis de cette situation. Malheureusement, nous sommes dans une situation où nous n'avons pas encore ces élites nécessaires capables de prendre les choses en main. À ce moment-là, chacun son métier.

---

91 M. Nezzar fait allusion à un éditorial du MAOL, intitulé « La monnaie, M. Djouadi ! », publié sur son site Internet <www.anp.org> le 23 mars 2001, en réponse à deux interviews données par le général à la retraite Abdelhamid Djouadi (ancien commandant de la 5e région militaire) aux quotidiens *Liberté* et *Le Soir d'Algérie*, où il est écrit : « De même, lors d'une autre réunion en [février] 1992, qui était présidée par Gaïd Salah et à laquelle ont assisté plus de quatre cent cinquante officiers, vous avez soutenu ce dernier qui avait froidement annoncé aux officiers présents que, en cas de refus d'obéissance, le commandement militaire était prêt à louer les services d'une armée étrangère pour venir à bout de tous les insurgés… Vous l'avez quand même fait, ou faut-il aussi vous rappeler les mercenaires : les Sud-Africains, les Français, les Yougoslaves et autres ? »

En parlant avec Mme Flautre – elle ne l'a pas mentionné dans son rapport et je pensais qu'elle allait le faire ici –, j'ai parlé des militaires. Dans l'armée, on dit que la logistique représente 50 % de la bataille, parce qu'il est vrai qu'avec le développement des technologies les machines sont devenues des machines à consommer, mais la logistique représente 50 % de la bataille. S'agissant du terrorisme, j'ai dit que cela représentait 80 %. Elle a écrit dans son rapport quelque chose qui m'a vraiment frappé, c'est un miracle, en disant que c'est comme les Français, alors que je n'ai pas dit cela [92]. Je suis un Algérien face à des compatriotes algériens. Les coloniaux faisaient face aux indigènes, ce n'est pas la même chose, Madame.

Mme Flautre. — M. Nezzar a lu mon rapport parce que je le lui ai envoyé.

M. Stéphan, *président*. — On a le rapport ?

Me Comte. — Non. Il concerne plus particulièrement la partie de l'enquête sur la Kabylie et ce n'est pas dans le sujet. Mais on peut le joindre.

M. Stéphan, *président*. — Ce serait peut-être utile, puisque cela a été longuement évoqué de part et d'autre.

Mme Flautre. — Si je voulais avoir des informations précises sur le MAOL, comment il fonctionne, qui le compose et ses motivations, ce n'est pas à M. Nezzar que j'irais demander ce type d'information.

Concernant la phrase sur la logistique, c'est l'une des phrases qui était la plus saisissante pour moi. La phrase, ce n'est pas 50 % et pas 80 % non plus, mais 90 % : « Dans une guerre antiterroriste, 90 % de la bataille c'est la logistique dont dépendent les maquis ; quand on ne peut atteindre les maquisards, il faut atteindre la logistique… » C'est textuellement dans mon rapport. Forcément, quand vous avez des questions dans la tête et que vous entendez cela, vous vous demandez ce qu'est la « logistique ». C'est les gens qui soutiennent les maquis ? Vous comprenez ?

Me Comte. — On produira le rapport.

---

92 M. Nezzar fait allusion au passage suivant du rapport de Mme Flautre : « Le général Khaled Nezzar […] reconnaît des "bavures", des "dépassements". Selon lui, "il faudra, un jour, que les gens sachent… quand ? Nous sommes en guerre !". Il risque une explication peu convaincante : "Les gens sont montés en masse au maquis, croyant qu'ils avaient gagné… puis se sont entretués…" La métaphore technico-militaire donne alors à voir le scénario cruel : "Dans une guerre antiterroriste, 90 % de la bataille c'est la logistique dont dépendent les maquis ; quand on ne peut atteindre les maquisards, il faut atteindre la logistique…" Les militaires algériens ont-ils frappé les populations civiles des banlieues et contrées éloignées pour isoler les maquis ? Ils n'auraient alors fait que répéter la tactique de leurs ennemis d'hier ; ainsi le rappelait le général : "Le 2e bureau [de l'armée française] avait un droit illimité sur les prisonniers ; exécutions sommaires etc., ce qui aboutit à une considérable mortalité de civils" » (Hélène FLAUTRE, *Rapport Algérie*, 18-23 mai 2001, <http://www.les-verts-europe.org/alire/textref_detail.phtml ?id=9>, p. 11).

M. Stéphan, *président*. — On a bien compris la remarque qui a été faite de l'autre côté et celle que vous venez de faire. Le tribunal vous remercie surtout d'avoir attendu longuement. Votre témoignage était utile comme tous ceux que nous avons entendus aujourd'hui. Vous pouvez récupérer vos pièces d'identité.

L'audience est suspendue à 19 h 15.

3

Audience du 3 juillet 2002

L'audience est reprise le 3 juillet à 9 h 45. Le président et les avocats des deux parties se concertent pour fixer l'ordre de passage des témoins suivants, ainsi que le visionnage de cassettes vidéo proposées par chaque partie [1].

Audition de M. Mohamed Daho,
à la requête de la partie civile, assisté d'un interprète

L'interprète prête à nouveau serment.

M. Stéphan, *président*. — Nous demandons à M. Daho quels sont ses nom, prénoms, âge, domicile et profession.

M. Daho. — Je m'appelle Mohamed Daho, je suis né le 6 juin 1947 à Lakhdaria et je suis de nationalité algérienne.

Le témoin prête serment.

Me Farthouat. — M. Daho, vous habitez Lakhdaria ?

M. Daho. — Oui.

Me Farthouat. — Vous aviez un fils âgé de quinze ans qui exerçait une activité de revendeur de cigarettes ?

M. Daho. — J'avais un garçon qui s'appelait Ali Daho, il avait quinze ans et était vendeur de cigarettes à l'entrée de Lakhdaria. À l'époque, en 1994, les terroristes avaient interdit la vente de cigarettes à Lakhdaria. Ce jour-là,

---

1 Dont celle, pour la défense, de l'interview de l'ex-capitaine Hacine Ouguenoune, du MAOL, qui n'a pu se rendre à Paris pour témoigner à la barre (voir annexe, p. 491).

ils sont venus à la maison pour le prendre. Il était 7 h 30, j'écoutais la radio. Ils l'ont pris le 4 octobre. Le 7 octobre on l'a ramené au centre-ville où il a été égorgé. Il a été touché avec un couteau à quatre reprises au niveau du bras. Quand je suis sorti le matin, je l'ai trouvé et je l'ai transporté à l'hôpital. Il était maculé de sang sec sur sa peau. J'ai lavé son sang avec de l'eau de Javel.

Me Farthouat. — Vous êtes formel pour dire que ce sont des terroristes qui l'ont enlevé et pas les forces de sécurité ?

M. Daho. — Je les connais, ce sont des enfants du pays.

Me Farthouat. — Je n'ai pas d'autre question, M. le président.

M. Daho. — Les personnes qui l'ont pris sont M. Gadinarou Boualem, Omar Khelili et Belkadi Merzak.

Me Farthouat. — Qui sont des terroristes ?

M. Daho. — Ils sont terroristes. Deux d'entre eux ont quitté le maquis puisqu'ils ont bénéficié du pardon de Bouteflika. Le troisième est toujours dans le maquis.

M. Stéphan, *président.* — Est-ce qu'il a été contacté par des journalistes après cette affaire ? Qu'est-ce qui s'est passé au niveau policier ?

M. Daho. — J'ai reçu des journalistes qui m'ont posé des questions suite à l'apparition de mon fils dans un livre, et ils m'ont demandé si je savais qui avait tué mon fils.

M. Stéphan, *président.* — Est-ce qu'il y a eu une enquête ou une intervention des services de police ?

M. Daho. — Rien du tout.

Mme l'assesseur. — Dans votre village, y a-t-il eu d'autres familles dans lesquelles un jeune aurait pu trouver la mort ?

M. Daho. — D'autres familles ont eu des enfants tués. Certains ont été décapités, certains ont eu les pieds ou les jambes coupés. En général, on les dépose au centre-ville et il m'arrivait très souvent d'en trouver puisque je travaillais dans les services de la voirie. Le matin, j'en découvrais.

Mme l'assesseur. — Certains ont-ils été brûlés ?

M. Daho. — Non. C'est pour cela que je suis venu ; quand j'ai appris que l'on disait que mon fils avait été brûlé, je suis venu pour le dire.

M. Stéphan, *président.* — Il a cité des noms concernant les assassins de son fils. Que sont devenues ces personnes ?

Me Farthouat. — Il l'a dit.

M. Daho. — Ils sont en vie et libres.

M. Stéphan, *président*. — Deux sont au maquis ?

Me Farthouat. — Un est au maquis et deux ont bénéficié du pardon de Bouteflika.

M. Daho. — Les deux sont revenus et l'un est toujours au maquis.

M. Stéphan, *président*. — Il est appelé à en côtoyer certains régulièrement.

M. Daho. — Je les vois tous les matins et les après-midi.

M. Stéphan, *président*. — Qu'est-ce qu'il y a à dire par rapport à cela ?

M. Daho. — Que voulez-vous que je fasse ? Le président de la République leur a pardonné.

Me Bourdon. — Le témoin vient de dire qu'il a témoigné quand il a appris qu'il avait été dit que son fils avait été brûlé. A-t-il apporté son témoignage spontanément ou l'a-t-il fait après que des journalistes ont pris contact avec lui et quels journalistes ?

M. Daho. — Ce n'est pas les journalistes qui m'ont amené ici. C'est l'association qui s'occupe des victimes de terrorisme.

Me Bourdon. — Dans la plaquette qui est versée au débat par les avocats de la partie civile, un document s'appelle *Mensonges et vérités sur La Sale Guerre*, il est fait état d'un propos de M. Mouloud Benmohamed, cité comme témoin et qui a fait une attestation écrite, et il explique qu'il a fait des démarches et retrouvé M. Daho.

M. Daho. — C'est vrai, il est venu chez moi.

Me Bourdon. — Dans quelles circonstances ?

M. Daho. — J'avais découvert que mon fils avait été tué par les terroristes et il disait que mon fils avait été brûlé. Il est venu me voir, m'a posé des questions, m'a demandé si mon fils avait été égorgé ou brûlé et dans quelles conditions cela s'est fait. Je lui ai raconté que mon fils avait été égorgé.

Me Bourdon. — Sait-il d'où venait ce journaliste ?

M. Daho. — Je ne sais pas. Je ne le connaissais pas. Ils sont venus dans des voitures. Je n'ai pas cherché à savoir d'où ils venaient.

Me Bourdon. — « Ils sont venus dans des voitures » : ils étaient plusieurs ?

M. Daho. — Il y avait trois personnes et deux véhicules.

Me Bourdon. — Se souvient-il de qui étaient les deux autres personnes ?

M. Daho. — Je ne les connais pas.

Me Bourdon. — Est-ce qu'elles se sont présentées à lui ?

M. Daho. — Ils m'ont dit qu'ils étaient des journalistes algériens.

Me Bourdon. — Ont-ils dit pour quel journal et quel quotidien ils travaillaient ?

M. Daho. — Ils ne m'ont pas précisé. Ils m'ont dit qu'ils étaient des journalistes algériens.

Me Bourdon. — Est-ce qu'ils ont présenté des cartes de journalistes ?

M. Daho. — Non.

M. Stéphan, *président*. — Le tribunal vous remercie de votre témoignage. Vous pouvez récupérer vos pièces d'identité et rester dans la salle si vous souhaitez assister à la suite des débats.

Audition de M. Hamid Bouamra,
à la requête de la partie civile, assisté d'un interprète

M. Stéphan, *président*. — Quels sont vos nom, prénoms, âge, profession et domicile ?

M. Bouamra. — Je m'appelle Hamid Bouamra, je suis né le 12 janvier 1958 à Sidi-Moussa, je suis chauffeur. J'habite Cité Bentalha en Algérie, à l'extérieur de la capitale.

Le témoin prête serment.

Me Farthouat. — M. Bouamra, vous habitez Bentalha où vous avez été témoin du massacre qui s'est produit le 23 septembre 1997 dans cette cité. Pourriez-vous dire au tribunal ce que vous avez constaté le jour de ce massacre ?

M. Bouamra. — Ce soir-là, il était à peu près 22 h 45, ils sont rentrés par Boudoumi et par Haï el-Djilali. Les personnes qui sont entrées dans le bourg sont des gens que nous connaissons car ce sont des enfants du quartier. Il y avait parmi eux Bouchakour, Sami Mohamed, Hakim Chergui, il y avait avec eux une fille, Nacera Benamrane. Ils étaient aussi accompagnés d'un groupe de Ouled-Allal et de Meftah.

Ils sont rentrés par la rue Boudoumi dans un premier temps, ils se sont séparés en deux. Ceux qui sont rentrés par Boudoumi n'étaient pas armés et se sont confrontés avec des gens du GLD.

Le groupe est allé par la rue Djilali, qui est une rue coupée en deux. C'est là qu'ils ont accompli un massacre. Ils ont massacré des gens qui n'étaient pas du tout armés. Après l'armée est arrivée par le quartier des Cent logements. Les terroristes n'ont pas pu arriver jusqu'à ce quartier qui est le quartier des Cent logements.

Les terroristes, lors de leur intervention, ont fait leur travail, ont utilisé des bombes et ont court-circuité l'électricité. En fait, ils ont lancé une sorte de chaîne sur le compteur d'électricité pour le saboter. Quand l'électricité a été coupée, les civils ont pris la fuite et sont venus vers nous. Les terroristes qui étaient là sont restés jusqu'à à peu près 2 h 30 ou 3 h 30.

Me Farthouat. — M. le président, est-ce que le comportement des forces de sécurité qui sont intervenues est apparu anormal à M. Bouamra ?

M. Bouamra. — Non, pas du tout, c'était normal.

Me Farthouat. — C'est-à-dire ?

M. Bouamra. — Ils ont fait leur intervention normalement, comme ils ont l'habitude de le faire.

Me Farthouat. — S'agissant de l'identité des agresseurs, vous êtes formel pour dire qu'il ne s'agit pas de membres de l'armée ou des forces de sécurité ?

M. Bouamra. — Pas du tout, je les connais. Parmi eux il y avait même mon neveu ; dans ma famille, il y a quatre terroristes. Mon neveu est venu chez moi pour tenter de m'égorger.

Me Farthouat. — Que sont devenus par la suite ces terroristes ?

M. Bouamra. — Dans notre région, pour la plupart, ils sont toujours dans le maquis car il n'y a pas eu de repentis. Les gens ont fait un massacre, ils sont connus et ne peuvent pas être repentis.

M. Stéphan, *président.* — M. Bouamra a-t-il connaissance de cet ouvrage de M. Nesroulah Yous, *Qui a tué à Bentalha ?*

M. Bouamra. — Il en a entendu parler.

M. Stéphan, *président.* — Il sait donc qu'il y a une discussion au sujet des conditions dans lesquelles ce massacre a été perpétré et notamment sur l'attitude des forces de sécurité. Est-ce qu'il est au courant ?

M. Bouamra. — Pas du tout. La personne qui a fait cette déclaration, c'est quelqu'un que je connais.

M. Stéphan, *président.* — M. Yous ?

M. Bouamra. — Oui. M. Yous est originaire d'un quartier dans lequel peu de gens ont été tués. Lui, il ne lui est rien arrivé et il a pu s'échapper normalement.

Me Farthouat. — Il y a une erreur de traduction me dit-on. Comme nous avons des confrères algériens qui me paraissent comprendre l'arabe, ils me le signalent, et je la relève.

M. Bouamra. — On prétend dans ce livre que l'armée aurait accompli ces actes. Je vous dis non, parce que l'armée ou les soldats qui étaient là, je les connaissais depuis 1995. La personne qui a fait ce livre ou qui a écrit ce livre, pourquoi n'est-elle pas venue parler des gens qui ont commis les tueries ? Il connaît les personnes qui ont été tuées. Il y avait Sidali avec sa femme et ses filles [2], le coiffeur avec sa femme. Ce monsieur les connaît, il sait que ce sont ses voisins, ils ne sont pas très loin de chez lui.

Me Farthouat. — Le problème de traduction . s'agissant de M. Yous, on nous a dit qu'il habitait dans un quartier dans lequel il y a eu beaucoup de tués. C'est ce que vous avez traduit et on me dit que c'est le contraire qui a été dit [3].

M. Bouamra. — C'est cela. Je ne sais pas pourquoi la vérité n'est pas apparue parce que des journalistes sont venus. Nous avons reçu des journalistes de la France, d'Italie, de Belgique.

Me Farthouat. — Le quartier où habite M. Yous a été atteint par les massacres ?

M. Bouamra. — La réponse est oui.

Mme l'assesseur. — Il est dit, dans ce livre, que les forces de sécurité armées, qui étaient censées intervenir et mettre un terme au massacre, ont pris un certain temps pour venir. Pour vous, sont-elles intervenues immédiatement ou pas ?

M. Bouamra. — On a entendu dire, par rapport à ce livre, que l'armée se trouvait à 900 mètres et lui il dit à 100 mètres. Ce n'est pas vrai.

Mme l'assesseur. — Est-elle intervenue immédiatement ? C'est le moment qui est important et pas la distance.

M. Bouamra. — Ils sont intervenus tout de suite.

M. Stéphan, *président*. — Il est question d'un hélicoptère qui aurait survolé le lieu. M. Souaïdia, dans son livre, disait que c'était inhabituel de procéder de cette façon et que cet hélicoptère n'aurait pas dû être tout seul. Pouvez-vous nous donner des précisions sur ce point ?

M. Souaïdia. — L'hélicoptère qui a survolé la zone de Bentalha est du type Écureuil, de ceux qui ont été vendus par les autorités françaises aux Algériens. Ce sont des hélicoptères de reconnaissance. Ces hélicoptères sont, dans les opérations, accompagnés d'hélicoptères russes. Les hélicoptères russes étaient armés et avaient des lance-roquettes, des mitrailleuses, etc.

D'après les témoignages… – car je n'étais pas libre, je n'étais pas en fonction, mais j'ai rapporté ce que j'ai entendu.

M. Stéphan, *président*. — Vous étiez détenu pendant ces événements.

---

2 N. Yous rapporte dans son témoignage l'assassinat de Sidali et d'une partie de sa famille par des terroristes qui a eu lieu fin novembre 1996, dix mois avant le grand massacre ; et il nomme clairement les assassins, membres d'un groupe armé bien connu dans la région (Nesroulah YOUS, *Qui a tué à Bentalha ?*, *op. cit.*, p. 114-117).

3 Effectivement, Nesroulah Yous habitait le quartier de Haï el-Djilali, où il y a eu un très grand nombre de victimes.

M. Souaïdia. — Dans le livre, j'ai indiqué ce que j'ai entendu sur le massacre de Bentalha. Généralement, ces hélicoptères sont avec deux, jusqu'à trois, hélicoptères russes : le premier hélicoptère passe car il a des appareils très sophistiqués, permettant de très bien voir la nuit. L'hélicoptère, quand il est descendu, avait une seule mission, celle de filmer. Quand on filme ce qui se passe au sol, on peut transmettre l'image directement au commandement de Cheraga [4]. Même si le chef est dans son bureau, il peut exactement voir ce qui se passe. Quand j'ai donné des précisions sur cet hélicoptère, j'ai dit ce que faisait cet hélicoptère et quelle était sa mission. J'ai donné cette explication en tant que militaire.

Me Farthouat. — M. Souaïdia n'était pas à Bentalha ce soir-là.

M. Stéphan, *président*. — Non, il était détenu.

Me Farthouat. — Comme il nous explique ce qui s'est passé, je voulais avoir cette précision.

M. Stéphan, *président*. — Il en parle dans son livre. Que l'on s'entende bien, il était à Blida.

M. Souaïdia. — J'ai parlé des hélicoptères parce que les généraux ont demandé ces hélicoptères en 1994-1995. Ils ont participé à des opérations de ratissage, de grandes missions, dans les maquis. Ils étaient opérationnels en 1994 et 1995. Tous les militaires qui connaissent bien l'armée algérienne savent qu'un Écureuil ne peut pas sortir tout seul.

M. Stéphan, *président*. — Ce qui était le cas à Bentalha d'après les informations que vous avez. D'où viennent ces informations ?

M. Souaïdia. — Sur Bentalha, j'ai entendu, parce que j'étais en prison, des militaires entraient et sortaient et des gens ont parlé. En lisant la presse, en voyant ce qui s'est passé, j'ai pu poser des questions concernant Bentalha. J'ai dit que Bentalha est une zone où il y a beaucoup d'unités opérationnelles, comme on ne peut pas l'imaginer. C'est Blida, c'est la 1re région militaire. Dans cette région de Bentalha, il y a des milliers de soldats, des GLD [5], des policiers, des services de sécurité. Si un massacre se déroule à Bentalha, je pose une seule question : ils n'ont même pas appelé un char ! Pendant quatre heures, ils ont massacré à Bentalha, comme à Béni-Messous et à Raïs [6], et pas un seul char n'a été envoyé. C'est la question qu'il faut poser à M. Nezzar et ses amis. Ils ne veulent pas qu'une commission d'enquête soit faite. Ils savent très bien que ce sont les militaires qui ont exécuté ces gens-là.

---

4 Siège du Commandement des forces terrestres.

5 Groupes de légitime défense (voir *supra*, chapitre 2, note 20, p. 120).

6 Deux localités de l'Algérois : le massacre de Béni-Messous (près de cent cinquante morts) a eu lieu le 5 septembre 1997, celui de Raïs (deux cents à quatre cents morts, selon les sources) le 28 août 1997.

Me Farthouat. — Un mot : M. Souaïdia, lors de l'émission de télévision qui nous intéresse, a déclaré, à propos de ce qu'il vient de dire : « Ce sont des analyses, tout le monde peut faire des analyses comme cela. »

M. Souaïdia. — C'est ce que je viens de dire. Dans l'émission, j'ai parlé pendant cinq ou dix minutes. Je ne peux pas parler de la situation d'Algérie. Le journaliste a posé certaines questions précises et j'ai répondu à ces questions. S'il m'avait posé d'autres questions sur Bentalha, j'aurais répondu. Il ne m'a pas posé de question et j'ai répondu à ce qu'il me demandait.

Me Gorny. — Le général Nezzar souhaiterait parler.

Mme l'assesseur. — M. Souaïdia, je souhaite vous poser une question. Dans le livre que vous avez écrit, vous référencez un nombre important des épisodes que vous citez par des sources précises dont vous donnez les noms. Pourriez-vous indiquer au tribunal, concernant l'épisode de Bentalha notamment, relatif à cette intervention de l'hélicoptère, qui vous a donné cette information, puisque vous citez d'autres noms, ailleurs dans le livre ?

M. Souaïdia. — En prison, des militaires étaient avec moi qui étaient stationnés dans la région même où il y a eu ces massacres. D'ailleurs, Bentalha, Raïs et Sidi-Moussa sont presque dans la même zone, c'est Blida. Il y avait deux officiers avec moi en prison et ils étaient tous les deux d'une unité des forces spéciales de l'armée de l'air, le 770e, et c'est une unité de fusiliers de l'air qui a été créée début 1994-1995. Ces unités-là sont, en principe, des unités de l'armée de l'air. Ils connaissaient très bien le fonctionnement même de ces hélicoptères. Moi, en tant que militaire en 1994 et 1995, en tant qu'officier, je sais que ces hélicoptères sont conçus pour ces missions.

Mme l'assesseur. — Quel est le nom de ces deux personnes avec vous en détention ?

M. Souaïdia. — J'ai cité un nom. Le journaliste Mohammed Sifaoui a donné le nom de celui qui était avec moi en prison et qui a été condamné à un an de prison. Je ne sais pas s'il est encore vivant. J'ai essayé de préserver son nom mais si vous m'y obligez, je donnerai le nom des deux officiers : le sous-lieutenant Tahar Abdelkader et le lieutenant Mohamed Gueliani. M. le juge, je ne garantis pas leur vie. Je ne sais pas s'ils sont encore vivants.

Me Comte. — *(S'adressant au président.)* Pour ne pas faire un procès bancal à l'auteur du livre[7], dans le cadre du pouvoir discrétionnaire, ne pourriez-vous pas l'entendre s'il est dans cette salle ?

---

7 Nesroulah Yous, auteur de *Qui a tué à Bentalha ?*, *op. cit.*

M. Stéphan, *président*. — Observations de la part de la partie civile ?

Me Farthouat. — Cela me paraît difficile, M. le président. On a le livre. Il est dans la salle, il n'a pas été cité comme témoin. Il faut savoir ce que l'on veut.

Me Bourdon. — On fait venir un témoin.

Me Farthouat. — Me concernant, je m'oppose à cette audition.

Mme Angelelli, *procureur*. — Je ne suis pas favorable.

Me Comte. — Nous pensons, M. le président, que l'on a un témoin qui vient ici dire que tout ce que dit M. Yous est inexact. Il prend des points précis. Cela ne nous semble pas être l'objet de ce débat, mais puisque cette question surgit, je demande à votre juridiction, qui a un pouvoir discrétionnaire, d'entendre sans serment un témoin pour que sur des points précis – l'hélicoptère, le nombre de personnes qui étaient présentes, la durée de l'intervention ou la présence des ambulances – l'on ait un peu de contradiction. Il est trop facile d'avoir une contradiction parlante à un livre. Il vaut mieux avoir une contradiction vivante à un livre. M. Yous n'a pas été cité, il n'avait aucune raison de l'être. Par conséquent, il me semble que dans le cadre de votre pouvoir discrétionnaire, vous pourriez l'entendre sur quelques points précis et lui demander comment il a fait son enquête.

M. Stéphan, *président*. — Le tribunal estime, bien que M. Yous ne soit pas cité, dans la mesure où le problème est actuellement évoqué dans les conditions qui viennent d'être indiquées, qu'il peut être opportun, de façon très ponctuelle, dans la mesure où il n'a pas été cité comme témoin, de l'entendre sur les quatre questions. Que nous soyons bien d'accord, il faut que ce soit rapide.

Me Bourdon. — Pas de question de notre côté. Nous laissons le tribunal fixer les choses.

Me Farthouat. — Il y aurait une nécessaire confrontation avec le témoin qui est à cette barre et je me réserve de demander au tribunal l'audition de M. Mouloud Benmohamed, qui est à l'extérieur de la salle. Je lui avais demandé de témoigner par écrit de façon à ne pas alourdir les débats.

Audition de M. Nesroulah Yous, à la demande de la défense

M. Stéphan, *président*. — C'est noté. M. Yous est-il présent ?

Le tribunal ne vous entend pas en qualité de témoin, sans prestation de serment, sous le bénéfice de cette disposition particulière et de façon très ponctuelle par rapport à ce que nous venons d'évoquer. Il ne s'agit pas de refaire le procès du massacre de Bentalha, car cela appellerait sûrement des débats très larges et l'on sortirait de ce procès. Par rapport, ponctuellement, à ce que vous venez d'entendre, sur le rôle de l'armée, selon vous, d'après ce que vous avez écrit dans votre livre, et sur cet hélicoptère parce que c'est un point précis évoqué ?

M. Nesroulah Yous. — J'ai écrit dans le livre ce que j'avais à dire. Toutes les précisions sont dans le livre. M. Bouamra parle de ma famille. Il dit que mes enfants n'étaient pas là le jour du massacre. Effectivement, je le dis dans le livre. Une semaine auparavant, je les avais emmenés chez ma mère.

C'est ce livre qui a lancé le débat. C'est le premier témoignage qui a embêté les institutions militaires. Je ne m'attaque pas aux militaires en général. Je dis qu'il existe des escadrons de la mort que j'ai personnellement vus à Meftah et à Bentalha.

Concernant M. Bouamra, il faut savoir qu'une semaine auparavant il est descendu avec deux patriotes, Krimo Boudoumi et Moussa, dans une voiture et armés, à El-Harrach pour un règlement de comptes. (Il est le chef des patriotes [8] de Bentalha et travaille avec l'armée depuis 1996, j'en parle dans mon livre ; je crois que je me suis trompé de prénom : je l'appelle Mohamed alors qu'il s'appelle Hamid.) Il a été arrêté par la Sécurité militaire parce qu'il a déclenché une émeute à la cité Altairac à El-Harrach : les gens les ont pris pour des terroristes. Ils sont descendus en pleine nuit, armés. Il a lancé une émeute et il a été arrêté par la Sécurité militaire qui l'a désarmé pour quelques jours, lui et les deux autres.

Le soir du massacre de Bentalha, il n'était pas armé. En plus, je dis dans le livre que lui et ses amis ont été invités par le capitaine M'rezek, le responsable de la région de Bentalha, le soir même à Fort-de-l'Eau (Bordj-el-Kiffan). Ils étaient au restaurant, ils n'étaient pas présents…

Quand ils m'ont accusé de tous les crimes, je savais qu'en faisant un témoignage à visage découvert je m'exposais au risque. Heureusement que tout le monde me connaît ; je ne suis pas islamiste. J'ai la haine des islamistes et j'ai été menacé en 1991 et 1994.

M. Stéphan, *président*. — Revenez à cette question ponctuelle que l'on vous a posée.

M. Yous. — Après la sortie du livre de M. Souaïdia, *La Sale Guerre*, le même journaliste qui travaille à *El Moudjahid* [9] s'est présenté aux habitants de Bentalha, accompagné d'agents de la Sécurité militaire en civil, en les menaçant pour qu'ils témoignent contre moi…

---

8 Nom donné aux membres des milices et groupes de légitime défense (GLD).

9 Il s'agit de M. Mouloud Benmohamed. Outre la brochure précitée *(Algérie : mensonges et vérités sur La Sale Guerre)*, celui-ci est également l'auteur d'une autre brochure contestant le livre de Nesroulah Yous, où figure une interview de M. Hamid Bouamra : *Massacre de Bentalha, Des survivants témoignent*, avril 2001 (sans mention d'éditeur). Cette brochure constitue l'une des pièces produites au procès par les avocats de M. Nezzar.

M. Stéphan, *président*. — Vous n'êtes pas cité comme témoin. C'est vraiment de façon très ponctuelle que le tribunal vous entend. Parlez brièvement de pourquoi…

M. Yous. — Il s'agit de quatre cent dix-sept personnes tuées en une seule nuit.

M. Stéphan, *président*. — Monsieur, le tribunal a bien conscience du fond de ces débats. Ceci dit, nous sommes dans un État de droit, avec une procédure légale. Vous n'avez pas été cité comme témoin. À partir de ce moment-là, le tribunal, dans la mesure où il apparaît qu'un débat se pose devant lui, a estimé nécessaire, ponctuellement, en accord avec la défense, comme elle l'avait souhaité, et également avec les réserves émises par la partie civile, de vous entendre. Soyez précis sur ce que l'on vous a demandé.

M. Yous. — Avant d'écrire le livre, j'ai témoigné dans un reportage pour « Envoyé spécial » sur France 2 [10]. Il y a énormément de témoins qui ont vu l'hélicoptère. Vous pourriez visionner la cassette, demain si vous avez le temps ; il y a sept ou huit témoins. L'hélicoptère existait et les militaires ne sont jamais intervenus. Ce sont les civils qui sont intervenus très tôt le matin. Je maintiens ce que je dis dans le livre.

Jusqu'à présent, le nombre de quatre cent dix-sept n'a jamais été démenti alors que la radio parlait de quatre-vingt-cinq victimes. Aucune enquête n'a été faite. Je demande que la vérité soit faite. Il n'y a jamais eu d'enquête : trente femmes enlevées et quatre cent dix-sept personnes tuées, mes amis et mes voisins, et ils veulent me rendre responsable, ils m'accusent d'être l'organisateur du massacre !

M. Stéphan, *président*. — Vous pouvez regagner la salle. Nous vous remercions d'être intervenu de cette façon, mais nous ne pourrons pas le faire à nouveau.

Me Comte. — Nous remercions le tribunal.

M. Bouamra. — Ce qui vient d'être déclaré n'est pas vrai. En ce qui me concerne, j'étais armé en tant que GLD. J'ai travaillé dans une société depuis 1985 jusqu'en 2001. Depuis 2001, je travaille – voilà mon badge – à Khalifa Airways.

Me Bourdon. — M. Bouamra peut-il expliquer dans quelles circonstances il a été interviewé par M. Mouloud Benmohamed ?

---

10 Documentaire télévisé de Jean-Baptiste Rivoire et Jean-Paul Billault, *Bentalha, autopsie d'un massacre*, diffusé en Suisse le 8 avril 1999, dans le cadre de l'émission « Temps présent » de TSR 1, et en France, dans une version plus longue, le 23 septembre 1999, dans « Envoyé spécial », sur France 2. Le script du reportage peut être consulté à l'adresse <http://www.algeria-watch.org/farticle/bentalha/Bentalhafilm.htm>.

M. Bouamra. — Ce n'est pas quelqu'un que je connaissais. C'est un journaliste comme tous les journalistes étrangers. Il est venu comme tous les autres journalistes, comme les journalistes étrangers, et on a parlé avec lui. On lui a dit la vérité. On les a emmenés aux endroits par lesquels les terroristes sont arrivés et dans les maisons où ils sont allés.

Me Bourdon. — Se souvient-il si M. Benmohamed a dit pour quel journal il travaillait ?

M. Bouamra. — *El Moudjahid.*

Me Bourdon. — Est-ce qu'il confirme qu'il est à l'origine de la création du Groupe de légitime défense dans le village ?

M. Bouamra. — Pas du tout. Pour ce qui me concerne, chacun est responsable de sa propre sécurité. J'avais reçu la visite de terroristes et je suis allé à la gendarmerie pour que l'on me donne des armes pour me défendre.

Me Bourdon. — Il ne confirme pas qu'il est l'instigateur de la création de ce groupe.

M. Bouamra. — Non. Les personnes vont à la gendarmerie individuellement et demandent la protection.

Me Bourdon. — Comment explique-t-il que M. Mouloud Benmohamed le présente de la façon suivante : « Il a été l'instigateur de la création du Groupe de légitime défense » ?

M. Bouamra. — Je ne sais pas. Je ne lui ai pas fait cette déclaration et les gens allaient individuellement demander des armes pour pouvoir se protéger.

Me Bourdon. — Il n'a pas dit à M. Mouloud Benmohamed qu'il était l'instigateur du groupe ?

M. Bouamra. — Non, je ne le lui ai pas dit. Nous vivons dans une région sous la coupe du terrorisme et on a été blessés énormément. On les connaît. On ne pouvait pas se servir de radio, ni de téléviseur. Ils nous ont envahis.

Me Bourdon. — Je n'ai pas d'autres questions.

M. Stéphan, *président.* — Le tribunal remercie le témoin de son témoignage. On va lui rendre sa pièce d'identité. Il peut rester dans la salle ou la quitter, comme il le désire.

Me Comte. — Le tribunal se souviendra que le témoin a travaillé pour Khalifa Airways.

M. Stéphan, *président.* — M. Nezzar a été interrompu alors qu'il s'apprêtait à parler.

M. Nezzar. — M. Bouamra a dit exactement qu'il travaillait dans une entreprise en 2001, mais le badge qu'il a montré est celui de Khalifa Airways dans laquelle il sert à partir de 2001. Nous sommes en 2002.

S'agissant de l'hélicoptère, on parle de l'hélicoptère Écureuil. Nous avons, dans l'armée, des hélicoptères d'attaque, des hélicoptères de transport et des hélicoptères de surveillance. L'hélicoptère Écureuil a été acheté en France, c'est vrai. On a dit beaucoup de choses sur l'Écureuil et sur les Français qui arment les Algériens. Je m'inscris en faux. Vous pouvez aller dans l'entreprise, ces hélicoptères ont été achetés nus. Quand on est mis sous un embargo qui ne dit pas son nom, quand on ne nous vend même pas les cartouches de chasse pour permettre aux civils de se défendre, quand on est sous embargo, on s'allie avec le diable pour trouver des moyens d'observation pour équiper les hélicoptères.

L'armée dispose de trois pièces qui ont été achetées par le ministère de l'Intérieur pour ses besoins propres. Sachez que là où il y a des interventions de terroristes, c'est le seul moyen rapide qui puisse intervenir. La base de Boufarik se trouvant à moins de 20 km à vol d'oiseau [11], il est tout à fait normal qu'un hélicoptère vienne le plus vite possible. C'est un hélicoptère de reconnaissance.

Je vais démontrer la mauvaise foi, encore une fois, de M. Souaïdia. Il parle de spécialistes, des stages de rangers [12]. Vous savez que les commandos rangers aux États-Unis sont les plus grands commandos des États-Unis, ils viennent bien avant les Marines. Dans le cadre d'une aide donnée à des pays sous-développés ou en voie de développement, elle nous permet à peine de former deux à trois hommes par an. J'ai moi-même affecté tout ce programme aux parachutistes pour former des rangers.

Le premier que nous avons envoyé nous a été renvoyé sur un brancard. Il faut maîtriser la langue, il faut maîtriser la condition physique. Ce sont les Américains eux-mêmes, au niveau de l'ambassade, qui font des tests et disent qui est bon ou mauvais. Il n'est pas question d'envoyer tel ou tel général. D'ailleurs, M. Souaïdia ne sait pas de quoi il parle.

Pour montrer la mauvaise foi, puisqu'on essaie de défendre la bonne foi, on cite : ils ont tué Yabouche [13]. Déclaration de sa femme : il a été enlevé

---

11 De Bentalha.

12 « Chaque année, une dizaine d'officiers parachutistes étaient sélectionnés pour aller aux États-Unis afin d'effectuer un stage de deux ou trois ans chez les rangers du Texas. Premières conditions : maîtriser l'anglais et avoir à son actif quatre-vingt-dix sauts, c'est-à-dire posséder un brevet d'instructeur. Il fallait ensuite pouvoir réaliser un excellent chrono dans un 200 mètres nage libre et passer un parcours du combattant avec succès en un temps record en tirant sur des cibles mobiles tout en traversant un champ de mines. La plupart des officiers qui y sont partis au cours de ces dernières années ont préféré déserter et rester aux États-Unis. Les officiers supérieurs interviennent souvent pour envoyer en stage un de leurs proches, même si celui-ci n'a pas les qualités requises » (Habib SOUAÏDIA, *La Sale Guerre*, *op. cit.*, p. 69).

13 Il s'agit de Mohamed Yabouche, l'ancien maire FIS de Lakhdaria, dont H. Souaïdia raconte (sans citer son nom) dans son livre (p. 106 *sq*) comment il a été enlevé, torturé et exécuté par ses collègues du DRS.

par des terroristes [14], ce qui est confirmé par un repenti, mais je ne peux pas toujours y croire s'agissant d'un repenti. La famille Moutadjer est une famille de terroristes, Rachid Moutadjer a été un des membres fondateurs du GIA. Il faut savoir que le GIA – les groupes armés – a été formé à Lakhdaria : c'est de là que sont partis les mouvements organisés. Au départ, les mouvements armés existaient avant 1991 – et moi, j'ai essuyé des coups de feu bien avant 1991, personnellement, en tant que ministre de la Défense.

Dans la famille Moutadjer, il y a trois terroristes : l'un a été tué dans les maquis de Boutala, le deuxième a été tué à Rouiba et le troisième est mort à Serkadji parce qu'il a tué le policier Aït-Aoudia en 1991 déjà à Nortel. Le père, il est vrai qu'il a été tué [15]. Nous avons une déclaration de son voisin direct, mais comme c'est une simple déclaration, elle n'est pas recoupée. Nous ne considérons pas le voisin qui a fait sa déclaration (il dit que ce sont des terroristes)… Nous n'en avons pas tenu compte parce qu'elle n'est pas recoupée. Il faut deux à trois témoins pour que l'on puisse recouper l'information.

Je vais plus loin. S'agissant du chauffeur de la fourgonnette [16], nous avons ramené de sa commune sa feuille d'état civil. Il est toujours vivant.

---

14 M. Nezzar fait référence à une déclaration de Mme Mériem Yabouche qui aurait été recueillie par Mouloud Benmohamed et publiée dans la brochure déjà citée (*Algérie : mensonges et vérités sur La Sale Guerre*, *op. cit.*, p. 8) : « Nous dormions lorsque nous avons été surpris par un groupe d'individus dont la plupart avaient de longues barbes. C'était des terroristes, des terroristes connus dans la ville. Ils sont venus pour mettre fin à sa vie. Pourquoi ? Je ne sais pas. Par contre, je sais que c'était des terroristes. Aujourd'hui, j'ai cinq enfants à ma charge ; je suis membre de l'association des victimes du terrorisme. » Mais on a vu que le frère du maire, interrogé en avril 2001 par un journaliste de TF1, a pleinement confirmé le propos de H. Souaïdia (voir *supra*, chapitre 1, note 13, p. 42).

15 « Mohamed Moutadjer était un homme de soixante ans. Deux de ses fils étaient des terroristes activement recherchés. Après qu'il a été torturé, le commandant Ben Ahmed, le commandant de mon régiment, l'a traîné dans la cour et, devant tout le monde, il a… uriné sur lui en lui répétant : "Appelle tes chiens d'enfants, qu'ils viennent te secourir maintenant !" Après cette scène barbare, lui et deux autres soldats ont tiré une rafale sur le vieil homme. Son cadavre a été jeté dans la nature » (Habib SOUAÏDIA, *La Sale Guerre*, *op. cit.*, p. 115).

16 Dans son livre (p. 151-152), H. Souaïdia rapporte que, en mai 1995, il a arrêté à un barrage une fourgonnette Renault-Express, où il a découvert, dans une cache, une somme en liquide de 6,5 millions de dinars. Il a remis le conducteur (dont il ne donne pas le nom), ainsi que la voiture et la somme d'argent, au commandant de son secteur, le général Mohamed Chibane, qui a refusé de lui signer une décharge. Et il écrit : « Deux semaines après cette mésaventure, j'ai appris que l'homme de la Renault-Express avait été retrouvé égorgé dans les environs de Lakhdaria. La voiture, elle, avait changé de matricule et était devenue un véhicule de service. Quant à la somme d'argent, elle a dû se volatiliser… »

Le 1er mars 2001, deux semaines après la sortie de *La Sale Guerre*, la presse algérienne informait qu'un certain Mohamed Berrouag avait tenu une conférence de presse pour expliquer que c'était lui l'« homme de la Renault-Express », qu'il était bien vivant et donc que H. Souaïdia était un menteur (voir « Un témoin apporte un démenti à certains propos de Souaïdia : "Je suis bel et bien vivant !" », *Le Matin*, 1er mars 2001).

Il a appelé tous les journalistes d'Alger lorsque son nom a été indiqué dans le livre disant qu'il était mort.

Mme Barket, dont le mari a été tué par les terroristes [17], SOS Disparus d'Alger (tenu par une certaine Yous) a essayé de la détourner.

Un certain Biskri, lui, a été envoyé en prison, utilisé comme bouclier par les terroristes. L'avocat du FIS a essayé de le retourner pour dire que c'est l'armée qui l'a utilisé comme bouclier et le papier a été envoyé à Mme Pascale Iltis des Éditions La Découverte.

Maradi Djamel est un sous-lieutenant qui a accompli son service national et qui a été tué par les terroristes. Dans ce cas-là, on ne peut pas mettre, on ne peut pas dire, s'il y a une déclaration de sa mère, de sa sœur, de son frère, que sa mère vende le sang de son fils.

M. Stéphan, *président.* — Vous vous êtes exprimés, l'un et l'autre. Nous avons encore des témoins à entendre.

M. Souaïdia. — M. le juge, vous allez voir la cassette de TF1 et vous verrez que M. Nezzar ment.

Audition de Mme Safia Zamine, à la requête de la partie civile, assistée d'un interprète

M. Stéphan, *président.* — Madame, veuillez décliner vos identité, nom, prénoms, profession, domicile et qualité.

Mme Safia Zamine. — Je suis née le 25 octobre 1959 à Annaba.

Le témoin prête serment.

Me Farthouat. — Madame, votre mari a été enlevé et assassiné. J'aurais souhaité que vous indiquiez au tribunal dans quelles circonstances et ce que vous pouvez préciser sur cet assassinat.

Mme Zamine. — Mon mari a été enlevé par des islamistes. Ils sont venus le chercher ; ils l'ont emmené le matin vers 8 h 30 et ils l'ont tué. Ce n'est qu'au bout d'un an que je l'ai découvert. Quelqu'un m'a rendu visite. Mon mari avait été enterré. La personne lui a retiré la tête et nous l'a apportée pour nous dire que c'était la tête de Mustapha. Nous sommes allés voir et nous avons pu constater que c'était effectivement lui.

Les personnes qui l'ont enlevé, je les connaissais et celui qui est venu me voir, je le connaissais aussi. Ce sont nos voisins, et l'une des autres personnes était son cousin. Je connais leurs noms aussi. Je les connaissais bien. C'étaient nos voisins, des islamistes.

---

17 Il s'agit de M. Barket, dont H. Souaïdia a raconté dans son livre comment il a en fait été brûlé vif, en même temps qu'un enfant de quinze ans, par ses collègues du DRS (voir *supra*, chapitre 1, p. 33).

Nous l'avons récupéré et enterré. En fait, c'est la gendarmerie nationale qui l'a récupéré et, après, nous l'avons enterré. Deux mois après, ils sont venus me voir à nouveau pour me tuer. Je me suis donc enfuie et je suis toujours en fuite avec mes six enfants.

Me Farthouat. — Que voulez-vous dire quand vous dites que vous êtes toujours en fuite ?

Mme Zamine. — Quand je dis cela, je dis que j'ai peur puisqu'il y en a un qui est toujours détenu et que deux sont en liberté.

Me Farthouat. — Ils n'ont pas été poursuivis ?

Mme Zamine. — Ils ont été poursuivis. Un a été condamné et a fait un an d'emprisonnement. Il est libre actuellement. Celui-là s'appelle *[inaudible]*. Il a fait un an de détention. Maintenant, il est libre. C'est lui qui est venu dans un premier temps. C'est un terroriste. Il est libre maintenant.

Il y a Zermal Mohammed, celui qui a ramené la tête de mon mari. Il a fait un an de prison et maintenant il est libre.

Le troisième, *[inaudible]*, est toujours en prison. Ce dernier, toujours détenu, a été condamné à une peine de vingt ans d'emprisonnement. Il a été gracié et sa peine a été ramenée à deux années d'emprisonnement.

M. Stéphan, *président*. — Pas d'autre question ?

Mme Angelelli, *procureur*. — Non.

Me Comte. — Non.

Me Farthouat. — Non.

M. Stéphan, *président*. — Le tribunal vous remercie de votre témoignage. Vous pouvez regagner la salle et récupérer votre pièce d'identité.

Le témoin suivant, toujours cité par la partie civile, est Mlle Attika Hadjrissa.

Audition de Mlle Attika Hadjrissa,
à la requête de la partie civile, assistée d'un interprète

Mlle Attika Hadjrissa. — Je m'appelle Attika Hadjrissa. Je suis née le 21 juin 1981 à Carilia. Je suis sans profession et domiciliée à El Attaf.

Le témoin prête serment.

Me Farthouat. — Mlle Hadjrissa – j'ai honte de proférer des énormités de cette nature –, votre père et votre frère ont été assassinés.

Mlle Attika Hadjrissa. — Mon père a été assassiné.

Me Farthouat. — Et vous-même, vous avez été enlevée en même temps que votre sœur ?

Mlle Attika Hadjrissa. — C'est exact.

Me Farthouat. — Vous avez été séquestrée par ceux qui vous ont enlevée pendant plusieurs mois ?

Mlle Attika Hadjrissa. — Neuf mois.

Me Farthouat. — Pouvez-vous dire au tribunal ce que vous savez des conditions d'assassinat de votre père d'abord ?

Mlle Attika Hadjrissa. — Mon père se trouvait dans un café à l'époque. Quand ils sont arrivés, ils ont vu mon père dans ce café, ils l'ont fait entrer à l'intérieur, ils ont enfermé tous les gens qui étaient là-bas. Parmi les personnes qui se trouvaient là, mon père a été choisi. Ils l'ont fait sortir et l'ont égorgé sur place avec un couteau.

Ils sont venus à la maison par la suite, ils ont frappé à la porte. Je me souviens que ma mère était malade à l'époque. On pensait que c'était notre père qui frappait à la porte. Ma mère a su tout de suite que ce n'était pas mon père. On a frappé longuement à la porte, on n'a pas ouvert. Mon père, à l'époque, travaillait pour la Poste et on avait une sorte d'alarme qui alertait les forces de l'ordre, sur laquelle on a appuyé. Lorsque l'on a déclenché cette alarme, ils ont pris la fuite.

Vers 4 heures du matin, mon oncle est venu. Il nous a raconté qu'il était présent lorsque cela s'est passé. Ils ont demandé à mon père s'il le connaissait et s'il travaillait avec lui. Mon père avait dit non. Quand il est venu, il pleurait, il n'arrivait pas à nous parler. On a compris qu'il s'était passé quelque chose. Il nous a raconté que mon père était mort. Dieu ait son âme !

On a voulu sortir immédiatement, et mon oncle nous a interdit de sortir en nous disant qu'il était possible que les terroristes soient dans le quartier. On a reçu dans la nuit beaucoup de gens de notre famille. On nous a dit qu'il ne fallait pas bouger jusqu'à ce que la police ou l'armée intervienne. Des policiers et des officiers de l'armée sont venus. On est sortis avec eux. Ma mère n'a pas pu nous suivre parce qu'elle s'est évanouie au moment où l'on quittait la maison. Ma sœur n'a pas pu suivre non plus. Elle a commencé à se frapper la tête contre un mur et a été transportée à l'hôpital avec ma mère.

Le corps de mon père a été transporté dans une ambulance vers l'hôpital. Les officiers de l'armée nous ont interdit d'aller avec eux. Ils l'ont emmené et, dans l'après-midi, ils nous l'ont restitué. Nous l'avons enterré. Au bout de deux semaines, nous avons décidé de déménager. Nous sommes allées nous installer chez mon grand-père. Nous sommes allées à Sidi-Kedir, où nous sommes restées un mois.

Au bout d'un mois, les terroristes sont revenus nous voir. Ils étaient nombreux : trois sont rentrés dans la maison, les autres sont restés à l'extérieur. Les trois qui sont rentrés nous ont menacées immédiatement. Ils ont dit : « Soit on les prend, soit on égorge tout le monde. » Ils ont dit : « On va vous faire le sort qui a été réservé à votre père. On va commencer par votre mère et on va finir par vous. »

Lorsqu'ils ont sorti leurs couteaux pour essayer d'égorger ma mère, nous avons accepté de les suivre. Je considère que nous nous sommes sacrifiées pour sauver ma mère.

Lorsqu'ils nous ont emmenées, ils nous ont bandé les yeux. Ils nous ont emmenées ; je ne sais pas où était cet endroit, mais c'était en pleine forêt. Là, nous avons été violées et, par la suite, nous avons fait tout : on faisait le ménage, on faisait à manger. Nous étions là. Il leur arrivait de sortir de temps en temps pour faire des opérations. Ils ont laissé un jour un seul homme avec nous, un homme qui était armé. Il savait que nous étions inoffensives. Ce monsieur a tenté de me violer. Il a mis la main sur moi ; je lui ai retiré sa main. Il m'a giflée. Quand je l'ai giflé, il m'a donné un coup avec sa kalachnikov.

À l'époque, nous vivions à l'extérieur ; ce n'était pas vraiment une maison avec des lits et des meubles. Je me suis accroupie, j'ai pris de la terre dans ma main et je la lui ai jetée dans les yeux. Je l'ai poussé contre un mur et j'ai pris ma sœur. Nous sommes sorties et nous nous sommes mises à courir. Nous avons couru pendant un certain temps. Nous avons ensuite entendu les bruits d'un avion ou d'un hélicoptère. Nous étions en pleine forêt. Je suis tombée à un moment donné. J'ai donc des séquelles à ma jambe jusqu'à ce jour. Je ne pouvais plus avancer, je suis restée sur place.

Des militaires sont passés et nous les avons arrêtés. Ils nous ont immédiatement prises en charge, ils nous ont demandé d'indiquer l'endroit où nous étions. Après, ils nous ont amenés dans la ville de Chlef. Ma mère a été contactée, elle est venue nous voir à l'hôpital où nous avions été admises.

C'est grâce aux militaires que nous avons été sauvées. Les autres nous ont gâché notre vie.

M. Stéphan, *président.* — Y a-t-il d'autres questions ?

Me Farthouat. — Pas d'autre question, M. le président.

M. Stéphan, *président.* — La parole est à la défense.

Me Comte. — Nous n'avons pas de question, M. le président. Nous nous associons à l'émotion de cette jeune femme. Nous savons quelles atrocités elle a vécues.

M. Stéphan, *président.* — Nous remercions spécialement le témoin d'avoir su exprimer cette émotion ; il est difficile d'exprimer des souffrances aussi atroces devant un tribunal. Le tribunal est particulièrement sensible à son témoignage. Qu'elle le sache.

Nous attendons le témoin suivant, la sœur du témoin que nous venons d'entendre.

Audition de Mlle Saâdia Hadjrissa,
à la requête de la partie civile, assistée d'un interprète

M. Stéphan, *président*. — Nous allons demander à Mlle Saâdia Hadjrissa de nous indiquer son identité et son domicile.

Mlle Saâdia Hadjrissa. — Je m'appelle Saâdia Hadjrissa, née le 6 octobre 1975 à Carilia.

Le témoin prête serment.

Me Farthouat. — J'ai bien évidemment les mêmes questions à poser à ce témoin que celles qui ont été posées au témoin précédent. C'est-à-dire que je souhaite l'interroger sur les circonstances de l'assassinat de son père et sur les circonstances de son enlèvement.

Mlle Saâdia Hadjrissa. — Mon père a été enlevé en 1993. Il était 20 h 30. En fait, on n'a pas assisté à son exécution. Il était sorti. On n'a eu la confirmation de son décès que vers 4 heures du matin. C'est un groupe terroriste qui l'a tué. Vous les connaissez. Je connais les personnes qui ont tué mon père. Ce sont ceux qui sont venus et qui nous ont violées.

Me Farthouat. — Ils vous ont enlevées ?

Mlle Saâdia Hadjrissa. — Oui.

Me Farthouat. — Comment s'est passée votre séquestration ?

Mlle Saâdia Hadjrissa. — Lorsque nous étions dans le maquis ?

Me Farthouat. — Exactement.

Mlle Saâdia Hadjrissa. — Nous étions dans une pièce. Je ne sais pas comment nous sommes arrivées jusque-là puisque nous avions les yeux bandés pendant le trajet. Ils nous ont enlevées peu de temps après avoir tué mon père. Mon père travaillait pour les PTT et il était patriote.

Me Farthouat. — Je n'ai pas d'autre question à poser car c'est la plus jeune sœur, je ne crois pas plus utile de prolonger cet interrogatoire.

M. Stéphan, *président*. — Mme le procureur, la défense ? *(Non.)* Le tribunal remercie Mlle Hadjrissa de son témoignage et, comme pour sa sœur, la remercie spécialement compte tenu de la difficulté, que le tribunal a bien sentie, d'exprimer les souffrances qui ont été les siennes.

Audition de Mme José Garçon,
à la requête de la défense

M. Stéphan, *président*. — Nous allons entendre maintenant le témoin suivant. Voulez-vous dire au tribunal vos nom, prénoms et domicile ?

Mme Garçon. — Je m'appelle José Garçon, journaliste au journal *Libération*, rue Béranger à Paris.

Le témoin prête serment.

Me Comte. — Nous avons demandé à Mme Garçon de venir témoigner car elle a une connaissance très précise de la période antérieure à l'interruption du processus électoral.

Mme Garçon, je voudrais que vous expliquiez d'abord au tribunal à quel moment de votre carrière professionnelle vous avez été amenée à vous intéresser à l'Algérie et ce que vous connaissez de l'Algérie, à quelles périodes vous y êtes allée et les observations que vous avez pu y faire.

Mme Garçon. — J'ai commencé ma carrière en couvrant l'Amérique latine pour *Libération* à partir du milieu des années soixante-dix, puisque *Libération* a commencé à ce moment-là, et jusqu'en 1983-1984. À partir de là, pour toute une série de raisons, j'ai eu envie de changer et j'ai commencé à travailler sur le Proche-Orient. J'ai beaucoup « couvert » les sommets arabes et palestiniens. C'est ainsi que je suis allée à Alger parce que beaucoup de sommets arabes et de « Conseils nationaux palestiniens » s'y tenaient.

C'est de cette manière que, professionnellement, j'ai commencé à connaître l'Algérie. À partir des années 1985-1986, je suis allée en Algérie à la fois pour les Conseils palestiniens et pour commencer à travailler sur ce pays. Nous avions à l'époque une correspondante en Algérie, Joëlle Stolz, avec laquelle je travaillais depuis Paris sur l'Algérie. Joëlle Stolz a été, non pas expulsée d'Algérie, mais « priée » d'en partir dans des conditions assez complexes. Ce n'était pas une expulsion, mais elle n'avait pas d'autre solution que de partir si – lui avait-on dit – elle souhaitait pouvoir revenir dans ce pays.

À partir de ce moment, j'ai donc commencé à couvrir l'Algérie pour *Libération* et à y aller très régulièrement entre fin 1986 et 1987. À partir de 1988, je n'y étais pas en permanence, car je revenais de temps en temps à Paris, mais entre 1988 et fin 1992 j'y étais pratiquement tout le temps. *Libération* m'avait demandé d'être correspondante permanente à Alger. Je n'en avais pas très envie car, dans un endroit comme l'Algérie, les pressions sont tellement fortes à tous les niveaux, qu'il vaut mieux revenir de temps en temps à Paris. À cette période, j'allais et je venais en permanence en Algérie. Voilà pour ma vie professionnelle et comment j'ai été amenée à « couvrir » l'Algérie.

Me Comte. — Quelles sont les constatations et les analyses que vous avez pu faire dans cette période très particulière qui s'ouvre en 1988 ? Je souhaiterais que vous les présentiez au tribunal.

Mme Garçon. — Ce qui m'a beaucoup frappée, c'est que la vision de l'Algérie que j'avais, pour y être venue à plusieurs reprises avant 1988 à l'occasion des sommets arabes, était celle d'une Algérie sans problèmes.

Je venais, je voyais des Palestiniens, des responsables arabes du Proche-Orient, mais je voyais assez peu l'Algérie. Quand je m'en suis occupée, j'avais donc un regard assez vierge, assez neuf sur l'Algérie.

Est arrivé octobre 1988. C'était une période assez particulière, qui avait commencé en 1987 et où on sentait un début de déglaciation, d'ouverture. Par exemple, le comité central du FLN, qui était assez fermé, devenait un peu plus ouvert. On pouvait y assister. J'ai eu beaucoup de chance d'être en Algérie en 1987-1988, parce que c'étaient des années où beaucoup de choses se sont décidées. On a vu se profiler tout ce qui allait venir ensuite. En tout cas pour ma part.

Arrivent les émeutes de 1988 après un été assez confus, assez tendu. Il y avait beaucoup de rumeurs, beaucoup de grèves. On sentait une tension dans la rue, une exaspération dans la population. Je pense que tout cela a dû vous être expliqué par d'autres avant moi. Arrivent les émeutes. Cela a été pour moi la découverte de l'Algérie en octobre 1988. Je découvrais dans ce pays, que j'avais vu avec un regard quelque peu extérieur, une espèce d'explosion, la « mal-vie » comme disent les Algériens, la révolte d'une population totalement marginalisée, assez méprisée. Ces émeutes ont été brutales, même si l'on avait senti que quelque chose se préparait pendant tout l'été. J'ai vu des jeunes déferler dans les rues d'un seul coup.

Ce qui m'a beaucoup frappée, c'est la surprise absolue des responsables algériens. À l'époque, je voyais beaucoup les autorités et les responsables algériens, ce qui est normal car c'est mon métier. Je voyais l'opposition et tout le monde. Ce qui était frappant, c'est qu'on avait l'impression que, d'un seul coup, ils découvraient qu'il y avait une population algérienne qui était capable de se révolter. J'ai entendu des mots assez terribles. On parlait de la « découverte » d'un peuple, on avait l'impression que ce peuple pouvait soudain se mobiliser, protester, alors que jusque-là on avait l'impression qu'il n'était pas acteur de la vie politique.

Ces mots, que j'ai dû reproduire à plusieurs reprises dans *Libération*, étaient terribles : c'était l'« irruption des gueux » qui nous faisaient peur, qui brûlaient des voitures, nos belles voitures, qui faisaient des barrages et qui, dans les commissariats, s'amusaient en singeant les policiers algériens, en imitant leurs interrogatoires souvent violents. Tout cela figure dans les journaux de l'époque, dans le mien comme dans la presse algérienne. C'était l'irruption de la peur.

Ce qui a été terrible, c'est la répression. Ce fut pour moi la découverte de la nature de ce système dont j'avais beaucoup entendu parler, mais que, personnellement, je n'avais pas vécu. C'est la violence avec laquelle, après quelques jours d'hésitation qui ont suivi le déclenchement des émeutes le 5 octobre, la violence avec laquelle celles-ci ont été réprimées. Ces jeunes cassaient les symboles du pouvoir et de l'État, comme le siège du parti, ou pillaient des boutiques.

Ce qui était très intéressant pour les journalistes, c'est que les boutiques qui étaient pillées étaient celles qui appartenaient à la nomenklatura du FLN de l'époque. C'était passionnant à voir, très intéressant. Cela indiquait une révolte contre tous les symboles de l'État, et surtout de l'enrichissement.

Ce qui a été terrible, ce sont la fusillade de Bab-el-Oued qui a fait beaucoup de morts et, plus encore, les rafles qui ont suivi le gros des émeutes. Ces rafles et la torture systématique des adolescents raflés tout à fait par hasard ont été pour moi quelque chose de très violent.

Pourquoi cette répression ? En 1988, le FIS n'existait pas. On en était toujours au parti unique. Les partis politiques et le FIS n'ont été légalisés qu'en 1989.

Les adolescents étaient dans les rues d'Alger. Je ne peux parler que d'Alger puisque c'est là que j'étais. La presse a rendu compte des autres villes. Ce n'était donc pas un phénomène exclusivement algérois. Les adolescents ont été raflés et torturés systématiquement dans les commissariats. Ce qui était insupportable – non pas que la torture soit justifiable –, c'est que l'on voyait bien que la torture ne correspondait à aucune recherche de renseignements, puisqu'il n'y avait rien à savoir, mais à une volonté de terroriser une population dont on avait peur, qui avait « fait irruption »...

Je pense qu'à cette période la vie de la classe politique algérienne, des autorités a basculé. Elles ont vu une population face à elles, une population qui leur faisait peur. Il fallait trouver le moyen de la contrôler.

Je n'ai évidemment assisté à rien – il est très rare que l'on convoque des journalistes à des séances de torture –, mais un comité de médecins contre la torture s'est formé. C'était une chose révolutionnaire en Algérie. Ce sont des gens extraordinairement courageux, parce que c'était un mot tabou à l'époque. Je ne me souviens plus du nombre, il faudrait demander cela à des Algériens. Je pense qu'une dizaine ou une quinzaine de médecins se sont investis dans ce comité des médecins contre la torture et ont soigné des torturés.

Nous avons publié à *Libération*, avec l'autre journaliste qui était aussi sur le terrain à l'époque, une série d'interviews de ces médecins. Nous avons découvert des choses effroyables sur des gens qui avaient été raflés par hasard, ce qui était pour moi tout à fait étonnant. Des médecins, « apolitiques », sont entrés en politique à cette période. Des médecins ont opéré des gens effroyablement torturés, souvent sur les parties génitales. Des gens ont dû être amputés. On m'a signalé – cela figure dans *Libération* de l'époque – deux cas de torturés opérés qui ont disparu de l'hôpital dans lequel ils avaient été transportés. Des médecins ont refusé de signer des permis de sortir de l'hôpital.

Je couvrais l'Algérie depuis un an et demi. Ma rencontre brutale avec la nature du pouvoir algérien s'est faite en octobre 1988. Pour moi, ces événements ont marqué la bascule de la vie politique en Algérie.

Je ne sais pas si j'ai bien répondu à votre question.

Me Comte. — Je voudrais que l'on aborde l'analyse que Mme Garçon pouvait faire de ce pouvoir. Nous savons que la partie civile a un rôle en

1988, puisqu'elle est chargée – Mme Garçon nous le dira dans le détail – des questions de maintien de l'ordre à la demande du président de la République. Je voudrais qu'elle aborde cette question.

Quel est le rôle de la partie civile, selon ce qu'elle a vu à cette période précise, et comment a réagi le pouvoir politique ? Était-il indépendant ou dépendant à l'égard des militaires et de l'armée ? Ce sont des questions ouvertes pour que la journaliste qu'elle est puisse répondre largement et de la manière qui lui convient le mieux.

Mme Garçon. — On ne pouvait pas ne pas avoir entendu parler de la partie civile à l'époque, car le général Nezzar, que je ne connais pas et que je n'ai jamais vu personnellement, a eu des responsabilités officielles à partir de cette période. Il a été nommé responsable du rétablissement de l'ordre dans la capitale. Son nom était donc partout. La connaissance que j'ai de son nom et de son rôle est évidemment celle-là. Il était chargé de rétablir l'ordre pendant les émeutes de 1988. J'étais d'ailleurs dans la capitale, et dans le pays.

Autorités civiles et pouvoir militaire ? J'ai toujours l'impression d'enfoncer des portes ouvertes quand je dis que le pouvoir civil est un peu une fiction en Algérie. Les autorités algériennes sont très attentives et très sensibles à l'image qu'elles donnent à l'extérieur. Il a toujours été très important pour elles de présenter une apparence civile. La particularité, ou la singularité, du régime algérien a toujours été de détester donner l'apparence d'un pouvoir militaire. On déteste les coups d'État militaires en Algérie et ces derniers n'ont jamais l'allure de coups d'État militaires.

La presse algérienne avait d'ailleurs trouvé une formidable définition du limogeage, ou de la « démission contrainte », du président Chadli Bendjedid en la qualifiant de « coup d'État sur canapé ». On n'a jamais trouvé mieux. On a vu à la télévision algérienne le président apparaître, livide, sur un canapé et expliquer de manière presque pathétique qu'il partait. Il avait glissé simplement une petite phrase qui en disait long sur la réalité de son départ « volontaire ». J'en cite le sens de mémoire, mais elle doit figurer dans toute la littérature sur l'Algérie : « Je pense qu'il est mieux de partir pour ne pas cautionner une politique [18]. »

J'ai fait cette petite parenthèse pour dire qu'un pouvoir civil en Algérie me paraît être une fiction. Pour son image de marque, le pouvoir, formé en cela à l'école républicaine française, aime donner l'apparence de la légalité. C'est aussi plus confortable pour le futur de s'abriter derrière des civils que l'on « jette » quand ils ne sont plus utiles. Cela permet de

---

18 Le président Chadli Bendjedid écrivait exactement dans sa lettre de démission, lue le 11 janvier 1992 à la télévision nationale : « Les initiatives prises ne peuvent garantir la paix et l'entente avec les citoyens. » Exprimant son « souci de préserver l'unité nationale, la stabilité et la sécurité du pays », il y affirmait notamment avoir pris sa décision « devant l'ampleur du danger ». Cette lettre est l'une des pièces produites au procès par les avocats de M. Nezzar.

préserver l'institution militaire, c'est-à-dire la haute hiérarchie de l'armée, évidemment.

Le pouvoir civil en Algérie, c'est cela. Le fonctionnement du pouvoir est un théâtre d'ombres fait d'une façade civile et de militaires qui prennent les grandes décisions. J'en veux un seul exemple : à partir de la mort du président Houari Boumediene en 1979, il y a eu quatre présidents en Algérie, dont aucun n'a fini son mandat. Le président Chadli Bendjedid a été « démissionné » en 1991. Le président Boudiaf, ramené du Maroc pour combler le vide, a été tué dans des circonstances que l'on a dû déjà vous expliquer. Aux dires de toute la presse algérienne, qui n'est pas soupçonnable de soutenir les islamistes, il a été tué par ce que l'on appelle en Algérie la « mafia politico-financière », euphémisme utilisé couramment dans les années quatre-vingt-dix pour désigner les divers clans du pouvoir.

Le président Liamine Zéroual est aussi parti avant la fin de son mandat. Quant au dernier en date, Abdelaziz Bouteflika, il n'y a, depuis son arrivée en avril 1999, que des interrogations dans la presse algérienne et dans les chancelleries étrangères sur ses chances d'aller au bout de son mandat. Avec une littérature interminable sur ses conflits réels ou supposés avec la haute hiérarchie militaire.

Ces présidents ont-ils été « démissionnés » par personne ? On ne peut pas mieux expliquer l'emprise du pouvoir militaire sur la vie politique algérienne. On pourrait en parler très longtemps, mais je ne vois pas d'exemple plus convaincant.

Me Comte. — Mme Garçon peut-elle nous donner son point de vue de journaliste sur un certain nombre de formules reprochées par la partie civile à M. Souaïdia ? La première formule visée figure dans un long paragraphe, mais l'idée principale – je parle sous le contrôle de la poursuite – est de dire que les hommes politiques sont des généraux et que ce sont eux, les « décideurs », qui ont interrompu le processus électoral et qui sont responsables de milliers de morts « pour rien du tout ». C'est le premier groupe de propos jugés diffamatoires par la partie civile. Mme Garçon, avez-vous une opinion sur ces propos ?

Mme Garçon. — Pour une journaliste, il y a deux choses : les faits et l'analyse que l'on peut faire à partir de ces faits. Les analyses sont toujours faites de façon subjective, mais à partir de ce que l'on a vu.

Comme je l'ai dit, j'ai été en Algérie presque en permanence entre 1988 et 1992, période pendant laquelle j'ai eu des visas, ne faisant que de brefs retours à Paris. Ce qui m'a beaucoup frappée, c'est que l'on a vu à partir de 1989 l'ascension des islamistes du FIS. C'était assez clair. Ce qui m'a beaucoup frappée, c'est combien – encore une fois, je l'ai souvent écrit à l'époque – des responsables algériens eux-mêmes reconnaissaient que rien n'était réellement fait pour contrer l'ascension du FIS.

Pourquoi cette ascension du FIS ? Pourquoi n'a-t-on pas fait tout ce que l'on pouvait pour contenir politiquement le FIS ? Il y a eu – je pense – une réelle volonté en Algérie d'utiliser cela contre l'opposition démocratique.

Les Israéliens ont fait la même chose en favorisant les islamistes contre la gauche palestinienne. Ce n'est pas un particularisme algérien.

En juin 1991, les élections législatives ont été reportées parce qu'il y avait des manifestations islamistes sur certaines places d'Alger. Ces manifestations étaient tout à fait maîtrisables par des autorités qui disposent de la force d'un État, même s'il y a eu aussi des attentats. Les élections ont été reportées à décembre.

Pour avoir suivi cela de très près, que ce soit la confection des listes électorales, la préparation des législatives ou le découpage électoral, j'avais l'impression que peu de choses étaient faites pour se donner réellement les moyens légaux et politiques dont dispose tout État pour faire en sorte que les islamistes ne sortent pas vainqueurs. C'était une évidence.

Quand on voit cela, quand on voit un certain nombre de provocations policières, on est obligé de se poser la question. On ne comprend pas tout à fait à quoi a correspondu l'arrêt du processus électoral en 1992. Même si j'ai bien compris la peur légitime que pouvait avoir un pays comme l'Algérie.

Mais l'Algérie n'est pas l'Iran ou l'Afghanistan. La population n'avait aucune envie de mettre un tchador, de devenir islamiste. Je l'ai vécu et c'est une certitude absolue. Ce qui est assez compliqué à comprendre – on sort des faits et on passe à l'analyse dont parle Me Comte –, ce sont les raisons de l'arrêt du processus électoral. J'ai relu dans toute la presse de l'époque, *Libération* comme les autres journaux, combien ont été nombreux les avertissements et forte la certitude qu'une interruption du processus électoral allait déclencher la violence.

De plus, je pense qu'il y avait un potentiel, une capacité de mobilisation dans la population algérienne. C'est vrai qu'au premier tour le nombre des abstentions a été énorme. Mais il y a eu – j'étais là-bas à l'époque – un sursaut des Algériens qui disaient que s'ils avaient su, ils auraient voté au premier tour. Cela ressemblait à ce qui s'est passé le 21 avril 2002 en France. Il n'était pas question de revenir sur la victoire du FIS, qui avait remporté une majorité, mais il était question de rétablir un peu plus d'équilibre, de se donner les moyens, surtout quand on est un État « fort » comme l'était l'Algérie, de laisser ce processus électoral aller à terme et de n'intervenir…

L'exemple qui me vient à l'esprit est celui de la Turquie. On ne peut pas vraiment soupçonner l'armée turque d'être une armée non laïque ou susceptible de faire des concessions aux islamistes. Ce n'est pas du tout la zone du monde dont je suis chargée à *Libération*, mais j'ai suivi passionnément l'ascension des islamistes au pouvoir en Turquie. On a vu la manière dont l'armée turque a laissé faire les islamistes et leur Premier ministre Erbakan jusqu'à ce qu'ils franchissent la ligne rouge qui mettait en danger la République turque. L'armée est alors intervenue, sans les dégâts que l'on a connus en Algérie.

C'est mon analyse. Certains ne la partagent pas. Elle peut être contredite. Mais après dix ans d'horreurs, après 200 000 morts, après une guerre qui n'est pas finie, après les milliers de disparitions, le pays est déstructuré. Je suis désolée de ce constat, mais je pense que ce pays est cassé pour plusieurs générations. C'est peut-être la chose la plus grave. On aurait pu au moins tenter d'éviter cela en enlevant aux islamistes toute excuse pour déclencher un processus de violences.

Je pourrais aussi ajouter que ce qui a été très frappant, c'est que dans les six à huit mois qui ont suivi l'interruption du processus électoral en janvier 1992, il n'y a pas eu d'attentat contre les civils, mais seulement contre les forces de sécurité. Ce qui a été très fascinant, c'est de voir que chaque fois qu'une mesure répressive était prise, chaque fois qu'on allait plus loin dans le « tout sécuritaire », on franchissait un nouveau seuil dans la violence…

Quand les mairies islamistes ont été dissoutes et que l'on a nommé les DEC [19], les islamistes sont allés plus loin dans la violence. Pour ne pas entrer dans le détail et ne pas trop compliquer le débat, on a l'impression qu'à partir de 1992 on a multiplié les occasions ratées, les initiatives qui auraient pu faire que cette guerre ne prenne pas l'allure qu'elle a prise et ne devienne pas la « sale guerre » qu'a décrite Habib Souaïdia.

Me Comte. — Pas d'autre question.

Me Bourdon. — Il a été dit du côté du général Nezzar et de ses avocats que l'Algérie n'avait jamais fait l'objet d'une condamnation formelle. Il a été dit, hier, par Patrick Baudouin, qu'il y avait une forme de complaisance vis-à-vis de l'Algérie, d'attentisme surtout. Comment expliquez-vous les différentes raisons politiques, économiques, stratégiques, le regard particulier dont bénéficie Alger à Paris et à Washington ?

Mme Garçon. — C'est une question complexe. La France et le reste du monde ont un rapport différent à l'Algérie. Je remarque que le regard porté sur l'Algérie dans la presse anglo-saxonne, allemande, italienne, dans tous les pays qui ne sont pas la France, est déjà beaucoup plus distancé. Au cours de la décennie que nous évoquons aujourd'hui, la presse étrangère a beaucoup plus parlé des faits que d'idéologie, que de « danger islamiste », de « République »… Ailleurs, on est beaucoup plus lié aux faits.

Pourquoi cela ? Pourquoi la France a-t-elle ce regard un peu compliqué et difficile sur l'Algérie ? D'abord parce que chaque Français a une histoire avec l'Algérie. Il est très difficile de parler de l'Algérie en France. Chacun y met quelque chose, parce qu'il a fait la guerre, parce qu'il était pour l'Algérie française ou pour l'indépendance, parce qu'il s'est investi dans le soutien au FLN ou parce qu'il a quitté l'Algérie… Du coup, l'Algérie est considérée comme un problème de politique intérieure.

C'est un problème de politique intérieure parce que la France porte la culpabilité de la guerre d'Algérie. C'est un problème de générations. Je

19 Les DEC sont les « Délégations exécutives communales » mises en place en 1992 pour remplacer les municipalités dissoutes du FIS.

reviens deux secondes à ce que je disais tout à l'heure : quand j'étais en Algérie pour les sommets arabes et les Conseils palestiniens, je ne pouvais même pas imaginer que l'on puisse critiquer l'Algérie puisque pour moi, c'était le pays qui s'était battu de manière formidable pour son indépendance. Dire un mot contre l'Algérie en étant français, c'était remettre en cause l'indépendance chèrement acquise de ce pays. Il y a cela dans le regard français.

Mais il n'y a pas seulement cette espèce d'imbroglio psychologico-politico-affectif, il y a aussi des choses beaucoup plus concrètes. Ne parlons pas des intérêts économiques – car ce n'est pas la partie que je connais le mieux –, mais ils sont très forts. Il y a des choses très difficiles à exprimer publiquement, mais qui existent.

Dans les années quatre-vingt, quand la France était présente au Liban avec la force multinationale, elle a été confrontée à des enlèvements, à des attaques contre son contingent de la force multinationale. Pendant la guerre de libération, les représentants du FLN ont tissé des réseaux partout dans le monde, dans les pays arabes… L'Algérie a proposé ses bons offices à la France et aux pays occidentaux pour les aider dans la lutte antiterroriste. Je crois d'ailleurs que les premières vraies relations entre les services français de la DST et les services algériens ont commencé à l'époque, quand l'Algérie a donné un sérieux coup de main aux Français en utilisant ses réseaux et ses connaissances et en lui donnant des informations sur le mode de fonctionnement des réseaux au Proche-Orient. Voilà pour la partie honorable et visible de l'iceberg.

La partie plus « complexe » remonte aux attentats qui ont eu lieu sur le sol français. Je citerais un Premier ministre, Lionel Jospin, qui résume assez bien le rapport de la France et les difficultés à parler des relations complexes que les hommes politiques français entretiennent avec l'Algérie, hors toutes les raisons que je viens d'expliquer. Après les attentats en France (boulevard Saint-Michel, Port-Royal), on a arrêté des hommes appartenant en principe à des réseaux du GIA.

J'ai interrogé énormément d'hommes politiques français. Je les ai cités à l'époque, évidemment sous couvert d'anonymat car aucun de ces hauts responsables ne voulait être identifié. Mais j'ai néanmoins évoqué des « responsables français au Quai d'Orsay », des « proches de la présidence »… Personne, ni à l'Élysée ni à Matignon, n'a envoyé de démenti furieux à *Libération*, personne ne s'est plaint de voir citer des milieux proches du gouvernement français. C'est donc que *Libération* était assez crédible…

Il y avait beaucoup d'interrogations dans la classe politique française sur le rôle qu'auraient pu jouer les services algériens en manipulant des islamistes. Il est bien évident que les bombes ont probablement été posées par des islamistes. Mais on revient là aux interrogations sur la nature réelle des groupes islamistes armés en Algérie : dans la classe politique française, beaucoup s'interrogeaient sur le rôle qu'avaient pu jouer les services de renseignements algériens dans ces attentats. À l'époque, le Premier ministre s'appelait Alain Juppé, et je crois que les autorités algériennes ne le portaient pas dans leur cœur, car au moment des accords de Rome [20], en 1995, il avait eu la mauvaise idée de dire que le *statu quo* en Algérie n'était plus tenable à propos de la « sale guerre ». À côté, il y avait Charles Pasqua, que l'on aimait bien à Alger.

Il y avait donc cette interrogation qui n'était pas la mienne, que je n'avais fait que rapporter, sur le rôle des services de renseignements algériens dans ces attentats. Lionel Jospin a parfaitement exprimé la gêne et l'embarras des autorités françaises face à l'Algérie : quelques mois avant son élection, il avait donné une longue interview à *Libération*, uniquement sur l'Algérie. Il y expliquait que le vrai problème était sans doute un problème entre les autorités algériennes et le peuple algérien. « Sans doute un problème de légitimité », disait-il [21].

C'était une interview assez dure pour les autorités algériennes. Lionel Jospin a été nommé Premier ministre quelques mois plus tard. Il lui a été rappelé plusieurs fois ses déclarations à *Libération*, en remarquant qu'il était plus complaisant à l'égard de l'Algérie. Lionel Jospin a répondu dans une interview au *Monde* : « La politique de la France sur l'Algérie est contrainte [22]. » Depuis, il a refusé de dire un mot de plus. Dans le mot « contrainte », il y a ce que j'ai expliqué auparavant. Et ce que le ministre gaulliste de l'Intérieur de l'époque, Jean-Louis Debré, a déclaré au *Monde*, qui en avait fait un titre : « La Sécurité militaire derrière les attentats de Paris [23] ». Voilà ce que je peux dire sur les rapports complexes entre la France et l'Algérie.

Me Bourdon. — Je souhaite poser une question moins générale et qui amène une réponse plus brève. On entend souvent qu'il est absurde de mettre en cause la responsabilité du GIA parce que les crimes commis sont revendiqués par des communiqués. En tant que journaliste, quel regard

---

20 Voir *supra*, chapitre 1, note 30, p. 62.

21 Le 27 janvier 1997, Lionel Jospin affirmait notamment dans cette interview : « Ce qui est essentiel dans la question algérienne, ce n'est pas tellement le rapport du pouvoir avec le terrorisme – même s'il est parfois dans son action d'une brutalité et d'une ambiguïté qui posent problème –, mais sa relation au peuple algérien. C'est là la clé du problème. »

22 Lionel Jospin a été nommé Premier ministre en juin 1997. Le 16 septembre 1997, il affirmait précisément, dans une interview au *Monde* : « Au plan officiel, le gouvernement français est contraint dans son expression. » Le 29 septembre 1997, il précisait sur TF1 : « Je dois aussi penser aux Français. Nous avons déjà été frappés et je dois veiller à la sécurité des Français, c'est ma responsabilité. »

23 Le 23 septembre 1995, *Le Monde* faisait état d'une déclaration faite, le 15 septembre, par le ministre de l'Intérieur Jean-Louis Debré au cours d'un déjeuner avec des journalistes et affirmant, à propos de la vague d'attentats terroristes en France : « La Sécurité militaire algérienne a tenté d'orienter les policiers français sur des fausses pistes pour que l'on élimine des gens qui les gênent. » Jean-Louis Debré a ensuite démenti avoir tenu ces propos. Mais, interrogé par *Le Monde*, Dominique Gerbaud, le président de la presse présidentielle, maintenait les déclarations du ministre.

jetez-vous sur leur authenticité, sur la qualité de la communication faite par le GIA ?

Mme Garçon. — Je vous répondrai en parlant très brièvement du Liban où il y avait deux organisations, l'une s'appelait l'OJR, l'autre le Djihad islamique. Ces organisations, qui étaient – pour aller vite – des « boîtes à lettres » de la Syrie et de l'Iran, avaient commis des attentats, notamment contre les QG américain et français de la force multinationale. Quand elles revendiquaient un attentat, dans l'heure qui suivait, la totalité des services occidentaux authentifiaient leurs communiqués car certains signes permettaient de le faire. Pendant toutes ces années de guerre du Liban, il y a dû y avoir au maximum trois faux communiqués. Dès que le Djihad islamique faisait un communiqué de revendication des attentats contre les Occidentaux, on savait s'il était vrai ou faux.

Quand j'entends parler des « communiqués des GIA » ou de leurs « revendications », sincèrement, j'ai envie de sourire. Pourquoi ? Quand on nous dit que les GIA ont revendiqué telle ou telle action, on a l'impression que les GIA sont, comme les organisations que j'ai citées, bien identifiés. Or, les GIA sont sans doute, dans l'histoire des mouvements et des groupuscules armés terroristes, la chose la plus opaque qui ait jamais existé. Qu'il s'agisse de leur création, de leur gestion ou de leurs actions, il est très difficile de trouver plus opaque. C'est pourquoi *Libération* a toujours donné les revendications des GIA, mais sans leur accorder aucun crédit. Leurs communiqués ont le crédit qu'ont les GIA eux-mêmes, qui sont marqués du sceau de l'opacité et de l'ambiguïté qui entourent leur création.

Second point : à l'époque des attentats en France, j'ai écrit un article citant un policier des Renseignements généraux (RG) français qui racontait qu'un communiqué des GIA saisi par les RG provenait directement de l'ambassade d'Algérie en France.

Voilà la crédibilité que j'accorde aux communiqués de revendication des GIA.

Me Bourdon. — Sur le MAOL : la journaliste que vous êtes n'a pas manqué de s'interroger sur ce groupement d'officiers. Que pouvez-vous nous en dire ? Une enquête a-t-elle été faite ? Y a-t-il un moyen de crédibiliser ? On a dit ici ou là qu'ils étaient des agents islamistes. Que pouvez-vous indiquer au tribunal ?

Mme Garçon. — À propos du MAOL, il y a deux choses : ce qu'ils disent et qui ils sont. Évidemment, ce qu'ils disent n'est pas séparable de qui ils sont et des objectifs qu'ils peuvent poursuivre.

Ce qui me frappe, c'est que, à quelques détails près – détails venant de gens qui, réellement ou pas, ont assisté à des choses auxquelles les civils ne peuvent avoir accès –, ce que le MAOL dit n'est rien d'autre que ce que tous les gens sérieux, toutes les chancelleries disent. Qu'il s'agisse de l'attentat qui a coûté la vie à Mohammed Boudiaf, de l'assassinat de Kasdi

Merbah, l'ancien chef de la Sécurité militaire, ou de l'assassinat de Lounès Matoub, je ne cite que les meurtres retentissants que personne n'a attribués sérieusement aux islamistes…

Reste à savoir qui est le MAOL ? À *Libération*, Florence Aubenas et moi avons beaucoup travaillé sur ce sujet. Le MAOL a commencé à apparaître sur Internet en 1997-1998. On a pris cela avec précaution. Que des gens de la Sécurité militaire deviennent des « dissidents », on se méfie compte tenu de l'opacité qui entoure la chose militaire en Algérie. On se méfie compte tenu des manipulations qui sont réellement un mode de gestion en Algérie. Nous avons donc tout lu et, à quelques détails matériels près, cela correspondait à ce que nous savions.

On les a d'ailleurs peu utilisés. Dans l'enquête sur la mort du chanteur Lounès Matoub, sur laquelle nous avons travaillé plus d'un an et demi, nous avons cité une seule phrase du MAOL. Pourquoi une seule, alors que nous aurions pu citer la totalité de l'enquête du MAOL ? Parce que notre enquête recoupait le tout. On n'avait donc aucune raison de citer plus d'une phrase du MAOL.

Qui sont-ils ? On a travaillé longtemps sur le MAOL. On a essayé de comprendre qui étaient ces militaires. Sont-ils de vrais dissidents ? Travaillent-ils pour un clan du pouvoir en Algérie ? Je ne sais pas. J'ai publié une enquête il y a un an et demi dans *Libération* sur le MAOL. J'y ai fait la distinction que je viens de faire. J'ai dit qu'ils se revendiquent comme des officiers dissidents. Je les ai rencontrés en Europe. Courent-ils – comme on le dit en Algérie – pour quelqu'un ? Je ne suis pas capable de le dire. Ce mouvement est opaque comme l'est la Sécurité militaire, comme l'armée algérienne et son fonctionnement. Mais ce qu'ils disent correspond aux enquêtes que j'ai faites. Je n'ai aucune raison de mettre en doute ce qu'ils disent. Pas qui ils sont…

Autre chose : j'ai beaucoup réfléchi avant d'écrire sur le MAOL. Quand je ne domine pas bien un sujet, cela me met mal à l'aise. J'ai réfléchi à la façon dont les juges italiens ont connu la mafia italienne. Par des enquêtes ? Je ne crois pas. On n'a pas connu les arcanes de la mafia en Sicile par des enquêtes journalistiques. On en a connu le fonctionnement essentiellement par ses dissidents.

Ce que j'ai toujours un peu de mal à comprendre… Comment a-t-on connu la réalité des camps en Union soviétique ? Personne n'y était allé. On l'a connue par les dissidents soviétiques. Ce qui me frappe beaucoup en Algérie – je le dis pour Habib Souaïdia, comme je le dis pour d'autres –, c'est cette manière de déstabiliser toute dissidence et toute opposition réelle. J'ai du mal à me dire pourquoi, en Algérie, on ne demande pas si ce que dit M. Habib Souaïdia ou « M. MAOL » est vrai, mais on demande si M. Souaïdia n'est pas un voleur de pommes et si « M. MAOL » n'a pas trompé sa femme. C'est très mystérieux pour moi.

On n'a pu connaître la mafia sicilienne qu'à travers les témoignages des dissidents. Il ne faut pas rêver. On ne pénètre pas comme cela des choses aussi complexes et opaques que l'armée et la Sécurité militaire algériennes.

Me Comte. — Vous avez évoqué diverses méthodes pour décrédibiliser la dissidence. On a entendu et on entendra plus tard des propos sur des faux témoins qui sont de faux journalistes, sur des agissements parfois sophistiqués de la Sécurité militaire à Alger ou à Paris. Selon les enquêtes que vous avez faites, jusqu'où ces services peuvent-ils aller pour décrédibiliser ? Font-ils appel à de faux journalistes ? Et jusqu'où ont-ils été, y compris s'agissant de certaines personnes ?

Mme Garçon. — Le travail de journaliste ne consiste pas à désigner des gens. J'essaierai donc de rester un peu vague.

Quand M. Habib Souaïdia a publié son livre, un journaliste algérien qui a été cité par le plaignant – je ne sais pas s'il a été entendu – est allé voir la mère de Habib Souaïdia accompagné des services de sécurité [24]. Loin de moi l'idée de dire que c'est le rôle de tous les journalistes algériens. Je ne le pense pas, et je ne l'ai jamais écrit.

Prenons un autre exemple : le retrait de la plainte de l'un des trois plaignants contre le général Nezzar en avril 2001 à Paris. *Libération* n'en a pas fait état. L'AFP a publié un communiqué faisant état de l'enlèvement à Alger du fils de l'un des trois plaignants par les services de sécurité [25]. Ne nous étendons pas sur les péripéties et différents communiqués qui ont suivi cet enlèvement. Ne nous étendons pas sur le fait de savoir si le jeune adolescent a été « enlevé » ou « pris pour être présenté devant la justice », comme on l'a dit à sa famille. Passons sur le fait que, chaque jour, il a été ramené à sa mère en lui faisant remarquer qu'il était en bonne santé et que si son père « ne faisait pas les bêtises qu'il faisait »… Tout cela était idiot. Le père a d'abord démenti, par un communiqué à l'AFP, que son fils ait été enlevé, et puis il a retiré sa plainte… Je ne peux rien dire d'autre.

Me Bourdon. — Pas d'autre question.

M. Stéphan, *président*. — Vous avez parlé de façon très fournie. Vous avez évoqué l'élaboration du processus électoral avant son interruption et vous avez fait état d'une certaine passivité du pouvoir – si j'ai bien compris – qui avait laissé les choses se faire sur l'établissement des listes, le découpage électoral.

Or, on a entendu M. Haroun, ministre des Droits de l'homme, qui, sur ce point précis, a fait valoir qu'il fallait se souvenir que le FIS avait remporté les élections municipales précédemment et qu'à ce titre il avait la mainmise sur l'élaboration des listes et sur la mise en place du processus électoral législatif qui a ensuite été interrompu. Que pouvez-vous dire sur ce point précis ?

---

24 Il s'agit de M. Mouloud Benmohamed ; voir *supra* ce qu'en dit H. Souaïdia devant le tribunal (chapitre 1, p. 41).

25 Voir *supra*, chapitre 1, note 27, p. 54.

Mme Garçon. — Je peux dire que l'État algérien est un État – à l'époque, que je sache, c'était un État. Si les islamistes avaient remporté les élections municipales de 1990, raison de plus pour un État qui dispose de tous les moyens d'agir. Que je sache – ou alors un morceau très important de l'histoire algérienne m'a échappé –, ce n'est pas le FIS qui a fait le découpage électoral. Ou alors, qu'on nous le dise, car on aurait alors permis au FIS…

M. Stéphan, *président.* — Vous pensez à l'établissement des listes ?

Mme Garçon. — Je pense à l'établissement des listes, mais je ne pense pas qu'à cela. M. Ghozali, qui était le chef du gouvernement, a organisé une conférence de « dialogue national » pour préparer les législatives. Un certain nombre de choses y ont été demandées pour préparer des élections qui ne soient pas prises en otage par le FIS.

Rien n'a été fait. Je n'entrerai pas dans le détail, car ce serait trop long. Rien n'a été fait entre 1990, la victoire du FIS aux municipales, et le premier tour des législatives en 1991 pour essayer de contenir le FIS avec des moyens légaux.

M. Stéphan, *président.* — On souhaitait avoir votre opinion. Vous estimez qu'il y avait une réaction possible et qu'elle n'a pas eu lieu.

Mme Garçon. — La réaction a eu lieu. Des milliers d'Algériens se sont mobilisés en disant qu'ils allaient voter au deuxième tour. Quand les islamistes ont remporté les municipales, ils ont décrété une chose absurde et contraire aux habitudes algériennes, à savoir que les Algériens vont devoir changer leurs habitudes vestimentaires et alimentaires… La population algérienne a réagi en montrant son dynamisme. Autre exemple : l'Algérie n'est pas un pays où l'on entend couramment de la musique dans les cafés. Tous les cafés de la côte se sont mis à mettre de la musique très fort. La réaction contre les islamistes a été une réaction forte. On pouvait donner cette chance à l'Algérie. Je sors des faits, mais c'est mon analyse. Je peux me tromper.

Mme l'assesseur. — Quel a été le pourcentage de voix du FIS pour les municipales ? Comment analysez-vous leur première victoire aux municipales ? Quelle a été la réaction après ? La première alerte avait quand même eu lieu lors de ces élections qui précédaient les législatives.

C'est à ce moment-là que je souhaiterais que vous situiez votre témoignage et que vous expliquiez ce qui se passait. Pourquoi ont-ils pu gagner ? Hier, on nous a parlé de clans qui avaient mis en place la victoire du FIS pour les municipales.

Mme Garçon. — Je ne peux pas dire le chiffre exact que je n'ai plus en tête[26]. C'était effectivement un coup de tonnerre en Algérie, les

26 Voir *supra*, chapitre 2, note 4, p. 98.

observateurs ne s'y attendaient pas. Ou plutôt, il n'y avait peut-être que les chancelleries qui ne s'y attendaient pas, car quand on était dans la rue il était évident, cela crevait les yeux, que l'exaspération, la mal-vie, la marginalisation, le désespoir des Algériens étaient tellement forts que le vote FIS allait représenter un vote de rejet, et non pas d'adhésion aux islamistes.

À l'époque, toutes les analyses avaient dit que le FLN, qui sortait à peine de sa position de parti unique, allait payer le prix du fait qu'il était depuis des années une coquille vide, et qu'il n'était plus crédible pour la population. Non seulement il n'était plus crédible, mais il était honni. On l'a vu lors des émeutes d'octobre où tous les symboles du FLN avaient été cassés, brûlés. L'opposition démocratique avait boycotté ces élections municipales et le FIS est apparu comme l'unique vote de contestation. Je ne vois pas d'autre explication.

Me Comte. — La question de Mme le juge était : que s'est-il réellement passé à ce moment-là ?

Mme Garçon. — Je reviens à ce que je disais. On aurait pu par exemple faire en sorte que l'opposition démocratique ne soit pas l'ennemi numéro un et que les islamistes le soient. On aurait pu faire en sorte que le découpage électoral du grand Alger ne favorise pas le FIS, mais des partis peu soupçonnables d'être liés au FIS. Rien de tout cela n'a été fait.

Me Comte. — Aurait-on pu modifier le mode de scrutin ? C'est, et c'était, un scrutin majoritaire avec les effets d'entraînement que l'on connaît en France.

Mme Garçon. — La modification du mode de scrutin a été demandée par certains hommes politiques. La réponse a été un refus catégorique. Je ne suis pas capable de dire qu'il y avait eu un complot pour faire gagner le FIS. Mais je dirais, pour être nuancée, qu'il n'y a pas eu une volonté forte de se donner les moyens pour qu'il ne remporte pas ces élections. Cela me paraît être le dénominateur commun de tous les observateurs de l'époque.

Me Farthouat. — L'opposition démocratique, c'est qui ?

Mme Garçon. — L'opposition démocratique, en Algérie, c'est un certain nombre de personnalités, de partis. C'est aussi surtout la population algérienne. Je pense vraiment que le peuple algérien a le droit d'être respecté et le droit qu'on lui fasse confiance.

Pour répondre à votre question, je crois que l'opposition démocratique, c'est un certain nombre de personnalités, qu'il s'agisse d'Abdelhamid Mehri, l'un des leaders du FLN qui a signé les accords de Rome, du Front des forces socialistes de M. Hocine Aït-Ahmed et de nombreuses autres personnalités ou formations politiques.

Me Farthouat. — Pour modifier une loi électorale, que faut-il faire ?

Mme Garçon. — Je ne comprends pas votre question.

Me Farthouat. — Qui modifie la loi électorale ?

Mme Garçon. — Je ne comprends pas.

Me Farthouat. — Je vais poser ma question différemment. Vous a-t-il échappé qu'il fallait une majorité au Parlement pour modifier une loi électorale ?

Mme Garçon. — Qui était au Parlement en 1990 ?

Me Farthouat. — Le FLN.

Mme Garçon. — Vous pensez réellement que le Parlement algérien est un Parlement qui a pouvoir de décision en Algérie ? Si vous le pensez, vous avez raison de nous poser cette question, mais vous êtes naïf quant aux pouvoirs du Parlement algérien.

Me Farthouat. — Quel est l'intérêt des élections à ce moment-là, si le Parlement n'a aucun pouvoir ?

Mme Garçon. — C'est ce que je disais tout à l'heure : le pouvoir algérien veut montrer que le pays est une démocratie qui se dote de toutes les institutions de la démocratie. Derrière cela, il y a un pouvoir militaire. Quel était l'intérêt de faire les dernières élections législatives qui ont été plus que boycottées ?

Me Farthouat. — Ce n'est pas à moi que l'on pose des questions. C'est moi qui les pose.

Mme Garçon. — Personnellement, je n'ai pas compris l'intérêt de ces élections, sinon respecter formellement un calendrier.

M. Stéphan, *président*. — Pas d'autres questions ? *(Non.)* Merci, Madame, de cet exposé aussi clair.

Nous allons suspendre l'audience. Nous reprendrons à 13 h 45 avec une projection des bandes vidéo. Nous demandons à la partie civile de régler les problèmes techniques et à la défense de nous communiquer la cassette de TF1.

La séance, suspendue à 12 h 20, reprend à 13 h 50.

M. Stéphan, *président*. — La séance est reprise.

Me Farthouat. — M. le président, compte tenu de ce qui a été dit ce matin et du texte de février 2001 qui met en cause M. Mouloud Benmohamed [27], j'aurais souhaité que le tribunal puisse l'entendre. Il s'agit du journaliste qui est l'auteur du document qui est produit et qui fait l'objet de

---

27 Il s'agit d'un article de presse communiqué par la défense, sur les liens supposés entre M. Benmohamed et le DRS : Fabrice NICOLINO, « Un envoyé très spécial à Paris », *Politis*, 15 février 2001.

contestations. On pourrait le faire venir pour qu'il puisse être entendu de la même manière que M. Yous ce matin.

Me Comte. — Il va sans dire que nous n'adopterons pas l'attitude de M. Farthouat ce matin.

M. Stéphan, *président*. — S'il n'a pas assisté au débat, on pourrait lui demander de venir s'exprimer demain.

Me Farthouat. — En début d'après-midi.

M. Stéphan, *président*. — À présent, nous allons peut-être intervertir l'ordre de passage des témoins.

Me Bourdon. — Nous pourrions commencer par entendre M. Samraoui qui doit prendre un train.

Me Farthouat. — Aucune objection.

Audition de l'ex-colonel Mohammed Samraoui,
à la requête de la défense

M. Stéphan, *président*. — M. Samraoui, nous vous demandons de nous indiquer vos nom, prénoms, âge, profession et domicile.

M. Samraoui. — Je suis Mohammed Samraoui ; je suis né le 19 décembre 1953 à Annaba. J'habite en Europe. Je prépare un doctorat en management. Auparavant, j'étais ingénieur d'État, je me suis engagé dans l'ANP en 1974.

Le témoin prête serment.

Me Comte. — M. Samraoui est quelqu'un d'extrêmement intéressant pour nous. Il va mieux décliner ses activités que moi, mais en tout cas dans la période qui nous intéresse, c'est-à-dire à partir de mars 1990, il devient l'adjoint du responsable du contre-espionnage. Vous me corrigerez si je me trompe sur les détails. En tout cas, c'est la période de référence qui nous intéresse. Je voudrais qu'il apporte son témoignage sur cette période, ses responsabilités, et ce que faisait ce service dont il faisait partie.

M. Samraoui. — À partir de mars 1990, j'ai été affecté en tant que responsable du service de recherche qui dépendait de la Direction du contre-espionnage.

Me Comte. — Après, vous êtes affecté à ce poste. De quoi s'occupe ce service ? Que fait-il et qu'est-ce que vous y avez fait vous-même ? Qu'y avez-vous constaté ?

M. Samraoui. — C'est un service de recherche qui s'occupait de recueillir du renseignement sur le plan du contre-espionnage, de la sécurité intérieure, de la prévention économique, des investigations de manière générale. On s'occupait effectivement de « traquer » les partis politiques, mais ce qui est extraordinaire, c'est qu'à partir d'octobre-novembre 1990 on a renoncé à toute autre activité pour nous consacrer exclusivement à la lutte contre l'intégrisme.

Me Comte. — Quelles étaient les justifications apportées par le commandement à cette réorientation de vos activités ? En tant que spécialiste de ces questions, aviez-vous l'impression que le danger principal venait de ce côté ?

M. Samraoui. — Maître, je n'ai pas très bien compris votre question.

Me Comte. — Quelles étaient les orientations de votre commandement au moment où vous avez commencé à orienter vos activités vers les intégristes ? Quels étaient les objectifs poursuivis ? Par rapport à ce que vous avez vu, vous semblait-il que c'était le danger central ?

M. Samraoui. — L'objectif final était d'empêcher que le FIS ne parvienne à prendre le pouvoir. C'était l'objectif initial. Il fallait y parvenir par tous les moyens. Il a fallu surveiller les activités de ce parti. On a donc – c'est de bonne guerre – infiltré les groupes extrémistes qui existaient déjà. On a fait en sorte que le FIS, en tant qu'organisation politique, soit considéré comme un épouvantail de façon à justifier son élimination de la course au pouvoir.

Me Comte. — Quand vous dites que l'on fait en sorte que le FIS soit considéré comme un épouvantail, qu'est-ce que cela signifie très concrètement ?

M. Samraoui. — Cela veut dire que l'on devait utiliser tous les moyens mis à notre disposition pour l'empêcher d'arriver au pouvoir.

Me Comte. — Pouvez-vous dire au tribunal ce que signifie « employer tous les moyens » ?

M. Samraoui. — Il y a les moyens politiques, les moyens économico-conspirationnels, les moyens de pression, les moyens spécifiques aux services de sécurité, etc.

Me Comte. — Pouvez-vous détailler ces moyens dans la limite de ce que vous pensez possible ?

M. Samraoui. — Au plan politique, on a infiltré le FIS en tant que parti et informé le commandement de son inconstitutionnalité. On ne peut pas lutter contre un parti qui a entre les mains le patrimoine de la religion. Ils ont commis cette première erreur. Au plan politique, on a essayé d'infiltrer pour influer sur la décision politique au niveau des commissions sociales du FIS, de la commission organique, etc.

Au plan opérationnel, il a fallu lutter également contre les organisations terroristes qui commençaient à émerger à l'époque. Il y avait entre autres les éléments de d'El-hidjra wa at-takfir [28], qui étaient bien organisés. Il y avait les « Afghans », six cents à sept cents éléments revenant d'Afghanistan à partir de la fin des années quatre-vingt. Il y avait des éléments de Daawa wa tabligh [29] qui n'étaient que quelques-uns et il y avait les éléments extrémistes du FIS, émanation de la société algérienne, des radicaux, des extrémistes, etc. Et nous avons concentré l'essentiel de nos forces sur les GIA.

Me Comte. — Pouvez-vous dire au tribunal ce que faisaient concrètement les éléments infiltrés dans le FIS ? Poussaient-ils à une attitude politique radicale ou une autre ?

M. Samraoui. — Le premier aspect est politique. Il fallait influencer la question politique, il fallait diviser, faire imploser ce parti en tant que structure qui menaçait les institutions du pouvoir.

Le second aspect était intermédiaire entre l'aspect opérationnel et l'aspect politique. Nous faisions des démarches pour essayer d'amadouer quelques islamistes. Vous connaissez les méthodes telles que le chantage, la corruption, l'intégration politique, les prêts, l'aide financière. Il y a l'aspect principalement opérationnel qui consiste à infiltrer les mouvements intégristes déjà existants et à créer des groupuscules qui travailleraient pour nos objectifs.

Le FIS devenait une force, une menace très sérieuse. Il fallait casser le FIS et ces mouvements intégristes en leur attribuant certaines actions.

Me Comte. — Sur le plan économique, n'y avait-il pas aussi une série d'opérations ? Nous sommes dans cette période de libéralisation.

M. Samraoui. — Je ne suis pas très bien placé pour vous répondre sur ce plan. Je ne dirai qu'une seule chose : le meilleur allié du pouvoir est paradoxalement le GIA. Pourquoi ? Parce que le GIA a détruit tout le tissu industriel et économique de l'Algérie. Il a contribué grandement à mettre en pratique ce qu'avait édicté le FMI pour l'Algérie, c'est-à-dire le démembrement des industries obsolètes improductives, qui coûtaient de l'argent à l'État. Il a également permis la redistribution de certains monopoles publics vers le privé. Enfin, il a permis de contrer l'explosion populaire qui aurait été générée par les licenciements provoqués si les directives du FMI avaient été mises en pratique par le gouvernement de l'époque. Le GIA a aidé directement ou indirectement le pouvoir.

Me Comte. — C'est une chose extrêmement importante que vous êtes en train de dire là. Vous dites que l'un des groupuscules les plus radicaux avait en quelque sorte objectivement des intérêts communs avec le pouvoir, sur le plan économique notamment. Pouvez-vous en dire plus ? Des groupes spéciaux ont-ils été constitués qui auraient pu, eux, mener des

28 « Exil et rédemption », voir *supra*, chapitre 2, note 70, p. 171.
29 « Prédication et transmission ».

opérations qui auraient desservi la cause des opposants politiques et, en particulier, de ceux qui étaient qualifiés d'extrémistes ?

M. Samraoui. — Ce type d'opération nécessite la présence ou la participation des éléments qui appartiennent à des structures bien précises, qui appartiennent à l'État. Cela me paraît évident.

Me Comte. — La participation d'éléments de l'État à des opérations illégales, est-ce quelque chose que vous avez vu de vos yeux ?

M. Samraoui. — Comme opérations illégales, je peux dire que d'une part, il y a eu des enlèvements, des arrestations, la torture, la déportation, des exécutions sommaires, des exécutions extrajudiciaires. Cela faisait partie du lot. Cependant, le problème n'était pas là ; c'était que l'on ne sanctionnait pas de tels agissements. Voilà le problème qui me regardait.

Me Comte. — C'est ce qui vous a le plus choqué ?

M. Samraoui. — Bien entendu.

Me Comte. — Vous exercez ces responsabilités à partir de mars 1990. À la fin de l'année 1991, interviennent les élections et l'interruption du processus électoral. Je pense que votre service a été mis à contribution dans la période immédiatement postérieure à l'interruption du processus électoral. Vraisemblablement, on vous a demandé des listes de personnes à arrêter. Voulez-vous nous expliquer cet aspect-là ?

M. Samraoui. — Cette période a débuté en juin 1991, et pas en janvier 1992. À partir du printemps 1991, il y avait des entretiens secrets entre Abassi Madani, Ali Benhadj et l'ensemble des responsables de l'époque. À mon avis, tout cela était prévu. En juin 1991 est déclenchée la première insurrection armée du FIS. Là, effectivement, des arrestations ont été opérées, notamment celles des principaux leaders du FIS.

Après, on a commencé à douter des intentions. C'est que le chef du gouvernement Ghozali a continué les contacts avec les éléments du FIS. Il a contacté Saïd Mekhloufi par l'intermédiaire de Benazzouz Zebda et d'El Hachemi Sahnouni, qui s'étaient rendus à Chréah pour lui faire part de la proposition de Ghozali qui offrait de financer le « nouveau FIS ».

Je vous précise que nous avions attiré l'attention du commandement pour différer ces élections à une date ultérieure. On avait toutes les données en main et l'on savait que les islamistes allaient prendre le pouvoir.

Le gouvernement s'est entêté ou a fait un mauvais calcul. Il pensait qu'avec les partisans des élections, qu'avec ceux qui voulaient boycotter, on arriverait à diviser le FIS, qu'avec le travail mis en pratique à l'époque le FIS sortirait affaibli. Il a tenu à exploiter cette situation. Avec dix-sept éléments du FIS qui étaient proches des services de sécurité, il a essayé de faire une sorte de FIS *bis*, pour que le FIS soit minoritaire aux élections. Il pensait sincèrement que le FLN allait l'emporter ou qu'ils auraient les « trois tiers » à l'Assemblée [30].

On avait tenu à les informer que c'était un mauvais calcul. Ils se sont entêtés dans cette entreprise. Ils n'ont pas voulu assumer les erreurs par la suite. Voilà les problèmes qu'ils nous ont posés.

Me Comte. — Sur la période 1992, au lendemain de l'annulation du processus électoral, quelles sont vos instructions ? Vous dit-on d'arrêter les personnes du FIS dont vous avez déjà des listes ? Ces arrestations ne vont-elles pas bien au-delà des rangs du FIS ? L'opposition démocratique est-elle également arrêtée à ce moment-là ?

M. Samraoui. — Je vais essayer de vous apporter une réponse claire. C'est là où je situe les erreurs du commandement et où je ne suis plus d'accord avec la méthode choisie. Je vous l'avoue franchement, bien que je sois taxé d'« officier obscur » – ce qui ne me dérange pas –, on a participé parce que l'on croyait que l'Algérie allait devenir une sorte d'Afghanistan. L'intégrisme ne devait pas passer parce que l'on est républicain, que nous sommes disciplinés et obéissons aux ordres.

Le problème est que l'on disposait de listes de gens, qui étaient estimés à 1 000 ou 1 200, des éléments dont j'ai cité l'appartenance, des gens qui étaient censés passer à l'action le moment venu. Il n'y avait pas eu d'actions violentes jusqu'aux élections.

Malheureusement, cela n'a pas été fait – je ne sais pas pourquoi – et on a arrêté à tort et à travers des gens qui n'avaient rien à voir, ni avec le FIS, ni avec l'islamisme. C'est alors que j'ai senti que l'on cherchait à radicaliser absolument le mouvement islamiste. Au lieu de déporter les gens, on avait proposé à l'époque de les entendre, de dresser des procès-verbaux et de les soumettre à la justice. Ils auraient été traduits devant un tribunal, jugés, etc. Mais celui qui n'avait rien fait ne devait pas être interné. Voilà l'un des points de discorde. Ils se sont trompés dans cette optique. L'objectif était sûr quels que soient les résultats : le FIS ne pouvait pas prendre le pouvoir.

Me Comte. — Voulez-vous dire que les éléments dont vous avez parlé précédemment, que vous avez qualifiés d'Afghans et autres et que vos services estimaient dangereux, n'ont pas été arrêtés en 1992 et que l'on a arrêté au contraire d'autres éléments moins dangereux ?

M. Samraoui. — Malheureusement, c'est exactement le cas. Beaucoup de gens qui étaient listés parmi les plus dangereux n'ont pas fait l'objet d'arrestation.

Me Comte. — Comment interprétez-vous cela ?

---

30 Un tiers pour le FLN, un tiers pour le FIS, un tiers pour les autres (FFS, etc.).

M. Samraoui. — On avait besoin d'eux pour poursuivre l'infiltration des mouvements, pour créer des organisations islamistes, terroristes (la terminologie n'existait pas encore à l'époque ; on ne parlait pas de terroristes, mais d'« extrémistes » ou de « groupes armés »).

Me Comte. — Vous dites clairement – je vous demande si c'est votre opinion ou, s'il y a une analyse plus complète, de le dire – qu'après l'arrêt du processus électoral en 1992 on n'arrête pas les gens que votre service a identifiés comme étant particulièrement dangereux parce que l'on aurait besoin qu'ils continuent à se constituer en groupes radicaux. Est-ce ce que vous êtes en train de dire ?

M. Samraoui. — Je vais vous citer un cas qui va vous résumer la situation. On a arrêté quelqu'un qui s'appelait Boudchiche. Deux jours après, un agent me téléphone pour m'informer que Boudchiche est en train d'incendier deux bus neufs de la RSTA à Benzerga. J'ai pensé que ce n'était pas possible puisqu'il avait été arrêté deux jours plus tôt. Cet agent a insisté car cela lui faisait mal au cœur de voir brûler un bus neuf de la RSTA. Par acquit de conscience, je consulte les listes, je vois que la personne était arrêtée. Puis au téléphone, le commandant Amar Guettouchi me confirme qu'il a été libéré.

Je savais que c'était un élément dangereux. J'avais saisi le colonel Aït-Mesbah Sadek qui avait ordonné à la gendarmerie de procéder à l'arrestation de Boudchiche. Le lendemain, dans le procès-verbal de son audition, il dit qu'il avait été relâché parce qu'il avait été recruté comme agent. On a demandé d'avoir plus d'explications. Il a fini par avouer qu'il voulait tendre un traquenard à un officier [31] pour l'assassiner et récupérer son arme.

Arrivés à un certain point, sincèrement, on ne maîtrisait plus les groupes que l'on avait constitués ou infiltrés. Comme il y avait plusieurs structures de sécurité qui en créaient, on ne savait plus à qui appartenaient ces groupes, si c'était ou non un groupe ami, etc. Voilà la pagaille à laquelle on avait abouti. On ne pouvait plus maîtriser la situation. C'était déjà en 1992.

Me Comte. — Qu'avez-vous fait à cette époque ?

M. Samraoui. — À l'époque, j'ai été détaché au commandement des forces terrestres [32]. Quelque temps après, en mars-avril, nous avons été transférés à Châteauneuf pour créer l'Office national de répression du banditisme (ONRB). Jusqu'à la mort de Boudiaf, j'ai fait partie de l'Office.

Me Comte. — Châteauneuf, n'est-ce pas un lieu sinistrement réputé ? Que savez-vous de ce lieu-dit Châteauneuf ?

M. Samraoui. — Châteauneuf est un endroit où l'on ramenait des gens présumés terroristes qui étaient torturés, interrogés. Quelle était la logique ? Je ne sais pas.

---

31 Son « officier traitant », le lieutenant Walid.
32 Dans le cadre de l'administration de l'état d'urgence.

Me Comte. — Quelle était l'attitude du commandement ?

M. Samraoui. — Le commandement était aveuglé. Il croyait qu'il s'agissait de sauver l'Algérie. On l'a cru et c'est là le drame. On a participé au « sauvetage de l'Algérie » avec, pour résultat, 200 000 morts, 12 000 disparus, 400 000 exilés, le peuple appauvri, les maladies d'un autre âge qui reviennent, comme la typhoïde, la tuberculose, la prostitution ! C'est un vrai gâchis. Voilà ce qui m'oppose au pouvoir en place.

Me Comte. — Dernière question : M. Samraoui peut-il nous dire quelle a été sa carrière après 1992 et comment il a été amené à solliciter l'asile politique ?

M. Samraoui. — J'ai été affecté en tant que diplomate en République fédérale d'Allemagne. L'activité était toujours la même : la lutte contre les réseaux intégristes. On a continué à travailler de manière loyale. Je le dis ici en toute honnêteté. Ma présence ici n'a pas pour but d'accabler qui que ce soit, mais de défendre l'honneur de l'armée à laquelle je suis fier d'avoir appartenu.

À partir du moment où j'ai acquis la certitude qu'on avait affaire à un banditisme politique, quand j'ai vu que les débordements n'étaient pas sanctionnés, quand j'ai vu que l'on prenait des décisions qui allaient à l'encontre de la morale et de notre conscience, il ne m'a plus été possible de cautionner ce régime.

Me Comte. — Je n'ai pas d'autres questions sinon de saluer le courage de M. Mohammed Samraoui.

Me Bourdon. — M. Samraoui, vous avez évoqué le processus d'infiltration. A-t-il consisté pour les services secrets algériens à infiltrer les « Afghans », y compris lorsqu'ils ont été en Afghanistan ?

M. Samraoui. — Je peux vous donner des points qui confirment l'attitude du pouvoir. De toute manière, sachez une chose : on maîtrisait parfaitement tout ce qui se passait à Alger. Lorsque les Afghans revenaient en Algérie, ils étaient pris en charge dès leur arrivée sur le sol algérien. On avait des accords avec les responsables tunisiens. Le billet Karachi-Tunis était vendu 50 % moins cher, de sorte que les Afghans prenaient toujours cet itinéraire. À Tunis, on avait les listes et on les connaissait.

Maintenant, pour ce qui est de l'infiltration, il y a un cas précis, celui d'un officier, le capitaine Ahmed Bouamra, médecin, qui a été envoyé en Afghanistan pour infiltrer le mouvement intégriste. À son retour, il a même atteint le sommet de la hiérarchie, en étant l'imam de la mosquée de Belcourt. Par la suite, il a été arrêté et exécuté, assassiné dans une des prisons algériennes.

Me Bourdon. — Je ne veux pas vous faire revenir sur des choses difficiles, mais vous avez parlé de tortures, d'exécutions sommaires, d'enlèvements. Peut-on dire que ces crimes étaient bien commis sur ordre ?

M. Samraoui. — Cela me paraît évident. L'ordre venait, pour ce qui nous concernait, du général Smaïl Lamari.

Me Bourdon. — C'était, au-delà d'une tolérance, en tout cas une négligence !

M. Samraoui. — Ce n'était ni une tolérance ni une négligence, c'était une méthode de travail.

Me Bourdon. — Décidée et exécutée.

M. Samraoui. — Oui, hélas ! Et jamais sanctionnée…

Me Bourdon. — Le fait que ce soit sur ordre fait que, mécaniquement, ceux qui donnaient les ordres n'étaient jamais poursuivis.

M. Samraoui. — S'il n'y avait pas eu des ordres, on n'aurait jamais atteint le nombre de 200 000 morts.

Me Bourdon. — Je reviens sur les grandes manifestations du FIS en juin 1991. Quelle était l'attitude de la Direction du contre-espionnage, l'une des trois branches du DRS, et en particulier celle de son chef, le général Lamari dit « Smaïn » ? Avez-vous un souvenir sur ce point ? *(Signes d'incompréhension du témoin.)* Lors des grandes manifestations du FIS en juin 1991, vous souvenez-vous de l'attitude du général Smaïn Lamari ? Quelles ont été les instructions ? Quelles sont les réunions qui ont eu lieu ?

M. Samraoui. — C'était bien avant. Je vous l'ai dit : je ne vous cache rien. Je suis ici sous serment. L'objectif était le FIS et il fallait y parvenir. Point ! Je crois que nous avons réussi notre mission sur ce plan.

Me Bourdon. — Peut-on revenir un instant sur les déclarations que vous avez faites à la chaîne Al-Djazeera le 5 août 2001 ? Vous avez affirmé que plusieurs de ces groupes qui s'engageront dans l'action armée à partir de cette période et dans les années suivantes étaient en fait manipulés par les services du DRS, voire directement créés par eux. Confirmez-vous ces déclarations ? Pouvez-vous dans ce cas les préciser ?

M. Samraoui. — Ce n'était pas le 5 août, mais le 1er août 2001. Le GIA, c'est la création des services de sécurité. Les gens ont été quelque peu surpris. Ce n'était pas le GIA en tant que tel. D'abord, cela s'est fait en trois étapes. La première a été l'infiltration, la deuxième, c'était l'infiltration du noyau qui existait déjà, le MIA, et nous avons réussi.

J'ai vu Abdelkader Chebouti [33] en personne – on a essayé de déformer mes propos – circuler à bord d'un véhicule qui appartenait à mon service et que l'on avait mis à sa disposition. Mes propos ont été confirmés le 20 août 2001 par Ahmed Merah, qui est un islamiste connu. Il dit : « C'est

33 L'un des fondateurs du Mouvement islamique armé (MIA) en 1991 (voir *supra*, chapitre 2, note 73, p. 173).

vrai, moi aussi, j'ai eu deux véhicules. » Il cite même les immatriculations [34]. Ma question est la suivante : à quel titre un civil, un islamiste connu pour être un intégriste violent, dispose-t-il de véhicules de la Sécurité alors que des officiers et commandants n'avaient pas de véhicule ?

D'autre part, il dit – vous pouvez consulter *Le Quotidien d'Oran* du 20 août 2001 – qu'il était chargé d'une mission. J'aimerais savoir par qui il a été chargé de cette mission et de quelle mission il s'agissait. Il a dit qu'il était allé en Kabylie. On voit le résultat : les maquis qui existent à l'heure actuelle en Kabylie.

Me Bourdon. — Qu'arrivait-il aux officiers qui refusaient d'exécuter les ordres et qui manifestaient de la réprobation ?

M. Samraoui. — On ne pouvait pas refuser. On était des militaires disciplinés. On ne refusait jamais les ordres. On essayait d'apporter notre contribution pour compenser, attirer l'attention ou mettre en garde. Mais c'est là la conséquence dramatique : pratiquement tous les officiers qui se sont opposés au général Smaïl Lamari ont, comme par hasard, été tués par le GIA. Et aucun des hommes qui lui sont proches n'a subi la moindre égratignure. Je trouve cela pour le moins anormal et douteux.

Me Bourdon. — Sauf erreur de ma part, vous avez eu l'occasion d'avoir une conversation avec le général Nezzar après l'assassinat du président Boudiaf. Avez-vous quelque chose à dire sur cette conversation ? Pouvez-vous nous en donner le contenu ? Vous avez raconté que vous aviez parlé avec le général Nezzar après l'assassinat du président Boudiaf.

M. Samraoui. — Oui, on a discuté.

Me Bourdon. — Expliquez au tribunal dans quelles circonstances et le contenu de cette conversation.

M. Samraoui. — Je n'en ai plus le souvenir précis. Nous avons parlé de beaucoup de choses. Il pourra apporter des précisions et je serai là pour lui répondre.

Me Bourdon. — Pouvez-vous répondre à la question suivante ? Vous savez ce que le pouvoir à Alger dit du MAOL et, plus généralement, des officiers qui ont quitté l'Algérie.

M. Samraoui. — On a prétendu que j'étais l'un des créateurs du MAOL. J'apporte ici le démenti le plus formel : je n'appartiens pas au MAOL. Mais je dis une chose : tout parti politique, toute opposition sincère, tout mouvement, toute organisation qui lutte pour la dignité du peuple algérien, contre son humiliation, a droit à ma sympathie.

---

34 Mohamed MEHDI, « Ahmed Merah au *Quotidien d'Oran* : "Par définition, toute guerre est sale", *Le Quotidien d'Oran*, 20 août 2001 (<http://www.algeria-watch.org/farticle/sale_guerre/merah.htm>).

Pour revenir au MAOL, mon premier contact avec ces gens remonte à fin mars 2001, et c'est à mon initiative. J'ai envoyé un e-mail pour leur dire qu'ils ne sont pas sérieux car : premièrement, il n'est pas normal qu'ils donnent des informations incomplètes, incorrectes ; deuxièmement, il n'est pas normal qu'ils balancent des noms ; et, troisièmement, il n'est pas bon qu'ils sortent des organigrammes. Nous avons entretenu une certaine correspondance et une sorte d'amitié.

Au sujet de la photo, je leur ai dit que c'était une vieille photo, méconnaissable, et que j'en avais une en ma possession qu'ils pouvaient publier[35]. J'ai contribué au dernier article pour remettre les choses en ordre : pour l'assassinat de Merah, j'ai donné une version qui paraissait la plus plausible[36].

Voilà mes relations avec le MAOL. Sinon, je n'ai aucune appartenance ni directe ni indirecte.

Me Bourdon. — M. Samraoui, tout au long de ces débats, nous avons évoqué l'existence possible de faux témoignages provenant de certains services algériens, de témoins manipulés, retournés. Vous qui avez été au cœur de ces services à un moment donné, pensez-vous que les services algériens sont capables de fabriquer des faux, de solliciter des témoins ?

M. Samraoui. — Cela fait partie des pratiques courantes. Dans n'importe quel service de renseignement, il faut faire de faux témoignages, il faut fabriquer de faux documents, de fausses preuves. C'est une pratique tout à fait normale, courante et admissible dans ces cercles.

Me Bourdon. — Y compris en faisant appel à des professions qui n'ont rien à voir avec les services secrets, comme des journalistes ? On peut utiliser comme cela des gens, les avoir à sa main ?

M. Samraoui. — Une petite précision s'impose. On oublie une chose importante : l'Algérie regorge de beaucoup de potentialités à tous les niveaux : la presse, la justice, l'enseignement, etc. Ce n'est pas cela notre problème. Il y a quand même une certaine déficience à certains niveaux et il faut avoir recours à des hommes invisibles qui soient les porte-voix de

---

35 Il s'agissait de la photo du général Smaïl Lamari, dit « Smaïn », qui figurait sur le site Internet du MAOL (<www.anp.org>). La nouvelle photo communiquée par M. Samraoui y a été publiée en 2001.

36 Il s'agit d'Ahmed Merah, déjà évoqué précédemment par M. Samraoui, ancien membre du Mouvement islamique armé créé par Mustapha Bouyali en 1982 et démantelé en 1987. Emprisonné de 1983 à 1989, Ahmed Merah, en échange de sa libération, a accepté de collaborer avec la Sécurité militaire (comme il s'en est vanté dans plusieurs livres, publiés à compte d'auteur en Algérie) pour infiltrer les nouveaux groupes islamistes radicaux. Le 12 février 2002, il a publié un article dans le quotidien *Liberté*, mettant en cause le rôle de certains services dans la violence en Kabylie (« Après la manipulation des islamistes et du terrorisme : la guerre des clans par Kabyles interposés ») ; une semaine plus tard, il décédait, apparemment victime d'un empoisonnement. Le MAOL a retracé le parcours d'Ahmed Merah dans l'article « Les Zouabris du système », publié sur son site en mai 2002.

ces gens-là. C'est comme une mafia qui a l'avantage en plus d'avoir d'une presse à sa disposition, de disposer d'une justice, d'une force publique, d'une administration. C'est un combat inégal.

Me Bourdon. — J'en ai terminé. Je voudrais saluer ce témoignage exceptionnel.

M. Stéphan, *président*. — Vous avez lu l'ouvrage de M. Souaïdia, qui a une expérience différente de la vôtre. Pensez-vous que ce qu'il indique dans le livre correspond bien à la réalité de ce que vous avez pu voir vous-même, même si c'est à un autre niveau ?

M. Samraoui. — M. le président, je suis là, comme je vous l'ai dit, pour la manifestation de la vérité. Je ne suis ni contre X ni contre Y, je tiens à le souligner. L'ouvrage de Habib Souaïdia résume *grosso modo* la réalité des pratiques (même si, dans le fond, il y a certaines erreurs, c'est évident).

Maintenant, ce qui m'étonne le plus, ce que je n'arrive pas à déceler, c'est comment un général, ex-ministre de la Défense, s'attaque à un petit sous-lieutenant pour avoir dit qu'il avait été « lâche », alors que ce même général a été traité de « traître », de « mafieux », accusé de l'assassinat de sa femme, accusé de l'assassinat du président, sans traîner en justice l'ex-capitaine Hichem Aboud[37]. C'est le combat de David contre Goliath. Ou alors, le général cherche un quitus, un dédouanement. Remporter ce procès lui permettrait de se dédouaner.

M. Stéphan, *président*. — D'après ce que vous dites et que l'on comprend, vous êtes allé en Allemagne officiellement dans le cadre de vos fonctions, mais vous avez quitté l'armée. Vous avez demandé le statut de réfugié. Dans quelles conditions ? Y a-t-il eu un événement déclencheur à cela ? Est-ce la fin d'un parcours ?

M. Samraoui. — Je me suis révolté contre certaines pratiques que ma conscience réprouvait. Comme je suis un officier assermenté, je tiens à respecter la promesse qui a été faite à nos glorieux martyrs. C'est pourquoi j'ai refusé de m'associer à ce genre de pratiques. Voilà les principales raisons. Si vous voulez des preuves, je peux vous les apporter. On lutte contre le terrorisme en utilisant les méthodes des terroristes. Cela, je ne voulais en aucun cas l'accepter. Voilà la raison principale qui m'a obligé à prendre cette décision vis-à-vis de mes anciens responsables.

Me Farthouat. — Avant que le général Nezzar n'intervienne lui-même sur la conversation qu'il a eue avec M. Samraoui et que celui-ci apporte certaines précisions, j'ai trois questions à poser au témoin. Combien de temps êtes-vous resté en poste en Allemagne ?

M. Samraoui. — Trois ans et demi.

---

37 Hichem ABOUD, *La Mafia des généraux*, *op. cit.*

Me Farthouat. — C'est au bout de trois ans et demi que vous avez quitté l'Allemagne ?

M. Samraoui. — J'ai été affecté en Allemagne au 1er septembre 1992 et rappelé le 26 janvier 1996 avec retour immédiat le 1er février 1996. J'ai disposé de quatre jours pour plier bagage.

Me Farthouat. — Nous sommes bien d'accord ! Ce n'est pas ce que vous avez fait en Allemagne pendant trois ans qui vous a conduit à démissionner, mais votre rappel en Algérie. *(Signes d'incompréhension du témoin.)* Vous nous expliquez que vous avez quitté l'armée parce que vous aviez des problèmes de conscience. Vous êtes resté trois ans et demi en Allemagne. Pendant ces trois ans et demi en Allemagne, vous a-t-on demandé de faire des choses qui vous posaient des problèmes de conscience ?

M. Samraoui. — Oui, tout à fait. Voulez-vous que j'en parle ? *(Assentiment de Me Farthouat.)* Très bien ! Tant pis pour vous.

Cela a commencé en 1994 déjà. Je reçois le général Smaïn qui est venu me demander des choses que je trouvais inadmissibles. Cela s'est précisé en 1995, lorsque j'ai vu que ce pouvoir faisait le contraire exactement de ce qu'il nous ordonnait de faire dans les instructions qui nous étaient envoyées. D'un côté, il nous demandait de lutter contre les intégristes et, de l'autre côté, il les aidait. Cela, je ne pouvais pas le tolérer. J'en ai fait part à mes chefs.

Deuxième point, c'est là un autre point crucial – je peux vous apporter les preuves sans problème –, le général Smaïn était venu en Allemagne pour coordonner l'assassinat de deux opposants politiques. Là, je l'avais mis en garde en lui disant que nous étions en Allemagne et non pas en France. En Allemagne, il ne disposait pas des mêmes structures, des mêmes amitiés qu'il a en France. Je ne voulais pas servir de bouc émissaire au général Smaïn en cas de pépin.

Me Farthouat. — Quels étaient les opposants visés ?

M. Samraoui. — Rabah Kebir et Abdelkader Sahraoui [38], qui étaient réfugiés en Allemagne.

Me Farthouat. — J'ai bien compris que les instructions et les politiques menées en 1990 étaient d'essayer de briser le FIS. *(Acquiescement du témoin.)* Deuxièmement, vous avez dit que le pouvoir en poste, et notamment M. Sid Ahmed Ghozali, Premier ministre, était persuadé qu'il allait, ou gagner les élections ou, à tout le moins, arriver à un équilibre par « trois

---

38 Rabah Kebir était alors responsable de l'Instance exécutive du FIS basée à Bonn. Abdelkader Sahraoui, militant du FLN durant la guerre de libération, opposant, a rallié le MDA (parti clandestin dirigé par Ahmed Ben Bella) au milieu des années quatre-vingt avant d'être un mentor du FIS à l'étranger.

tiers », ce qui lui permettrait de contrôler le résultat de ces élections ? Je vous pose la question.

M. Samraoui. — Il a envoyé deux émissaires [39]. Comme j'étais responsable de la recherche, je sais où ils se sont rencontrés. J'avais toutes les informations nécessaires. Cela veut dire que le gouvernement, en parallèle, menait à la fois une campagne pour des élections « propres et honnêtes » et cherchait à négocier avec les islamistes.

Me Farthouat. — Mais vous venez de dire qu'il comptait les remporter !

M. Samraoui. — Je ne sais pas.

Me Farthouat. — Vous venez de le dire. Vous dites que le gouvernement comptait les remporter.

M. Samraoui. — Certainement. Sinon pourquoi faire des élections ?

Me Farthouat. — Figurez-vous que l'on nous a dit longuement le contraire ce matin.

M. Stéphan, *président*. — Y a-t-il d'autres questions ? La parole est à M. Nezzar.

M. Nezzar. — Je suis tout à fait d'accord avec la première analyse. Bien sûr, les services étaient les premiers à savoir la menace qui pesait sur l'Algérie. C'était tout à fait banal. Les services dans tous les pays du monde ont ce rôle.

Je voudrais apporter d'autres réponses – ce n'était peut-être pas du ressort de M. Samraoui, mais c'était notre point de vue. S'agissant des contacts avec les éléments du FIS, c'était déjà une décision au plus haut niveau. Je suis au courant, parce que nous ne sommes pas des éradicateurs : il faut savoir que, s'agissant de l'AIS, déjà du temps du président Zéroual, ils avaient déposé les armes [40]. En 1995, des contacts ont été pris à tous les niveaux.

S'agissant de M. Ghozali, surtout en qui concerne les contacts avec M. Makhloufi, il s'agissait d'un terroriste qui était un convaincu et ce n'était pas celui que l'on pouvait contacter.

M. Samraoui. — Vous avez demandé à le financer.

---

39 Benazzouz Zebda et El Hachemi Sahnouni, déjà évoqués par M. Samraoui (voir *supra*, p. 232).

40 M. Nezzar opère à l'évidence une confusion entre les périodes : l'AIS (Armée islamique du salut) n'a été créée qu'en juillet 1994 et il fait ici allusion au « cessez-le-feu unilatéral » décidé par cette organisation en octobre 1997, suite à ses négociations avec les services de sécurité, soit plus de six ans après les contacts entre le gouvernement de M. Ghozali et le FIS dont a parlé M. Samraoui, et plus de cinq ans après le déclenchement par l'armée de la lutte antiterroriste.

M. Nezzar. — Ce que je peux dire – ce que vient de dire M. Samraoui –, c'est que les contacts étaient utiles. D'ailleurs, ils ont amené l'AIS à baisser les armes, déjà du temps du président Zéroual.

M. Samraoui. — J'ai participé moi-même à ces contacts.

M. Nezzar. — Le président Zéroual n'a pas donné de couverture politique. Arrive le président Bouteflika, qui adopte une couverture politique et c'est pour cela qu'ils sont descendus [41]. Entre-temps, les rangs ont grossi, puisqu'ils ont été rejoints par d'autres. C'est pourquoi 6 000 à 7 000 hommes ont baissé les armes. Et c'est tant mieux.

Maintenant, s'agissant des infiltrations, c'est un travail de tous les services. Les infiltrations et les coups de Jarnac, c'est partout. On les a connus à travers le monde entier.

M. Samraoui. — Mais pas les assassinats, mon général !

M. Nezzar. — M. Samraoui, vous parlez d'assassinat, etc. Moi, je veux la preuve. Pour le moment, je ne l'ai pas. Vous parlez de 12 000 disparus. Il y en a officiellement 4 000, et personne ne met cela en cause. Vous parlez de 200 000 morts. D'où tenez-vous ce chiffre ? C'est votre point de vue, vous avez raison de le donner.

Maintenant, quant à dire que le GIA est une création des services, je m'inscris complètement en faux. Il y a plusieurs GIA, les GIA sont multiples. Je vous ai dit que j'étais tout à fait d'accord avec votre première analyse. Vous avez dit que c'était une nécessité d'infiltrer ces gens, de les disloquer parce qu'ils représentaient une menace pour le pays. Je suis tout à fait d'accord avec vous. Quant à dire que le GIA est une émanation des services, une création des services, il faut des preuves.

M. Samraoui, vous avez parlé à Al-Djazeera et vous avez montré une photo de moi où je porte une chapka. C'était l'hiver, il y avait de la neige. Je me suis posé la question. À l'époque, j'étais malade et j'étais parti me reposer. J'entends à Al-Djazeera que j'avais rendu visite à M. Samraoui avec lequel je passais huit jours. J'ai dit tout de suite devant vous et vous pouvez le vérifier : je n'ai jamais remis les pieds en Allemagne depuis que j'ai déserté.

Et puis, ma femme sort cette photo. Et là, tout de suite, cela fait « tilt » : c'est la Tchéquie, c'est Karlovi-Vary. Vous avez été envoyé pour assurer ma sécurité. Ce n'est pas ce qui a été dit.

Il y a autre chose. Vous avez dit quelque chose – cela a été dit deux fois et c'est pourquoi je suis obligé de répondre – s'agissant des ragots qui ont été ramassés dans les caniveaux et égouts d'Alger [42]. Je préfère leur opposer mon mépris.

---

41 M. Nezzar fait allusion à la loi sur la « concorde civile » adoptée en septembre 1999 (voir *supra*, chapitre 2, note 58, p. 155).

42 M. Nezzar fait probablement allusion au fait qu'il ait été accusé, par Hichem Aboud, d'avoir tué sa femme (ce que rapporte M. Samraoui).

M. Stéphan, *président*. — Répondez, M. Samraoui.

M. Samraoui. — Je voulais juste apporter une précision aux propos du général sur les tentatives de réconciliation. On est tous peinés par les effusions de sang. Je lui rappelle qu'en 1995, avant l'élection de M. Zéroual, j'ai personnellement entamé un travail d'approche avec les dirigeants du FIS pour essayer de minimiser l'impact, parce que l'on avait dit qu'il y avait trop de morts. Les perdants sont les enfants de l'Algérie, ce qui est malheureux et inacceptable. Qu'ils soient islamistes ou autre chose, ce sont avant tout et après tout des Algériens.

Maintenant, une autre précision : Abdelkader Sahraoui, qui était en contact avec les éléments de l'AIS, a demandé à se rendre en Algérie. Je lui ai préparé le départ. Mais on ne peut plus faire confiance. Le colonel Benguedda me dit de l'envoyer. Sahraoui connaît Jimmy Carter, des responsables allemands de très haut niveau : s'il lui était arrivé quelque chose, le premier à payer était Samraoui. J'ai donc trouvé un moyen de régler cette affaire : je lui ai dit d'aller en Libye et de prendre contact là-bas ; je dégageais ma responsabilité. En Libye, il y a eu ce contact et ils ont voulu l'arrêter[43].

Mon général, j'ai été avec vous dans la lutte contre les terroristes. On était en première ligne, et vous le savez très bien. Par la suite, les responsables ont dévié. Personnellement, j'ai assisté à des rencontres de très haut niveau où un général de l'armée algérienne disait en ma présence à un ministre allemand, proche du chancelier Helmut Kohl : « Aidez-nous pour parvenir à freiner l'expansion de l'islam [et non pas de l'islamisme] vers l'Europe. » Même si c'était un lapsus, je ne pouvais pas rester insensible à ce genre de propos, mon général !

M. Nezzar. — S'il y a eu ce lapsus, je suis d'accord. Mais on s'est toujours attaqués à l'islamisme qui entraîne l'intégrisme et dont on sait ce qu'il a fait à travers le monde aujourd'hui. Je tiens à dire que tout le monde a pris conscience de ce péril. Après la dernière réunion entre Poutine, le président des États-Unis et les présidents européens, je suis absolument certain qu'une nouvelle stratégie apparaîtra.

Maintenant, s'agissant de ce que vous rapportez, je suis d'accord avec vous. Nous avons entamé… Et des ordres vous ont été donnés peut-être

---

43 Précisions que nous a apportées ultérieurement M. Samraoui : lors des premiers pourparlers avec l'AIS au printemps 1995, A. Sahraoui, exilé en Allemagne, a demandé à aller en Algérie pour rencontrer les dirigeants de cette organisation. Ayant fait part à sa hiérarchie de cette intention, M. Samraoui a reçu, au lieu d'un écrit, un coup de téléphone du colonel Ali Benguedda qui lui donnait son accord verbal en précisant : « Envoie-le, on va lui arranger la cravate. » Ne faisant plus confiance à ses collègues, M. Samraoui a organisé une rencontre en Libye entre des officiers supérieurs algériens et A. Sahraoui, afin que ce dernier puisse décider sur place s'il pouvait aller en Algérie ou non. Lors de ce contact en Libye, A. Sahraoui a failli être arrêté par les services algériens et n'a dû son salut qu'à l'intervention du ministre de l'Intérieur libyen qui était son ami.

– je n'en sais rien, je vous ai rencontré uniquement en Allemagne… Excusez ce lapsus… Je vous ai rencontré à Karlovi-Vary et vous avez dit que j'étais passé chez vous en Allemagne. Vous êtes resté quatre années en Allemagne. Ce n'est que lorsqu'on vous a rappelé que vous êtes parti. J'ai terminé, M. le président.

M. Samraoui. — Vous êtes mal informé.

Me **Bourdon**, *défense*. — M. Nezzar, vous avez écouté le témoignage de M. Samraoui, qui était au cœur des événements. C'est nécessairement un destin douloureux de quitter son pays. Il a expliqué quelle distance il avait prise avec le MAOL. J'ai alors une question simple que tout le monde se pose ici : comment expliquez-vous un témoignage aussi précis et circonstancié que celui de M. Samraoui ?

M. Nezzar. — C'est vous qui le dites. J'ai une autre lecture, si vous le permettez. S'agissant du MAOL, M. Samraoui dit qu'il ne veut pas y appartenir. Je l'apprends et c'est quelque chose de très bien qu'il ne fasse pas partie du MAOL. Il y a quatre ou cinq officiers qui sont en Europe. Beaucoup de ceux qui en parlent, parlent de ces officiers comme s'il en existait des centaines. Or, l'armée algérienne n'a pas des centaines d'« officiers libres » ! Quand j'ai déposé plainte, on a dit qu'enfin on allait voir ces « officiers libres » ! M. Samraoui a expliqué sa position. Nous savons aujourd'hui qui est derrière le MAOL : ce sont des islamistes et, surtout, des Européens qui sont reconvertis à l'islam. Oui, M. Paterson [44], nous pourrons développer ce qu'est le MAOL, si vous le voulez.

J'allais répondre à une question de M. Samraoui.

Me **Bourdon**. — Vous n'avez pas répondu à ma question : comment expliquez-vous le témoignage de M. Samraoui ? Quelle explication donnez-vous au fait qu'il soit venu ici et qu'il ait dit tout ce que tout le monde a entendu ?

---

44 Selon la revue *Pour !*, le propriétaire de l'hébergeur Webstar, qui abrite le site du MAOL, serait un islamiste, M. Abdul Wahid Paterson. Dans une série d'articles, la rédaction de *Pour !* tente d'établir un lien entre l'ex-capitaine Hacine Ouguenoune, porte-parole du MAOL, et différents groupes islamistes algériens, notamment le Front islamique du Djihad armé (FIDA), le FIS et le GIA (*Pour !*, n° 28, 29 et 30, janvier à juin 2000, <http://pourinfo.ouvaton.org/actualites/islamisme/maol.htm>).

À ces accusations, le MAOL a répondu en mai 2000 : « Une enquête sérieuse aurait prouvé que le MAOL n'a pas plus de liens avec le responsable de la société qui héberge le site que n'importe quel locataire avec son propriétaire. Peut-on accuser une Église chrétienne d'intégrisme islamique ? Et pourtant, la société en question (Webstar) héberge un site chrétien ! Elle héberge aussi une agence de voyages, un journal progressiste arabe qui est le fer de lance contre l'intégrisme, et d'autres sites étrangers » (voir aussi ce que dit Hacine Ouguenoune à propos de la prétendue affiliation islamiste du MAOL dans son témoignage en annexe, p. 491).

M. Nezzar. — Vous avez une lecture, j'en ai une autre. J'ai répondu à M. Samraoui. Je lui ai dit que j'étais tout à fait d'accord avec l'analyse qu'il a donnée, le travail qui a été fait pendant qu'il y était.

Maintenant, M. Samraoui a quitté l'Algérie en 1992, c'est-à-dire six à sept mois après l'arrêt du processus électoral. Après douze années de situation en Algérie, il y a eu des développements et je ne crois pas que M. Samraoui ait intégré tous ces éléments.

Me Comte. — M. Nezzar, quand M. Samraoui nous dit : « En 1992, je suis au point névralgique du renseignement. Nous avons des listes de personnes dangereuses qui sont au nombre de mille et quelques. Nous les suivons depuis l'Afghanistan. Les ordres que nous avons pour les arrestations ne portent pas sur ces gens. » Qu'avez-vous à répondre ?

M. Nezzar. — Avez-vous lu le livre *Échec à une régression programmée* ? Je suis tout à fait d'accord avec M. Samraoui s'agissant de cette affaire.

Me Comte. — Vous êtes d'accord, alors que vous étiez responsable du maintien de l'ordre ?

M. Nezzar. — Non, quand j'étais ministre de la Défense et par la suite, au gouvernement Hamrouche, il est vrai qu'une politique a été faite pour arriver au pouvoir avec le FIS. C'est sûr. Ce que dit Samraoui est exact.

Me Comte. — C'est essentiel. C'est la première fois qu'on le dit ici.

M. Nezzar. — Je l'ai dit dans des articles et je l'ai écrit dans mon livre. J'ai dit que le gouvernement voulait s'allier avec le FIS et que le président de l'époque était même d'accord. M. Betchine a démissionné[45].

J'ai été chef des services : on parle du DRS, mais les services sont multiples. Il y a ceux qui sont rattachés à la présidence, ceux qui sont rattachés au niveau de l'état-major, ceux qui sont rattachés au niveau du ministre de la Défense. Les services sont multiples. M. Betchine, qui était au niveau du président de la République, traitait les problèmes de sécurité

---

45 De novembre 1988 à septembre 1990, le général Mohamed Betchine a été directeur des services de renseignements (dépendant officiellement de la présidence de la République), appelés à cette époque DGPS (Direction générale de la prévention et de la sécurité), puis DGDS (Délégation générale de la documentation et la sécurité). En septembre 1990, les généraux Belkheir et Nezzar ont réorganisé les services, désormais entièrement placés sous l'autorité du ministère de la Défense : l'ancienne Sécurité militaire, dissoute en tant que telle en novembre 1987, a été reconstituée sous l'appellation de DRS (Département de renseignement et de sécurité), regroupant les services de la DGDS (Délégation générale de la documentation et la sécurité) et de la DCSA (Direction centrale de la sécurité de l'armée) ; le DRS comporte depuis cette date trois directions : Direction du contre-espionnage (DCE), DDSE (Direction de la documentation et de la sécurité extérieure) et DCSA. À cette occasion, le général Betchine a été écarté de ses fonctions par le général Nezzar (sur cette réorganisation, voir : Nicole CHEVILLARD, *Algérie : l'après-guerre civile*, Nord-Sud Export Conseil, Paris, 1995, p. 44 *sq*). De 1995 à 1998, le général Betchine sera conseiller du président Liamine Zéroual, jusqu'à la démission de ce dernier.

au niveau du président de la République. Il est venu me voir pour me dire qu'il avait déposé sa démission. Je lui ai demandé pourquoi. Il m'a répondu qu'il était entre deux feux : à chaque fois qu'il signalait au président les agissements de MM. Hamrouche et Hidouci, M. Hamrouche le savait. C'est pourquoi il préférait démissionner. Il a donc raison quand il dit qu'il y avait un double jeu à cette époque. C'est vrai.

M. Stéphan, *président.* — Pas d'autres questions ? *(Non.)* M. Samraoui, vous aurez le dernier mot.

M. Samraoui. — Ces contacts se sont poursuivis. C'est vrai.

M. Stéphan, *président.* — Y a-t-il d'autres questions à poser au témoin ? *(Non.)* Le tribunal vous remercie de votre témoignage et d'avoir participé à cet échange. Il observe d'ailleurs que vous êtes venu ici témoigner pour défendre l'honneur de l'ANP et que M. Nezzar avait tenu ces mêmes propos lorsqu'il avait été entendu initialement. La notion n'est pas tout à fait différente dans la bouche de l'un et de l'autre.

Audition de M. Rachid Boudjedra, à la requête de la partie civile

M. Stéphan, *président.* — Monsieur, veuillez nous indiquer vos nom, prénoms, âge, profession et domicile.

M. Boudjedra. — Je suis écrivain, j'ai soixante et un ans et j'habite à Alger, mais j'ai également un appartement à Paris. Je suis publié en France depuis 1969 chez Gallimard et Grasset.

Le témoin prête serment.

Me Farthouat. — M. Boudjedra est l'auteur d'un livre intitulé *FIS de la haine*. Quelles sont les raisons qui l'ont conduit à écrire ce livre ? Quel est son jugement sur les événements que nous évoquons au cours de ces audiences, c'est-à-dire ceux qui se sont produits en Algérie de 1988 à 1993 ?

M. Boudjedra. — Je voudrais dire mon itinéraire politique et littéraire. J'ai été au FLN jusqu'en 1962, date à laquelle j'ai adhéré au Parti communiste algérien. Je suis donc un homme de progrès, un républicain et un laïc. Je n'ai eu aucun rapport avec tous les pouvoirs qui se sont succédé en Algérie jusqu'à ce jour. Je suis ce que l'on appelle un écrivain subversif, j'ai publié une quinzaine de romans, deux recueils de poèmes, une pièce de théâtre jouée au TNP à Paris. Je suis l'auteur de *Chroniques des années de braise*. Voilà mon itinéraire.

Lorsqu'en 1987, un vendredi du mois d'avril, j'ai appris par la presse que j'étais condamné à mort par les intégristes islamistes – que l'on appelait à l'époque les Frères musulmans – pour hérésie et pornographie, c'est-à-dire pour mes romans – j'ai précédé en cela Salman Rushdie qui est mon ami –, je n'ai pas pris cela au sérieux.

En juin 1989, je suis à nouveau, non pas condamné, mais pendant trois minutes sur la culture et sur l'art qui passent au journal de 20 heures en Algérie, il y a trois minutes d'appel au meurtre. Le militant du FIS qui travaillait à la télévision à l'époque avait fait un reportage sur mes lecteurs. Il avait demandé l'avis sur mes livres à un étudiant en théologie intégriste, à un libraire intégriste connu sur la place d'Alger et à un boucher de la banlieue d'Alger.

En rentrant des États-Unis où je me trouvais, j'ai trouvé qu'il y avait un grand charivari à mon propos. Je n'étais pas au courant. La presse s'en était emparée. La télévision m'avait alors accordé une demi-heure de droit de réponse. Je l'ai utilisée pour dire mon point de vue sur l'islam et sur la tolérance. Au moment où il y avait les prières dans la rue le vendredi, j'étais de ceux qui disaient qu'il fallait laisser la ferveur du peuple s'exprimer. Imaginez sur la place de la Concorde des gens qui feraient la prière le vendredi après-midi !

Par rapport à votre question : c'est en 1989, ayant déjà été condamné à mort par ces gens que je ne connaissais pas et à qui je n'ai jamais fait de mal, que j'ai compris leur démarche. Il y a eu le processus, il y a eu les élections qui ont été bâclées. On aurait voulu qu'elles soient propres. Elles étaient sales, elles étaient frauduleuses dans la mesure où les gens du FIS tenaient les mairies.

C'est un découpage électoral qui a permis cela. Il pouvait faire passer le FLN ou le FIS. Nous avons eu le FIS. Je fais partie de ceux qui ont refusé les résultats du premier tour des élections – les élections ayant eu lieu fin décembre 1991. Le 2 janvier 1992, ce que l'on appelait à l'époque la société civile – j'ai été l'un des fondateurs de la Ligue des droits de l'homme et du Comité contre la torture en 1988 – est descendue dans la rue. Je pense qu'aujourd'hui ce n'est pas le général Nezzar qui devrait être mis en cause par ce monsieur. On dit officier dans la presse française, en fait, c'est un lieutenant. Un officier, c'est un général.

Nous sommes descendus dans la rue – on a parlé de millions de personnes. Disons plutôt quelques centaines de milliers pour être objectif – pour demander l'arrêt du processus électoral qui était un arrêt de mort pour nous en tant que libres penseurs laïcs républicains.

Je me souviens d'une image à la télévision. Je ne connais pas le général Nezzar. C'est la deuxième fois que je le rencontre. Je l'ai vu au Centre culturel algérien à la sortie de son livre où je suis allé l'aider, pour dire ce que je pensais du général Nezzar et de l'armée algérienne. Je suis ici pour défendre l'honneur de cette armée. Je vous dirai pourquoi très vite tout à l'heure.

J'ai donc vu une image à la télévision du général Nezzar très malade, avec une canne, qui recevait Benhadj, l'un des plus sanguinaires chefs islamistes du FIS. J'ai vraiment été choqué et j'en ai voulu à ce général que je ne connaissais pas. Comment pouvait-il descendre les escaliers du ministère de la Défense pour recevoir ce pantin hystérique qui avait, parmi ses nombreuses fatwas, demandé d'égorger avec un couteau non contondant, rouillé ? J'en ai voulu à ce général que je viens défendre en quelque sorte par rapport à un livre.

J'en arrive à mon livre *FIS de la haine*. Je suis un écrivain, un romancier, quelqu'un qui travaille sur l'émotion et la sensibilité. Je suis un grand lecteur de Proust, Flaubert, des grands écrivains français. Je peux dire que je suis un peu le continuateur de Flaubert et de Proust dans mon genre… selon la reconnaissance de la critique universelle. Je suis traduit dans vingt-six pays.

Protestations dans la salle.

M. Stéphan, *président*. — S'il vous plaît !

M. Boudjedra. — Il y a des réactions gênantes.

M. Stéphan, *président*. — Vous vous adressez uniquement au tribunal. Dans la salle, comme à l'habitude, il faut garder le silence. Vous ne partagez peut-être pas ce qu'est en train de dire le témoin mais, encore une fois, la salle d'audience est un lieu de débat dans lequel chacun doit pouvoir s'exprimer librement.

M. Boudjedra. — Je suis sûr que ceux qui m'ont chahuté là n'ont jamais lu Proust. J'ai écrit ce livre tout seul en 1993. Je l'ai publié dans une grande maison d'édition française. Il est maintenant paru en collection « Folio Poche ». Je voulais dire ma révolte d'écrivain, d'artiste.

Je ne démontre rien. Je ne suis pas là pour vous démontrer quelque chose. Simplement, je veux dire que je fonctionne avec la sensibilité et des émotions. Ce livre, je l'ai fait comme cela, avec quelques statistiques que j'ai glanées dans la presse algérienne.

Le problème, ayant été condamné à mort, est que j'ai refusé ce processus. Le 2 janvier, j'ai donc manifesté pour l'armée, dont le général était l'un des chefs, ministre de la Défense. C'est en fait nous qui devrions être accusés. S'il y a eu crime, c'est nous, la société civile, qui l'avons commis.

Quand je parle de mes amis assassinés, je parle d'un écrivain, Tahar Djaout, d'un jeune peintre, Assalah, dont le père a été assassiné en tant qu'élu, d'un ami personnel, le patron du Théâtre dramatique national d'Oran, de mon ami Boucebci, pédopsychiatre, qui a été égorgé, comme la plupart de mes amis d'ailleurs. Je parlerai aussi d'un autre pédiatre assassiné dans son hôpital au moment où il apportait le plateau pour les enfants. Professeur de médecine, c'est lui-même qui apportait les plateaux de petit déjeuner dans sa clinique. Voilà ce que j'ai à vous dire.

Je pense donc que moi, j'ai voulu, j'ai souhaité que l'armée algérienne, que le général Nezzar, interviennent pour sauvegarder l'Algérie de presque trente ans de khomeinisme en Iran et de cinq ou dix ans de Talibans.

Vous avez vu que j'ai deux filles et pas de garçon. Je suis fier de ne pas en avoir parce que chez nous il faut en avoir un, sinon on est très mal vu. J'ai deux filles et je suis content que, grâce à l'intervention de l'armée, grâce à l'interruption du processus, grâce à la démission de Chadli, mes filles et mes petites-filles vont *[sic]* encore à l'école. L'école a été interdite, le football a été interdit, la chanson a été interdite, la musique a été interdite par ce FIS dont on parle aujourd'hui. Ces quelques personnes, la plupart sont très malintentionnées, mais quelques-unes sont vraiment de bonne foi. Je suis très étonné de les voir témoigner en faveur de M. Souaïdia.

Me Farthouat. — Le tribunal a entendu Mme José Garçon. Je crois que vous la connaissez. Quel jugement portez-vous sur ses analyses ?

M. Boudjedra. — Je vais vous raconter une anecdote. Mon dernier roman, *La Fascination*, paru chez Grasset, raconte l'histoire d'un homme stérile qui élève des juments et qui essaie de les croiser avec des juments anglaises et du monde entier – cela fait sourire M. l'avocat, c'est de la littérature. Vous êtes dans le droit, moi dans la littérature. C'est de la sensiblerie peut-être.

J'en viens à Mme José Garçon. Le journal *Libération* a informé mon éditeur Grasset que j'aurais la dernière page de *Libération* qui paraît chaque samedi sur un écrivain ou un artiste. La personne chargée de cette page avait prévenu mon attachée de presse que ce serait Mme José Garçon qui ferait cette page. J'ai dit que je n'y voyais pas de problème. Elle a dit : « Je me le paierai. » J'ai dit que je n'y voyais pas de problème car je peux me la payer aussi.

Finalement, Mme José Garçon est quelqu'un de très partisan. Je pourrais dire plus que cela. La pudeur m'arrête à cela. Son commentaire à l'époque sur le roman était très intéressant.

Me Farthouat. — Pas d'autre question ?

Me Bourdon. — Vous vous êtes comparé avec modestie à Flaubert et Proust.

M. Boudjedra. — Je ne suis pas d'accord. J'ai dit que j'étais un peu le continuateur en quelque sorte.

Me Bourdon. — Vous vous êtes décrit comme un esprit subversif, un intellectuel parmi les intellectuels. Vous avez fait référence à Flaubert et Proust. J'ai une seule question à vous poser : Flaubert et Proust n'ont jamais témoigné pour quelque autorité que ce soit, et spécialement l'armée. Comment un esprit subversif, intellectuel parmi les intellectuels, peut-il accepter de témoigner aujourd'hui au profit d'un général d'armée ?

M. Boudjedra. — Si je suis vivant aujourd'hui, c'est que je n'ai pas été assassiné comme les camarades que je viens de citer : des écrivains, des peintres, des dramaturges, des metteurs en scène, des pédopsychiatres. Les services de sécurité, et quelque part l'armée, m'ont protégé. Tout de suite après l'assassinat de Tahar Djaout, publié au Seuil, j'ai eu vraiment peur. J'ai un frère commandant de bord en Algérie qui est venu chez moi et qui m'a dit que je devais partir tout de suite. Je n'en avais vraiment pas envie. Je lui ai dit : « Qu'est-ce que j'ai à perdre ? »

La réponse que je peux faire est que, par rapport à cette situation, à ce moment-là j'ai quitté mon appartement modeste dans une cité modeste. Je suis parti dans des maisons, dans des appartements avec une protection rapprochée d'une femme policière qui était toujours à la maison et d'un policier à l'extérieur. On m'a accordé un port d'arme. C'est ainsi que j'ai pu me maintenir.

Nous avons voulu que cette armée intervienne. On allait avoir un Iran des mollahs pendant trente ans ou l'Afghanistan. Je ne voulais pas que mes petites-filles n'aillent pas à l'école (c'était une interdiction du FIS). Aujourd'hui, malgré les assassinats, malgré tout le reste, voilà pourquoi je témoigne.

Mon prochain roman s'appelle *L'Éponge*. C'est l'histoire d'un petit enfant qui a été assassiné dans la cour au moment où il lavait l'éponge parce qu'il allait à l'école malgré l'interdiction des islamistes. Maître, je vous ai répondu.

Me Comte. — Nous avons un témoin dans la salle qui a sauté au plafond quand le témoin ici présent l'a mise en cause. *(Parlant de Mme Garçon.)*

M. Stéphan, *président*. — Le tribunal voit bien qu'il y a divergence.

M. Boudjedra. — M. le président, j'aimerais avoir le nom de cette personne.

M. Stéphan, *président*. — Une question a été posée sur Mme Garçon que le tribunal a entendue ce matin. On ne va pas partir sur la dernière page de *Libération*. Je ne pense pas que ce soit nécessaire. On croit comprendre ce qu'en dirait Mme Garçon. Nous allons nous arrêter. Sinon, nous entrons dans un débat qui dépasse largement celui qui nous est soumis.

Me Comte. — Je souhaiterais que le témoin apporte une ou deux précisions. Je crois avoir compris au début de son témoignage qu'il n'avait partie liée avec personne, qu'il n'avait pas eu de carrière politique. Il me semble pourtant qu'il a été conseiller au ministère de l'Information à une certaine époque. Est-ce exact ?

M. Boudjedra. — Oui, pendant trois mois, avec Rédha Malek, dont je suis fier d'avoir été le conseiller. C'est un monsieur de la démocratie, qui est aujourd'hui président d'un parti libéral démocrate, un homme fantastique qui était ambassadeur d'Algérie.

Me Comte. — Si je reprenais le parallèle de mon confrère Bourdon, je ne pense pas que Flaubert ou Proust aient été conseillers à l'Information.

M. Boudjedra. — Proust a fait mieux : il a été l'ami du préfet de police de Paris.

Me Comte. — C'est une forme d'intervention politique sans commune mesure avec le ministère de l'Information !

M. Stéphan, *président.* — Cela nous écarte de notre débat.

Me Comte. — Nous allons reprendre une autre question avec cet excellent témoin. Il parle de la manifestation du mois de janvier. Il dit qu'ils sont descendus par centaines de milliers. Je parle de la manifestation du 2 janvier 1992. Par conséquent, le souvenir que j'ai de cette manifestation, d'après les documents versés au dossier, est qu'il s'agit d'une manifestation qui disait : « Ni dictature militaire, ni dictature islamiste. » Avez-vous un autre souvenir ?

M. Boudjedra. — Absolument, cela a été dit. Nous ne voulions pas d'une dictature militaire.

Me Comte. — Qu'avez-vous eu à la place ?

M. Boudjedra. — Nous n'avons pas eu de dictature militaire. Votre appréciation est une chose. Je suis citoyen algérien, j'ai une autre vision : cela nous regarde. Par rapport à l'armée, je voudrais rappeler une petite phrase d'un général qui a appelé en 1940 la France à refuser les élections qui ont eu lieu à propos du général Pétain. Il a été élu et plébiscité.

Me Comte. — Il n'a pas été élu !

M. Boudjedra. — Au Portugal, c'est l'armée qui a vraiment démocratisé le Portugal et débarrassé le pays d'un dictateur qui s'appelait Salazar. Il ne faut pas faire d'amalgame. C'est comme la haine du flic en France : on n'aime pas les flics, les gendarmes, mais quand on en a besoin, ils sont formidables. Ils arrivent toujours en retard par rapport aux voleurs.

M. Stéphan, *président.* — Y a-t-il d'autres questions ? *(Non.)* M. Boudjedra, je vous remercie de votre témoignage.

Audition de Mme Nicole Chevillard,
à la requête de la défense

M. Stéphan, *président.* — Madame, veuillez nous indiquer vos nom, prénoms, âge, profession et domicile.

Mme Chevillard. — J'habite à Paris. Je suis journaliste, rédactrice en chef de *Marchés d'export/Nord-Sud Export*, revue confidentielle spécialisée dans le « risque-pays », qui depuis 1998 fait partie du groupe *Le Monde*.

Le témoin prête serment.

Me Bourdon. — Vous avez été rédactrice ou coordinatrice d'une étude sur l'Algérie alors que vous n'étiez pas encore rédactrice en chef[46].

---

46 Nicole CHEVILLARD, *Algérie : L'après-guerre civile, op. cit.*

Pouvez-vous expliquer au tribunal quelle était l'origine de cette étude, son contenu et la méthode utilisée pour aboutir à ces travaux ?

Mme Chevillard. — Nous réalisons des études multi-clients. J'en avais déjà réalisé une sur la Côte-d'Ivoire. L'objet de ce type d'étude est d'analyser le risque-pays pour nos lecteurs que sont les grandes entreprises françaises qui cherchent à minimiser les risques de tous ordres, aussi bien politiques que financiers, etc., qu'elles peuvent rencontrer sur les marchés où elles travaillent. Nous avons dans notre portefeuille d'abonnés l'ensemble des grands groupes français, des grandes banques et d'autres entreprises étrangères, surtout de langue française car nous écrivons en français.

Me Bourdon. — Voilà l'origine de l'étude. Revenons un instant sur le contenu de cette étude, sur l'Algérie précisément. Par quels moyens avez-vous fait l'étude et quelles conclusions avez-vous tiré de vos travaux ?

Mme Chevillard. — Cette étude ayant pour but, comme les autres, d'analyser les risques (l'un des travaux qui nous sont impartis dans ce cadre consiste à analyser les risques politiques), a été réalisée et terminée en 1995. Les questions que tout le monde se posait à l'époque concernaient la nature du pouvoir en Algérie, la violence qui y régnait, l'instabilité et les chances que l'on pouvait estimer d'un retour à la normale au bénéfice de tous.

Me Bourdon. — Premier élément de réponse, sur la nature du pouvoir : quelles ont été les conclusions de votre étude ?

Mme Chevillard. — Sur la nature du pouvoir, les choses ont été très simples. Il apparaissait à l'époque – ce n'était pas une chose nouvelle – que les vrais dirigeants de l'Algérie étaient au sein de la hiérarchie militaire. Je peux dire qu'en Algérie c'est une constante historique. Cela n'avait rien de très original. Nous nous sommes surtout attachés à l'ensemble des événements qui commençaient en 1988 avec les grandes émeutes, puis la Constitution de 1989, les changements et la démocratisation qui a suivi, qui a duré peu de temps puisque l'ensemble du processus a été interrompu une première fois en juin 1991 par l'état de siège, ce que l'on oublie souvent. Ensuite, il y a ce que nous appelons le coup d'État de janvier 1992. À partir de là, il y a eu plusieurs constructions successives visant à combler le vide du pouvoir.

À partir du moment où le président Chadli avait été acculé à la démission, il n'y avait plus d'institutions légales en tant que telles. Surtout, juste après la décision de Chadli de démissionner, le président du Conseil constitutionnel, Benhabylès, a refusé de cautionner ce coup d'État. La haute hiérarchie militaire (et notamment les trois généraux-majors en exercice qui avaient demandé la démission de Chadli) voit le président du Conseil constitutionnel s'opposer à leur démarche : il dit qu'il ne reconnaît pas cette démission, cette démarche. On se trouve donc devant un vide constitutionnel qui a été comblé par une institution. Tout ce qui restait comme institution était le HCS, le Haut Conseil de sécurité. En fait, il n'était pas dans des conditions lui permettant de se réunir, mais cela a été outrepassé de manière illégale. Mais il n'y avait plus que cela. Cela a donc été bricolé.

Le vide du pouvoir a été comblé par le HCS où l'on retrouve en position dominante nos généraux-majors, le général Nezzar ici présent, le général Larbi Belkheir et le chef d'état-major Abdelmalek Guenaïzia. Ce sont eux qui sont à l'origine de la constitution du HCE, le Haut Comité d'État.

Me Bourdon. — Votre étude a-t-elle porté également sur les exactions, les charniers, sur la sécurité, sur les droits de l'homme ?

Mme Chevillard. — C'est alors l'état d'urgence, l'état d'exception. Toutes les consultations populaires qui ont eu lieu par la suite ont été faites sous l'état d'exception. À partir de 1992, se sont mises en place des juridictions spéciales et des décrets. De toute façon, il faut se rapporter à la situation de l'époque : il n'y a pas de Parlement élu. Juste avant la démission de Chadli, le Parlement avait été dissous. Les décisions sont prises par décret. On assiste à une série de mises en place d'institutions parallèles, de cours spéciales, de lois répressives.

En même temps, se constituent des troupes d'élite. Car il y a un problème au sein même de l'armée algérienne qui n'est pas monolithique, mais qui est composée d'une très grosse proportion d'appelés (185 000 hommes), qui sont proches de leurs familles et du peuple. Commencent donc à se mettre en place des troupes d'élite sous l'autorité du général Mohammed Lamari. Il est le chef d'état-major actuel, mais il ne l'était pas à l'époque. C'est lui qui a reçu la charge de constituer ces troupes d'élite [47]. Au départ, elles étaient 15 000 ; elles sont passées à 70 000 en 1995.

Me Bourdon. — Y a-t-il eu des réactions d'Alger à cette étude ? Avez-vous été témoin de cette réaction ?

Mme Chevillard. — Oui, il y a eu une réaction négative. Autant vous dire que cette étude n'a pas plu. Elle n'a pas plu pour de nombreuses raisons. Elle n'a pas plu au général Betchine pour des raisons personnelles et assez drôles. Mon nom a donc été cité dans les trois journaux qui dépendaient du général Betchine. J'ai été contactée un jour par des personnes de la DGSE

---

47 Le CCC/ALAS (Centre de commandement et de coordination des actions de lutte anti-subversive), plus connu dans l'armée sous le nom de CLAS, a été créé par le général Mohammed Lamari, à la demande du général Nezzar, à l'automne 1992. Son fer de lance était composé des unités existantes des « forces spéciales » : le 25e régiment de reconnaissance (25e RR), le 18e régiment aéroporté (18e RAP, rebaptisé ensuite 18e RPC), le 12e régiment de para-commandos (12e RPC), le 4e RAP (devenu plus tard RPC) et le 90e bataillon de police militaire (90e BPM) (voir Habib SOUAÏDIA, *La Sale Guerre*, *op. cit.*, p. 71).

me disant que mon nom avait été cité et qu'il fallait que je fasse attention. C'étaient des menaces de ce style.

Je crois que cela a surtout beaucoup déplu parce que en 1995, financièrement parlant, l'économie algérienne allait mal. On était en situation de déséquilibre des finances publiques. Il y avait un gros besoin de financement. Les pressions que pouvaient faire jouer les créanciers, notamment Paris, étaient importantes. Les autorités algériennes de l'époque essayaient donc d'avoir des conditions intéressantes de financement, qui avaient été obtenues d'ailleurs dans le cadre du refinancement de la dette algérienne.

Me Bourdon. — Votre publication a recueilli le témoignage d'un militaire algérien. Pouvez-vous dire au tribunal l'essentiel de ce témoignage ?

Mme Chevillard. — C'est un témoignage recueilli par mon correspondant direct qui se trouve à Bangkok et qui couvre pour nous l'Asie du Sud-Est [48]. Il a eu connaissance du fait qu'un certain Abdelkader Tigha, qui était un employé du DRS (Département de renseignement et de sécurité), s'était enfui et qu'il était arrivé en Thaïlande par des voies un peu compliquées (il était passé par la Syrie où les Algériens n'avaient pas de difficultés pour avoir des visas, et était ainsi arrivé à Bangkok). Il était entré en contact avec l'ambassade de France, son objectif étant bien sûr d'obtenir du HCR, de l'ONU, le statut de réfugié politique. Il a donc rédigé sur un cahier

48 *Algérie : les révélations d'un déserteur de la SM*, Nord-Sud Export, n° 427, 21 septembre 2001. L'adjudant Abdelkader Tigha était chef de brigade au CTRI (Centre régional territorial de recherche et d'investigation) de Blida (voir *supra*, chapitre 1, note 2, p. 30), chargé de recueillir des renseignements sur les Groupes islamiques armés (GIA) et de les faire infiltrer par ses agents. Dans le témoignage publié par Nord-Sud Export, il décrit l'année 1993 comme celle marquant le début des exécutions sommaires de masse : « Devant la détérioration de la situation sécuritaire à Blida (attentats journaliers, attaque des casernes), mon service avait reçu l'ordre directement du général Lamari Smaïn de limiter les traductions devant les tribunaux, ça veut dire commencer à exécuter les personnes interpellées pour diminuer le recrutement du GIA et faire peur à la population civile… […] Rien n'a changé depuis 1993 jusqu'en 1997, c'était le même travail, c'étaient les mêmes objectifs et c'étaient les mêmes exécutions. La méthode a toujours été la même : on identifie, on arrête les gens et on les exécute. Encore maintenant, si on arrête quelqu'un, il est assassiné, mais sous scénario. »

À partir de 1996, les responsables militaires prennent conscience qu'ils peuvent être poursuivis pour les crimes qu'ils commettent. Tigha explique : « Ils voulaient trouver un système de défense contre Amnesty International. S'ils ont établi la concorde civile, c'est pour échapper au sort de l'extradé [référence aux événements de l'ex-Yougoslavie], et pour fermer les portes aux activistes de l'opposition à l'étranger. » Le déserteur cite à cet égard des opérations de camouflage destinées à tromper la Commission des droits de l'homme de l'ONU, notamment les mutations qui avaient été décidées dans les services au moment de la visite de Mme Veil et de M. Soares à Alger. Il raconte qu'on lui a donné l'ordre d'enquêter sur le cas de deux universitaires disparus. Ayant établi dans son rapport qu'ils avaient été arrêtés, torturés et tués par les services de sécurité, ses supérieurs lui ont reproché d'avoir divulgué des « secrets professionnels » et l'ont muté. En fait, mais on ne le lui avait pas dit clairement, il devait rédiger un faux rapport destiné à la Commission des droits de l'homme de Genève.

d'écolier, dont vous avez une copie, sa vie, sa profession. Il a rencontré assez longuement mon correspondant qui m'a transmis le compte rendu de leur entretien. J'ai eu aussi connaissance de la déposition de cet homme auprès du HCR.

Nous avons de bonnes raisons de penser que ses affirmations, tout ce qu'il explique au niveau de la mécanique et de la hiérarchie dans laquelle il était placé pour organiser des actions de répression notamment – il cite des exécutions sommaires, des intimidations –, tout ce qui se trouve dans ce cahier qui est à votre disposition, et tout ce que nous avons écrit par la suite, nous a semblé d'autant plus fiable que nous avions pu le recouper avec nos propres travaux.

Cela couvrait à peu près la même période que celle de l'étude. Entre ce que nous savions, nous, à travers l'étude sur l'organisation des forces algériennes et ce que lui-même écrivait dans sa confession, il n'y avait pas d'anomalie majeure. Il y avait un certain nombre de recoupements, ce qui me laisse penser que l'on est en face d'un témoignage assez crédible.

Me Bourdon. — Pas d'autre question.

Me Comte. — Mme Chevillard a une expression qui a – je pense – retenu l'attention de la chambre de la presse que vous êtes. Elle a parlé, en ce qui concerne la répercussion de l'étude qu'elle a faite, de critiques parues dans les journaux qui dépendent du général Betchine. Pouvez-vous dire ce que cela signifie, des journaux qui « dépendent d'un général » ? C'est quelque chose de nature à intriguer la chambre de la presse.

Mme Chevillard. — Malheureusement, je ne lis pas l'arabe. Le seul que j'ai pu lire était *L'Authentique*, en français, dont je savais bien qu'il était financé par ce général. Les deux autres journaux, en arabe, contenaient les mêmes diffamations.

Me Comte. — Dans l'étude que vous avez faite, vous avez eu l'impression que des journaux étaient directement dépendants de certains secteurs de l'armée. Avez-vous étudié cette question ?

Mme Chevillard. — Cela ne faisait pas directement partie de l'objet de l'étude. Mais qu'il y ait des querelles de clans par journaux interposés me paraît assez évident.

M. Stéphan, *président.* — Y a-t-il des questions de la partie civile ?

Me Farthouat. — Votre étude, Madame, a été publiée en 1995, à un moment où l'Algérie a changé, non pas de régime, mais de responsable politique. En 1995, le président de la République était…

Mme Chevillard. — … Liamine Zéroual.

Me Farthouat. — Ce ne sont plus ceux qui étaient au pouvoir entre 1989 et 1993 ?

Mme Chevillard. — Si l'on peut dire. J'ai parlé tout à l'heure du HCS qui a donné naissance au HCE. Le HCE s'était donné comme délai de vie la fin du mandat de Chadli, la fin de 1993. À la fin de 1993, on retrouvait donc un vide du pouvoir. Il fallait trouver quelque chose.

Me Farthouat. — J'ai bien enregistré. Quel était l'intérêt en 1995 d'une étude analysant les mécanismes du pouvoir entre 1988 et 1993 ?

Mme Chevillard. — Nous ne nous sommes pas arrêtés à 1993. Nous avons continué l'étude.

Me Farthouat. — Cela a-t-il un intérêt historique, économique ou politique ?

Mme Chevillard. — Cela a un intérêt sous toutes ces formes. Quand vous analysez le risque…

Me Farthouat. — Comme je ne suis pas destinataire de cette étude confidentielle, j'essaie de mesurer la portée de son intérêt.

Mme Chevillard. — Justement, vous avez besoin de savoir comment les gens évoluent dans leurs fonctions, quels sont les cercles du pouvoir. C'est l'un des éléments de l'enquête. Vous avez besoin de savoir quelle est la nature de ce pouvoir, comment les rapports de force au sein de ce pouvoir se déplacent. On voit de nombreux changements de façade, mais on voit aussi que, sur le fond, les choses sont restées sur la même continuité.

Me Farthouat. — Votre étude fait-elle apparaître que le général Zéroual, qui est chef de l'État en 1995 et ensuite président de la République après les élections, n'était pas *persona grata* entre 1988 et 1993 ?

Mme Chevillard. — Oui. C'est d'ailleurs le général Nezzar ici présent, qui, lorsqu'il a décidé de prendre un peu de champ, a proposé la désignation de Zéroual.

Me Farthouat. — On dit aussi que c'est lui qui l'a éliminé ?

Mme Chevillard. — Tout à fait. Il y a eu des alliances, il y en a eu beaucoup dans toute cette période. C'était une question d'équilibre et l'équilibre a été maintenu : à mon sens, d'une part, il y avait une volonté de promouvoir Mohammed Lamari comme chef d'état-major (ce dernier était loin, le huitième, à pouvoir prétendre à ce rôle très élevé) ; mais, d'autre part, il fallait un contrepoids, et Zéroual était le contrepoids tout à fait désigné par le fait d'abord que c'est un militaire qui avait eu sa formation à l'Est, que ce n'était pas un ancien déserteur de l'armée française. Il y avait là un contrebalancement de gens venant de deux origines et une recherche d'équilibre.

Déjà à l'époque, il y a eu recherche d'équilibre à ce niveau du pouvoir entre le chef d'état-major d'un côté et le ministère de la Défense de l'autre. Cela dans un souci de préserver l'unité de l'armée au plus haut niveau, unité de l'armée qui commençait déjà à connaître quelques problèmes.

Me Farthouat. — De qui parliez-vous en disant que ce n'était pas un déserteur de l'armée française ?

Mme Chevillard. — De Zéroual.

Me Farthouat. — Comment expliquez-vous l'appel à Mohammed Boudiaf sur proposition du Haut Comité d'État ?

Mme Chevillard. — Je l'analyse à partir du grand problème créé par le refus de Benhabylès de cautionner cette démarche. On s'est retrouvé dans un vide juridique et constitutionnel. Il fallait une légitimité. Il se trouve que Boudiaf avait cette légitimité historique et que les généraux-majors qui sont allés le chercher pensaient pouvoir le convaincre car ils savaient combien il était opposé aux thèses islamistes. Il est finalement venu.

Me Farthouat. — Nous sommes d'accord : le Haut Comité d'État a tenu son engagement et a cessé ses fonctions à la date qu'il avait fixée.

Mme Chevillard. — Absolument.

Me Farthouat. — C'est donc une sorte de coup d'État dans lequel on a une légalité qui vient de Boudiaf et un respect de l'engagement pris qui vient du départ du Haut Comité d'État ?

Mme Chevillard. — Plus le pouvoir a manqué de légitimité, plus il a recherché les apparences de la légalité : je crois que c'était une façon de compenser l'une par l'autre.

Le manque de légitimité était abyssal. Il y avait une volonté de s'imposer, de constituer un comité puis un autre. L'arrivée de Zéroual s'est faite tout à fait sur ce modèle, puisqu'un « comité de dialogue » ainsi qu'une « conférence nationale » ont été constitués. Il y avait là vraiment une volonté de donner une apparence de consultation populaire, mais qui a tourné court dans la mesure où la plupart des partis politiques ont refusé. Ils ont dit, à tort ou à raison, qu'ils considéraient cette conférence comme une mascarade et ont donc décidé de ne pas participer. En fin de course, après quelques débats, puisque déjà il était question à cette époque de la candidature de Bouteflika, finalement cette conférence nationale réduite en peau de chagrin a décidé de choisir Liamine Zéroual.

Pendant ce temps-là, les partis ne se croisaient pas les bras. Je regrette que l'on oublie tout le temps les réunions qui ont abouti à la signature de la plate-forme de Sant'Egidio [49]. Là, on sentait vraiment une sorte d'acte fondateur d'une réconciliation nationale très large, puisqu'elle regroupait tous les partis ayant eu des suffrages au premier tour des élections de la fin 1991. Parmi les signataires de ce pacte de Sant'Egidio, il y avait aussi bien les représentants du FIS, du FLN d'Abdelhamid Mehri, que ceux du FFS de Hocine Aït-Ahmed. On oublie que Ben Bella a signé le pacte. Les trotskistes de Louisa Hanoune l'avaient aussi signé.

---

49 Voir *supra*, chapitre 1, note 30, p. 62.

Tous ceux qui avaient signé représentaient quelque chose sur la scène politique algérienne et étaient vraiment représentatifs du peuple algérien puisqu'ils avaient eu les voix des Algériens. Imaginez, d'un côté, une conférence nationale qui est une peau de chagrin et, de l'autre côté, de vrais représentants du peuple qui signent un acte fondateur, une sorte de préliminaire de Constitution. Et c'est eux que l'on rejette en disant que ce ne sont pas des gens sérieux mais que, par contre, ce qui est sérieux, c'est la conférence nationale qui va, par cooptation, désigner l'un des siens, en l'occurrence Liamine Zéroual.

Me Farthouat. — J'imagine que votre bulletin a procédé à d'autres études dans d'autres pays. Vous n'êtes pas spécialisés sur l'Algérie ?

Mme Chevillard. — Personnellement, j'ai fait une étude sur la Côte-d'Ivoire. Nous avons en cours une étude sur le Chili.

Me Farthouat. — Vous vous intéressez donc de manière générale à la géopolitique : il ne vous a pas échappé qu'il y a des manières plus brutales de prendre le pouvoir ?

Mme Chevillard. — Je ne doute pas de l'imagination des hommes en matière de prise de pouvoir.

Me Farthouat. — En matière de coup d'État, ne vous a-t-il pas semblé que c'était une manière singulière de procéder ?

Mme Chevillard. — Je suis économiste et politologue de formation, et je crois qu'il y a plusieurs manières de faire des coups d'État. S'opposer à la volonté populaire est un coup d'État. On peut très bien faire un coup d'État qui n'entraînera pas sur le moment d'effusion de sang. Quand on revoit l'histoire de l'Algérie depuis 1992, 200 000 personnes sont mortes ; si ce ne fut pas très sanglant en janvier 1992, ce le fut beaucoup plus par la suite.

Me Farthouat. — La manifestation du 2 janvier 1992 ne vous apparaît pas comme une manifestation populaire ?

Mme Chevillard. — Nous avons eu des témoignages que nous avons pu recouper sur la façon dont s'est passée la démission de Chadli Bendjedid. Il y a eu accord, selon les informations que nous avons pu recueillir, en l'occurrence au sein de la hiérarchie, à des niveaux assez élevés de l'armée algérienne.

L'initiative est donc partie de Larbi Belkheir, alors ministre de l'Intérieur, du général Nezzar, ici présent, qui était alors ministre de la Défense et du chef d'état-major, qui était alors le général-major Abdelmalek Guenaïzia. Ils sont allés chercher le général Benabbès Ghezaïel, le patron de la gendarmerie. C'est sur la base de leur pression que Chadli s'est trouvé dans l'obligation de démissionner. Il avait contre lui les trois généraux-majors en exercice, les seuls qui existaient.

Me Farthouat. — Comment avez-vous procédé à cette enquête ?

Mme Chevillard. — Nous travaillons essentiellement avec des réseaux de correspondants pour toutes les études que nous faisons.

Me Farthouat. — Vous êtes-vous rendue sur place ?

Mme Chevillard. — Je m'étais rendue quelques années auparavant en Algérie, en 1990. Après, j'ai travaillé avec un réseau d'Algériens, notamment, qui se trouvait sur place. Pour obtenir des informations fiables en Algérie, un journaliste français ne peut débarquer à l'aéroport et demander à rencontrer des officiers algériens qui ont des choses critiques à dire. Ce n'est pas tout à fait ainsi que l'on peut tâter le climat au sein de l'armée algérienne.

Me Farthouat. — Le contrat de Rome fait référence à la primauté de la « loi légitime ». Quelle était la « loi légitime » ?

Mme Chevillard. — À l'époque, on était encore sous la Constitution de 1989.

Me Farthouat. — Il ne vous est pas apparu que les dirigeants du FIS qui en étaient les signataires avaient une autre conception de la loi légitime ?

Mme Chevillard. — Ce qui est très important, c'est justement la reconnaissance par le FIS de cette possibilité d'alternance politique et des institutions de l'Algérie.

Me Farthouat. — Ali Belhadj a écrit sur la loi légitime telle qu'il la conçoit un certain nombre de choses.

Mme Chevillard. — Il se trouve que celui qui a signé pour le FIS a reconnu que les institutions, et notamment la Constitution de 1989, étaient valables.

M. Stéphan, *président*. — Y a-t-il d'autres questions ?

Me Comte. — Une petite précision qui est liée à la poursuite. La formule « déserteur de l'armée française » apparaît plusieurs fois dans la poursuite. Pouvez-vous dire si cette formule pour caractériser une partie de l'armée est une formule insultante ou historique ?

Mme Chevillard. — C'est une formule historique.

Me Comte. — L'autre partie étant quoi ?

Mme Chevillard. — L'armée formée dans les pays du Moyen-Orient ou en Russie. C'est purement historique, c'est un constat.

Me Comte. — Y a-t-il une abréviation pour parler de cette formule ? « DAF », par exemple ?

Mme Chevillard. — Je ne sais pas.

M. Stéphan, *président*. — Mme Chevillard, je vous remercie de votre témoignage.

Nous allons entendre un dernier témoin avant la pause. Nous passons du côté de la partie civile avec le témoin nº 16, Mme Hadda Chaouche, née Farhat, dite Khalti Aïcha.

Audition de Mme Hadda Chaouche,
à la requête de la partie civile, assistée d'un interprète

M. Stéphan, *président*. — Nous allons vous demander vos nom, prénoms et domicile.

Mme Hadda Chaouche. — Je suis née le 9 novembre 1948 à Bordj-el-Kiffan. Je suis domiciliée à Alger ; je suis de nationalité algérienne.

Le témoin prête serment.

M. Stéphan, *président*. — La parole est au bâtonnier.

Me Farthouat. — Mme Chaouche, vous avez perdu successivement trois enfants, Mahmoud le 11 décembre 1994, Mohamed le 6 septembre 1995, Redouane le 28 novembre 1996. Vous avez également perdu un beau-fils dont le prénom était Abdelkader en 1994. J'aurais souhaité que vous indiquiez au tribunal dans quelles circonstances ces disparitions tragiques se sont produites.

Mme Chaouche. — À l'époque, j'habitais à Sidi-Moussa. Concernant mon premier enfant, les terroristes sont venus chez nous à 9 heures du soir. Ils ont demandé Mahmoud, ils disaient que Mahmoud était un indic du gouvernement. Ils sont venus me voir l'été, au mois d'août. Il a été enlevé le 11 décembre. Je me souviens des personnes qui l'ont enlevé : il y avait Lyès Larbi, Kamel Benamri, Noureddine Zidane, Kacim Djamel, Kafi, Ziane Laïd. Ce sont les personnes qui sont venues et qui l'ont enlevé. Ils l'ont pris de l'extérieur devant la porte. Ils l'ont emmené dans une cour que l'on appelle le « gastaux », un nom de l'époque de la France. Il a été d'abord pendu à un arbre, égorgé et, après, ils l'ont jeté dans un puits.

Lorsqu'ils l'ont pris dehors, je n'étais pas au courant, j'étais à l'intérieur de la maison. Je pensais qu'il était dehors. Quand je suis sortie dans la rue, j'ai rencontré une femme qui était elle-même victime puisque son mari avait été enlevé. J'ai pleuré et j'ai dit à cette dame, Mme Barka, que mon fils avait été enlevé. Cette femme qui avait elle-même reçu la visite de ces gens a confirmé qu'ils avaient enlevé mon fils. Son petit-fils, le fils de sa fille, était terroriste. C'est elle qui m'a confirmé que Mahmoud avait été égorgé.

Les personnes qui observent ce qui se passe ont rapporté la discussion que j'ai eue avec Mme Barka. On a su que cette femme m'avait parlé. Elle a été elle-même enlevée et égorgée avec son mari. Cette femme a été enlevée un dimanche soir. Moi, elle était venue me voir le vendredi.

Le lendemain, quand je me suis réveillée, je suis sortie et j'ai vu que les gens commençaient à parler tout doucement. J'ai demandé ce qu'il se passait et on m'a répondu que Mme Barka avait été enlevée par des terroristes. Après, j'ai pris la fuite. Nous avons juste pris un sac dans lequel nous avons mis quelques affaires et nous sommes partis.

Les terroristes m'ont retrouvée sur le chemin, ils m'ont demandé : « Tante Aïcha, où allez-vous ? » Je leur ai répondu que j'allais à Fort-de-l'Eau, où ma sœur allait se marier. J'ai dit cela uniquement pour essayer de leur échapper. S'ils avaient découvert que j'étais sortie et que j'avais pris mes affaires pour partir, ils nous auraient égorgés. Nous avons donc pris la fuite et nous nous sommes réfugiés à Fort-de-l'Eau dans notre maison. Les enfants sont revenus par la suite dans le centre à Sidi-Moussa.

Redouane a été enlevé et égorgé. Mohamed a été tué par balle, Abdelkader a été égorgé (Abdelkader étant le fils de mon mari, mon beau-fils).

L'interprète. — Je voudrais corriger : Mme Barka a été tuée avec son fils et non pas avec son mari.

Le témoin a un malaise et s'assoit.

Mme Chaouche. — Je connais bien ces gens. Ce sont des enfants du quartier qui ont grandi avec mes enfants, qui ont été à l'école ensemble. Chacun a pris un chemin différent. Lorsque nous avons pris la fuite à Bordj-el-Kiffan, à Fort-de-l'Eau, les terroristes ont investi notre maison dans laquelle ils ont habité. Ils ont même mis des bombes, une à la fenêtre et une à la porte. De cette manière, si l'on revenait à la maison, dès que l'on ouvrait la porte, elle explosait. Ils nous ont pris nos biens, ils nous ont anéantis.

Nous les connaissons tous, un par un : Chebouti, Meliani, Boukhamkham [50]. Tous ceux-là sont des gens de chez nous. Boukhamkham venait chez nous. On les connaît tous.

Celui qui a tué mon fils, voilà où il en est. *(Mme Chaouche montre une page de journal au procureur.)* La personne qui figure ici s'appelle Hadaoui Rabah. Il a tué mon fils. Il est en prison actuellement. Cette scène a été prise à Ouled-Allal. C'est à cet endroit que l'on a égorgé des gens et qu'on les a jetés dans le puits. Ici même. On a découvert le cadavre à l'intérieur d'un puits.

M. Stéphan, *président*. — Y a-t-il des questions ?

Mme Chaouche. — Il ne fallait pas qu'ils aillent à l'école, qu'ils travaillent. Ceux qui transgressaient cela étaient égorgés immédiatement. C'était notre localité, c'était notre maison, notre jardin. On n'avait pas le droit d'y aller, de rentrer. J'ai même été frappée d'un coup de pied à la jambe et j'en porte encore la marque. Ils disaient à l'époque que c'étaient eux le pouvoir. Ils disaient : « Nous sommes le pouvoir. »

---

50 Voir *supra*, chapitre 2, note 73, p. 173.

Une journée ne me suffirait pas à énumérer tout ce qu'ils ont fait. Il s'agissait d'une véritable occupation. Il ne fallait rien faire, ne pas travailler, ne pas aller à l'école, ne pas circuler. Tout était pour eux. Au début, ils ne circulaient qu'avec des couteaux. Par la suite, ils couvraient leurs visages et entraient chez les gens qui possédaient de vieilles armes qui dataient d'une période antérieure au terrorisme et les récupéraient pour pouvoir s'en servir.

Nous ne pardonnerons pas. Nous avons été contactés et pris en charge par une association de défense des victimes. Là où se passe le terrorisme, là où nous entendons parler du terrorisme, nous accourons parce que nous ne leur pardonnons pas. Ils ont fait des choses qui ne se faisaient pas. Ils vont bien aujourd'hui, ils n'ont pas de problème. La photo que je vous ai montrée est celle de celui qui a tué mon fils. Maintenant, il est en prison, il mange sa soupe tranquille, et moi, j'ai perdu quatre enfants !

Ma voisine a été enlevée. C'est elle qui m'avait avertie que mon fils avait été tué. Elle a été enlevée avec son mari, sa fille et ses trois garçons. Ils ont tous été emmenés en une seule nuit. Ils les ont égorgés et les ont jetés dans le puits. Ce ne sont pas des étrangers, ce ne sont pas des gens qui sont venus de l'extérieur, ce sont des enfants du quartier !

Mais la justice sera rendue par Dieu, et le sang des martyrs sera… C'est Dieu qui rendra la justice. Mais nous, nous ne leur pardonnerons pas. On ne peut pas leur pardonner, ils nous ont salis. Ils ont sali notre pays et la mémoire des hommes bien. Ils ont sali même des héros. Cela, nous ne l'acceptons pas. Nous les connaissons un par un. On ne peut pas nous induire en erreur ; celui qui a égorgé mon fils, je le connais.

J'ai été opérée, je suis malade, et j'ai fait l'effort de venir. Je suis venue pour la vérité. Je ne peux rien dire de plus. Je suis venue pour la vérité.

M. Stéphan, *président*. — Y a-t-il des questions ?

Me Comte. — Je n'ai pas de question, M. le président. Je ne peux que refaire l'observation que nous avons faite ce matin.

M. Stéphan, *président*. — Le tribunal remercie Mme Chaouche d'avoir eu le courage de venir d'Algérie pour témoigner et de donner cette dimension humaine de ces souffrances qui sous-tendent manifestement ce procès qui nous est soumis. Quoi que l'on puisse en penser, de part et d'autre, au milieu de ces débats, ces souffrances existent. C'est bien la dimension qu'il faut prendre en compte dans ce type de procès. Merci à elle.

Nous allons suspendre la séance jusqu'à 16 h 45. Nous reprendrons avec les deux derniers témoins. Enfin, nous passerons les différentes cassettes proposées par les parties.

L'audience, suspendue à 16 h 20, reprend à 16 h 50.

Audition de M. Omar Benderra,
à la requête de la défense

M. Stéphan, *président*. — Veuillez décliner vos nom, prénoms, âge, profession et domicile.

M. Benderra. — Je suis né le 15 octobre 1952 à Alger. J'habite à Paris où je réside depuis dix ans. Je suis consultant indépendant en intégration de systèmes informatiques après avoir été banquier en Algérie.

Le témoin prête serment.

Me Comte. — M. le président, je voulais que M. Benderra nous explique son cursus en Algérie. Il a dit qu'il travaillait dans la banque. Pourriez-vous être plus précis pour le tribunal en donnant tous les éléments d'information nécessaires ?

M. Benderra. — J'ai rejoint le système bancaire en 1972. J'ai occupé successivement un certain nombre de fonctions pour terminer chef du département, puis directeur central des relations internationales de ce qui était alors la banque publique la plus importante en termes de financement des importations.

En 1990, j'ai été nommé président du Crédit populaire d'Algérie et chargé par le gouvernement de l'ouverture démocratique de la négociation de la dette extérieure. J'ai accompli cette mission jusqu'en novembre 1991 où il a été mis fin à mes fonctions par le gouvernement qui avait succédé au gouvernement de l'ouverture démocratique.

J'ai été ensuite conseiller spécial du gouverneur de la Banque d'Algérie pour m'occuper de la renégociation de la dette extérieure. J'ai quitté l'Algérie en décembre 1992.

Me Comte. — Dans les passages reprochés par M. Nezzar à M. Souaïdia, une formule prend toute sa dimension et son intérêt face à un témoin comme M. Benderra : « Ils ont mené le pays vers la faillite. » M. Benderra, fort de votre expérience et de vos connaissances, que pouvez-vous dire sur cette notion de « faillite » ?

M. Benderra. — Il est vrai que l'arrêt du processus électoral a aussi coïncidé avec l'arrêt du processus de réforme de l'économie. Le gouvernement de l'ouverture démocratique était celui de l'ouverture économique et de la libéralisation. Notre programme se fondait sur une ouverture progressive vers l'économie de marché dans un environnement juridique défini, dans un cadre institutionnel, de droit.

Ces réformes s'appuyaient sur une gestion active de la dette qui refusait les préconisations standard du FMI et les injections massives de capitaux dans l'économie sans traduction de production ou de relance économique.

Ce programme de réforme a été abandonné. Il n'est resté pendant quelques mois qu'une pâle gestion de la dette extérieure, jusqu'en 1992. Et puis, cela a été l'immobilisme absolu jusqu'à la proclamation de cessation de paiement en 1994 et des crédits d'ajustements structurels du FMI. C'est effectivement un constat implacable et indiscutable de faillite.

Me Comte. — Quelle photographie pouvez-vous donner de cette faillite ? Pouvez-vous dire ce que signifie « faillite » ?

M. Benderra. — La faillite est l'arrêt progressif de la machine économique, la paralysie de cette machine, l'assèchement, le tarissement des réserves de changes, l'appauvrissement très rapide des couches populaires les plus fragiles.

Me Comte. — J'imagine que pendant que la faillite touche les populations les plus fragiles, tout le monde n'est pas logé à la même enseigne. Pouvez-vous donner quelques indications ?

M. Benderra. — Le système de pouvoir algérien est un système de privilèges, de gestion bureaucratique de la prédation. Les responsables du pouvoir, par leurs réseaux de clientèle, par leurs subordonnés dans l'administration publique, allouent à qui bon leur semble, à des groupes d'intérêt souvent spontanés ne présentant aucun bilan ni passé comptable – je parle en tant qu'ancien banquier – et de manière régalienne, une portion de la rente économique de l'Algérie.

Me Comte. — Il y a appropriation par certaines personnes et certains groupes de cette rente. Nous avons eu un autre témoin qui nous avait parlé d'une société Khalifa. Cela vous dit-il quelque chose ?

M. Benderra. — C'est un des noms de groupes qui apparaissent spontanément au cours de la décennie 1990. Dans notre profession de banquier, quand une entreprise ou un individu vient ouvrir un compte et déposer de l'argent pour une activité commerciale, la première question que l'on se pose est l'origine des fonds. Et quand il s'agit d'une entreprise commerciale, on demande à voir des bilans. Or, dans le cas que vous citez, il semble que, du jour au lendemain, on puisse acheter ou louer, ou dans tous les cas, constituer des banques, acheter des dizaines d'avions, et cela à partir de rien. C'est assez surprenant. Cela ressemble à ce qui s'est passé dans les économies en transition syncopée, comme l'Albanie ou d'autres pays du même type.

Me Comte. — Que pouvez-vous dire sur les liens entre le pouvoir politique ou militaire et certains réseaux financiers ? Y a-t-il des connivences, des contiguïtés ?

M. Benderra. — Incontestablement, les puissances d'argent en Algérie ne sont pas puissances d'argent, pour la plupart d'entre elles, par le simple fait de leur ingéniosité, de leur créativité, de leur initiative. La puissance d'argent dépend de la proximité plus ou moins grande avec César. César, chez nous, derrière les paravents des villages « Potemkine » de l'administration civile, c'est le pouvoir militaire ; non pas de toute l'armée, comme je l'ai entendu dire, non pas de tous les généraux, mais d'une partie des corps dirigeant l'Armée nationale populaire.

Me Comte. — Peut-on dire qu'il y a des clans militaires qui ont directement les mainmises, par personnes interposées, sur des réseaux d'affaires ou des structures de l'administration qui s'occupaient jadis du droit, de l'information, etc. ?

M. Benderra. — Oui, on peut le dire. Cela résulte de l'observation, de la connaissance du milieu. Bien évidemment, n'importe quel intervenant extérieur vous demandera d'apporter des preuves. C'est très difficile dans une situation où le régime n'est pas encore complètement effondré. Les preuves apparaîtront quand le régime commencera à perdre pied. Reportez-vous au profil des cadres que l'on nomme à des fonctions extrêmement sensibles. Essayez de retrouver les liens d'allégeance, les familles – au sens clientéliste du terme –, et vous verrez tout de suite qu'il n'y a pas de connivence, mais une chaîne de commandement.

Me Comte. — Jusqu'où pouvez-vous aller dans cette analyse ? Pouvez-vous mettre des noms sur des clans en fonction des affaires, des monopoles privés sur les affaires ?

M. Benderra. — Il est très difficile de mettre des noms sur des clans. Le terme de « clan » n'a pas une grande validité opérationnelle. En introduisant la notion de clan, on semble identifier de manière précise des groupes d'individus ayant des intérêts communs.

Chez nous, les rapports de force sont comparables *mutatis mutandis* à ce qui se passait dans les pays de l'Est : ces groupes d'intérêts, ces groupes de personnes se croisent dans des relations de complicité, de rivalité, des relations parfois même incestueuses. Il est très difficile de parler de clans et de s'arrêter là.

Il y a des généraux qui sont *ultima ratio* le pouvoir en Algérie. Ils ne sont pas très nombreux. Sur les deux cents généraux algériens, cent cinquante peut-être vivent de leur solde ou de leur retraite ; une autre partie, trente ou quarante, est autorisée à faire des affaires avec des lignes de crédit qu'ils ne remboursent pas toujours. Cela peut être un moyen de pression ultérieurement. Et puis il y a le *core group*, le groupe de cœur, qui compte cinq à six officiers généraux qui, eux, sont les détenteurs *ultima ratio* du pouvoir. Je ne saurais vous dire quel type de relations ils entretiennent, mais ce sont eux qui sont la réalité contingente du pouvoir.

Me Comte. — Dans l'un des passages reprochés à M. Souaïdia, il dit que certains généraux – il parle des généraux, « ces gens-là » – profitent de la guerre. Cette formule vous paraît-elle excessive au regard de ce que vous connaissez ?

M. Benderra. — « Profiter de la guerre », oui, certainement. C'est profiter plus de la confusion, de l'absence d'État de droit, profiter de l'absence d'une justice indépendante, de l'absence de structure de contrôle démocratique. Oui, incontestablement.

Me Comte. — Sur des secteurs qui pourraient être contrôlés par ce petit groupe de militaires que vous avez identifiés, vous parlez de quatre à cinq personnes. Pouvez-vous donner des indications de ces secteurs ? Que représentent-ils dans la nation algérienne ? Quelle richesse cela représente-t-il dans l'économie ?

M. Benderra. — Aujourd'hui, ce sont surtout les grands secteurs d'importation qui sont concernés par cette captation. Il faut bien noter que nous sommes passés d'une économie dirigée, bureaucratiquement administrée, de type socialiste, à une sorte de demi-privatisation qui a consisté à transférer les monopoles publics d'entre les mains de bureaucrates aux ordres vers des semi-monopoles dirigés par des hommes liges.

Dans une économie où il n'y a pas de production, pas d'investissements, où l'on assiste à une vraie perte de substance, il ne reste plus que le commerce extérieur et les importations. C'est ce que l'on sait faire de mieux. On va donc allouer de manière médiévale des secteurs comme l'importation des céréales et d'autres ressources alimentaires, dont la gestion a régulièrement défrayé la chronique en raison des excès, des dépassements et de mauvaise gestion en tout genre.

Me Comte. — Y a-t-il des institutions qui évaluent la situation économique algérienne ?

M. Benderra. — Oui, il y a des institutions étrangères. À commencer par la Banque mondiale, le FMI. Il y a aussi une institution algérienne dont l'avenir semble compromis : le Conseil national économique et social, qui regroupe tout ce qu'il reste comme cadres de valeur en Algérie. Les rapports qu'il publie sont tellement pessimistes et négatifs qu'on a l'intention – semble-t-il – de s'en débarrasser.

Me Comte. — On voudrait se débarrasser du seul institut public susceptible de faire de l'Algérie une analyse objective ! Rangez-vous le plaignant parmi les quatre ou cinq personnes que vous avez définies tout à l'heure comme ayant un rôle décisif, *ultima ratio*, dans le système ?

M. Benderra. — Indiscutablement.

Me Bourdon. — Quel est le niveau de sincérité, de crédibilité d'un clan qui a une logique prédatrice, qui s'approprie l'essentiel du bien public, de la richesse nationale quand ce même clan prétend favoriser le retour à la démocratie ? N'y a-t-il pas une forme de contradiction entre diriger une société de manière patrimoniale pour confisquer l'essentiel de la richesse nationale et afficher des intentions démocratiques ?

M. Benderra. — Nous, Algériens, nous sommes habitués au double langage. Ce double visage à la Janus où face à un auditoire occidental, dont on connaît parfaitement les systèmes de représentation, on tient un langage de démocrate que M. de Tocqueville ne renierait pas. À l'inverse, il s'agit de ne point tolérer même un minimum de liberté et d'indépendance pour les Algériens. C'est une dictature brutale qui méprise les civils, qui se croit dépositaire de la souveraineté nationale de manière exclusive. Cette démocratisation de façade se traduit par des élections – soyons gentils – « tronquées » par une caste politique télécommandée faite de fonctionnaires que l'on révoque à merci.

Me Bourdon. — Quand un clan est accusé, d'une part de s'approprier les richesses, d'autre part de commettre les crimes les plus graves, l'obsession de ce clan n'est-elle pas de pérenniser à tout prix le pouvoir ? De ce point de vue, un des moyens de pérenniser à tout prix le pouvoir n'est-il pas de pérenniser une situation de guerre, une situation de violence, quel qu'en soit le prix ?

M. Benderra. — Saint-John Perse disait : « Un grand principe de violence commandait à nos mœurs. » Chez nous, effectivement, c'est très clair. La gestion de la situation kabyle le montre bien. Nous avons besoin d'un ennemi intérieur (mais l'ennemi kabyle est gênant dans le sens où il est moins « vendable » que l'abominable intégrisme, si facilement caricaturable).

Nous avons besoin de violence. Nous ne savons gérer notre société que de manière sécuritaire. Dès lors que les institutions civiles sont disqualifiées et que la crise est gérée de manière purement sécuritaire, que font les services de sécurité ? Des dossiers. Comment gère-t-on une crise de façon délinquante ? On réprime ou on corrompt. La seule forme de gestion qu'ils connaissent, c'est une gestion de type néo-colonial, violente, où l'État est représenté sous sa forme la plus caricaturale, où, malgré un certain nombre de changements de rôles, les personnages jouent toujours la même pièce.

Me Bourdon. — Pas d'autre question.

M. Stéphan, *président*. — Y a-t-il des questions de la part de la partie civile ?

Me Farthouat. — Vous avez répondu à la question que vous posait mon collègue Antoine Comte : il vous demandait si, *ultima ratio*, le général Nezzar appartenait à la catégorie des quatre ou cinq généraux qui avaient éventuellement confisqué, non seulement le pouvoir, mais aussi les ressources financières de l'Algérie. Vous avez également indiqué au cours de votre exposé que c'était difficile à prouver. Sur quels éléments vous appuyez-vous pour proférer une accusation aussi grave ?

M. Benderra. — Les preuves matérielles sont effectivement très difficiles à apporter. Encore que… ? Nous sommes quelques centaines de milliers, voire quelques millions, en tout cas les cadres qui ont eu des responsabilités opérationnelles au niveau de la gestion de la dette extérieure et du financement de l'économie, à avoir quelque idée sur la paternité de ceux qui ont capté la rente et qui en assurent la distribution.

Me **Farthouat**. — Mais encore ?

M. Benderra. — Si vous voulez des détails, je vous renvoie à toute la littérature, à commencer par celle qui est consacrée à la prédation et aux détournements en Algérie. Il y en a quelques lignes. Si vous voulez que je vous dise comment cela se produit, je n'en ai pas pour longtemps.

Les hommes d'affaires qui entourent ces généraux, et ce général-là en particulier, sont par exemple dans l'importation du rond à béton, matériau de construction constituant un poste très important dans la balance commerciale en termes de consommation et en termes d'importation. Ce n'est pas une vue de l'esprit. Les journaux algériens en ont parlé en long et en large en 1999, au cours de la lutte qui a entouré la nomination ou l'élection de Bouteflika. Je vous invite à lire la presse de l'époque : *Demain l'Algérie* de juillet-août 1999.

Me **Farthouat**. — Qui mettent en cause nommément… ?

M. Benderra. — Qui mettent en cause les amis économiques…

Me **Farthouat**. — Ils mettent en cause nommément le général Nezzar ?

M. Benderra. — Personnellement, je n'ai rien lu contre le général Nezzar…

Me **Farthouat**. — Ne riez pas. J'en ai lu quelques-uns. On m'en a communiqué de l'autre côté de la barre. J'ai été frappé par un certain nombre de choses écrites dans la presse algérienne qui ne me semblaient pas obéir à la plus rigoureuse des censures. Ne disons pas tout et son contraire ! Par conséquent, il n'y a aucun document que vous soyez à même de produire. Je suis assez tranquille car s'il y en avait, on me les aurait communiqués. Par conséquent, ce sont donc vos affirmations.

M. Benderra. — Tout à fait.

Me **Comte**. — M. Benderra est témoin. Il apporte son analyse.

Me **Farthouat**. — Me Comte, jusqu'à preuve du contraire, quand on profère une accusation de la gravité de celle qui vient d'être proférée, il vaudrait mieux une démonstration qu'une affirmation.

Me **Comte**. — M. Benderra a une longue habitude des circuits financiers algériens. Il y a passé sa vie.

Me **Farthouat**. — M. Benderra a l'air un peu amer que l'on ait mis fin à ses fonctions à la tête de la banque des crédits. Cela vous paraît-il anormal qu'il y ait des changements dans l'administration ?

M. Benderra. — Absolument pas ! Je ne suis pas amer. Je trouve cela amusant que l'on puisse mettre cela sur le compte de l'amertume. La seule amertume que je puisse avoir, M. le président, c'est de voir que 14 millions d'Algériens vivent avec moins d'un dollar par jour. La seule amertume que je peux avoir, c'est que se constituent des fortunes capitalistes d'origine douteuse dans un océan de misère absolue. Voilà ce qui me rend amer. En ce qui concerne les positions bureaucratiques que j'ai pu avoir à un moment ou à un autre, je n'éprouve, contrairement à ce que vous sous-entendez, absolument aucune amertume.

Me Farthouat. — Je ne l'ai pas sous-entendu. Vous l'avez à peu près dit. Ce n'était pas un sous-entendu, mais plutôt un constat.

Me Comte. — Son amertume est honorable de notre point de vue.

M. Stéphan, *président.* — Y a-t-il d'autres questions ?

Me Comte. — Une petite précision, M. le président. M. Boudiaf n'a-t-il pas eu une formule très dure sur cette question ?

M. Benderra. — J'ai de la peine à parler de M. Boudiaf. Il a dit publiquement que la corruption était systémique. M. Boudiaf a semble-t-il été tué – c'est ce que déclarent nombre de ses amis politiques – parce qu'il avait entrepris une action de lutte contre la corruption au plus haut niveau des appareils.

Que voulez-vous que je dise ? M. Boudiaf a pris la responsabilité terrifiante de couvrir de sa légitimité historique un *pronunciamento.* Un officier supérieur de l'armée me disait à l'occasion d'un discours : « S'il continue à parler comme cela, il n'en a pas pour trois mois. » Effectivement, dans les trois mois, il est mort.

Me Comte. — Pas d'autre question.

M. Stéphan, *président.* — Une précision par rapport à ce que vous avez indiqué sur l'économie algérienne. On nous a fourni des documents sur le domaine du pétrole. Qu'avez-vous à dire par rapport à cela au niveau du pétrole et du gaz ? Quelles sont les particularités éventuelles par rapport à la situation économique que vous avez décrite ?

M. Benderra. — Le pétrole est la clef de voûte de l'économie algérienne, la clef de voûte du système. C'est une bénédiction malheureuse ou une malédiction heureuse qui permet de faire l'impasse sur l'économie de production. Dans le système économique algérien, on n'a pas besoin de production : on peut se satisfaire de pomper le gaz et le pétrole. La différence entre notre dictature militaire et les dictatures militaires asiatiques, comme le fut la Corée du Sud à laquelle il est souvent fait référence, c'est que dans ces dictatures militaires-là, il y a peut-être un sens de l'économie un peu plus élevé et la volonté de créer une base industrielle de production. Ce n'est pas le cas chez nous.

Mme l'assesseur. — Vous avez cité l'analyse du FMI sur la situation de l'Algérie. Quelle a été la conclusion de cet organisme ?

M. Benderra. — Il y a eu plusieurs conclusions. Je lis un livre passionnant d'un prix Nobel d'économie, M. Stiglitz, qui était vice-président de la Banque mondiale, qui s'intitule *La Grande Désillusion*, aux Éditions

Fayard. Il fait le procès du FMI comme nous l'avons fait en refusant le rééchelonnement.

Le FMI a eu un rôle politique de soutien aux autorités algériennes par la mise à disposition de facilités de crédit en 1994. Dans l'une de ses publications récentes, le FMI estimait que le taux de croissance de l'économie algérienne allait être de l'ordre de 3,8 %. Il n'a pas atteint 2 %. Nous sommes vis-à-vis du FMI dans une position d'expectative et de recul critique. Mais de manière générale, la Banque mondiale et les organismes d'analyses privés, comme The Economist Intelligence Unit, ont des analyses plus critiques que le FMI, qui a un rôle beaucoup trop politique à mon avis.

M. Nezzar. — D'abord, M. le président, je me sens scandalisé, touché dans ma dignité et je suis en droit de poser un certain nombre de questions à M. Benderra, que je ne connais pas. Il a occupé des postes au plus haut niveau financier.

J'ai dit au départ que j'étais arrivé à Alger en 1985. Tout mon parcours a consisté à commander des unités. J'ai comptabilisé plus de vingt années de sable dans le Sud. J'habitais jusqu'en 1988 un trois pièces avec un sous-sol aménagé face au Cati. Je l'ai aménagé après avoir eu un troisième enfant. J'embarquais les enfants sur la route ; moi-même, je m'embarquais sur la route dans ma voiture. Après les événements de 1988, les problèmes de sécurité se posaient. On m'a trouvé un logement que j'habite encore aujourd'hui. J'ai vendu ce trois pièces, ce qui m'a permis de construire un duplex pour mes enfants. Voilà ce dont je dispose, M. Benderra.

Maintenant, je vais vous poser des questions, puisque vous étiez à la banque, et cela au plus haut niveau.

J'étais affecté en 1985 au niveau logistique. Confirmez-vous qu'il y avait des directeurs du ministère des Finances qui travaillaient avec le ministère de la Défense ?... M. Benderra, répondez !

M. Stéphan, *président*. — Dites-nous ce que vous voulez demander. Le témoin répondra à vos questions par la suite.

M. Nezzar. — À ce niveau, on ne peut pas ne pas savoir qu'il y avait à cette époque des projets en Algérie. Des projets importants pour l'institution militaire. Projet CRAC : système radar aérien et côtier de l'aviation, pour plus de 4 à 5 milliards de dollars. Il y avait le projet Cascavel : engins blindés à roues avec le Brésil. Et le projet CIEL concernant les transmissions, le projet américain de construction de la base de Boufarik.

Pendant cette période, j'ai sabordé tous ces projets, parce que nous savions que nous touchions le fond. Le projet CRAC a été passé entre le président Chadli et le président Mitterrand de gré à gré ; il porte sur plus de 2 000 milliards. C'est le général Blanc qui a négocié avec le chef d'état-major à qui j'ai demandé d'utiliser le temps. C'est ainsi que le projet n'est pas passé parce que, d'abord, nous touchions le fond au plan financier et ensuite, parce que c'est un projet centralisé qui demandait trois cents ingénieurs, chaque ingénieur demandant cinq techniciens, ce que nous n'étions pas capables de rassembler. J'ai donné mon point de vue et tout fait pour que ce projet ne passe pas. Il n'est pas passé.

Je suis allé moi-même au Brésil avec le président Chadli pour le projet Cascavel, engins blindés à roues et à canon de 90 qui devaient équiper toutes les unités d'infanterie. Ce n'était pas le canon que nous avions choisi. Nous étions dans la salle d'attente avant d'entrer chez le président. Le président Chadli m'a dit : « Vous avez l'occasion de régler mon problème. » Je lui ai dit : « M. le président – puisque nous sommes en train de déballer, je déballe –, s'il y a une volonté politique, je suis prêt à le faire. » Il me répond : « Qu'est-ce que cela veut dire, décision politique ? » Ce projet n'est pas passé et nous avons averti le président de tous les dessous qui existaient à l'époque.

Le projet CIEL : j'ai appelé le chef des transmissions et je lui ai dit d'annuler le projet, parce que j'avais été informé par les services que les choses se traitaient au niveau de l'Aurassi [51].

Le projet américain de la base de Boufarik engageait plusieurs milliards et prévoyait la revente du matériel qui allait être utilisé pour construire la base de Boufarik.

Je vis de ma retraite depuis 1985 et je vous mets au défi d'apporter une preuve quelconque. Depuis que je suis à la retraite, j'ai lancé un projet technologique qui passe d'abord par Internet. Je n'ai pas réussi à passer parce qu'il faut 30 % de capital, que je n'ai pas. Comme on dit en France, « quand on n'a pas de pétrole, on a des idées » ; j'ai commencé par l'Intranet sans fil. Le projet a commencé à Constantine et chaque projet va financer un autre. Après, peut-être que je pourrai financer l'Internet qui coûte plus cher et qui est aussi sans fil. J'apporte une technologie à mon pays. Il ne s'agit pas de me faire vivre, mais d'apporter une technologie sophistiquée pour mon pays. Voilà ce que j'ai à dire. Si vous savez quelque chose, je vous mets au défi de le dire et de l'annoncer publiquement.

M. Stéphan, *président*. — Voulez-vous répondre, Monsieur, par rapport à ce que vous avez dit tout à l'heure ou sur ce qui vient d'être indiqué ?

M. Benderra. — M. le président, je pense avoir tout dit.

Me Bourdon. — Je souhaite poser une question au général Nezzar. Feu le président Boudiaf avait dénoncé la corruption comme étant systémique au plus haut niveau de l'État algérien. Partagez-vous ce point de vue ?

M. Nezzar. — La corruption existe. On ne peut pas l'ignorer.

Me Bourdon. — Au plus haut niveau de l'État ?

---

51 Un grand hôtel d'Alger.

M. Nezzar. — Je n'en sais rien. Ni l'un ni l'autre. L'État, j'y ai été un moment et je suis parti. J'étais avec M. Boudiaf – que Dieu ait son âme. Avant, j'étais ailleurs. La corruption existait et existe, surtout – comme l'a dit M. Benderra – après le changement. C'est vrai.

Mais une chose : ils avaient engagé un processus avec le gouvernement Hamrouche qui a réussi lamentablement au plan politique. Les problèmes économiques pour nous étaient avant tout des problèmes politiques. Il fallait régler les problèmes politiques. S'ils sont incriminés après dans le système financier, c'est tout à fait naturel. Il y allait de l'intérêt et de la survie du pays.

Boudiaf l'a dit. Cela existe, c'est vrai. Quand vous avez vécu dans un parti unique… À l'époque où j'étais directeur du matériel, avant que je reçoive l'ingénieur ou les techniciens de Benz, un Algérien se présentait, c'était le représentant. On a pris ces représentants et on les a enlevés ; après, tout se faisait par d'autres moyens, je n'ai pas à le cacher. Mais qu'on ne vienne pas me dire que je suis responsable de tout cela, moi qui ai commandé des unités pendant toute ma carrière et n'ai approché à aucun moment la gestion, si ce n'est en décembre 1985 pendant deux ans.

Me Bourdon. — Pardon, M. le président, je reste un peu sur ma faim et je souhaite revenir sur ma question. M. Boudiaf aurait pu dénoncer la corruption comme affectant l'administration. Il a situé la corruption au plus haut niveau de l'État, des institutions. Vous avez occupé des fonctions qui vous ont mis au cœur des institutions et au plus haut niveau de l'État. Pouvez-vous dire aujourd'hui devant ce tribunal que vous ignoriez le fait que la corruption régnait au plus haut niveau de l'État ?

M. Nezzar. — J'ai été ministre de la Défense, j'ai joué le jeu. Quand le problème s'est posé, j'ai ramassé tout ce qu'il y avait comme dossiers que j'ai remis à l'Assemblée. Le témoin doit le savoir. Ces dossiers, c'est beaucoup de rumeurs. Chez vous, il est facile de mettre quelqu'un en examen. Chez nous, quand vous le faites, cela veut dire que c'est un voleur.

Me Bourdon. — M. Boudiaf n'a pas colporté des rumeurs !

M. Nezzar. — Chez nous, c'est comme cela, que voulez-vous ! Ce n'est pas moi, je n'ai pas pris de décision à ce sujet, mais je vous donne mon avis.

Me Bourdon. — Voulez-vous dire que M. Boudiaf a colporté des rumeurs ?

M. Nezzar. — Je vais vous raconter l'histoire de Hadj Bettou[52]. C'est un ballon crevé. Hadj Bettou, tout le monde en a pris. J'ai été l'adjoint de

52 Soupçonné de divers trafics, M. Hadj Bettou a été arrêté par les forces de sécurité algériennes à Tamanrasset le 3 juin 1992, quelques semaines avant l'assassinat du président Mohammed Boudiaf. Cette affaire obscure semble liée à l'opération anti-corruption que souhaitait engager le président Boudiaf. Voir notamment, à ce sujet, les éléments d'information, qui restent à vérifier et à préciser, apportés par le MAOL (« Opération

M. Boudiaf. Il avait beaucoup d'esprit. J'avais beaucoup de respect pour lui. Il est mort – que Dieu ait son âme. Ce n'est pas la félonie d'un officier qui va entacher toute l'armée. M. Boudiaf a parlé de Hadj Bettou. Je suis le premier à avoir été averti par les gendarmes qui m'avaient dit que quelque chose se passait à Tamanrasset. Il vient de passer en jugement à Alger. On vient me dire qu'il y a du trafic d'armes à Tamanrasset. Nous étions dans une situation d'insécurité.

Il est tout à fait normal que les gendarmes s'occupent de ce problème. Le commandant de gendarmerie a demandé un gros avion Illyouchine 76 pour emmener deux escadrons à Tamanrasset. Il arrive sur place. Effectivement, il trouve des armes, mais il est confronté à quelque chose : beaucoup de stockage de ravitaillement alimentaire. Tout cela par la suite a été clarifié en ce sens que M. Hadj Bettou stockait pour les gens de la région. L'affaire est passée en justice.

Comment se fait-il que l'on ait pu dilapider de 1979 à 1985, c'est-à-dire en six ans, le quadruplement du prix du pétrole avec un dollar à 10 à l'époque, dilapider l'industrie de la construction qui commençait à travailler ? Qui veut répondre ?

Me Bourdon. — Avant qu'il ne vous réponde, sous réserve que le tribunal relève, j'ai une ultime question. Doit-on considérer que vous dites que M. Boudiaf a exagéré, dramatisé la question de la corruption ou, plus encore, a été un colporteur de rumeurs ? Répondez !

M. Nezzar. — J'ai trop de respect pour M. Boudiaf pour ne pas tomber dans votre piège.

Me Bourdon. — Ma question n'est pas nécessairement un piège.

M. Nezzar. — J'ai trop de respect pour M. Boudiaf pour vous répondre. Je ne vous réponds pas.

Me Bourdon. — Vous refusez de répondre.

Me Farthouat. — Vous avez posé trois fois la question. Il y a eu trois réponses. Cela suffit.

M. Stéphan, *président*. — M. Benderra, avez-vous des observations complémentaires à apporter ?

M. Benderra. — On reproche au gouvernement Hamrouche, au « gouvernement des réformes », d'avoir été relativement efficace au plan économique et d'avoir été malheureusement maladroit au plan politique. C'est un point de vue qui appartient à son auteur.

Ce que je peux dire, comme l'observait un grand diplomate français à propos de l'Arabie saoudite : « Là où il y a beaucoup d'arbitraire et beaucoup de corruption, il y a beaucoup d'intégrisme. » Les mécanismes de

---

Boudiaf », <http://www.anp.org/affaireboudiaf/affaireboudiaf.html>, 2000) et par Hichem Aboud (*La Mafia des généraux*, *op. cit.*, p. 158).

fabrication de l'intégrisme, la machine, la matrice fondamentale qui produit des fous, des extrémistes, des radicaux, des désespérés, cette machine, vous l'avez en face de vous. C'est la répression aveugle, la brutalité sans nom, l'absence totale de respect des droits de l'homme, l'ignorance systématique de ce qu'est un État de droit. Voilà l'échec politique !

Je vous remercie, M. le président.

M. Stéphan, *président*. — Y a-t-il des questions à poser ? *(Non.)* Le tribunal vous remercie de votre témoignage. Vous pouvez rester dans la salle si vous le souhaitez.

Audition de Ghazi Hidouci,
à la requête de la défense

M. Stéphan, *président*. — Quels sont vos nom, prénoms, âge et domicile ?

M. Hidouci. — Je m'appelle Ghazi Hidouci, je suis né en Algérie à Aïn-Beida. J'ai soixante-trois ans. Actuellement, je suis enseignant en économie à l'université d'Artois et j'habite à Paris.

Le témoin prête serment.

Me Comte. — M. Hidouci a une longue carrière en Algérie. C'est un spécialiste en économie. Ce qui m'intéresse plus particulièrement, c'est la période du gouvernement Hamrouche. Nous sommes en 1989 : quand commence le gouvernement Hamrouche ?

M. Hidouci. — Septembre 1989.

Me Comte. — Et cela se termine en juin 1991, avant la proclamation de l'état de siège. Dans ce gouvernement, M. Hidouci exerçait de hautes fonctions. Je voudrais qu'il indique à votre tribunal quelles étaient ses fonctions, quelle a été cette période charnière de l'histoire algérienne et ce que son gouvernement a essayé de mettre en place.

M. Hidouci. — Je vais essayer d'organiser cela assez rapidement. J'ai été fonctionnaire toute ma vie dans une seule administration, dès l'âge de vingt-quatre ans. De 1965 à 1982, j'ai été dans l'administration du Plan. À l'époque, le modèle c'était le développement ; on en est revenu. J'ai quitté l'administration du Plan en 1982. J'ai eu trois années sabbatiques. En 1984, chute des prix du pétrole ; le président de la République m'appelle pour organiser le service économique à son niveau au début de 1985. À la présidence, il y aura trois périodes : entre 1985 et septembre 1987 ; de septembre 1987 à octobre 1988 ; d'octobre 1988 à notre arrivée au gouvernement.

J'ai accepté d'aller à ce poste à la présidence parce que c'était pour moi l'occasion, non pas d'instruire le pouvoir à partir d'une administration dévoyée, mais d'être au centre du pouvoir pour savoir comment les choses se passaient réellement et non formellement. C'était une expérience d'une position possible d'influence différente de celle de haut fonctionnaire que je voulais faire.

Entre 1985 et 1987, la difficulté a été d'approcher le président. J'ai découvert un endroit où le président n'exerçait pas son rôle d'arbitre. Les arbitrages étaient faits ailleurs. J'ai essayé de travailler de façon à l'habituer à être informé et à exercer les arbitrages. Cela ne s'est pas mal passé puisque, à partir de septembre 1987, il m'avait chargé d'organiser des réformes économiques. La crise continuait, le prix du pétrole baissait et la dette augmentait au point d'étouffer le pays. Les choses bougeaient à l'Est. On commençait à parler partout de mettre en place la démocratie et non seulement le développement. Cela correspondait à ce à quoi j'ai toujours voulu participer.

Il m'avait chargé d'organiser les réformes économiques. J'ai mis en place au niveau de la présidence un réseau de cadres de différents ordres, chargés de réfléchir à un changement économique, ce que je pensais bien avant dans l'administration du Plan. C'était la période de la Perestroïka. On a fait cela jusqu'en septembre 1987. À l'époque, mon activité consistait aussi à conseiller le président pour la gestion des dossiers économiques du Conseil des ministres. C'était devenu quelque chose d'assez pénible. Je disais non quand le gouvernement disait oui et inversement. En septembre 1987, le président a fini par dire qu'il fallait aller beaucoup plus loin que cela. Cela a créé beaucoup de perturbations. Je dis cela parce qu'à ce moment-là on est passé à un caractère beaucoup plus politique de l'économie. On commençait à nous suivre pour dire qu'avec les réformes économiques il fallait des réformes politiques.

Arrive octobre 1988 et ces quelques jours d'extrême tension et d'extrême activité qui ont fait que l'équipe de réformes économiques a balancé, après le discours du 10 octobre sur le multipartisme, dans les réformes politiques. Le conseiller économique que j'étais, dans une équipe dont Hamrouche faisait partie, préparait la nouvelle Constitution de février 1989 et l'ensemble des lois fondamentales du changement démocratique du pays pendant qu'il y avait un autre gouvernement qui exerçait les fonctions de gestion courante après octobre 1988.

J'étais en vacances à la veille du premier anniversaire d'octobre 1988 quand j'ai été appelé par Mouloud Hamrouche qui m'a informé que le président l'avait chargé de former le gouvernement. On a dit que l'on formerait un gouvernement d'un type nouveau, qui assumerait la responsabilité de la transition démocratique. On est arrivés pour mettre en pratique les lois que nous avions élaborées quelques mois auparavant auprès du président. On avait eu un mandat de trois ans pour mettre en place ces lois et organiser des élections législatives. Notre carrière s'est terminée au bout de vingt mois, le 19 juin 1991, parce que la mise en place de la démocratie n'a pas marché. Je suis resté chez moi ensuite, de juin 1991 à fin 1991. J'ai alors été obligé de venir en France où je suis resté.

Me Comte. — Sur cette période du gouvernement Hamrouche, que pouvez-vous dire ? Quelles sont les réformes que vous avez pu mettre en place ? Avez-vous senti des signes annonciateurs de ce qui devait se produire ultérieurement, c'est-à-dire ce que j'appellerai le coup d'État pour simplifier ?

M. Hidouci. — Quand nous sommes arrivés au gouvernement, nous savions que nous étions une équipe de réformateurs, tout à fait réduite au réseau de ceux qui avaient préparé ces réformes. Nous savions aussi que dans la bureaucratie algérienne, les différents mouvements politiques contre lesquels nous devions essayer de réaliser le changement y étaient opposés.

Nous étions partis – je l'ai écrit dans un livre [53] – avec une probabilité très faible de réussir. Nous pensions que nous n'avions aucune chance de réussir, mais qu'il fallait faire des choses qui resteraient dans la mémoire des gens. Nous ne nous faisions pas d'illusions.

Nous avions l'impression d'avoir été soutenus fortement jusqu'en décembre 1990 par tout un courant du pouvoir, le courant – c'est un mot incorrect dans le cadre d'une économie de transition – d'une ouverture vers les affaires. Nous n'étions pas du tout soutenus par la bureaucratie habituelle du FLN, malgré le changement positif pour nous à la tête du FLN. Après décembre 1990, il était clair que nous nous étions engagés sur une route dont les jours étaient comptés. J'ai même été étonné que cela ait tenu jusqu'à juin 1991. On était vraiment en conflit ouvert.

Me Comte. — Quels étaient les signes annonciateurs de la fin de cette période que vous avez appelée période de réformes et de ce qui allait se mettre en place ultérieurement, c'est-à-dire, pour simplifier encore, un régime d'exception à partir de 1992 ?

M. Hidouci. — Je m'occupais d'économie, mais nous étions une équipe et nous faisions de la politique. Il est clair que nous voulions mettre en place un régime démocratique. Les lois étaient déjà votées. Nous allions les appliquer. Notre rôle était d'appliquer des lois que nous avions écrites. On allait donc un peu vite.

Les signes annonciateurs étaient divers. Premièrement, en économie, les gens ont attendu l'ouverture. Il y a eu la loi de monnaie et du crédit que j'avais préparée et fait voter à l'Assemblée. Dès que cette loi de libéralisation est sortie, les milieux d'affaires ont été très mécontents. Il y avait cette loi et une réforme fiscale. Les milieux d'affaires ont regretté les « vraies banques » d'avant et le temps où ils ne payaient pas beaucoup d'impôts. Alors qu'arrivait l'économie de marché, tout cela coûtait trop cher et risquait de provoquer la fermeture de leurs usines.

Surtout, le monopole d'État a réagi brutalement. Les réactions étaient simples. À l'Assemblée nationale, on a qualifié cette économie

---

53 Ghazi Hidouci, *Algérie, la libération inachevée*, La Découverte, Paris, 1995.

d'« économie de bazar ». Le président défunt de l'Assemblée a démissionné en essayant d'entraîner derrière lui le maximum de députés pour mettre le gouvernement en minorité.

En matière économique, j'étais pratiquement présenté comme un agent de l'étranger. Même sur un plan personnel – on disait que ma mère était juive –, en pleine guerre du Golfe, un journal « indépendant » mettait ma tête dans une étoile de David ensanglantée. Et cela, bien sûr, en pleine période de montée de l'islamisme. Tout cela a été annonciateur du refus de nous voir continuer.

C'est ainsi qu'en décembre 1990 il y a eu des discussions, des travaux, des réflexions entre notre équipe, le président qui arbitrait plus ou moins, d'autres membres du gouvernement, le FLN, le cabinet du président. La question était du type : doit-on ralentir ou changer ? Doit-on avancer les élections ? Quand on nous a annoncé que l'on avançait les élections, le contrat de trois ans devenait un contrat de quelques mois. C'est là que j'ai compté les jours. Il était clair que nous devions partir.

Me Comte. — Dans les mémoires de M. Nezzar, il y a un épisode – je n'ai plus le texte sous les yeux, mais on en a déjà parlé [54] – qu'il raconte, au cours duquel un certain nombre de militaires se présentent chez le président pour, en quelque sorte, lui proposer – si j'ai bien compris – un plan qui s'assimile à un plan comminatoire. Vous souvenez-vous de cela ? Y avez-vous assisté ? Cet événement vous rappelle-t-il quelque chose ?

M. Hidouci. — Je n'ai pas reçu le document en question. Je pense que vous faites référence au document de décembre 1990 en douze points, me semble-t-il. Je ne l'ai pas reçu directement, mais le Premier ministre l'a reçu alors que j'étais dans son bureau. La position pour nous était très difficile. La première chose est que, dans le cadre des nouvelles règles du jeu, il n'était pas question d'accepter ni d'un parti politique, le FLN, qui était dans le multipartisme mais qui était un parti privilégié, ni d'une quelconque structure de l'État, qu'il dise dans quelles conditions devrait s'organiser la transition politique.

Notre réaction a donc été de répondre que sur le fond nous n'étions pas d'accord, que c'était notre affaire, celle du gouvernement avec le président de la République. Sur la forme, nous avons discuté longtemps. Si je ne me trompe pas, je pense que nous avons discuté au cours de réunions informelles et formelles entre nous jusqu'au mois de février 1991. Mais on ne s'est pas entendus. Le fond du problème était de savoir si nous allions continuer à essayer de convaincre les gens ou si nous allions les contraindre.

Le fond du problème de ces réformes, pour ce qui me concerne, c'est que je pensais que les lois d'exception s'étaient arrêtées le 5 juillet 1962, à la fin de la guerre d'Algérie. À l'époque, j'avais atteint un âge où l'on

---

54 Voir *supra*, chapitre 1, note 45, p. 73.

voulait qu'il y ait le droit des gens en Algérie. Il n'était pas question pour moi de négocier sur ces questions.

Me Comte. — Quel souvenir gardez-vous de ces exigences de l'armée ? À quelles analyses renvoyaient-elles ? C'est une période essentielle et charnière car, après le gouvernement de M. Hamrouche, un autre gouvernement se mettra en place et abandonnera beaucoup de ses pouvoirs à l'armée, d'après les décrets que nous avons au dossier. Quelle est votre analyse de cette période, de ces exigences de l'armée ? Comment entrent-elles dans la période que l'on vient de définir comme moment de rupture, si c'est votre analyse en tout cas ?

M. Hidouci. — Il y avait des questions de fond et des questions formelles. D'abord, la première question de fond qui nous a choqués était que le président de la République nous dise que les élections législatives devaient se faire dans les dix-huit mois. Il nous avait désigné le mois de septembre. On était encore sous le programme qui avait été voté à l'Assemblée et qui portait sur trois ans. Pour le gouvernement, il était très difficile de gérer une telle situation. Au bout de dix-huit mois, il ne nous semblait pas que les conditions pour des élections législatives soient réunies. Il ne nous semblait pas que la société ait eu le temps de comprendre le message de la démocratie pour prendre des responsabilités électorales claires.

Deuxièmement, nous étions dans une situation lamentable où l'appareil du FLN continuait à fonctionner pour ses propres militants et dirigeants. Il n'était pas question de « rajeunir » pratiquement les candidats à des élections. En tout cas, il y avait un problème de fond : on nous disait que si ces élections se présentaient mal, il fallait aller à la contrainte.

Sur le plan pratique, l'enjeu de cette contrainte était le ministre de l'Intérieur. En fin de compte, le président Chadli a demandé à Mouloud Hamrouche d'abandonner le poste de ministre de l'Intérieur à quelqu'un qu'il nommerait – j'avais compris, peut-être à tort, sous l'influence de l'armée. Cette prérogative allait faire qu'il y aurait un gouvernement de consensus pour préparer ces élections.

Le ministre de l'Intérieur qui, à l'époque, était un ancien magistrat, dans l'optique de la réforme, était chargé de l'application du droit commun et chargé de surveiller que la police travaille correctement. On a nous dit qu'il ne fallait plus le contrôler. Le Premier ministre m'avait posé une question : « Faut-il compromettre ou pas ? » J'ai dit que nous étions dans une période de transition et que si on l'obligeait à changer un de ses ministres, et celui-là en particulier, je serais démissionnaire à partir de là.

Me Comte. — Pendant que vous étiez aux affaires, il y a eu des élections communales. Nous sommes en juin 1990. Comment les avez-vous perçues et vécues ?

M. Hidouci. — Devant le refus systématique de la bureaucratie de soutenir les réformes, nous avions à l'époque choisi de dire qu'il valait mieux faire d'abord des élections communales de façon à ce que les gens voient concrètement sur le terrain quelle est leur représentativité politique et de refaire deux ans après des élections législatives.

Comme je vous l'ai dit, tous les appareils pensaient à la reconduction automatique des prébendes, des postes. Ils ne se rendaient pas compte que la société avait changé et qu'elle allait les pénaliser. Nous avions dit que si les islamistes devaient gagner une élection, à la limite, qu'ils gagnent l'élection communale pour que les gens jouent un jeu de recherche du pouvoir par la voie démocratique, c'est-à-dire par la voie de l'alliance avec le mouvement social. Je pense que nous nous sommes trompés sur la capacité des appareils existants à le faire.

Me Comte. — Au niveau de votre gouvernement, avez-vous senti monter la violence à l'intérieur du pays ? Avez-vous eu des actions illégales des clandestins islamistes ou autres ?

M. Hidouci. — Il y a eu octobre 1988, mais nous n'étions pas au gouvernement. Il faudrait quand même que je dise quelque chose d'important : en octobre 1988, le président de la République avait créé une cellule de crise et il avait le choix entre deux discours : un discours brutal disant que cela suffisait et un discours promettant des réformes politiques. Dès que le président a fait le discours sur les réformes politiques, la rue s'est calmée. C'est comme cela que l'on est sorti des décrets d'état de siège du 5 au 10 octobre 1988.

De ce moment-là à 1991, voilà comment les choses se passaient de mon point de vue. Premièrement, il y a eu très peu d'actes graves. Je me rappelle une affaire d'agression d'une gendarmerie par des groupes paramilitaires, je me rappelle tout l'échauffement lié à la guerre du Golfe et toute la démagogie environnante, etc. Il y avait des manifestations tous les jours.

Il ne faut pas perdre de vue que cette ouverture démocratique, pour les gens, c'était d'abord de manifester tout le temps pour n'importe quoi. Le palais du gouvernement était tous les jours assiégé par les manifestants. Pour moi, ce n'était pas de la violence. Cela avait un caractère d'exutoire, d'expression, de début d'organisation. Il y avait beaucoup de dépassements de langage.

Pour cet événement plus important d'attaques de gendarmeries, on pouvait faire appel à des forces spéciales. Nous avons dit que cette situation était gérable par le procureur qui a d'ailleurs très bien géré l'affaire. Il y a eu la grève du FIS de mai 1991. Des groupes de jeunes gens circulaient dans les rues, insultaient sous ses fenêtres le président de la République, son épouse, beaucoup de dirigeants du FLN. Je me souviens d'un aparté entre le président de la République et moi-même au cours duquel il m'a dit : « Cela suffit. Que faites-vous, dans ce gouvernement ? » J'ai répondu : « M. le président, il est préférable que les enfants de votre pays vous insultent et vous crachent sur la figure plutôt que d'aller vers l'anarchie et vers la guerre. »

Nous croyions dans la conviction et dans le temps. Mais je n'ai pas connu de grandes violences jusqu'en juin 1991, y compris lors des manifestations qui ont duré deux jours.

Me Comte. — Du côté de la violence d'État, avez-vous sur cette période des témoignages à apporter ?

M. Hidouci. — En octobre 1988 ou au cours de la période où j'étais au gouvernement ?

Me Comte. — Avant.

M. Hidouci. — Nous sommes arrivés au gouvernement à la veille d'octobre 1989. Tous les nouveaux partis politiques – c'était pour eux une grande occasion de mesurer leurs forces – avaient décidé de manifester en masse le 5 octobre 1989. Nous avons fait sortir un communiqué du ministre de l'Intérieur disant qu'il libérait la police et que les manifestants prendraient la responsabilité des accidents qu'il y aurait pendant les manifestations. Les manifestations d'octobre 1989 n'ont donné lieu à aucun incident. Nous n'avons pas, pendant toute la période de notre gouvernement, fait appel à d'autres forces que celles de la police.

En octobre 1988, j'étais conseiller à la présidence et Mouloud Hamrouche était secrétaire général de la présidence. Il y a eu beaucoup de dépassements, des morts, des tortures. Une des grandes leçons d'octobre 1988 a été la création des comités contre la torture en Algérie, pour la première fois. Et leur création est un peu celle de ce courant qui disait : « Plus jamais cela ! » Il y a eu cette période de violence entre le 5 et le 10 octobre 1988, la dernière ayant eu lieu le 10 octobre à la sortie de la prière du vendredi.

Me Comte. — De l'endroit où vous étiez, c'est-à-dire au gouvernement pendant vingt mois, avez-vous senti venir l'irruption de l'armée dans la vie politique ? Je vous livre la question telle quelle.

M. Hidouci. — Je parlais à l'époque souvent avec le ministre de la Défense au cours de conversations personnelles et dans des réunions. Pour ma part, je n'ai en aucune manière perçu, avant la grève du FIS, que l'armée allait vouloir s'occuper des affaires du pays. On percevait que des mouvements politiques s'opposaient à l'action de ce gouvernement. Il y a eu beaucoup de choses, beaucoup d'organisations politiques, surtout des organisations politiques comme « sept + un ». « Sept + un », c'étaient sept partis plus l'ancien président qui réclamaient en permanence le départ de ce gouvernement, stigmatisant ce gouvernement fantoche, avec moi qui étais présenté comme un ministre « étranger ». Nous avons vécu une série d'événements comme cela. Mais il n'y avait rien dans les discussions que j'avais avec le ministre de la Défense.

Par contre, au niveau des services de sécurité, et surtout des services du DRS, l'ancienne Sécurité militaire, les gens n'ont pas été du tout contents de ne plus avoir à intervenir dans le civil. On sentait cette pression dans le travail, dans les bureaux, à travers la presse, etc.

Mais si vous m'aviez posé la question à l'époque, je craignais beaucoup de la police politique, mais pas de l'armée.

Me Comte. — Vous avez été détrompé ?

M. Hidouci. — Absolument !

Me Comte. — Quelle leçon en tirez-vous ?

M. Hidouci. — J'en tire la leçon qu'il y a deux cultures de l'État. Une culture très prégnante chez nous du fait de la guerre et de trente ans de monopartisme, qui considère l'État comme quelque chose de sacré. Nous sommes au service de l'État. L'État, ce n'est pas nous, c'est une sorte de statue, un démiurge. Cet État est bien au-dessus de son peuple qui doit le mériter. S'il ne le mérite pas, il doit être puni.

La seconde culture est celle des gens qui ont essayé depuis le XIIe siècle de faire en sorte que dans ce pays il y ait l'État des gens. Et cela n'a pas marché !

M. Stéphan, *président*. — Tout à l'heure, vous avez dit en parlant de votre action : « Nous avons fait ceci ou cela. » Vous avez parlé aussi des « autres ». Il serait intéressant de voir ce que vous mettiez dans les « autres ». On aurait pu comprendre qu'il y avait l'armée, mais apparemment vous ne la situez pas, en tout cas au niveau du temps de votre action, dans l'opposition à ces réformes que vous engagiez.

M. Hidouci. — Je ne crois pas beaucoup dans les jeux d'appareils. Pour moi, il y avait deux grands courants politiques en Algérie et il y avait une culture bureaucratique très forte. Les « autres », c'était quoi ?

C'était l'appareil du FLN qui perdait ses prérogatives de lieu central de la propagande d'État et les bénéfices et privilèges liés au statut de membres du FLN ou d'anciens moudjahidines, petits privilèges liés à une bureaucratie d'État qui avait un statut supérieur à celui des autres citoyens. C'est un pays qui restait un pays à deux collèges [55]. Il y avait donc cet appareil qui ne voulait pas de changements, qui parlait au nom du socialisme, qui voulait que la bureaucratie de l'État contrôle.

Et il y avait l'autre courant qui était celui de l'« ouverture », mais une ouverture qu'à l'époque je trouvais un peu mesquine pour les capacités du pays : il fallait être comme les pays du Moyen-Orient, un grand souk ouvert, dans lequel on fait de l'affairisme, mais où l'État ne participe pas – il fallait que l'État permette quand même de ne pas payer beaucoup

55 Allusion au « deuxième collège » créé en 1947 par l'administration coloniale française pour accorder le droit de vote à une partie des « indigènes » musulmans, la voix de chaque colon français pesant dix fois plus que celle de chaque membre de ce deuxième collège.

d'impôts, il fallait qu'il donne des privilèges, des licences d'importation ; il fallait qu'il protège un certain affairisme.

C'étaient là les deux grands courants que nous voyions et qui nous disaient de partir.

M. Stéphan, *président*. — Y a-t-il des questions ? *(Non.)* Le tribunal vous remercie de votre témoignage. Pardon, Me Bourdon.

Me Bourdon. — Une question que le tribunal aurait eu envie de poser : pourquoi M. Hidouci témoigne-t-il pour M. Souaïdia ?

M. Hidouci. — Je suis très peiné de voir un sous-officier de l'armée algérienne qui, à cette heure, devrait être à la plage et qui est ici mêlé à des histoires atroces. Je m'en excuse. Voilà pourquoi je suis venu témoigner.

Me Bourdon. — Avez-vous lu son livre ?

M. Hidouci. — Oui.

Me Bourdon. — Quelle est votre appréciation générale ?

M. Hidouci. — Il a l'âge de mon fils et j'aurais voulu qu'il n'ait pas vécu tout cela.

M. Stéphan, *président*. — Merci de votre témoignage. Vous pouvez vous retirer et rester dans la salle si vous le souhaitez.

Avant que l'on visionne certaines bandes vidéo, je voudrais fixer la liste des témoins pour demain matin : Mme Aslaoui, M. Lounis, M. Djebbar et M. Menguelati.

La séance est levée à 18 h 20.

4

Audience du 4 juillet 2002

L'audience est reprise à 9 h 40.

M. Stéphan, *président*. — L'audience est reprise. Vous pouvez vous asseoir. Nous poursuivrons avec l'audition des témoins prévus ce matin : Mme Aslaoui, présente, M. Lounis, présent, M. Djebbar, présent et M. Menguelati, présent. M. Benmohamed est-il présent ?

Me Farthouat. — Je ne suis pas sûr qu'il vienne, M. le président.

M. Stéphan, *président*. — Nous commençons par M. Menguelati.

Me Farthouat. — En revanche, M. Ghozali et M. Sifaoui pourront peut-être faire le point sur les mises en cause dont ils ont été l'objet, si nous en avons le temps et dans la mesure où M. Benmohamed ne sera pas là.

M. Stéphan, *président*. — Me Comte, sur ce point ?

Me Comte. — Sur la mise en cause de M. Ghozali ? Je suis toujours pour les mises au point, M. le président, mais elle se fera dans l'inégalité, parce que M. Hidouci ne sera pas là. Enfin, nous verrons !

Me Farthouat. — Vous imaginez bien que je n'ai pas interrogé M. Ghozali.

Me Comte. — J'en suis convaincu et je n'ai jamais dit cela. Je dis simplement que, s'il estimait être mis en cause par le précédent gouvernement, M. Hidouci n'est plus là pour répondre en tant que de besoin. Je n'en dis pas plus.

M. Stéphan, *président*. — En tout état de cause, ce sera cet après-midi, éventuellement. Nous poursuivons ce matin par l'audition du témoin avec l'assistance de l'interprète qui renouvelle le serment préalablement prêté d'apporter son concours à la justice en son âme et sa conscience.

L'interprète prête serment.

Audition de M. Samir Menguelati,
à la requête de la partie civile, assisté d'un interprète

M. Stéphan, *président*. — Quels sont vos nom, prénoms, âge, profession et domicile ?

M. Menguelati. — Je m'appelle Menguelati Samir, je suis né le 22 mai 1970 à Hussein-Dey. Je suis agent dans une société nationale.

M. Stéphan, *président*. — Laquelle ?

M. Menguelati. — La société s'appelle Litmod.

M. Stéphan, *président*. — Son domicile ?

M. Menguelati. — Cité Bentalha, Baraki.

Le témoin prête serment.

M. Stéphan, *président*. — Merci. M. le bâtonnier, vous avez la parole.

Me Farthouat. — M. Menguelati vient de nous dire qu'il habite Bentalha. Était-il présent le 23 septembre 1997 lors du massacre et s'il l'était, qu'a-t-il pu constater ? Qu'il nous décrive ce qu'il a vu.

M. Menguelati. — En date du 23 septembre 1997, les terroristes sont arrivés vers 23 heures et ont commencé le massacre. Ils ont fait exploser des bombes et fait sauter des maisons. Ils pénétraient dans les habitations et ils tuaient des enfants et des personnes âgées. Une demi-heure plus tard, l'armée est arrivée et a commencé à intervenir. Les terroristes ne sont arrivés vers moi que vers 2 h 30 alors que je n'étais pas très loin. Lorsqu'ils sont arrivés à l'endroit où je me trouvais, ils sont rentrés chez nous. Ils ont commencé à tuer des personnes se trouvant à l'intérieur.

Lorsque nous les avons vus, ils portaient des djellabas et ils étaient barbus. Ils ont commencé à tuer des personnes. Ils se sont ravitaillés en prenant les provisions qui se trouvaient là et ont pris également des femmes pour leur voler leurs bijoux et leur argent. Ensuite, ils les ont tuées.

Au bout d'un moment, les terroristes ne pouvaient plus continuer les tueries. Ils ont tué au niveau de deux rues et se sont arrêtés là, parce qu'il y a eu une confrontation avec l'armée et cela a duré jusqu'à 4 heures du matin. Ensuite, les terroristes ont décidé de pénétrer dans les 200 logements, mais l'armée s'y trouvait déjà et a commencé à intervenir. C'est tout.

Me Farthouat. — Le témoin n'a-t-il aucun doute sur la nature de ceux qui se sont livrés aux assassinats qu'il décrit ? Est-il est possible qu'il s'agisse de militaires déguisés ?

M. Menguelati. — Bien sûr, puisque ces personnes nous connaissaient. D'ailleurs, elles appelaient les personnes par leur nom. Elles me connaissaient et ont dit que je dormais là et je travaillais la nuit. Elles sont venues avec une liste, elles connaissaient tout le monde. Nous n'avons pas pu les distinguer, parce qu'il faisait nuit.

Me Farthouat. — Le témoin peut-il indiquer au tribunal si le comportement des forces de sécurité a été normal, tardif ?

M. Menguelati. — Ils ont effectué leur travail normalement, ils n'ont pas pu pénétrer à Haï el-Djilali, parce qu'il faisait noir. Ils sont rentrés par Haï Boudoumi, 200 logements. Dans la rue Haï el-Djilali, l'armée ne pouvait pas intervenir parce que des personnes couraient dans tous les sens. On pouvait considérer que les habitants étaient pris en otage. L'armée a encerclé Bentalha et le quartier Haï el-Djilali. Ensuite, les terroristes ont pris la fuite.

Me Farthouat. — Le témoin connaît-il M. Yous ?

M. Menguelati. — Oui.

Me Farthouat. — Avez-vous eu connaissance du livre écrit par M. Yous ?

M. Menguelati. — Oui.

Me Farthouat. — Que pensez-vous de la thèse qu'il développe dans ce livre ?

M. Menguelati. — Sa thèse n'est pas exacte parce que, dans ce livre, il dit qu'un hélicoptère tournait pendant le massacre et, en fait, l'hélicoptère est arrivé après le massacre. Il prétend également que Mme Bouti aurait déclaré que l'armée avait fait cela, mais elle ne pouvait pas le savoir parce qu'elle ne les connaissait pas. Ensuite, il a parlé de la fosse commune ou le cimetière qui aurait été creusé avant le massacre. C'est faux. Il a aussi prétendu que les ambulances étaient prêtes, qu'elles se trouvaient aux environs de Bentalha avant le massacre. Ce n'est pas vrai.

Me Farthouat. — Pas d'autre question.

M. Stéphan, *président*. — Mme le procureur ?

Mme Angelelli, *procureur*. — Non.

Me Comte. — À quel moment le témoin a-t-il été contacté par la partie civile pour venir témoigner au procès ?

M. Menguelati. — L'Association des victimes du terrorisme a pris contact avec moi trois mois après ce massacre.

Me Comte. — Ce n'était pas exactement ma question, mais je comprends bien que…

M. Menguelati. — Il y a environ quinze à vingt jours.

Me Comte. — Dans une des listes de témoins, transmise aimablement par nos adversaires, qui date du mois de février, figure le nom de M. Menguelati Samir. Les propos que M. Nezzar reproche à M. Souaïdia ne sont pas concernés par le témoignage de M. Menguelati. De plus, nous n'avions pas encore transmis nos pièces et, notamment, le livre de M. Yous a été communiqué à votre tribunal et aux parties au mois de juin. C'est ma seule observation, M. le président, je n'ai pas d'autres questions.

M. Stéphan, *président.* — Pas d'autres questions à poser au témoin ? Monsieur, le tribunal vous remercie de votre témoignage. Vous êtes venu d'Algérie pour le donner.

Audition de M. Omar Lounis,
à la requête de la partie civile

M. Stéphan, *président.* — Nous entendrons le témoin suivant ce matin. Ce ne sont que des témoins cités par la partie civile. M. Lounis.

Bonjour, Monsieur. Nous vous demanderons de nous indiquer vos nom, prénoms, âge, domicile et profession.

M. Lounis. — Lounis Omar, soixante-cinq ans, retraité. J'habite à Alger.

Le témoin prête serment.

Me Farthouat. — M. Lounis, vous êtes membre fondateur du Comité national pour la sauvegarde de l'Algérie. J'aurais souhaité que vous indiquiez au tribunal les raisons pour lesquelles vous avez participé à la fondation de ce Comité, quel était le but poursuivi par cette organisation et quelles sont les initiatives qui ont pu être prises dans ce cadre.

M. Lounis. — Avant d'aboutir à la constitution du Comité national de la sauvegarde de l'Algérie, il me semble utile de rappeler, M. le président, que la constitution de ce Comité est arrivée après avoir constaté les dérives dans lesquelles se trouvaient le pays et les menaces qui pesaient sur son avenir républicain et sur l'avenir de la nation algérienne.

Le Comité national de sauvegarde de l'Algérie, lors de la proclamation des résultats du 26 décembre 1991 aux élections législatives, a constaté la fraude à grande échelle, les pressions exercées dans les bureaux de vote, l'intervention directe des militants du FIS, notamment dans les bureaux des femmes en vue de les influencer et de faire pression pour qu'elles votent pour le FIS, les injonctions portées à la connaissance des électeurs, disant que ne pas voter pour le FIS, c'est partir en enfer, et voter pour le FIS équivaut au paradis. Donc, c'est un viol des consciences.

Il a également été constaté avec beaucoup d'amertume, beaucoup de peine, que la mosquée, un lieu de prière, de communion avec Dieu, a été utilisée dans un certain nombre de cas comme lieu de flagellation. Des faits ont été portés, notamment concernant l'exclusion de la femme dans la vie quotidienne.

Par ailleurs, et cela a été annoncé ici devant vous, M. le président, des éléments du FIS, pendant la campagne électorale et après le premier tour, disaient qu'il fallait changer nos habitudes vestimentaires et culinaires [1]. Il a été porté à la connaissance des Algériennes et des Algériens que des milliers d'Algériens vont quitter le pays parce que ce sont des apostats, des impies, et d'autres musulmans viendront les remplacer, causant le désarroi et la peur.

Face à toutes ces situations, il a été jugé nécessaire de constituer un Conseil national de sauvegarde de l'Algérie. Ce Conseil n'est pas composé d'individus. Il s'agit d'une organisation représentative et réelle de la société civile algérienne, puisqu'il est composé de la centrale syndicale Union générale des travailleurs algériens, de l'Union des opérateurs économiques du secteur public, de la Confédération générale du patronat algérien, des opérateurs économiques du secteur privé et, enfin, de l'Union nationale des fonctionnaires du secteur public.

Toute cette force représentative de la société algérienne a constitué le sens du Conseil national de sauvegarde de l'Algérie. Ayant constaté toutes ces falsifications, la non-distribution d'un certain nombre de cartes d'électeurs, plus de trois cents recours ont été formulés auprès du Conseil constitutionnel et il a été lancé un appel aux Algériens et aux Algériennes de ne pas céder à la résignation, de lever la tête, de barrer la route à l'assassinat programmé de l'Algérie républicaine démocratique et de préserver le processus démocratique en cours dans les entreprises, tant il est vrai qu'une démocratie ne s'octroie pas.

Après le 30 décembre, a été constitué le Comité national de sauvegarde de l'Algérie. Dans la même journée, les travailleurs des PTT ont envoyé une motion de soutien et d'adhésion au Comité national de sauvegarde de l'Algérie. Le 2 janvier, des manifestations ont demandé de barrer la route à l'aventure, de sauver la République : on ne pouvait tolérer l'instauration d'une république antidémocratique dans notre pays. Une manifestation plus qu'imposante s'est déroulée à Alger où des citoyens réclamaient l'annulation de ce premier tour des élections et demandaient de sauver la

---

1 Le leader du FIS Mohamed Saïd – car c'est de lui qu'il s'agit – a dit au lendemain du premier tour des législatives : « Nous sommes tous des frères, celui qui versera une seule goutte de sang de son frère ne connaîtra pas le pardon. Il n'y a de problème que dans l'imagination délirante des ennemis de l'Algérie. […] Tout va bien et, grâce à Dieu, il n'existe aucune pomme de discorde entre nous. Pour renforcer notre unité, nous devrons renforcer notre foi, nous conformer aux prescriptions divines sur la façon de nous habiller ou de nous nourrir. » Un commentateur écrit à ce sujet : « Le mot est lancé : le correspondant de l'agence Reuter, qui couvre la prière, le saisit au vol : "Mohamed Saïd, leader du FIS, écrira-t-il, demande aux Algériens de changer leurs habitudes vestimentaires et alimentaires." Cette phrase fera le tour du monde. Toute la presse nationale lui consacre sa une. L'heure de la riposte anti-FIS a sonné. Désormais les islamistes n'auront de répit que le jour où ils seront interdits d'expression politique. Mohamed Saïd aura beau se rétracter, affirmant que le journaliste était trop éloigné de lui pour avoir entendu ses paroles exactes, rien n'y fait. La machine anti-intégriste se met en branle, plus personne ne l'arrêtera. Elle commencera par broyer Chadli, le président coupable d'avoir agrée le FIS » (Amine TOUATI, *Algérie, les islamistes à l'assaut du pouvoir*, *op. cit.*, p. 124).

République. Le 11 janvier 1992, la Fédération du Front de libération nationale 54-62 de France s'est réunie, a pris une résolution demandant l'annulation du premier tour des élections législatives et a demandé que l'Algérie soit sauvée du péril intégriste.

En ce qui me concerne, je travaillais à l'époque dans une entreprise publique de distribution d'hydrocarbures, après avoir occupé différentes responsabilités syndicales, de la section syndicale au poste de secrétaire général de la Fédération nationale des travailleurs de l'énergie, de la chimie et des mines avant mon départ en retraite. Je demeurerai toujours lié à l'organisation syndicale.

J'ai été l'initiateur, avec d'autres camarades de mon entreprise, d'une motion, d'une déclaration et d'une adhésion au Comité national de sauvegarde de l'Algérie. M. le président, je tiens ici à votre disposition la déclaration constitutive du Comité national de sauvegarde de l'Algérie. Je tiens à votre disposition, M. le président, la déclaration de la Fédération de France FLN 54-62 en Europe, qui demande également l'annulation du premier tour. Je tiens également à votre disposition la déclaration de trois cents travailleurs avec signatures demandant notre adhésion ainsi que la demande expresse de l'annulation du premier tour des élections législatives.

Lorsque la décision a été prise d'annuler les élections, cela a été un soulagement dans notre pays. L'armée algérienne est une armée républicaine.

Lorsque le général Nezzar a joint sa voix à celle du peuple algérien et a dit : « Non à l'aventure, non à l'assassinat de l'Algérie », nous avons répondu : « Non. » Si c'est cela un coup d'État, l'ensemble des Algériens est complice.

Merci, M. le président.

Me Farthouat. — J'ai quand même deux questions à poser au témoin.

M. Stéphan, *président*. — Vous allez pouvoir.

Me Farthouat. — Vous vous revendiquez, Monsieur, comme appartenant à la société civile et représentant de la société civile et comme étant, si j'ai bien compris, l'un de ceux qui ont appelé à la manifestation du 2 janvier sous le mot d'ordre « Ni dictature religieuse, ni dictature militaire », selon les indications qui nous ont été fournies par un certain nombre de témoins. Ce n'est pas le mot d'ordre exact, mais c'est ce que cela voulait dire. N'avez-vous pas eu l'impression d'avoir été trompé et, pour éviter une dictature religieuse, d'avoir mis en place une dictature militaire ?

M. Lounis. — Dans cette manifestation, il se peut que certains manifestants aient prononcé un certain nombre de mots d'ordre. Je précise que je suis en retraite mais, en militantisme de citoyenneté, il n'y a pas de retraite. Lors de la manifestation du 2 janvier à laquelle j'ai participé, à laquelle j'ai activé pour son organisation au titre de militant de base syndicale, nous sommes allés manifester pour dire : « Non à l'aventure, annulation du premier tour. » Nous sommes allés manifester pour le maintien du processus démocratique dans notre pays, pour mettre l'ensemble des autorités administratives, politiques et militaires de notre pays devant leurs responsabilités et pour sauver cette patrie. Il se peut que, dans un certain nombre de cas, d'autres personnes aient lancé d'autres mots d'ordre, mais la forte majorité de cette manifestation a appelé à l'action syndicale pour venir en force manifester.

Me Farthouat. — Je ne suis pas certain que le témoin ait bien perçu la question que je voulais lui poser. J'aimerais savoir si vous n'êtes pas tombé de Charybde en Scylla, si, pour éviter une dictature religieuse, vous n'êtes pas tombé dans une dictature militaire.

M. Lounis. — Pas du tout ! Oh non ! On veut nous ramener au Moyen Âge, M. le président. Les Algériens refusent. On veut utiliser notre religion, l'islam qui est la religion du progrès, la religion de la science.

Mohamed salla Allahu'alaïihi wa sallam, Mohamed, que le salut de Dieu soit sur lui ! disait : « Cherche le savoir du berceau à la tombe. »

Mohamed salla Allahu'alaïihi wa sallam, Mohamed, que le salut de Dieu soit sur lui ! disait : « Cherche le savoir, jusqu'en Chine. »

Mohamed salla Allahu'alaïhi wa sallam, Mohamed, que le salut de Dieu soit sur lui ! disait à ses enfants, à ses filles : « Apprenez-leur à monter à cheval et à faire de la natation. »

Aujourd'hui, ce mouvement intégriste empêche la femme de s'exprimer. Au nom d'un principe de lutte contre le chômage, on a proclamé que les femmes doivent rester chez elles pour dégager des postes de travail. On a commencé à séparer les enfants dans des écoles mixtes. On a tenté également de séparer les hommes et les femmes dans les cars de transport public. Alors, voilà la dictature !

L'armée algérienne y contribue à sa façon, selon ses moyens, en tant qu'institution républicaine, ne l'oublions pas ! Nous n'avons pas une armée… Je le dis tout haut, moi, mon avenir est derrière moi, je témoigne pour la vérité : notre armée est une armée républicaine et n'est pas composée d'éléments à la solde de quiconque. Notre armée est composée de conscrits. J'ai des enfants qui ont fait leur service national et, à aucun moment, ils ne sont venus dire qu'ils ont fait subir des atrocités à cette population. Pourquoi ?

La dictature, Maître, n'est pas celle que l'on veut désigner aujourd'hui, que d'aucuns veulent utiliser aujourd'hui.

Me Farthouat. — Je n'ai pas d'autres questions.

M. Stéphan, *président*. — Mme le procureur, avez-vous des questions ? *(Non.)* Monsieur, vous avez lu le livre de M. Souaïdia qui fait l'objet de ce procès. Qu'avez-vous à en dire ?

M. Lounis. — Jeter l'opprobre sur l'Armée nationale populaire et lui dire que c'est elle qui a commis des atrocités, non seulement c'est une diffamation, mais c'est un crime et je dis également : peu de morale pour ceux qui sont morts, pour les jeunes assassinés par les terroristes, dépecés, pour ces enfants qu'on a jetés dans des fours, pour ces femmes éventrées, pour ces filles violées. Je suis venu de mille kilomètres pour protester.

M. Stéphan, *président*. — D'autres questions de la part de la défense ?

Me Comte. — Oui, M. le président. M. Lounis, dans votre Comité national de sauvegarde, où est le peuple ? Je m'explique : vous avez l'UGTA, ancien syndicat unique, l'Union nationale des opérateurs du secteur public, dans un pays où l'ensemble du secteur économique était public et, à l'époque, passait petit à petit au privé. Vous avez l'Union nationale des fonctionnaires. Où est le peuple ? Vous avez là des structures directement liées au système de parti unique qui commençait seulement, à l'époque, à changer et à s'ouvrir. Voilà ma question.

M. Lounis. — M. le président, je viens de dire dans mon introduction que le Comité national de sauvegarde de l'Algérie est composé de représentants profonds de la société civile. L'Union générale des travailleurs algériens était un syndicat unique. Aujourd'hui, il existe un pluralisme syndical dans notre pays, selon la loi. Il y a des syndicats de fonctionnaires, autres que l'UGTA. Mais, ne nous égarons pas : l'UGTA, que vous dites syndicat unique, n'en demeure pas moins représentant en son sein trois millions de salariés, donc le peuple travailleur, les masses laborieuses y étaient structurées volontairement. Ceci étant, la centrale syndicale milite et soutient le processus démocratique en cours dans notre pays et n'est nullement contre le pluralisme syndical.

En ce qui concerne le secteur privé, dont vous dites qu'il vient de naître depuis le processus démocratique ou depuis l'ouverture du marché de l'économie nationale vers le secteur privé, je tiens à signaler que les textes de 1967 permettaient au secteur privé de s'organiser et de se développer. Donc, le représentant des opérateurs économiques du secteur public et privé dans mon pays est un patron d'une entreprise de bâtiment, un secteur privé. La Confédération générale des opérateurs économiques algériens, la CGOEA, est une organisation patronale, ainsi que la Confédération algérienne du patronat. Nous ne pouvons pas être plus représentatifs que cela. C'est la situation concrète et vivante de mon pays.

Me Comte. — Sur la manifestation du 2 janvier, je voudrais que l'on soit un peu clair, M. Lounis, car vous êtes témoin et vous êtes sous serment. Dites-vous sérieusement au tribunal que cette manifestation du 2 janvier était en faveur de l'annulation des élections ? Est-ce ce que vous déclarez sous serment au tribunal ?

M. Lounis. — Je dis sous serment au tribunal, je le dis et je le répète, que dans cette manifestation grandiose du 2 janvier 1992 à Alger, qui a regroupé plus d'un million…

Me Comte. — Nous sommes d'accord sur le chiffre.

M. Lounis. — Nous y sommes allés pour dire : « Non à l'aventure, non au fascisme, non à l'intégrisme », pour le maintien et le renforcement du processus démocratique, et nous avons crié tout haut : « Annulons ce premier tour d'élections préfabriquées, truquées. » Ce n'est pas l'ensemble des manifestants qui ont crié ces mots d'ordre, mais nous avons vu fortement ceux qui ont demandé l'annulation du premier tour.

Me Comte. — M. Lounis, voulez-vous dire au tribunal qui sont les personnes ayant pris la parole au cours de cette manifestation ?

M. Lounis. — Nous sommes allés à l'Hôtel Aletti… Hocine Aït-Ahmed, président du Front des forces socialistes…

Me Comte. — Était-il pour l'annulation du premier tour ?

M. Lounis. — Il n'était pas pour le premier tour, puisqu'il n'était même pas d'accord sur le développement et le renforcement des actions menées jusqu'ici pour mettre hors d'état de nuire l'intégrisme dans notre pays.

M. Hocine Aït-Ahmed était à la fenêtre, il n'avait pas pu prendre la parole, parce qu'il y avait beaucoup de monde devant l'hôtel et chacun criait des slogans. Je ne pense pas avoir eu à entendre puisque c'était inaudible et il n'a pas été entendu[2].

Me Comte. — Étiez-vous loin ?

M. Lounis. — Non, chez Cavera, à côté d'Air Algérie.

Me Comte. — Pour que le tribunal comprenne bien, M. Hocine Aït-Ahmed était-il en faveur de l'annulation du premier tour ?

M. Lounis. — Il faut le dire à M. le président du Front des forces socialistes.

Me Comte. — Vous étiez un acteur à travers votre Comité national de sauvegarde de l'Algérie, vous nous dites qu'un tas de forces étaient en faveur de l'annulation du premier tour, que c'était en somme un cri de la société algérienne. Je vous demande si cette manifestation du 2 janvier était vraiment en faveur de l'annulation et vous nous dites que certains l'étaient.

Je vous demande qui a pris la parole et vous nous dites : « M. Hocine Aït-Ahmed. » Peut-être n'a-t-il pas pris la parole ou n'a-t-il pas été entendu, mais il était en position de prendre la parole d'un balcon d'un hôtel que je ne connais pas.

Je vous pose une question simple : M. Hocine Aït-Ahmed était-il en faveur de l'arrêt du processus électoral et de l'annulation du premier tour des élections ? C'est ma seule question.

M. Lounis. — M. le président, il est évident que le président du Front des forces socialistes a déclaré qu'il n'était pas d'accord pour l'annulation des élections.

---

2 Voir *infra*, chapitre 4, le témoignage de Hocine Aït-Ahmed sur ce point, p. 376.

Me Comte. — Merci, Monsieur. Alors, qui était en faveur de l'annulation des élections dans cette manifestation et qui a pris la parole ?

M. Lounis. — Personne n'a pris la parole, à l'exception des tentatives de prise de parole du président du Front des forces socialistes.

Me Comte. — C'est tout, je n'ai plus de question.

M. Lounis. — Mais la population criait : « Non à l'aventure, arrêtons le massacre, sauvons la République, sauvons la démocratie, annulons le premier tour des élections. » Je le répète.

M. Stéphan, *président*. — Bien. Pas d'autres questions ? Je vous remercie d'être venu d'Alger pour témoigner. Vous pouvez vous retirer ou suivre les débats dans la salle, si vous le souhaitez.

M. Lounis. — Merci beaucoup, M. le président.

Audition de M. Ahmed Djebbar,
à la requête de la partie civile

M. Stéphan, *président*. — Le prochain témoin est M. Djebbar. Bonjour Monsieur, voulez-vous nous indiquer vos nom, prénoms, âge et domicile ?

M. Djebbar. — Djebbar Ahmed, professeur des universités à l'Université Paris-Sud. J'ai soixante ans. J'habite Paris.

Le témoin prête serment.

M. Stéphan, *président*. — Merci Monsieur. M. le bâtonnier, vous avez la parole.

Me Farthouat. — M. Djebbar, si je ne me trompe pas, vous étiez déjà installé en France en 1991, avant les élections de 1991 et l'interruption du processus de 1992.

M. Djebbar. — Tout à fait.

Me Farthouat. — Vous avez été appelé en Algérie à la demande du président Mohammed Boudiaf, vous êtes rentré en Algérie à ce moment-là pour lui apporter votre concours et vous avez été son collaborateur jusqu'à son décès.

M. Djebbar. — Du 18 janvier 1992 au 29 juin 1992, le jour de son assassinat où j'étais présent.

Me Farthouat. — Vous avez ensuite occupé des fonctions de ministre ?

M. Djebbar. — J'ai été ministre de l'Éducation nationale, de l'Enseignement supérieur, de la Recherche scientifique, du 19 juillet 1992 au 16 avril 1994, dans deux gouvernements successifs, celui de M. Abdessalam Belaïd et celui de M. Rédha Malek.

Me Farthouat. — Compte tenu de ce parcours, j'aurais souhaité que vous expliquiez au tribunal votre sentiment sur la prégnance de l'armée et, particulièrement, du général Nezzar pendant cette période, sur le pouvoir et sur le président Boudiaf.

M. Djebbar. — Si vous me le permettez, M. le bâtonnier, si vous me le permettez, M. le président, avant de répondre à cette question, je voudrais donner quelques éléments permettant, selon mon point de vue de témoin, d'éclairer certains points importants concernant le contexte dans lequel tous ces événements ont été vécus par la société civile et par les institutions de l'Algérie. Je témoignerai, pour ma part, de ce que j'ai vu, entendu, en ce qui concerne deux institutions fondamentales : une dont nous parlons depuis trois jours, l'institution militaire de mon pays, et l'autre, dont nous parlons moins, peut-être la plus importante de mon pays, l'institution éducative, importante quantitativement et qualitativement.

Je voudrais tout d'abord me présenter comme étant un profil parmi plusieurs profils de la société algérienne, non pas des profils individuels mais des profils de groupe, de communauté. En Algérie, depuis l'Indépendance jusqu'à aujourd'hui, il n'existe pas, d'un côté, uniquement des militaires et, de l'autre côté, un parti unique ; puis, d'un côté, les militaires et, de l'autre, des troupes terroristes ou des partis politiques qui prônent un État théocratique. Je présenterai la grande richesse de la société algérienne uniquement à travers deux éléments fondamentaux : l'élément psychologique et mental et l'élément du vécu.

Pour l'élément psychologique et mental, permettez-moi, M. le président, d'invoquer l'Histoire. L'Algérie a une histoire aussi longue que celle de tous les autres pays. Permettez-moi ensuite d'invoquer le vécu d'une partie des citoyens algériens dans le cadre de mes activités, c'est-à-dire les enseignants, les élèves et les parents. Les élèves représentent, en comptant le primaire, le secondaire, le supérieur et les chercheurs, 8 millions de personnes et les familles 3 ou 4 millions de personnes, soit un total de 12 millions de personnes. De 1992 à 1994, c'était presque la moitié de la population. Parmi cette population de 12 millions de personnes, la moitié de la population était féminine. Vous comprendrez pourquoi les éléments que j'indiquerai sont très importants pour essayer de donner une photographie de cette société civile très peu évoquée, en particulier dans les médias internationaux.

Je commencerai, si vous me le permettez, par me présenter en tant qu'élément d'une partie de cette société. Mon père était imam. Il connaissait le Coran par cœur, il dirigeait les cinq prières de la journée jusqu'à sa mort sous la torture en 1958, pendant la bataille d'Alger. Je n'ai fait aucune déclaration depuis mon retour en France en 1994, par devoir de réserve, si ce n'est une fois dans le journal *La Croix*, pour dire que ma mère âgée de quatre-vingts ans souhaiterait seulement, sans haine contre les militaires, quelle que soit leur nationalité, qu'on lui dise où est enterré son mari, afin qu'elle puisse fleurir sa tombe.

Je suis venu témoigner également avec, éventuellement, une attitude subjective vis-à-vis de quiconque porte l'uniforme, compte tenu des drames familiaux. Dans ma famille, personne ne porte l'uniforme, il n'y a pas d'officiers. Il n'y en a presque jamais eu. Nous sommes des familles de clercs, comme l'on dit. Mon père était imam, mon grand-père était mufti. L'imam est l'équivalent de celui qui dirige la prière de la journée et le mufti est celui qui a le droit de dire une *fetwa*, puisque ce mot est à la mode. Mon grand-père avait la possibilité de donner des *fetwa*. Entre parenthèses, à ma connaissance, il n'a jamais eu l'occasion de donner une *fetwa* dans sa vie, alors qu'il était habilité par ses maîtres.

J'ai vécu dans un islam tolérant, j'ai connu l'islam à travers le Coran que j'ai appris en partie, sous la férule de mon père, avant de connaître l'école *[inaudible]*. Je suis allé à l'école de la République pendant la période coloniale et, parallèlement, j'étais à l'école du mouvement national. En plus de l'arabe du Coran que je ne comprenais pas, mais qui me permettait d'être un bon musulman, j'ai appris la langue arabe, la littérature grâce aux *madrasas* de l'école nationale. C'était des écoles privées : j'ai eu le privilège d'aller dans une institution que l'on appelait des *madrasas* supérieures, que l'administration française appelait les « lycées franco-musulmans » et je devais être destiné, dans ma formation, à être clerc, huissier, avocat ou juge dans le droit musulman.

C'est pourquoi mes diplômes de cette institution sont équivalents à la licence en arabe et à la licence de droit musulman. J'ai suivi cinq ans de droit musulman. À l'école de la République, cela m'a permis d'avoir le baccalauréat puis de suivre des études scientifiques.

Je suis docteur en mathématiques, docteur en histoire des mathématiques, spécialisé dans les activités scientifiques de la Méditerranée occidentale, en particulier le Maghreb, l'Espagne et le sud de l'Europe. Je suis professeur des universités, j'enseigne les mathématiques pures et je dirige des travaux. Je dirige des thèses d'État pour des étudiants en France, en Algérie et au Maroc, sur l'histoire des sciences dans le Moyen Âge méditerranéen.

Je voudrais, si vous me le permettez, dire un mot sur ma présence à Paris depuis 1965. Je n'ai connu la politique que dans les rangs de l'Université française, en dehors de l'influence de mon père qui était dans le mouvement national, mais qui était un civil n'ayant jamais pris une arme et qui a été arrêté. Au début des années soixante-dix, je suis devenu militant du parti du président Boudiaf en exil au Maroc. L'organisation était à Paris avec quelques ramifications en province et en Algérie. J'ai milité du début des années soixante-dix au début des années quatre-vingt jusqu'à l'arrêt des activités de ce parti qui s'appelait le Parti de la révolution socialiste[3].

3 Le PRS, fondé le 20 septembre 1962 par Mohammed Boudiaf et toujours clandestin ensuite en Algérie, a été dissous après la mort du président Houari Boumediene en 1979.

Pendant cette période militante, j'ai connu M. Boudiaf en tant que responsable, très rapidement, lorsqu'il avait la possibilité de passer à Paris. Mais je l'ai surtout connu en tant que citoyen proche de lui quand, après 1982, j'ai eu des possibilités d'aller en mission au Maroc afin de donner des conférences. À chacun de mes voyages, je demandais à le rencontrer en tant que citoyen pour avoir l'honneur et le privilège d'écouter ses analyses et pour lui apporter quelques informations. Ces informations étaient de deux sortes : des informations factuelles sur ce qui se passait en Algérie jusqu'à 1991 et des informations sur l'histoire de l'Algérie qu'il appréciait particulièrement. Nous ne pouvons pas comprendre les choix du président Boudiaf si nous mettons de côté cette connaissance directe et indirecte de l'histoire de son peuple, de son pays, de sa région en relation avec l'histoire des pays liés à sa région.

Si vous vous souvenez, M. le président, sur la cassette passée dans tous les médias à l'étranger, la dernière phrase qu'il a prononcée [4] contenait deux mots clés qui n'étaient pas antinomiques dans son esprit : « Islam » et « science ». Il a fini en disant : « Mesdames et Messieurs, chers frères, les Occidentaux ne nous dépassent pas au niveau de la religion, de l'islam, des valeurs, de l'identité religieuse, de l'identité culturelle. Ils nous dépassent dans les sciences. » Il allait dire : « Pourtant, nous sommes d'une partie de ce grand peuple qui a contribué à bâtir la civilisation de l'humanité entre le VIIIe et le XIVe ou XVe siècle. »

Il avait préparé des renseignements sur l'apport du Maghreb, l'apport de l'Algérie, mais il n'a pas eu le temps de le faire, parce qu'il est mort le 29 juin à 11 heures du matin. Permettez-moi de vous résumer ce qu'il aurait dû dire avant d'être assassiné.

L'Algérie et sa population ont au moins deux millions d'années d'histoire. L'école archéologique française, l'école historique française, l'école anthropologique ont révélé les richesses de l'histoire de cette région du Maghreb. Depuis deux millions d'années et en phases successives, des populations avaient des civilisations matérielles, des civilisations du néolithique, du paléolithique, de la pierre polie, du fer, jusqu'à la civilisation du Sahara en 4000 avant J.-C. Ces populations avaient des racines profondes et cette première période fait que l'Algérie était entrée dans l'Histoire exactement en même temps que les peuples environnants. Ce n'était pas un « traînard » de l'Histoire, comme le disaient les historiens de la colonisation.

L'Algérie était également celle des bâtisseurs de royaumes et d'empires et M. Boudiaf le savait. Au IIe siècle avant J.-C., existaient les premiers royaumes numides en Algérie. Malgré le refus de Rome, il y a eu la période de Jugurtha. Au VIIe siècle, lorsque arrive l'islam, de 647 à 698, la plus grande résistance attestée par les historiens arabes eux-mêmes contre les

4 Au moment où il a été assassiné, le 29 juin 1992.

musulmans, contre l'islam, a eu lieu au Maghreb jusqu'à la mort de la Kahina, une des représentantes de cette résistance.

À partir de 698, les résistants eux-mêmes, Berbères du Maghreb, disent à leurs populations de prendre l'étendard de l'islam, car c'est une aventure qui les concerne. Les Berbères seront les conquérants, la première armée d'Algérie et du Maghreb en général, qui a ouvert l'espace de l'Europe du Sud. Cette armée est dirigée par un Berbère qui s'appelle Tariq ibn Ziyd qui débarque en 711 à Djabal al-Tariq (Gibraltar). Parmi ces hommes, il y avait évidemment beaucoup de simples soldats, d'officiers de cette région du futur empire.

Au Xe siècle, en 969, des armées de la Petite-Kabylie, de la tribu des Koutamas, ont permis aux Fatimides de prendre le pouvoir en Égypte, pour essayer de récupérer tout le califat et ce sont des soldats, des sous-officiers de l'armée algérienne de l'époque qui ont fondé la ville du Caire – les historiens ne le contestent pas. A suivi la grande période des Almohades, le grand empire qui a dominé tout le Maghreb, de 1146 à 1676. Cette dynastie a été à l'origine de l'Algérie de l'Ouest. Cet empire a été construit dans une ville qu'ils appellent Bougie. C'est là qu'a eu lieu le fondement du nouvel empire qui a contrôlé toute la Méditerranée occidentale.

Il y a aussi la mémoire culturelle de l'Algérie. On a trop réduit ce peuple algérien de 30 millions d'habitants à un peuple fantôme dans un espace que l'on voit dans les cartes avec une couleur ocre avec des points noirs. Lorsque l'on regarde de plus près – je ne sais pas par quel prisme, par ignorance de l'Histoire, de cette richesse de ce pays –, on voit d'un côté, des forteresses de militaires et, de l'autre côté, des groupes terroristes. Mais cette masse de population fantôme, comme des ombres, on ne la voit pas, on ne l'entend pas, on ne la consulte pas, on ne l'écoute pas.

Pendant trois ans, j'ai eu l'occasion d'y être complètement. Mais, parallèlement, je n'ai jamais rompu la relation avec mon pays. Toute ma famille est en Algérie, c'est une famille de paysans, d'ouvriers, de petits clercs. Je suis le premier professeur dans toute cette famille. Nous n'avions pas de médecin (le premier médecin de la famille est mon frère, qui exerce dans un village).

Quelle est cette mémoire culturelle de l'Algérie ? Cette mémoire de l'Algérie est, déjà au Ve siècle (même si une partie de notre classe politique, de notre intelligentsia refuse cette mémoire), le grand personnage de saint Augustin, mort en 430 après J.-C. Ce personnage appartient à l'Algérie, sa pensée doit nourrir l'Algérie, c'est la plus grande pensée de l'Antiquité chrétienne. Actuellement, c'est l'une des plus grandes pensées de la chrétienté de l'Occident, d'après les spécialistes.

Or, l'Algérie a un destin absolument incroyable. Il lui arrivait souvent de former des armées compétentes pour aller construire des empires à l'extérieur, de former des intellectuels qui servent à l'humanité mais qui commencent d'abord à servir à l'extérieur et, ensuite, sont reniés par leur propre peuple. C'est aussi un hommage que je rends à saint Augustin devant vous, M. le président.

Au XIIe siècle, l'Algérie est aussi un pôle scientifique jusqu'au XIVe siècle. Savez-vous, M. le président, que Bougie a été un centre scientifique ayant permis d'enseigner et de produire de l'arithmétique, de l'algèbre, de la médecine, du droit ? Une des preuves concrètes, jamais reniée par les historiens, est le témoignage d'un Européen. À la fin du XIIe siècle, un jeune homme quitte la ville de Pise, avec son père, le chef des commerçants italiens. Son père lui a dit que, pour avoir une meilleure formation, il faut venir à Bougie pour étudier les mathématiques. Ce monsieur est le premier grand mathématicien de l'Europe. Il s'appelle Fibonacci et il est mort après 1240. C'est son propre témoignage qu'il a écrit au début de son livre, le *Liber abbaci*, rédigé en 1202 et révisé en 1228. Dans quelques mois, se déroulera le huitième centenaire de la production de ce monument scientifique de l'Europe.

L'Algérie a également une production qui dépasse le pays, la production des *[inaudible]*, et je terminerai sur cette mémoire de l'Algérie : au XIVe siècle, dans un village appelé Frenda, qui avait déjà fourni des scientifiques et des poètes, la plus grande œuvre de toute l'histoire de l'humanité dans le domaine de la sociologie sera écrite, la fameuse *Histoire universelle* d'Ibn Khaldoun, mort en 1406. L'Algérie est aussi une « terre où souffle l'esprit », M. le président, comme l'a déclaré Albert Camus.

Me Farthouat. — Je m'excuse d'interrompre le témoin. Ce qu'il vient de dire était tout à fait passionnant et nous a permis de remettre un certain nombre de choses en perspective, mais peut-être faudrait-il revenir à la question précise que je lui ai posée et aux événements qui se sont produits de 1988 à 1992. M. le professeur, nous sommes pris par le temps.

M. Stéphan, *président.* — Il était tout à fait intéressant que vous démontriez la richesse de ce pays dont le tribunal a bien conscience, de manière aussi étayée. Toutefois, par rapport à ce procès, une autre partie de votre témoignage pourrait être intéressante, compte tenu des fonctions que vous avez exercées. M. le bâtonnier, voulez-vous préciser votre question par rapport à cela ?

Me Farthouat. — Je souhaiterais que M. Djebbar veuille bien témoigner sur la période de 1988 à 1992, ce qu'il a vécu, ce qu'il a connu à cette période, les événements qui se sont déroulés directement et concrètement.

M. Djebbar. — Mon expérience en Algérie a commencé le 18 janvier 1992. Avant cette date…

M. Stéphan, *président.* — Le président Boudiaf vous a rappelé.

M. Djebbar. — J'ai reçu un télégramme de l'un des conseillers directs de la présidence, qui me demandait que quelques personnes proches de lui – nous étions quatre – l'aident à démarrer en Algérie. Il constituait évidemment tout son cabinet.

Mais avant cela, j'étais à Paris et je regardais les événements à la télévision. En tant que citoyen, M. le président, j'avais déjà pris position, en mon âme et conscience et en relation avec tout ce que je vous ai raconté. J'ai pris position pour l'arrêt du processus électoral, parce que, dans mon esprit, ce n'était pas l'arrêt d'un processus démocratique. En tant qu'intellectuel à Paris, je considérais que l'on n'était même pas encore entré dans la phase essentielle d'un processus démocratique. Nous avions les prémices d'un processus démocratique et encore il reste beaucoup à discuter, mais les historiens l'écriront. L'Algérie comptait à mes yeux, en tant que société, avec toute cette variété de valeurs qui fait une identité plurielle, une identité basée sur l'islamité, sur l'arabité, sur la berbérité et sur une certaine francité.

En mon âme et conscience, j'ai dit que l'arrêt du processus électoral est absolument indispensable et que les forces vives de l'Algérie, là où elles sont, doivent prendre position. Si on m'avait consulté à ce moment-là, j'aurais évoqué cela. C'est à partir de cette position que j'ai accepté d'aller plus loin avec le président Boudiaf, parce que la première visite avait uniquement pour but de l'encourager, mais nous n'étions pas qualifiés pour être conseillers à la présidence. Notre métier n'était pas de faire de la politique directement : nous avions une culture d'opposants et nous n'avions aucune idée, aucune connaissance de la classe politique. Nous connaissions l'Algérie en tant que telle, nous y sommes nés, nous sommes imprégnés de sa diversité, nous connaissions les familles. J'effectuais des voyages tous les mois en Algérie – j'y avais des étudiants. Mais y faire de la politique sans connaître le milieu était hasardeux.

Donc, une des premières réactions était de dire cela au président Boudiaf. D'ailleurs, dès le premier jour, nous étions quatre avec lui dans son bureau et il nous a dit : « Attention, vous n'êtes là que provisoirement, très provisoirement. Vous et moi nous sommes venus peut-être pour quelques mois pour aider l'Algérie, pour aider la société algérienne à sortir de la crise, mais nous n'avons pas de solution définitive, parce que ce pays est très complexe à la fois par son histoire, par sa sociologie et par l'histoire immédiate de 1962 à 1992. » Il était très conscient de cela.

Nous sommes donc allés l'aider techniquement. Je peux vous parler de la présidence de M. Boudiaf, de son fonctionnement pendant ces mois. Nous, nous étions des sherpas. Or, dans une présidence, les sherpas ressemblent exactement à tous les sherpas des autres présidences de tous les pays, quel que soit le degré d'évolution de ces pays, sur le plan administratif, technique et politique. Effectivement, j'en ai eu confirmation en parlant avec d'autres sherpas. Il ne manquerait plus que créer un syndicat de sherpas !

Il fallait être quatorze heures par jour au service du président, uniquement du président. Aucune personne n'est venue me donner des conseils. Aucune personne, ni militaire, ni civil, n'est venue dans mon bureau, en tant que conseiller très proche du président puisque j'étais le seul arabisant du groupe, pour me dire d'essayer de faire passer telle et telle idée… Je témoigne devant vous, M. le président.

Je vous cite un exemple : le président Boudiaf aimait beaucoup parler à son peuple. Donc, il voulait s'exprimer à la télévision, à la radio et il voulait improviser tout le temps. Nous lui avons dit : « M. le président, il y a l'improvisation, mais il faut aussi commencer à insérer un programme. Donc, nous devons vous aider à écrire, à structurer les choses. »

Au début, il n'était pas tout à fait d'accord, il était pour cette attitude de militant pour qui le seul contact valable entre les responsables, les chefs et la population était le contact direct. Il nous disait d'ailleurs : « Attention, nous devons continuer à fonctionner même dans la présidence, non pas comme pouvoir, mais comme opposition pour que nous restions crédibles devant notre peuple. Donc, nous devons avoir la spontanéité de l'opposition contestataire. S'il y a des vérités, il faut les dire et personne ne m'en empêchera. »

Il ne voulait pas tomber dans le carcan des discours. Alors, mon rôle était de relire ses discours en arabe. Les discours étaient réalisés de la manière suivante : il nous réunissait, il parlait, il donnait ses idées. Le chef de cabinet écrivait une première mouture. Ensuite, elle était traduite en arabe et était présentée à M. Boudiaf.

J'ai les documents chez moi où des brouillons de discours sont complètement annotés par le président. Il lui arrivait de protester contre nous et contre les traducteurs et de nous dire que nous avions une langue arabe pire que la langue des mandarins chinois du XIIe siècle. Il voulait que nous parlions avec la langue du peuple. Nous lui répondions que ces phrases étaient constituées de mots techniques, politiques, économiques. Il n'en voulait pas, mais désirait des mots très simples. « Puisque vous êtes des universitaires, à quoi servez-vous ? Alors, donnez-nous des mots simples mais qui indiquent des idées profondes que le peuple peut comprendre. » Nous étions obligés de trouver des phrases. À la fin, le président Boudiaf, connaissant parfaitement la langue du peuple, trouvait les mots justes en arabe, exprimant ce qu'il voulait dire pour être compris.

Durant cette présidence, je le voyais tous les matins et il nous est même arrivé pendant le premier mois d'être logés dans la Résidence, parce qu'il ne voulait pas que notre premier réflexe de conseiller soit de prendre un appartement de l'État. Nous n'avons jamais pris un appartement de l'État, M. le président ! Je suis allé en Algérie avec une valise Delsey, je suis revenu avec la même valise Delsey vieille de quinze ans, pas plus pleine que lors de mon arrivée et je n'ai aucun pied-à-terre en Algérie. Je précise également, M. le président, que je suis un témoin libre. Lorsque j'ai quitté l'Algérie le 16 avril 1994, j'ai demandé ma réintégration à mon poste d'universitaire. L'ambassadeur d'Égypte est venu me voir en me disant que, sans me demander mon avis, il était allé réclamer fortement que je sois nommé ambassadeur en Égypte. J'ai bien expliqué que je ne demandais rien. Et je n'ai jamais demandé un poste après l'expérience avec M. Boudiaf et celle de ministre de l'Éducation nationale.

Pendant cette présidence, je n'ai jamais entendu M. Boudiaf dire qu'il avait reçu des instructions de quelqu'un. Avant qu'il prenne l'avion, lorsqu'il a reçu les premiers émissaires pour le convaincre de venir, car la patrie était en danger, selon la terminologie que j'ai entendue, il nous a dit qu'il avait refusé dans un premier temps.

Nous lui avons demandé la raison de son refus. Au début, il croyait que les militaires lui demandaient cela, parce que c'était l'affolement général. Puis, il nous a dit : « Mais, j'ai corrigé parce que, lorsque je suis allé secrètement en Algérie, j'ai vu les représentants de la société civile, les syndicats, le Conseil national pour la sauvegarde de l'Algérie, les intellectuels, les officiers et je les ai entendus pendant toute une nuit. Lorsque j'ai entendu des anciens combattants de la guerre d'indépendance, alors j'ai été convaincu que la demande qui m'était soumise l'était fondamentalement par les forces vives de l'Algérie. En tant que citoyen, en tant qu'ancien militant, je devais participer à la sortie de crise, sans *a priori*. Comme en 1954, j'ai pensé qu'il s'agissait d'un appel du peuple profond, qu'il fallait lutter pour l'indépendance, même s'il n'y avait pas de déclaration. J'ai senti que c'était un appel plus explicite des forces vives de la société civile. »

Il a poursuivi : « Compte tenu de mon profil, je n'aurais jamais accepté d'être à la botte de généraux ou prisonnier d'une armée ou d'une institution militaire. Ce n'est pas mon style, ce n'est pas mon tempérament, car j'ai un tempérament d'opposant. S'ils m'acceptent comme cela, alors je ferai un bout de chemin dans l'intérêt de mon pays. Sinon, je suis prêt à partir quand les gens me le demanderont. »

D'ailleurs, il avait cet état d'esprit qui nous inquiétait parfois, M. le président. Lorsqu'il se rendait compte de la complexité des problèmes, que certains problèmes venaient essentiellement d'une partie de la classe politique, il ne comprenait pas que cette partie de la classe politique, dont certains étaient les héritiers du parti unique, n'avait pas pris conscience que la nation était en danger. Le processus de construction de la nation, la restauration de l'État, des principes fondamentaux avec, d'un côté, un État républicain et, de l'autre côté, un projet d'État théocratique, étaient en danger.

M. Boudiaf était cultivé, il connaissait la différence entre un État républicain et un État théocratique, sans haine d'ailleurs. Il disait que c'était deux modèles différents et lui, il était pour un État républicain. Il nous disait : « Si un million de personnes sont mortes, ce n'était pas pour un État théocratique en 1954, sinon nous l'aurions su. C'était pour un État républicain fait de justice sociale, d'égalité, de développement de l'éducation du peuple, de promotion sociale. C'est pourquoi j'accepte de nouveau, avec beaucoup d'hésitation, de venir y participer une dernière fois. » D'ailleurs, il exprimait son incertitude dans le fait que nous ne savions pas encore à l'époque où nous allions, parce que la situation était très complexe. Autant il avait l'impression de connaître son peuple, autant il ne connaissait pas et nous, nous ne connaissions pas vraiment la classe politique, en particulier une partie de cette classe.

En dehors des analyses sur l'aspect culturel, idéologique, etc., le mouvement islamiste avait un projet de société. Dans le parti de M. Boudiaf, nous avions déjà analysé ce projet de société vers le milieu des années soixante-dix et nous avions tiré la sonnette d'alarme en disant que le grand problème de l'Algérie est un problème socio-économique, culturel. Si nous ne résolvions pas tous ces problèmes, ils seraient récupérés par une contestation pouvant devenir une force remettant en cause non seulement le pouvoir, mais les fondements de l'État algérien et le projet républicain encore dans un processus de finalisation.

Un jour, j'ai convoqué les directeurs des médias en tant que conseiller à la communication, à l'éducation et à la culture. Nous avons constaté un décalage culturel et de fonctionnement, d'esprit. Je leur ai dit : « Messieurs, le président vous demande de bien vouloir lui faire une suggestion sur la manière de présenter l'image du président, son programme. » Demander aux personnes qui travaillent dans les médias de donner une certaine image est une banalité. Certains responsables des médias, dont deux ont été assassinés depuis, sans prendre conscience de l'importance du moment, nous ont répondu : « Donnez des ordres, nous exécuterons. » Alors que nous avions demandé des idées, des comportements citoyens. Il s'agissait d'un comportement d'exécutants, de personnes ayant vécu l'allégeance et non pas la citoyenneté.

Ce n'est pas de leur faute, parce que la citoyenneté est le combat le plus difficile depuis 1962. La citoyenneté et le développement culturel et éducatif sont les vrais combats de l'Algérie, arrêtés ou perturbés par tous les phénomènes, à la fois le parti unique et ensuite cette crise de la transition démocratique.

M. Boudiaf a essayé de fonctionner de cette manière : il nous a demandé de fournir un travail pour comprendre quels étaient les partenaires. Pour vous montrer combien nous étions très loin de l'institution militaire, des conseillers du président Boudiaf allaient à la recherche du contact avec la classe politique, à la recherche du contact des forces vives de la société.

C'était plus facile avec les journalistes. D'ailleurs, la présidence s'est transformée en bureaux des journalistes, essentiellement du secteur privé (les autres étant plus timorés, parce qu'ils avaient de vieilles habitudes d'attendre que nous leur donnions des articles ou des instructions sur les titres de journaux) : les journalistes privés de tous les journaux de l'époque venaient pour prendre un café avec les techniciens, les sherpas du président, et passaient beaucoup de temps pour essayer de comprendre, à travers les témoignages de citoyens, comment fonctionnaient la société et, surtout, les milieux politiques.

Nous avons également essayé de comprendre quelle était la position psychologique et mentale des forces vives de l'institution militaire. Si nous étions convaincus que l'institution militaire, depuis le départ, avait piégé le président, je vous assure que nous aurions convoqué M. Boudiaf et il serait retourné s'occuper de ses arbres. Mais, il était convaincu qu'il avait les mains libres. Et il nous l'a dit, car je lui avais posé la question : « As-tu établi un contrat avec l'armée ? Peux-tu nous dire *grosso modo* quel est ce contrat ? » Il s'est mis en colère et a répondu : « Dans toute ma vie de militant, je n'ai jamais travaillé par contrat. J'ai travaillé par volontarisme, par conviction. J'ai été convaincu que l'institution militaire, dans ses forces vives dont j'ai rencontré les représentants, était pour garder le cap d'un État républicain, quelle que soit la difficulté. J'ai compris que la société civile avait le même sentiment et des revendications très fortes de démocratisation de la société. Même en tant que musulman, j'ai adhéré à cette vue qui m'était présentée le jour du voyage *[inaudible]*. »

M. Stéphan, *président*. — Je m'excuse, mais…

Me Farthouat. — Il y a deux questions.

M. Stéphan, *président*. — Je pense qu'il faut intervenir pour limiter le temps, jusqu'à 11 h 15.

Me Farthouat. — Très bien. Nous sommes bien d'accord, M. le président. J'ai deux questions auxquelles je demanderai à M. Djebbar de répondre très brièvement.

Il vient de nous dire que le président Boudiaf, s'il avait eu le sentiment de ne pas avoir les mains libres, aurait donné sa démission et serait reparti « planter ses arbres » – c'est votre expression. Il a été indiqué hier à ce tribunal qu'il serait établi que toutes les chancelleries auraient la conviction – un certain nombre d'expressions de cette nature ont été utilisées – qu'il avait été assassiné par les militaires parce qu'il s'attaquait à la corruption. J'aurais souhaité que vous disiez au tribunal brièvement ce que vous pensez de cette affirmation.

M. Djebbar. — Cette affirmation est basée sur des convictions et non pas sur des preuves. Si nous avions des preuves, surtout venant des chancelleries, vous pensez bien, M. le président, que ces preuves finissent par circuler dans des États démocratiques. Des intellectuels comme moi sont branchés sur les médias, même plus ou moins secrets, et j'aurais été informé. Donc, si j'ai le moindre doute, cela ne me gêne pas de vous dire quelle est ma conviction.

Ma conviction est la suivante : j'ai assisté à l'assassinat et, après cette péripétie, nous avons attendu quelques heures. Puis, nous avons repris le même avion présidentiel d'Annaba (lieu de l'assassinat) à Alger. J'étais parti avec un président vivant, debout, et je suis revenu, dans le même avion présidentiel, avec un président mort ou presque, parce que c'était encore l'incertitude à ce moment-là. Nous avons atterri sur le tarmac de l'aéroport militaire de Boufarik, près d'Alger. Lorsque je suis descendu, j'ai vu quelque chose qui, évidemment, interviendra dans mes convictions : des soldats et des officiers rendaient les armes, des soldats pleuraient le président, des officiers pleuraient sur le tarmac.

Nous nous sommes informés et on nous a présenté un militaire qui serait le responsable de l'attentat. Il s'agissait d'un militaire d'élite. Personnellement, sauf au-delà des erreurs d'hommes ou de groupes, je ne conçois pas qu'une institution militaire en tant que telle, compte tenu de sa richesse, de sa diversité, de son histoire, qui est dans la mémoire, ait la bêtise de fabriquer un attentat en donnant le beau rôle à un officier d'élite, dans ses rangs et dans ses corps.

Au-delà des erreurs, des incertitudes, ma conviction est que l'institution militaire, en tant que telle, n'avait aucun intérêt à ce que M. Boudiaf soit assassiné le 29 juin. Pourquoi ? En accord avec les forces vives et, maintenant, avec celles de l'institution militaire que nous commencions à percevoir, il commençait à préparer une sortie de crise avec un certain consensus. Cette sortie de crise devait se concrétiser par la création d'un Rassemblement patriotique national, d'un parti du président et d'élections présidentielles à la rentrée.

Pendant deux mois, il hésitait. Son discours était : « Je viens juste pour essayer de déclencher quelque chose et je m'en vais. » Puis, petit à petit, il a vu que l'opinion lui disait qu'il était indispensable dans ce mécanisme de sortie de crise. Or, dans ce mécanisme de sortie de crise, l'institution militaire était partie prenante en tant qu'institution de l'État algérien. Elle n'en pouvait plus en tant que telle.

M. le président, on en a très peu parlé (et c'est une erreur de communication dans mon pays, je le reconnais en tant que citoyen) : depuis les premiers attentats, des policiers ont été assassinés à la Casbah en 1992, des milliers de soldats, sous-officiers, officiers, officiers supérieurs, officiers généraux, sont morts pour défendre la République. La société civile le savait parce que cela a circulé, mais le peuple profond ne le savait pas [5]. Si une communication correcte avait été effectuée, je suis certain que nous aurions pu épargner encore des années de drame, parce que l'opinion se serait mobilisée encore plus pour défendre la République et ne pas laisser seulement une partie de sa défense à l'institution militaire, compte tenu de la désorganisation de la société, conséquence de trente ans de parti unique où le peuple algérien a été transformé en un ensemble de tubes digestifs qui se nourrissaient de la rente pétrolière.

Si vous permettez, M. le président, je voudrais conclure sur mon vécu dans le prolongement de ce que j'ai dit.

M. Stéphan, *président*. — Brièvement. Il faut de la place afin que tous les témoins s'expriment.

M. Djebbar. — En tant que ministre de l'Éducation nationale, j'ai vu un microcosme très important. Presque 12 millions d'habitants d'Algérie, en particulier les élèves et les enseignants, ont vécu en tant que victimes et en tant que résistants. L'Éducation nationale a été utilisée, instrumentalisée,

5 Aux yeux de M. Djebbar, la « société civile » et le « peuple profond » sont donc deux entités distinctes.

pour une lutte idéologique et culturelle pacifique qui avait déjà commencé dans les années soixante-dix. Cette lutte pacifique va se transformer à partir de l'année 1993 en une lutte violente contre la première grande institution du pays, l'institution éducative, et elle a été planifiée. Cette lutte était de détruire les symboles de l'État à travers l'Éducation nationale.

C'est la seule institution où existait une unanimité sur le fait que, en temps de paix ou de guerre, il s'agit d'une institution vitale pour le pays. Une stratégie a commencé début 1993 en brûlant les écoles, en détruisant tout le matériel, en saccageant, en assassinant des membres de ce système éducatif. On a commencé par assassiner des enseignants, ensuite des directeurs d'école, femmes ou hommes, un recteur d'université, des professeurs en coopération. Puisque je vous parle en tant que témoin direct, tous les matins, je recevais de nos Renseignements généraux la liste macabre des enseignants assassinés.

Des femmes enseignantes ont été assassinées, cinq ou six d'un coup, parce qu'elles allaient à l'école, ne portaient pas le tchador. Une directrice d'école de la région d'Alger a été assassinée parce qu'elle était francophone, ne portait pas le foulard et était vêtue d'une jupe. Des enseignants ont été égorgés devant leurs élèves dans les petits villages. Les assassins étaient connus des villageois, ils venaient d'autres villages.

M. le président, je ne faisais pas confiance aux services de renseignements de mon pays, parce que je savais que des individus pouvaient manipuler des informations. Je vais compléter par les informations de syndicats, de partis politiques, du réseau de l'Éducation nationale. Tous les enseignants assassinés, représentant l'école, l'ont été parce que, soit ils étaient démocrates, soit de gauche, parmi la gauche communiste, socialiste ou une gauche tout à fait incertaine, soit ils étaient bilingues, arabe et français, soit francophones, soit étrangers (comme le Vietnamien assassiné à *[inaudible]* et le Chinois assassiné dans la région de *[inaudible]*). Malgré tout cela, pendant ces dix ans, l'école représentait une école de la résistance de la société et pas simplement des élèves. Certains élèves ont été assassinés.

J'évoquerai la résistance par un seul témoignage, M. le président, reflétant la résistance qui n'a pas été commandée par les instructions militaires, ni par le ministre de l'Éducation nationale, mais par la conscience des citoyens qui faisaient leur travail. Leur combat était quotidien, sans aucun héroïsme, mais était vital pour la sauvegarde de la République.

Mme Louanchi, morte à *[inaudible]*, née Anne-Marie Chaulet, était inspectrice du primaire. Je l'ai convoquée au ministère et je lui ai dit qu'elle était menacée de mort : « J'ai des informations, donc je vous interdis d'aller à votre poste de travail. Je vous interdis de prendre votre Renault 5 et d'aller traverser les gorges de Palestro, parce que, un jour, vous ne reviendrez pas vivante. Donc, je vous propose un travail de réflexion. Aidez-moi à réformer l'enseignement des langues étrangères. »

Savez-vous ce qu'elle m'a répondu, M. le président ? « Vous êtes mon chef, je ne peux qu'exécuter vos décisions, mais imaginez ce que vous me demandez. Vous me demandez de prendre une décision ayant la conséquence suivante : demain matin, mes enseignants et enseignantes verront que leur inspecteur ne vient pas les inspecter et les épauler, que feront-ils ? Ils seront démobilisés et ils quitteront l'école. Or, l'école est l'un des combats qu'il faut absolument gagner, indépendamment de tous les problèmes de la société. » Cette femme était une forte tête, elle représentait des centaines de femmes qui ont tenu les écoles algériennes et je tiens à rendre hommage à cette moitié du ciel de l'Algérie qui représente la moitié du corps enseignant, la moitié des élèves scolarisés en Algérie.

Elle m'a répondu également : « M. le ministre, vous allez m'ordonner, même par écrit, d'arrêter de faire mon travail et d'aller vers mes enseignants. Mais, entre vous et moi, autorisez-moi à vous désobéir. »

Je vous remercie, M. le président.

M. Stéphan, *président*. — Merci, Monsieur. Pas d'autre question de la part de la partie civile. Y a-t-il des questions de la part de la défense ?

Me Comte. — Oui, M. le président, il y a en effet des questions de la part de la défense. M. Djebbar, vous venez d'indiquer au tribunal une longue liste d'enseignants assassinés et croyez bien que nous mesurons ce que cela signifie.

Aviez-vous une certitude absolue pour imputer ces assassinats aux islamistes terroristes ? Dans une interview que vous avez faite à *L'Humanité*, vous avez déclaré : « On a mis en prison des centaines de chefs d'entreprises du secteur public. Ces cadres sont des boucs émissaires, on les a mis en prison pour pouvoir mieux brader les entreprises publiques[6]. » Cela semblerait indiquer que, dans votre esprit, la répression avait quand même d'autres objectifs que ceux qu'elle poursuivait apparemment ?

M. Djebbar. — Je vais répondre.

M. Stéphan, *président*. — Faites-le brièvement.

M. Djebbar. — Les deux problèmes évoqués ne sont pas sur le même plan. Le problème des cadres emprisonnés injustement, des entreprises fermées, bradées, est un problème de gestion lamentable du parti, de la classe politique de l'Algérie. Ce problème aurait pu être en temps de paix également, à partir du moment où l'on a agi d'une manière anarchique et brouillonne. Je vous signale que le chef de cabinet du gouvernement a été mis en prison… Et l'on s'est rendu compte maintenant que de nombreux dossiers étaient vides.

En tant que citoyen, je maintiens le fait que la gestion de la cité en tant que telle, dans la crise, n'a pas arrangé les choses. Cette question est entre les mains des civils. Je connais la classe politique et, personnellement, si j'avais eu en main le destin des entreprises de l'Algérie, je ne l'aurais pas géré ainsi : je n'aurais jamais mis en prison des cadres, mais je les aurais

---

6 « Ahmed Djebbar : la situation économique et sociale empire », *L'Humanité*, 16 septembre 1998.

d'abord écoutés. Ils ont participé à la construction de l'Algérie pendant trente ans, quelles que soient les erreurs des politiciens. Ce sont eux les forces vives, on les envoie en prison sans demander des comptes et on les met en pâture devant le peuple.

Me Farthouat. — À quelle date se situe cet emprisonnement des cadres ?

M. Djebbar. — C'était après mes fonctions, bien sûr.

Me Farthouat. — Après 1994-1995 ?

M. Djebbar. — Oui, mais j'ai répondu en tant que citoyen.

Me Farthouat. — Simplement, nous ne parlons pas de la même période, ni des mêmes choses.

Me Comte. — L'emprisonnement des cadres pour, ensuite, brader le secteur public devient une « gestion », M. le président, nous l'aurons remarqué.

M. Djebbar. — En tant que citoyen, je peux juger cette gestion. Cela ne remet pas en cause les positions de principe fondamentales sur le destin de l'Algérie. Mais je n'ai pas fini de répondre à la question : avez-vous des preuves que les victimes des assassinats ne sont pas des victimes de l'institution militaire ?

Me Comte. — Ce n'est pas ma question. Je vous demande si vous êtes certain, au poste où vous étiez, de pouvoir imputer les assassinats d'enseignants que vous avez cités au terrorisme islamiste.

M. Djebbar. — J'en suis certain, pour la raison suivante très simple : je vous ai dit tout à l'heure que je ne faisais pas systématiquement confiance, avec ma mentalité d'opposant, aux structures qui existaient encore dans le pays, parce que tout était mélangé, comme dans les périodes de crise dans n'importe quel pays – je connais bien l'histoire de France…

À des époques sombres, on ne fait pas confiance même à son voisin. Donc, à qui faisais-je confiance ? Je demandais des enquêtes internes. J'appelais les responsables syndicaux qui avaient des liens. S'il s'agissait d'un enseignant syndicaliste qui avait une carte, je prenais les informations directement à partir des réseaux syndicaux, des réseaux politiques, des mouvements politiques (RCD, FFS, MDS, FLN[7]).

J'ai recoupé ces informations, parce que j'ai réalisé un travail d'archiviste. Je suis chercheur en histoire des sciences médiévales depuis vingt-cinq ans : cela m'a donné un métier et je n'affirme pas quelque chose dont je n'ai pas les preuves, en tout cas recoupé par des témoignages directs. Dans ce sens, je me prononce sur les enseignants. Nous avons les preuves que ce sont des enseignants qui ont été assassinés, pour des raisons liées à

7 RCD : Rassemblement pour la culture et la démocratie ; FFS : Front des forces socialistes ; MDS : Mouvement démocratique et social ; FLN : Front de libération nationale.

leur profil de citoyen. Ils n'avaient aucun lien avec l'institution militaire, ni avec les groupements militaires, ni avec des groupes d'autodéfense, ni avec la police. Ces citoyens voulaient que l'école continue de fonctionner. Dans le contexte de la stratégie, il fallait détruire l'école en tant qu'école.

Me Comte. — Deuxième question, M. le président : le témoin a fait état de sa conviction au sujet de l'assassinat de M. Boudiaf. Vous connaissez la conviction de sa femme et de son fils. Pouvez-vous exposer au tribunal cette conviction ?

M. Djebbar. — Je n'avais pas de relations privilégiées avec Mme Boudiaf, ni avec le fils de M. Boudiaf. M. Boudiaf est venu un jour me voir en tant que conseiller, croyant bien faire, pour me demander si la présidence pouvait lui prêter une voiture.

Me Comte. — Ce n'est pas ma question.

M. Djebbar. — Je vous dis quelles sont mes relations.

Me Comte. — Je ne vous parle pas de cela. Connaissez-vous la conviction de Mme Boudiaf et de son fils quant à l'assassinat de leur mari et père ?

M. Djebbar. — J'ai lu dans la presse ces convictions, comme tout le monde en tant que citoyen [8]. J'ai entendu Mme Boudiaf tenir des propos sous le coup de l'émotion, le jour de l'assassinat. Sous le coup de l'émotion, j'aurais pu dire les mêmes choses. On peut condamner n'importe qui sous le coup de l'émotion, mais moi, j'étais un conseiller, j'étais un homme politique, donc je faisais des analyses, je m'informais. J'avais le privilège de parler avec des soldats, avec des sous-officiers, avec des officiers, en privé. Ils ne venaient jamais à la présidence. Je croisais le chef d'état-major de l'armée algérienne à la présidence lorsqu'il venait assister aux réunions du Haut Comité d'État. Pour moi, ce personnage était aussi abstrait à mes yeux que dans la presse et je n'avais pas de liens directs privilégiés. En revanche, j'ai eu le privilège de discuter avec les représentants de ces forces vives de l'institution militaire.

Me Comte. — Ma question était : connaissait-il les convictions de la famille Boudiaf quant à son assassinat et pourrait-il les exposer au tribunal puisqu'il les a lues dans la presse ?

---

8 « Le fils aîné de feu le président Mohamed Boudiaf, Nacer, compte déposer une plainte avant la fin 2002 contre Larbi Belkheir, Smaïl Lamari, le général Toufik et Khaled Nezzar pour le complot visant l'assassinat de son père. Convaincu qu'en Algérie ce genre de plainte n'arrive pas à ses fins, Nacer préfère, dès lors, déposer cette plainte en France. Le fils de feu Boudiaf, que nous avons rencontré hier, au cimetière d'El-Alia, à l'occasion de la commémoration du dixième anniversaire de l'assassinat de son père, précisera que ces quatre personnes, qui assuraient la sécurité du président, sont "derrière l'assassinat de mon père" » (Nabila K., « Larbi Belkheir, Smaïl Lamari, Khaled Nezzar et le général Toufik accusés : Nacer Boudiaf compte déposer une plainte à Paris », *Le Jeune Indépendant*, 30 juin 2002).

M. Stéphan, *président.* — Quelles sont ces convictions ?

M. Djebbar. — Mes convictions étaient que le procès ne dévoilait pas toute la vérité que Mme Boudiaf affirmait.

M. Stéphan, *président.* — Laquelle était-ce ?

M. Djebbar. — Que, de toute manière, il était victime d'un complot politico-financier. Mais cela ne signifie pas qu'elle ait jamais dit que le responsable de l'assassinat de M. Boudiaf était l'institution militaire en tant que telle [9]. En revanche, il existait une convergence d'intérêts, d'éléments, qui pouvait permettre de se forger une conviction. Il fallait chercher les responsabilités dans cette société civile, dans cette classe politique dont une partie avait intérêt au *statu quo* et qui, par une mauvaise analyse, a cru comprendre que M. Boudiaf était venu pour se venger contre elle, parce qu'il était de la même famille politique.

Cette incompréhension a fait que, peut-être, une sorte de convergence d'opinions a pu favoriser, créer un contexte. Pour le reste, cela ne veut pas dire du tout que telle ou telle institution a ordonné l'assassinat de M. Boudiaf.

M. Stéphan, *président.* — Avez-vous une autre question ?

Me Comte. — Puisque nous en sommes aux termes de conviction et de convergence, est-il exact que M. Boudiaf ait dit que la corruption était « systémique » en Algérie ?

M. Djebbar. — Il ne l'a jamais dit ainsi.

Me Comte. — Comment l'a-t-il dit ?

M. Djebbar. — Il l'a déclaré sur FR3. Il a fait une intervention sur la justice en Algérie, mais pas en tant qu'institution du pays. Il a toujours montré du doigt des éléments de la classe politique qui utilisaient leur position, des éléments de la justice qui, à ses yeux, étaient corrompus ou risquaient de le devenir compte tenu des systèmes. Il parlait surtout en termes de système et fustigeait des pratiques dont il avait entendu parler.

Lorsqu'il commençait à évoquer cela sur FR3, il n'avait que trois ou quatre mois de présidence. Nous n'avions pas encore eu le moyen de confirmer tout ce sentiment, cette présomption, mais il avait une conviction qu'il tenait également de toutes les rumeurs qui circulaient, même dans la classe politique. De toute manière, la corruption existait. Dans la

---

9 Voir, notamment : Djamel B., « Il y a dix ans, Boudiaf était assassiné », *Le Matin*, 27 juin 2002. On peut lire dans cet article : « Mme Fatiha Boudiaf d'abord, sa famille ensuite et quasiment tous les Algériens qui ont cru en Boudiaf réfutent l'"acte isolé". Pour les Algériens, c'est la "mafia politico-financière" qui l'a ramené de Kenitra pour sauver la République en danger de mort qui l'a liquidé quand elle a senti ses intérêts menacés. Depuis, des langues se sont "déliées". Principal homme mis en cause : Larbi Belkheir, l'actuel directeur de cabinet du président de la République. »

justice, il n'y avait pas toujours de la bonne justice, mais le président ne l'a jamais présentée comme étant le fait de l'institution judiciaire, de l'institution militaire. Dans le système éducatif, il n'a jamais visé les enseignants en tant que tels et pourtant il a eu une formule célèbre : « Le système, l'école algérienne est sinistrée. » Mais il n'a jamais dit que les responsables étaient les 350 000 enseignants.

M. Stéphan, *président*. — Avez-vous d'autres questions ?

Me Comte. — Dernière précision pour le témoin : pensez-vous que la « sortie de crise » telle que l'envisageait M. Boudiaf, à savoir la création d'un parti présidentiel, si j'ai bien compris ce que vous avez dit, la préparation d'élections présidentielles, pouvait entrer en conflit avec un certain nombre d'intérêts que vous pouvez par ailleurs identifier, compte tenu de votre position ?

M. Djebbar. — Cela ne nous est jamais venu à l'idée, l'hypothèse que cela pouvait entrer en contradiction avec l'institution militaire. En revanche, cela rentrait en contradiction, dans nos esprits, avec une partie de la société qui est ce que M. Boudiaf… C'est ce que j'ai dit. Le concours…

Me Comte. — Parlez de ce concours.

M. Djebbar. — L'histoire montre que le plus important, dans les grands événements comme l'assassinat de Kennedy, de Boudiaf, même l'assassinat d'Henri IV, ce n'est pas le bras armé.

Me Comte. — Nous sommes d'accord.

M. Djebbar. — Ce ne sont pas les premières raisons factuelles qui comptent. C'est dans le cadre des forces sociales, du contexte de crise, du contexte de drame, de la confusion qui existait, de l'inexpérience de la lutte pour défendre la République, parce que l'on pensait qu'il n'était pas nécessaire de la défendre et que n'importe qui, compte tenu de son cheminement personnel, pouvait être un Ravaillac à Alger en 1992.

M. Stéphan, *président*. — Pas d'autres questions ?

Me Comte. — C'est parfaitement clair, M. le président.

M. Stéphan, *président*. — Mme le procureur, pas de questions ? *(Non.)* Monsieur, le tribunal vous remercie de votre témoignage très complet et vous invite à vous retirer dans la salle, mais vous pouvez rester, bien entendu.

M. Djebbar. — Merci, M. le président.

Audition de Mme Leïla Aslaoui,
à la requête de la partie civile

M. Stéphan, *président*. — Nous entendrons le dernier témoin ce matin, Mme Aslaoui. Madame, bonjour. Nous vous demanderons d'indiquer vos nom, prénoms, profession et domicile.

Mme Aslaoui. — Je me nomme Mme Leïla Amahdi, épouse Aslaoui. Je suis née à Alger, j'habite à Alger. Actuellement, je n'exerce aucune fonction officielle, je consacre mon temps à l'écriture puisque, en plus de ma formation, je suis écrivain. Après mes études de droit et de sciences politiques en 1967, j'ai exercé comme magistrat, d'abord au tribunal comme juge d'instruction, ensuite au civil et au pénal. Il faut vous dire que, à l'époque…

Le témoin prête serment.

M. Stéphan, *président*. — Je donne tout de suite la parole à Me Gorny.

Mme Aslaoui. — M. le président, excusez-moi, je me suis trompée… Pour un magistrat ! Je voudrais que vous me refassiez prêter serment afin qu'il n'y ait pas de nullité.

M. Stéphan, *président*. — Il n'y aura pas de nullité, rassurez-vous. Prêtez simplement serment.

Mme Aslaoui. — Je suis une gauchère.

M. Stéphan, *président*. — Dites simplement : « Je le jure. » Ce sera parfait.

Mme Aslaoui. — Je le jure.

Me Comte. — Je renonce à toute nullité.

Me Gorny. — Je voudrais demander à Mme Aslaoui de se présenter au tribunal.

Mme Aslaoui. — Je poursuis. J'ai été magistrat tout de suite après mes études universitaires, parmi les premières femmes magistrats. C'est important pour le reste de mon témoignage, M. le président. J'ai exercé au tribunal, au pénal et au civil. Puis, après cinq années, je suis devenue conseiller à la cour d'appel d'Alger où j'ai exercé aux référés, à la chambre de statut personnel, puis à la correctionnelle. J'ai été nommée présidente de la chambre correctionnelle en appel en 1980 et j'ai exercé également à la chambre des référés jusqu'au moment où j'ai été nommée à la Cour suprême.

J'ai terminé avec la fonction de présidente de chambre, puis je fus appelée auprès du ministre de la Justice comme conseiller, notamment dans les relations publiques et la communication. Je fus appelée au gouvernement de M. Ghozali en juin 1991, où j'avais hérité du portefeuille de ministre de la Jeunesse et des Sports. J'y suis restée jusqu'en juillet 1992.

Au moment où j'allais réintégrer le corps de la magistrature, j'ai été rappelée au gouvernement de M. Mokdad Sifi comme ministre de la Solidarité nationale. Je ne suis pas restée longtemps parce que j'ai démissionné entre-temps, je vous dirai pourquoi dans mon témoignage. J'y suis restée jusqu'en 1998. En 1998, j'ai été nommée sénatrice et j'ai quitté le Sénat en janvier 2001, lors du renouvellement du tiers des membres du Sénat. Je faisais partie de ceux qui devaient partir. Durant mon mandat au Sénat, j'ai été également élue membre du Comité des droits de l'homme de l'Union interparlementaire.

Je consacre mon temps à l'écriture, j'ai écrit une trilogie sur la justice lorsque j'étais magistrat, c'est-à-dire avant le pluralisme. Nous étions libres d'écrire. Puis, j'ai écrit *Les Années rouges* [10] pour témoigner de mon vécu d'Algérienne sur le terrorisme. Récemment, j'ai publié un ouvrage toujours sur le même sujet, mais sous une forme romancée, qui s'appelle *Les Jumeaux de la nuit* [11].

M. Stéphan, *président.* — Merci, Madame. Effectivement, cet ouvrage nous a été versé parmi les pièces produites par la partie civile.

Me Gorny. — Madame, vous avez été condamnée à mort par le FIS et vous avez connu une épreuve abominable avec l'assassinat de votre mari. Vous avez donc vécu à la fois l'aspect public de ce qui s'est passé en Algérie et vous avez, malheureusement, connu de très près les exactions des islamistes. Pouvez-vous vous exprimer sur ces points au tribunal, en expliquant ce qui a abouti à la suspension du processus électoral ?

Mme Aslaoui. — Si vous me le permettez, M. le président, avant de m'expliquer sur cette question, je souhaiterais vous dire que, en tant que femme magistrat, j'avais déjà eu à vivre les affres du terrorisme puisque, en 1981, alors que j'avais fait partie des premières femmes nommées magistrats, la troisième exactement, à aucun moment jusqu'à cette date je n'avais été appréciée ou jugée comme femme, mais simplement comme juge. On me notait comme mes collègues hommes et je n'ai jamais ressenti de différences. Pourtant, surtout chez nous, c'était une profession traditionnellement réservée aux messieurs. Je n'ai jamais ressenti cette discrimination.

1981 arrive, un moment où l'islamisme commençait à pointer du nez avec les encouragements du pouvoir politique, très exactement M. Chadli Bendjedid, parce que cela a commencé tôt. À la correctionnelle, j'hérite d'une affaire d'islamisme. Il s'agit d'une famille algérienne qui célébrait un mariage dans un quartier populaire appelé dans le temps Clos Salembier, aujourd'hui Aïn-Benian, au son de la musique raï. Il n'y avait pas d'orchestre, c'était une petite cassette audio.

---

10 Leïla Aslaoui, *Les Années rouges*, Casbah, Alger, 2000. Ce livre a été communiqué par la partie civile au tribunal.

11 Leïla Aslaoui, *Les Jumeaux de la nuit*, Casbah Éditions, Alger, 2002.

Cinq islamistes ont pris le quartier en charge, avec un palmarès judiciaire très riche au demeurant – ils sont connus de la justice et des services de sécurité. Ils violent le domicile, cassent la radio, frappent les gens et les invités présents et, notamment, rouent de coups une adolescente de treize ans et une femme qui venait d'accoucher d'un bébé de sept jours. La partie civile porte plainte et ils sont tous, sans exception, relaxés par mon collègue du tribunal. Cela vous explique déjà l'ambiance dans laquelle évoluaient les choses. Ils arrivent en appel, deux sont libres et les trois autres ont jugé ne pas avoir à se présenter devant une femme. De toute manière, ils sont certains de leur impunité. La cour condamne les deux présents, ordonne un mandat de dépôt à l'audience – et je vous assure que la partie civile tremble parce qu'elle a été menacée.

Au cours de cette audience, M. le président, en 1981, j'apprends que des islamistes, dans différents quartiers d'Alger, fouettaient ceux qu'ils surprenaient en état d'ivresse ou tout simplement portés sur un verre d'alcool, tondaient les crânes des jeunes filles récalcitrantes au voile islamiste. J'ai pris tout d'un coup conscience que le phénomène n'était pas ce que l'on me disait, une petite tempête qui passera, mais réellement quelques choses de très dangereux qui frappait à nos portes.

Les trois autres sont condamnés par défaut, ils font opposition. Ils écopent d'une peine et d'un mandat de dépôt à l'audience. Immédiatement après l'audience, je fais le chemin à pied pour ramener mon fils de l'école (à l'époque dans le primaire), parce que j'avais la chance d'habiter très près du Palais de justice. Et on m'agresse à l'acide ! J'ai vu le garçon, un petit jeune homme, qui s'est fondu dans la foule. Je me suis protégée. M. le président, ces taches que vous voyez sur mes mains ne sont pas celles appelées communément taches brunes, ce sont les traces de l'acide. Je n'ai pas voulu les enlever. Je sais que ce n'est pas esthétique, mais simplement pour que je n'oublie pas ce que fait le totalitarisme. Le jour où ce sera terminé dans mon pays, je les enlèverai.

Suite à cela, alors que la situation au point de vue politique semblait rassurante… – « Non, non, non, c'est un orage ! Non, non, non, c'est une tempête ! Cela passera, etc. » –, de plus en plus, les islamistes faisaient preuve de violence, à l'égard des femmes notamment.

Au sein de la magistrature, j'ai vécu un autre épisode : deux cent cinquante-deux magistrats ont rédigé une résolution envoyée au ministre de la Justice en 1990-1991 et lui ont demandé, tout simplement, le départ immédiat des femmes magistrats (parce que c'est un corps très féminisé aujourd'hui) et l'application immédiate de la *charia* en remplacement du droit positif. Dans tout le droit et dans tous nos codes, nous avons hérité du droit français à quelques choses près avec, évidemment, des adaptations à la réalité algérienne.

C'est alors que nous eûmes, nous autres femmes, à lutter contre cela. J'ai fait partie des femmes qui ont combattu pour que cette résolution ne passe pas. Il était étonnant que, dans un corps tenu à l'obligation de réserve, n'ayant pas à afficher ses opinions politiques, soudain deux cent cinquante-deux magistrats n'hésitent pas à afficher leurs opinions publiquement. Cela montrait bien qu'il y avait un laxisme du pouvoir politique et que quelque chose n'allait plus dans mon pays. Je l'avoue, peut-être tardivement, parce que je ne m'en rendais pas compte, c'est vrai, j'ai pris conscience que le totalitarisme était là, que l'islamisme nous menaçait et qu'il était à nos portes.

En 1990, j'ai fait partie des femmes qui sont allées manifester devant l'Assemblée nationale, après la prise des communes par l'ex-FIS, pour dénoncer un crime commis contre un petit garçon de sept ans, mort calciné dans l'incendie commis par les islamistes à 875 kilomètres d'Alger, à Ouargla, contre sa mère parce qu'elle vivait seule et qu'elle était de « mœurs faciles », disaient-ils. Il fallait donc la purifier par le feu [12] !

M. le président, je menais une vie très heureuse, en tant qu'Algérienne, j'étais un magistrat très épanoui et j'aimais beaucoup ma profession, j'étais une épouse très épanouie et très heureuse, je me serais passée de ces expériences.

Lorsque j'ai été appelée au gouvernement de M. Ghozali, je n'étais pas dans un parti, mais on a pensé à moi parce que quelques affaires criminelles m'avaient médiatisée. M. Ghozali a fait appel à moi en me disant, lorsqu'il m'a reçu : « Madame, je tiens absolument, dans cette conjoncture, à mettre une femme au ministère de la Jeunesse et des Sports. Pour moi, c'est un symbole. J'ai pensé à vous, mais rassurez-vous, Madame, la conjoncture est très difficile. Acceptez-vous de venir dans cette

---

12 Mme Aslaoui fait allusion à une affaire dramatique survenue à Ouargla, dans la nuit du 22 au 23 juin 1989, qui défraya largement la chronique en Algérie les mois suivants et dont l'écrivain Rachid Boudjedra, dans son livre *FIS de la haine* (Denoël, Paris, 1992), a rendu compte en ces termes en 1992 : « La première victime du premier crime commis par le FIS fut un bébé. Brûlé vif dans un incendie après que des militants fanatiques eurent mis le feu dans l'appartement où vivait une femme divorcée, avec son bébé âgé de quelques mois. C'était à Ouargla en 1989. Accusée par le FIS d'être une prostituée, des militants intégristes mirent le feu à sa maison, en pleine nuit alors qu'elle dormait. Le bébé brûla dans le bûcher du fanatisme et de l'inquisition islamistes. La mère ne décéda pas mais garda des stigmates atroces de brûlures au troisième degré qui l'ont défigurée. Symboliquement un tel crime commis sur la personne d'un être innocent, d'un bébé de quelques mois, en dit long sur la psychologie du FIS, toute tournée vers le meurtre, le lynchage et le bûcher. Entre l'incendie du Reichstag en 1933 et l'incendie de ce petit appartement de Ouargla, dans le Sud algérien, en 1989, il y a toute la barbarie du monde et sa démence. »

La vérité n'a rien à voir avec cette version, ni avec celle de Mme Aslaoui : la victime n'est pas un « bébé âgé de quelques mois », et le FIS n'est pour rien dans l'affaire. C'est ce qu'a montré l'enquête menée sur cette affaire tragique par la journaliste Rabha Attaf, qui a rencontré à Ouargla, en 1995, Mme Saléha Dekkiche, la mère de la victime. Il en ressort que cette agression avait été orchestrée par son ex-mari, à qui la justice n'avait pas concédé le logement conjugal après le divorce. Les douze coupables ont d'ailleurs été jugés et condamnés à de lourdes peines de prison (Rabha ATTAF, « L'affaire de Ouargla, mythe fondateur du discours de l'éradication », dossier « L'Algérie en contre-champs », *Peuples méditerranéens*, janvier-juin 1995, pp. 187-200 ; reproduit à l'adresse : <http://www.algeria-watch.org/farticle/tribune/Attaf.htm>).

conjoncture difficile ? Vous n'aurez ni privilège, ni repos. » Et j'ai répondu : « Oui, j'accepte. » Donc, j'ai fait partie du gouvernement qui a organisé les élections de décembre 1991, je le dis dans le livre où je témoigne.

Est arrivé le 26 décembre 1991, le FIS avait évidemment eu le temps de manipuler le fichier électoral, de frauder.

Mon père est décédé en avril 1952. Lors du vote en décembre 1991, lorsque ma mère a dit au préposé que son mari était mort, maman étant une dame qui a pratiqué son pèlerinage, il lui a répondu : « Ce n'est pas grave, c'est pour Dieu. » Ceci pour vous dire combien nous étions manipulés. Un million de cartes n'ont pas été envoyées à ceux qui devenaient, comme au temps du nazisme, porteurs de l'étoile jaune. J'en faisais partie. Les anti-intégristes n'ont pas reçu leur carte et il m'a fallu vraiment batailler pour avoir ma carte d'électrice. Le FIS n'a pas eu une victoire, il a fraudé. Il a organisé sa victoire et on l'a laissé faire, comme l'a voulu le président Chadli Bendjedid. Parce que ces élections n'auraient jamais dû avoir lieu, c'est ma conviction aujourd'hui. Nous savions pertinemment que, après les législatives, ils demanderaient les présidentielles.

Donc est arrivé le moment de faire quelque chose. M. le président, si un jour il y a un séisme dans mon pays – je ne le souhaite pas, de tout mon cœur –, je crois que je ne serai pas plus émue que ce soir du 26 décembre 1991 ! C'était un véritable séisme ! J'ai fait partie, cette fois, non plus du gouvernement, mais des citoyens et citoyennes qui, à l'appel du Comité national de sauvegarde de l'Algérie et à la tête des syndicalistes, et notamment de son président feu Abdelhak Benhammouda (assassiné par des islamistes [13]), ont répondu à cet appel. J'ai manifesté avec toute ma

13 Abdelhak Benhammouda, président de l'Union générale des travailleurs algériens, a été assassiné cinq ans plus tard, le 28 janvier 1997. Amnesty International écrit, dans son rapport de 2000 : « Le 12 février 1997, quinze jours après qu'Abdelhak Benhammouda eut été abattu devant le bureau de son syndicat en plein centre d'Alger, les forces de sécurité ont pris d'assaut un immeuble voisin et tué huit personnes, dont deux femmes et deux jeunes enfants. Les autorités ont rapidement affirmé que ces personnes étaient celles qui avaient assassiné Abdelhak Benhammouda. Rachid Medjahed, l'homme présenté par les autorités comme le chef de ce groupe, a été arrêté trois jours plus tard, le 15 février, et maintenu en détention secrète jusqu'à son apparition à la télévision nationale le 23 février. Il a alors avoué avoir préparé l'assassinat d'Abdelhak Benhammouda et a confirmé que les personnes tuées par les forces de sécurité le 12 février étaient celles qui avaient mené à bien l'assassinat. Rachid Medjahed n'a jamais été jugé, car il est mort pendant sa détention secrète, par les forces de sécurité. Le certificat de décès fait état de blessures par balles et la famille de cet homme a relevé plus de dix lésions de ce type sur son corps, notamment à l'abdomen, dans le dos et à la nuque. L'exécution extrajudiciaire de Rachid Medjahed pendant sa détention secrète a soulevé de nouvelles questions sur l'homicide d'Abdelhak Benhammouda, mais celles-ci restent sans réponse, car aucune enquête n'a été menée. » Il semble très probable qu'il ait été assassiné par les adversaires du président Liamine Zéroual au sein du pouvoir, car celui-ci envisageait alors de créer un parti, dont Benhammouda devait être le dirigeant.

famille pour dire : « Non au deuxième tour, armée avec nous ! » Je me souviens très bien de ce slogan.

« Non au deuxième tour, armée avec nous ! » Pourquoi, me direz-vous, nous sommes-nous adressés à l'armée ? Tout simplement, parce qu'elle restait le seul rempart qui pouvait nous sauver, M. le président. Le pouvoir politique chez Chadli Bendjedid avait été de compromission en compromission jusqu'aux cent quatre-vingt-huit sièges accordés à l'ex-FIS. Comment vouliez-vous que nous n'ayons pas la chance de nous adresser à cette institution pour dire : « Non au deuxième tour, armée avec nous ! »

À la tête de cette marche, M. Aït-Ahmed était présent. À la fin de la marche, il s'est mis au balcon d'un hôtel célèbre à Alger, l'Hôtel Aletti. J'étais devant, avec mon époux, ma famille et des amies qui sont dans cette salle. Lorsque nous avons dit : « Non au deuxième tour, armée avec nous ! » il nous a fait cela… il n'a pas dit : « Non, je ne veux pas », mais il a levé ses bras.

Ceux qui vous diront que c'était l'arrêt du processus démocratique oublient simplement deux points. Premièrement, il eût fallu que ces élections du FIS et cette arrivée du FIS aux législatives et à l'Assemblée soient elles-mêmes une avancée démocratique. Il eût fallu que, entre les deux tours, nous n'entendions pas Hachani, un des membres fondateurs du FIS, nous dire que les habitudes vestimentaires et alimentaires seront changées et les déviationnistes seront jugés par des tribunaux populaires [14].

Deuxièmement, un autre membre fondateur du FIS, Ali Benhadj, disait : « Les femmes sont des fabricantes d'enfants, elles doivent rester à la maison pour fabriquer des moudjahidin. » Moi, je ne me considère pas comme une femme « fabricante ». J'ai mis un enfant au monde et c'est le plus bel acte de ma vie, je ne suis pas une « fabricante » et encore moins de « moudjahidin ». Ceux qui vous diront que l'arrêt du processus était celui du processus démocratique… Savez-vous ce qu'ils nous disent ? « Inoculez-vous le sida et essayez après de guérir ! », sachant pertinemment que l'on n'aurait pas guéri.

L'arrêt du processus électoral a entraîné des milliers de morts. Mais, M. le président, s'il n'y avait pas eu l'arrêt du processus électoral, il y aurait eu des millions de morts. Ils auraient été exécutés sur la place publique au lieu d'être assassinés à la manière des terroristes. Nous, société civile, nous, citoyens et citoyennes, avons demandé à l'armée d'arrêter le processus électoral et, si elle ne l'avait pas fait, M. le président, je ne serais pas ici, aujourd'hui, pour témoigner parce que je n'aurais pas respecté cette institution. Donc j'assume pleinement l'arrêt du processus électoral.

Il faut que vous compreniez, M. le président, que dans d'autres pays, simplement lorsque l'extrémisme pointe du nez, les gens sortent et on dit qu'ils se sont rassemblés « autour des valeurs républicaines ». Pourquoi

---

14 C'est à Mohamed Saïd qu'on été imputés les propos relatifs au changement de tenue vestimentaire (voir *supra*, chapitre 4, note 1, p. 287).

n'aurions-nous pas le droit nous aussi de nous rassembler autour des valeurs républicaines ? Est-ce que, parce que nous sommes des tiers-mondistes, nous n'avons pas le droit à la République et à la démocratie ? Est-ce parce qu'un discours de désinformation dure depuis des années ? Mais, attention ! Le discours de désinformation n'est pas la bonne foi et surtout pas en droit.

Avant même la tenue des élections, il y a eu des actes de violence contre des étudiantes des cités universitaires, contre les femmes seules, parce que la femme est toujours la cible privilégiée des terroristes intégristes et de l'islamisme. Un attentat a eu lieu contre des militaires à la caserne de Guemmar, près d'El-Oued, dans le Sud [15].

Je suis ici aujourd'hui parce que je pense justement à ces jeunes de Guemmar et à tous les jeunes appelés qui se font assassiner, qui tombent dans des embuscades, qu'on enterre anonymement. Nous, nous avons eu le droit de rendre hommage à nos proches assassinés. Dans l'armée algérienne, il n'y a pas que des généraux que l'on diabolise, il y a ces enfants-là qui ont l'âge de nos enfants, qui sont des Algériens et que je respecte. L'un d'entre eux a écrit à sa fiancée, il y a à peine trois semaines, en lui disant : « Nous ne nous reverrons peut-être pas, mais sache que le courage est la seule réponse au terrorisme. » Ce jeune homme avait vingt-sept ans et il est mort dans une embuscade. C'est pour ces jeunes que j'ai beaucoup de respect parce que, en acceptant de mourir, ils nous protègent. J'ai toujours su, en tant qu'Algérienne, qui me protégeait et qui pourrait m'assassiner, outre le fait qu'ils ont assassiné mon mari, bien entendu.

Puis, le premier attentat a eu lieu contre cinq policiers, le plus âgé avait trente-deux ans et le plus jeune vingt-deux ans [16]. Ensuite, il y a eu la déferlante de terrorisme d'une manière indistincte, d'une manière innommable. M. le président, je ne crois pas qu'un peuple ait connu le terrorisme que nous avons connu. Lorsque vous prenez la route pour aller à votre travail et que vous voyez des têtes de personnes égorgées, accrochées à des arbres… ! Croyez-moi, vous ne pouvez pas l'oublier ! Un nourrisson a-t-il

---

15 Voir *supra*, chapitre 2, ce qu'en disent M. Chouchane (p. 168) et M. Nezzar (p. 171).

16 Dans la nuit du 9 au 10 février 1992, quelques heures après l'entrée en vigueur de l'état d'urgence, six policiers sont tombés dans une embuscade rue Bouzrina, dans la Casbah d'Alger, et cinq d'entre eux ont été tués. Ce crime a immédiatement été attribué au FIS. Voici ce qu'en a dit Kamel B., un officier de police ayant enquêté sur cette affaire, dans une interview recueillie par Algeria-Watch en 1998 après qu'il eut fui l'Algérie : « Nous avons continué notre enquête jusqu'à ce que nous ayons découvert que les personnes qui avaient tué nos collègues étaient des membres de la Marine de l'Amirauté. […] Les membres de la Marine ont avoué avoir reçu l'ordre des services de renseignement d'exécuter cet attentat à Bouzrina. Ils ont été présentés devant le procureur de la République du tribunal militaire, qui les a condamnés à mort. Ils ont été montrés à la télévision et présentés comme des sympathisants du FIS. En réalité, ils n'ont pas été emprisonnés, l'adjudant qui avait dirigé le groupe a été vu par un collègue à la place des Martyrs, il se déplaçait en toute liberté » (voir le texte complet de cette interview à l'adresse : <http://www.algeria-watch.org/farticle/aw/awterkamel.htm>).

une opinion politique ? Des nourrissons sont arrachés au sein de leur mère et sont assassinés ! Des intellectuels, des journalistes…

Tout était planifié. Il fallait déboiser l'Algérie de ses plus belles valeurs. Il fallait déboiser l'Algérie de tout ce qu'elle avait de plus beau, c'est-à-dire l'élite, les journalistes, les femmes, et frapper l'imaginaire. M. le président, je ne tomberai pas dans l'émotionnel, parce que cela ne me ressemble absolument pas. J'ai toujours gardé ma dignité, mais j'ai été magistrat, j'ai connu des affaires criminelles. J'ai eu à juger des assassins de la pire espèce, qui donnaient un ou deux coups de couteau… Mon époux a été lardé de seize coups de couteau et il a eu l'orteil gauche arraché [17] !

Ces personnes voulaient tétaniser la population, frapper l'imaginaire au-delà de la mort, parce qu'il ne leur suffit pas de tuer, il faut être cruel au-delà de la mort. Et l'on voulait que l'on baisse les bras ? Et l'on voulait que l'on se taise ?

Mais le pire dans tout cela, M. le président, la plus injuste des situations que nous avons eu à vivre, c'est certainement le terrorisme. Mais ce n'est pas le terrorisme… Parce que nous avons résisté et si, aujourd'hui, mon pays est encore debout, c'est grâce au courage des forces de sécurité et à la résistance des populations et des résistants que nous avons été, chacun à sa manière. Moi, je n'ai jamais pris d'armes, mais je m'exprimais par l'écriture, par des meetings. Ma voix et ma plume faisaient partie du combat des autres. Je vous assure, M. le président, que s'il n'y avait pas eu ces résistants, l'armée nationale et les autres services de sécurité seraient peut-être arrivés à bout du terrorisme, mais le tout répressif n'aurait pas suffi.

Il fallait absolument résister parce que je suis une femme et des milliers de femmes comme moi le pensent. Je vivais dans un pays où j'étais très heureuse, je savais ce que j'allais perdre et je savais surtout ce que je n'allais pas gagner. Je n'allais absolument pas gagner, j'allais surtout perdre. Si, aujourd'hui, je suis devant vous, si je n'ai pas été exécutée comme mes sœurs afghanes sur une place publique, c'est grâce aux forces de sécurité et à l'armée qui continuent à me protéger, parce que je suis encore une personne ciblée et je suis une maman qui tremble tous les jours pour son fils, après avoir tremblé pour son mari.

M. le président, je vous disais que la situation la plus injuste fut bien sûr le terrorisme, mais ce fut surtout ce discours de désinformation, où l'on mettait absolument sur le même pied d'égalité la victime et l'assassin, où l'on blanchissait l'assassin. Vous remarquerez que, dans ce discours de désinformation, on n'emploie jamais le terme d'islamisme, jamais le terme d'intégrisme.

En revanche, après nous avoir échauffé les oreilles – excusez-moi de l'expression, M. le président – avec la « victoire confisquée »… Elle n'a pas été confisquée, le parti de l'ex-FIS a été dissous le 4 mars 1992. C'est

---

17 Le Dr Réda Aslaoui a été assassiné le 17 octobre 1994. Ses assassins n'ont pas été retrouvés.

une femme magistrat qui a rendu la décision, une femme magistrat dont le beau-frère était membre fondateur de l'ex-FIS et qui a sombré dans le terrorisme. Elle est menacée jusqu'à aujourd'hui, mais elle a pris ses responsabilités. Et le procureur qui a requis dans l'affaire du FIS était également une femme. Il faut le savoir.

Nous n'avons pas fait plus que la Cour européenne des droits de l'homme, lorsqu'elle a été saisie de l'affaire de dissolution du parti turc islamiste : elle a simplement dit que, lorsqu'un parti politique affiche des intentions – nous, c'était des actes – de recourir à la violence, la Constitution et les valeurs supranationales autorisent sa dissolution. Nous n'avons pas dit plus, ni moins.

Après la « confiscation » de la victoire du haut totalitarisme, il fallut entendre une autre chanson : « Pourquoi ne pas dialoguer avec les assassins ? Pourquoi ne pas vous entendre avec les assassins ? » Et on est allé inventer la paix à Rome, sous l'égide de la communauté de Sant'Egidio [18].

Vous aurez remarqué, M. le président – et je peux vous le prouver parce que j'ai des documents – que ceux qui sont allés à Rome ont leurs relais. Ce sont eux qui écrivent dans les journaux, qui signent les appels en faveur de la paix à Rome et viennent comme témoins, à notre opposé. Nous, nous sommes des témoins qui ont mené un combat, qui est le nôtre, une cause juste, parce que nulle part au monde on ne peut permettre que l'extrémisme prenne le pouvoir. Dans aucun pays du monde d'aujourd'hui, on ne peut le permettre. On l'a permis par le passé, avec la Seconde Guerre mondiale et toutes les exactions commises lors de cette Seconde Guerre mondiale.

Ce sont eux, M. le président, qui sont allés à Rome, nous inventer sous forme de politique-fiction une paix qui était, paraît-il, une chance historique pour nous. En quoi consistait cette paix ?

Premier point : réhabilitation du FIS. On reconnaissait quand même dans le contrat de Rome qu'on allait faire un appel pour arrêter les exactions contre les civils, ce qui montrait bien que ce n'était pas l'armée qui tuait. On savait qui tuait. De toute façon, M. le président, j'ai un autre document pour vous dire qu'eux-mêmes revendiquent leurs attentats.

Deuxième point : application de la « loi légitime ». Bien sûr, aujourd'hui, on sera à l'aise et on vous dira que c'était la Constitution. Néanmoins, le premier secrétaire du FFS s'est exprimé à Alger en disant : « Nous étions fatigués et nous avons laissé passer la notion de loi légitime, qui n'est autre que la loi de Dieu. » Moi, je la refuse en tant que femme. On a certainement dû lui dire de se rétracter et il a fait une autre déclaration. M. Anouar Haddam, terroriste chouchouté aux États-Unis, lui a écrit une longue lettre en lui disant : « Attention, rappelle-toi, nous étions tous d'accord pour l'application de la loi de Dieu [19]. »

---

18 Voir *supra*, chapitre 1, note 30, p. 62.

19 Ces deux citations sont inexactes. En réalité, mis en cause sur la référence dans les accords de Rome à la « loi légitime » – assimilée à la *charia* par ses détracteurs –, les

Donc, c'était cela qui nous était proposé comme chance de dialogue avec les assassins. Quel est le pays qui a discuté avec les assassins pour que l'on me propose de le faire ? Le « contrat de Rome », M. le président, était une supercherie pour faire diversion, pour simplement dire que l'on condamne la violence « d'où qu'elle vienne », puisque c'était un langage consacré. On met sur le même pied d'égalité la victime et l'assassin, celui qui vous protège et celui qui vous assassine. Au nom de quoi ? Au nom de la haine.

Hassan El-Banna, fondateur des Frères musulmans, avait dit, en 1953, que « ceux qui sont contre nous peuvent être assassinés, leur meurtre est licite [20] ». Chez moi, les assassins n'ont pas dit plus, ni moins.

Après le contrat de Rome, évidemment, nous nous sommes mobilisés. La supercherie et le ridicule, c'est que cela se faisait et se décidait sans le peuple algérien. Nous avons l'impression que l'Algérie est une petite

---

responsables du FFS ont déclaré à l'époque : « Pour nous, la loi légitime, c'est celle votée par le Parlement légitime, par les institutions. » Par ailleurs, M. Haddam n'a jamais écrit une telle lettre au premier secrétaire du FFS, ce qui n'aurait pas manqué de susciter de vives réactions du FFS, dont il n'existe aucune trace.

Interrogée sur cette mention de la « loi légitime » dans la plate-forme de Rome, Louisa Hanoune, la dirigeante du Parti des travailleurs qui participa à son élaboration, a indiqué dans son livre d'entretiens que c'était le représentant du Mouvement de la Nahda islamique, Abdallah Djaballah (et non Anouar Haddam, l'un des représentants du FIS), qui avait voulu introduire cette notion : « Nous lui avons demandé, s'il le désirait, de faire des amendements ou des propositions pour avancer, ce qu'il a fait ; et, dans la foulée, il a proposé la "primauté de la loi légitime", qui d'ailleurs vient après le "respect de la légitimité populaire". Je lui ai demandé ce qu'il entendait par "loi légitime". "Pour moi, lui ai-je expliqué, la loi légitime est celle qui émane de la souveraineté populaire, est-ce que tu es d'accord ?" Il a répondu : "Oui, je suis d'accord." On s'est tous regardé, on a tous répété la phrase, et tous les signataires étaient présents, Ali Yahia, Aït-Ahmed, Ben Bella, Mehri, Djeddaï, Bensmaïn, Haddam, Djaballah, Benmohamed, Maghraoui, Ould Adda et moi-même. On lui a répété : "La loi légitime, ce n'est pas la *chari'a*, on est bien d'accord ?" Il a dit : "Oui". Et c'est ainsi que cette phrase a été ajoutée » (Louisa HANOUNE, *Une autre voix pour l'Algérie*, entretiens avec Ghania MOUFFOK, La Découverte, Paris, 1996, p. 206).

C'est ce que confirment Marco Impagliazzo et Mario Giro, les deux responsables de la communauté Sant'Egidio qui ont organisé la rencontre de Rome, dans leur livre : « Un point controversé, qui a suscité de nombreuses polémiques, concerne le septième principe qui évoque la "primauté de la loi légitime", *qanun char'i* dans le texte arabe. Ce terme a été introduit à la demande d'Abdallah Djaballah, lors de la dernière relecture de la plate-forme, et non pas par le FIS comme certains l'ont dit. Des observateurs ont prétendu que ce rajout signifiait la reconnaissance de la *charia*, la loi islamique de droit divin, dans la plate-forme. En réalité, selon la jurisprudence islamique, *qanun char'i* se réfère à la "loi légitime", c'est-à-dire à la "loi constitutionnelle" d'origine humaine, comme cela a d'ailleurs été précisé par les signataires eux-mêmes. Aucun des promoteurs de la plate-forme, au cours de la rencontre de Rome ou après, n'a jamais fait référence à la *charia*, la loi d'origine divine » (Marco IMPAGLIAZZO et Mario GIRO, *Algeria in ostaggio. Tra esercito e fondamentalismo, storia di una pace difficile*, Guerini e Associati, Milan, 1997, p. 127).

20 Hassan El-Banna, fondateur en 1928 de l'Association des Frères musulmans, a été assassiné au Caire le 12 février 1949.

minorité qui a des relais ici pour le discours de désinformation et que, au reste du peuple, on dénie même le droit à l'intelligence. Il ne peut pas penser, il ne peut pas prendre de décisions, il ne peut pas être souverain.

Une fois que le contrat de Rome a été balayé d'un revers de la main, on a dit : « Il faut inventer autre chose maintenant. » Qu'est-ce qu'on peut bien inventer ? Eh bien ! Le « qui tue ». Ce ne serait pas mal du tout et cela fait diversion ! Cela occupe l'opinion et on va tout mettre sur le dos de l'armée [21].

Aujourd'hui, l'occasion m'est offerte, et je vous en remercie, de dire : si les généraux, puisqu'il s'agit d'eux, passent leur temps à massacrer, à gérer leurs affaires florissantes (sur ce point, j'aurais quelque chose à vous dire), à gérer la presse (j'avais entendu, à Bruxelles, au cours d'un meeting, que derrière chaque quotidien il y avait un général), quand ces généraux ont-ils le temps de s'occuper de défense et de stratégie militaire ? Je me le demande ! On les a accusés d'être derrière les attentats du boulevard Saint-Michel. Heureusement, ils ont été revendiqués par d'autres [22] !

M. le président, j'ai ici un document qui s'appelle *Le Critère*, de la Fraternité algérienne en France de 1993. À titre d'exemple, simplement…

M. Stéphan, *président*. — Cette publication s'appelle *Le Critère*. Sauf erreur, il a été interdit en France.

Mme Aslaoui. — Cela m'est égal, il circulait même sous forme de tract.

Me Comte. — Beaucoup de choses ont été dites sur cette publication [23].

---

21 Voir *supra*, chapitre 1, note 38, p. 70.

22 Voici ce qu'a écrit à ce sujet, en 1999, le journaliste Djallal Malti : « À ce jour, de sérieux doutes subsistent sur l'identité réelle des commanditaires de cette vague de violence. Les enquêteurs français n'ont en effet pas réuni les preuves formelles que ces attentats ont été commandités par la Sécurité militaire algérienne, mais les services de renseignement, et en particulier la DST, en sont convaincus : Alger a commandité ces explosions afin de contraindre Paris à s'impliquer dans la lutte contre les islamistes. […] De leur côté, des membres du réseau de Chasse-sur-Rhône du Groupe islamique armé (GIA), responsables de la campagne d'attentats de 1995, ont, au cours de leur procès, accusé Alger de les avoir "téléguidés". Enfin Paris soupçonne le cerveau de l'opération, Ali Touchent, *alias* "Tarek", d'être un agent des "services" algériens. Décédé dans des circonstances obscures à Alger, en 1997 – l'annonce n'en a été faite qu'un an plus tard –, il ne pourra jamais être entendu par des juges français » (Djallal MALTI, *La Nouvelle Guerre d'Algérie*, La Découverte, Paris, 1999, p. 103). Voir aussi *supra*, chapitre 3, note 23, p. 222.

23 Le 9 novembre 1993, dix jours après la libération des trois agents consulaires français enlevés en Algérie, le ministre de l'Intérieur français de l'époque, Charles Pasqua, organisait un vaste coup de filet (appelé « Opération Chrysanthème ») dans les milieux islamistes en France. Le porte-parole de la Fraternité algérienne en France (FAF) et responsable du FIS pour la France, Moussa Kraouche, était arrêté et la publication de son organisation, *Le Critère*, était interdite. Environ une centaine de personnes étaient arrêtées, puis emprisonnées dans une caserne à Folembray, avant d'être pour nombre d'entre elles déportées au Burkina-Faso (certaines s'y trouvent encore en 2002).

Mme **Aslaoui**. — « Aux Eucalyptus, les moudjahidines ont abattu une policière qui espionnait une musulmane le mardi 6 avril. Le lendemain, un policier a été abattu par les moudjahidines. Le 9 avril, les moudjahidines ont tendu une embuscade à un camion militaire transportant des forces spéciales, bilan inconnu à ce jour. » Je vous donne l'exemple de cette prétendue policière qui ne l'était pas, car elle était assistante sociale. On l'a prise pour une indicatrice et elle a été tuée. C'était une stagiaire qui avait trois mois au service social de la police. Cela pour vous dire que le « qui tue qui » a pour but de faire diversion, d'occuper les esprits.

M. le président, dans mon pays ou contre mon pays, il existe une haine contre quoi ? Contre le seul rempart indestructible qui peut s'opposer à l'intégrisme, et c'est l'armée. Nous savons pertinemment que si, en 1991, le FIS était passé, il aurait commencé par l'armée. Nous aurions eu la situation de l'Iran et adieu l'Algérie !

Ce n'est pas simplement un livre que l'on écrira contre l'armée, il y en aura certainement d'autres, parce que ces officines, ce discours de désinformation, ces laboratoires ne sont pas fatigués, ils inventent quelque chose tous les jours.

M. le président, puisque nous sommes dans un procès en diffamation, et je n'oublie pas que j'ai été magistrat, la désinformation n'est pas la bonne foi. Vous êtes en face de deux thèses, de deux vérités.

Il existe une sacrée différence entre ceux qui ont vécu le drame, qui n'ont pas joué… Moi, je ne me suis jamais offert le luxe de compter les morts, parce que je n'en avais pas le temps. Certains s'assoient à des terrasses de cafés parisiens et comptent les morts. Les morts, je les ai enterrés. Lorsque j'allais d'un enterrement à un autre, on disait : « À qui le tour ? Qui est le prochain ? »

M. le président, cette haine ne peut s'expliquer que par une seule chose : on aimerait faire de l'Algérie un pays ouvert, une république bananière.

Moussa Kraouche a été détenu provisoirement pendant deux semaines avant d'être assigné à résidence dans le département du Val-d'Oise.

En juillet 2000, le juge d'instruction parisien Roger Leloire a prononcé une ordonnance de non-lieu au bénéfice de ce dernier, accusé d'être le dirigeant d'une « association de malfaiteurs en relation avec une entreprise terroriste ». Le juge a constaté la « construction de preuves pure et simple [par les] services de police ». À l'époque, on avait trouvé sur lui des documents émanant d'un « Conseil suprême des forces armées islamiques » (CSFAI), du « Groupe islamique armé » (GIA) et un document signé « Abou Meriem ». Kraouche aurait déclaré ne pas savoir depuis quand il était en leur possession. Le prétendu communiqué du GIA était rédigé en français et le document du CSFAI était daté de… la veille de l'arrestation. Comme l'a montré le juge Leloire, il s'agissait d'une manipulation consistant à déposer ces documents chez des militants du FIS pour justifier l'opération et interdire les activités du FIS en France. Le juge a relevé que « les autorités policières n'avaient pour seul impératif [que celui] de déférer, quel qu'en soit le prix, le chef du FIS en France pour donner un caractère de réussite » à leur opération « Chrysanthème » (*Libération*, 6 juillet 2000).

Un militaire, M. Liamine Zéroual, avait amorcé un dialogue avec les leaders de l'ancien FIS et, notamment, Madani. En 1994, j'ai démissionné parce que je pars du principe qu'un ministre a ses convictions et qu'il doit les défendre. Et M. Zéroual était un militaire et il ne m'a rien fait. Il ne m'a pas coupé la gorge. Je suis là devant vous. Il m'a même reçue en me disant : « Je vous comprends très bien parce que, moi aussi, j'ai démissionné une fois dans ma vie. » Donc, vous voyez qu'il ne s'agit pas de ce pays où les généraux et les militaires sont à tous les coins de rue. C'est absolument ridicule !

M. le président, il est vrai que vous êtes en face de deux thèses. Il y a ceux qui ont vécu le drame, qui n'ont pas joué, et ceux qui se sont délectés, hélas !, de nos malheurs et qui continuent.

Je voudrais ajouter quelque chose à propos du livre de M. Souaïdia, parce que je l'ai lu. Sans entrer dans les détails, je l'ai lu avec des yeux de magistrat. Quand on témoigne, on ne dit pas, page 178 : « J'ai su par un capitaine… » Toujours page 178 : « J'ai appris des détails révélateurs par un camarade de promotion dont je ne citerai pas le nom. » Pourquoi témoignez-vous ? Page 180 : « Je suis convaincu que les massacres ont été prémédités, comme ceux du Douar Zaâtria auxquels j'avais assisté. » Or nous savons aujourd'hui que Douar Zaâtria n'a jamais existé. Vous voyez, M. le président, ce qui m'a frappé, c'est qu'un témoignage n'a de valeur que lorsqu'il s'appuie sur : « J'ai entendu, j'ai vu, j'ai vécu. » Lorsque s'épuiseront ses économies, peut-être que M. Souaïdia prendra conscience de la manipulation…

Je voudrais ajouter une seule chose, M. le président, et je répondrai à la question de l'avocat de la partie civile. Je suis connue dans mon pays pour être une personne tout à fait intègre et vivant de son seul salaire. M. le président, je suis très honorée d'être l'amie du général-major Nezzar, parce que je sais comment il vit et je sais quel homme il est. Il n'est pas ce diable qu'on a voulu vous présenter et il devrait être honoré parce que, quelque part, il gêne.

Si l'on continue à se tromper de cible et de combat, à travers le monde, décidément nous n'aurons rien compris aux attentats du 11 septembre 2001 ni à quoi ils auront servi. Aujourd'hui, tout le monde s'est réveillé en disant : « Il y a du terrorisme ! » Mais nous l'avions dit dix ans auparavant. Encore une fois, nous étions des victimes sous-développées, donc… tant pis si nous mourons… ! Là, ce sont des victimes américaines pour lesquelles j'ai une grande compassion – et je leur ai écrit une lettre à travers la presse pour l'exprimer –, mais ce qui est bon pour les autres est bon pour nous, M. le président !

Je me suis présentée à vous comme magistrat, citoyenne et ministre qui a demandé l'arrêt du processus électoral que j'assume jusqu'à aujourd'hui. Si c'était à refaire, je recommencerais, mais je n'aurais pas à le refaire puisqu'une partie des groupes armés a déposé les armes et c'est tout l'intérêt de notre combat. La République n'est pas tombée, elle est debout.

Encore une fois, je ne fais pas dans l'émotionnel, mais ce matin, en venant au Palais de Justice, je me suis souvenue que mon époux et moi-même nous étions assis sur les bords du quai, juste là, le 14 octobre 1994, c'est-à-dire trois jours avant son assassinat. Il m'avait dit : « Tu vois, s'il t'arrivait quelque chose, je serais inconsolable (c'est vrai que j'ai été une épouse très heureuse, ils ne pourront pas m'enlever mes souvenirs), mais si j'ai un jour à les affronter, je souhaiterais qu'ils me tuent par balle. Ce serait plus propre que l'arme blanche. » Il n'a pas eu cette chance, il a reçu seize coups de couteau.

M. le président, je voudrais juste vous dire encore une fois qu'il y a ceux qui n'ont pas joué, qui ont vécu le drame jusqu'au bout et le vivent encore, parce que les attentats ne sont pas terminés, nous avons des blessures indélébiles. Pour beaucoup d'entre nous, nous avons perdu nos maisons, nos proches, tout ce qu'il y avait de plus cher pour nous. Mais, savez-vous, M. le président, ce qui me raccroche à la vie chaque jour ? L'Algérie, parce que je n'ai pas de patrie de rechange et je n'en aurai jamais.

M. Stéphan, *président*. — Merci Madame. Y a-t-il des questions ?

Me Farthouat. — Hier, dans le témoignage de Mme José Garçon, il nous a été dit que le gouvernement de M. Ghozali, auquel vous apparteniez comme ministre de la Jeunesse et des Sports, n'avait volontairement rien fait ou n'avait coupablement rien fait pour éviter la victoire du FIS au premier tour des élections, alors qu'il aurait eu la possibilité de modifier la loi électorale, le découpage des circonscriptions. Par conséquent, il y aurait eu une espèce de volonté de ce gouvernement de laisser le FIS remporter le premier tour des élections. Qu'avez-vous à dire à cela ?

Mme Aslaoui. — M. le président, j'ai effectivement suivi toute la préparation des élections. M. Sid Ahmed Ghozali, mon chef de gouvernement, avait proposé à l'Assemblée, à l'époque aux mains du parti unique, le FLN, la modification du scrutin, parce que, disait-il, le scrutin de listes à deux tours est dangereux. Personne ne l'a suivi, personne ! Je ne vous raconterai pas dans les détails comment il est parvenu à arracher le « oui » pour l'abrogation de la procuration concédée à l'époux pour voter à la place de son épouse. Lors d'un Conseil des ministres, il s'est même heurté à M. Chadli Bendjedid qui lui avait dit de ne pas mettre « l'épouse », mais simplement « le conjoint ». C'était très pervers et cela changeait complètement le sens de…

M. Ghozali n'a absolument pas encouragé la victoire du FIS. Ce qui a encouragé la victoire du FIS consiste tout simplement en deux points : ils avaient remporté les communes en 1990, donc il leur était loisible d'organiser comme ils le voulaient les législatives et cela à partir de toutes leurs fraudes organisées. M. Ghozali n'a fait qu'organiser les élections.

Un jour, l'Histoire dira pourquoi ces élections ont été organisées. Mais je peux y répondre tout de suite, sans être une historienne : M. Chadli

Bendjedid voulait perdurer à tout prix et l'erreur qu'il a commise, ainsi que les partis en petit ballottage avec le FIS, est qu'il pensait perdurer. Or, il n'aurait pas perduré parce que, tout de suite après les législatives, nous aurions demandé les présidentielles.

M. le président, lorsque j'ai pris mes fonctions de ministre de la Jeunesse, le premier dossier auquel je me suis heurtée a été la fermeture des stades scolaires et des salles de sport par le Conseil populaire d'Alger, sous prétexte qu'il s'y passait des choses incroyantes car, avec les islamistes, il se passe toujours des choses incroyantes ! J'ai dû mon salut de ministre à la résistance du milieu sportif qui est venu et qui m'a dit : « Madame, nous allons occuper les salles, les stades, vous viendrez avec nous et ils ne les fermeront pas. » Avec, bien sûr, le soutien de mon chef du gouvernement et du gouvernement tout entier.

C'est cela, la réalité, M. le président. Le président du Conseil populaire est venu me voir en me disant que ce n'était qu'une rumeur, qu'il n'avait jamais pris cette décision. Les lâches ne sont pas les personnes de l'armée, mais ceux qui tuent, ceux qui attaquent toujours d'une manière sournoise et ne vous affrontent jamais. À Genève, j'ai eu à organiser un meeting, j'étais en face d'eux et je leur ai dit : « Eh bien, débattons ! » Ils se sont défilés, parce qu'ils n'ont rien à dire.

M. Stéphan, *président*. — Autre question ?

Me Farthouat. — M. le président, hier il a été dit à cette barre, par mon confrère William Bourdon, si je ne me trompe pas, que vous auriez déclaré que M. Sid Ahmed Ghozali était un « apparatchik ». Assumez-vous la responsabilité de cette déclaration ?

Mme Aslaoui. — M. le président, tout ce que j'ai écrit sur les élections, sur mon passage au gouvernement, sur mon témoignage durant ces années et sur M. Ghozali (il nous est arrivé de ne pas être d'accord sur certains points)… J'assume ce livre. Maintenant, si les apparatchiks ont l'intelligence, l'intégrité et le charme de M. Sid Ahmed Ghozali, pourquoi pas… !

Me Farthouat. — Vous nous avez dit, Madame, ce que vous pensiez de l'accord de Rome. Quel sentiment avez-vous à l'égard des intellectuels français qui ont lancé un appel vibrant pour que cet accord constitue la base de l'Algérie à venir ?

Mme Aslaoui. — M. le président, je connais cet appel, j'en ai pris connaissance et je l'ai d'ailleurs ici. À mon humble avis, il existe deux sortes d'intellectuels. D'une part, ceux qui ont été abusés dans leur bonne foi et ont toujours été les amis de l'Algérie au moment où elle souffrait durant la guerre de libération. Ils l'ont défendue, je cite M. Vidal-Naquet, mais peut-être a-t-il été abusé dans sa bonne foi.

D'autre part, ceux, comme François Burgat, comme Bruno Étienne, comme des témoins dans cette salle, qui ne sont pas des intellectuels, mais des journalistes et autres, qui passent leur temps, encore une fois, à mener une campagne de déstabilisation et de désinformation contre l'Algérie, contre mon pays et contre l'armée. Tout l'enjeu de ce procès est de comprendre que l'armée est ciblée de cette manière parce que l'on sait que c'est le seul rempart contre l'intégrisme. C'est pourquoi nous autres, société civile… Moi je suis une femme libre, mais je sais qui me protège et qui m'assassine.

L'adhésion à cet appel est de deux sortes : ceux qui ont été abusés dans leur bonne foi, parce que je ne pense pas que quelqu'un comme M. Vidal-Naquet serait pour l'application de la *charia* à l'égard des femmes, et ceux qui, véritablement, défendent les thèses du FIS.

M. le président, si je vous dis qu'un langage, un vocabulaire a été créé…

« Opposition armée » pour appeler les groupes islamistes armés. Or, dans mon pays, l'opposition est au gouvernement, au Parlement, elle n'assassine pas. Mieux encore, c'est le seul pays arabe au monde où des trotskistes ont vingt et un sièges à l'Assemblée et qu'ils y siègent…

« Régression féconde »… Comme si la régression pouvait être féconde !

« Éradicateurs »… Nous avons été « éradiqués » *via* nos proches, mais nous ne sommes pas des éradicateurs. Je n'ai jamais pris d'armes. Si, j'avais pensé à prendre une arme pour ne pas me livrer vivante éventuellement à un faux barrage : j'avais pensé à prendre une arme pour mettre fin à mes jours, parce que je sais ce que réservent les islamistes et les terroristes aux femmes qu'ils prennent vivantes. Mais je ne leur ressemblerai jamais et je n'userai jamais d'armes, donc « éradicateurs »… Nous, nous avons été éradiqués.

Le langage de « réconciliateurs », la « paix de Rome »… Comment des démocrates peuvent-ils s'associer avec des personnes qui réclament l'application de la *charia*, dont on a vu les dégâts en Afghanistan et en Iran ? Moi, j'aspire à la démocratie, j'aspire à vivre dans une République et je me reconnais ce droit au même titre que les autres femmes du monde.

M. Stéphan, *président*. — Merci Madame. Des questions de la part de la défense ?

Me Comte. — Est-ce que, pour le témoin, toute personne qui n'est pas d'accord avec elle est, soit de mauvaise foi, soit abusée ? J'explique ma question. M. Vidal-Naquet devait témoigner pour nous et ne peut pas venir, mais a transmis à mon cabinet une lettre que je dois recevoir dans les heures qui viennent [24]. Il est l'homme qui a écrit, en 1957, *La Torture dans la République* et a eu le courage, en France, pendant la guerre d'Algérie, de critiquer l'armée française. Quand il critique le coup d'État ou l'interruption du processus électoral, ne nous battons pas sur la sémantique, à ce

24 Voir en annexe, p. 496, la lettre de Pierre Vidal-Naquet.

moment-là, il devient quelqu'un d'« abusé ». Trouvez-vous que votre analyse soit crédible, Madame ?

Mme Aslaoui. — M. le président, il n'y a pas que lui, il y en a d'autres, des journalistes de *Libération*… J'ai dit moi-même que M. Vidal-Naquet est un ami de l'Algérie, qu'il a été abusé… C'est une question de sémantique, j'ai le regret de le dire parce que M. Vidal-Naquet parle de « coup d'État », mais il n'était pas en Algérie, il n'a pas vécu ce que j'ai vécu. Ce n'était pas un coup d'État. À ce moment-là, ou on l'a abusé ou il le fait exprès, c'est tout !

Me Comte. — Le magistrat que vous avez été à une époque croit-il vraiment en la justice ? J'explique ma question. Lorsque vous parlez d'une affaire d'islamistes dont vous avez eu à connaître au niveau de la Cour, vous commencez par dire que vous trouvez invraisemblable que le tribunal de première instance les ait relaxés. Vous laissez ainsi entendre que les magistrats qui ont relaxé les personnes dont je ne connais rien, je crois ce que vous me dites, seraient des personnes idéologiquement entraînées à relaxer des garçons accusés de choses dont vous avez parlé. Le magistrat que vous êtes au niveau de la Cour est-il bien sûr de respecter la justice ?

Mme Aslaoui. — M. le président, je la respecte pour l'avoir servie et l'amour professionnel de ma vie est véritablement ma vie de magistrat. M. le président, j'ai bien expliqué devant vous qu'il y avait une peur, déjà à l'époque, de certains magistrats. Ce magistrat avait des faits absolument patents dans le dossier avec des pièces, notamment des certificats médicaux dépassant les quinze jours. Si j'avais voulu, j'aurais criminalisé l'affaire, je ne l'aurais pas simplement gardée au niveau de la correctionnelle. Il les a relaxés parce qu'il avait eu peur, parce que ces personnes avaient émis des menaces et j'ai été moi-même agressée à l'acide. Donc, cela ne plaisantait plus !

Je crois en la justice, mais en la justice qui n'a pas peur, qui fait son travail, la justice qui a eu quarante magistrats assassinés pour avoir condamné des terroristes, dont une femme, Mme Benrabah, assassinée sous les yeux horrifiés de son mari et de ses enfants. Donc, c'est cela la justice. Non seulement je crois en la justice de mon pays, mais je la respecte pour l'avoir servie et, si je devais encore la servir, je le ferais avec plaisir.

Me Comte. — Autre question, toujours au magistrat que vous avez été. Ne croyez pas que ce soit une question indécente, mais vous avez dit au tribunal que vous aviez été agressée dans la rue en rentrant du Palais et en vous rendant à votre domicile, si j'ai bien compris. Cette affaire a-t-elle eu des suites judiciaires et a-t-on pu démontrer qui était responsable de cette attaque ?

Mme Aslaoui. — M. le président, tout à fait. L'agresseur a été identifié et, à l'époque, c'était l'impunité totale, donc il a fait quelques jours de détention préventive. Ensuite, on l'a retrouvé dans la rue.

Me Comte. — Madame, vous voulez faire croire à un tribunal qu'un président de Cour ou un conseiller de Cour qui est entré en voie de condamnation dans une affaire donnée, qui se ferait ensuite agresser avec une arme épouvantable, de l'acide… le personnage serait arrêté et libéré dans les quelques heures ou les quelques jours ? Voulez-vous faire croire cela au tribunal ?

Mme Aslaoui. — M. le président, je souhaiterais que vous rappeliez à la défense que j'ai prêté serment, donc je suis…

Me Comte. — C'est moi qui vous le rappelle.

M. Stéphan, *président.* — Répondez à la question comme vous l'entendez, Madame.

Mme Aslaoui. — M. le président, je vous dis et je vous redis, c'est peut-être à peine imaginable, j'entends bien, mais c'était le contexte de l'époque, un contexte où l'islamisme commençait à pointer du nez sérieusement. Dans différentes institutions de la nation, il y avait un laxisme, voire parfois une complicité, non pas en allant les aider mais en fermant les yeux. J'étais magistrat, mais je dois rappeler, M. le président, que les plus mal servis, lorsqu'il s'agit d'affaires délictuelles, sont précisément les magistrats.

M. Stéphan, *président.* — Avez-vous d'autres questions, Me Comte ?

Me Comte. — Oui, M. le président, quelques autres questions, en effet. Mme Aslaoui, après d'ailleurs avoir reproché à certains magistrats de ne pas respecter leur droit de réserve, ce qui me choque totalement du côté de la défense, soyez-en assurée, vous avez indiqué que vous aviez manifesté en 1990 devant le Parlement au sujet d'une affaire qui a défrayé la chronique en Algérie concernant un incendie dans lequel sont morts une femme et son fils. C'est bien cela ?….

Savez-vous, Mme Aslaoui, qu'une enquête a été menée par une journaliste algérienne sur cette affaire et qu'elle a dénoncé cette affaire comme étant une pure invention puisque, selon son enquête, il s'agissait en fait d'un drame conjugal et absolument pas d'une affaire politique [25] ? Je vous demande donc votre point de vue sur cette question.

Mouvement divers…

M. Stéphan, *président.* — S'il vous plaît…

Me Comte. — Il s'agissait d'un drame conjugal qui, ensuite, a été imputé aux islamistes terroristes. Que pensez-vous de cette enquête ?

Mme Aslaoui. — M. le président, je vous ai dit tout à l'heure qu'un discours de désinformation dure depuis dix ans et risque encore de durer. Le seul

---

25 Rabha ATTAF, « L'affaire de Ouargla, mythe fondateur du discours de l'éradication », *loc. cit.*

avantage de ce procès est que, enfin, nous aurons dit ce que nous avions à dire et ce que nous avions envie de dire depuis dix ans.

M. le président, cette femme répondant au prénom de Saléha n'était pas une femme mariée [26]. Elle vivait seule, on l'a accusée de prostitution et les agresseurs accusés d'incendie contre son domicile et de crime contre son enfant ont été condamnés à dix ans de réclusion par le tribunal criminel de Ouargla. Dans cette salle, un témoin est de Ouargla, Mme Benhabylès, vous pouvez le lui demander, elle vous le confirmera : il n'y avait pas de drame conjugal, cette dame était accusée de se prostituer. Donc, vous voyez, M. le président, encore une fois, il existe une sacrée différence entre ceux qui sont là-bas, qui vivent là-bas, qui ont vécu, et ceux qui inventent. Moi, je pourrais retourner, avec votre permission, la question à la défense et je dirais que ce n'est pas l'histoire de Ouargla qui a été inventée, mais l'enquête.

Me Comte. — C'est votre point de vue. Une enquête existe et le tribunal jugera parce qu'il a les éléments en main.

Vous étiez au gouvernement de M. Ghozali et vous avez indiqué que personne n'a voulu suivre M. Ghozali lorsqu'il voulait modifier le scrutin. Pouvez-vous rappeler au tribunal quelle était la composition du Parlement à cette époque ?

Mme Aslaoui. — La composition était le FLN, essentiellement le FLN.

Me Comte. — Il n'y avait pas d'autres partis à ma connaissance. Est-ce que je me trompe ?

Mme Aslaoui. — Non, il n'y avait pas d'autres partis.

Me Comte. — C'était donc un Parlement unique, un parti unique. On peut l'appeler ainsi.

Mme Aslaoui. — C'était un Parlement unique, oui, à mouvance unique.

Me Comte. — Voilà ! Alors, comment expliquez-vous qu'un Parlement de cette nature, qui a tout intérêt à ce qu'une opposition ne vienne pas au pouvoir, n'ait pas compris que M. Ghozali, en voulant modifier le scrutin, voulait éventuellement sauver les meubles ?

Mme Aslaoui. — Parce que, M. le président, dans les coulisses, il y avait eu déjà un partage du pouvoir. M. Chadli Bendjedid avait promis tant au FLN, tant aux islamistes, et le FLN préférait lui aussi perdurer parce que, à l'époque, il était en perte de vitesse et le vote des communales était un vote sanction contre le FLN. M. Ghozali n'avait aucune chance de les persuader.

---

26 Elle était divorcée. Mme Aslaoui a d'ailleurs écrit (*Les Années rouges*, *op. cit.*, p. 131), à propos de la « machine intégriste » qui s'« emballe » en 1990 : « Les femmes veuves ou divorcées sont persécutées sans relâche lorsqu'elles vivent seules. L'une des affaires les plus célèbres est celle de Saléha Mahdi, originaire de Ouargla, en juin 1990. »

Me Comte. — Vous voulez dire que toute la représentation nationale de la population algérienne à l'époque n'a pas du tout fait la même analyse que M. Ghozali et ne voulait pas modifier le scrutin ?

Mme Aslaoui. — Mais, M. le président, la représentation de la population pour le FIS étaient de trois millions avec la fraude. La preuve en est que, en novembre 1995, lorsque M. Zéroual s'est présenté à la magistrature suprême, la population est sortie et cela, grâce à Dieu, même les observateurs étrangers ont reconnu qu'il n'y avait pas eu de fraude. Les populations sont sorties pour voter, certes, en faveur de M. Zéroual parce qu'il n'y avait pas d'autre alternative, l'islamisme étant encore présent, mais elles sont sorties surtout pour dire : « Non au terrorisme. » En mettant mon bulletin dans l'urne, je dis « Non au terrorisme », parce que nous n'avons plus envie d'être terrorisés d'autant que, sur les murs, il y avait des menaces très claires des terroristes islamistes qui menaçaient ceux qui iraient voter, notamment dans les quartiers populaires et dans les hameaux isolés.

Je voulais dire, tout simplement, qu'il y avait un climat et un contexte de tous ceux qui avaient envie de perdurer, non pas avec l'opposition… Là ce n'est pas une question de sémantique, je refuse l'opposition, parce que l'islamisme n'est pas une opposition, mais une idéologie qui veut s'emparer du pouvoir par la violence. Aujourd'hui, on nous parle d'« islamisme modéré », terme que je réfute, car l'islamisme modéré est plus tactique, il attend le moment opportun.

Me Comte. — Puisque vous avez beaucoup critiqué la plate-forme de Sant'Egidio, comment expliquez-vous que le FLN ait aussi signé cette plate-forme, à moins que je ne me trompe ?

Mme Aslaoui. — M. Mehri était un réconciliateur, il a même organisé, le 8 mai 1991, une très grande marche en faveur de la réconciliation nationale. Jusqu'à aujourd'hui, M. Mehri est un réconciliateur. Il n'est plus au FLN à cause de cela, parce que le FLN a changé, grâce à Dieu ! de mouvance, de visage et de coloration politique.

Me Comte. — Si on vous comprend bien, Madame, toute la classe politique à partir de 1990, le parti unique notamment qui tient les rouages du Parlement et d'autres rouages naturellement, ne voit pas comme vous la situation en Algérie. C'est bien ce que je comprends ?

Mme Aslaoui. — M. le président, ce n'est quand même pas moi qui ai créé le terme de « barbes-FLN », ce sont les journaux et les quotidiens français qui ont écrit les « barbes-FLN ». Je l'ai appris dans *L'Express*, dans *Le Point* et d'autres. Donc, il existe un courant islamiste dans lequel certains du FLN se reconnaissaient, dont M. Mehri. C'est pourquoi il est allé à Rome. Mais lui, cela ne me choque pas. Les plus choquants sont ceux qui se prétendent démocrates.

Me Comte. — Mme Aslaoui, vous avez dit que, au moment des attentats du 11 septembre, vous avez fait état de votre compassion auprès des victimes américaines. Mais n'avez-vous pas montré quand même une compassion un peu sélective ?

Vous avez écrit une lettre en 1998, lorsque vous étiez encore sénatrice, à une femme qui, manifestement, se plaignait de la disparition de son fils [27] et vous avez tenu des propos extrêmement violents : « Quant à celles que vous nommez victimes, je les appelle pour ma part des terroristes. Votre fils activait certainement, très certainement, avec les terroristes puisque, selon vos accusations, il aurait été arrêté par les services de sécurité. Si telles sont vos affirmations, croyez-vous, Madame, qu'il soit juste de diaboliser nos policiers, nos militaires et gendarmes qui procèdent toujours aux arrestations sur preuves ? »

Le tribunal en a une idée puisqu'il a entendu des militaires. Vous avez continué : « Ce sont les terroristes et leurs complices comme, probablement, votre fils, même si le désespoir n'aurait pas dû vous autoriser à m'écrire, car je n'ai rien à vous dire et rien à faire pour vous. »

Madame, ne trouvez-vous pas que votre compassion est quelque peu sélective pour cette femme, une mère quand même ayant un fils dont vous ne saviez rien, sauf que vous disiez : « Certainement, il doit être un terroriste », sans élément évident.

M. Stéphan, *président*. — Répondez brièvement, parce que nous allons conclure.

Mme Aslaoui. — On vous dit ce que j'ai répondu mais, bien entendu, on ne vous donne pas la lettre de cette dame. Cette personne me posait deux questions. Elle me disait : « Vous ne prenez que le parti des victimes du terrorisme » ; et : « Ce sont les policiers qui sont venus arrêter mon fils. » Je l'ai vue en septembre 1997, elle m'avait écrit en qualité de sénateur. Je lui ai répondu que mon combat, oui, effectivement, et je l'assume, est celui des victimes du terrorisme, parce que je savais dans mon pays, notamment par les rapports de l'Observatoire des droits de l'homme, par d'autres canaux d'information des droits de l'homme, que, souvent, on maquillait

27 Le 10 avril 1998, une mère désespérée, Mme Hadjila Amari, s'est adressée à différentes institutions gouvernementales et personnalités de la classe politique, dont Mme Leïla Aslaoui, lançant un appel à l'aide pour retrouver son fils enlevé par des forces de sécurité. Le cas de son fils est ainsi résumé par Algeria-Watch : « Amari Azzeddine, né le 18 mars 1966 à Alger, célibataire, demeurant à Ouled-Fayet (Alger), employé dans une pizzeria familiale à Ouled-Fayet, a été arrêté le 12 août 1994 à 14 heures à son domicile par des civils armés de la Sécurité militaire venus à bord d'un véhicule banalisé de type Renault 12 break, de couleur gris métallisé (matricule 8988-190-16). Sa mère a retrouvé le lendemain le véhicule à Ouled-Fayet. Elle a déposé une plainte le 9 décembre 1995 au tribunal d'El Mouradia, sans aucune suite. La mère a appris par la police de Cheraga, deux ans après l'enlèvement, que son fils avait été pris par la SM et se trouverait dans leurs locaux entre Delly-Ibrahim et Beni-Messous » (<http://www.algeria-watch.org/mrv/2002/1000_disparitions/1000_disparitions_A.htm>).

une entrée en clandestinité par une disparition. J'étais à l'aise parce que Amnesty International, elle-même, dit : « Dans un pays en proie à la violence, les membres des groupes armés, comme le Groupe islamique armé, se font souvent passer pour des membres des forces de sécurité quand ils lancent leurs attaques. »

Donc, si je fais une lecture de juriste, et pas du tout de militante des victimes du terrorisme, cela signifie que la confusion est telle que les groupes armés utilisent les mêmes véhicules, les mêmes méthodes, les mêmes accoutrements, et j'avais parfaitement le droit de répondre à cette femme parce que j'assume pleinement mon combat. Mon combat et le sien ne sont pas les mêmes.

Me Comte. — Dernière question, M. le président. Le témoin s'est félicité de ce qu'un parti trotskiste soit représenté au Parlement algérien. Madame, vous n'avez pas toujours tenu des propos aussi lénifiants sur un parti trotskiste puisque, dans une interview que vous avez donnée à *La Nation* en décembre 1997, vous avez dit la chose suivante : « Un parti comme le Parti des travailleurs qui ne représente rien, qui a à sa tête une femme, certes algérienne, mais qui ne représente pas l'Algérienne de l'Algérie profonde car elle diffère sur un point important, l'identité… L'Algérienne de l'Algérie profonde est musulmane, la présidente de ce parti ne l'est pas[28]… »

Ce point de vue est-il celui d'un juriste ou d'un militant ? Cette critique vise Mme Louisa Hanoune, la responsable du parti trotskiste, que vous avez citée dans votre intervention et dans votre témoignage.

Mme Aslaoui. — M. le président, je ne me suis pas félicitée de l'arrivée d'un parti trotskiste. J'ai dit simplement que l'on prétend que, dans mon pays, nous vivons verrouillés, nous vivons complètement sous les bottes des généraux. Or, un parti trotskiste existe, ce qui est inédit dans un pays arabe. C'est tout à fait différent. Je ne me suis pas « félicitée », je ne suis pas trotskiste, je ne le serai jamais, donc les choses sont claires. Ma déclaration n'était pas à *La Nation* en 1997, mais à un autre journal, *Liberté* je crois, et *La Nation* n'existait plus. Non, je n'ai pas accordé d'interview à *La Nation*, j'en suis convaincue.

J'avais dit simplement que Louisa Hanoune, puisqu'il s'agit d'elle, non pas Louisa Hanoune en tant que personne mais en tant que représentante du parti, n'était pas représentative des femmes algériennes, comme moi je ne suis pas représentative de toutes les femmes algériennes, tout simplement.

---

28 Cette déclaration provient en fait d'une interview de Mme Aslaoui au quotidien *Le Matin*, le 4 novembre 1997, et elle a fait l'objet d'un article critique : Yahia SI LAKHDAR, « De l'inquisition médiatique », *La Nation*, décembre 1997 (<http://www.algeria-watch.org/farticle/presse/dazibao1.htm>). Le journal *La Nation* ayant été interdit en décembre 1996, quelques articles parus après cette date ont été publiés sur le webzine *Dazibao* de Reporters sans frontières.

M. Stéphan, *président*. — Pas d'autre question, Mme le procureur ? Pas d'autres questions… Les représentants du tribunal ? Madame, le tribunal vous remercie de votre témoignage et vous pouvez donc rester dans la salle cet après-midi, si vous le souhaitez, ainsi que demain. Merci à vous.

L'audience sera reprise à 14 h 30 pour cette affaire.

L'audience est suspendue à 12 h 40 et reprise à 14 h 40.

Me Comte. — J'ai également cité tout récemment un témoin. Il s'agit de M. Aït-Ahmed et je peux expliquer auprès du tribunal la raison de la tardiveté de cette citation, s'il le souhaite.

M. Stéphan, *président*. — Nous allons déjà voir les témoins cités aujourd'hui : Mme Ghezali, présente, Mme Dutour et M. Mosbah. Mme Matoub ne vient-elle pas ?

Me Comte. — Mme Matoub ne vient pas.

M. Stéphan, *président*. — Du côté de la partie civile, les trois témoins ?

Me Farthouat. — Ce matin, nous avons indiqué au tribunal que M. Ghozali et M. Sifaoui souhaitaient apporter des compléments d'indication.

M. Stéphan, *président*. — Si dans cette affaire de diffamation qui oppose M. Nezzar à M. Souaïdia, nous commençons à rentrer dans les discussions sur ce que les différents témoins ont dit les uns des autres… Je pense que c'est un complément du débat. Nous ne l'avons pas fait hier pour Mme Garçon qui avait été évoquée. Le tribunal vous suggère que les témoins entendus qui, d'ici demain éventuellement, souhaiteraient fournir par écrit un certain nombre d'éléments complémentaires par rapport à ce qu'ils ont entendu le fassent, et que les observations complémentaires soient communiquées d'un côté comme de l'autre.

Me Comte. — C'est ce que nous ferons pour Mme José Garçon, si elle le souhaite.

M. Stéphan, *président*. — C'est la meilleure manière de procéder, sinon nous n'arriverons jamais à la conclusion de ces débats.

Me Bourdon. — Très bonne formule.

Me Farthouat. — Très bien, je me range.

M. Stéphan, *président*. — Si votre témoin veut être entendu de la même manière, par un témoignage écrit, il faut que vous nous communiquiez cela en temps utile. Nous le ferons tout à l'heure avec un témoignage sur cassette que l'on visionnera [29].

29 Ce témoignage sur vidéo pour la défense, celui du capitaine Hacine Ouguenoune, du MAOL, ne sera finalement pas visionné à l'audience (voir son décryptage en annexe, p. 491).

Me Bourdon. — Une observation sur la singularité du statut du témoin, M. Benmohamed, qui était sur la liste communiquée par Me Farthouat. Il nous avait indiqué que certains témoins ne pouvaient pas être entendus, parce qu'ils n'étaient pas disponibles. Finalement, hier, nous avons appris qu'il pourrait être entendu, en vertu de votre pouvoir discrétionnaire, et nous avons compris pourquoi il avait été rayé de la liste des témoins, donc disparu d'une porte et revenu par l'autre porte. Ce même témoin commente le procès depuis le premier jour pour le journal *El Moudjahid*[30] : il est dans la salle depuis le premier jour.

Me Farthouat. — Je ne comprends rien.

Me Bourdon. — Tout le monde a très bien compris.

Me Farthouat. — Tout le monde sauf moi, ce qui est dramatique !

Me Bourdon. — Cela peut arriver !

Me Farthouat. — J'avais renoncé à l'audition de M. Benmohamed. On m'avait demandé de limiter la liste des témoins. Je ne sais plus comment faire car, lorsque je l'allonge, on m'accuse des pires crimes et lorsque je la réduis…

Me Bourdon. — …

Me Farthouat. — Arrêtez, enfin… !

M. Stéphan, *président*. — Nous ne ferons pas une affaire de ce problème, vous plaiderez si vous le souhaitez.

Me Bourdon. — Étrange témoin, en tout cas.

Me Farthouat. — Il existe tellement d'étranges témoins… !

M. Stéphan, *président*. — Le tribunal s'assure de l'aspect contradictoire entre les parties, et de l'égalité dans ce procès, tout est dit.

Me Farthouat. — Nous avons fait entendre Mme Garçon qui, la veille, a publié dans le journal *Libération* un article dans lequel elle a pris parti sur ce dossier et ce procès. Alors, cela suffit… !

M. Stéphan, *président*. — Le choix des témoins est un problème que vous pourrez aborder dans vos plaidoiries, il n'y a pas de difficultés sur ce point. En dehors des trois témoins, un témoin n'était pas prévu. Qu'avez-vous à nous dire à ce sujet, Me Comte ?

Me Comte. — M. le président, vous me pardonnerez, je ferai un peu d'histoire. Il y a quinze ans, quelqu'un que je connaissais, avocat à cette

---

30 Les articles de M. Benmohamed publiés par le quotidien *El Moudjahid* pendant la semaine du procès peuvent être consultés dans le dossier de presse du procès constitué par Algeria-Watch et téléchargeable à l'adresse <http://www.algeria-watch.org/farticle/nezzar_souaidia/nezzar_souaidia.htm>.

cour et très proche ami de M. Aït-Ahmed, a été assassiné à Paris [31]. Comme vous l'a dit M. Samraoui hier, les facilités des services algériens en France ne sont pas les mêmes qu'ailleurs. Lorsque son assassin présumé a été arrêté, au nez et à la barbe du magistrat instructeur saisi – j'exagère parce que c'était une femme, Mme Canivet –, le ministre de l'Intérieur l'a expulsé vers l'Algérie.

Alors, je me suis juré, M. le président, que plus jamais je ne prendrais le risque de mettre en danger un ami de M. Hocine Aït-Ahmed. Et *a fortiori* lui-même. C'est pourquoi je l'ai cité au dernier moment. Je ne porte aucune accusation, je dis simplement que j'ai estimé de mon devoir d'avocat de ne pas rendre public son nom et de solliciter son témoignage. Néanmoins, nous l'avons cité régulièrement et il sera dans la salle des témoins à partir de 15 heures. C'est tout ce que j'ai à vous dire.

M. Stéphan, *président*. — M. le bâtonnier ?

Me Farthouat. — Je ne trouve pas cette explication convenable, au sens étymologique de ce terme. Il n'est pas convenable de venir nous dire dans ce dossier, en 2002, qu'on n'a pas cité M. Hocine Aït-Ahmed d'une manière normale parce qu'on aurait craint pour sa vie. C'est totalement inconvenant.

Ceci étant, sur la perspective de l'audition de M. Hocine Aït-Ahmed, je m'en rapporte totalement en la sagesse du tribunal. Personnellement, j'ai le sentiment que si on l'a cité, c'est qu'il en a été beaucoup question, d'une manière très sous-jacente, au cours de ces débats et que c'est là une raison directe de son audition. Toutefois, venir nous dire aujourd'hui qu'on ne l'a pas fait citer parce qu'on craignait pour sa vie n'est pas convenable.

M. Stéphan, *président*. — Merci, M. le bâtonnier. Mme le procureur ?…

Mme Angelelli, *procureur*. — Je n'ai rien à ajouter.

M. Stéphan, *président*. — Le tribunal entendra donc ce témoin dès lors qu'il est régulièrement cité.

Me Comte. — Merci, M. le président.

---

31 Il s'agit de Me Ali Mécili, assassiné le 7 avril 1987 devant son domicile, boulevard Saint-Michel à Paris. On a su très vite qui l'avait fait tuer : « C'est une véritable bombe que publie en effet l'hebdomadaire *Le Point* le 28 septembre 1987. […] Arrêté le 10 juin par la Brigade criminelle, un proxénète algérien, Abdelmalek Amellou, chargé par les services de sécurité algériens d'abattre Ali Mécili moyennant un contrat de 800 000 francs, a été… réexpédié à Alger dès la fin de sa garde à vue quatre jours plus tard ! Et l'auteur du "scoop", Jean-Marie Pontaut, de fournir moult détails. C'est un "renseignement confidentiel et anonyme" qui a amené les inspecteurs de la Criminelle à s'intéresser à ce petit truand. L'interpellation du suspect, dont "les liens avec la Sécurité militaire algérienne ont été formellement établis", s'est faite dans le "plus grand secret", poursuit le journaliste spécialisé dans les affaires de police et de terrorisme. Les raisons pour lesquelles Robert Pandraud a expulsé Amellou ? Il fallait "se débarrasser d'un personnage encombrant et éviter du même coup une crise majeure avec l'Algérie" » (Hocine AÏT-AHMED, *L'Affaire Mécili*, La Découverte, Paris, 1989, p. 25).

M. Stéphan, *président*. — Nous n'irons pas plus avant sur les réserves que le tribunal vient d'entendre au sujet des conditions dans lesquelles il sera entendu. Nous entendons les témoins.

Audition de Mme Nassera Dutour, à la requête de la défense

M. Stéphan, *président*. — Bonjour Madame, nous vous demandons de nous indiquer vos nom, prénoms et domicile, s'il vous plaît.

Mme Dutour. — Nassera Dutour, chargée de mission, domiciliée à Champigny.

Le témoin prête serment.

Me Bourdon. — Mme Dutour, vous avez été amenée à prendre des responsabilités dans un mouvement associatif et à vous engager. Cet engagement est intervenu après un événement qui vous a touchée directement. Le mieux est que vous expliquiez cet événement qui vous a lancée dans l'action.

Mme Dutour. — En effet, j'ai créé une association qui s'appelle le « Collectif des familles de disparus en Algérie ». Cette association est basée en France, à Paris, et les statuts sont déposés depuis 1999. Nous sommes restés un collectif parce que nous étions un groupe de mères, dont les enfants ont été enlevés et ont disparu en Algérie. Nous nous sommes retrouvés en France et nous avons commencé des actions en 1997. J'ai fait ma première apparition en 1997 au Parlement européen, j'avais témoigné à la Sous-commission des droits de l'homme. Nous étions parrainés par Amnesty International et la Fédération internationale des droits de l'homme. Lorsque d'autres familles de disparus nous ont rejoints, nous avons déposé ces statuts en 1999, c'est une association selon la loi 1901.

Pourquoi cette association ? C'est là tout le drame. Il est toujours difficile d'aborder le drame algérien, la tragédie algérienne. On ne peut pas trouver de mots pour définir cette tragédie, le drame que nous vivons, nous, le peuple algérien, et en particulier nous, les mères de disparus.

Nous étions une famille normale, j'étais une mère avec ses trois enfants en Algérie. Lorsque je suis revenue en France, je n'ai pu prendre les enfants avec moi parce que le code de la famille m'en avait empêchée. J'étais une mère qui ne vivait que pour ses enfants, qui a divorcé très jeune, en Algérie, qui s'est mariée très jeune, en Algérie, qui a eu trois enfants très jeune.

Je voulais vivre avec mes enfants et je voulais revenir en France parce que j'y étais née (si la Cour a besoin d'être éclairée, je dirai pourquoi plus tard). J'avais un pied en France et un pied en Algérie, toujours : dès que j'avais un week-end, j'allais le passer en Algérie avec mes enfants… Dès que j'en avais l'occasion, j'y passais les vacances avec mes enfants. Dès que j'en avais l'occasion, je retournais là-bas, toujours en effectuant des démarches auprès de la justice pour essayer de récupérer mes enfants auprès de la justice. Mais quelle justice !

Le 30 janvier 1997, le téléphone sonne. Cette sonnerie restera gravée dans ma mémoire. Le téléphone sonne. C'était Ramadan, je faisais la vaisselle. Je ne sais pas ce qui s'est passé. Je ne saurais pas vous dire, je ne saurais jamais le dire, je ne le sais pas moi-même… Je suis sortie de ma cuisine, je me suis essuyé les mains, je suis allée au téléphone, ma mère avait déjà répondu. Je suis restée… El-Hadi, mon fils aîné, m'avait déjà rejoint en France. Il est sorti de sa chambre. Je me suis cramponnée à lui et j'attendais. Je me disais : « Qui des deux ? Rédah ? Amine ? Rédah ? Amine ? » Et ces sirènes dans ma tête, les gendarmes, les militaires, les ratissages… Qui des deux ? Qui des deux enfants ? Qui des deux enfants ?

C'était Amine. Amine était sorti. On ne savait pas où il était. Il avait disparu.

Pourtant, j'avais vu des disparitions. J'avais vu en Algérie des disparitions, j'avais vu… J'avais vu Mme Boufala pleurer, pleurer, pleurer, pleurer la disparition de son fils qu'on lui avait enlevé. Les forces de sécurité l'avaient enlevé sur son lieu de travail et je pleurais avec elle. Je croyais savoir ce que cela voulait dire, je croyais souffrir comme elle, je croyais souffrir avec elle. Lorsque cela vous arrive… C'est là que vous savez ce que signifie souffrir. C'est là que vous savez… Vous ne pouvez pas y croire, ce n'est pas possible ! Amine n'a pas pu disparaître, ce n'est pas vrai !

Il ne faisait pas de politique… Il n'était pas islamiste. Il pensait à son avenir… Je l'avais eu au téléphone quinze jours avant. Il m'avait dit : « Maman, si je n'ai pas mon visa, ne t'énerve pas ! Ce n'est pas grave ! Je ferai autre chose, je passerai mon permis de conduire, je serai chauffeur de taxi. Ne t'énerve pas ! J'aurai ce visa, je viendrai, je ne veux plus travailler dans la menuiserie… »

Quinze jours avant… Mais, ce n'est pas possible ! Ce n'est pas possible… Et je suis restée pendant des jours et des jours… Je n'ai pas voulu y croire, je ne voulais plus rien entendre, pas même la sonnerie du téléphone. Je me suis enfermée sur moi. Je voulais que ce téléphone sonne pour me dire que c'était une blague, que ce n'était pas vrai, que c'était une mauvaise blague.

Mais non, ce n'était pas une blague. Je ne voulais plus rien entendre, je ne voulais plus sortir de chez moi, je voulais rester dans le noir, je ne voulais plus rien entendre. Et puis, il y a eu cette fameuse nuit où Amine est venu me voir dans un rêve.

Il me réveille, il me dit : « Maman, yamma, yamma, yamma, Maman, réveille-toi ! Maman, je suis là ! » Je l'ai cherché. « Mais, tu es où, Amine ? Tu es où, Amine ? Tu es où ? » Je le voyais, je ne pouvais pas le toucher, il était là. Je me suis levée… et je suis partie à la recherche de mon fils. C'est à partir de là que la mauvaise aventure a commencé. Depuis, je n'ai pas cessé un seul instant de me battre pour faire la vérité, pour que le crime ne demeure pas impuni, afin qu'ils paient pour tous leurs crimes.

Je me suis d'abord adressée à l'ambassade d'Algérie. Le type qui m'a ouvert la porte ne voulait pas me laisser entrer. Il m'a dit : « Ici, vous êtes en France, des cas comme vous, il y en a des milliers. Que voulez-vous que je fasse ? » Mais, j'ai mis mon pied à l'intérieur et j'ai dit : « Maintenant, je suis en Algérie et vous m'écouterez. »

J'ai fini par entrer. On m'a dit d'attendre. J'ai attendu je ne sais pas combien de temps. Je ne sais plus si c'était un gendarme, je sais qu'il avait une tenue verte, c'est tout ce dont je me rappelle. Je le vois : il y a une vitrine, l'ordinateur, le téléphone. Au bout d'un moment, il revient, il me rend ma carte d'identité : « Réjouissez-vous, Madame, réjouissez-vous, votre fils est inexistant. » Ce mot « inexistant », je l'ai entendu, je l'ai entendu combien de fois en Algérie ! Mais mon fils existe ! Je l'ai fait, cet enfant ! Il existe ! Il est où ?

« Madame, votre fils est inexistant. » Cela veut dire quoi, « votre fils est inexistant » ? Ça veut dire qu'il n'est pas recherché. J'ai téléphoné à l'état-major, j'ai téléphoné au fichier central de la gendarmerie : « Il n'est pas mort, il n'est pas décédé, il n'est pas déclaré, il est vivant, ma chère Madame ! » Au consulat d'Algérie, l'assistante sociale ne veut pas me recevoir, elle n'avait pas le temps : « Écrivez, Madame et, si possible, avec une photo… » Ce que j'ai fait. Finalement, j'ai décidé de prendre l'avion et d'aller en Algérie. Pendant six mois et demi, j'ai cherché Amine, six mois et demi à entendre, à découvrir… à découvrir la tragédie algérienne : l'horreur… Qu'ont-ils fait de nous ? Qu'ont-ils fait de nos jeunes ? Qu'ont-ils fait ? Qu'est-ce qu'ils en ont fabriqué ? L'horreur… !

J'ai fait la tournée : que ce soit au commissariat, à la gendarmerie, dans les casernes, je n'ai pas arrêté, tous les jours, tous les jours, du matin au soir ; puis les relations… Commissariat de police… un mois pour déposer une plainte. Chaque fois, j'apprends qu'elle a été égarée, ou bien que c'est la photo qui était égarée et ainsi de suite, pendant un mois. Au bout d'un mois, la plainte a été reçue.

Mais, on fait beaucoup plus vite pour classer le dossier. Trois mois après, on me convoque pour me dire : « Madame, signez ici, on a cherché, on n'a pas trouvé. »

À la gendarmerie : « Pourquoi osez-vous ? Comment osez-vous dire que ce sont les services de sécurité qui ont enlevé votre fils ?

– Parce que ce sont les services de sécurité qui ont enlevé mon fils. J'ai des témoins. Certes, il a été enlevé dans la rue, mais j'ai des témoins. Il était sorti pour acheter des gourmandises, c'était le Ramadan, pour la veillée après le jeûne.

– Comment osez-vous dire cela ?

– Comment ? Pourquoi n'oserais-je pas dire cela ? Je vous ai vus venir, vous, je vous ai vus venir enlever les gens, je vous ai venus venir, accompagnés de militaires, enlever les gens, faire des ratissages. Vous n'allez pas me dire que vous ne faites pas cela. Ils sont où ? »

J'allais au moins une fois par semaine chez le procureur. J'avais une voisine qui travaillait au tribunal d'El-Harrach, le tribunal dont dépend la circonscription : « Madame, j'ai écrit partout, je n'ai pas de réponse, je ne peux rien faire pour vous.

– Mais, je veux déposer une plainte. Je veux savoir où est mon fils. Ils ne font pas de recherches, ils ne font rien, ils ne feront rien, jamais.

– Je n'ai pas de nouvelles, Madame, je ne peux rien faire pour vous. Essayez ailleurs. »

J'ai essayé ailleurs et, par relations, j'ai fini par apprendre ce qui s'était passé à Baraki où habitait mon fils. J'ai fait la tournée de tous les commissariats qui sont venus pour intervenir, pour « opérer » comme ils disent, en fait pour enlever des gens.

« Oui, Madame… Oh ! Oui, Madame, ce jour-là, Ramadan… Oui, oui, on a enlevé, le jour où le wali est venu, oui on a enlevé des gens, mais votre fils, non. Vous n'avez pas été voir à Oued Smar ? À Ben-Aknoun ? Vous n'êtes pas allée voir au commissariat de Hussein-Dey ? Eux aussi, ils sont venus, ils ont pris du monde. » Je suis allée les voir et chacun m'envoyait à l'autre : « Oui, oui, effectivement, on a enlevé… »

Ce qui me choquait, c'était avec quelle facilité ils racontaient comment ils ont enlevé des gens : « Oui, mais ceux qui ont avoué sous la torture… Bien sûr que ceux qui ont avoué, on les a remis à la justice ou à la Sécurité militaire. Parmi ceux qui n'ont rien à avouer, il y en a qu'on a relâchés… On ne sait pas, on verra… Je n'ai pas de dossier sous les yeux, mais votre fils, on ne l'a pas enlevé… non.

– Mais, Monsieur, vous ne m'avez même pas demandé le nom de mon fils !

– Ah ! Oui, c'est vrai, comment s'appelle-t-il ?

– Mon fils s'appelle Amrouche Amine.

– Amine…, non je ne l'ai pas enlevé, non. »

Et ainsi de suite…

Un jour, je me suis effondrée, je me suis mise à genoux et j'ai dit : « Je vous en supplie ! Vous avez des registres, ouvrez-les ! Mes amis m'ont montré les registres. Là où je suis passée par des amis, j'ai vu des registres, des noms sont enregistrés, il y a des registres de personnes mortes sous la torture, de personnes encore vivantes. Ouvrez les registres et regardez.

– Non, non, non. Mais, vous savez, c'est moi qui les interroge… Je les connais tous. »

Je tire la photo de mon fils : « Et lui, vous le connaissez ?

– Mais non… »

Et toutes ces informations, vous les obtenez par le biais de relations. Sinon, on vous dit : « Ce sont des terroristes, allez les chercher dans les maquis. »

Je dis à l'officier : « Mais les maquis sont où ? Vous savez comment on appelle votre commissariat, à Baraki ? Le bureau de recrutement pour le maquis. Quand on voit rentrer quelqu'un menottes au dos et un pull sur la tête, on sait que c'est une recrue qui ira rejoindre le maquis. Ils n'oublieront jamais ce que vous leur avez fait subir.

– Vos enfants sont des terroristes ! »

Mon fils, un terroriste... ? Il est sorti acheter des gâteaux pour s'occuper le soir. Il a rencontré ses copains et il a demandé des cassettes pour passer la soirée. C'est un terroriste ? Mais c'est quoi un terroriste ? Pourquoi sont-ils devenus terroristes ? Qu'est-ce que vous avez fait de ce peuple ? Pourquoi vous les avez envoyés au maquis ? Un terroriste tue, mais vous aussi, vous tuez. Pourquoi ? Pourquoi avez-vous fait cela ? Pourquoi ?

Pourquoi ce jeune homme de vingt-sept ans de la Brigade antiterroriste à Châteauneuf m'a-t-il dit : « Mais votre fils est mort, Madame... » ? Et pourtant c'est un garçon comme mon garçon, comme un garçon de vingt-sept ans. Je connais très bien sa tante, c'est une amie. Quand on était chez sa tante, il nous parlait d'amour fou, de sa copine et, ce jour-là, il me dit : « Mais, Madame, c'est logique, il est mort, votre fils, je vous dis qu'il est mort.

– Pourquoi est-il mort ?

– Parce que c'est logique, ils ne vont pas te le nourrir pendant six mois, ton fils.

– Mais je n'ai demandé à personne de nourrir mon fils. Je suis capable de nourrir mon fils toute seule.

– Mais non... Attendez, je vais vous expliquer. C'est parce qu'il est mort sous la torture.

– Ah bon ? Parce que vous torturez ? C'est vous qui torturez ?

– Non, ce n'est pas moi... Non, ce n'est pas moi. Moi, mon travail c'est : on m'appelle, je fais des opérations, on me donne une adresse, un appartement, un immeuble ou un endroit, je vais chercher les gens. Je les emmène à Châteauneuf, je les donne en salle de torture...

– Vous avez des salles de torture ?

– Oh ! Des salles de torture comme ça, Madame ! Toutes importées d'Italie !

– Alors... après ?

– Après, je reviens deux jours après, pour faire le PV, je vois s'ils ont avoué.

– Mais s'ils n'ont rien à avouer... ?

– Comment, s'ils n'ont rien à avouer ? Mais ils ont toujours quelque chose à avouer, toujours. Et ils avouent tous. Je fais mon PV et je l'envoie au ministère. Au ministère, on me répond : "Vous le donnez à la justice", ou "Il doit mourir". »

J'ai fait l'erreur de ne pas lui demander quel ministère. « C'est comme ça que vous procédez ?

– Ah oui, c'est la loi antiterroriste ! Nous, nos copains aussi sont morts. Mon grand ami le policier Untel a été assassiné aussi. »

Pendant six mois je n'ai entendu que des horreurs pareilles ! J'ai appris à mes dépens, une ou deux années après, que ce que m'a raconté un commandant de gendarmerie, qui était à l'époque capitaine, était vrai, c'était juste. Il m'a dit : « Comment, Madame ? Moi, j'ai tué. J'ai été frapper à leur porte et j'ai dit à leur mère : "Votre fils, je l'ai tué, venez le chercher."

– Ah bon ? »

Je ne voulais pas le croire, il voyait que je ne voulais pas le croire et il insistait : « Qui ? Comment ? Mon frère a été assassiné lâchement dans sa voiture, ma mère pleure depuis deux ans. Pourquoi est-ce que leurs mères à eux ne pleureraient pas ?

– Mais, c'est qui "eux" ? C'est qui "eux" ?

– Ces personnes que vous recherchez… »

Je ne le croyais pas… Et lorsque je suis allée dans cette région – je ne citerai pas ce Monsieur –, j'ai vu qu'il disait vrai : il a tué des personnes, il sortait les gens de chez eux, il les alignait, il les fusillait. C'est la loi ! C'est l'état d'urgence ! C'est l'Algérie !

C'est notre peuple qui meurt, livré à lui-même, tout seul ! Nous étions livrés à nous-mêmes, pendant des années : le terroriste intégriste, il tue d'un côté, et de l'autre, l'État tue. Livrés à nous-mêmes en traversant des mares de sang, des têtes coupées et des ombres qui se penchaient sur la population. J'ai des témoignages de torture, l'horreur ! Comment peut-on faire ça à un être humain ?

Ce qui me sauve, c'est mon fils qui me donne cette énergie : « Maman… Maman, ne baisse pas les bras ! » Ce qui me sauve aujourd'hui, c'est que des milliers de mères en Algérie que j'ai rencontrées sur ma route ont fait de moi leur porte-parole et me disent : « Nassera, va ! N'arrête jamais ! Fais entendre au monde entier ce que l'on a subi ! »

Mme Grig Hsin, toute sa famille est passée à Châteauneuf, Mme Grig Hsin a été torturée, elle a laissé son fils à l'intérieur, elle n'a plus de nouvelles de lui… Si Mme Badra, qui a été arrêtée en même temps que son fils et torturée au centre de Magenta, vous racontait ce qu'elle a subi… Elle est sortie, elle a laissé son fils à l'intérieur du centre de Magenta à Oran. À Constantine, une personne a été torturée pendant cinquante-deux jours, en même temps que son frère. Lui, il est sorti, son frère a disparu.

Mme Toumi allait au rassemblement avec les photos de ses quatre enfants et de son mari. Elle me dit : « Je n'ai pas de place pour mettre mon mari. » Une toute petite dame qui n'a plus d'expression dans ses yeux, qui n'a plus rien et qui vient crier sa douleur, une mère de disparus. Jusqu'en 1998, elle n'osait pas parler parce qu'elle avait peur, terrifiée… La répression… J'ai le souvenir de cette petite dame qui me dit : « Toi, bla-bla, bla-bla, toi tu parles trop, un jour, tu vas te faire assassiner. » Parce que j'ai eu le malheur de dire : « Mais qu'est-ce que vous faites devant un tribunal, vous êtes devant un tribunal, mais organisons-nous, faisons quelque chose ! On ne peut pas rester à rien faire, on ne peut pas, il n'y a pas de justice. »

Le procureur m'a dit : « Je ne peux rien faire pour vous, Madame. Qu'attendre… Si jamais on vous dit que ce n'est plus la peine d'attendre, cela veut dire que ce n'est plus la peine d'attendre. Rentrez chez vous. Cela veut dire que votre fils est mort. Rentrez chez vous, il n'y a rien à espérer. » Mais, il est mort pourquoi ? Pourquoi est-ce que je ne sais pas où il est ? Pourquoi l'ont-ils tué ? Ils l'ont pris vivant, pourquoi ils tuent ?

Ces milliers de mères en Algérie, à Oran, à Constantine, à Alger, à Rélizane… Vous entendez parler de cette région… La justice algérienne y a condamné un membre de la Ligue algérienne à un an de prison parce qu'il a dénoncé les charniers [32]. Au lieu de faire une enquête et d'ouvrir ces charniers, savoir au moins qui sont dans ces charniers, non, c'est lui qui a été attaqué pour diffamation et condamné à un an de prison. Pourtant des familles ont déposé plainte depuis 1998 devant la justice, elles ont saisi à maintes reprises la justice pour dire que c'est Hadj Fergane qui a enlevé leurs enfants. Elles ont cité la personne qui a enlevé leurs enfants.

Me Bourdon. — Le temps nous est à tous assez compté. Voulez-vous expliquer au tribunal quelles ont été les conclusions de l'enquête que vous avez effectuée et celles des organisations internationales des droits de l'homme ? Pourriez-vous expliquer l'action de votre association ?

Mme Dutour. — La plus grande victoire c'était lorsque l'on a commencé à parler des familles de disparus… C'était en 1998. J'ai été beaucoup soutenue par la FIDH et Amnesty International… beaucoup, beaucoup. Ils m'ont beaucoup appris. Les familles de disparus m'ont aussi beaucoup appris. Elles m'ont montré les centres de détention, elles m'ont donné des noms.

La première grande réussite a eu lieu en 1998. Nous avons organisé une tournée européenne, nous sommes parties à l'aventure, dix personnes, cinq femmes d'Algérie et cinq femmes de France, des mères de disparus. Vraiment à l'aventure. Nous avons interpellé les autorités européennes, nous avons visité cinq capitales, nous avons fait entendre notre voix. Enfin ! On avait le droit à la parole.

C'était la dernière fois que M. l'ambassadeur représentant l'Algérie auprès de l'ONU a dit que les disparus se comptaient « sur les doigts de la main ». C'était en juillet 1998, devant le Comité des droits de l'homme. C'est la dernière fois qu'il le répétera. Aujourd'hui, ils ne disent plus que cela se compte sur les doigts de la main. Ils ne peuvent plus le dire, parce

---

32 Mohamed Smaïn, président de la section de Rélizane de la LADDH, est soumis depuis des années à un véritable harcèlement. Il a été plusieurs fois arrêté parce qu'il enquêtait sur les crimes des milices de Rélizane et de leurs chefs Mohamed Abed et Mohamed Fergane et parce qu'il les a dénoncés publiquement. Alors que ces deux hommes sont accusés par les familles de victimes de dizaines d'exécutions sommaires et de disparitions, aucune enquête officielle n'a été ouverte ; ils continuent de bénéficier d'une impunité totale. Hadj Fergane et ses acolytes ont déposé de nombreuses plaintes en diffamation contre Mohamed Smaïn et, le 24 février 2002, ce dernier a été condamné en appel à un an de prison ferme et une amende (voir : El Kadi IHSANE, « Chronique du procès des "charniers" », *Le Quotidien d'Oran*, 12 février 2002, <http://www.algeria-watch.org/mrv/mrvdisp/proces_charniers.htm>).

que les mères sont là. Elles disent : « C'est vous qui avez enlevé nos enfants. » Elles les citent, elles les nomment.

Nous avons réussi à faire savoir que les familles sortent dans la rue. Mais ce que nous apprenons des autorités algériennes, toujours par la presse, c'est qu'il s'agit de « terroristes » : « Oui, mais… c'est des terroristes. » Lorsqu'une mère de disparu voit le prénom de son fils accompagné de l'initiale du nom, cité dans un journal comme terroriste abattu dans un accrochage, alors qu'ils sont venus l'enlever chez elle et qu'elle l'a vu de ses propres yeux… Cette dame qui marche avec ce journal dans son sac pour dire : « Est-ce mon fils dont il parle ? »

M. le ministre de la Justice, dernièrement, a fait une déclaration à la presse : « 3 300 disparus dont 600 terroristes », alors que le ministre de l'Intérieur, un an plus tôt, a lancé à l'Assemblée nationale : « 4 880 dossiers qu'ils ont reçus dans le bureau des wilayas. » Ils auraient recensé des dossiers, ils auraient fait des enquêtes. Mais qu'est-ce que vous avez fait ?

M. Stéphan, *président*. — C'est un chiffre que nous avons entendu.

Me Bourdon. — M. Rezzag-Bara a été entendu. Quand vous le rencontrez, que vous dit-il ?

Mme Dutour. — M. Rezzag-Bara m'a dit : « Madame, je ne peux rien faire pour vous. » J'ai dû forcer sa porte pour rentrer. Quand mon fils venait de disparaître, j'ai téléphoné à l'ONDH. Quelqu'un m'a répondu : « Madame, vous avez de la chance ! Il y a une circulaire du ministère de l'Intérieur, depuis quelques mois – parce qu'ils se sont fait taper sur les doigts par les ONG –, qui dit d'y aller mollo avec les violations sur les cas actuels. »

On enlève mon fils, et on me dit que j'ai de la chance… ! Après, j'ai dit : « Je veux parler à votre président. » Ils m'ont répondu : « Non, il est très occupé. » J'ai réussi à avoir sa ligne directe et je l'ai eu : « Mais, c'est quoi ce torchon que m'a envoyé Amnesty International ? C'est quoi ce torchon ? En plus, il est en anglais ! » Amnesty International avait envoyé une action urgente pour mon fils.

« C'est quoi ce torchon ? Madame, attendez encore un peu, votre fils est peut-être parti à Oran suivre des minettes. » Suivre des minettes ? Il n'y a pas de minettes à Alger ? Il va à Oran pour suivre des minettes, il y reste, il ne me dit pas où il est ! Quand, quelques mois après, j'ai téléphoné mille fois pour qu'il me reçoive, j'ai forcé sa porte et j'ai dit : « Je ne partirai pas de là avant de l'avoir vu. » Monsieur était très pressé, il recevait un ambassadeur.

Il m'a dit : « Pourquoi vous avez cité Amnesty International ? Vous demandez les droits de l'homme, vous devez être très amis… Pourquoi, pourquoi ils se permettent de dire que les autorités algériennes enlèvent ?

– Moi, je dis que les autorités algériennes enlèvent et vous recevrez toutes les familles que je rencontre sur ma route, elles vont vous le dire.

– Au revoir, Madame, malheureusement votre fils s'est vo-la-ti-li-sé. Vous comprenez, Madame, il s'est volatilisé. »

Il me l'a répété trois fois : « Il s'est vo-la-ti-li-sé. » Je l'ai encore dans les oreilles... Mon fils est un être humain, mon fils ne peut pas se volatiliser. Vous l'avez mis quelque part et je veux que vous me le rendiez, que vous le sortiez de là où vous l'avez mis...

Les réponses que donne l'ONDH sont des lettres types : « Après avoir interpellé les autorités, la Sûreté nationale, le dénommé... n'a été ni interpellé, ni recherché » ; ou « le dénommé... est recherché pour acte terroriste ». Pourquoi ? Il est où ? On répond... J'ai l'impression qu'on n'a pas le temps, mais je peux citer des noms, je peux citer des exemples.

M. Rezzag Bara a répondu à Mme Saker que son mari a été enlevé par des « groupes armés non identifiés ». Elle a un papier de la police judiciaire qui dit qu'ils ont enlevé son mari à telle date et qu'ils l'ont remis le 7 juillet 1994 à la Sécurité militaire. Mais M. Rezzag-Bara dit : « D'après mes recherches, votre mari a été enlevé par des groupes armés non identifiés. »

Me Bourdon. — Justement, Mme Dutour, pardon encore une fois de devoir vous interrompre, mais ce sera peut-être ma dernière question. Vous avez enquêté vous-même, votre association, les organisations internationales ont enquêté. Les responsables de ces disparitions, qui sont-ils ? Pouvez-vous le rappeler brièvement au tribunal ?

Mme Dutour. — Les responsables, sauf si je ne l'ai pas dit clairement... J'affirme que ceux qui ont interrompu le processus électoral ont voulu imposer une politique de terreur en Algérie, diviser le peuple, diviser le peuple, diviser des familles entières pour semer la terreur et pour se maintenir au pouvoir. Les dirigeants, chez nous, ne veulent pas lâcher le pouvoir, ils veulent garder le pouvoir. Ils utilisent la barbarie, ils la commandent pour garder le pouvoir. Ils ont détruit des familles entières, ils nous ont détruits, nous.

Savez-vous seulement ce que c'est que de ne pas savoir ? Savez-vous ce que peut souffrir une mère ? Savez-vous les questions qu'on se pose : où il est mon fils ? Pourquoi a-t-il été enlevé ? Qu'est-ce qu'ils lui ont fait ? Est-ce qu'il a succombé à la torture ? Est-ce qu'ils l'ont tué ? Est-ce qu'ils lui ont arraché les dents ? Avec tous les témoignages que j'ai reçus... Savez-vous ce que c'est que d'avoir un enfant et de ne pas savoir où il est ?

(S'adressant à K. Nezzar.) Rendez-nous nos enfants, mais rendez-les nous... ! Qu'est-ce que vous en avez fait ? Il y a encore des vivants. Il y a des personnes encore vivantes, on le sait et vous le savez aussi. Rendez-nous nos enfants, c'est tout ce que l'on demande, rendez-nous nos enfants !

Nous voulons une Algérie libre ! Nous voulons une Algérie libre ! Nous voulons vivre libres dans cette Algérie ! Ils ont le droit d'y vivre ! Ils ont le droit, comme vous, comme tout le monde ! Elle nous appartient, à nous aussi, l'Algérie ! Elle est à nous !

M. Stéphan, *président.* — Y a-t-il des questions… ?

Me Farthouat. — Pas de question.

M. Stéphan, *président.* — Mme le procureur ? *(Non.)* Madame, le tribunal vous remercie de votre témoignage qui se base également, comme d'autres que le tribunal a entendus, sur une expérience personnelle. Là encore, le tribunal a, en l'état, entendu une expérience personnelle forcément très douloureuse. Le tribunal vous remercie d'être venue porter ce témoignage devant lui, ne serait-ce qu'à ce titre. Merci à vous.

Mme Dutour. — Je voudrais rajouter qu'il est quand même invraisemblable de voir la façon dont nous avons été traitées dans la presse. J'ai toujours été traitée de « traître » : « Mme Dutour, la Franco-Algérienne », parce que j'ose « ternir l'image de l'Algérie à l'extérieur, à l'étranger ». Et ce sont ces personnes-là qui nous accusent aujourd'hui de « déballer notre linge sale en France » ! Nous, « manipulées par les mains étrangères qui veulent nuire à la nation », « manipulées par les colons » ! C'est quand même invraisemblable !

M. Stéphan, *président.* — Merci Madame. Merci de respecter l'impartialité du tribunal.

Mouvements divers…

M. Stéphan, *président.* — Vous pouvez partager ce que vient de dire le témoin, être contre ce que vient de dire le témoin, mais c'est, en tout cas, dans le silence que vous devez le faire. Merci. Témoin suivant.

Audition de Mme Salima Ghezali, à la requête de la défense

M. Stéphan, *président.* — Bonjour Madame, nous vous demanderons de nous indiquer vos nom, prénoms, profession et domicile.

Mme Ghezali. — Salima Ghezali, journaliste indépendante, domiciliée à Alger.

Le témoin prête serment.

M. Stéphan, *président.* — Merci, je laisse Me Bourdon, qui vous a fait citer, vous interroger.

Me Bourdon. — Mme Ghezali, pourriez-vous vous présenter brièvement au tribunal ? Qui êtes-vous ? Votre carrière de journaliste, votre engagement à côté des femmes, votre engagement à côté des militants des droits de l'homme ? Une sorte de petite notice biographique.

Mme Ghezali. — Je suis journaliste indépendante depuis quelques années, depuis que mon journal a été fermé par les autorités. Pour les vingt dernières années, j'ai été tour à tour enseignante, éditrice d'un journal féministe, puis journaliste et, ensuite, directrice de l'hebdomadaire *La Nation* jusqu'en décembre 1996. Je suis par ailleurs militante de la Ligue algérienne de défense des droits de l'homme.

Durant les vingt dernières années, à des niveaux divers, j'ai été largement engagée dans la vie politique, citoyenne, de mon pays. J'ai probablement commencé à m'engager dès le collège pour des petites causes, comme quand on est adolescent, du genre la longueur de la blouse, l'obligation de porter la blouse pour les filles qui n'était pas appliquée aux garçons.

Plus tard, probablement en 1980, lorsque j'étais à l'université, j'ai commencé à réaliser que les combats devenaient un peu plus compliqués. C'était le « printemps berbère ». J'ai vu la répression féroce. Après, en 1982, 1983, 1984, dans le cadre des protestations contre le code de la famille, j'ai vu aussi la répression. J'ai même, personnellement, été dans ces manifestations de femmes contre le code de la famille et j'ai été brutalisée par des policiers. À l'époque, cela me semblait quelque chose d'absolument insupportable. Je ne savais pas que j'allais voir des choses autrement plus insupportables, autrement plus monstrueuses au fur et à mesure de ma connaissance et de ma pratique de la citoyenneté algérienne, de ce que signifie être citoyen algérien.

En 1983, je termine ma licence de français. J'allais enseigner comme professeur de français au lycée de Khemis El-Khechna, à 35 kilomètres d'Alger, dans la campagne. À ce moment-là, à l'université, je fréquentais plutôt des milieux féministes, des milieux libéraux, des milieux de gauche, nous étions globalement des opposants à des degrés divers, à des degrés de conscience divers.

Il y avait beaucoup de grands mots, beaucoup de grandes choses mais, en arrivant à Khemis El-Khechna, j'ai découvert un tout autre monde. Je débarquais avec mes cheveux courts, mon jean et ma littérature, ma poésie, tout ce que j'aimais, des nouvelles méthodes pédagogiques que j'avais apprises à l'université, avec un désir fou de les appliquer. Et je découvrais un lycée à vous faire honte : il n'y avait que de la boue en hiver, l'établissement n'avait pas été terminé, on enseignait avec des vitres qui n'avaient pas été posées… Et les classes étaient surchargées d'élèves dont je découvrais d'abord l'étrangeté, comme celle de mes collègues.

Je me suis mise à habiter dans ce village aussi. J'avais accepté ce poste dans ce petit trou perdu parce que je voulais… Ce poste était accompagné de logements et je découvrais un univers totalement étrange pour moi, j'avais l'impression que c'était des choses que l'Algérie avait totalement dépassées, une forme d'ignorance, une forme de souffrance, une forme d'exclusion de tous ceux qui avaient contribué à me former, moi, avec des idées modernes, des idées féministes, des idées d'engagement. Je commençais à découvrir qu'il y avait un autre peuple, une autre Algérie.

J'ai toujours été persuadée que la dictature consiste à nous empêcher de parler, à nous empêcher d'être vus. En réalité, la dictature consiste aussi à nous empêcher de voir. Je crois que le drame de trop nombreux intellectuels algériens et acteurs qualifiés de « démocrates » algériens a été de n'avoir pas compris en quoi la dictature a consisté : essentiellement à leur ôter la capacité de voir ce qui se passait autour d'eux et cette souffrance de la population exclue des cercles, malgré tout privilégiés, de la capitale.

Je suis, à ce moment-là, confrontée à une grève. Il y a des islamistes en 1983, déjà, je le découvre alors. Mais il y a une palette de positions chez les islamistes, absolument : du petit bigot qui croit simplement qu'il faut un certain nombre de rites pour vous conduire dans la vie, au passionné qui croit que la justice divine est la seule justice que l'on puisse attendre sur terre.

Je dois dire que, avec toute la force de mes convictions, je ne peux en aucun cas admettre les thèses de l'islamisme. Par contre, je peux parfaitement comprendre comment, quand on vit exclu, méprisé, écrasé, de toutes les manières possibles et imaginables, non seulement l'exclusion de la scène politique, non seulement l'exclusion du champ de la visibilité, mais également cette forme d'exclusion qui consiste à vous enlever toute forme d'humanité, toute forme de respect, on peut y voir une ressource.

Pendant l'économie administrée, on faisait la queue pendant des heures pour aller prendre deux kilos de lentilles et on était obligé de prendre des pots de chambre en plastique avec… C'était la « vente concomitante ». Après, quand ce sera la démocratie, c'est une autre sorte de vente concomitante qui sera faite. On viendra nous dire : « Si vous ne voulez pas l'islamisme, il faut accepter la dictature. » Cette expérience fondamentale de proximité avec des gens, mes élèves, mes collègues, avec lesquels je n'étais pas d'accord sur le plan philosophique, sur le plan idéologique, avait donné la tonalité de mon engagement après l'arrêt des élections en 1992.

En octobre 1988, donc, j'habitais et j'enseignais à Khemis El-Khechna. En même temps, je poursuivais mon magistère à Alger et j'ai vécu cet événement comme un traumatisme particulièrement fort, parce que nous étions à l'époque des opposants à ce régime qui était lointain, qui n'était pas démocratique, qui était autoritaire. Mais jamais… Jamais, moi avec toutes mes lectures, avec tout ce que je croyais, jamais, je n'avais pensé que ces gens-là nous tireraient dessus. Jamais je n'avais pensé qu'ils iraient jusqu'à remuer tout notre traumatisme historique en refaisant les gestes que nos parents nous avaient racontés à propos de ce qu'ils avaient vécu sous la colonisation, pendant la guerre d'indépendance. Avec toute mon opposition au régime que je croyais radicale, jamais je n'avais pensé que viendrait un jour où, entre eux et nous, c'était une différence tellement… un écartèlement tellement grand…

Je ne sais pas comment le dire. Je crois simplement, pour aller vite et laisser la place à des questions plus précises, que les vingt dernières années de mon engagement m'ont appris à découvrir progressivement quelque chose qui s'est construit de manière plus douloureuse encore lors des dix dernières années.

En 1962, lorsque ces gens-là ont pris le pouvoir par la force, sur des compagnons peut-être autrement mieux habilités à prendre le pouvoir, plus fondés légitimement à le prendre, ces gens-là nous ont conquis territoires, richesses et armes pour des générations. Fondamentalement, ce qui nous sépare, c'est qu'ils nous traitent comme une population conquise, rien de plus !

Quand le socialisme était dans l'air du temps et que ces gens-là, à des degrés divers, occupaient une position dans la hiérarchie ne leur permettant peut-être pas de se laisser autant aller, nous avons bénéficié de l'école gratuite, de la santé gratuite. Quand le socialisme ne fut plus dans l'air du temps et lorsque, grâce à l'arrêt du processus électoral en 1992, ils ont eu toute latitude pour expérimenter sur nous leurs si brillantes idées, à ce moment-là, nous sommes devenus simplement un territoire et une population à la merci de leurs brillantes idées, dont nous voyons aujourd'hui, dix ans plus tard, quels sont les résultats…

200 000 morts, des milliers de disparus, la brutalité, la torture, le mépris affiché en permanence, le mensonge érigé en mode de gouvernement… Mais, également, une dégradation des conditions de vie et de notre environnement : le territoire lui-même, dont ils étaient si fiers de prendre possession, ils l'ont saccagé. 500 000 hectares de forêt brûlés, un pays où vous ne pouvez pas marcher sans rencontrer des ordures, un pays où il n'y a plus ni une rivière ni un oued où l'on peut boire une eau fraîche, des plages complètement esquintées parce que la « mafia du sable » a tout saccagé. Une architecture absolument hideuse qui fait que, si vous êtes à la capitale, au siège du ministère de la Défense nationale, d'un côté, vous avez la décharge d'Oued-Smar et, de l'autre, la décharge d'Ouled-Fayet.

Un pays saccagé, non pas parce que les Algériens ne savent pas gouverner un pays, mais parce que les personnes qui n'étaient préparées ni à la politique, ni à l'économie, ni à savoir ce que sont un État et un peuple, ont pris le pouvoir par la force et ont voulu le garder pour eux-mêmes.

Me Bourdon. — Peut-être une précision, Mme Ghezali, concernant votre engagement dans le mouvement féministe et des droits de l'homme à Alger. En Algérie, comment cela se passe-t-il au quotidien ? Pouvez-vous l'exercer en toute tranquillité ? Expliquez-nous.

Mme Ghezali. — Il y a eu trois phases. La phase avant 1988 était l'époque du parti unique et nous ne pouvions pas nous organiser directement en association. Pour ma part, je faisais partie d'un club féminin qui était abrité par l'Association des cinéastes amateurs qui s'appelait Ahlam (Rêves, en arabe) et qui organisait des séances débats, des séances cinéma, tous les quinze jours.

Nous travaillions dans ce cadre absolument contraint. Quand il y a eu l'ouverture de 1989, d'autres groupes travaillaient. Toutes, bien entendu, nous étions mobilisées contre les articles contenus dans le code de la famille, les unes ayant des demandes radicales d'abrogation de ce code, les autres simplement d'amendements, mais, globalement, nous étions contre.

Après l'ouverture de 1989, on a découvert les prémices permettant d'apparaître et de regarder autour de nous, en tout cas, pour certaines – d'autres ne l'ont pas fait. Et le groupe auquel j'appartenais a constitué une association, l'Association pour la participation des femmes, dont j'étais la présidente.

Nous avons organisé des manifestations absolument grandioses en coordination avec les autres associations, aussi bien le 8 mars 1989, la première fois que nous apparaissions publiquement, que le 8 mars 1990 où la manifestation était encore plus grandiose, parce que des milliers et des milliers de femmes, dans un pays dont les traumatismes sont très forts et qui, souvent, essaie de se rattraper sur le sort des femmes, ont osé marcher au nom de : « Non au code de la famille. » C'était assez extraordinaire !

Entre-temps, les islamistes organisaient des contre-manifestations, parfois plus importantes que les nôtres. Mais ce qui était intéressant, c'est que, à l'époque, nous avions enfin le droit, en tant que citoyennes, d'occuper l'espace public, de dire droit dans les yeux de nos adversaires islamistes et réactionnaires que nous avions le droit de vivre libres, en toute égalité avec les hommes, même si nous ne voulions pas être « égales », car nous ne voulions pas de la situation que les hommes vivent. Nous voulions une égalité devant la loi et l'égalité que nous souhaitions était celle d'être libres dans une société libre.

Donc, cela a été un moment absolument magique, très dur aussi, très dur aussi.

Personnellement, je n'ai jamais demandé à l'armée de me « protéger des islamistes ». J'habitais à Khemis El-Khechna et les islamistes, pour une bonne part, sont des gens particulièrement fermés. Cela ne leur est pas propre : beaucoup d'autres, faisant semblant d'être « démocrates », sont autrement plus violents. Mais la violence des islamistes, je l'ai vécue à Khemis El-Khechna où j'ai débarqué en tant que professeur de français, en tant que syndicaliste, donc nécessairement, pour eux, communiste et athée. Mais j'étais prête à me battre. Là où j'étais, je me suis battue. J'ai affiché mes positions, je posais des affiches sur ce que nous faisions à l'Association pour l'émancipation de la femme, sur le combat pour la mixité. Ils venaient, ils déchiraient, je réaffichais…

En plus de mes cours et de mes fonctions dans le syndicat où j'avais été réélue régulièrement chaque année – et, après mon départ du lycée, il y a eu régulièrement des femmes réélues dans la section syndicale de ce village, je peux vous dire que ce n'était pas rien –, il y avait des activités culturelles avec les élèves : je les aidais à animer le journal du lycée et j'avais monté une troupe de théâtre au lycée. Je connaissais la bataille, je savais qu'il était fondamental, pour notre visibilité, notre présence dans la société, pour la présence de nos idées dans la société, que nous la menions, nous, sans nul parrain.

Or, c'est de cela que nous avons été privés, d'abord par l'état de siège de 1991, ensuite par le coup d'État de janvier 1992 qui est venu nous dire : « Allez, c'est terminé, rentrez chez vous. Ceux qui veulent se mettre derrière nous ou plus exactement devant nous pour justifier ce que nous faisons, ceux-là ont le droit de parler. » Les autres ont été progressivement sortis du champ de la visibilité, c'est-à-dire plus d'autorisation pour tenir des réunions, plus de possibilité de passer dans les journaux. Et puis… la guerre s'est emballée. La mort était là, les assassinats étaient là.

Contrairement à ce qu'ils disent, je ne suis pas du tout de ceux qui « dédouanent » les islamistes. Je pense que les gens qui avaient comme slogan « Ni État intégriste, ni État policier » ne pouvaient en aucun cas être des « dédouaneurs » d'islamistes. Mais nous revendiquions notre droit de convaincre notre société, parce que, contrairement à d'autres, nous, nous avions confiance dans nos convictions, dans notre force, dans sa faiblesse et dans notre société.

Après 1992, c'était : « Place aux armes, place aux discours de la haine, place aux cadavres. » Les premiers cadavres que j'ai vus étaient ceux de mes anciens élèves. Je suis allée à l'enterrement d'un de mes élèves et sa mère m'a raconté comment il avait été achevé… à coups de fourche par les gendarmes qui l'avaient d'abord blessé aux jambes. Mais, dans le répertoire des horreurs, je crois qu'il y a eu beaucoup plus…

Simplement, ce que je ne pardonnerai jamais au général Nezzar et à ses complices dans ce crime contre les Algériens, contre l'Algérie, contre notre mémoire, même contre notre avenir, c'est que j'ai vu mes élèves devenir des morts, je les ai vus devenir des assassins : des islamistes assassins, des policiers assassins, des militaires assassins.

Je peux vous assurer que ces gens-là, dans mes cours et dans ceux d'autres collègues, avaient eu la chance d'apprendre à être autrement. Mais après 1992, on ne leur a pas laissé d'autres chances : ni celle de retrouver un vague, un lointain souvenir de la poésie que je m'étais évertuée à leur apprendre, ni un lointain souvenir de ce pourquoi tant de nos parents sont morts, c'est-à-dire l'importance de la dignité humaine, l'importance de la liberté.

Ils sont devenus des assassins pour une bonne part d'entre eux. Certains sont morts dans les prisons (trois sont morts dans la prison de Serkadji). Un a été abattu chez lui vers minuit : les ninjas sont venus, ils lui ont tiré une balle dans la tête. D'autres faisaient leur service militaire et on les a retrouvés égorgés, probablement par des islamistes, peut-être par d'autres. Mais toute cette spirale de violence avait été inspirée par ceux qui croyaient qu'ils « sauvaient l'Algérie ».

M. Stéphan, *président*. — Me Comte ?

Me Comte. — Madame, vous êtes devant la chambre de la presse. En 1994, vous avez été directrice du journal *La Nation*. Voulez-vous dire au tribunal comment cela se passait ? De quelle manière votre journal était-il parfois interrompu ? Comment les poursuites contre les journalistes étaient-elles diligentées ? Pour quels motifs ? Je pense que c'est un élément important de votre témoignage.

Mme Ghezali. — J'ai rejoint l'hebdomadaire *La Nation* à la fin de l'année 1993 et j'ai commencé par y être chroniqueuse. Je tenais une chronique qui s'appelait « Arc-en-ciel », une chronique politique et sociale qui a vite obtenu un très grand succès, conjointement au fait que l'année 1993 avait été une année particulièrement dangereuse pour le journalisme. Nos confrères avaient commencé à être assassinés et des dizaines d'entre eux avaient été menacés. Ils ont été très nombreux, alors, à quitter le territoire national.

Le succès de ma chronique et le fait que des dizaines et des dizaines de journalistes avaient quitté le pays ont fait que je me suis retrouvée directrice de la publication en novembre 1994. La tonalité que j'ai donnée au journal à cette époque était en fonction et en fidélité à mes principes : davantage en faveur de la démocratie, même si le journal avait, dès le départ – c'était une équipe à laquelle je n'appartenais pas –, condamné le coup d'État. Et j'y ai ajouté cette tonalité qui venait de moi-même, de défense des droits de l'homme, de démocratie, de dialogue et de réconciliation. Cela, nous devions le payer particulièrement cher. Une certaine langue de bois est possible. Mais probablement que, dans le scénario très brillant qui était destiné à partager l'Algérie en deux, ceux qui sont avec les islamistes et ceux qui sont avec les militaires, il n'y avait pas vraiment de place pour un journal qui disait : « Je cherche dans l'autre son humanité et je cherche à éviter à mon pays un bain sanglant. »

C'est absolument désastreux : les contentieux idéologiques et philosophiques, tout était là, mais il fallait, en son âme et conscience, s'engager pour une ligne éditoriale et c'est celle que j'ai choisi de défendre. Il n'y avait pas de place pour cela sur la scène médiatique algérienne : il fallait choisir son camp et nous avons commencé à être sanctionnés à plusieurs reprises. Cela se faisait de manière très simple. Nous déposions le journal à l'imprimerie – car, à l'époque, c'était des imprimeries d'État, les imprimeries privées n'existant pas encore –, et nous attendions le lendemain pour aller chercher notre journal imprimé. À diverses reprises, lorsque nous arrivions, les pages que nous avions déposées à l'imprimerie avaient disparu. Je me souviens, de mémoire, au moins de la période de l'élection présidentielle de 1995 où, pendant toute la campagne électorale, nous avons été tout simplement interdits d'impression : semaine après semaine, nous déposions notre journal à l'impression et, semaine après semaine, des hommes armés venaient et prenaient les pages.

Nous n'y croyions pas beaucoup mais, avec mes collègues de la rédaction, nous avions demandé au propriétaire du journal, puisque nous étions en économie de marché, d'exiger un papier du directeur de l'imprimerie disant qui avait pris nos pages. Pourquoi pas ? Lorsque nous prenions le téléphone pour appeler le ministère de la Communication, le ministère de l'Intérieur, le Parquet de Hussein-Dey, personne ne savait où étaient passées ces pages… Nous avons réussi à convaincre notre patron, qui a réussi à persuader le directeur de l'imprimerie d'exiger de ces hommes un papier pour dire qui avait pris la décision de prendre ces pages. Lorsqu'il a demandé à ces trois hommes armés qui étaient venus prendre les pages, un des hommes a pris la kalachnikov et a dit : « C'est un argument suffisant ? » Il a répondu : « Oui, c'est un argument suffisant. »

Nous avons eu à vivre cela également quand, en mars 1996, nous avons fait un dossier sur les violations des droits de l'homme en Algérie. Nous avons eu énormément de pressions, c'était très difficile. La tension était très, très forte pour retirer le dossier de notre livraison de cette semaine du 2 au 8 mars 1996. Nous avions réalisé ce dossier avec le soutien du *Monde diplomatique* et de Reporters sans frontières. Ce n'était pas sans arrière-pensée : les dirigeants algériens, aidés en cela par beaucoup de journalistes, ne cessaient de dire que, en Algérie, tout le monde était libre de s'exprimer comme il le voulait et que la presse était libre. Ils comptaient, pour une bonne part, sur la complicité de la part de journalistes convaincus des thèses de l'armée et, pour une autre part, sur l'autocensure.

Avec tous les journalistes assassinés, les procès, les difficultés à vivre au quotidien, l'autocensure était probablement aussi forte, peut-être même plus forte que la censure. Donc, la petite prétention que nous avions eue dans notre équipe était de dire : nous allons montrer qu'il y a censure en menant ce travail jusqu'au bout. Effectivement, le dossier est sorti dans *Le Monde diplomatique*. Le ministre de l'Intérieur de l'époque nous a accusés de faire l'« apologie du terrorisme » ; et tous ceux qui ont eu le dossier entre les mains auront vu ce que les autorités algériennes appellent l'« apologie du terrorisme » : tout simplement, un plaidoyer pour la paix, pour les droits de l'homme, et les dénonciations d'atrocités faisant partie du lot quotidien des Algériens.

Plus tard, nous avons été interdits de la même manière : des hommes sont venus prendre à l'imprimerie les pages d'un dossier sur les dangers de prolifération de la violence dans la société par la création des milices. Mais, bien sûr, personne ne communiquait avec nous : nous déposions les pages à l'imprimerie, ces hommes venaient prendre les pages et, quand nous appelions toutes les institutions habilitées à nous répondre, il n'y avait personne pour nous répondre… La semaine suivante, nous ne pouvions pas, nous, nous censurer. Nous ne savions même pas sur quoi portait la colère des autorités. Nous avons donc déposé le même dossier une deuxième fois, puis une troisième fois. À la troisième fois, le ministre de l'Intérieur a sorti un communiqué dans lequel il disait que nous troublions la « quiétude générale ». En 1996, les Algériens ont dû apprécier la « quiétude » dans laquelle nous étions et le fait que nous portions atteinte à l'honneur de gens honorables, alors qu'il ne s'agissait absolument pas de cela. C'est à ce moment-là que nous avons compris, de cette manière très institutionnelle et très organisée, qu'il fallait que l'on retire le dossier sur les milices.

Nous avons eu quelques condamnations… Dans le lot extraordinaire de condamnations tombées sur l'ensemble de la presse algérienne, nous avons été poursuivis pour « diffamation » par un monsieur du FLN ayant jugé diffamatoire que le journaliste rapporte qu'il avait affiché ostensiblement une Mercedes rouge. Nous avons dû passer devant le procureur pour cela ! Les journalistes ont été mis sous contrôle judiciaire, après les pourparlers entre les autorités et les leaders du FIS qui avaient été libérés, parce que les autorités avaient donné leur version du contenu de ces pourparlers. En tant que journalistes, nous sommes allés chercher la source adverse, dont un des dirigeants du FIS qui avaient été libérés, et nous avons réalisé un entretien avec lui. Pour cela, nous avons été accusés d'avoir porté atteinte à l'unité nationale et été placés sous contrôle judiciaire. Voilà… Et il y a des centaines d'autres exemples.

Me Comte. — Dernier point sur cette question essentielle : que reste-t-il comme presse libre en Algérie ?

Mme Ghezali. — …

Me Comte. — Est-ce une question un peu compliquée ?

Mme Ghezali. — Forcément, c'est compliqué. Il y a un espace de liberté en Algérie. Mais pour que la presse soit vraiment libre, il faudrait que la justice soit indépendante, il faudrait que la sécurité des personnes soit un minimum assurée, que l'économie obéisse à un minimum de critères de transparence. Pour l'exemple : à *La Nation*, nous n'avions jamais de pages de publicité ; or, rien que la publicité est un moyen de faire pression sur les médias. Sans compter – comme si toutes les contraintes contenues dans le premier code de l'information adopté par les « réformateurs » ne suffisaient pas – que d'autres contraintes ont été ajoutées par l'état d'urgence et par la circulaire interministérielle de juin 1994 disant aux journalistes qu'il était interdit de parler de la situation sécuritaire, sauf s'ils reprenaient l'article 2 [33].

Bien évidemment, cela ne se passait pas ainsi dans les faits : en Algérie, les lois servent à empêcher ceux qui ne sont pas « dans le réseau » de traiter normalement de l'information, mais les réseaux font circuler des informations tout à fait hallucinantes et contradictoires à travers tel ou tel autre

---

33 En juin 1994, les autorités ont édicté un arrêté interministériel relatif au « traitement de l'information à caractère sécuritaire » : « Article 1. Il est institué, dans le cadre des dispositions du décret présidentiel n° 92-44 du 9 février 1992 susvisé et auprès du ministère de l'Intérieur et des Collectivités locales, une cellule de communication chargée des relations avec les médias en matière d'information, d'élaboration et de diffusion des communiqués officiels relatifs à la situation sécuritaire.

« Article 2. Les communiqués élaborés par la cellule visée à l'article 1er ci-dessus ont, seuls, un caractère officiel et sont diffusés exclusivement par le canal de l'agence Algérie Presse Service.

« Article 3. En matière d'information liée aux actions de terrorisme et subversion, les médias de toute nature sont tenus de ne diffuser que les communiqués officiels visés à l'article 2 ci-dessus et les communications faites au cours de points de presse publics par la cellule visée à l'article 1er du présent arrêté. »

Voir le texte complet de cet arrêté dans : AMNESTY INTERNATIONAL, FÉDÉRATION INTERNATIONALE DES LIGUES DES DROITS DE L'HOMME, HUMAN RIGHTS WATCH, REPORTERS SANS FRONTIÈRES, *Algérie, le livre noir*, *op. cit.*

titre. Comme si tout cet arsenal ne suffisait pas, en 2001, il y a eu un rajout au Code pénal où la diffamation, qui n'est pas clairement définie, est punie d'emprisonnement et de peines financières extrêmement lourdes pour le journaliste et son directeur de la publication. Donc, les « espaces de liberté », je n'y crois pas beaucoup.

Me Comte. — Je n'ai pas d'autres questions.

M. Stéphan, *président*. — Pas d'autres questions de la part de la partie civile ?

Me Farthouat. — J'aurais voulu que Mme Salima Ghezali nous confirme éventuellement qu'elle occupe bien un poste de conseiller politique auprès de M. Hocine Aït-Ahmed.

Mme Ghezali. — Absolument. Depuis une année, je fais partie d'un cabinet de conseil politique de M. Hocine Aït-Ahmed.

Me Farthouat. — Par qui a été fondé le journal *La Nation* ?

Mme Ghezali. — Par un groupe de journalistes. Il appartient à un particulier, c'est-à-dire à un entrepreneur qui a mis son argent là-dedans.

Me Farthouat. — À l'origine ?

Mme Ghezali. — Il y avait toute une série… Attendez que je me rappelle… Il y avait Abed Charef, peut-être, des journalistes qui venaient de la presse…

Me Farthouat. — Le responsable de la communication de M. Mouloud Hamrouche n'était pas parmi les fondateurs ?

Mme Ghezali. — Peut-être, oui. Pourquoi ?

Me Farthouat. — Parce que je vous pose la question. Merci.

Me Bourdon. — Mme Ghezali, avez-vous lu le livre de M. Souaïdia ?

Mme Ghezali. — Oui.

Me Bourdon. — Que pouvez-vous en dire au tribunal ? Qu'est-ce qu'il représente dans cet effort pour que la vérité gagne sur certains événements ? Que pouvez-vous dire ?

Mme Ghezali. — Je peux dire de cet ouvrage qu'il a rassemblé, sous la plume d'un militaire, tout un ensemble de faits du lot quotidien de n'importe quel citoyen ordinaire qui savait tout simplement que les islamistes tuaient, que les militaires tuaient, que les islamistes se déguisaient en militaires et les militaires en islamistes. En Algérie, dans les premières années de la guerre, on ne disait pas « les islamistes », « les militaires », « les policiers » ou « les miliciens » (il ne faut pas oublier qu'ils sont des acteurs importants dans cette violence). On ne nommait pas les gens, on disait : « Les uns et les autres. » Les uns et les autres…

Donc, ce livre restera probablement plus tard – si nous sortons un jour de ce cauchemar – comme quelque chose qui, d'une certaine manière, aura participé à sauver l'âme de l'armée algérienne, par le bas. On pourrait probablement comparer M. Souaïdia à M. Paris de Bollardière, même si ce dernier était probablement un homme d'une autre stature, produit d'une autre histoire. Produit d'une société qui n'était pas une société traumatisée par la colonisation, il a sauvé l'honneur de l'armée en refusant la torture, en refusant de se conduire en ennemi de l'humanité [34]... Même si ceux qui lui faisaient face étaient des colonisés...

M. Souaïdia a probablement exprimé toutes les limites de la société algérienne avec son histoire, avec ses traumatismes, et a joué le même rôle. Il a simplement envoyé un signal aux Algériens en disant : « On a fait des choses dégueulasses. Dans l'armée, on est fait pour obéir aux ordres et il y a un moment où on se dit que ce n'est plus possible. » Je crois que c'est comme cela que moi-même et beaucoup d'autres Algériens ont perçu cet ouvrage.

Me Bourdon. — Pardon, votre réponse m'amène à une ultime question sur l'initiative du général Nezzar de faire ce procès à M. Souaïdia. Qu'en dites-vous ?

Mme Ghezali. — Deux choses. D'une part, la polémique... Mais à quoi bon ? Ils sont tellement forts là où nous sommes, ils peuvent tellement tout nous prendre : nos biens, nos familles, les êtres qui nous sont chers... Ils nous ont même enlevé le goût de vivre. Reste que, pour la polémique, quand on a fait tout cela au nom de la « souveraineté algérienne » et de l'« amour de l'Algérie », c'est un peu contradictoire. Personnellement, cela ne me dérange absolument pas que ce procès se tienne devant un tribunal français ; mais c'est un peu contradictoire, car on a culpabilisé les

---

34 Pendant la première guerre d'Algérie, le général Jacques Paris de Bollardière, héros de la France libre, qui commandait dans l'Atlas blidéen, a demandé, le 7 mars 1957, à être relevé de ses fonctions, en réponse à une directive du général Jacques Massu, commandant la 10e division parachutiste, qui prescrivait une « accentuation de l'effort policier ». Dans ses mémoires, le général de Bollardière écrit : « Des directives me parviennent, disant clairement de prendre comme premier critère l'efficacité et de faire passer en priorité les opérations policières avant toute pacification. Des femmes musulmanes, atterrées, viennent m'informer en pleurant que leurs fils, leur mari, ont disparu dans la nuit, arrêtés sans explication par des soldats brutaux en tenue camouflée et béret de parachutistes. [...] Je demande alors à être reçu immédiatement par le général Massu. Je lui dis que ses directives sont en opposition absolue avec le respect de l'homme qui fait le fondement même de ma vie et que je me refuse à en assumer la responsabilité. Je ne peux accepter son système qui conduira pratiquement à conférer aux parachutistes, jusqu'au dernier échelon, le droit de vie et de mort sur chaque homme et chaque femme, français ou musulman, dans la région d'Alger. [...] J'affirme que s'il accepte le principe scandaleux de l'application d'une torture, naïvement considérée comme limitée et contrôlée, il va briser les vannes qui contiennent encore difficilement les instincts les plus vils et laisser déferler un flot de boue et de sang » (Jacques PARIS DE BOLLARDIÈRE, *Bataille d'Alger, bataille de l'homme*, Desclée de Brouwer, Paris, 1972).

gens parce qu'ils prennent la parole, ils écrivent dans des publications françaises.

Mais, d'autre part, autrement plus grave, autrement plus pervers est le fait de nous dire : « Là-bas, c'est notre territoire et vous nous appartenez. Ici, aussi. Nous vous pourchasserons, nous irons où que vous alliez et, grâce à ceux qui nous servent et grâce à nos réseaux, nous vous harcèlerons. » Nous sommes là aujourd'hui pour leur dire : « Vous pouvez tout nous prendre, parce que nous sommes prêts à tout risquer, simplement pour que ce pays mérite ce qui, vraiment, lui redonnera sa dignité. »

Applaudissements dans l'assistance.

M. Stéphan, *président*. — S'il vous plaît… Pas de manifestations de ce type. Je le répète. Merci.

Me Farthouat. — D'autant que venir dire qu'assigner quelqu'un devant un tribunal parisien est une forme de « harcèlement », là encore, n'est pas convenable. Je trouve que, depuis le début de cet après-midi, nous sommes dans une inconvenance complète.

Me Bourdon. — M. le bâtonnier Farthouat, une fois de plus, est le seul à ne pas avoir compris ce qui a été dit.

M. Stéphan, *président*. — Cela fera l'objet de vos plaidoiries, que le tribunal entendra avec beaucoup d'intérêt, dès demain. Nous allons poursuivre avec le témoin suivant, M. Mosbah.

Audition de M. Abderrahmane El-Mehdi Mosbah,
à la requête de la défense

M. Stéphan, *président*. — Bonjour, Monsieur. Vos nom, prénoms, âge et domicile ?

M. Mosbah. — Je m'appelle Mosbah, mon prénom est Abderrahmane El-Mehdi. Je suis né le 23 octobre 1970, à Annaba, en Algérie. Je suis arrivé en France le 11 mai 1994 et j'ai obtenu mon statut de réfugié politique en France le 30 juin 1995. Depuis, je suis installé en France. Je ne suis pas retourné en Algérie. Je vis maritalement avec une femme française et je suis père d'un enfant français.

M. Stéphan, *président*. — Votre profession actuelle ?

M. Mosbah. — Je suis libéral, consultant dans le domaine du génie climatique dans le bâtiment.

M. Stéphan, *président*. — Votre domicile ?

M. Mosbah. — J'habite à Villiers-sur-Marne.

Le témoin prête serment.

M. Stéphan, *président*. — Merci, Monsieur. Me Bourdon, vous avez la parole pour interroger le témoin.

Me Bourdon. — M. Mosbah, vous avez fait l'objet à deux reprises d'arrestations en Algérie. Pourriez-vous indiquer au tribunal dans quelles conditions, à quelles dates vous avez été arrêté, détenu, bref, raconter votre histoire algérienne jusqu'à votre arrivée en France ?

M. Mosbah. — En 1991, je m'étais inscrit à l'Institut des études islamiques du Caroubier, qui dépend de l'Université d'Alger. C'était le début de la grande période d'affrontement entre ceux qui détenaient le pouvoir en Algérie – je n'appelle pas cela l'État algérien – et les islamistes, en particulier le FIS. Donc, j'étais inscrit à cette université. Bien sûr, l'Algérie était en phase de grande agitation. Entre-temps, de grandes rafles avaient été opérées par les services de sécurité algériens, aussi bien les militaires que la police et la Sécurité militaire.

En mars 1992, j'ai été pris dans une rafle à l'entrée de l'université. Nous étions onze étudiants à être pris dans cette rafle. On nous a mis dans les coffres des 505, bien sûr menottés, attachés, couchés dans les coffres. On nous a donné des coups de *rangers*, on nous a conduits au commissariat de Hussein-Dey. On nous a emmenés au cachot, dans des cellules où l'on était plusieurs.

Puis, plusieurs policiers ont défilé pour nous tabasser avec leurs *rangers*, en nous traitant de terroristes et d'islamistes. Effectivement, il y avait plusieurs islamistes avec nous. Suite à quoi, l'un après l'autre, nous avons été conduits devant des policiers, moi-même j'ai été conduit devant deux policiers qui m'ont interrogé sur mes idées politiques et qui m'ont posé des questions précises, à savoir : « Est-ce que j'ai participé aux événements d'octobre 1988 et aux manifestations du FIS de juin 1991 ? » Et ils m'ont posé une autre question : « Qu'est-ce que je pensais du pouvoir en place et de l'arrivée de M. Boudiaf à la tête de ce pouvoir ? »

Quant à la première question, bien sûr, j'étais étudiant lycéen en 1988, j'avais dix-huit ans et, à cet âge, j'ai fait partie des manifestants, chose dont je tire fierté. J'ai déclaré qu'en 1991 je n'avais pas participé aux manifestations. En ce qui concerne mes opinions politiques, j'ai déclaré que je n'étais pas un islamiste, que j'étais contre le projet des islamistes. Cependant, bien sûr, j'ai plusieurs amis islamistes avec lesquels j'ai gardé amitié, des gens avec lesquels j'ai grandi et des gens qui étaient avec moi pendant les manifestations d'octobre 1988.

L'Algérie s'était ouverte à une grande phase de démocratie où toutes les opinions pouvaient s'exprimer. Cette phase de démocratie n'était pas venue sans rien du tout. Bien sûr, nos parents, nous-mêmes, avions milité et étions présents sur le terrain pour qu'on puisse acquérir, comme tout peuple qui se respecte, le droit de s'exprimer.

J'avais déclaré que produire un discours qui prétend défendre la démocratie, et venir ensuite installer un président à la tête du pouvoir sans rien demander au peuple, pour moi, c'était le comble, le comble de ce que l'on pouvait nous faire subir. Si je parlais ainsi et j'osais m'exprimer, c'est parce que je suis fils d'un haut magistrat algérien : mon père était alors avocat général à la Cour suprême d'Alger, l'équivalent de la Cour de Cassation en France. Mon père était un indépendantiste algérien, militant de la première heure, né en 1920. Il avait suivi tous les cheminements de l'Étoile nord-africaine jusqu'au Parti du peuple algérien et au Mouvement pour le triomphe des libertés démocratiques. Deux de mes oncles sont morts à la fleur de l'âge pour que vive l'Algérie libre et indépendante. Bien sûr, ils avaient fait partie des premiers combattants de 1954 et, bien sûr, pas de ceux qui ont rejoint l'ALN à la dernière heure, à l'instar de ce monsieur. *(Il pointe du doigt le général Nezzar.)*

Mouvements divers...

M. Mosbah. — J'avais cette fièvre de vouloir m'exprimer, j'avais dit non à Boudiaf et, à cet instant, on avait rempli un papier et on a dit : « C'est fini pour toi. » Les deux policiers se sont regardés et se sont fait un clin d'œil. J'ai fait allusion à mon père, à son poste et à d'autres personnes proches de ma famille, des hauts gradés dans l'armée algérienne avec des postes importants... À cette époque-là, je pensais que le fait de pouvoir les citer allait me sortir de cette phase, mais ce n'était pas le cas. Ce n'était pas le cas ! Après avoir parlé de mon père, après avoir parlé d'autres personnes influentes, les policiers m'ont dit : « Rien à faire, mon vieux, nous, on a des ordres. »

J'ai été conduit au cachot et, en fin d'après-midi, on nous a conduits dans un centre de la Garde républicaine, ce que l'on appelle El Harass-el Djoumhouri – moi, je n'appelle pas cela une Garde républicaine... Ils nous ont conduits au centre qui s'appelle Les Dunes, au bord de la mer. On nous a mis dans un hangar, ils appelaient cela un « centre de transit ». Si, Messieurs, cela peut vous rappeler quelque chose pendant l'histoire de la République française, ils appelaient cela un « centre de transit ». Bien sûr, on était plusieurs dans ce centre de transit. C'était un hangar en bardage métallique, sans la moindre isolation. On était en plein hiver, il faisait très froid. À l'intérieur, il y avait des sortes de box en grillage métallique, des box à chevaux, parce que la Garde républicaine a des chevaux, elle défile avec des chevaux, etc. C'était des box à chevaux et on était couchés à même le sol avec des couvertures seulement. On avait droit à ce luxe !

C'était Ramadan, le début du mois de jeûne. Le soir, on avait droit à un maigre repas pour couper le jeûne. Mais là n'était pas vraiment le problème. Les conditions étaient atroces, on était obligés d'attendre pour aller aux toilettes. Les toilettes étaient des sortes de cabines en bois posées au-dessus de tranchées. C'était cela les conditions hygiéniques.

Nous sommes restés là une semaine et j'ai vu ce centre se remplir petit à petit. On était plusieurs centaines, là-dedans. Il y avait, à côté de moi, un joueur algérien de football connu. Il avait participé à la fameuse victoire de l'équipe algérienne contre l'Allemagne, il s'appelait Salah Assad. C'était un islamiste qui se déclarait tel. On faisait une sorte de pelote, de ballon, qu'on confectionnait avec des petits chiffons pour jouer… Salah Assad avait sa couche à côté de moi, il ne pouvait pas bouger… Il m'a dit qu'il avait été torturé. Ils l'ont fait s'asseoir sur une bouteille, donc il avait un problème à l'anus, au côlon, et il ne pouvait pas s'asseoir. Deux positions seulement lui étaient possibles : debout et couché.

Un beau jour, après sept jours passés dans ces conditions, nous avons entendu arriver des camions et le bruit des chaînes. Des militaires nous ont enchaînés par groupe de sept à neuf et ils nous ont mis à l'intérieur de ces camions. Nous étions couchés, couchés à même le sol de ce camion. Il y avait des militaires avec nous qui, eux, étaient assis sur les bancs de sorte que les personnes à l'extérieur pouvaient voir ces militaires qui nous surveillaient, mais nous, bien que là, avions disparu…

Plus tard, mon père, qui était assez influent et qui connaissait des personnes influentes, m'a raconté qu'il avait fait le nécessaire, il avait tout fait pour me retrouver. Rien à faire ! C'était des ordres bloqués qui venaient de très haut. Rien à faire ! Il avait – je ne citerai pas de noms, bien sûr, parce que l'Algérie malheureusement est encore sous le joug de ces mêmes personnes qui ont commis ces crimes – fait le nécessaire, mon père. Mais rien à faire !

Je me suis donc retrouvé à l'intérieur de ce camion, on nous a emmenés à Boufarik, non loin de Blida, à environ 30 ou 40 kilomètres d'Alger. Boufarik est un aéroport militaire. Il fallait voir la garnison qu'il y avait là-dedans, c'était incroyable, je n'ai jamais vu cela ! Pourtant, je connais des gens dans l'armée, je connaissais les casernes, je suis allé à l'intérieur des casernes… Je n'ai jamais vu cela ! C'était génial ! C'était de la science-fiction ! Il y en avait partout ! Des militaires ! Il fallait voir cela… !

Toujours est-il que nous étions dans des conditions pas possibles ! J'ai vu des hommes pleurer. J'ai vu des hommes grands et forts pleurer. Pourquoi pleuraient-ils ? Parce qu'on partait vers une destination inconnue et moi, j'étais jeune, j'avais gardé un peu de sang-froid et je pouvais peut-être espérer que ma famille puisse faire un geste pour moi, qu'elle puisse me sortir de là. D'autres avaient laissé femmes et enfants. Ils ne savaient pas qui viendrait leur apporter à manger ce soir-là. Il y avait des gens qu'on avait ramenés avec leur couffin du marché, ils avaient encore leur couffin.

Bien sûr, à la fin, les couffins étaient vides parce qu'on avait mangé tout ce que l'on y avait trouvé. J'ai vu un monsieur avec des cages d'oiseaux, il vendait des oiseaux au marché : on l'a ramené, mais on lui a laissé ses oiseaux ; je ne sais pas pourquoi, mais on lui a laissé ses oiseaux. Il était bien plus éclairé que ces gens-là : il les a libérés, parce qu'il ne savait pas où il allait lui-même…

On était dans ces conditions. Je ne sais pas dans quel pays j'étais, parce que je ne pensais pas que cela m'arriverait, à moi… Les autres, on entend des choses, mais bon… Je fais partie d'une famille qui s'en sortait pas mal. Avec mes frères et sœurs universitaires qui s'en sortaient pas mal, avec les liens avec les gens au pouvoir, on arrivait à s'en sortir, tranquille… Paf !

Moi, j'étais tombé dans le trou et je me suis retrouvé très bas avec le peuple, ce que ces gens-là (*il désigne M. Nezzar*) appellent le petit peuple, le bas peuple.

Nous avons été emmenés dans des avions militaires et, à ce moment-là, j'étais très malade, j'avais la diarrhée – excusez-moi –, on m'a emmené sur la pelouse de la piste d'atterrissage et c'était là qu'il fallait faire ses besoins. J'étais très malade dans l'avion, très malade. On arrive à El-Ménéa, dans le Sud algérien, ex-El-Goléa. C'était la première fois que je voyais le désert. On survolait une mer de sable… Excusez-moi, je fais appel à ma mémoire parce que cela fait dix ans, quand même, c'est le tiers de la vie… Je fais appel à ma mémoire pour essayer de retrouver toutes ces images.

On arrive dans le Sud algérien, M. le président, à El-Ménéa, dans un aéroport. Ils appelaient cela : semi-militaire (on pouvait l'utiliser pour les touristes et aussi pour les militaires). Et ils nous ont amenés dans un camp de concentration. Le camp de concentration se situait à l'intérieur de la caserne d'El-Ménéa : dans la cour, il y avait des tentes entassées.

Je ne vous dis pas, dans un endroit où il peut faire 50 °C à l'ombre, dans quelles conditions nous étions. Mais nous étions encore en hiver et là, dans le désert, il y a un contraste de température qui fait que, l'hiver, il fait très froid. Je n'ai jamais eu aussi froid de ma vie ! On a passé des moments atroces… Il y avait parfois des tempêtes de sable qui soufflaient sur nous, qui arrachaient la tente et à plusieurs il fallait la retenir. Des fois, on mangeait sous cette tente : on pouvait sortir sa main, on ne la voyait pas. On mangeait et la moitié de ce qu'on mangeait était du sable. On était comme des bêtes, vous savez, on était des animaux. Un seul nerf nous retenait à la vie, certains appellent cela lutte pour la survie. On ne savait pas, c'était automatique : on luttait, on s'accrochait à cette vie…

On a passé des moments très, très durs, et le camp s'est rempli. On était des centaines là-dedans. La Croix-Rouge est venue pour nous rendre visite. Bien sûr, pendant les trois jours où la Croix-Rouge était en visite, nous avons eu droit à tous les luxes possibles. On nous a même apporté de la limonade, il ne fallait pas s'en priver, bien sûr. On n'allait pas dire : « Messieurs, on refuse parce qu'on proteste. » Toujours est-il qu'on nous a transférés plus tard à Ouargla, parce que la Croix-Rouge a dit : « Arrêtez, c'est un peu trop, ce camp ne répond pas aux conditions sanitaires. »

Je suis parti à Ouargla, ce n'était pas mieux. C'était une prison militaire avec un mur de sept mètres. Quand vous arrivez devant cette prison, vous dites : « J'ai vu cela dans quel film, mon Dieu ? » Et vous rentrez là-dedans… Il y a sept portes pour arriver à l'intérieur… sept portes !

Je ne savais plus qui j'étais ! Mais, moi, je n'ai jamais été armé ! Je n'ai même pas fait l'armée ! J'ai un casier judiciaire plus blanc que le front de cet homme, que les cheveux de cet homme, excusez-moi ! Je n'ai jamais fait de mal à personne. Je ne veux, de ma vie, jamais faire de mal à personne. On était traités comme la pire espèce, c'est-à-dire que les moyens déployés étaient des moyens qui attestaient de la terreur de ce régime dans lequel on vivait, ce régime qui, à un moment, s'est trouvé déstabilisé, comme en octobre 1988 et comme avec le FIS. Parce que le FIS, c'est quoi, après tout ? C'est comme les pierres qu'on a jetées sur le pouvoir en octobre 1988.

Des amis qui s'étaient engagés dans le FIS ne savaient même pas ce qu'ils faisaient. Ils allaient dans ce que l'on appelle des *halakat*, c'est-à-dire des cercles islamiques, où ils apprenaient ; mais ce qui les intéressait là-dedans, c'est le fait que ça faisait peur à ce pouvoir, à ce despote qui était assis là depuis trente ans, qui bloquait tout espoir dans ce pays. Ces jeunes-là n'étaient pas comme moi. Eux n'avaient pas d'espoir, ils ont vu leur père, leur frère, tout le monde sans espoir. Par contre, ils ont vu les fils de ces gens-là et ils les ont vus avec tout un avenir, avec cette corruption, cette corruption cruelle, brutale qu'ils étalaient. Et c'était ma génération, c'était la génération de la révolte. Je n'appelle pas cela une révolution. C'était la révolte et la révolte avec tout ce que cela engendre… Bien sûr avec des organisations, etc.

Toujours est-il que nous sommes partis à Ouargla. C'était une prison militaire et on était 3 500. Ici, on parle de 15 000 déportés, je ne sais pas comment ils ont fait pour les compter : on était 3 500 dans ce centre et il y en avait des dizaines en Algérie. On était nombreux, nombreux… Des fois, il faisait tellement chaud et j'étais tellement malade qu'un ami à moi, un voisin, Saïd – qui, plus tard, mourra les armes à la main –, m'emmenait dans les blocs, dans les cellules en béton (parce que comme il n'y avait pas de place on était dans des tentes). Les cellules étaient pleines, elles étaient faites pour quatre personnes, mais il y en avait douze. Il m'emmenait là pour trouver un mètre carré me permettant de m'étaler sur le sol, tellement il faisait chaud à l'extérieur.

Pendant que j'étais dans cette prison, le président, la personne qui était à la tête de la présidence de ce pouvoir, M. Boudiaf, la personne affichée du pouvoir, a été assassinée. On s'est alors tout simplement vengé sur nous, prisonniers désarmés, sans armes. On s'est vengé sur nous. La même ration qu'on avait, c'est-à-dire une soupe avec rien du tout, des légumes, n'importe quoi et le peu de pain qu'on nous donnait ont été coupés en deux. Bien sûr, je vous épargne le détail des gens qui étaient tombés malades, comme des mouches, et qu'on emmenait à la porte de sortie pour essayer de les faire hospitaliser. Ils les ont rejetés ! Je vous épargne les détails, les détails, les détails !

Toujours est-il qu'il y a eu une émeute et cette émeute-là n'était pas une émeute politique, Monsieur. Même s'il y avait plein, plein, plein de prisonniers politiques, d'opinion, dans cette prison et plein de malheureux comme moi, c'était une lutte pour manger parce qu'on nous avait même interdit les visites. Il y avait quelques visites de personnes qui venaient du Nord, de très loin, avec des couffins remplis. Avec ces couffins on arrivait à tenir et on les partageait. « Les visites sont interdites, vous avez tué Boudiaf ! Les visites sont interdites, la ration est coupée en deux et vous allez crever comme ça. »

Il y a eu une émeute… La première porte a cédé : les gens étaient sur la porte et elle a cédé… J'ai vu les bérets rouges, c'est-à-dire la division blindée, prendre tout le mirador, le mur, et installer leur machine que l'on appelle la « machine à coudre ». Je ne savais pas quoi faire : parce que, dans une tente, vous ne pouvez pas courir pour aller vous cacher dans des blocs ; dans une tente, avec quoi se couvrir contre les balles prêtes à tuer du monde ? Je peux vous dire que dans notre camp de concentration, oui, on a tiré sur les gens. Ces gens-là, on ne les a jamais pris les armes à la main. On les a ramenés de chez eux, de la rue, dans les rafles, comme ça… Rien… Jamais jugés…

Il y avait, soi-disant, une commission… Comment on appelait cela ?… Une « commission de recours », soi-disant. Mon père a cherché cette commission inexistante partout à Alger, il ne l'a jamais trouvée. Cette commission n'a jamais existé.

Alors, voilà les conditions, le début… Cela, c'est l'entrée, le plat de résistance n'est pas encore arrivé. Cela, ce n'est rien du tout. Moi, j'ai cru avoir tout vu dans ma vie après ça… Mon père est intervenu. Je suis sorti de là, j'ai fait partie des premiers qui sortaient. C'était les privilégiés, ceux qui avaient ce que l'on appelle les épaules larges.

« Passe », on sortait… Camion… Centre-ville… Dehors, il fallait se débrouiller. Heureusement que mon père m'avait rendu visite et m'avait donné un peu d'argent, parce que le premier avion pour Alger, je ne me souviens plus très bien, mais il ne partait pas le même jour. Il fallait attendre le lendemain ou le surlendemain. À cause de la police et de l'état d'urgence, on s'est dit : « On va à Ghardaïa, une ville très touristique. Il y a plein de vols et on va prendre un avion de là. On ne traîne pas parce que, s'ils nous prennent… » On avait ce qu'on appelait un bon de sortie : cet individu est autorisé à rentrer chez lui à telle adresse, etc. Voilà…

La Constitution en Algérie… La Constitution pour laquelle j'étais dans la rue en octobre 1988, la Constitution de 1989 arrachée par le sang de dizaines et de centaines de jeunes – ces morts dont ce monsieur a reconnu qu'il était coupable… –, cette Constitution nous donnait le droit d'aller et venir dans notre pays. Ce pays pour lequel mes oncles sont morts, pour lequel mon père a milité et pour lequel cet homme-là n'a jamais milité, sauf peut-être dans les écoles militaires françaises et l'armée française qu'il a quittées en 1958 pour rejoindre les frontières, quand l'ALN a été décimée.

On pouvait donc rentrer chez nous. Je suis rentré chez moi, je n'ai pas chipoté, je suis rentré chez moi, j'ai pris l'avion de Ghardaïa. J'ai payé le billet cash, j'ai pris l'avion, j'ai pris le taxi, je suis rentré chez moi. Ma mère m'a vu, elle est tombée… Elle ne me reconnaissait pas, elle est tombée, j'étais un homme cadavérique, comme si je sortais d'Auschwitz. Mais non, j'avais été à quelques centaines de kilomètres du sud de la France, en Algérie. C'est là ! L'Algérie… le gouvernement algérien qui a une représentation diplomatique en France et dont le président vient s'exprimer devant le Parlement ! Toujours est-il que, dans cette Algérie, j'ai subi cela. Je suis rentré… Il ne faut pas de problèmes… C'est fini pour toi, mon fils, c'est bon… !

Alger, c'était : on tue, on tue, le premier qui tue l'autre… Certains islamistes ont pris les armes, ont choisi la voie des armes et ils tuaient. Par contre, les militaires eux, pour une personne morte, ils en tuaient dix. Pour preuve : plus tard, en 1994, pour un officier tué en bas de chez moi, onze personnes ont été assassinées. Ces personnes étaient désarmées, menottées, elles ont été attachées comme des lapins sur une place et ont été assassinées par des militaires. Mon père avait écrit à Amnesty International un témoignage sur cette exécution sommaire, qui a été reproduit dans des rapports d'Amnesty International.

Je suis parti à Constantine pour changer un peu d'air et, début 1993, je suis revenu à Alger. Ils sont revenus me chercher parce que ordre a été donné – un haut gradé de la Sécurité militaire, un proche de la famille, nous l'avait déclaré –, ordre avait été donné de prendre tous les gens qui avaient fait les camps de concentration. Donc, il n'avait pas suffi qu'ils nous emmènent dans ces camps de concentration !

On avait appelé cela l'école du terrorisme. Sortant de là… Dans la justice vous connaissez le problème de récidive ! Les gens qui vont en prison, est-ce bien de les mettre en prison quand ils n'ont rien fait ? C'est vrai que ces camps de concentration ont servi… Certains ont dit : « Attends, moi on m'a pris une fois pour rien, je devais goûter à l'enfer du désert, la prochaine fois, on ne me prendra pas, ou on me prendra les armes à la main. » Certains ont dit cela, mais pas tous, une certaine minorité.

Toute cette jeunesse qui a été prise dans les rafles, qu'elle soit pour ou contre les islamistes ! Moi-même, je ne suis pas communiste, mais j'ai connu un communiste qui était avec moi dans le camp de concentration, qui avait été emprisonné parce qu'on n'avait pas trouvé son frère islamiste. J'ai connu des gens pris comme ça, parce qu'ils étaient dans la foule et qu'il y avait un ou deux barbus… Tout le monde était concerné. Des quartiers comme Bab-el-Oued, Les Eucalyptus, des quartiers populaires, ont beaucoup souffert, parce qu'on arrêtait, on arrêtait… C'était des quartiers qui avaient massivement voté pour le FIS.

Et bien sûr, on vient me chercher… J'ai vu les voitures de la gendarmerie se garer en bas de chez moi… La première chose à faire : j'ai eu le réflexe de prendre mon agenda, et ce n'était pas un agenda de terroriste, de Ben Laden, de X ou Y, c'était un agenda dans lequel il y avait le nom de mes copains et celui de mes copines. Je n'avais pas peur pour mes copines, mais pour mes copains. Vous comprendrez pourquoi : tout simplement, avec un agenda, j'avais peur qu'on torture des gens, comme ça, avec les noms des copains.

J'ai déchiré cela dans les toilettes, j'ai tiré la chasse et j'ai pris ma veste et ma carte d'identité. J'ai ouvert et ils m'ont dit, comme on m'a cité ici : « Mosbah Abderrahmane. » J'ai dit : « C'est moi, présent. » J'ai donné ma carte… Menottes, et on m'a emmené. On m'a emmené, on m'a mis dans leur voiture, derrière, dans le panier à salade. On m'a emmené à une première gendarmerie dans des 4 × 4 Toyota, puis à celle qui fait face à l'état-major des forces armées.

Plus tard, des terroristes ou, disons, d'anciens détenus de cette gendarmerie, d'anciens détenus y ont mis des bombes : un camion bourré d'explosifs. J'ai appris cela plus tard, j'étais en France. Je comprends pourquoi ! Je ne justifie pas, je comprends.

J'arrive ! Le portail s'ouvre et on me sort de là. Puis, on m'a dit : « *Chkoun taaraf* ? [qui connais-tu ?], tu vas nous dire tous ceux que tu connais. » Vous savez, le réflexe, la première chose, c'est de mentir, de dire : « Je ne connais personne. » Bien sûr, il y avait des islamistes, c'était l'Algérie de la débandade… Il y avait des islamistes qui partaient et qui décidaient… Il y en avait qui étaient torturés, notamment Saïd qui était avec moi dans les camps.

Avant, Saïd avait été pris au commissariat central d'Alger, torturé pendant treize jours. J'ai été le voir dès sa sortie. Ma sœur, qui est avocate, et mon père se sont démenés auprès du commissaire pour lui expliquer que ce petit bonhomme n'avait rien fait et pour le sortir de là. Saïd après ça m'a dit : « Écoute, je ne te souhaite pas ça. Ton nom, je ne l'ai pas donné, j'ai donné d'autres noms… Ton nom, je ne l'ai pas donné, mais je ne te souhaite pas ça et je te conseille quelque chose. Si tu montes au maquis, tu viens me voir, je suis avec Saïd Makhloufi… » C'était un responsable qui s'appelait Saïd Makhloufi, très connu, c'était un islamiste du FIS, un ancien officier. Il m'a dit : « Tu viens me voir, tu viens à l'AIS, tu ne vas pas avec le GIA… » Il connaissait très bien Chérif Gousmi et Djamel Zitouni que moi-même j'ai rencontré plusieurs fois avant ces événements-là, parce qu'il était voisin de mon quartier. Il connaissait très bien ces gens-là et il m'a dit : « Ne vas pas avec Djamel Zitouni, ne vas pas avec le GIA. » Il m'a dit : « Ce n'est pas normal, ils ont des armes et ils ont eu des armes trop rapidement. »

Quand je suis rentré à la gendarmerie, je me suis dit : si j'attrape Saïd, je l'égorge. Je savais ce qui m'attendait et je me suis dit que si c'était vraiment quelqu'un qui pensait à moi, il m'aurait pris avec un flingue pointé sur la tête et il m'aurait emmené au maquis. Quand je suis rentré à la salle de torture, ils étaient onze pour un petit bonhomme comme moi, désarmé, sans armes. Ils étaient onze !

Vous savez, M. le président, j'ai passé six ans de psychothérapie avec une dame merveilleuse, ici en France, qui s'appelle Hélène Jaffé. Je la remercie de pouvoir parler aujourd'hui devant vous. Avant, je ne pouvais pas ouvrir mon bec. Comme tous les Algériens, j'avais le bec bouclé.

Je peux vous dire une chose, cela fait huit ans que je suis en exil et il y a quelque temps j'ai demandé à ma famille de revenir. Ils ont contacté la Sécurité militaire, un officier de la Sécurité militaire en Algérie… J'ai dit : « J'ai arrêté toute politique ; au début, j'ai milité dans les droits de l'homme, ici en France, mais maintenant, non, c'est bon, je retourne chez moi ! » Mais là… Ce monsieur qui m'a appelé, là (*il désigne Habib Souaïdia*), lui ne le sait pas. On a fait appel à moi et j'ai dit : je vais parler pour Saïd, je vais parler pour Yacine qui, lui, est mort à la prison de Serkadji, où il y a eu un massacre, où cent personnes ont été exécutées comme des bêtes [35]. Sa mère est allée l'identifier, elle ne l'a pas reconnu parce qu'ils ont été massacrés au napalm dans la prison…

Quand je suis rentré dans cette salle de torture, il y avait onze personnes, dont deux personnes de la Sécurité militaire. Bien sûr, vous vous demandez comment je les ai reconnus. Mais quand on est algérien, on les sent ces gens-là, ils avaient des lunettes Ray Ban noires. Ils ne touchaient pas à la bête, ils étaient là, leur présence suffisait pour diriger non pas les débats mais les ébats. Ces gens qui m'ont torturé, je serais prêt à les reconnaître, ils n'étaient pas cagoulés comme d'autres l'ont fait plus tard, ils n'étaient pas cagoulés.

Le chef de la gendarmerie, le brigadier, m'a dit : « Déshabille-toi ! » Je me suis exécuté. J'allais vers la mort, je ne sais pas mais j'y allais, ce n'est pas cela qui allait me retenir, cela ne servait à rien. Il fallait goûter à la chose, elle était là. Je me suis donc exécuté. Je n'ai pas enlevé mon pantalon parce que je n'avais pas de slip ; j'avais des irritations à cause des élastiques et je ne mettais pas de slip. J'avais un pantalon, un jean, sans slip dessous. Il m'a dit : « Tu enlèves tout, sinon je vais le faire. » J'ai dit : « Je ne peux pas, je n'ai pas de slip, parce que je ne peux pas mettre de slip. » Il a dit : « Vous voyez, c'est un islamiste, ils sont tous pareils, ils ne mettent pas de slip. » Quand j'ai enlevé mon jean – ce n'était pas un Lévi-Strauss, mais un jean de marque qui s'appelait *Complice* –, il a dit : « Complice ! »

Et puis ils m'ont mis par terre, menotté, mains derrière le dos, serré très fort, menottes aux pieds. Ils m'ont couché. Ils se sont mis à plusieurs sur moi. Il y avait les menottes qui me rentraient dans la chair, dans l'os. Ils se sont mis à plusieurs. Le chef de la gendarmerie – ce n'était pas un subordonné, c'était le chef, le brigadier – m'a mis le chiffon… Voilà la fameuse scène du chiffon… Il me l'a introduit dans le bec ouvert, et avec une bouteille ils l'ont glissé. Là, vous avez une boule, un chiffon qui prend l'eau, qui se remplit et qui laisse passer, passer, passer… Au bout d'un moment, cela vous rentre dans les narines et vous coulez, cela rentre dans les poumons, partout, et vous coulez. C'est la même sensation que lorsque vous coulez. Quand j'étais gamin, une fois, il est arrivé que j'ai failli couler. C'était la même sensation. Vous coulez.

À un moment, je ne voyais plus rien, c'était le noir, un rideau noir s'était abattu sur moi. C'est comme si on m'avait enfermé dans un sac en plastique noir. J'étouffais, je me débattais comme un chien, je cherchais quelque chose, je cherchais quelque chose, je cherchais à passer de l'autre côté… Je cherchais la mort. C'était un moment extrême où la seule chose qui pouvait me sortir de cette souffrance, de cette douleur inimaginable

---

35 Voir *supra*, chapitre 2, note 72, p. 172. M. Mosbah fait allusion à Yacine Si Mozrag, tué à Serkadji en février 1995. Sa famille fait partie des victimes qui ont déposé des plaintes pour tortures contre le général Nezzar, en avril 2001 et juin 2002 à Paris.

– je ne peux pas vous décrire cette chose atroce –, la seule chose, c'était la mort.

À un moment, on vous enlève cela et vous revenez, vous revenez et vous vous débattez. Mais vous êtes lié, vous ne voyez rien, vous avez l'impression que cela va dans tous les sens. La douleur, n'en parlons pas, c'est incroyable... Et plusieurs fois cette chose-là... jusqu'à l'évanouissement.

Et puis ils m'ont réanimé. Bien sûr, je commençais à donner des noms, mais ma tête n'était pas présente pour donner des noms, parce que ces idiots, ces gens abjects, même dans la chose la plus abjecte, la torture, j'ai eu l'intime conviction qu'ils ne savaient pas faire. S'ils avaient su faire, peut-être en respirant... Voilà, vas-y, donne tout ce que tu peux, respire, donne tout ce que tu peux, tu t'en fous, ce n'est pas ton problème, ce n'est pas ta vie, le FIS, etc., ce n'est pas ton truc... Mais ils ne vous laissent pas le temps, tout simplement. Ce n'est pas une question de courage. Le courage, ce que j'appelle un mécanisme, vient après, quand vous vous dites : tout cela pour rien ! Je vais les tuer, je vais les tuer... Pourvu que je sorte... Je sors, je les tue...

Et plusieurs fois cette scène du chiffon. Je suis resté quarante jours dans ce poste où j'étais dans un cachot, à l'isolement, dans le noir absolu. Je suis resté trois jours entiers sans boire, sans manger. Je déféquais dans un coin de la cellule et j'étais amené à boire mon urine.

Et puis on revenait me prendre pour encore me torturer avec cette histoire de chiffon. Je vous épargne les détails des coups de massue, des coups de bâton, etc. J'ai appris que j'étais resté quarante jours. J'avais un infime esprit qui me guidait et je comptais les jours. Je savais qu'un jour passait quand le matin il y avait un bruit spécial, quand le grand portail de la gendarmerie s'ouvrait. C'était cela un jour et je mettais une croix sur le mur de la cellule.

J'ai compté trente jours, j'en étais persuadé, mais on m'a dit que j'avais été là quarante jours. C'est vrai, entre ma date d'entrée et ma date de sortie, c'était quarante jours. Il y a dix jours qui sont perdus de ma mémoire. Je me souviens d'un vague vertige, c'est tout. J'ai cherché si j'avais été piqué, s'ils m'avaient mis un produit. Rien du tout... Je ne me souviens pas. Il y a dix jours que cet homme-là me doit. (*Il regarde K. Nezzar, les yeux dans les yeux, et le montre du doigt.*) Parce que c'est lui qui a dirigé toute cette chose atroce. C'est lui qui a ordonné cette chose atroce. C'est rien dix jours quand il y a 200 000 morts en Algérie, mais pour moi c'est important. Je ne veux pas d'argent, je veux savoir ce qu'ils m'ont fait pendant ces dix jours. Je veux savoir, c'est le fait de ne pas savoir qui me torture.

Je sais qu'on m'a sodomisé, je sais qu'on m'a introduit un bâton dans l'anus. Je sais que j'ai crié : « Maman ! Putain !... » Parce que quand une mère vous met au monde, pour ça ! Vous savez, je n'ai jamais cru que je pourrais espérer avoir un enfant... Faire l'amour, je ne sais pas vraiment faire parce que je ne sais plus, cela fait partie de ces séquelles. Je n'ai jamais cru que j'allais vivre parce que j'ai vu la face négative de ce monde, comme un cliché.

Ces gens-là, ils sont nuisibles pour l'environnement humain, il faut les isoler, il faut les soigner. Je ne dis pas qu'il faut leur faire ce qu'ils m'ont fait.

Dans la salle. — Il faut les tuer !

M. Mosbah. — Non, Monsieur, je suis contre le crime, je ne dis pas comme ont dit ces personnes. Je dis que pour combattre la barbarie, on ne peut pas user des mêmes armes que la barbarie.

Me Bourdon. — Quelques mots, vous avez accepté de témoigner…

M. Mosbah. — Je ne parle pas pour moi, c'est fini, je parle pour les gens qui sont morts pour rien. Saïd, quand il a pris les armes, ce gamin, il ne voulait plus être torturé. Moi, je vais vous dire, j'ai eu la chance d'avoir un père qui m'a mis le visa dans la main. Je suis arrivé en France et j'ai subi une ablation de la vésicule biliaire et une opération sur le côlon. Aujourd'hui, je souffre encore de vertiges. Mais j'ai eu cette chance que lui n'a pas eue et si moi, je n'étais pas venu en France, j'aurais pris les armes moi aussi… Je remercie la République qui m'a ouvert sa porte quand j'ai frappé à sa porte. Mon père m'a appris la Déclaration des droits de l'homme et du citoyen où il est dit : « Nul ne sera torturé. » La République m'a ouvert ses portes et je remercie la République.

M. Stéphan, *président*. — Merci. Avez-vous d'autres questions ?

Me Bourdon. — Ultime question pour ce qui me concerne : M. Mosbah, pourquoi est-ce que vous acceptez de témoigner pour M. Souaïdia ?

M. Mosbah. — Maître, vous êtes français. Vous savez, c'est dur de naître algérien et avec ces gens-là qui détiennent l'Algérie, c'est très dur, c'est un supplice. Je témoigne pour cet homme, même si je n'ai pas peur pour lui, pour le principe. Je voulais revenir, mon père a quatre-vingt-deux ans, bientôt il passera l'arme à gauche et c'est pour cela que je veux rentrer en Algérie… Je ne vais pas voir mon père mourir, je ne vais pas l'enterrer !

Je viens témoigner pour l'honneur de cet homme, cet homme qui a osé affronter ce qu'on lui a fait faire. Il aurait pu être mon tortionnaire. Pour ma part, je lui pardonne parce qu'il a eu le courage d'affronter son passé et il a eu le courage de dire ce qui pour un être humain est répréhensible.

Il a eu le courage de dénoncer, non pas peut-être pour les gens qui ont déjà subi, pour les gens qui en sont morts, mais pour les milliers de disparus, qui sont encore disparus en Algérie, c'est-à-dire dans les cachots, les gens qu'on continue à prendre. Dernièrement, un des témoins de cette fameuse plainte a eu son fils kidnappé par la Sécurité militaire. Moi-même, j'ai eu des membres de ma famille… Je le fais pour tous ces gens-là parce que l'ignominie continue et on n'oserait pas croire que ce qui s'est passé ici, avec un certain Hitler, continue à se passer partout dans le monde.

Bien sûr, l'Algérie… On n'est pas la maison Vivendi, on n'a pas des actions qui intéressent le monde, on est un petit pays… Mais je peux dire que malheureusement l'Algérie a été pour la France ce que le Chili a été pour les États-Unis. Malheureusement, ces gens ont bénéficié de milliers d'intellectuels parce que c'est un régime corrompu et corrupteur. En Algérie, pour s'en sortir, si on n'a pas des entrées on ne peut pas avoir de logement, de travail… Ces gens ont défendu ce régime. Malheur pour eux, malheur pour les milliers de gens qui sont morts de façon inutile…

Le petit Saïd a pris les armes comme cela, pour se battre… Des gens sont devenus fous… Parce que quand vous sortez de là et que vous êtes prêt à tuer, vous êtes dans les mains de n'importe qui, qui vous fait faire n'importe quoi. Moi, j'étais prêt à tuer, je m'étais préparé à cela. Il m'est resté une infime lueur d'espoir, c'était la France. On me disait : « Tu vas partir en France. »

Et avant de venir, ils étaient encore venus me chercher, trois jours avant d'arriver en France ! On reprenait les gens qui étaient libérés… J'ai été jugé par la cour spéciale d'Alger, un tribunal d'exception dont les premières audiences ont été tenues avec des juges en cagoule et dont Me Vergès a su détailler comment ce tribunal d'exception a été copié sur les tribunaux d'exception qui étaient instaurés en France pendant la deuxième guerre [36]. J'ai été jugé par ce tribunal d'exception qui a été créé avec la signature de cet homme, qui faisait partie du HCE à l'époque, une présidence collégiale !

Donc je témoigne pour les autres, pas pour moi. Et même si on me dit « attention, tu mets en danger ta famille », j'ai déjà mis en danger ma famille. Je n'en parlerai pas, ce n'est pas l'objet de ma présence. On me dit inconscient, mais je vais dire une chose : quand on a vu ce qu'on a vu, et quand un homme comme cela ose en parler, je suis choqué, profondément choqué de venir en tant que témoin de la défense et non pas en tant que témoin de la charge. Je suis choqué qu'en France, un pays où il y a près de deux cents ans un certain Victor Hugo s'étonnait que la torture se pratique encore dans son siècle, cet homme puisse être relâché après être venu ici, secrètement, en France, plaider son innocence, blanchir je ne dis pas l'armée algérienne – il ne vient pas en porte-parole de l'armée algérienne –, mais blanchir ses compères, tous ces généraux, avoir une feuille de route pour les dix ans à venir ! Je suis profondément choqué.

M. Stéphan, *président*. — Pas d'autres questions de la part de la défense ? Mme le procureur ? *(Non.)* Monsieur, le tribunal vous remercie également, comme pour les autres témoins, de ce témoignage qui là encore repose sur des données personnelles et un cursus personnel particulier. Il est toujours difficile de l'exprimer devant un tribunal, mais vous l'avez fait comme les autres témoins et de la même façon. Le tribunal vous en remercie.

---

36 Jacques Vergès, *Lettre ouverte à des amis algériens devenus tortionnaires*, Albin Michel, Paris, 1993.

Nous allons faire une suspension d'audience d'environ un quart d'heure. Nous entendrons ensuite le dernier témoin et il y aura le visionnage de cassette.

L'audience, suspendue à 16 h 50, est reprise à 17 h 10.

Audition de M. Hocine Aït-Ahmed,
à la requête de la défense

M. Stéphan, *président*. — Bonjour, Monsieur, je vais d'abord vous demander vos nom, prénoms, âge, profession et domicile.

M. Aït-Ahmed. — Je m'appelle Aït-Ahmed Mohand. J'ai l'habitude d'être appelé Hocine, car sur l'état civil je suis Mohand Ouel Hocine. Je suis né en Haute-Kabylie en 1926, l'année du krach économique aux États-Unis. J'ai donc soixante-seize ans. Je suis domicilié à Alger. Mais comme je suis devenu le Juif errant de la période de la guerre de libération, je voyage pour essayer d'expliquer et surtout de démystifier…

M. Stéphan, *président*. — Donnez simplement les indications d'état civil.

M. Aït-Ahmed. — Je suis marié. J'ai deux garçons et une fille.

M. Stéphan, *président*. — Et votre profession ?

M. Aït-Ahmed. — Ma profession ? Juriste. C'est écrit dans mon passeport… En fait, j'ai quitté mes études après avoir eu mon premier bac. Je passe sur mes tribulations politiques… Après l'Indépendance, j'ai voulu créer un parti. J'ai été emprisonné pendant quelques années. Après m'être évadé, j'ai fait mon droit à Lausanne. J'ai soutenu une thèse à l'université de Nancy sur « Les droits de l'homme dans la charte et la pratique de l'OUA [37] ». C'était vers 1977, au moment où les droits de l'homme n'étaient pas une mode.

J'ai voulu m'inscrire dans un barreau. En Algérie impossible, en Tunisie impossible, au Maroc impossible, en Libye impossible… J'aurais voulu défendre les gens poursuivis pour délit d'opinion, ayant été victime moi-même d'un procès à la stalinienne, au cours duquel une cour criminelle révolutionnaire m'avait condamné à mort. Je n'ai donc pas été en mesure d'exercer comme avocat, mais j'ai été élu politique en Algérie.

M. Stéphan, *président*. — Et actuellement, vous êtes ?

M. Aït-Ahmed. — Je suis pour l'instant à Lausanne, mais je fais le tour des pays…

M. Stéphan, *président*. — Et vous dirigez un mouvement politique ?

---

37 Organisation de l'unité africaine.

M. Aït-Ahmed. — Oui, j'ai été élu président du Front des forces socialistes à plusieurs reprises. Le dernier congrès s'est tenu il y a trois ans[38].

Le témoin prête serment.

M. Stéphan, *président*. — Merci M. Aït-Ahmed. Je laisse donc la parole à Me Comte qui vous a fait citer pour vous interroger.

Me Comte. — M. Aït-Ahmed était dans l'avion de 1956, avec M. Ben Bella et M. Boudiaf notamment. C'est donc une figure historique, dès cette période et d'ailleurs avant, de la révolution algérienne. Mais les questions que nous voudrions lui poser du côté de la défense sont extrêmement précises.

M. Aït-Ahmed, est-ce qu'il y avait une alternative, dans la période 1990-1991, à l'interruption du processus électoral ? Avez-vous rencontré M. Nezzar pour en parler éventuellement avec lui et quelle est votre position sur une alternative à ce que moi j'appelle un coup d'État ?

M. Aït-Ahmed. — Je ne veux pas vous ramener au Déluge, mais force est de rappeler qu'après les événements tragiques du 5 octobre 1988, où des dizaines de jeunes Algériens ont été tués à la mitrailleuse lourde, on espérait une ouverture. D'autant que le mur de Berlin allait tomber et que le système para- ou proto-stalinien qui s'était imposé dans notre pays imitait le système stalinien dans ce qu'il avait de plus mauvais, à savoir la police politique (bien que dans le système soviétique il y ait un parti communiste qui contrôle l'armée et le KGB ou la Stasi).

Donc, nous espérions une ouverture lors du sixième congrès du FLN[39], dont on disait qu'il allait reconnaître les sensibilités à l'intérieur même du FLN… Pour ma part, j'avais créé un parti en 1963, après avoir été député à l'Assemblée constituante, lorsque cette Assemblée a été dessaisie de sa compétence : celle d'élaborer une Constitution. Un groupe de militaires et de personnalités connus ont fait une Constitution ailleurs… C'est dans la théâtralité, dans un cinéma que la première Constitution algérienne a été rédigée avant qu'on la fasse cautionner par l'Assemblée. On sauve toujours ainsi les apparences, et cela nous renvoie à la capacité de dissimulation, à la faculté de manipulation des régimes totalitaires. J'étais en écrasante minorité à l'Assemblée. Nous étions dix personnes à essayer de nous exprimer pour tenter d'animer un débat politique, essayer de sortir de cette guerre civile larvée qui avait commencé déjà au lendemain de l'Indépendance.

Par exemple, ce n'est pas inintéressant de vous dire que j'avais eu une mésentente avec Boudiaf qui, comme moi, avait été élu député et qui ne voulait pas siéger. Il avait créé un parti : le PRS[40]. J'ai eu une longue discussion avec lui et je lui ai expliqué : « Ton parti, c'est une petite verrue,

---

38 Le dernier congrès du FFS s'est en fait tenu du 24 au 26 mai 2000.
39 Qui s'est tenu en novembre 1988.
40 Voir *supra*, chapitre 4, note 3, p. 294.

le FLN a la légitimité intérieure et internationale. Le mieux que l'on puisse faire, au stade actuel, c'est de faire connaître nos idées démocratiques, de rappeler que le but de guerre qui est inscrit dans la déclaration du 1er novembre [41], c'est de créer une république démocratique sociale, évidemment en invoquant le respect des principes de l'islam. Donc, viens combattre, viens animer le débat à l'Assemblée… »

Chaque fois que je faisais des propositions, j'étais battu, c'est vous dire qu'un « historique » acceptait de se faire battre ! Par exemple, on proposait que l'âge de la majorité pour les jeunes soit descendu de vingt et un à dix-huit ans. Eh bien, le responsable de la jeunesse a voté contre… Mais je disais : il faut qu'on explique ce qu'on peut faire parce que, moi, j'y crois. Pour moi, il n'y a d'« historique » que les promesses faites par la révolution. Il n'y a d'« historique » que l'auto-mobilisation des Algériens et des Algériennes qui a conduit notre pays à la victoire.

J'espérais donc que ce congrès du FLN de novembre 1988 allait « ouvrir ». Or cela a été la fermeture totale. Les militaires ont même obligé Chadli à reconnaître que c'était lui qui était responsable des carnages d'octobre 1988.

Puis subitement, il y a eu une espèce d'ouverture par effraction. Des jeunes, des élites ont commencé par des réformes économiques. Certains, dont vous avez certainement entendu parler – leur leader était Mouloud Hamrouche –, ont réussi à convaincre qu'il fallait sortir du système économique stalinien, centralisé, et qu'il fallait par conséquent aller aussi vers une ouverture sur la société. D'où l'élaboration et le vote de la Constitution de février 1989 qui reconnaissait les « associations à caractère politique ».

Là aussi, j'évoque la mémoire de Boudiaf – et chaque fois que je l'évoque, c'est très douloureux, parce que j'ai vu comment il a été assassiné, comme un gangster de Chicago. Avant de rentrer en Algérie, j'étais allé au Maroc lui dire : « Mohamed, je crois que c'est le moment de cesser de jouer de la trompette à l'étranger, il y a une possibilité maintenant chez nous. » Il m'a dit : « Tu penses, tout cela c'est faux, c'est un simulacre, d'ailleurs, la formulation qu'ils ont choisie, c'est la reconnaissance des "associations à caractère politique". » J'ai dit : « Je sais, c'est un concept franquiste, mais c'est un concept, c'est une enveloppe vide qu'il nous appartient de remplir. Il y a une brèche et comme j'ai un parti, un parti qui a souffert, dont des militants ont été torturés – et certains d'entre eux assassinés –, j'ai des devoirs. » Je croyais sincèrement que cette brèche pouvait être élargie.

Mon parti a été le dernier à être reconnu (on a reconnu le FIS très rapidement [42]). Le pouvoir, les services secrets de M. Nezzar ont même « retourné » des militants pour présenter de faux dossiers d'agrément du FFS. Finalement, dès que mon parti a été reconnu, je suis rentré en Algérie avec un discours fondé sur trois axes : je ne veux pas que les islamistes

41 1er novembre 1954 : déclenchement de la guerre de libération algérienne.

42 Le FIS a été reconnu le 6 septembre 1989, et le FFS le 13 novembre 1989.

aient le monopole de l'opposition politique, je ne veux pas qu'ils aient le monopole de la moralisation de la vie publique, il faut réhabiliter le politique. C'était mes messages.

J'ai réussi quand même à redresser mon parti. Je ne veux pas m'étendre là-dessus, mais les parasitages n'ont pas cessé. Ceux qui ont un peu vécu dans cette ouverture par effraction ne se sont pas gênés pour créer des partis. Nous avons eu soixante partis, comme autant de versets du Coran…

On a assisté à la multiplication de parutions journalistiques, de quotidiens… Tout cela visait à montrer que tout le monde parlait, c'était la cour du roi Pétaud : voyez la démocratie, voyez tous les partis, les femmes peuvent sortir dans la rue… Je sors alors souvent dans la rue, je parle avec les gens, contrairement aux dignitaires du pouvoir qui restent cloîtrés dans leur milieu. J'ai demandé un jour à quelqu'un : « Comment vois-tu la situation ? » Il m'a dit : « Écoute, hier il y avait un seul parti, et vois ce qu'on a fait de nous ; aujourd'hui, nous avons soixante partis, c'est soixante fois plus de problèmes ! »

Cela vient du fait que les gens n'étaient pas préparés. Il y avait des parasitages. J'en parle parce qu'il y a eu sept millions d'abstentions aux élections de décembre 1991. Ces sept millions ne croyaient pas du tout en ces élections. Ils disaient : « Tu votes, tu ne votes pas, c'est la même chose, ce sont les mêmes qui passent, ce sont les mêmes qui décident des députés qui vont passer ou pas. »

Les premières législatives – cela, M. le président, vous l'ignorez sans doute – ne se sont pas déroulées en juin, comme elles le devaient. Mais figurez-vous qu'en juin le FIS était perdant, du fait du découpage électoral, de la loi électorale et de notre présence dans la population, parce que nous avons non seulement des élites mais surtout un enracinement, pas seulement en Kabylie, mais dans la plupart des villes algériennes.

On parlait déjà d'une coalition entre réformateurs et FFS. Tous les sondages donnaient les islamistes perdants. C'est alors que les champions de la manipulation de la Sécurité militaire ont réussi à convaincre les deux chefs du FIS de demander d'arrêter le processus législatif et d'en appeler à des élections présidentielles. Ce qu'ils ont fait. Ils ont d'autant plus été convaincus que la base du FIS ne voulait pas de ces élections. Pour eux, c'était une « innovation » de l'Occident, donc c'était contre l'Islam. Ceux qui ont voulu les convaincre leur ont dit : « Et si vous perdez, en plus vous allez perdre votre base. »

D'où l'appel du FIS aux élections présidentielles et à la grève générale, grève générale qui a eu des moments assez durs d'affrontement, mais qui était vraiment maîtrisée par le Premier ministre Hamrouche. Nous-mêmes, nous avions constitué des brigades pour défendre les commerçants à Alger, pour qu'on ne les oblige pas à fermer, pour permettre aux étudiants dans les facultés de poursuivre leurs études, alors que le FIS ne le voulait pas.

Il y avait donc là une occasion. À l'époque, quand j'ai vu les manœuvres du FIS, je me suis dit, derrière il y a le bruit des bottes. J'ai donc demandé à voir Hamrouche. Il était tout à fait d'accord sur la nécessité de faire face à la situation, conscient que l'enjeu maintenant était d'arrêter le processus législatif, peut-être aussi le processus démocratique. Je lui ai alors demandé : « Laissez-moi faire ma manifestation, laissez-moi prouver qu'Alger n'est pas Téhéran. » Nous avons fixé la date au 6 juin, nous avons tout organisé. Nous avions un service d'ordre de cinq mille militants – je m'excuse de donner des détails de ce genre. Tout ce qu'on demandait à Hamrouche, c'était de maintenir à sa place le FIS, de le cantonner sur les deux places qu'il occupait. Pour moi, cette manifestation était une grande responsabilité, parce que non seulement je pouvais être confronté à des provocations islamistes, mais aussi à celles de certains manipulateurs.

Le 5 juin, l'armée décrète l'état de siège. M. Hamrouche est limogé, M. Sid Ahmed Ghozali est désigné Premier ministre par ceux qui l'ont amené : l'armée. L'état de siège a donc été proclamé et, à partir de là, le découpage a été fait par Ghozali [43]. Nous avons eu un découpage électoral

---

43 Le 15 septembre 1991, le gouvernement de Sid Ahmed Ghozali a présenté à l'Assemblée un nouveau projet de loi pour les élections législatives : par rapport à la loi élaborée sous le gouvernement de Mouloud Hamrouche, il prévoyait une réduction du nombre de députés de 537 à 373 (le chiffre finalement retenu sera de 430), un nouveau découpage donnant un député pour 80 000 habitants au Nord et 30 000 au Sud, une seule procuration autorisée par électeur, l'assouplissement des modalités pour les candidatures indépendantes. Cette loi sera finalement votée, avec quelques modifications, le 13 octobre. Le 3 novembre, les candidatures seront déposées : sur 5 712, 1 100 étaient des « indépendants » (*Monde arabe Maghreb-Machrek*, n° 134 et n° 135).

Ce nouveau découpage a probablement été le fruit d'un compromis entre les différents clans du pouvoir, dont il reste difficile, à ce jour, de reconstituer parfaitement les rationalités respectives, dans une conjoncture alors très fluctuante et caractérisée par un haut niveau de désinformation et de manipulation, venant de tous les bords. Il semble que M. Ghozali espérait, au vu des informations (fournies par les services de renseignements) dont il disposait, pouvoir utiliser la représentation du FIS au Parlement (dans l'hypothèse où celui-ci se présenterait, ce qui était encore très incertain à la veille de ce vote) pour réduire le poids du parti historique, le FLN, selon le principe des « trois tiers » (voir *supra*, le témoignage de Mohammed Samraoui, chapitre 3, note 30, p. 233). Les décideurs militaires pilotés par les généraux Larbi Belkheir et Khaled Nezzar semblent avoir également promu ce scénario. Mais, sans doute mieux informés des tendances lourdes de l'électorat, ils s'étaient aussi préparés à l'éventualité d'une victoire du FIS, inacceptable à leurs yeux, ce qui justifierait ensuite l'interruption du processus électoral. C'est en tout cas ce qui s'est passé.

Ce type d'interrogation se retrouve dans l'analyse du journaliste Abed Charef : « Ce long développement de la "guerre" de Ghozali conduit à se poser beaucoup de questions. Une stratégie électorale, après tout légitime, peut-elle justifier que Ghozali ait fait preuve d'un aveuglement aussi évident, pour attaquer les seuls partis qui étaient en mesure de contrer le FIS ? Ghozali se rendait-il compte qu'en les attaquant, il rendait service, objectivement, au FIS ? En se lançant dans la promotion des candidats indépendants qui ne pouvaient prendre des voix au FIS avec son électorat discipliné, Ghozali se rendait-il compte qu'il affaiblissait les concurrents les plus sérieux du parti islamiste ? Enfin, autre hypothèse, Ghozali l'a-t-il fait délibérément, en sachant que le jeu était truqué à l'avance ? Était-il partie prenante dans ce jeu qui allait préparer le lit du FIS et l'engrenage qui a suivi ? » (Abed CHAREF, *Algérie, le grand dérapage*, L'Aube, La Tour d'Aigues, 1994, p. 213).

qui a abouti à cette victoire du FIS qu'on aurait pu éviter si on avait retenu la proportionnelle que j'avais proposée, par exemple.

Bref, il y a eu ce succès et là-dessus M. Nezzar a demandé à me rencontrer. D'habitude, c'est un principe dans notre parti, on prend les contacts officiels à deux ou trois, c'est plus responsable. Je me suis dit que quand même c'était important, que s'il y avait une chance après le premier tour d'éviter la catastrophe, il fallait la saisir. Donc j'ai eu un très long débat avec M. Nezzar.

En fait, je n'avais pas compris le but de sa démarche. C'est par la suite qu'on m'a dit que peut-être il désirait que je sois à la tête du pays parce que je suis un « historique », parce que si on allait chercher Boudiaf au Maroc, loin, en négligeant ceux qui sont sur place, ce ne serait pas compris des gens. Ou bien m'inclure dans le Haut Comité d'État. Je n'ai pas compris, c'est par la suite qu'il y a eu des interprétations. Bref, mon souci c'était de lui dire : « S'il vous plaît, n'intervenez pas. »

M. Nezzar, nous sommes sous serment, je suis sous la foi du serment. Je vous ai dit alors de ne pas intervenir. Vous m'avez dit : « Nous n'interviendrons jamais. » Je vous ai dit : « Non, pas jamais. Si on a au préalable utilisé la loi, la Constitution, nous avons un président, nous avons ce qu'on appelle un retranchement constitutionnel, si un Parlement vote une loi liberticide ou attentatoire aux principes constitutionnels, si cette loi passe en deuxième lecture, il y aura dissolution. Nous avons donc cette possibilité. »

La deuxième possibilité, c'est le deuxième tour. C'est vrai que le FIS avait pris un très grand avantage, mais là aussi nous avions la possibilité d'un troisième tour grâce aux cent cinquante à cent soixante recours déposés. Nous-mêmes avions déposé auprès de la Cour constitutionnelle trente dossiers de recours pour fraude contre le FIS, avec des documents, des preuves.

Il y avait donc cette possibilité. Mais puisque de toute manière les islamistes auront la majorité relative, c'est à ce moment-là, lorsqu'ils seront au Parlement, qu'ils seront divisés. C'est facile de faire des manifestations de rue au nom de l'islam en disant « Le Coran est notre Constitution », mais quand il s'agit de proposer des programmes culturels, des programmes économiques, c'est un autre problème.

Or j'ai découvert au sein du FIS Abdelkader Hachani, qui était une véritable tête politique, qui pensait que l'Algérie n'était pas mûre pour la République islamique. Lui en particulier et ses hommes voulaient trouver un canal d'expression. C'est d'ailleurs la raison pour laquelle, après l'arrestation des deux grands chefs en juin[44], il a convoqué un congrès à Batna au mois d'août et il a exclu tous les violents du FIS. C'est vous dire qu'il y avait des chances d'impliquer politiquement une partie du FIS et d'éviter surtout une interruption des élections.

---

44 Abassi Madani et Ali Benhadj.

Alors, M. Nezzar, vous avez fait le coup d'État. J'ai fait une conférence de presse le lendemain et j'ai dit : « Appelons un chat un chat. La façon dont tout s'est déroulé, c'est un vrai coup d'État. » Vous pourrez m'interroger sur les détails si vous le voulez. J'ai dit : « C'est une catastrophe. Comment faire ? D'abord agir auprès du FIS pour qu'il ne mobilise pas ses troupes dans la rue et se lance dans des violences. »

J'ai eu le malheur de demander à rencontrer d'abord les dirigeants du FLN. À l'époque, c'était Abdelhamid Mehri, un homme de parole, respectable. Ensuite, j'ai rencontré les trois dirigeants du FIS en leur disant : « Vous nous avez déjà fait une aventure en juin : vous avez donné à l'armée l'occasion d'intervenir. Aujourd'hui si vous défilez, non seulement on vous frappera, mais c'est nous tous, c'est le peuple algérien qu'on frappera. Donc s'il vous plaît, demain vendredi, jour de la prière, ne sortez pas dans la rue. » Ils nous ont obéi. J'ai parlé à Hachani à sa sortie de prison, quand il a été libéré. Je l'ai félicité – je connaissais son père avec qui j'ai milité à Constantine. Il m'a dit : « Vous savez, j'ai évoqué au tribunal, la première et dernière fois où j'y ai comparu, notre rencontre et j'ai évoqué notre accord implicite : pas de violences. »

Quelques jours après le coup d'État, M. Nezzar demande à me voir de nouveau. Je dis alors : « Non, moi je ne viens pas tout seul, je viens avec mes camarades. Et puis, où doit-on se rencontrer ? » Il m'a dit : « Ici, à la Défense. » J'ai dit : « Pourquoi vous ne venez pas au siège du parti ? » Évidemment, c'était une prétention de ma part, je le savais, c'est même indécent, mais c'est une manière de casser la langue de bois, de dire qu'on ne veut pas apparaître dès qu'on appuie sur un bouton. Il a dit : « Bien. On va venir. »

Effectivement, on nous a envoyé des voitures, mais pour nous amener. On nous a fait faire des tours du diable pour nous conduire de notre siège à la Défense nationale, pour « tromper l'ennemi parce que le FIS est partout », alors qu'il n'y avait même pas encore de violences. Arrivés à l'entrée de la guérite, on a fait baisser la tête à mes amis pour que le soldat de faction ne les reconnaisse pas. J'ai refusé. C'est toujours ces décors à la Potemkine ! Montrer que le GIA est partout, qu'il a une direction politique importante, qu'il a des réseaux partout !

Nous avons eu de très longues discussions, très sereines, n'est-ce pas, M. Nezzar ? Vous avez parlé, j'ai parlé. Vous m'avez dit : « Qu'est-ce qu'il faut faire ? » J'ai dit : « Négociez maintenant, avant que la violence n'apparaisse, et je connais des gens qui sont assez modérés pour jouer le jeu. » Vous n'étiez pas d'accord.

Et puis à la fin – souvenez-vous bien, je suis sous serment – vous m'avez dit : « Donnez-moi les noms des dirigeants du FIS que vous considérez modérés. » Je vous ai dit : « Mon général, s'il y a une déclaration publique de votre part affirmant votre volonté de négocier, eh bien là je vous donnerai leurs noms. » Alors, y avait-il une possibilité de régler politiquement le problème qui existait ? Elle était réelle, il suffisait de le vouloir.

Il y a deux façons de faire face au terrorisme. Il y a une façon « civilisée », c'est celle par exemple du gouvernement italien quand il a eu affaire aux Brigades rouges : il les a jugés, poursuivis, condamnés, sans toucher à la population civile, sans toucher aux libertés, sans toucher à l'État de droit. Il y a aussi l'exemple turc : Erbakan a eu sa victoire, mais on l'attendait au tournant, on a laissé faire, puis on a manipulé et l'armée est intervenue à un moment donné pour se débarrasser légalement de l'hypothèque islamiste. La Turquie a un long passé étatique, un long passé de laïcité. Nos généraux, nos colonels, je ne sais pas comment les appeler, ne l'ont pas du tout… Le pouvoir, qui est né de l'Indépendance, était déjà un pouvoir usurpateur car ayant fait une Constitution à sa manière, n'ayant pas de fondement démocratique solide… Or, l'État algérien trouvait sa légitimité dans le droit à l'autodétermination. On n'était pas une dynastie, une monarchie. L'État algérien était né du droit du peuple algérien, arraché de haute lutte, pour créer son État.

Avec une Constitution imposée, l'État était parti pour se disloquer. Je pense que c'est toute la gestion de cette époque qui a fait émerger le FIS, qui a créé les conditions. Hannah Arendt a dit que le phénomène nazi, la destruction industrielle des Juifs, n'était pas un phénomène de génération spontanée : il a commencé quand on leur a enlevé le droit à la citoyenneté. Donc, l'État étant mal parti, il s'est créé une véritable mafia. Il y a eu du vol, des espèces de niches clandestines et, derrière, un pouvoir absolu avec l'impunité, incontrôlable.

« Ils » ont arrêté les élections de juin parce qu'un Parlement risquait d'apparaître et de contrôler la gestion politique et les finances. On dit qu'ils ont arrêté les élections de décembre pour « éviter un bain de sang à l'Algérie », mais ce n'est pas vrai : ils les ont arrêtées pour maintenir le régime.

C'est là où intervient la deuxième notion de la lutte contre le terrorisme, celle de l'Amérique latine, de l'Argentine, du Brésil, du Chili, qui ont fait de leur peuple un peuple de sacrifiés, qui ont eu recours aux pires exactions, aux pires atrocités, parce qu'ils ne s'inscrivaient pas, comme en Italie, dans une perspective de paix, dans une perspective de solution politique, dans une perspective démocratique. C'était des régimes militaires. C'est cet exemple-là que l'armée algérienne et la Sécurité militaire ont choisi, malheureusement, puisque c'est à partir de là que le pays a basculé dans la violence.

Me Comte. — Une question dans la droite ligne de ce que vient de dire le témoin, M. le président. On dit beaucoup, M. Aït-Ahmed, que la manifestation du 2 janvier 1992 était une manifestation en faveur d'une annulation du premier tour et d'une annulation du processus électoral. Pendant ce procès, on a beaucoup dit que la manifestation du 2 janvier 1992 à Alger était en réalité une manifestation par laquelle la population algérienne demandait l'interruption du processus électoral.

M. Aït-Ahmed. — On vous a dit ça ? Je n'en reviens pas ! Une des raisons qui m'ont poussé à rencontrer Khaled Nezzar, c'était de lui demander l'autorisation – obligatoire – de faire la manifestation du 2 janvier, parce qu'ils avaient arrêté celle de juin. Il m'a dit : « D'accord, je peux vous assurer qu'elle aura lieu. »

J'ai été très heureux d'apprendre que, pour la première fois, la télévision en parlerait. Qui a fait l'appel à la télévision ? C'est moi. Qui a organisé le service d'ordre ? C'est mon parti. Quels étaient les mots d'ordre hégémoniques ? « Ni État policier, ni République islamiste. » Il y avait peut-être quelques autres slogans, nous sommes tolérants… Mais je vous assure que, de A à Z, c'est nous qui l'avons organisée. D'ailleurs, le seul discours qui a été prononcé, c'était le mien ; et là, le souci était de ne pas rater le deuxième tour, de poursuivre ce processus, de nous mobiliser, de dire aux femmes « il faut se compter », de dire aux militants : « Vous n'avez même pas eu la décence de faire voter vos femmes, vous êtes encore plus conservateurs ! » D'où véritablement cet enthousiasme.

Les Algériens avaient été découragés par la fraude répétée. Mais lorsqu'ils ont vu la victoire du FIS, c'est là qu'ils se sont mobilisés. M. Nezzar, nous avions tout fait pour que vous n'interveniez pas, vous m'avez donné votre parole mais vous êtes intervenu et cela a été un très grand malheur.

Quand j'ai eu le contact avec les dirigeants du FIS, lorsque je leur ai dit très durement qu'on nous avait menés à une catastrophe en juin, Rabah Kebir m'a dit : « Je vais vous poser une question : cette manifestation, vous l'avez faite contre qui ? Contre le pouvoir ou contre nous ? » J'ai dit : « Est-ce que vous avez lu les mots d'ordre qui sont venus de Bône, d'Oran, de partout ? "Ni État policier, ni République intégriste". » Il m'a dit : « Qu'est-ce que vous entendez par intégriste ? » J'ai répondu : « C'est la République iranienne avec une oppression politique, avec la torture, avec la domination politique. »

Me Comte. — Une dernière précision, toujours sur cette manifestation. Nous avons eu deux témoins aujourd'hui, Mme Aslaoui et M. Lounis, qui ne vous ont pas entendu faire de discours ce 2 janvier. Est-ce que vous avez fait un discours ou est-ce que vous ne l'avez pas fait ? Si oui, quel était le contenu de ce discours lors de cette manifestation du 2 janvier ?

M. Aït-Ahmed. — J'espère que ces personnes ont bien gardé leur ouïe, qu'elles ont une oreille bien portante… Ce discours, c'était un événement ! J'ai prononcé mon discours [45]…

---

45 Voici des extraits d'un compte rendu qu'en a donné un hebdomadaire algérien à l'époque : « Jeudi dernier, des centaines de milliers de personnes venues d'Oran, de Rélizane, de Kabylie, de Tindouf et d'ailleurs ont défilé quatre heures durant. La foule criait à en perdre la voix : "Vive l'Algérie libre et démocratique", "Ni État policier, Ni État intégriste, mais État démocratique", "L'Algérie n'est pas l'Iran", "Main dans la main nous soutiendrons Da 'Hocine". Du haut du balcon, il appelle les Algériens à ne

Intervention dans le public de Mme Aslaoui.

M. Stéphan, *président.* — Madame, vous êtes un ancien magistrat, donc vous savez ce qu'est la loi et la procédure pénale, je ne peux pas vous autoriser à intervenir.

M. Aït-Ahmed. — Le but de cette manifestation, c'était de ne pas interrompre le processus électoral, parce que nous savions très bien – je connais leur système, je connais leurs pratiques – que nous allions à ce moment-là à la catastrophe, à la violence, une violence que personne ne pourrait maîtriser. Aujourd'hui, d'un islamisme « résiduel » à un autre islamisme « résiduel », nous sommes toujours dans la violence.

Le seul but de la manifestation était de mobiliser pour le deuxième tour et nous avons mobilisé les femmes dans les campagnes, pour qu'elles fassent des cartes d'identité, des photos... Quelques jours après, on a compris que si la marche avait été autorisée, c'était pour légitimer la thèse d'un coup d'État « à l'appel du peuple ».

Je peux vous assurer, M. le président, quelquefois je me demande si on est dans le même univers ! Cela fait quarante ans qu'on produit des mutants, qui mentent, qui ont le culot de vous parler en face et de vous embrasser et qui vous préparent une embuscade. Vous savez, l'Histoire nous a rendus familiers de cette capacité de dissimulation. Par exemple, Maxime Gorki faisait la propagande du régime soviétique en disant qu'il n'y avait pas d'exactions. Le président Herriot a demandé à ses hôtes de lui montrer une église. Qu'à cela ne tienne, on lui a montré une église où se trouvaient des tchékistes, et il a pu dire en revenant en France qu'il y avait la liberté confessionnelle... Je dois dire que nos services de sécurité en ont gardé des traces. Ils ont toujours les mêmes schémas appris auprès du KGB, de la police politique des pays de l'Est et de la Securitate.

On ne peut comprendre ce qui se passe en Algérie si on ne prend pas acte du fait qu'aujourd'hui en Algérie il n'y a pas d'information. Ils ont commencé par gagner la bataille de l'information, de la communication, en privant les Algériens de l'information, en coupant l'Algérie de la communication internationale, ce qui fait qu'ils pouvaient raconter

---

pas perdre espoir. Aït-Ahmed apparaît comme l'alternative. C'est vers lui que des centaines de milliers de gens, pas seulement ses partisans, sont venus chercher réconfort et protection. Entre un FLN discrédité et un FIS menaçant, le peuple démocrate se tourne vers lui : "Vous êtes là parce que vous êtes inquiets et consternés par les résultats du premier tour. Les jeux ne sont pas encore faits", crie-t-il à la foule enthousiaste. [...] "Nous défendrons la paix civile, et nous utiliserons toutes les ressources légales et constitutionnelles pour imposer la démocratie." Aït-Ahmed refuse de suivre ceux qui préconisent de boycotter le deuxième tour : "Ce serait suicidaire. Les conséquences seraient dramatiques. Si on interrompt le cours électoral, ce serait faire le jeu du pouvoir." M. H.A.A. écarte l'éventualité d'un coup d'État : "J'ai confiance en nos cadres civils et militaires." En tout cas, la marche de jeudi dernier a fait de Hocine Aït-Ahmed le rempart contre l'intégrisme et l'hégémonisme du FLN » (« Marche du FFS, le peuple démocrate en marche. M. Aït-Ahmed a confirmé sa position de pôle démocratique mobilisateur », *Algérie Actualité*, nº 1369, 9-15 janvier 1992).

n'importe quoi. Ce qui fait que de nombreux pays sont tombés dans le piège de la « lutte contre l'islamisme ».

Je peux vous assurer que, si on avait écouté Rome [46], c'était la chance la plus importante d'aller à une solution politique. Quand je dis Rome, c'est le fait que nous avons réussi à faire un pacte avec la plupart des partis politiques de l'opposition. Nous avons même invité le RCD, qui nous a envoyé de la littérature contre les islamistes… Et nous avons fait un travail responsable. Nous étions un peu des artisans, nous ne voulions pas de simples déclarations platoniques, nous voulions un processus qui ramène la paix. La négociation a buté sur le fait que les islamistes disaient : « Nous sommes des belligérants. » Je me suis inscrit en faux, j'ai dit : « Ce n'est pas parce que nous sommes pacifiques que nous allons être pénalisés… Au contraire, notre présence dans la discussion donnera confiance à la population algérienne. » Tôt ou tard, ils allaient négocier directement avec le pouvoir, ce qui s'est d'ailleurs fait par la suite.

Il fallait donc ramener la paix, puis prévoir ensuite une période de transition pour mettre en place des instances, avec l'assentiment de tous, y compris de l'armée. Je l'ai dit au début, nous n'avons pas fait d'« alliance » à Rome. Évidemment, ceux qui ont tout géré en Algérie depuis des décennies voyaient que cette alternative prenait de l'importance sur le plan intérieur et sur le plan extérieur. Il y a des hommes politiques qui voient un avenir démocratique dans ce pays. Mais c'est parce qu'« ils » ne voulaient pas que cette alternative puisse prendre forme et être crédible à l'échelle internationale que l'armée, la Sécurité militaire en tout cas, a engagé contre nous ces mensonges hystériques, nous traitant de « valets du pape », de « catholiques », de « croisés ».

Quand j'ai fait ma campagne électorale pour la présidentielle, je leur ai expliqué : « On vous fait peur avec Sant'Egidio, alors que ce sont des lycéens qui se sont organisés en association et ont participé ensuite à la solution de plusieurs conflits… » La malchance de l'Algérie, c'est qu'à cette époque-là déjà l'État n'était même pas capable de payer les services de la dette. Il était en cessation de paiement. Malheureusement, c'est à ce moment-là que les autorités françaises ont fait le maximum, leur ont donné de l'argent…

Nous en sommes à la dixième année ! M. le président, nous avons eu sept années très dures avec toutes ces exactions.

J'ai suivi avec beaucoup d'émotion les « regrets » exprimés concernant les horreurs pendant l'époque coloniale. J'ai même écrit un article sur la torture. Les trois quarts de la jeunesse n'ont pas connu cette Histoire, ils ne sont pas anti-français. Alors, pour le peuple algérien, être ému des exactions qu'il y a eu il y a trente ans et ne rien faire pour arrêter cette guerre sans nom, qui a fait déjà plus de 200 000 morts, qui a cassé ce pays, qui pousse la jeunesse à se suicider…

---

46 Le « contrat national » signé à Rome en janvier 1995 grâce au concours de la communauté Sant'Egidio, association caritative qui a étendu son champ d'action à la médiation de plusieurs conflits (voir *supra*, chapitre 1, note 30, p. 62).

Me Comte. — Je n'ai pas d'autres questions.

M. Stéphan, *président.* — Ces problèmes qui se posent appellent de très longs développements. Vous venez de citer le général Nezzar au sujet de la décision de l'interruption du processus électoral. Cela nous renvoie directement à la diffamation. Est-ce que vous dites qu'en réalité c'est lui qui a pris cette décision d'arrêter le processus électoral ? Dans quelles conditions ? Vous dites qu'il en est le principal initiateur. Y avait-il d'autres personnes avec lui ? Et, dans le prolongement, comment M. Chadli a-t-il démissionné et comment M. Boudiaf, dont vous venez de parler, que vous connaissiez bien avant de l'avoir vu au Maroc, a-t-il été amené à participer au Haut Comité d'État ?

M. Aït-Ahmed. — Sur le rôle de M. Nezzar, nous sommes dans les ténèbres. Nous savons qu'il y a des officiers de la Sécurité militaire, c'est-à-dire du DRS, des généraux, et aussi d'autres officiers du même grade ou de grades différents, mais nous savons qu'il y a toujours une direction collégiale occulte. C'est ce qui leur permet de dire : « C'est la mafia politico-économique. » Tout le monde dit cela. L'essentiel, c'est qu'on ne donne pas de noms. Ils ont tout banalisé.

Quand la décision d'abattre Boudiaf a été prise, on ne sait pas qui était présent, mais notre interlocuteur était M. Nezzar. Le fait qu'il soit venu me voir, qu'il ait pris des initiatives, qu'il ait joué un rôle ne prouve pas qu'il était le chef, on ne peut pas dire non plus qu'il était le « parrain ». Mais je suis persuadé qu'il assumait toute la responsabilité.

M. Stéphan, *président.* — Sur le départ de M. Chadli ?

M. Aït-Ahmed. — En ce qui concerne Chadli, il a été forcé à partir. On lui a passé le message à la manière mafieuse : « Fais attention ! » Comme il n'était pas libre de ses mouvements, il a simplement dit qu'il s'opposait aux « finalités politiques ».

M. Stéphan, *président.* — Et l'arrivée de M. Boudiaf au Haut Comité d'État ?

M. Aït-Ahmed. — L'arrivée de M. Boudiaf m'a surpris. Je l'avais vu et il ne voulait pas venir. Il m'avait dit : « C'est une fausse ouverture, mais tu les connais, ils sont malins, ils essaient d'ouvrir parce que cela s'ouvre partout, et après cela va se refermer contre nous. » J'en ai voulu, mais très relativement, à Boudiaf d'avoir accepté. Ayant donné son assentiment à M. Haroun, il s'est engagé à rentrer et après il a téléphoné à ses amis à Alger. Il leur a dit : « Voilà, qu'est-ce que vous en pensez ? » Ils lui ont répondu : « Écoute, tout ce qu'on t'a dit, c'est du *festi* – en Algérie, c'est le mensonge le plus grossier –, alors s'il te plaît ne rentre pas. » Alors Boudiaf a pris le téléphone et a dit : « Je ne rentre pas. »

C'est à ce moment-là que rentre en jeu Smaïn, le numéro deux du DRS, qui avait « investi » auprès de la femme de Boudiaf – je dis cela sans faire aucune allusion à la dignité de sa femme. Il a créé des liens et a dit à la femme de Boudiaf : « Il faut convaincre ton mari. On ne lui demande pas de rester, on lui demande juste de venir, il verra des femmes, il verra des jeunes, il verra des travailleurs… » Elle m'a raconté tout cela. Et elle m'a raconté aussi la façon dont on l'a « éliminée » du voyage à Annaba[47]. Ce voyage devait se faire mercredi, il s'est fait lundi et la personne qui préparait les bagages du président lui a dit : « Vous, vous ne venez pas. »

Pour elle, tout a été fait pour l'assassiner et il y a de très nombreuses raisons à cela. Si vous le désirez, je pourrai formuler quelques hypothèses devant vous, mais le fait est que la mise en place du dispositif était telle qu'il ne devait pas s'en sortir. Même l'ambulance qui le transportait n'était pas équipée. Même cette ambulance a reçu des balles de mitrailleuse. Donc c'était très clair, on voulait non seulement faire un show médiatique mais aussi donner un exemple aux autres.

Vous savez, il est mort dans un fauteuil à la Maison de la culture de Bône où j'ai fait quatre conférences, alors que j'avais en face de moi des gens du FIS. C'est une salle qu'on pouvait maîtriser. Je n'avais pas droit à la police, j'avais des karatékas du parti qui étaient là, donc c'était maîtrisable. Il est archi-faux de dire que Boudiaf a été tué par les islamistes. Personne n'y croit. Mais la capacité de cacher, de dissimuler est telle que la mémoire des exactions est un acte de résistance contre un pouvoir totalitaire.

M. Stéphan, *président*. — M. le bâtonnier, vous avez des questions ?

Me Farthouat. — M. Aït-Ahmed, il y avait eu des élections locales en 1990 qui avaient été gagnées par le FIS. Vous avez dit tout à l'heure que les militants du FIS n'étaient pas partisans des élections. Ils se sont bien présentés à ces élections et ils ont gagné des municipalités ?

M. Aït-Ahmed. — Oui.

Me Farthouat. — Ils se sont servis de cette victoire…

M. Aït-Ahmed. — Bien sûr.

Me Farthouat. — Ils s'en sont servi ultérieurement lors des élections législatives, notamment dans la fraude ?

M. Aït-Ahmed. — Il y avait aussi le fait que lorsque les produits de première nécessité ont été augmentés, la réaction a été rapide dans la population contre cette mesure antisociale. Le FIS a décidé de faire une action sociale, de distribuer de l'argent aux pauvres. C'est passé par leurs municipalités, ils ont eu ainsi la possibilité de se renforcer.

Maintenant, si vous voulez demander pourquoi on n'a pas participé…

Me Farthouat. — Ce n'est pas la question que je vous posais. Vous avez dit tout à l'heure que les élections législatives, si elles avaient eu lieu en juin, auraient été perdues par le FIS. Qu'est-ce qui vous permet de l'affirmer ?

---

47 Annaba, ex-Bône, est la ville où Mohammed Boudiaf a été assassiné le 29 juin 1992.

M. Aït-Ahmed. — Eux-mêmes, puisqu'ils se sont retirés et ont demandé des élections présidentielles.

Me Farthouat. — Donc votre raisonnement, c'est qu'ils ont demandé les élections présidentielles parce qu'ils étaient sûrs de perdre les élections législatives, qu'ils auraient en définitive gagnées au mois de décembre ?

M. Aït-Ahmed. — Absolument.

Me Farthouat. — Donc, si j'ai bien compris votre position, dans les élections législatives après le premier tour, le FIS avait déjà une majorité relative, donc il n'était plus possible de gagner totalement les élections législatives parce qu'il était impossible de composer avec le FIS et de parvenir à une solution. Si ce pari avait été perdu, que se serait-il passé ?

M. Aït-Ahmed. — Le pari le plus logique, c'est de faire confiance à son peuple, de lui donner les moyens de s'exprimer, de s'organiser. Or, depuis l'Indépendance, qu'ont fait les responsables ? Ils ont fait de la prédation politique. Ils ont détruit tout le savoir, tous les acquis politiques de la population algérienne. Le contrôle de la société était assumé par la Sécurité militaire et c'était elle qui interdisait. Quand j'ai créé un parti, aussitôt on m'a envoyé l'armée sous prétexte que la 7e région militaire de Kabylie échappait à l'état-major… Il y a eu de la prédation.

Donc, on a tout fait pendant ces trente dernières années contre les mouvements démocratiques. On a utilisé les islamistes. La preuve, c'est qu'un pouvoir qui se dit laïc a fait passer tous ses décrets sur la révolution industrielle, la révolution culturelle et agricole par les mosquées. L'islam a été proclamé religion d'État. On a dit en France qu'une espèce de vide politique s'était créé sans en chercher les causes, que l'armée algérienne, c'était comme l'armée turque. Cela n'a rien à voir.

Me Farthouat. — Je crois que vous avez été candidat à la présidence de la République en 1999, mais, d'après ce que j'ai lu à l'époque, des problèmes de santé vous ont conduit à renoncer à cette candidature. Mais votre mouvement a été candidat dans d'autres élections. Quel est son poids électoral ?

M. Aït-Ahmed. — Je pense, Maître, que vous faites erreur. Je me suis présenté aux élections présidentielles après avoir eu l'assurance de Liamine Zéroual [48] que ces élections seraient libres et transparentes. Je voulais qu'il me donne des garanties. Vous savez pourquoi Zéroual est parti ? Parce que, encore une fois, si vous ne connaissez pas la nature du régime, vous continuez à ne rien comprendre. Le président en Algérie, c'est d'abord le président de la nomenklatura, il est là pour assurer des

---

48 Prédécesseur d'Abdelaziz Bouteflika, le général Liamine Zéroual avait été élu à la présidence de la République en novembre 1995, et il a démissionné de ses fonctions en septembre 1998, ce qui a amené de nouvelles élections présidentielles, en avril 1999.

équilibres dans la distribution des prébendes, des rentes, dans la promotion des cadres dans l'armée, l'administration… Zéroual a été forcé de partir.

Et, plus grave encore, les carnages qu'il y a eu en Algérie, je le dis sur mon honneur, c'était la façon dont les différents clans à l'intérieur du pouvoir réglaient leurs affaires. Non seulement on confisque le pouvoir, ses richesses, la mémoire, mais aussi, quand « ils » veulent régler leurs problèmes internes, ils s'envoient des messages en ciblant des personnalités. On a ciblé notre trésorier, on l'a tué en pleine campagne électorale [49].

Me Farthouat. — On vous demande en fait le score de votre parti.

M. Aït-Ahmed. — Par rapport au problème des élections présidentielles, j'y suis allé non pas pour briguer la magistrature suprême, mais pour centrer la campagne électorale sur les revendications pressantes et essentielles, à savoir l'appel à la démocratie et à la réconciliation. C'était mon but.

Je suis allé voir Zéroual pour demander une campagne électorale plus longue : l'Algérie, c'est grand, c'est une superficie de quatre fois la France. J'ai été jusqu'au bout. Deux jours avant de rentrer à Alger, j'avais déjà mal, mais je ne pouvais pas décommander ces dizaines de réunions qui m'attendaient. Nous avons fait une espèce de contrat avec tous les autres candidats, même l'islamiste [50], pour essayer de contrôler ces élections : nous étions déterminés à faire cette campagne ; mais si on se rend compte que l'armée intervient…

Au moment où le scrutin a commencé, l'armée est intervenue dans plusieurs régions pour empêcher les électeurs de voter, pour se saisir des urnes. C'est le moment où j'ai été transporté en ambulance pour être opéré, mais c'est au siège de mon parti que se sont réunis les six autres candidats pour dire : « Nous nous désistons [51]. »

Me Farthouat. — Je n'ai toujours pas de réponse à ma question. Dans les autres élections auxquelles votre parti a participé, quel a été son poids électoral ?

M. Aït-Ahmed. — Aux élections de décembre, nous avons eu vingt-cinq sièges.

Me Farthouat. — Quel est le pourcentage de voix ?

M. Aït-Ahmed. — Cela, je ne peux pas vous dire. L'important est que nous avions vingt-cinq sièges [52]…

Me Farthouat. — Sur ?

---

49 Le trésorier du FFS, M. M'barek Mahiou, a été assassiné le 4 novembre 1995 à Alger.

50 Le candidat islamiste à la présidentielle de 1999 était le leader du MSP, Mahfoud Nahnah.

51 Soupçonnant une fraude massive, tous les candidats autres qu'Abdelaziz Bouteflika se sont retirés, laissant ce dernier seul en lice.

52 Voir *supra*, chapitre 2, note 5, p. 98. Quatre cent trente sièges étaient à pourvoir. Le FFS a obtenu 510 661 voix, soit 7,40 % des suffrages exprimés.

M. Aït-Ahmed. — Je ne sais pas.

M. Stéphan, *président.* — Pas d'autres questions, M. le bâtonnier ?

Me Farthouat. — Non, M. le président.

M. Nezzar. — M. le président, je voudrais tout d'abord remercier M. Aït-Ahmed d'avoir été présent aujourd'hui. Par sa présence, il nous a permis déjà d'élever un peu le débat et de discuter des problèmes qui se sont posés en Algérie depuis le début et qui viennent de très loin.

J'étais jeune à l'époque, très jeune. J'ai fait l'armée et j'étais un des aspirants les plus jeunes. Des gens ont écrit : « Qu'il cite ses promotions. » Alors je cite, j'ai pris des notes, comme à l'école, comme cela on ne peut pas oublier. *[Inaudible.]*

J'étais jeune à l'époque, j'ai milité et j'ai rejoint le maquis en 1957. Depuis, je n'ai jamais quitté mes unités, et, je le dis sous serment, je suis arrivé à Alger le 1er janvier 1985. Tout mon temps, je l'ai passé dans des unités de combat. Je suis un homme de terrain. Moi, je ne fais pas de politique…

M. Aït-Ahmed. — C'est tout le problème !

M. Nezzar. — Ma conviction et les circonstances m'ont attaché à la politique, mais je l'ai quittée dès que j'ai pu, parce que je ne suis pas politique.

J'ai un souvenir douloureux. En 1962, le 19 mars, je me souviens, lorsque vous avez fait la réunion du CNRA… *[Inaudible.]* Et M. Ali Haroun, dans son livre, a repris cette phrase qui est très bonne et qui disait : « C'est dommage pour ce CNRA qui a fonctionné pendant toute la révolution et qui, au dernier moment, au lieu de ramener la clé pour ouvrir la porte… » C'est vrai, je suis d'accord avec lui, vous en êtes un peu responsable, beaucoup en sont responsables. Nous étions jeunes à l'époque. M. Aït-Ahmed, je vous respecte beaucoup, vous êtes un « historique » pour moi, vous êtes un chef…

M. Aït-Ahmed. — Je ne le suis plus.

M. Nezzar. — Je le vois comme cela. J'étais très jeune à l'époque. C'est ma manière de voir. Maintenant, revenons à la situation actuelle. J'arrive au début de 1985, je suis un troufion, un homme de terrain. En 1988, survient un tremblement de terre, c'est vrai. Ce n'est pas moi qui l'ai provoqué. Je suis un militaire, j'ai été investi d'une mission de maintien de l'ordre et j'ai essayé de faire mon possible pour sauver des vies humaines. Vous disiez tout à l'heure qu'on a tiré à la mitrailleuse : je m'inscris en faux, et mes avocats qui sont ici connaissent le président de l'association des victimes de 1988. J'ai écrit, j'ai dit : « Ce sont des victimes. » Les jeunes savent exactement d'où vient le mal, ce n'est pas de moi.

Maintenant, revenons à la situation de 1991. C'est vrai, je vous ai appelé, on s'est rencontrés et on s'est parlé. Je me souviens, vous êtes entré dans mon bureau, nous étions trois…

M. Aït-Ahmed. — Vous avez fait évacuer tous les officiers.

M. Nezzar. — Peut-être. La deuxième fois, on s'est vus. Je ne suis pas responsable de ce qu'ont fait les gens. Je suis honnête dans cette histoire, on s'est vus…

M. Aït-Ahmed. — … à la Défense.

M. Nezzar. — Vous disiez qu'on vous a obligé à baisser la tête. Je ne suis pas responsable, je vous ai appelé, j'ai dit que je voulais discuter avec vous. Mais ce qu'ont fait les gens, pour des raisons de sécurité ou autre, je n'en sais rien, honnêtement. Je me place un peu dans votre position, M. Aït-Ahmed, je suis un peu dans votre logique d'une certaine manière, sauf qu'entre nous il y a un écart extraordinaire. C'est vrai, il y a un écart extraordinaire…

M. Aït-Ahmed. — Il y a un fleuve de sang !

M. Nezzar. — Non, nous allons essayer d'en discuter et de dire les choses comme elles sont. Maintenant, le « fleuve de sang », l'Histoire jugera. Je m'excuse, parce que vous avez une vision des islamistes que je n'ai pas. Vous, vous étiez loin, les Algériens ont vécu les atrocités du FIS. Mais n'en parlons pas, vous avez une politique que je respecte.

À l'époque, j'étais jeune. Je pensais de la même manière mais j'avais une autre manière de réfléchir. Nous étions jeunes, nous étions en déséquilibre par rapport à ce qui existait, mais nous avons travaillé à certains niveaux de la formation. Si nous avons aujourd'hui des officiers de qualité, c'est parce que nous avons fait le nécessaire.

Vous voyez toujours la situation en fonction de l'époque, avant 1987, avant 1986… Je vous l'accorde, mais simplement je suis un spectateur de cette scène. J'étais responsable de la reconversion de l'armée, je suis tout à fait d'accord avec les idées que vous donnez, je les ai appliquées. Les services de sécurité dont on parle, parlons-en. Personnellement, je n'ai pas mis les œufs dans le même panier : j'ai créé la DGSE au niveau de la présidence, j'ai créé la DCE au niveau du chef d'état-major, j'ai créé le DRS au niveau du ministre de la Défense [53]. J'ai dit à l'époque à la police, parce que la police n'avait pas encore ce qui était l'équivalent de la DST ici en France : « Prenez le temps nécessaire de former votre unité. » J'ai voulu le faire d'une manière classique. Je n'ai rien inventé, je ne réinvente pas la poudre. J'ai appris dans les écoles, j'essaie d'appliquer…

J'ai mené le même combat que vous. J'ai cassé la chape de béton. J'ai vécu au niveau des unités, avec des jeunes, et il y avait une chape de béton. Vous le savez très bien, M. Aït-Ahmed, il y avait des roitelets, ils

---

53 En réalité, comme on l'a vu (voir *supra*, chapitre 3, note 45, p. 245), le DRS, constitué en septembre 1990 par le général K. Nezzar, ministre de la Défense, rassemblait sous sa seule autorité l'ensemble des services de renseignements : Direction du contre-espionnage (DCE), Direction de la documentation et de la direction extérieure (DDSE) et DCSA (Direction centrale de la sécurité de l'armée).

existaient. On a réussi quand même. Seulement les événements politiques, malheureusement, nous ont entraînés dans une spirale dont je ne suis pas responsable, que ce soit 1988 ou 1991.

Là, M. Aït-Ahmed, je m'inscris en faux quand vous dites qu'on a fait partir Chadli. Il y a des documents qui sont là. Le président Mitterrand a appelé le lendemain, deux fois, le président Chadli. Je le sais, j'ai été informé (c'est normal que les services fassent leur travail : savez-vous qu'à l'époque j'avais indiqué que pour faire des écoutes, seul le ministre de la Défense pouvait les signer ?).

Je vous parle en tant qu'homme qui a une conviction, qui a une éthique. Pourquoi aujourd'hui ne fait-on pas la différence entre le respect qu'on me doit, parce que j'ai essayé de faire mon travail le plus scrupuleusement, là où j'étais… C'est cela qui fait que les gens me respectent. Alors je dis, M. Aït-Ahmed, voilà un peu le parcours que j'ai eu. J'ai dit au début, je vais aller doucement, ce sont des compagnons. J'ai trouvé des difficultés, comme vous dites. J'ai trouvé des difficultés et puis je me suis dit : après tout, qu'est-ce que j'ai à perdre ? À ce moment-là, je prends la voie, cette voie, et s'il m'arrive quoi que ce soit, je démissionne et c'est tout. Malheureusement, les événements politiques nous ont rattrapés, en 1988, alors que je n'avais pas encore terminé la restructuration de l'armée. Mais j'avais réussi à centraliser. J'ai réussi à faire monter des jeunes au niveau de responsables. J'ai été le premier à désigner trois commandants des forces d'une même région. J'ai choisi les meilleurs et personne ne peut me contredire…

Revenons à 1991 et au mode de scrutin. J'étais avec M. Ghozali et M. Mohamed Abdeselem, l'actuel ministre de *[inaudible]*. Mais on n'a pas réussi – j'étais présent –, on n'a pas réussi à les faire changer d'avis, parce qu'ils voulaient gouverner avec le FIS. C'est cela le problème, et c'est pour cela que nous avons eu ce résultat catastrophique, parce que nous n'avons pas réussi à imposer le mode de scrutin qui allait donner les possibilités à tous les autres partis. On s'est retrouvés avec 189 sièges au premier tour pour le FIS et celui-ci en ballottage favorable. Un FIS avec lequel, je vous le dis, je ne suis pas d'accord sur l'approche de ce qui s'est passé. Ce sont des gens qui disaient : « Le cercueil ou le fusil. » Pendant quinze jours, la loi islamique, la *charia*, était appliquée : le Coran était dans la rue, entre les mains des gens. Les gens revenus d'Afghanistan étaient des commandos arrivés en avion qui défilaient devant nos portes.

En 1991, vous êtes venu me voir. Nous aussi, nous étions surpris de la démission de Chadli. C'était tout à fait normal qu'il en parle à un militaire. Donc, vous êtes venu me voir, vous m'avez dit : « C'est un coup d'État. » Je vous ai répondu : « M. Aït-Ahmed, ce n'est pas un coup d'État, il a voulu partir. » Je vous ai rencontré une deuxième fois, vous m'avez dit, c'est vrai : « Attention à la démocratie, c'est un plus. » Vous m'avez dit cela. Je vous ai dit : « M. Aït-Ahmed, il n'y a pas de présidence. » Vous m'avez dit : « Le président va dissoudre l'Assemblée. » Je vous ai dit : « Depuis 1988, il n'y a plus de président [54]. »

M. Aït-Ahmed. — Ça montre bien que c'est vous qui dirigez !

M. Stéphan, *président.* — M. Aït-Ahmed, vous avez la parole pour répondre, si vous avez quelque chose à dire, très brièvement.

M. Aït-Ahmed. — Ce que vient de dire M. Nezzar est l'illustration de tentatives personnelles au sein d'une armée organisée. Mais le problème qui se pose, c'est le fait que l'armée ait pris le pouvoir d'un commun accord avec la Sécurité militaire. Je vous donne un exemple. Pourquoi avez-vous fait un nouveau coup d'État contre Ben Bella [55] ?

Vous savez, j'ai été condamné à mort [56]… Et puis, surréalisme, deux mois après on m'envoie des avocats pour me demander si je suis d'accord pour négocier. J'ai dit : « Oui, mais vous êtes en train d'enfoncer une porte ouverte, c'est parce que vous avez tout verrouillé que nous en sommes là. Donnez des laissez-passer, des passeports à mes amis de la direction clandestine, ils iront négocier. »

C'est ce qui s'est fait. Un accord a été réalisé avec le FFS et, le 16 juin 1965, la presse nationale a publié cet accord FLN-FFS qui a suscité un immense espoir : on sortait de la pensée unique, on sortait du parti unique. Avant le troisième jour [57], ceux qui avaient négocié avec nos délégués sont venus nous voir à la prison. Ils m'ont dit : « Il faut dissoudre le FFS, car l'armée veut avoir quelque chose. » J'ai dit : « Qu'est-ce que vous me racontez là ? Nous sommes l'opposition, nous n'avons pas de moyens, nous sommes la partie la plus faible. Nous pourrions demain, si le rapport des forces change, changer notre attitude. Mais nous ne vous avons pas mis le couteau sous la gorge ! Vous me demandez de dissoudre un parti qui est un martyrologe. »

Là où nous sommes implantés, il n'y a pas d'islamisme. C'est quand il n'y a pas de moyens d'expression qu'il y a la misère, l'exclusion, qu'ils sont heureux de se défouler et que les prédicateurs demandent la tête des généraux. Cela ne les empêche pas d'ailleurs d'aller tout de suite après voir des films pornographiques à la télévision… C'est vous dire que nos jeunes cherchent un moyen de vivre. Ou de survivre.

Chaque fois qu'il y a eu une possibilité de changement, vous êtes intervenus. Chaque fois ! À cette époque-là, au moment des élections

---

54 Formulation dont on peut remarquer qu'elle recoupe en partie celle de H. Souaïdia dans ses propos faisant l'objet du présent procès : « Les hommes politiques sont des généraux, c'est eux qui décident. Il n'y a pas de président. Cela fait dix années qu'il n'y a pas de président, plus même. »

55 Le 19 juin 1965.

56 Arrêté en octobre 1964, Hocine Aït-Ahmed a été condamné à mort puis gracié. Il s'est évadé en mai 1966.

57 C'est-à-dire à la veille du coup d'État du colonel Houari Boumediene qui allait renverser le président Ahmed Ben Bella.

législatives, en décembre, c'était toujours la même raison. Il y a une direction occulte qui est là, qui s'impose à sa manière, qui intervient. Après, on fait des coups de force auprès de chaque parti. Le FLN, sous la direction du chef de la Sécurité militaire, a fini par se débarrasser de son secrétaire général, M. Abdelhamid Mehri, qui avait signé le « contrat de Rome ». La plupart des membres de sa direction étaient déjà pris en charge par la Sécurité militaire. Ils ont fait la même chose à d'autres partis.

Vous ne pouvez vous imaginer comment nous existons ! C'est un miracle d'exister quand on est à la fois sous la pression et la répression de la Sécurité militaire, du pouvoir et, de l'autre côté, des islamistes. Lors de notre dernier congrès, on a interdit aux commerçants de nous louer des chaises !... Le président lui-même nous a fait interdire de tenir ce congrès à Alger pour que les diplomates n'y assistent pas. On l'a donc tenu loin. C'est dire à quel point c'est vous qui décidez de tout maintenant.

Ce dont je suis fier, ce sont les deux années que j'ai passées à organiser l'Organisation spéciale [58], dont le but était de préparer la révolution. Alors, quand j'ai rencontré pour la première fois M. Souaïdia après la publication de son livre, j'ai failli craquer : il m'a rappelé ces deux mille militants que j'ai choisis moi-même à travers le pays, pour en faire des cadres. Pour moi, c'est un de mes cadres : il est contre l'humiliation, il est contre l'arbitraire, il s'élève contre le fait que les jeunes n'ont pas le droit de vivre, n'ont pas le droit de vivre en famille, n'ont pas le droit de construire une société.

Vous savez à quelle conclusion, au bout de deux années, nous sommes arrivés ? Nous sommes arrivés à définir une forme de lutte – et vous allez voir que ce n'est pas une allitération. Nous avons condamné le terrorisme comme forme de lutte, parce que, à supposer que certains dirigeants soient des traîtres, nous avons une armée... D'autres préconisaient de faire comme en France, en disant : « Nous sommes quarante millions, chacun tue un Allemand et on règle le problème. » C'était assez simpliste. Il y avait aussi les levées en masse... Nous avons ainsi passé en revue tout ce qui ne devait pas être fait, et après nous nous sommes dit qu'il fallait former des cadres militaires qui puissent encadrer la population algérienne.

Aujourd'hui, je vous interpelle comme citoyen, quoique je ne sois pas citoyen : les Algériens n'étaient pas citoyens du temps de la France, ils ne le sont toujours pas parce qu'ils n'exercent pas leurs droits. La justice et le droit sont en complète déshérence. Alors, pourquoi ne pas négocier une solution politique, pourquoi ne pas dire : « Voilà ce qui ne peut pas sortir des élections truquées » ? Est-ce qu'une élection truquée peut faire la paix ? Il faut éliminer les solutions inefficaces avec lesquelles les

---

58 L'OS (Organisation spéciale) a été créée en novembre 1947 au sein du PPA-MTLD, dans la clandestinité totale, pour « préparer la révolution » et en recruter les cadres. Elle a été dirigée de novembre 1947 à décembre 1949 par Hocine Aït-Ahmed (voir Hocine AÏT-AHMED, *Mémoires d'un combattant. L'esprit d'indépendance, 1942-1952*, Sylvie Messinger éditrice, Paris, 1983, en particulier p. 125 *sq*).

dirigeants cherchent à gagner du temps et surtout à faire des vitrines démocratiques pour mieux cacher les mensonges de la mafia qui dirige ce pays.

Applaudissements dans l'assistance.

M. Stéphan, *président.* — S'il vous plaît ! Ce n'est pas une tribune politique. Les débats débordent inévitablement, ce qui n'est pas étonnant compte tenu de la nature de la diffamation qui nous est soumise. M. Aït-Ahmed, le tribunal vous remercie de votre témoignage. On va vous redonner votre pièce d'identité. Vous pouvez rester dans la salle pour suivre les débats, débats qui vont maintenant vers leur fin.

Nous avons entendu tous les témoins. Il y a des visionnages, je propose de les limiter autant que faire se peut. Est-ce même utile de le faire ou pas ?

Me Comte. — Nous y renonçons. Nous avons eu beaucoup de témoignages.

M. Stéphan, *président.* — De toute façon, les éléments sont soumis au tribunal. Le tribunal va délibérer, il voit bien les pièces qui lui sont soumises. À moins que vous ne souhaitiez absolument les visionner…

Me Gorny. — Pouvez-vous faire un duplicata de cette cassette ?

M. Stéphan, *président.* — Nous allons en rester là pour aujourd'hui. Demain vous avez prévu pour la défense quatre heures…

Me Gorny. — Nous allons essayer de réduire.

M. Stéphan, *président.* — Donc de 9 h 30 jusqu'à 12 h 30. Donc l'après-midi nous aurions le réquisitoire de Mme le procureur.

Me Comte. — M. le bâtonnier nous a dit qu'il commencerait. Il nous faudra une vingtaine de minutes.

M. Stéphan, *président.* — Très bien. L'audience reprendra demain à 9 h 30, avec les plaidoiries de la partie civile.

L'audience est levée à 18 h 55.

5

Audience du 5 juillet 2002

L'audience est reprise le 5 juillet 2002 à 9 h 37.

M. Stéphan, *président.* — Nous allons poursuivre avec les plaidoiries [1].

Plaidoirie de M. le bâtonnier Jean-René Farthouat, pour la partie civile

Me Farthouat. — J'assiste, par conséquent, aux côtés de mon confrère Bernard Gorny, et avec le concours qui sera muet – mais dont vous me permettrez de dire qu'il était efficace et méritoire – de mon associée Nathalie Roret, la défense des intérêts du général Khaled Nezzar dans le procès qu'il a intenté à M. Habib Souaïdia.

Avant d'aborder le fond de ce dossier, ou plus exactement la partie qui m'a été dévolue dans le partage dont nous sommes convenus avec Me Bernard Gorny, il me faut effectivement donner quelques explications sur le pourquoi de ce procès ; sur le pourquoi de ce procès ici, dans cette salle d'audience en France, avec la coïncidence – qui n'a pas échappé à quelques commentateurs – du quarantième anniversaire de l'indépendance de l'Algérie, mais dont vous m'accorderez qu'elle n'est qu'une coïncidence de calendrier en raison des obligations qui s'imposaient aux uns et aux autres ; sur la raison d'un procès fait particulièrement à M. Habib Souaïdia et non pas à tel ou tel autre, et qui aurait pu, si j'ai bien compris ce qui a été dit ou écrit, faire l'objet de la vindicte éventuelle du

---

1 Celles-ci sont publiées ici avec l'aimable autorisation des avocats, de la partie civile comme de la défense, que nous tenons à remercier. Tous, bien entendu, ont relu les épreuves de leur texte.

général Nezzar ; et sur la raison, enfin, d'un procès fait à l'occasion d'une émission de télévision et non pas sur le livre lui-même ?

C'est un certain nombre de questions qui appellent, de manière liminaire, quelques observations.

Il ne vous sera pas demandé – même si un certain nombre de problèmes de fond relatifs à la politique algérienne ont été longuement évoqués au cours de ces débats, et si moi-même, dans la tâche qui m'est impartie, je vais tenter de remettre en perspective les accusations portées contre le général Nezzar, par rapport aux événements qui se sont produits, notamment de 1988 à 1993 en Algérie – de porter un jugement sur la politique conduite depuis l'Indépendance par les dirigeants, qui fait l'objet d'appréciations divergentes.

J'étais d'ailleurs intéressé en entendant certains des témoins cités par la défense venir se livrer à une défense et illustration de certaines périodes économiques, dont j'avais lu par ailleurs, parce que je m'intéresse depuis très longtemps à ce pays, qu'ils n'étaient sans doute pas les bons choix. Vous vous souvenez du choix de l'industrie lourde et des critiques que cela a pu appeler, mais ce n'est pas cela qu'il vous est demandé de juger.

Ce qui vous est demandé, c'est de constater qu'au-delà de la polémique on s'est livré ici à des attaques personnelles contre le général Khaled Nezzar, qui en a conçu le sentiment d'une particulière injustice à son égard. Qui, parce qu'il est ce qu'il est – j'y reviendrai dans un instant –, parce qu'il a le sens de l'honneur, a considéré qu'il n'était plus possible, au-delà d'une certaine limite, au-delà de certaines accusations médiocres et qui ne méritaient pas nécessairement d'être relevées, de se laisser traiter de traître, de criminel, de tortionnaire, de concussionnaire, de corrupteur, et que cette litanie devait cesser.

Pourquoi faire ce procès en France ? Parce que le procès qui est instruit contre le général Nezzar, et à travers lui contre l'ensemble de la nomenklatura algérienne, c'est un procès très largement instruit en France, instruit par un petit groupe de médias français, par un petit groupe, très honorable mais très orienté, d'intellectuels français, et que ce procès, par conséquent, ne pouvait avoir de sens ailleurs qu'à Paris, puisqu'en réalité il y a deux oppositions au gouvernement algérien.

Une opposition qui se manifeste à l'intérieur de l'Algérie, comme dans tous les pays, et vous verrez dans les dossiers qui vous ont été communiqués, vous avez déjà vu – puisque nous avons pu constater que vous aviez lu ce que nous vous avions communiqué – qu'il y a un certain nombre d'extraits de presse pour la période de 1991, 1992, 1993, qui traitent de la situation dans les camps de rétention – sur lesquels je reviendrai dans un instant –, qui sont d'une liberté de ton, d'une liberté de critique, parfois d'une violence, peut-être justifiée, mais qui sont tout sauf l'expression de la censure.

Et il y a l'opposition qui se manifeste à l'extérieur de ce pays et particulièrement en France, que l'on trouve dans un certain nombre d'articles – sur l'argumentation desquels je reviendrai aussi dans un instant – dans lesquels on se livre à une sorte de technique de l'amalgame. J'ai été libéré hier, je ne le cache pas, parce que je m'interrogeais pour savoir si je pouvais vous dire que c'était autour du Front des forces socialistes que se catalysaient cette opposition extérieure et cette campagne. J'ai été libéré, parce que la déposition très théâtralisée de M. Aït-Ahmed qui a eu lieu hier (pas dans le propos qu'il a tenu mais dans la manière dont elle a été présentée et dont elle a été amenée, sur laquelle je reviendrai d'un mot) a montré clairement que M. Habib Souaïdia était un instrument – instrumentaliste, peut-être, j'y reviendrai – entre les mains d'une faction politique dont, encore une fois, je n'entends pas dire qu'elle n'a ni le droit de cité, ni le droit de parler, mais dont j'entends dire qu'elle n'a pas le droit d'utiliser les vieilles méthodes qui sont celles que décrivaient un certain nombre de manuels de la période antérieure.

Je vous dis que la manière dont on a théâtralisé la venue de M. Aït-Ahmed, en nous disant qu'on nous l'avait caché parce qu'on ne pouvait pas nous la révéler par crainte de mettre en péril la vie de M. Aït-Ahmed, n'est pas convenable – je l'ai dit hier – et, de surcroît, pas convaincante une seule seconde quand on sait que, grâce au ciel, M. Aït-Ahmed vit librement sur le continent européen, dans des conditions connues de tous, qu'il s'y déplace dans des conditions connues de tous, qu'il s'est rendu en Algérie un certain nombre de fois dans des conditions connues de tous, qu'il a été candidat à un certain nombre d'élections dans des conditions connues de tous, et que, par conséquent, il n'est pas sérieux d'invoquer une crainte en la rattachant aux circonstances dramatiques du décès de mon confrère Mécili (des circonstances dont vous noterez qu'elles ne sont toujours pas élucidées – ce que nous sommes tous autour de cette barre à même de regretter –, et qui montrent les limites de l'institution judiciaire, qu'elle se situe ici ou de l'autre côté de la Méditerranée).

L'institution judiciaire n'est ni omniprésente ni omnipuissante. Elle ne parvient pas toujours à faire la vérité. Il lui arrive, même de ce côté-ci de la Méditerranée, de faire l'objet de critiques violentes. Par une coïncidence du calendrier, j'étais hier dans une autre chambre du côté de la Cour d'appel et j'ai pu y voir que les justiciables français ont aussi des propos d'une rare pugnacité à l'encontre de notre justice. Je n'en déduis pas, pour ma part, que la justice française serait une justice qui n'aurait pas les qualités nécessaires. Je le dis parce que, comme on vous dit que la justice algérienne serait une justice dont il faudrait douter, je constate que la justice est quelque chose dont il faut toujours douter. Le doute est consubstantiel à ce que nous faisons, vous et nous, et par conséquent, l'indication donnée hier par la défense ne me paraissait pas convenable. Je l'ai trouvée blessante à l'égard de la partie civile. Il m'avait semblé que l'on aurait pu nous dire à nous, avocats, sous le sceau du secret et de la confidentialité, ce que l'on avait l'intention de faire. Je constate que je ne suis pas digne de ce secret et de cette confidentialité, et je n'en tire pas d'autres conclusions.

Alors, pourquoi encore ce procès en France et pas en Algérie ? Parce que, s'il avait été fait en Algérie, on nous aurait dit que l'on voulait intimider ceux qui soutenaient les positions du Front des forces socialistes et surtout, on nous aurait indiqué que l'on doutait de l'institution judiciaire. Non parce que le général Nezzar aurait douté lui-même de l'institution judiciaire algérienne, mais bien parce qu'il savait que s'il introduisait un procès devant la justice algérienne, on s'empresserait, médias et adversaires confondus, de venir dire que l'on avait choisi la voie de la facilité. Nous n'avons pas choisi la voie de la facilité, nous avons choisi la voie du courage et de la clarté en venant devant votre juridiction.

À cet égard, pour qu'il n'y ait pas d'équivoque, je ne voudrais pas que l'on nous croie un seul instant naïfs, qu'on s'imagine que nous avions pensé que nous allions pouvoir contenir ce procès dans les strictes limites d'un procès en diffamation et que le dialogue entre nous serait uniquement de savoir si être traité de criminel, être traité de tortionnaire, être traité de prévaricateur était, ou n'était pas, diffamatoire, et que l'on ne parlerait pas de la situation algérienne.

Je suis très à l'aise sur ce point, M. le président et Mesdames, car quand j'ai été consulté au mois de juin 2001 sur l'opportunité de ce procès, j'ai eu l'imprudence, qu'a l'avocat consciencieux, d'écrire l'opinion qui était la mienne. Je l'ai écrite dans une longue consultation qui était dans le secret, la confidence, qui unit l'avocat à son client, mais le général Nezzar a cru devoir la publier en annexe de son dernier livre. Cela ne viole aucun secret puisque lui-même peut lever cette confidentialité ; il ne peut pas m'en délier, mais il peut la lever vis-à-vis des tiers.

Je disais dans la consultation que j'avais établie sur les différentes voies qui étaient envisageables – car il y avait d'autres voies que celle d'un procès en diffamation – que le cadre strict de l'action en diffamation risquait d'être débordé et que c'était le procès de la politique conduite par les autorités algériennes qui risquait d'être fait à l'audience.

Je ne suis pas d'une prescience toute particulière, je veux simplement dire que l'on ne saurait penser un instant que je n'en avais pas mesuré le risque, que je ne l'avais pas fait mesurer au général Nezzar. Nous en avons parfaitement pris l'importance et il a été assumé de la manière la plus volontaire.

Pourquoi ce procès à Habib Souaïdia ? Ce n'était pas évident, et pas facile, vous l'avez bien senti au cours des débats. Il y a dans ce pays, l'Algérie, encore une tradition très prégnante des hiérarchies. Qu'un général fasse un procès à un officier et non pas à un sous-officier – si j'ai de bons souvenirs de mon service militaire, on les disait subalternes au-dessous du grade de capitaine, il y avait les officiers subalternes et les officiers supérieurs, c'était le vocabulaire de l'armée française qu'a appris le général Nezzar quand il était à Saint-Maixent –, qu'il introduise un procès contre quelqu'un qui avait été, au sens propre du terme, sous ses ordres, puisque le général Nezzar était à un poste pour lequel il avait une autorité sur l'armée, n'était pas facile pour lui.

Si cela a été fait, c'est précisément parce que nous avons eu le sentiment que Habib Souaïdia a été, dans ce dossier, instrumentalisé en même temps qu'il a, je pense, instrumentalisé… J'ai été un peu surpris lors de la déclaration très passionnante, très impressionnante, par la qualité intellectuelle – mais je n'en doutais pas depuis très longtemps – qu'elle révélait de la part d'Aït-Ahmed, lorsqu'il nous a dit qu'il avait eu « les larmes aux yeux » quand il a vu Habib Souaïdia. Sans doute n'avons-nous pas eu le même regard, le même sentiment et la même impression.

Pourquoi l'émission et pourquoi pas le livre ? Je m'en suis expliqué d'une phrase au cours de ces débats. J'ai, depuis, relu le livre et les passages dans lesquels se trouve mis en cause le général Nezzar et je n'ai pu faire que le constat que le seul passage diffamatoire, au sens de votre jurisprudence, contenu dans le livre *La Sale Guerre* à l'égard du général Nezzar est celui concernant, d'une manière très générale et avec une difficulté qui aurait été la nôtre de bien caractériser que c'était le général Nezzar qui était visé, le passage qui vise la corruption. Pour le reste, aucune des accusations qui vont se trouver dans l'émission télévisée ne se trouve à l'intérieur du livre. Je n'y ai trouvé ni l'indication que le général aurait été un tortionnaire, ni qu'il aurait été à l'origine de crimes qui ont coûté la vie à des milliers de gens, simplement la seule imputation c'est : « Une sale guerre d'intérêts pour défendre leur pouvoir et leur argent, celui du pétrole. Khaled Nezzar, Larbi Belkheir, Mohamed Lamari, etc. La liste est longue de tous les "décideurs" qui ont plongé l'Algérie dans le malheur » (page 191, dernier paragraphe).

Vous constaterez que même la relation directe entre le nom du général Nezzar et la corruption n'est pas, à l'intérieur de l'ouvrage, établie. On l'accuse d'avoir plongé l'Algérie « dans le malheur », on ne dit pas *expressis verbis* qu'il eût été un concussionnaire et un corrupteur.

C'est dans ces conditions que le choix a été fait d'instaurer devant votre tribunal un véritable débat contradictoire. Je vous demande de croire que l'on ne vous a pas pris en otage à l'intérieur de ce débat. Nous n'avons pas fait le choix de nous dire que nous allions prendre un tribunal français comme une sorte d'otage à l'intérieur d'un débat algérien. Nous avons le sentiment, au contraire, que le débat qui s'était déroulé devant vous était un débat qui avait été réellement contradictoire. Sans doute est-il apparu, aux uns comme aux autres, mais aussi sans doute au tribunal, trop restreint, car il nous aurait fallu des jours et des jours pour arriver à approcher encore de plus près la vérité.

Ce qui m'a frappé c'est que nous n'étions plus dans un discours univoque, que pour une fois le débat ne s'est pas limité, même s'il a abordé et s'il va l'aborder, au « Qui tue qui ? » que l'on trouve à l'intérieur de la presse comme étant le débat le plus intéressant, car c'est le débat le plus sensationnel. Mais c'est une véritable souffrance qui s'est exprimée, et si l'initiative qui avait été prise par le général Nezzar n'avait eu comme conséquence, ou ne devait avoir comme conséquence, que d'avoir permis à un certain nombre de victimes du FIS, qui n'ont pas souvent la parole à travers les médias et que l'on entend rarement, de venir s'exprimer à votre barre, cette initiative aurait déjà été couronnée d'un premier succès.

Vous avez entendu Mme Chaouche, qui est venue vous dire sa douleur de ses trois enfants et de son beau-fils assassinés dans des termes simples, sans un discours politique ou stéréotypé, mais simplement avec l'expression de sa douleur.

Vous avez entendu Mme Zamine, dont le mari a été assassiné par les islamistes et qui vous donne le détail horrible de la tête qui lui a été rapportée.

Vous avez entendu – et vous n'avez pas pu, et nous n'avons pas pu, les uns et les autres, ne pas être profondément bouleversés – le témoignage d'Attika Hadjrissa et de sa sœur qui vous disent la mort de leur père, mais qui vous disent aussi les neuf mois de séquestration par les terroristes islamistes et le sort qui a été le leur pendant ces neuf mois.

Vous avez entendu Mohamed Daho, qui est le père de ce petit vendeur de cigarettes qui se trouvait dans la localité dont le nom m'échappe – je ne vais pas me lancer dans des prononciations de localités algériennes de manière trop fréquente, car je risque d'être encore plus mal compris que lorsqu'elles sont émises par ceux qui parlent bien cette langue. S'il a été entendu, ce n'était pas seulement parce que nous voulions qu'un certain nombre de victimes directes du Front islamique du salut soient entendues, mais nous voulions aussi démontrer incidemment que l'ouvrage de M. Habib Souaïdia était un ouvrage fourmillant d'un certain nombre d'erreurs. Et celle-là en est une très caractéristique, car la démonstration est faite, sur le cas du fils de Mohamed Daho, qu'on vous a dit dans ce livre des choses qui n'étaient ni sérieuses, ni vérifiées, des choses qui n'étaient pas exactes.

Les victimes que j'ai citées, vous les chercherez en vain dans les innombrables rapports qui ont été déposés par les conseils du prévenu. Il y a des rapports d'Amnesty International, des rapports de la Fédération internationale des droits de l'homme, des rapports d'un certain nombre de groupuscules ou de groupes – je ne veux pas être désagréable, c'est sans doute ma culture qui n'en mesure pas les conséquences –, l'International Crisis Group et quelques autres, qui vous donnent sur la situation en Algérie un certain nombre d'indications.

Ce qui m'a frappé, à cet égard, ce sont deux choses.

Ils se nourrissent les uns des autres. C'est la technique de l'écureuil : il est dans la cage, il fait tourner la cage et il croit qu'il avance. On nous communique des documents. Il y a un premier document, qui n'est étayé par strictement aucun élément, il n'y a aucun élément de preuve, il y a un monsieur, extrêmement sympathique, intelligent, honnête – je ne discute aucune de ses qualités –, qui dit : « C'est comme cela que les choses se passent et, croyez-moi, je le sais. » C'est très bien.

Un second arrive et dit : « Vous savez, c'est comme cela que les choses se passent et, croyez-moi, le premier l'a dit. » Au dixième, on est sur le même système. Le système se nourrit éternellement d'un premier document qui n'est étayé par aucune preuve. Vous avez vu, M. le président, Mesdames, que dans les documents qui vous sont communiqués il n'y a, à cet égard, strictement aucun élément de preuve.

Je disais que dans toutes ces victimes, certaines n'ont pas eu le droit à la parole. On m'a communiqué hier le rapport de Mme Flautre, ce député européen qui appartient à... – peu importe le parti politique –, dont le rapport vous a été remis, comme à moi, hier, et qui est la pièce 29 de la communication de pièces adverses : « Les familles des disparus sont la manifestation la plus violente de la schizophrénie du pouvoir : comment être juge et assassin ? »

Vous avez des pages et des pages dans lesquelles on vous décrit tout ce qui devrait être reproché au pouvoir, vous n'avez pas une page, vous n'avez pas une ligne, vous n'avez pas un mot dans lequel on s'intéresse aux victimes du Front islamique du salut, dans lequel on va rechercher si oui ou non il y a cette terreur qui existe à l'intérieur de ce pays, si les faux barrages sont une réalité, si les assassinats commis par des terroristes islamiques sont une réalité. Vous chercherez en vain un mot sur ce point.

J'ai aussi été frappé de ce qu'aucun des témoins qui ont été entendus à la requête de la défense n'a eu le moindre mot pour les victimes du FIS. Il est vrai que du côté de la défense, on avait plus de sympathie pour les criminels repentis que pour les victimes. On vous a dit tout le bien que l'on pensait de M. Samraoui, qui est, si j'ai bien compris, un officier des services secrets qui a démissionné et qui est passé de l'autre côté, et on vous le présente en héros.

J'ai des souvenirs qui remontent à une période où tous les autres n'étaient pas nés et où ce type d'admiration pour les repentis, ceux qui avaient changé leur veste, ceux qui, après avoir tué ou torturé, passaient de l'autre côté, n'était pas nécessairement considéré comme une qualité.

Tout cela parce que en réalité la technique de l'amalgame permet de ne pas distinguer ceux qui seraient les victimes des uns et des autres. C'est essentiellement ce qu'il m'appartient de dénoncer.

On vous dit 50 000, 100 000, 200 000 morts, de la manière la plus indistincte. Y en a-t-il ? Il y en a sans doute – et j'entends assumer cette part de fautes et d'erreurs ici – qui sont les victimes d'une répression qui n'a pas su se contenir normalement. Mais la technique qui consiste à tout amalgamer permet de ne rien savoir. On vous dit 50 000, 100 000, 200 000 morts ; que ce soit le FIS ou que ce soit le pouvoir, cela n'a aucune importance. Cela a si peu d'importance – c'est là la technique de l'amalgame – qu'en réalité les morts, même s'ils sont le fait du Front islamique du salut, c'est soit le pouvoir qui a aidé à les faire parce que le pouvoir a infiltré tel ou tel groupe, placé telle ou telle personne à l'intérieur de telle ou telle organisation, soit parce qu'on a laissé faire, parce qu'il n'y avait pas les instruments de la répression nécessaires (et le discours est un peu difficile entre les reproches qui sont faits aux excès de la répression et ceux qui sont faits à l'insuffisance et à l'absence de la répression), aussi, c'est soit – et c'est le leitmotiv – parce que les morts ont été provoqués par l'arrêt du processus électoral.

C'est le système de l'escalade. On vous dit que l'arrêt du processus électoral a été une erreur et la cause de tout ce qui s'est produit, y compris les crimes de droit commun commis par un certain nombre d'hommes, et d'hommes qui continuent à commettre ces crimes de droit commun (mais on ne peut pas les leur imputer puisqu'en définitive, c'est vous qui en êtes l'auteur, puisque vous avez provoqué l'événement politique qui en serait à l'origine). J'ai été frappé d'entendre à cette barre, hier, des gens, et notamment une femme qui ne pouvait pas ne pas attirer notre compassion à tous parce qu'elle avait eu le malheur de perdre un enfant – et nous sommes tous des hommes et des femmes pour qui la vie compte, car nous avons la chance de vivre dans un pays dans lequel la vie compte, et que nous avons sans doute, pour un certain nombre de nous, la chance de l'attachement à ceux qui sont nos enfants, comme nous avions l'attachement à ceux qui nous avaient donné le jour.

Quand j'ai entendu cette femme conclure une déposition qui aurait pu être bouleversante par : « C'est la faute de l'arrêt du processus électoral », je me suis dit que la sœur de M. Yous, puisque c'était sa sœur, sortait un discours parfaitement stéréotypé ; on passait du cri du cœur que j'avais entendu, et qui était de nature à vous bouleverser, à l'affirmation d'une politique.

C'est le même propos – et c'est là que j'ai dit, avant que mon excellent confrère Me Bourdon arrive, que l'arrivée de M. Aït-Ahmed à cette barre était pour moi la levée du masque – que Mme Ghezali, la conseillère politique, le second témoin que vous avez entendu hier à cette barre, qui a eu le même discours et le même cri que Mme Yous-Dutour : « C'est la faute de l'arrêt du processus électoral. »

Ce procès vous aura également permis, M. le président et Mesdames, d'entendre un certain nombre d'hommes politiques dont je ne suis pas sûr qu'ils aient toujours, en France, les médias, les échos, l'audition qui est nécessaire. Je pense à Sid Ahmed Ghozali, à Ali Haroun, à Rezzag-Bara, je pense particulièrement à Mme Leïla Aslaoui qui, dans le témoignage qu'elle a fait hier, m'a donné à penser, pour ma part, que si la justice algérienne peut sans doute, comme toutes les justices, susciter des critiques, je ne serais pas mécontent que la justice française ne génère que des Leïla Aslaoui, et que chacun soit de la qualité dans laquelle elle s'est exprimée.

Ils ont été entendus par votre tribunal, par cette salle, mais au-delà de votre tribunal et de cette salle, ils ont été entendus par les médias. Je ne les ai pas tous vus, mais j'ai l'habitude, le matin, d'écouter une radio et, ce matin, Bernard Guetta, sur France Inter, dans une chronique de géopolitique qui a de l'importance, parce que c'est un commentateur qui a de l'importance et qui dit un certain nombre de choses intéressantes, commentait cette situation et se faisait l'écho des voix qui avaient été entendues, de toutes les voix, de ce côté-ci de la barre et de l'autre côté. Je dis que cela, pour moi, c'est une première victoire et la première utilité du procès qui est fait.

J'en viens, après ce propos un peu long qui m'apparaissait nécessaire, à ce que j'ai à dire sur les choses elles-mêmes. Vous restez saisis d'un propos en diffamation et on va vous demander de dire – on n'aura pas beaucoup de mal à obtenir que vous le disiez – que le fait d'accuser quelqu'un d'être un tortionnaire, un criminel, un concussionnaire, un corrupteur, constitue des imputations diffamatoires.

Je n'ai pas beaucoup de doutes non plus sur le fait que vous constaterez qu'elles n'ont pas été dites de bonne foi. C'est à cela, pour partie, que je veux venir car l'ambition de mon propos, c'est, à travers la description qui peut être faite de la situation en Algérie, de vous démontrer que l'on ne peut pas se tromper de bonne foi, que l'on a les moyens de savoir un certain nombre de choses et qu'il y a des choses qui n'ont pas le droit d'être dites.

Les protagonistes de ce procès : le général Nezzar, il faut que j'en parle, car c'est lui qui a fait ce procès, c'est lui qu'on accuse, c'est lui que l'on traîne dans la boue, c'est lui dont on dit un certain nombre de choses que ce soldat ne supporte plus.

Vous l'avez vu. Vous l'avez entendu. C'est un soldat. C'est un soldat d'origine. Il était lui-même le fils d'un soldat, d'un soldat qui avait servi dans l'armée française mais qui avait choisi – et ce n'est pas complètement indifférent, vous l'avez noté, dans le paysage algérien – de partir s'installer en Algérie, c'est-à-dire qu'il avait regagné son pays. Par conséquent, à l'âge qu'il a, à un moment où l'insurrection n'est pas commencée, où la guerre d'indépendance n'est pas encore déclenchée, il va, après avoir fait une école d'enfants de troupe, entrer à l'école de Saint-Maixent qui forme les sous-officiers, dans laquelle une promotion va le diriger vers le grade d'aspirant. Vous avez sur ce point un certain nombre d'indications.

Quand il a dix-neuf ans, vingt ans, il est contacté par les gens de l'Armée de libération nationale qui lui demandent de venir la rejoindre, et après avoir demandé le conseil de son père, partant de Landau, où il se trouve basé en Allemagne, il va rejoindre la frontière algérienne d'abord, puis l'Armée de libération nationale, combattre dans cette armée, y être blessé et y faire une carrière militaire qui va se poursuivre par conséquent de 1958-1959 jusqu'au 31 décembre 1993, date à laquelle il est mis à la retraite. C'est une carrière qui est, sauf dans sa toute dernière ligne, uniformément militaire, uniquement militaire, éloignée du pouvoir, une carrière – il vous l'a dit – de terrain dans laquelle il passe quinze ans dans le Sahara, qui n'est pas le lieu, soit dit en passant, le plus efficace si on veut accéder au pouvoir et s'emparer des rênes du commandement en Algérie.

C'est un homme qui, incontestablement, a le sens de l'honneur, mais c'est un homme qui, incontestablement, n'est pas nécessairement adroit. Si j'avais à plaider le premier prix de nuance, je ne vous dirais pas que je le décernerais à mon client. Il me le pardonnera.

Il faut être lucide à cet égard, il a une espère de franc-parler, des maladresses, des propos d'homme de troupe – quand il dit d'un des témoins qu'il a vu une belle femme dans son bureau, j'ai essayé de rentrer sous mon banc pour atténuer la portée de ce propos, et je pourrais en dire quelques autres de cette nature –, mais c'est un homme sincère, loyal, incontestablement qui, dans ce procès, ne cherche pas un profit personnel mais la restitution de son honneur.

Nous avons de l'autre côté M. Habib Souaïdia. Je me suis interrogé sur le point de savoir si je devais passer par pertes et profits, dans l'appréciation que vous avez à faire de la bonne foi de Habib Souaïdia, son profil. Il m'a semblé que, quels que soient les risques de cette entreprise, quelles que soient les maladresses auxquelles je m'expose, quelles que soient les réactions que je risque de susciter, j'avais quelques indications sur ce point à vous donner.

M. Habib Souaïdia est dans la même situation que celle du général Nezzar à l'origine, mais dans une sorte de situation inversée, parce que son père est resté en France après avoir servi dans l'armée française. Et il ne vous aura pas échappé, parce que c'était palpable et tangible, que c'est dans la société algérienne une fracture importante que celle de ceux qui sont restés attachés à la France, tout comme d'ailleurs on a créé une seconde fracture entre ceux qui auraient été, dès l'origine, sur place et ceux qui auraient rejoint le terrain sur place – sur laquelle je reviendrai d'un mot. Mais la première fracture, qui est tout à fait nette, est celle qui peut exister entre les enfants de ceux qui sont restés en France et les enfants de ceux qui sont repartis en Algérie.

Sans me lancer dans une psychologie de bazar – j'ai assez peu de goût pour les introspections à cet égard –, je suis assez enclin à penser que c'est un élément qui peut avoir une importance dans la personnalité de M. Habib Souaïdia.

Il va rentrer dans l'armée et il va y rentrer avec difficulté. Je m'explique sur une pièce que j'ai versée aux débats et, théâtralement, on a dit : « Vous verrez que la partie civile a versé des faux ! » Je plaide avec bonne foi. Je ne verse pas de faux. Je peux éventuellement me tromper. Je n'ai pas versé de faux, car j'ai fait vérifier les documents que l'on m'a confiés, et mon confrère se méprend sur la portée des documents que je lui ai communiqués. Il a sans doute cru que je voulais démontrer que M. Souaïdia n'avait pas fait l'école de Cherchell comme le bruit en a couru à un moment donné. M. Souaïdia a fait l'école de Cherchell, cela ne fait aucun doute, mais il l'a faite avec difficulté, car les services de la Sécurité militaire ont proposé qu'il soit exclu de cette école précisément parce qu'il était fils d'Algériens restés en France et qu'au regard d'une Sécurité militaire – sans aucun doute imbécile –, c'était de nature à le disqualifier.

Par conséquent, il a été, pendant un temps, marginalisé à l'intérieur de cette école avant d'y être réintégré et, là encore, sans me livrer à des analyses trop subtiles, il a pu en concevoir une certaine amertume et une certaine animosité à l'égard de la hiérarchie dont il dépendait, dont il pouvait considérer qu'elle ne le traitait pas avec la qualité qu'il nécessitait.

Le troisième événement auquel je dois faire allusion, car cela a une certaine importance, c'est la condamnation de M. Souaïdia par le tribunal militaire de Blida. Vous allez me dire que c'est une condamnation par un tribunal algérien d'un opposant, par conséquent, cela fait « pschitt » comme aurait dit quelqu'un, cela n'a aucun intérêt. Sur ce point, je ferai observer que je n'ai pas vu à l'intérieur du dossier – et je n'ai pas vu dans le livre de M. Souaïdia – qu'il ait été un opposant au régime. J'ai vu qu'il a servi au poste auquel il devait servir jusqu'en 1994 et que c'est un litige qui l'a opposé à l'un de ses supérieurs hiérarchiques, qu'il aurait accusé de ce dont il devait être lui-même accusé. C'est intéressant, car il n'a pas été poursuivi parce qu'il était parti flamberge au vent en disant qu'il en avait assez des meurtres et des assassinats, qu'il s'opposait au régime, qu'il était un officier libre, indépendant, honorable, pacifique, qu'il fallait le suivre et se révolter.

Ce n'est pas du tout cela, pas du tout. Il est poursuivi parce que, nous dit-il, il a dénoncé le trafic qui aurait été fait par un colonel qui se serait emparé d'un véhicule, qui aurait pris l'argent qui était à l'intérieur de ce véhicule et qui ne l'aurait pas restitué. Il nous explique qu'il est poursuivi exactement pour ce qu'il aurait dénoncé.

Autant je prends des précautions quand je suis en présence de la condamnation d'un homme, quel qu'il soit, dans quelque pays qu'il soit, qui a été condamné parce qu'il s'est insurgé contre le pouvoir... Vous avez vu que c'était ce qui était reproché aux autres officiers qui ont comparu devant ce tribunal, Souaïdia est le seul à qui on reproche des faits de cette nature. Les autres ont été poursuivis pour des délits qui s'apparentent à des délits, sinon d'opinion, d'insubordination, de mise en cause de l'honneur de l'armée. Lui – il aurait été facile de faire comme pour les autres –, on le poursuit pour un délit de droit commun. Il n'est pas poursuivi seul et il n'est pas condamné seul. Il est poursuivi et condamné en même temps que quatre autres officiers dont l'un est condamné à dix ans d'emprisonnement, deux à deux années d'emprisonnement et un quatrième à une année d'emprisonnement. Je n'ai vu nulle part et je n'ai entendu nulle part, et nul n'est venu me dire, que c'étaient des condamnations scandaleuses et imméritées et qu'il y avait trois ou quatre personnes – je ne sais plus le nombre exact – qui croupissaient quelque part, ou avaient croupi pendant un certain temps quelque part, en vertu d'une condamnation complètement injuste. C'est le seul qui, dans cette décision, aurait été l'objet d'une condamnation injuste.

La condamnation qui a été prononcée, et qui est antérieure à la parution du livre, on ne l'a pas cachée, on ne l'a cachée à personne, et notamment cette condamnation figure dans la liste communiquée au « panel » onusien. C'est-à-dire que l'on s'est exposé à ce qu'elle puisse être vérifiée par les personnalités qui composent ce « panel » onusien, qui peuvent demander la communication des dossiers qu'on leur signale dans la liste qui leur est donnée et qui ont la possibilité de vérifier.

Je veux bien croire les autorités algériennes complètement idiotes, dénuées de tout bon sens. Je leur fais toutefois le crédit de penser que lorsqu'elles choisissent de communiquer à cinq personnalités aussi éminentes que celles dont j'ai donné les noms hier – et que je ne vais pas répéter pour ne pas dire des choses inutiles –, on peut se dire que l'on choisit ce qui « tient la route », si vous me pardonnez la familiarité de l'expression ; on ne donne pas des dossiers dans lesquels on s'expose à ce que Mme Veil ou M. Soares disent que dans le dossier il est évident que ce malheureux Souaïdia a été victime de l'*imperium* et de l'arbitraire du pouvoir. Par conséquent, cette condamnation n'est pas complètement inintéressante.

Le quatrième élément qui me surprend un peu dans la personnalité de M. Souaïdia, c'est qu'il reste en Algérie du mois de juin 1999 au mois d'avril 2000 et qu'il ne fait pas l'objet d'une persécution. S'il est l'opposant si dangereux qu'il veut le présenter, en disant qu'il était une sorte d'homme clé de ce que pouvait être la rébellion, je n'imagine pas qu'un pouvoir dont on me dit autant de mal, qui a autant de défauts et autant de vices, puisse imaginer un seul instant de le laisser gambader à l'intérieur du territoire algérien – même si on nous dit qu'on l'aurait surveillé –, de le laisser partir avec un visa dont on nous dit – c'est la cerise sur le gâteau – qu'il a été acheté au fils du général Lamari, car cela ferait bien de mettre un second général à l'intérieur de ce problème…

À son arrivée en France, il ne se précipite pas à l'OFPRA, il s'écoule deux mois et demi entre son arrivée en France et le moment où il commence ses démarches, et nous savons que pendant ces deux mois et demi il rencontre un certain nombre de personnalités, extrêmement respectables et sympathiques, qui s'intéressent à son cas qu'elles trouvent bouleversant, qu'il écrit le synopsis d'un livre que vous avez dans le dossier – je ne vais pas rentrer, pour ne pas être trop long sur ce point, sur les incidents avec M. Sifaoui –, d'un livre qu'il n'a manifestement pas écrit lui-même et dans lequel il ne dit pas ce qu'il dira dans la version définitive du livre.

Ainsi, s'agissant de la personnalité de M. Souaïdia, j'avais un certain nombre d'interrogations à communiquer.

J'en viens à ce qui s'est passé en Algérie de 1988 à 1993. Je ne déborderai que très peu, car c'est réellement la période qui m'intéresse.

Il y a d'abord une chronologie extrêmement simple, M. le président, Mesdames, qu'il faut que nous reprenions, je ne dis pas de manière objective, car je suis trop vieux pour croire à l'objectivité de manière générale, mais de manière réellement chronologique en prenant les faits et nous verrons ensuite les commentaires qui peuvent en être faits.

La chronologie et la certitude, c'est qu'il y a un échec économique en Algérie en 1988 qui conduit à un mécontentement populaire. D'autres ont des versions beaucoup plus sophistiquées et compliquées à partir de ce simple événement, mais il est sûr qu'il y a un mécontentement, qu'il y a des manifestations populaires qui grandissent en 1988, qui vont aboutir aux manifestations qui vont se produire du 5 au 11 octobre 1988. Et qui vont marquer l'entrée en scène du général Nezzar, qui n'est pas, à l'époque, le commandant en chef des forces terrestres et qui est celui qui est normalement, et naturellement, appelé pour cette opération de rétablissement de l'ordre, parce que c'est ainsi que l'organisation militaire veut que les choses soient. Si on en avait appelé un autre, on pourrait imaginer qu'il y avait eu une volonté de mettre en place quelqu'un qui avait des qualités ou des défauts particuliers pour aboutir à des fins particulières. On a appelé celui qui était l'homme qui devait être appelé à ce moment-là.

Les événements de 1988 vont faire – et le général Nezzar l'a dit à plusieurs reprises – un nombre beaucoup trop élevé de morts. Je ne veux pas rentrer dans cette comptabilité, mais il est vrai qu'il y a eu dans ces opérations un certain nombre de morts.

Je me disais, en préparant ce dossier, que les choses ont parfois peu de différence entre ce qui se passe bien et ce qui se passe mal. En octobre 1968, nous avons eu la chance d'avoir un excellent préfet en la personne de M. Grimaud, mais si bon eût-il été, si un officier de police avait paniqué à hauteur du boulevard Saint-Michel, ou de je ne sais quelle voie, et avait tiré, au lieu d'avoir un bilan dans lequel, grâce au ciel, nous n'avons eu aucun mort, nous aurions un bilan avec plusieurs dizaines de morts lors des événements de 1968.

Le général Nezzar dit qu'il avait donné des instructions, dans cette situation qui était difficile, et vous avez vu dans le dossier qu'elle était incontestablement une situation insurrectionnelle – l'un de ses chefs de corps a perdu son sang-froid parce qu'il s'est senti menacé ; se sentir menacé et perdre son sang-froid ne sont pas des situations uniquement algériennes, on peut comprendre que cela peut se produire aussi dans un certain nombre de pays. Et cela a eu un résultat catastrophique que le général Nezzar pleure, car il considère que le sang de jeunes Algériens répandu sur le sol est une injustice. Mais c'est un résultat qui n'est que l'enchaînement d'un certain nombre de choses dont vous ne pouvez pas dire qu'elles ont été décidées, organisées et commanditées.

La suite du scénario, nous la connaissons. C'est ensuite une période qui est, apparemment, une période de libéralisation et d'ouverture. C'est intéressant et j'y reviendrai. Il n'y a pas un événement en Algérie sur lequel on ne vous fasse un coup de billard, pas à deux, trois ou quatre, mais à douze bandes, dans lequel pour tout événement on cherche à vous donner les explications les plus tordues, les plus difficiles, les plus compliquées. En Algérie, si vous expliquez que cette barre devant moi, que je frappe, est en fer, on va trouver une explication pour vous dire que cette barre en réalité n'est que l'apparence de la barre, et qu'il y avait hier une barre en bois qui a été remplacée dans la nuit par une barre en fer pour que je me fasse mal à la main en tapant sur la barre. C'est exactement la situation que vous allez avoir à apprécier s'agissant de la bonne foi à l'intérieur de ce dossier.

Vous connaissez le rôle ultérieur du général Nezzar, vous connaissez la nouvelle Constitution du 23 février 1989, la grève insurrectionnelle de mai-juin 1991, l'état de siège du 5 juin 1991, la constitution du gouvernement Sid Ahmed Ghozali au mois de juin 1991 et la nomination du général Nezzar comme ministre de la Défense, le report des élections de juin à décembre 1991, un premier tour d'élections législatives, dont je rappellerai le résultat qui n'est pas complètement inintéressant : cent quatre-vingt-huit sièges au Front islamique du salut qui remporte 3 260 522 voix, vingt-cinq sièges au Front des forces socialistes et 510 661 voix – nous sommes le 23 décembre 1991 – sur l'ensemble de l'Algérie, et près de 1 500 000 voix au Front de libération nationale.

M. Aït-Ahmed nous disait hier que ses amis et lui n'ont eu que dix-huit sièges, mais qu'ils ont eu trois fois plus de voix. Les mystères de certains scrutins donnent des résultats de cette nature – il ne faut pas nous prendre pour ce que nous ne sommes pas. Par conséquent, l'équilibre des forces au moment des élections de 1991 résulte de ces trois chiffres : 3 500 000 voix, 1 500 000 voix et 500 000 voix, sans parler des petits partis et du parti gagnant qui est celui de l'abstentionnisme avec une proportion d'abstentions considérable.

Vous connaissez la démission du président Chadli et vous connaissez le processus qui va suivre.

Ce que je veux vous montrer, à travers ces explications, c'est que tous ces événements qui, factuellement, dans l'enchaînement que je viens de donner, sont parfaitement simples, ils sont tous, à travers ce dossier et à travers le discours qui est celui du Front des forces socialistes, diabolisés. Ils le sont d'ailleurs souvent dans des directions opposées, contradictoires, inconciliables entre elles, mais il est impossible qu'un événement survenu en Algérie n'ait pas d'autre cause que celle que vous voyez avec vos yeux.

Commençons par les manifestations du 5 octobre 1988. Vous croyez qu'elles ont été, comme les apparences le donnent à penser, spontanées. Pas du tout ! Ce sont des manifestations qui ont été volontairement provoquées par le pouvoir en place. Pourquoi ? Pour porter le général Nezzar au pouvoir ? Non, vous vous trompez, pour maintenir le président Chadli au pouvoir.

Vous trouverez dans le dossier qui vous a été communiqué par mon confrère un témoignage ahurissant, mais passionnant, qui est celui de M. Brahimi, qui n'est pas un imbécile puisqu'il est un ancien Premier ministre de l'Algérie. Par conséquent, le cursus de M. Brahimi, les différents établissements dans lesquels il a enseigné et enseigne encore sont extrêmement prestigieux, et je peux espérer qu'on ne laisse pas M. Brahimi dans un certain nombre de collèges extrêmement célèbres s'il n'en a pas les qualités… Il est professeur non seulement à l'université d'Alger, mais en Grande-Bretagne, à l'université de Poitiers, il a occupé divers postes ministériels, il a été conseiller économique de M. Boumediene, directeur de l'OCI à Paris, préfet d'Annaba. C'est un cursus qui est extrêmement glorieux.

Qu'est-ce qu'il nous explique ? Il nous explique qu'au mois de juin 1988 le général Nezzar a été dans le bureau de Chadli et que celui-ci lui a dit : « Cher Khaled, il faut que tu m'aides à me maintenir au pouvoir, tu dois m'aider à me maintenir au pouvoir car j'ai envie de rester président de la République. »

Au mois de juin 1988, le président Chadli reçoit donc à son bureau le général Khaled Nezzar et le général Belhouchet pour leur demander que l'armée « s'oppose à toute tentative visant à désigner un autre candidat que lui aux prochaines élections présidentielles lors du congrès de novembre 1988 ». Comment fait-on ? On décide, au mois de juin 1988, d'organiser des manifestations le 5 octobre 1988. Je suis resté ébloui : il apparaît en juin, « aux yeux des organisateurs des événements, que le 5 octobre constitue une date opportune pour provoquer des manifestations encadrées et contrôlées, moyen de défoulement, de canalisation ».

On organise au mois de juin des manifestations qui auront lieu le 5 octobre 1988 mais, manque de chance, on est débordé par les éléments qui organisent les manifestations du 5 octobre, ce qui me donne à penser – dans ma logique de Parisien imbécile – que c'est peut-être plus spontané et moins organisé que vient de le dire M. Brahimi. Un certain nombre d'autres témoins disent que ce n'est pas organisé du tout et complètement spontané.

Tout ceci pour vous dire qu'on ne peut pas être sérieux, et par conséquent être accusateur, à partir de documents de cette nature.

Que va-t-il se passer ? Chadli fait appel au général Khaled Nezzar ? Pas du tout. En réalité, le général Khaled Nezzar aurait pris contact avec Madani et Benhadj, les leaders du FIS. Vous entendrez, au cours de votre délibéré, en écoutant les cassettes qui vous ont été remises, leur style extrêmement fleuri et sympathique… Ce sont des gens qui vous envoient *ad patres* dès qu'ils ouvrent la bouche. Ou vous êtes d'accord avec eux et cela va à peu près, ou vous n'êtes pas d'accord avec eux et vous allez voir Dieu le Père dans l'instant qui suit.

Le général Khaled Nezzar serait donc allé voir Benhadj et Madani et leur aurait dit : « Soyez assez gentils pour organiser des contre-manifestations de manière à ce que l'on arrive à calmer les étudiants. » Il y a une autre version à l'intérieur des documents présentés : le FIS veut s'emparer de l'opportunité qui lui est donnée. Il y a même deux courants à l'intérieur du FIS, les durs qui sont Benhadj et Madani, qui ont l'intention de se porter sur le terrain et qui le feront, et un modéré qui pense que les choses ne sont pas nécessairement opportunes.

Telle est l'interprétation que l'on vous donne des événements, avec un certain nombre de choses qui méritent au cours de votre délibéré d'être lues et relues tant elles sont surprenantes dans leur formulation. Que nous dit M. Brahimi, et là il est rejoint par M. Aït-Ahmed ? Que va faire le pouvoir après avoir repris la main ? On ne peut pas reprocher à un pouvoir de reprendre la main. J'ai même cru, mais j'ai dû me tromper, que dans le pays de rêve dans lequel je vis, mes concitoyens ont besoin de sécurité – ils le disent – et je vois beaucoup plus de forces de sécurité depuis un certain temps que je n'en ai vu auparavant. Je ne dis pas que c'est bien, c'est un constat auquel je me livre. On ne va pas me dire que les autorités algériennes allaient laisser, d'une part, les étudiants – les étudiants qui seront les victimes ultérieurement du FIS – et, d'autre part, M. Madani et

M. Benhadj prendre le pouvoir. On rétablit les choses, on les rétablit peut-être maladroitement, je suis prêt à en discuter, on ne le fait pas volontairement. Vous ne pouvez pas venir dire, dans la décision que vous allez rendre, qu'il y a eu la moindre volonté homicide et la moindre volonté de pouvoir chez le général Khaled Nezzar car cela ne correspond pas à la réalité.

On va mettre en place un train de réformes : Constitution de 1989, réforme économique dont l'auteur est M. Hidouci, l'ancien ministre de l'Économie du gouvernement de M. Hamrouche, que nous avons entendu il y a 48 heures à cette barre, qui vous est sûrement apparu, comme à moi, comme un homme, sur le plan intellectuel, tout à fait remarquable, qui n'a pas été extrêmement tendre avec le président Chadli. Il ne nous a pas dit que c'était le plus grand homme d'État qu'il ait rencontré au cours de sa carrière, j'ai même cru comprendre qu'il a dit qu'il était pusillanime et qu'il était impossible d'obtenir de lui une décision dans un sens ou dans l'autre.

On va avoir ce gouvernement Hamrouche présenté comme un gouvernement libre. Pas du tout. M. Brahimi répond que tous ces gens-là sont des « jean-foutre » qui ont confondu la démocratie et le multipartisme. C'est une erreur fondamentale. Il faudra que je fasse des recherches, après ce procès, pour savoir où l'on trouve la distinction entre démocratie et multipartisme, mais peut-être serai-je éclairé de l'autre côté de la barre.

M. Aït-Ahmed est venu vous le dire hier également : « On s'est complètement trompé, on avait une Constitution ouverte en 1989, on a créé le multipartisme, et grâce à cela il y a soixante partis créés. Tout cela manquait d'autorité. » Pardonnez-moi cette référence constante, mais cela m'a rappelé une situation, qui n'est pas si ancienne, dans laquelle on a dit qu'il y avait trop de candidats à certaines élections. Il n'y avait plus de démocratie dans notre pays parce qu'il y avait trop de candidats et c'est une explication que je découvre à l'aune de la situation algérienne.

Ces interprétations sont intéressantes, car elles montrent que l'on ne peut rien faire dans ce pays algérien sans qu'immédiatement les choses soient interprétées. C'est si vrai… J'en viens, pour essayer d'abréger mes explications, à la suite.

On nous a dit hier que l'erreur fondamentale a été de reporter les élections de juin 1991 à décembre 1991, « car les élections de juin 1991, on les aurait gagnées, tous les sondages nous étaient favorables. Par conséquent, vous avez cédé à la pression du FIS en reportant les élections », nous a dit M. Aït-Ahmed dans un raisonnement que j'ai trouvé d'une complication extrême : « On a cédé à la pression du FIS qui voulait des élections présidentielles, et pas des élections législatives, et dont la base était hostile à toute élection car, par définition, le FIS est hostile à toutes élections. »

Je n'arrive pas à comprendre – mes confrères me l'ont dit au cours des débats, je ne comprends pas grand-chose – comment on peut aimer les élections présidentielles et pas les élections législatives et comment on participe aux élections locales en ayant peur des élections législatives. Il y a une logique qui m'échappe totalement. Il m'avait semblé que quand on avait gagné des élections locales, comme le FIS les a gagnées, on avait plutôt envie de sauter le pas des élections législatives et de les gagner, d'autant que l'on s'en donne les moyens, que l'on y participera ultérieurement. Cela veut dire que l'explication donnée ne tient pas la route, que l'on participera à celles du mois de décembre et que l'on fera tout ce qu'il faut pour gagner ces élections du mois de décembre, y compris en usant de la fraude.

Je voudrais dire également que M. Brahimi est d'un avis fondamentalement différent, vous lirez son témoignage : le FIS n'a pas demandé le report des élections de 1991, c'est le général Nezzar qui a exigé de M. Chadli le report des élections. Je n'ai pas compris pourquoi. Il y a deux personnalités éminentes, l'une est un ancien Premier ministre et l'autre une sorte de statue du Commandeur – que vous avez eue hier devant vous – qui depuis 1962 est dans une situation d'échec sur le plan de son implication dans la vie intérieure de l'Algérie, mais qui est dans la position éternelle du censeur. Nous avons là aussi connu en France un certain nombre d'hommes politiques de grande valeur qui ne sont jamais parvenus au pouvoir, qui ont toujours eu sur le bord du chemin cette espèce de vue très acérée de la manière dont les choses se passaient et de l'impossibilité de les mettre en œuvre. Sur ce point, je m'égare.

Nous sommes dans cette situation, deuxième observation sur ces élections. M. Aït-Ahmed a dit : « On était sûr de les gagner car les sondages nous étaient favorables et qu'il n'y avait donc pas de difficulté. » Selon lui, M. Chadli dit qu'en décembre 1991, si on a fait les élections, les sondages étaient favorables et que l'on s'est trompé. Je ne suis pas sûr que les sondages favorables de juin 1991 étaient plus fiables que ceux de décembre 1991.

La vérité, à l'intérieur de ce dossier, est simple. Une grève insurrectionnelle est organisée par le FIS, mais pas une petite grève, une grève insurrectionnelle, tellement insurrectionnelle que M. Aït-Ahmed nous a dit hier à cette barre que lui et ses amis avaient organisé des groupes pour protéger les commerçants et aider les étudiants à pouvoir aller dans les universités. Par conséquent, on est bien en présence d'une situation insurrectionnelle et qui conduit quelqu'un d'aussi chatouilleux sur un certain nombre de principes que M. Aït-Ahmed à organiser des groupes qui soient des groupes d'aide au combat contre le FIS.

Le FIS, à ce moment-là, dès 1988 – je n'ai pas fait de lecture pour ne pas alourdir les explications trop longues –, a des discours à vous glacer – j'attire votre attention sur ce point – non seulement en Algérie, mais aussi aux États-Unis.

Vous verrez, par les documents qui ont été produits et qui sont incontestables, que s'il y a une importance du FIS en Algérie, l'organisation multiple existe. Ce n'est pas une invention. Un petit groupe de quatre ou cinq hommes se réunit régulièrement en Amérique, dans lequel un

Algérien – dont le nom m'échappe, mais comme je l'écorcherais, je vais m'abstenir de le prononcer – lance des appels au *djihad* enflammés et la crainte que l'on peut avoir du FIS, dès 1988, est certaine. Il a pris les municipalités, il a organisé les municipalités, il s'est servi des difficultés comme se servent beaucoup de mouvements de manière assez naturelle, en aidant les plus pauvres et en les ralliant à lui parce qu'il leur a donné de la nourriture – ce n'est pas, sur ce point, nécessairement un reproche – et c'est comme cela que l'on se fait un clientélisme et que l'on peut s'attacher un certain nombre de gens. Il a fait des opérations de terreur et il fait des opérations de terreur à travers tout le pays. On nous dit que le processus électoral est à l'origine de centaines de milliers de morts, mais beaucoup de morts sont provoqués par le Front islamique du salut dans la période qui va de 1988 à 1991.

Par conséquent, la décision prise de reporter ces élections n'est que la conséquence mécanique d'une situation. Ce n'est pas la peine d'essayer de la compliquer. Elle est la conséquence mécanique de cette situation.

On en arrive aux élections de 1991 et le point crucial de la réflexion qu'il faut avoir est celui de l'interruption du processus électoral. On nous dit : « Vous auriez pu éviter d'en arriver là, parce que vous auriez pu modifier la loi électorale, redécouper les circonscriptions, vous livrer à un certain nombre de modifications qui vous auraient permis d'éviter cette situation. »

Je n'arrive pas à comprendre. Comment M. Aït-Ahmed peut-il nous dire qu'il était sûr de gagner avec cette loi électorale les élections de juin 1991 et faire le reproche à Sid Ahmed Ghozali de ne pas l'avoir modifiée postérieurement à juin 1991 ? Sur le plan de la logique, il y a quelque chose que je ne comprends pas.

Par ailleurs – il arrive de se tromper sur l'inversion du calendrier, on croit bien faire et on se trompe –, à supposer que ce reproche soit vrai, la démonstration qu'il y aurait eu de ce fait une volonté de favoriser le FIS, vous ne la trouverez pas ; on dit simplement : « Vous n'avez rien fait, vous avez voulu favoriser le FIS. » On est aussi surpris que de si grands démocrates viennent nous expliquer que c'est les ciseaux à la main – j'ai le souvenir des dessins de Plantu – que l'on doit rétablir la démocratie. Je ne suis pas sûr que ce soit de cette façon… Mais il y a de toute manière un élément dirimant, c'est que le FLN a la majorité à l'Assemblée populaire et que le FLN, bêtement, je vous l'accorde, par erreur, ne veut pas de modification de la loi électorale, peut-être parce qu'il en a vécu pendant des années et qu'il pense qu'il va pouvoir continuer à en vivre.

On en arrive à la décision centrale qui est celle du pari : fallait-il ou ne fallait-il pas interrompre ce processus électoral ?

Il est certain que si l'on n'interrompt pas le processus électoral, les élections sont d'ores et déjà gagnées par le FIS. On n'est pas dans un second tour dans lequel on peut avoir une inversion du résultat qui a été obtenu au premier tour : on est dans un second tour dans lequel le FIS a déjà obtenu, au premier tour, deux cents sièges, le FFS vingt-cinq et le FLN dix-huit, et dans lequel, sur les deux cents sièges qui restent en compétition, le FIS est placé de telle manière que, même si on fait toute la mobilisation possible et imaginable, il en obtiendra suffisamment pour parvenir à une majorité au moins relative au sein du Parlement.

Par conséquent, on peut réunir les gens dans la rue, comme on va le faire un certain nombre de fois, pour dire « Tout mais pas ça » – ou plutôt « Ni ça, ni ça », je vous l'accorde –, mais, pour autant, on n'inversera pas le résultat des élections. Quant à l'hypothèse du « troisième tour », depuis un certain temps je n'ai jamais cru que la démocratie reposait sur les troisièmes tours… Si l'on doit faire le pari du troisième tour pour préserver la démocratie, j'ai peur que beaucoup de démocraties ne se trouvent gravement en péril.

Ce qu'il faut que vous reteniez dans votre analyse – parce que cela a été dit par Mme José Garçon et par M. Aït-Ahmed lui-même –, c'est que la messe est dite sur le résultat des élections au moins jusqu'à une majorité relative du FIS. C'est-à-dire que renoncer à arrêter le processus électoral, c'est bien donner le pouvoir au FIS.

Donner le pouvoir au FIS, cela veut dire quoi ? Vous allez vous reporter aux cassettes que nous vous avons données et aux ouvrages que nous vous avons remis, aux discours que vous trouvez dans les dossiers : « L'idée démocratique est au nombre des innovations intellectuelles néfastes qui obsèdent la conscience des gens, qui l'encensent du matin au soir, oubliant qu'il s'agit d'un poison mortel dont le fondement est impie. » Je pourrais prendre deux heures, mais je ne vais pas le faire, et vous en lire à la file toute une série de la même eau, du même tonneau, y compris l'affirmation constante que lorsqu'on a le pouvoir, seul Dieu peut vous le reprendre et que si le peuple impie se permettait de le faire, le peuple impie étant dans l'erreur, il serait sanctionné pour l'erreur qu'il a commise.

Quand même, on peut m'expliquer tout ce que l'on veut, mais il s'est produit un certain nombre de choses en Afghanistan et en Iran. J'en ai un souvenir précis. J'ai le souvenir précis de la présence de l'ayatollah Khomeyni sur le territoire français et des jeunes garçons qui l'entouraient, dont l'un s'appelait Bani Sadr, qui étaient des hommes extrêmement brillants, et d'un groupe de mes confrères, pour lesquels j'ai beaucoup d'amitié et d'admiration pour ce qu'ils font, qui les entouraient et ne juraient que par eux.

Le résultat c'est que le premier, dont le nom m'échappe, a été rejoindre la Maison du Père peu de temps après qu'il fut arrivé en Iran avec l'ayatollah Khomeyni, qui l'a fait fusiller ; et que le second, Bani Sadr, n'a eu d'autre ressource que de prendre la fuite. Je veux bien que l'on fasse des paris imbéciles – chacun a le droit de le faire s'il en a envie –, mais il y a une limite que d'autres ont le droit de refuser. C'est ce qui a été, en l'espèce, fait. Et que l'on ne me dise pas que la solution, c'était la solution « à la turque » – car j'ai entendu Mme Garçon dire qu'il y avait la « solution à la turque » –, c'est-à-dire qu'on laisse le pouvoir et qu'on le récupère ultérieurement par l'armée ! Que la Turquie devienne l'exemple d'un pays de défense des droits de l'homme, les bras m'en tombent… J'ai cru comprendre que, jusqu'ici, c'était le pays qui faisait difficulté pour être admis au sein de notre Communauté et, sans me livrer à des confidences personnelles excessives, l'une des missions que j'ai eu l'occasion de faire il y a très longtemps pour la Fédération internationale des droits de l'homme était en Turquie : je n'en ai pas conservé le souvenir que c'était là que j'irais terminer mes jours pour m'assurer d'une quiétude et d'une tranquillité, même si j'y ai rencontré un certain nombre de gens de grande qualité.

Dans cette analyse des choses, je vais, dans les sept minutes qui me restent – je tiendrai l'engagement que j'ai pris dans les sept minutes, par déférence à l'égard de Me Gorny et du tribunal –, vous indiquer trois ou quatre choses.

La démission de Chadli : on vous dit tout et son contraire. On dit que la contrainte résulte de la lettre de démission. La contrainte résulte du fait que la lettre de démission a été rédigée par le général Touati et Ali Haroun. Il faut s'entendre ! Ou la lettre de démission a été rédigée par Ali Haroun et le général Touati, et ils sont des imbéciles qui n'ont pas écrit ce qu'ils auraient dû écrire, ou ils l'ont peut-être rédigée, mais ils l'ont rédigée dans le respect de ce que voulait y mettre le président Chadli, qui n'a pas démissionné sous la contrainte ; mais il a dit une chose évidente, c'est qu'il était en désaccord avec la politique qui était préconisée par la majorité de ce gouvernement et que, d'une manière tout à fait normale, il a démissionné.

La mise en place du Haut Comité d'État. On nous dit : « Faites très attention, vous êtes dans un pays qui aime la légalité. » Qu'est-ce que ce serait si on était dans un pays qui n'aimait pas la légalité ? On a respecté tout un processus. Je voudrais insister sur le fait que le Haut Comité d'État, ce n'est pas lui qui gouverne, c'est lui qui assure la présidence de la République et il est assisté par un gouvernement qui reste sous la direction de M. Sid Ahmed Ghozali – que vous avez entendu hier, et dont vous avez pu juger à la fois les qualités intellectuelles et les qualités humaines en quelques instants –, qui n'est certainement pas un dictateur et qui va rester présent jusqu'à la mort de Mohammed Boudiaf.

Vous avez la présence de Mohammed Boudiaf ; c'est un élément fort sur le plan de la démocratie. Je n'ai toujours pas compris pourquoi les « putschistes », s'ils étaient des putschistes, voulaient aller chercher Mohammed Boudiaf. Quand on fait un putsch, on prend le pouvoir. Ces putschistes passent leur temps à ne pas prendre le pouvoir, mais au contraire à vouloir le donner à ceux à qui il peut être légitimement donné !

Les circonstances de l'assassinat de Mohammed Boudiaf, vous avez entendu ce qui a été dit à cette barre et que personne n'est venu démentir : l'assassin de Mohammed Boudiaf a dit qu'il avait hésité entre Mohammed Boudiaf et Khaled Nezzar. Vous pouvez penser que l'assassin de Mohammed Boudiaf était instrumenté par qui vous voulez, je n'ai pas d'éléments pour vous faire une démonstration, mais quelqu'un a été reconnu et a été condamné. À partir du moment où il résulte de ce qui a été dit, et qui n'est pas contesté, que Khaled Nezzar aurait pu être sa victime, il n'est donc certainement pas le commanditaire.

Vous avez le problème de la violation des droits de l'homme. Oui, oui, oui, il y a eu des choses qui ne devraient pas avoir eu lieu. C'est si vrai qu'il y a une série de rapports, pas ceux d'Amnesty International ou ceux de la Fédération internationale des droits de l'homme, mais des rapports de la Ligue algérienne des droits de l'homme et de l'Observatoire national des droits de l'homme algérien, des rapports policiers, des poursuites policières. Il y a un certain nombre de gens qui ont été poursuivis et qui ont été condamnés. Il y a eu des camps, c'est vrai, organisés, avec des contrôles mis en place, des visites faites – vous trouverez sur ce point un certain nombre de choses dans le dossier –, mais je préfère aussi les pays où il n'y a pas de camps mais dans lesquels il n'y a pas de Front islamique du salut non plus. Il y a un moment où effectivement un certain nombre de conséquences sont induites, non de l'arrêt du processus électoral, mais de l'existence du Front islamique du salut, qui sont la nécessité pour l'État d'assurer sa défense et qui conduisent à ça.

Une observation sur ce point, sur les droits de l'homme. Vous avez vu M. Rezzag-Bara, vous avez vu avec quel mépris on lui a dit : « Mais par qui êtes-vous financé ? » Il a répondu qu'il était financé par l'État. L'idée que l'on avait un défenseur des droits de l'homme financé par l'État ! Or s'il n'en allait pas ainsi, dans quelle situation serait l'Algérie ? Elle serait en contravention avec ses engagements internationaux dans le cadre de l'ONU qui la contraignent, l'obligent, à créer un observatoire national des droits de l'homme et à le financer. La Commission nationale des droits de l'homme en France est un organisme qui répond très exactement à la même définition ; c'est un organisme qui est financé par l'État et dans lequel, pour avoir personnellement, pour quelques semaines encore, le privilège de pouvoir proposer le nom de l'avocat qui y siège, j'ai le sentiment qu'un certain nombre de bons esprits considèrent qu'il n'est absolument pas inconvenant d'aller siéger, et il y a beaucoup plus de candidats qu'il pourrait y avoir de places.

Voilà un homme qui est à la tête d'un organisme nécessaire à la démocratie à l'intérieur de l'Algérie, et bien évidemment parce que c'est un Algérien, on rit, on se moque, on blâme ce qui est le respect d'une légalité normale et qui, effectivement, permet que les abus qui peuvent exister dans ce pays, parce qu'il peut en exister, soient sanctionnés. J'ai ici le rapport de la mission sur un centre de sûreté de l'Observatoire national des droits de l'homme. Je n'ai pas le sentiment, n'ayant pas le temps de vous le lire, que l'on y dise des choses que n'importe quel ministre accueille avec des hurlements de joie en disant : « Vous êtes trop gentils de venir dire que mon centre n'est pas conforme à ce qu'il devrait être. »

Le contrat de Rome : ces gens ont manqué l'occasion, vous dit-on, et se sont comportés comme des criminels – je note en passant que ce sont des criminels permanents et qu'il n'y a pas un crime qu'ils n'aient pas commis – en n'adhérant pas à ce formidable pacte qui permettait de tout résoudre et de ramener la paix à l'intérieur de ce pays puisqu'il recueillait l'accord du FIS.

Il n'échappera pas que cet accord comportait l'affirmation de l'application de la loi – et ce n'est pas indifférent, avec un L majuscule – Légitime.

On le sait, tout le monde a pensé, ou a fait semblant de penser, que la loi Légitime était celle de l'État. Mais les islamistes sont venus dire que la loi Légitime était la *charia* et que ce qui avait été signé était l'acceptation de la *charia* comme loi Légitime ; et le représentant du Front des forces socialistes déclare dans une interview : « J'étais fatigué, je n'ai pas mesuré les conséquences de ce que je signais à ce moment-là et je me suis fait avoir. » Je veux bien qu'un certain nombre de bons esprits viennent dire qu'il faut négocier avec ceux qui ont commis un certain nombre de crimes, qu'il y a de « bons islamistes » avec lesquels il faut essayer de trouver des solutions… J'ai, là encore, le souvenir d'une période dans laquelle certains voulaient distinguer entre les bons collaborateurs, les mauvais collaborateurs, ceux qui étaient totalement pro-Allemands et ceux qui avaient des sentiments pro-Français…

À partir du moment où on est en présence de gens qui ne respectent pas la loi, qui affirment que la loi doit être violée, on ne peut pas le faire. Je pourrais vous parler longuement du « Qui tue qui ? », qui est une invention extraordinaire de la manipulation des événements algériens.

Je suis persuadé que si les Twin Towers avaient été à Alger, tout le monde serait en train de dire que cela a été organisé par le gouvernement algérien.

Bien sûr, c'est évident. Comment pouvez-vous admettre que des terroristes soient rentrés aux États-Unis, qu'ils aient pu prendre les commandes d'avions, passer à travers les services de contrôle ? Aux États-Unis, tout le monde dit que cela s'appelle des insuffisances des services. En Algérie, cela s'appelle une complicité du pouvoir. Les choses sont aussi simples que cela.

Je ne vais pas m'étendre sur Bentalha, mais il suffit de regarder avec un peu d'objectivité les choses pour avoir la certitude qu'il y a peut-être des insuffisances ou des maladresses, mais que ce n'est pas ce que l'on vous a dit de l'autre côté, et que dans ce dossier, d'une manière systématique, par cette technique de l'amalgame que je dénonçais au début de mes explications, on déforme la totalité de ce qui a pu se produire.

Et on ne peut pas prétendre, dès lors qu'on le fait volontairement, que l'on est de bonne foi.

J'en ai, M. le président, Mesdames, terminé de mes explications. Je plaidais pour le général Nezzar dont je vous ai dit qu'il était un soldat, avec la brutalité, peut-être le côté carré, le côté très entier qui peut être le sien, mais dont je ne doute pas une seconde de la loyauté.

S'il avait été un dictateur, le général Nezzar ne serait pas ici sur le fauteuil de la 17e chambre du tribunal correctionnel, mais à la tête de l'État algérien. Il a eu à portée de sa main, s'il l'avait voulu, la possibilité de maintenir un pouvoir qui aurait pu durer aussi longtemps que celui d'un de ses lointains prédécesseurs. Parce qu'il voulait le service de son pays, il a participé pendant deux années à un organisme qui remplaçait la présidence de la République qui, pour être démocratique, était un organisme collégial, un organisme qui avait décidé qu'il quitterait le pouvoir à l'issue du mandat de celui qu'il était appelé à remplacer, c'est-à-dire le président Chadli. Un organisme qui a tenu parole, puisque, le 1e janvier 1994, il a quitté ses fonctions pour laisser la place au libre jeu de l'institution démocratique. J'aimerais que l'on ait à présenter des dictateurs comme celui-là aussi souvent.

Plaidoirie de Me Bernard Gorny,
pour la partie civile

Me Gorny. — M. le président, Mesdames, il est vrai que mon ancienneté dont je suis, hélas, un dépositaire, m'a amené à connaître des années où des atrocités ont été commises, des années où j'ai eu la chance de pouvoir, à ma place, participer à un combat destiné à les faire cesser. Et pourtant, j'ai été comme chacun de vous trois, comme vous Mme le procureur certainement, très ému par les récits que nous avons entendus : ces femmes violées, ces femmes dont on avait tué les enfants, cet homme qui retrouve le cadavre de son fils dans le centre d'Alger… J'ai été ému parce que je me suis rendu compte qu'il a fallu à ces personnes, pour venir témoigner, un courage évident, et vous avez dit, M. le président, je l'ai noté, et je l'ai beaucoup apprécié, après le témoignage de cette dame qui a laissé exploser son chagrin, Mme Chaouche, vous lui avez dit qu'elle donnait une dimension humaine à ce procès.

Par là même, vous avez rejoint l'extraordinaire témoignage de Mme Aslaoui, dont je voudrais citer simplement cette ligne : « Le seul avantage de ce procès, c'est de pouvoir enfin dire ce qui a été vécu par ceux qui l'ont vécu. »

Ici, il ne s'agit pas de témoignages de journalistes engagés – ils sont en réalité de véritables militants, pour des raisons doctrinaires ou personnelles. Il ne s'agit pas de personnes installées en France – merci la France généreuse – et qui y vivent paisiblement. Il ne s'agit pas de quelqu'un qui peut jouir tout à loisir de ses droits d'auteur pour avoir diffamé. Il s'agit d'expliquer l'Algérie de 1992, en donnant la parole à la société civile, pour que cessent les propos diffamatoires proférés contre M. le général Nezzar, et l'armée qu'il a eu l'honneur de commander, au cours de l'émission télévisée qui est le support de ce procès en diffamation.

Avant d'aborder le fond, je voudrais apporter une précision : l'armée algérienne, dont on vous parle tant, n'est pas une bande de mercenaires. Ce ne sont pas des « chiens de guerre ». L'armée algérienne, qui n'est pas un bloc, est composée à 70 % d'appelés, comme vous le disait M. Lounis pour son fils. Ces jeunes gens ne vont pas, quels que soient les ordres que l'on pourrait, par pure hypothèse, leur donner, se mettre à tuer les membres de leur famille, leurs amis, leurs concitoyens. En aucun cas, on ne peut l'envisager. Alors, cette armée obéit aux instructions du gouvernement, relayées par ses chefs, et je veux dire qu'en aucun cas ceux-ci ne peuvent prendre les décisions majeures à sa place – M. le Premier ministre Ghozali l'a précisé sans ambiguïté.

Un mot du général Nezzar. Nous nous sommes efforcés, M. le bâtonnier Farthouat et moi, nous nous sommes jurés solennellement d'essayer d'éviter les redites. Je m'y conformerai dans toute la mesure de mes faibles moyens.

Le général Nezzar, un mot. Quand il arrive à Alger, il a cinquante-trois ans. Toute sa carrière s'est déroulée dans différentes garnisons dans le Sud, avec la troupe. C'est un militaire pur. C'est un homme de convictions, c'est un homme solide. Est-ce que vous n'avez pas été sensibles au fait que cet homme, avec son passé, ait tenu en se présentant devant vous à vous lire et à vous communiquer ses états de service ? Depuis qu'il est entré à l'école des enfants de troupe, ses états de service et l'armée, c'est sa vie.

Il y a, dans sa vie, une constante : quand il arrive à Alger pour exercer des commandements, quand il devient ministre de la Défense, quand il devient membre du Haut Comité d'État, jamais, vous entendez bien, jamais il n'est seul, jamais il n'agit de sa propre initiative : il y a toujours des gens au-dessus de lui ou des gens qui sont à ses côtés. Et si je le dis, ce n'est pas pour dégager une responsabilité quelconque, c'est pour vous dire que le général Nezzar, ici, de l'autre côté de la barre, a été traité comme un bouc émissaire.

Pourquoi, puisqu'il n'était que l'un de ceux auxquels on peut adresser des reproches, pourquoi lui et pas le président Chadli, pourquoi pas les Premiers ministres, pourquoi pas les autres membres du Haut Comité d'État ? Parce que c'est lui, comme ministre de la Défense, qui a été chargé, à la demande du Haut Comité d'État auquel il appartenait, à la demande du gouvernement dont il continuait à faire partie, c'est lui qui a mené la lutte antiterroriste et c'est lui qui est devenu la bête noire du FIS jusque courant 1993.

Comme le bâtonnier Farthouat était trop indulgent, un mot très rapide de Habib Souaïdia. J'ai entendu avec stupéfaction quelqu'un, voulant sans doute faire de l'humour, envisager qu'il puisse être considéré comme un « voleur de pommes ». Comment, avec des complices, sous la menace de leurs armes, à un barrage, ils dépouillent des gens, ils leur enlèvent leurs voitures, ils les vendent ensuite dans un trafic par pièces détachées. Un « voleur de pommes » ? Non, c'est un officier félon en réalité.

Cela ne suffit pas. Il a été condamné récemment à vingt ans de prison, par contumace bien sûr, en avril 2002, pour avoir tenu des propos offensant la sécurité nationale. Qu'avait-il dit ? Il avait dit qu'il était prêt à prendre les armes en rentrant au pays contre les hauts responsables de l'institution militaire. Un Mandrin doublé d'un fanfaron ! Qu'il y aille, qu'il essaie d'attenter à la vie après avoir sali l'honneur d'un des chefs militaires les plus prestigieux ! Voilà ce que je voulais dire concernant M. Souaïdia.

Le processus électoral et l'arrêt du processus : le bâtonnier Farthouat vous a dit que ce fut une décision difficile à prendre. Elle a été très difficile à prendre. Elle a été mûrement réfléchie et est intervenue dans des conditions sur lesquelles je dois dire un mot.

Il y a eu le premier tour et il y a eu le président Chadli. On vous a expliqué (M. Ghozali) que le président Chadli, à l'annonce du premier tour des élections législatives, était très abattu, qu'il était dépressif.

Je ne voudrais pas médire à l'encontre de quelqu'un que j'ai tant aimé, mais il arrive que des chefs d'État, que les grands responsables soumis à des pressions incessantes, connaissent des instants dépressifs. L'histoire récente nous permet de savoir qu'à Londres, par exemple, celui qui a sauvé la France a connu des moments dépressifs, qu'ultérieurement, en 1968, il en a connu d'autres. Le président Chadli, qui n'a peut-être pas tout ce courage et cette légende, est dépressif, il est effondré, il veut s'en aller, il ne contrôle plus la situation. Il va vouloir démissionner. On vous a dit, toujours pour ironiser, que c'était un « coup d'État sur canapé ». Ce n'était pas un coup d'État sur canapé. Il est vrai qu'il a donné sa lettre de démission alors qu'il était répandu sur un canapé. Il n'avait plus aucun ressort, voilà la vérité.

Voici, dans ces conditions, ce qui s'est passé.

M. Ghozali vous a dit également que c'est le gouvernement, à la demande du président Boudiaf, qui a pris la décision d'arrêter le processus électoral et il a ajouté que, si c'était à refaire, il le ferait de nouveau.

Puis, il a tenu à préciser que, tout au long de ses fonctions, il n'a jamais reçu d'ordre, jamais, de la part de militaires quels qu'ils soient, qu'il en a toujours, comme chef du gouvernement, donné et que la législation qui a été mise en place, et dont on vous parlera abondamment, les détentions, les assignations à résidence – je comprends que l'on vous en parle –, n'étaient pas sous le contrôle de l'armée mais bien, par ses soins, sous le contrôle du ministre de l'Intérieur.

Il faut savoir, même si cela doit heurter les âmes sensibles, à quoi s'est heurté le général Nezzar et pourquoi il a dû être si ferme. Dans la documentation qui vous a été donnée figure notamment un livre qui s'appelle *La Terreur sacrée* [2], dont je veux donner deux ou trois extraits, pas davantage, car le reste vous le retrouverez.

Il s'agit, pour l'essentiel, de citations d'Ali Benhadj. Je lis page 101 : « Liberté est synonyme d'offense à Dieu, à son autorité. Le mot liberté est au nombre des poisons maçonniques et juifs destinés à corrompre le monde sur une grande échelle. Il exprime l'idée de forces brutales qui rendent la population avide de sang, comme le sont les animaux. C'est pourquoi, autant que nous le pourrons, nous effacerons ce mot du vocabulaire. »

---

2 Liess Boukra, *La Terreur sacrée*, Favre, Genève, 2002.

Page 171, ceci est prophétique : « Je jure par Dieu que si la *charia* de Dieu n'est pas appliquée sur la terre de Dieu, si la loi de Dieu n'est pas appliquée dans les pays musulmans, les guerres seront cycliques. » Vous avez bien entendu : « Les guerres seront cycliques » ! « Elles s'éteindront, puis resurgiront, elles cesseront une année pour reprendre l'année suivante, car c'est une lutte entre le bien et le mal, entre la loi de Dieu et celle de l'homme, entre la loi divine et la loi terrestre, entre le don de Dieu et celui du diable. » Et quand on va voir, dans un instant, les liens qui existent entre le FIS et Oussama Ben Laden et le réseau Al-Quaïda, vous apprécierez, comme va vous le dire dans un instant M. Rédha Malek, qu'il y a des connivences entre eux et que le danger est celui-là.

Dans ce livre, il est même indiqué que lors des manifestations le FIS demandait le départ du président Chadli. C'était son objectif, et dans les manifestations il était dit : « Nous allons chasser ce clou. » Ce clou, c'était le président Chadli… « Nous n'avons pas besoin d'élections. La volonté de Dieu doit tout déterminer. » Je vais terminer ma citation en vous lisant ceci, page 248 : « Dans les établissements scolaires, un tract a circulé ordonnant aux collégiennes et aux lycéennes de porter le vêtement islamique. Les récalcitrants paieront de leur vie leur refus de se soumettre. Des dizaines de fillettes et d'adolescentes vont tomber égorgées au sein même ou à la porte de leurs établissements, des enseignants sont assassinés dans les salles de classe sous les yeux de leurs élèves, l'usage du couteau pour trancher la gorge est un acte sacrificiel public qui doit être accompli en public devant les élèves. »

Enfin, ce qui est plus affolant, page 261, c'est un communiqué du GIA du 10 septembre 1997 – le général Nezzar est parti depuis longtemps –, mais c'est un parmi de nombreux. Il s'adresse, je cite, « aux individus immondes qui peuplent la France et aux chrétiens associationnistes ennemis de Dieu ». Il met en garde « les Nations unies dirigées par les Juifs pervers, les Américains et leurs suppôts efféminés ; qu'ils soient maudits et aveugles afin qu'ils ne commettent pas les mêmes erreurs que la mère des vices, la France ». Et il termine : « Nos assassinats, massacres, incendies ne sont que des offrandes à Dieu. Que Dieu nous donne la force pour couper les têtes et éliminer les hérétiques. Nous continuerons à massacrer jusqu'à ce que la loi de Dieu règne sur Terre. Il faut chasser le mal et commander le bien. » Et il termine par ceci qui est encore plus affolant : « Sang, destruction, voilà ce qu'est le GIA, voilà ce qu'est le Front islamique du salut. »

Je ne reviendrai pas, car vous l'avez également, sur les citations relevées par Mme Aslaoui dans son livre, quand elle reprend des passages de la confession d'un émir du GIA. On voit ces personnages qui sont des fonctionnaires de l'assassinat et dans des conditions effroyables. Vous voyez que les personnes sont assassinées à l'arme blanche, que quand cela ne va pas assez vite on prend une scie à métaux pour égorger les malheureux, qu'on leur coupe la tête et qu'on jette ensuite la tête dans un fourré.

Voilà quelques exemples – il y en a bien d'autres – de ce qu'était le terrorisme et de ce contre quoi ils veulent lutter.

Est-ce que c'est le général Nezzar qui lutte ? Non. Un général, une armée, ne peuvent pas lutter seuls. Il y a le soutien des intellectuels algériens, il y a le soutien des intellectuels français, tous ceux qui sont venus pour comprendre la situation après le départ à la retraite du général Nezzar. Le florilège est superbe, depuis Hubert Védrine jusqu'à Jack Lang, Georges Sarre, Bernard-Henri Lévy et bien d'autres : tous viennent dire que ce qu'a fait l'islamisme, ce dévoiement de l'islam, est quelque chose d'abominable.

Un mot de l'Église. Quand on veut apprécier ce qu'était le terrorisme, on peut voir ceci. Vous vous souvenez de cette abominable histoire des moines français de Tibhérine. Il a été prétendu qu'en réalité les services secrets de l'armée auraient tué les moines de Tibhérine. Et l'évêque d'Alger, Mgr Tessier, vient réfuter tout ceci dans une lettre – que vous détenez également – en rappelant que c'est le GIA qui est responsable, que c'est ce groupe « qui a affirmé les tenir en sa possession, qui les a condamnés à mort et qui avait annoncé leur mort par un communiqué envoyé à Medi 1 le jeudi 23 mai 1996 ».

Pour faire bonne mesure, voici le message qu'a reçu Mgr Tessier : « Quittez le pays. On vous donne un mois de délai. Toute personne dépassant ce délai se tient responsable de sa mort subite. Il n'y aura pas de kidnapping et ce sera plus violent qu'en Égypte. » Ce qui est encore plus étonnant, c'est que le rédacteur de ce message signe, d'un nom d'emprunt, mais il signe quand même ce message qui est un message absolument abominable et qui n'a pas eu, je dois le dire – je ne connais pas Mgr Tessier –, d'effet sur cet homme d'Église courageux.

J'en arrive maintenant à la diffamation.

La diffamation, c'est évidemment plusieurs éléments. Le premier, « avoir fait tuer des milliers de gens pour rien ». Après ce que je viens de vous dire, comment peut-on oser prétendre qu'on a voulu tuer des milliers de gens pour rien ? Il y a eu des morts et il y en a eu parmi les terroristes, bien sûr, il y en a eu parmi les forces de sécurité. On vous a parlé de l'assassinat de militaires à la caserne de Guemmar en particulier, mais il y en a eu bien d'autres pendant des opérations de maintien de l'ordre.

Les opérations de maintien de l'ordre, nous le savons tous, ce ne sont pas des parties de plaisir. Elles peuvent donner lieu à des excès, le terrorisme donne lieu à des excès, et on ne peut pas mettre les deux sur les mêmes plateaux de la balance, puisque l'un n'est qu'une riposte à l'autre et que le but de l'armée, et le but du général Nezzar, a été, à son poste, de protéger la population. Le peuple a manifesté, le peuple – vous le savez, vous l'avez entendu hier –, toutes les couches de la société civile, des centaines de milliers de personnes, ont défilé dans Alger après le premier tour des élections législatives pour dire non au FIS. Et vous trouvez ici toutes les associations, de quelque bord qu'elles soient, de gauche, de droite, public, privé, tout le monde a défilé et M. Lounis – vous le savez – s'est exprimé à cet égard.

Avoir fait « tuer des gens pour rien », c'est scandaleux, c'est faux et c'est bien entendu diffamatoire.

La deuxième imputation est : « Je ne peux pardonner au général Massu et au général Aussaresses les crimes qu'ils ont commis, comme je ne peux pas pardonner au général Nezzar, ex-ministre de la Défense. Il faut qu'on juge les coupables. »

Je dois dire que cette assimilation avec le général Massu qui, hélas, a reconnu qu'il avait connu, voire qu'il avait ordonné, la torture, au général Aussaresses qui a, devant cette même chambre, reconnu – il l'avait déjà écrit – qu'il l'avait pratiquée lui-même, que cette assimilation est fausse et porte atteinte à son honneur et que le général Nezzar, au contraire, quand il a été interviewé – vous avez l'article dans votre dossier – à propos notamment de la torture, s'est exprimé en ces termes : « La torture est une salissure qu'il faut à jamais enlever de nos consciences et de nos pratiques, à quelque niveau que ce soit. » Et il a précisé, quand le bâtonnier Farthouat et moi-même lui avons posé la question : « Mais il y a eu des faits de torture, mon général ? » Réponse : « Oui, je l'ai appris, plus tard, au niveau où j'étais, j'ai appris qu'il y avait des faits de torture à un échelon qui était subalterne et, dans la mesure de mes moyens, j'ai fait en sorte que soient poursuivis ceux qui en étaient responsables. » Donc, vous retenez « salissure ».

Puis il y a une troisième imputation : « Ils sont trop lâches. Un ministre de la Défense qui dit qu'il a protégé la République, de qui ces gens parlent ? Il quitte la France à minuit, il n'a pas le courage de dire : "Si vous avez quelque chose contre moi, je suis là, jugez-moi." Ce n'est pas la question des grades qu'il porte sur les épaules, pour moi c'est… », on ne sait pas, on n'a pas pu entendre, « ce n'est pas un général-major, pour moi il doit passer devant un tribunal ». Et, je cite, ce qui est une gracieuseté de plus pour un pays qui l'a accueilli : « Je condamne la France. »

Vous savez comment cela s'est passé. Quand le général est venu présenter le livre de ses mémoires, le matin même une plainte avait été déposée du chef de tortures, l'après-midi même la Brigade criminelle avait dépêché des inspecteurs afin de s'emparer du général et de pouvoir aussitôt l'entendre.

Le général est une personnalité. Il a été ministre et il a été coprésident de la République. On ne traite pas quelqu'un qui a exercé ces fonctions comme un malfaiteur. Que s'est-il passé ?

Le gouvernement français, les services français, la DST, ont indiqué au général Nezzar qu'il fallait qu'il quitte la France puisque, vous le savez, on ne peut poursuivre de ce chef que des personnes qui se trouvent sur le territoire national. C'est ainsi qu'il est rentré à Alger, pour la plus grande satisfaction de deux diplomaties qui s'acharnent à renouer des liens le plus possible, compte tenu du contexte difficile.

Mais il n'a pas fait que cela. Il a fait bien plus. Nous avons, avec le concours très actif de nos confrères algériens qui m'écoutent en ce moment, nous avons déposé un mémoire au mois de décembre entre les mains de M. le procureur Dinthillac, avec une série d'annexes, et nous avons dit que le général souhaitait venir s'expliquer.

Il est venu s'expliquer. Il a expliqué de façon très claire qu'il ne portait aucune responsabilité dans ce qui lui était, à tort, reproché, et le dossier a été purement et simplement classé.

Une autre indication, qui intéressera peut-être mes contradicteurs, voire celui qui tente de m'interrompre en ce moment. Juste avant votre audience, une autre plainte a été déposée pour les mêmes faits, avec parmi les plaignants – on en a rameuté deux ou trois autres – l'un de ceux qui avaient déjà déposé plainte. Je puis indiquer à votre tribunal que là encore, et pour des raisons évidentes, cela a fait long feu car j'ai appris hier du Parquet général – je cite ma source – que cette plainte avait été classée à l'instar de la première.

Propos diffamatoires : il faut reconnaître que M. Souaïdia est très aidé par le journaliste qui procède à son interview. Le journaliste qui, on vous le rappelle dans les conclusions, au nom de La Cinq, est tenu à une neutralité. En fait de neutralité, voici comme il s'exprime : « Le soutien de la guerre par la vente d'armes et le blanchiment de centaines de millions de dollars, avec la complicité des autorités françaises… » Et M. Souaïdia va répondre : « Mais oui, parce que ces généraux, comme Nezzar c'est un déserteur de l'armée française. » Et le journaliste de continuer : « Ce que vous montrez très bien, c'est donc que quand vous sortez vous découvrez votre pays, vous remarquez que la guerre a profité à certains, vous dites militaires, douaniers, islamistes, hommes politiques se sont enrichis pendant ces années de guerre par je ne sais quel miracle. »

Ici, on frôle quelque chose qui est éminemment déplaisant. Le général vous a dit : « Je vis de ma solde. » Je l'ai vu vivre à Alger, je sais qu'il vit de sa solde, je sais que, sans des associations de défense, il ne serait pas, à l'heure actuelle, assisté comme il l'est. Voilà un homme qui n'a jamais, jamais, au grand jamais, profité de ses fonctions. S'il avait voulu, et il a tenté de vous le dire – et je rejoins le bâtonnier Farthouat –, maladroitement, ce n'est pas un orateur, c'est une évidence, mais il a tenu à vous le dire : « Mais il y avait des marchés de fournitures militaires, d'équipements d'aéroports… » Sous-entendu, si j'avais voulu, il est bien évident que tous les marchés de l'armement – nous ne le savons que trop – emportent des versements de commissions. Il a fait en sorte de les « casser », a-t-il dit, c'est-à-dire de faire en sorte qu'ils n'aboutissent pas.

Voilà qui est le général Nezzar et voilà comment on peut aussi mettre en cause son honorabilité et son honneur.

Alors, on a rameuté un témoin, pas deux, qui est venu dire le contraire, sans preuve. Il est venu, trois petits tours, il a dit des choses abominables provoquant la réponse indignée que vous avez entendue hier de la part du général Nezzar.

Je lis encore : « La guerre, les stratèges pensent la guerre, ce sont les fous qui mènent cette guerre. » Alors, là encore, tout est dit : il est manipulateur, il est tortionnaire, il est blanchisseur, il est lâche et il est fou. C'est vraiment beaucoup, beaucoup, beaucoup pour que le général Nezzar ne réagisse pas.

Je lis encore : « Ce sont les lâches qui en profitent. C'est exactement ce qui est arrivé. Les lâches ce sont les ex-déserteurs de l'armée française qui ont mené le pays vers l'anarchie et la faillite. »

Un témoin, auquel vous avez demandé comment on caractérisait la « faillite », a répondu que c'était l'engorgement de la situation financière. Merci pour ce témoin, j'ai beaucoup appris en l'occurrence ! Le général Nezzar n'a jamais mené de combat économique, ce n'est pas son rôle. Regardez-le et vous l'avez entendu. Un économiste, évidemment pas. Il n'a jamais conduit son pays « à l'anarchie ». Il y avait, et on l'oublie encore, je l'ai dit depuis le début, des ministres, des gouvernements, une série de personnes qui s'occupaient de l'économie. Pourquoi vient-on dire que c'est le général Nezzar qui en aurait bénéficié ? Le général Nezzar, parce qu'il est franc – puis-je dire trop franc ? –, vous a dit : « Oui, il y a eu la corruption. » Il est désolant d'avoir à dire qu'il n'y a pas qu'en Algérie qu'il y a de la corruption. Nous le savons tous, c'est vrai dans notre beau pays et dans un certain nombre d'autres pays.

Il y a eu de la corruption, mais qui ? Qu'on les désigne, qu'on donne des noms, qu'on explique ceux qui étaient aux postes de responsabilité qui pouvaient, par exemple, se prononcer sur des contrats de pétrole, qui pouvaient se prononcer sur toute une série de contrats, qui avaient des monopoles par exemple sur le plan des affaires. Jamais lui, il ne sait pas faire des affaires et il ne le saura jamais. Il croit qu'il a trouvé un moyen merveilleux d'occuper sa retraite. Ce moyen c'est une technique d'Internet. Ah ! la belle affaire – pardon mon général –, comme il a trouvé quelque chose de révolutionnaire et il vous a dit qu'il voulait en faire cadeau à son pays !

Cela vous montre que, sur ce plan de la vie civile, il vit dans un autre univers, qu'il n'y connaît rien et qu'il n'y comprendra jamais rien.

Je reviens à M. Souaïdia. M. Souaïdia a passé quatre années en prison et il est sorti en voulant se venger de sa hiérarchie. Je vais vous en apporter la preuve ou plus exactement le rappel. C'est pour cela que, contrairement à ce qu'explique l'avocat de La Cinq, en principe mieux renseigné et mieux inspiré, il y a une distorsion complète avec le livre. Quand parle-t-on du général Nezzar ? Une fois : le général Lamari aurait été un de ses protégés. Passionnant ! La deuxième fois : il y a eu un attentat à la bombe contre lui. Nous le savons. Une troisième fois : il était très malade, il pouvait décéder à n'importe quel moment et il a démissionné. Nous savons.

Il faudra attendre – moi, je n'ai que l'édition de poche –, sur 330 pages, la page 325 pour constater qu'on le met en cause avec sept autres généraux pour avoir passé (à qui ?) et contrôlé des marchés de pétrole. C'est cela le livre, mais cela n'a aucun rapport avec ce que je viens de dire. Comment va-t-on vouloir vous expliquer dans un instant qu'il y a une similitude entre le livre et l'émission ?

Ce que l'on reproche à l'armée, ce que l'on reproche au général, c'est 100 000 morts en Algérie depuis 1992. Il y a eu des morts en Algérie, nous le savons, nous le déplorons, et je demande à votre tribunal de croire que celui qui a commandé l'armée le ressent particulièrement. Il ressent particulièrement le fait qu'un certain nombre de ceux qu'il appelle encore « ses enfants » ont été tués en faisant leur devoir. Mais tous nos témoins vous ont expliqué qu'il y avait pour l'Algérie une question de vie ou de mort, qu'il s'agissait de savoir si l'on allait avoir un État théocratique ou si la République algérienne allait pouvoir se maintenir. C'est cela la lutte.

Alors, vous avez des sauvages, les islamistes, des sauvages, le FIS, leurs sympathisants. Ils sont nombreux, rameutés par tracts, comme vous le savez, quand c'est nécessaire. Ces gens-là ont mis en péril une société et le peuple algérien. Le peuple, qui s'est exprimé, a condamné cela. Vous vous souvenez de ce que vous a dit notamment Mme Aslaoui et, paraît-il, M. Aït-Ahmed n'a pas très bien entendu (je le déplore) : « Il n'y aura pas de prochaine fois, fort heureusement, grâce à des hommes comme le général Nezzar. » Au lendemain des résultats du premier tour, manifestations de rues : « Non au deuxième tour, l'armée avec nous. »

Qu'est-ce que cela veut dire, « L'armée avec nous » ? Il y a un ministre, il y a un chef de gouvernement, il y a un président de la République. Le président de la République disparaît. On vous dit qu'on l'a forcé à démissionner. C'est une fable. On ne force pas un président de la République à démissionner. On va vous dire : « En réalité, vous avez fait un coup d'État. » Et j'ai entendu cette formule : « Coup d'État sur canapé. »

C'est une nouveauté ! En réalité, on s'est trouvé, vous le savez, devant un vide constitutionnel : plus d'Assemblée législative – elle avait terminé ses travaux –, plus de président de la République, mais un Conseil constitutionnel. Un de ses membres vous a adressé une attestation en exposant ce qui s'était passé et en expliquant le danger de mort que constituaient les activités des islamistes et la nécessité de créer un Haut Comité d'État pour pouvoir reprendre pendant deux ans – le bâtonnier vous l'a dit – le rôle de la présidence de la République.

Voilà ce que vous avez dans votre dossier à ce sujet et qui me paraît parfaitement de nature à vous permettre d'apprécier mieux, et plus, les diffamations qui ont été proférées.

J'en viens à ce que j'appelle une manipulation. Il y a un coauteur de *La Sale Guerre*. Vous le savez. Vous l'avez entendu, il se nomme Mohammed Sifaoui. M. Sifaoui est un témoin extrêmement gênant, parce que M. Sifaoui est le coauteur – le « nègre », dit-il lui-même, je lui laisse la responsabilité de l'appellation, je suis devenu trop prudent pour cela –, pour ne pas dire l'auteur, lié par un contrat à l'éditeur. Et il dit ceci : « Je ne comprends pas, quand j'ai connu M. Souaïdia, il ne disait jamais que c'était l'armée qui planifiait, qui exécutait les massacres. » Il dit : « Par quel prodige aujourd'hui cette indignation fait-elle place dans le livre à une véritable apologie de Nesroulah Yous et à la reprise intégrale de ses thèses qui consistent à exonérer les islamistes ? La métamorphose de Souaïdia laisse rêveur. » Il dit : « C'est extrêmement pervers, on a tordu mon texte. On a tordu mon texte, on a occulté certains passages. On les a remplacés par d'autres. On a mis en cause systématiquement l'armée. »

Et je vais, dans les notes d'audience, vous en apporter quelques références maintenant. Page 13 des notes d'audience de son procès devant la 17e chambre : « À partir de septembre, j'ai découvert que M. Souaïdia avait menti, qu'il était venu en France pour régler de vieux comptes. » Tout à l'heure, c'est moi qui vous le disais, mais ici c'est Sifaoui qui connaît très bien M. Souaïdia : « Il est venu en France pour régler de vieux comptes. » Et puis il dit que M. Souaïdia est un « mythomane », et il reprend : « Venu en France pour régler ses comptes. »

On lui demande : « Qu'y a-t-il de vrai dans le livre ? » Il en a écrit la première version et quand il compare avec la version actuelle il dit : « Presque rien, le livre est un parti pris idéologique. » Et il commente, page 19 : « On peut aujourd'hui, en se servant de la liberté d'expression, régler ses comptes. M. Souaïdia est un mythomane, [...] et M. Gèze [c'est l'éditeur], un manipulateur. »

M. Gèze n'est pas venu, je le déplore. Me Farthouat et moi avions beaucoup de questions à lui poser, car c'est lui qui anime toute cette opération, c'est lui qui la manipule. Les journalistes que vous avez entendus sont liés à lui. Différentes autres personnes, sur lesquelles je ne souhaite pas donner de précisions, sont liées également à M. Gèze et aux Éditions La Découverte, dont les tendances et la doctrine sont très connues. Il n'est pas venu.

Ce que l'on pense, ce que pense M. Sifaoui, ce que vont penser d'autres personnes, c'est que ces modifications apportées, cette mise en cause de l'armée, cette minoration de responsabilité des islamistes – on ne pouvait pas la passer sous silence –, tout cela était voulu par M. Gèze. M. Sifaoui le dit bien. Il a demandé que l'on revienne à son texte d'origine et il n'a pas obtenu satisfaction.

Il y a, dans ces notes d'audience, un autre témoin qui m'intéresse beaucoup, car c'est le propriétaire et le directeur de la publication d'un très grand journal algérien dont vous connaissez le nom, qui s'appelle *El Watan*. M. Belhouchet, puisque c'est lui, parle d'abord d'un massacre décrit par M. Souaïdia et vient dire : « C'est faux, il l'a inventé. Nous avons enquêté sur l'ensemble de la presse algérienne et il n'y a eu aucun massacre. » Il vous dit : « Il existe un mouvement islamique armé, violent, qui est à l'origine de ces massacres qui sont un véritable crime contre l'humanité. La population algérienne sait la vérité. Elle sait que ce sont les islamistes qui massacrent. » Et ce directeur de journal va reprendre ce que j'indiquais tout à l'heure : « Je pense que Souaïdia a passé quatre ans en prison et qu'il a voulu se venger de sa hiérarchie. »

Et puis, on a entendu, vous le savez, à cette occasion différentes personnes qui ont été victimes des islamistes, qui sont venues le dire, qui sont venues apporter des précisions. Je ne les citerai pas, elles sont en effet absolument insupportables à lire.

Il y a d'autres journalistes entendus, ceux de *Marianne*, concernés, puisque M. Sifaoui avait voulu qu'il y ait, dans *Marianne*, des échos du livre, de la situation, et que *Marianne* a écrit. Le journaliste de *Marianne* a dit : « Ce qui m'a frappé, c'est qu'il y avait, de la part de Souaïdia, beaucoup de témoignages indirects tels que : "On m'a dit que…", "J'ai appris que…", "On m'a répondu que…". » À l'époque, le journaliste de *Marianne* dit : « Souaïdia n'a jamais fait une fois état par exemple de terroristes déguisés en militaires. » Il prend le soin de dire – cela peut être M. Hoche – qu'il était accompagné d'un journaliste kabyle qui comprenait parfaitement bien l'arabe et venait au secours de M. Souaïdia, qui n'avait pas encore la maîtrise qu'il a maintenant de notre belle langue, et il lui a dit : « Il me semblait que nous étions très dubitatifs, que les témoignages n'étaient pas ceux que l'on avait entendus ou, pour le moins, qu'ils avaient été grossis. »

Enfin un journaliste de Canal Plus : « Souaïdia arrivait avec une énorme colère contre l'armée. »

Voilà quelle était la position de M. Souaïdia à travers Sifaoui, à travers *Marianne*, à travers Canal Plus. Il a passé quatre années en prison pour des motifs graves et il a voulu, en arrivant en France, se venger.

Je dirais un mot du panel de l'ONU. Je voudrais arriver à sa conclusion, puisque le bâtonnier vous en a parlé.

Ce sont des délégations de très haut niveau. Elles sont composées, vous le savez, de gens qui sont des hommes et des femmes ayant occupé des postes considérables et qui sont tout, sauf des naïfs. Plutôt que de reprendre les rapports de sous-commissions qui n'ont jamais été homologués, je cite la conclusion : « L'Algérie mérite le soutien de la communauté – vous entendez bien – internationale dans l'application de la stratégie qui a été exposée pour consolider les institutions politiques et économiques, relever les défis économiques, juguler le terrorisme, sous réserve du respect scrupuleux de l'État de droit et des droits de l'homme. » L'Algérie « mérite le soutien de la communauté », parce que, en effet, à une époque où le général Nezzar se soignait, on a expliqué et on a démontré – les gouvernements de l'époque ont démontré – à cette mission de l'ONU, à Mme Veil, au président Soares, que peu à peu on remettait les choses en place, que le terrorisme vivait ses derniers moments, qu'il n'était plus que le fait de certains irréductibles (2 000 ou 3 000 personnes dans des maquis) rendus d'autant plus féroces, et qu'il fallait du temps pour arriver à une situation qui doit être celle d'un État de droit.

M. Ghozali vous a dit : « Notre pays est un État de droit. » Et il a connu, en effet, une période épouvantable dont il vit les dernières séquelles. Qu'a-t-on dit pour discréditer ces personnes ? On les a trompées ? Je me suis exprimé tout à l'heure et je doute fort qu'on les ait trompées.

Vous avez une littérature qu'on vous a communiquée. Je lis *Les Afghans algériens*[3]. « Rencontre avec Oussama Ben Laden », bien sûr, Oussama Ben Laden. Et page 25 : « Les Afghans algériens rallient Al-Quaïda. » Vous savez ce que sont les « Afghans » : ce sont les Algériens qui sont partis se battre et qui sont rentrés.

Vous ne savez peut-être pas – nous y fûmes avec le bâtonnier Farthouat – que dans Bab-el-Oued il y a une mosquée que l'on a débaptisée et que l'on appelle familièrement « Kaboul ». Cela vous montre bien quel était le problème : le problème était d'éviter qu'il y ait une République islamiste genre Talibans, genre Afghanistan, et c'est ce qui a failli se passer.

Vous avez d'autres documents, le livre complet de Mme Aslaoui dont je veux juste vous dire un mot[4]. Elle indique qu'après l'interruption du processus électoral le terrain est aussitôt envahi par les militants sympathisants du Front des forces socialistes et par les islamistes qui ont fui l'Algérie afin d'échapper aux poursuites judiciaires. Elle raconte qu'ils ont été accueillis à bras ouverts dans les pays occidentaux, qu'on les a aidés, qu'on les a subventionnés, qu'on leur a facilité la vie, et elle dit : « Les voilà sollicités, questionnés, ils ont des opinions tranchées et irréversibles. Leurs jugements sont des pré-jugements partisans et inchangeables. » Et elle dit, ce qui me semble correspondre à notre espèce : « On a découvert des écrivains "dociles", robotisés pour écrire sous la dictée et l'œil vigilant de leurs maîtres. »

Intervenant *(dans la salle)*. — C'est le réquisitoire de… !

Me Gorny. — Il y a quelque chose de sain dans ces réactions. Il faut croire que cela gêne…

Vous avez également des témoignages fournis par la population et qui contredisent ce que dit M. Souaïdia. Il vous dit qu'il y a des gens, M. Braïti et M. Baïri, dont les deux frères ont été assassinés et ces gens disent que ce n'est pas vrai, qu'il n'y a jamais eu de frères Braïti et Baïri assassinés : « Fort heureusement, nous sommes toujours en vie. »

Mon problème est le suivant. Nous avons des témoignages, nous avons M. Ghozali, Me Haroun, que je connais – c'est un homme calme, pondéré, un grand démocrate, c'est pour cela qu'il a été appelé comme ministre des Droits de l'homme. Il a dit quelque chose qui n'a peut-être pas retenu votre attention : « J'ai été le premier et le seul ministre des Droits de l'homme dans un pays musulman. » Il n'y en a plus d'autres et il n'y en a jamais eu dans aucun autre pays.

Nous avons des témoignages importants. M. Rédha Malek. Pourquoi ? Parce qu'il est ancien chef du gouvernement et membre du Haut Comité d'État. Nous avons M. Kebir qui a été membre du Conseil constitutionnel, et il raconte comment tout cela s'est passé.

---

3 Mohamed MOKADEM, *Les Afghans algériens*, Alger, 2002.
4 Leïla ASLAOUI, *Les Années rouges*, *op. cit.*

Dans un journal du soir que j'ai l'habitude de lire – on ne se refait pas –, j'ai lu, quand on posait des questions à M. Ghozali, que « ses réponses étaient trop lisses pour pouvoir être réfutées ». Est-ce vraiment ce que vous avez pensé de l'audition de M. Ghozali ? On vous a demandé éventuellement de l'entendre une deuxième fois, tellement nous ne craignons absolument rien. C'est un homme de qualité, c'est un homme qui dit la vérité.

Nos témoins, « qu'est-ce qu'ils font ? », dit l'article. « Ils font dans la grandiloquence », car ce sont nos témoins, parce qu'on n'aime pas l'armée, parce qu'on n'aime pas les militaires, nos témoins font dans la grandiloquence. Par contre, les autres sont absolument insoupçonnables. C'est le sens de cet article. Je ne sais si vous l'avez lu. Il m'a profondément indigné et je suis convaincu qu'il indignera également votre tribunal.

Je voudrais dire un mot de M. Rédha Malek. M. Rédha Malek vous dit que le général Nezzar, il ne saurait être question de le laisser seul face aux attaques dont lui et ses collègues du haut commandement font l'objet aujourd'hui. Il vous dit que *La Sale Guerre* est un concentré de mensonges et de contrevérités. Il vous dit que l'interruption du processus électoral a été une mesure de salut public à l'égard des menaces intégristes imminentes que le processus électoral allait consacrer.

En tant qu'ancien membre du Haut Comité d'État, et ancien chef du gouvernement à l'époque cruciale, il tient à expliquer ceci : « La déferlante du FIS, le sursaut de la société algérienne. » Et il explique « qu'avec tout ce qu'elle compte d'avant-garde consciente, patriotes, républicains, démocrates, syndicalistes, femmes, jeunes, tout le monde s'est dressé contre ce péril en exigeant l'annulation d'un processus électoral ». Je lis ensuite ce qui devrait vous intéresser : « L'ANP, en tant que gardienne de la Constitution, n'hésita pas à faire siennes ces exigences dont elle partageait le bien-fondé. »

Autrement dit, c'est le peuple qui n'a pas voulu que l'on continue. Le peuple a manifesté. Le peuple a dit à l'armée : « Aidez-nous, il faut arrêter ce processus électoral. » On ne peut pas envisager que les massacres aient lieu – des massacres commencent des années avant, vous le savez, vous l'avez dans les dossiers, les témoins vous l'ont dit. En 1990, par exemple, on a brûlé vive une malheureuse femme. On en a tué d'autres entre 1990 et 1991. Il vous parle du caractère antidémocratique du FIS et il dit : « On a objecté que si on avait voulu jouer le jeu démocratique, il suffisait de leur laisser le pouvoir et qu'ainsi l'alternance aurait été opérée. »

L'alternance est une bonne formule, nous en sommes certains parfois. Mais ici il ne s'agit pas de notre alternance dans un pays démocratique, mais de gens dont la profession de foi est : « Pas d'élections, pas de Constitution, la vérité vient de Dieu et tous ceux qui ne partagent pas la parole du Prophète, la volonté de Dieu, sont apostats et ces apostats doivent être tués. » Qui ? « Les chrétiens, les juifs, les musulmans, qui ne sont pas d'accord avec eux, tout le monde doit être tué et de préférence à l'arme blanche. » Voilà quel était le risque que signalait M. Rédha Malek et qu'avait signalé Me Haroun dans sa déposition. Autrement dit il ne s'agit pas d'un parti normal, mais d'un comme ceux que la Cour européenne des droits de l'homme interdit – je fais référence au parti religieux turc. On ne peut pas avoir une démocratie avec des partis religieux quand ces partis religieux veulent bâtir, à l'instar de ce qui se passe sous nos yeux actuellement, de ce qui s'est passé, de ce qui continue de se passer, on ne peut pas bâtir avec ces gens-là un régime démocratique.

Il vient dire aussi : « Les slogans dont le FIS inondait en 1990 les principales artères de la ville d'Alger étaient élaborés à Khartoum par Oussama Ben Laden en personne. Quant à la relation GIA/Al-Quaïda, elle est maintenant connue de tous. » Il fait référence, dans ce contexte, à la tragédie du 11 septembre en disant que c'est un exemple et qu'il y en aura d'autres. Benhadj vous l'a dit et annoncé. Il vient dire qu'en réalité – que l'on ne s'y trompe pas – « nous avons été les premiers à nous heurter et à refuser ce régime islamiste ».

Comment peut-on considérer le général Nezzar ? Comme un homme qui, avec abnégation, avec courage, en y sacrifiant sa santé, a permis, à son poste, là où il devait être, d'éviter les plus grands périls.

J'ai fait référence, mais je ne les lirai plus car l'heure passe, à d'autres témoignages de membres du Conseil constitutionnel qui viennent vous dire : « Le président de la République ayant démissionné, nous l'ayant dit, nous ayant expliqué pourquoi, nous nous sommes réunis et, à l'unanimité, nous avons décidé de créer un Haut Comité d'État. » Le bâtonnier Farthouat vous a dit que c'était pendant deux ans. Pourquoi deux ans ? Parce que c'était la fin du mandat présidentiel.

Au bout de deux ans, que s'est-il passé ? Est-ce qu'un dictateur militaire, général Nezzar ou autre, s'est installé au pouvoir ? Pas du tout. Le Haut Comité d'État s'est retiré, le général Nezzar est parti à la retraite et il est allé se soigner avec la conscience de celui qui a fait un maximum pour son pays.

Vous avez aussi une attestation d'une personne qui vous explique qu'elle a assisté à des horreurs en qualité d'enseignante, de directrice d'établissement scolaire, qui a vu des élèves brûlés à l'acide, qui a vu des horreurs abominables, qui est présidente du Mouvement féminin algérien de solidarité de la famille rurale. C'est le peuple, ce n'est pas l'armée. Elle a été ministre de la Solidarité nationale, lauréat du prix des Nations unies 2001 pour la société civile. Ce n'est pas l'armée. Il n'y a pas de dictature militaire, il y a un peuple qui ne veut pas.

Voilà l'essentiel de ce que je voulais vous dire en ce qui concerne les témoignages, et j'en viens à l'absence de bonne foi.

Concernant M. Souaïdia, il est d'abord établi qu'il a menti (déclaration de M. Sifaoui), qu'il est venu en France pour régler ses comptes, ses vieux comptes après quatre années d'emprisonnement (Sifaoui et M. Belhouchet, directeur d'*El Watan*). Il est établi qu'à l'origine il ne mettait pas en cause, car cela lui paraissait trop gros, l'armée en dégageant les islamistes. La rancœur et l'intervention de son éditeur ont été trop fortes et ensuite on a tout modifié.

Dans les conclusions de mon excellent confrère M. le bâtonnier du Granrut, on vous rappelle minutieusement la jurisprudence de votre chambre et celle de la chambre criminelle de la Cour de cassation. Oui, nous la connaissons. Que faut-il ? Il faut la légitimité du but poursuivi, la prudence et la mesure dans l'expression, la vérification des sources, le caractère sérieux, la circonspection, l'objectivité, la sincérité. Aucun de ces éléments n'est évidemment réuni de la part de quelqu'un qui en a gros sur le cœur et, vous allez le voir, qui va dire aux journalistes qu'il en a gros sur le cœur.

J'ai reçu hier soir, à une heure tardive – ce n'est pas, M. le bâtonnier et ami, un reproche, c'est une constatation attristée –, il était 19 h 30, j'ai reçu des conclusions au nom de La Cinq.

D'abord, l'on vous dit qu'il y a identité entre le livre et les propos tenus lors de l'émission, ce qui est une erreur totale, je m'en suis déjà expliqué. On vous dit également que le journaliste a été prudent, mesuré. Je dis moi qu'il n'a été ni prudent, ni mesuré, qu'il est sorti de sa neutralité, qu'il a approuvé des propos incendiaires. Voyons ! Il organise une émission et dans le cadre de cette émission – tout le monde est d'accord – il n'y a pas un représentant de la société civile algérienne, il n'y a pas un ancien homme politique, il n'y a pas un ancien militaire. Il n'y a que des gens qui sont tous d'accord pour condamner l'armée.

C'est cela la neutralité ? Quand vous avez des débats, je pense par exemple à LCI, vous avez des opinions différentes qui se trouvent confrontées. Ici, il n'y a qu'un seul son de cloche. Qu'est-ce qu'il vient dire, ce journaliste, à M. Souaïdia ? « On vous a fait un procès totalement parodique. » C'est une première ! C'est une première ! Souaïdia ne l'avait pas encore dit. « On vous a fait un procès parodique ! » Il ne va pas dire le contraire, Souaïdia. Bien sûr, on lui a fait un « procès parodique ». Ça, c'est de l'indépendance et c'est de la précaution, et c'est, de la part du journaliste, la neutralité ! Si vraiment c'est cela la neutralité, je me demande vraiment quand un journaliste sera responsable…

Le journaliste dit encore : « Vous remarquez, quand vous sortez de prison, que la guerre a très bien profité à certains » (je me suis déjà exprimé à cet égard). Et M. Souaïdia dit que c'est bien sûr, bien évidemment. Le journaliste continue : « Ce qui me révolte profondément » – voilà un journaliste qui est révolté quand il s'exprime à la télévision devant des milliers de gens – « c'est le soutien apporté à ces assassins », vous avez bien entendu « assassins », « par les grandes puissances mondiales, et en particulier la France ».

Je dis non ! C'est peut-être un problème de génération. Je suis de ceux qui ne peuvent supporter que l'on mette en cause mon pays, que quelqu'un qui a reçu avec bonté le droit d'asile vienne dire qu'il « condamne la France », qu'un journaliste s'exprimant sur une de nos grandes chaînes vienne dire qu'en particulier la France a apporté un « soutien à des assassins », qu'aucun des pays n'a osé dire non aux généraux d'Alger et qu'au contraire ils ont soutenu leur guerre financièrement et politiquement : « La France les a toujours aidés discrètement, en leur vendant des armes, en formant des éléments du département des renseignements, sans parler du blanchiment des centaines de millions de dollars détournés par les généraux avec la complicité de banques françaises (mais aussi suisses et autres). » C'est ça la neutralité d'un journaliste ? C'est lui qui pose la question, c'est lui qui est « révolté profondément ». Quels éléments a-t-il interrogés, quelqu'un a-t-il des documents bancaires, a-t-il des marchés qui auraient été passés ? Il n'a rien.

On en arrive à la conclusion de ce singulier journaliste : « Il ne faut pas se faire d'illusions, il n'y a pas de loi en Algérie. » Je veux bien que l'on essaie de me démontrer tout à l'heure que la neutralité, la circonspection, la prudence et la mesure ont été respectées. Je dis que ce n'est pas vrai et que nous nous trouvons ici devant une série de dérapages qui sont de nature à exclure tant la bonne foi de M. Souaïdia – je l'ai dit – que celle de celui qui a organisé cette émission.

J'en arrive à la conclusion. Quand j'étais jeune avocat – je ne vous dirai pas quand, cela restera un secret –, on nous expliquait que le plus difficile était de conclure. Je crois que c'est vrai.

En conclusion, le général, jusqu'à courant 1993, a fait tout son possible pour protéger, à sa place, les populations. Il l'a fait en liaison avec les présidents successifs, avec les chefs de gouvernement. Et j'ai dit, pour conclure à nouveau, si le gouvernement, si le Haut Comité d'État, si l'armée n'avaient pas lutté contre le FIS, l'État algérien n'existerait plus. On vous l'a dit, Me Haroun, Mme Aslaoui et bien d'autres encore. On aurait cette République islamiste en face de Marseille qui aurait bien entendu contaminé l'Algérie, la Tunisie, le Maroc en un rien de temps. C'était pour notre pays en plus un danger mortel. Alors, que nos gouvernements successifs aient pris la mesure du risque ainsi couru et aient voulu permettre que ce risque puisse faire l'objet de mesures par les autorités algériennes pour s'y opposer, cela c'est très possible et, très franchement, cela me réjouirait de l'apprendre.

Dans un film projeté jeudi dernier sur Arte, je ne sais si le tribunal l'a vu, il y avait une interview du président Boudiaf. Un journaliste allemand posait la question au président Boudiaf : « M. le président, je comprends votre lutte, mais les droits de l'homme ? » Et Boudiaf, figure nationale, figure héroïque algérienne, démocrate convaincu, lui a répondu : « Monsieur, il faut d'abord sauver l'Algérie. »

C'est vrai, il a fallu sauver l'Algérie. Elle n'est pas encore complètement sauvée, elle l'est presque. Je voudrais vous dire que dans la mesure où le général a pu contribuer à faire en sorte qu'il n'y ait plus jamais de Bentalha, qu'il n'y ait plus jamais de massacres collectifs, s'il a contribué à faire en sorte qu'une Mme Kodja ne puisse plus dire : « Chez moi, il y a eu dix morts, tous égorgés, les morts sont plus heureux que nous… » Qui peut rester insensible devant un propos comme celui-là ? Il y a d'autres dépositions de gens qui viennent dire : « Il y a eu dans ma famille, à Bentalha, soixante personnes tuées à l'arme blanche pour la plupart. Il y a nos filles et nos femmes qui étaient emmenées ; on a retrouvé certaines, on n'a pas retrouvé les autres. » J'ai passé, parce que je n'ai pas voulu, compte tenu de la composition de votre tribunal, provoquer une émotion peut-être plus facile en vous lisant ce qu'écrit M. Boukra dans *La Terreur sacrée* sur le sort des femmes, parce que c'est réellement quelque chose d'insupportable et d'abominable.

Si le général a pu aider, s'il a pu contribuer, il voudrait que par votre jugement vous le reconnaissiez. Le tribunal ne fait pas l'Histoire. Nous le savons. Mais le tribunal peut y contribuer en rendant son honneur au général, en disant que lui, général Khaled Nezzar, que l'armée qu'il commandait, n'a fait que son devoir, et que ce que l'on dit de lui est proprement infamant, vous aurez précisément contribué à l'histoire des rapports avec ce pays.

M. Stéphan, *président*. — Merci Me Gorny.

M. Nezzar, je ne sais pas si vous avez quelque chose à ajouter et si vos avocats le souhaitent, vous pouvez avoir la parole en dernier si vous souhaitez dire quelque chose.

Nous poursuivrons cet après-midi avec le réquisitoire de Mme le procureur.

L'audience est suspendue à 12 h 11 ; elle est reprise à 14 h 31.

M. Stéphan, *président*. — Je rappelle à la salle que le tribunal, pour lui-même et la sérénité des débats, qu'il ne doit pas y avoir de manifestation publique à l'intérieur. Si tel était le cas, les personnes qui en sont les auteurs seraient amenées à sortir de la salle et à ne pas assister à la suite des débats, ce qui serait dommage pour elles. Je tenais à rappeler les incidents que nous avons connus ce matin qui, pour être marginaux, n'en sont pas moins déplaisants pour ceux qui sont amenés à s'exprimer devant le tribunal.

Réquisitoire de Mme Béatrice Angelelli, *pour le ministère public*

Mme Angelelli, *procureur*. — Mesdames et Messieurs du tribunal, le hasard du calendrier fait que ce procès se déroule au moment où l'on commémore le quarantième anniversaire de l'indépendance de l'Algérie. Et alors que les plaies ne sont pas encore cicatrisées et les blessures pas encore totalement refermées et, pour employer cette expression utilisée en ce moment et un peu à la mode, un travail de mémoire se fait toujours sur cette période, on demande à votre tribunal de juger l'histoire contemporaine de l'Algérie, disons les dix ou douze dernières années.

Le général Nezzar qui est à l'initiative de cette procédure nous a dit lundi : « On a sali l'Algérie et je veux la vérité donnée par le tribunal. » Mais il n'appartient pas au tribunal de refaire l'Histoire. Cela peut être une évidence, mais c'est un attendu que j'ai relevé à plusieurs reprises dans des jugements qui ont été rendus par la 17e chambre dans des affaires qui portaient sur des critiques historiques, sur des travaux scientifiques d'historiens ou sur des périodes de l'Histoire très éloignées.

Aujourd'hui, on vous demanderait alors, pas seulement de faire l'Histoire mais, si j'ai bien compris la partie civile, d'y contribuer, de juger, comme je vous l'ai dit, une histoire contemporaine. Je dirais que nous sommes sur le terrain effectivement de la diffamation. Votre tribunal va appliquer le droit de la presse et il me paraît important de recentrer le débat sur le terrain juridique.

Ce que vous avez à juger, ce sont des propos qui ont été tenus, et non pas les faits eux-mêmes. Et plus précisément certains propos tenus à un moment donné, dans un contexte donné. Contrairement à une idée habituellement reçue, la vérité des propos tenus n'entre pas dans la définition de la diffamation qui est souvent mal interprétée. La diffamation – je vais faire un peu de droit pour que tout le monde comprenne –, c'est toute allégation ou imputation d'un fait qui porte atteinte à l'honneur ou à la considération de la personne ou du corps auquel le fait est imputé.

Dans ce procès, vous êtes uniquement saisis des propos qui ont été tenus par Habib Souaïdia lors d'un débat télévisé sur la cinquième chaîne le 27 mai 2001, soit plusieurs mois après la parution de son livre *La Sale Guerre*. Le procès ne porte pas sur le livre. Il est important de le rappeler. Le livre n'a pas été attaqué en diffamation. S'il y a eu un procès en septembre – auquel j'assistais, puisque j'étais ministère public dans ce premier procès –, il ne portait pas sur le livre lui-même.

Les propos qui ont été retenus par la partie civile sont dans la citation et fixent la saisine du tribunal. Je ne les reprendrai pas de façon littérale : ils accusent le général Nezzar d'être responsable de l'arrêt du processus électoral, d'avoir commis des tueries et des crimes, de faire partie des ex-déserteurs de l'armée française, responsables d'avoir mené l'Algérie vers l'anarchie et la faillite. Ces propos visent entre autres le général Nezzar, qui s'est constitué partie civile devant ce tribunal.

Ces propos sont intrinsèquement diffamatoires, s'agissant des accusations qui sont portées – d'être un criminel, d'avoir mené le pays à la faillite, d'être responsable d'un certain nombre de choses en Algérie… –, le procès ne portera pas là-dessus. Dans le cadre d'un procès en diffamation, le prévenu dispose de deux moyens de défense : traditionnellement, rapporter la preuve de la vérité des faits, c'est-à-dire une offre de preuve où l'on vient sur chaque imputation précise vous démontrer qu'elle est fausse. Il n'y a pas eu d'offre de preuve dans ce dossier. Il y avait des problèmes de procédure, car des faits remontaient à plus de dix ans – c'était un peu compliqué. Nous sommes dans le cadre de la bonne foi. Et, bien évidemment, il y a eu des témoignages qui se sont succédé pendant toute cette semaine.

La particularité de la diffamation, par rapport au droit pénal classique, c'est que les imputations diffamatoires sont réputées faites de mauvaise foi, c'est-à-dire que l'intention de nuire est présumée, et c'est au prévenu qu'il appartient de rapporter la preuve de la bonne foi. C'est un particularisme du droit de la presse.

Pour accorder le bénéfice de la bonne foi, la jurisprudence, traditionnellement, retient quatre critères cumulatifs : la légitimité du but poursuivi, l'absence d'animosité personnelle, la prudence et l'objectivité dans les propos tenus, la vérification des sources et le sérieux de l'enquête.

Mais ces critères sont appliqués dans une enquête classique, je dirais faite par un journaliste. Aujourd'hui, nous n'avons pas affaire à un journaliste, car M. Souaïdia n'est pas un journaliste qui a fait une enquête, qui a produit un article, qui a vérifié un certain nombre de choses : nous avons affaire à un homme qui témoigne. Dans ces conditions, la jurisprudence a été amenée à restreindre les critères de la bonne foi, lorsqu'il s'agit effectivement d'un témoignage : la jurisprudence considère qu'en matière de témoignage les critères habituels ne peuvent être retenus. Forcément, on ne peut pas faire peser sur un témoin la charge d'une enquête approfondie et également il peut s'affranchir, dans une certaine mesure, du devoir de prudence qui est imposé à des professionnels de l'écrit.

M. Souaïdia vous l'a dit dans son audition de lundi : « Je ne suis pas un journaliste, je suis un militaire qui témoigne à visage découvert. » C'est donc le témoignage d'un militaire qui témoigne d'une expérience, de ce qu'il a vu, de ce qu'il a entendu, de ce qu'on lui a rapporté, c'est un acteur d'une période donnée. À l'audience se sont succédé d'autres acteurs de cette période qui sont venus vous livrer leurs témoignages également, certains similaires, certains l'approuvant. Ces témoignages ont été contredits de l'autre côté de la barre par d'autres témoins, par d'autres analyses, et vous avez donc des témoignages dans les deux sens : des analyses, des convictions, des expériences qui ont été rapportées d'un côté et de l'autre de la barre.

Mais vous devez relever que, par rapport à ces témoignages, celui de M. Habib Souaïdia n'est pas isolé. De ce témoignage, de ce livre, il a livré une opinion, fait une analyse qui est forcément partiale et subjective ; et il a donc fourni cette opinion et cette analyse lors de ce débat télévisé et dans les propos incriminés.

Vous avez le témoignage et vous avez ensuite – je pense – un autre axe juridique que vous pouvez appliquer dans le critère de la bonne foi, c'est la jurisprudence qui a été appliquée dans le cadre d'une polémique politique. C'est-à-dire que l'on pourrait considérer éventuellement que vous êtes dans un débat d'idées, dans un débat d'opinions, que vous êtes dans le cadre de la polémique politique. Évidemment, ce sont des espèces qui ont été jugées, et de toute façon la bonne foi s'apprécie toujours *in concreto*. Les critères sont retenus par rapport à l'affaire qui nous occupe. C'est un cas d'espèce, je dirais comme les autres, mais avec un particularisme.

Dans le cadre de la polémique politique, vous avez une jurisprudence qui, depuis plusieurs années, a précisé que, lorsque nous sommes dans ce cadre, l'exigence de la prudence dans l'expression de la pensée, la prudence dans le propos ne revêtent pas les formes habituelles du droit commun et que la tolérance apparaît comme une nécessité du débat démocratique.

Cette jurisprudence, j'en parlerai très brièvement. Elle a porté essentiellement sur les opinions et les doctrines relatives au rôle et au fonctionnement des institutions fondamentales de l'État français. Je reprendrai un attendu d'un arrêt de la 2e chambre civile du 28 novembre 1984, je cite : « Attendu que l'arrêt retient à bon droit que la bonne foi dans les propos n'est pas nécessairement subordonnée à la prudence dans l'expression de la pensée lorsque la polémique porte sur les intérêts fondamentaux d'un État, même étranger. » C'était une espèce qui portait sur la Chine.

Cette jurisprudence peut vous servir de ligne de conduite. Elle a été affinée à l'occasion de plusieurs affaires où il s'agissait de débats télévisés opposant des gens qui avaient des opinions différentes. Je citerai un autre attendu : « Dans le cadre d'une polémique politique, la plus grande liberté de parole et de critique doit être préservée », ce qui induit la possibilité de mettre en cause personnellement l'adversaire pour son attitude passée et présente. La 2e chambre civile de la Cour de cassation semble admettre la légitimité des propos ayant un caractère violent, même si ceux-ci visent des personnes. Vous avez également une jurisprudence de la cour de Strasbourg, l'arrêt *[inaudible]*, qui va dans ce sens.

C'est une jurisprudence qui, en France, fait qu'en matière de polémique, de débat d'idées et d'opinions on n'exige pas la prudence du propos, on admet une certaine virulence et certaines attaques. Bien sûr, elle a été élaborée dans les affaires qui intéressaient les débats télévisés entre des hommes politiques. Là, ce n'est pas le cas. M. Souaïdia l'a dit lui-même : « Je ne suis pas un politicien. » Mais je pense que cette jurisprudence peut être un support, jointe à celle du témoignage, pour apprécier le cas d'espèce qui vous est soumis aujourd'hui.

Je vous ai dit qu'il s'agit de propos tenus à un moment donné, dans un contexte donné. Je crois que nous sommes dans le cadre d'un débat télévisé où les téléspectateurs savent qui est M. Habib Souaïdia. Il est intéressant de revenir sur le fait que ce débat a lieu plusieurs mois après la parution du livre, c'est-à-dire qu'entre-temps ce livre a fait beaucoup de bruit, il a été vendu, il a été relayé déjà dans la presse. Le général Nezzar est venu en France pour faire la promotion de son propre livre et donc a livré également sa version, son opinion et sa propre analyse. Il y a donc eu déjà, avant cette émission, un précédent débat qui s'est instauré et qui fait que le téléspectateur à qui on présente M. Habib Souaïdia et son livre ne peut ignorer sa partialité. C'est d'ailleurs un débat beaucoup plus large, une partie du débat porte sur ce livre et sur d'autres, mais c'est une émission qui dure cinquante minutes. M. Habib Souaïdia est là avec d'autres personnes. On lui demande son opinion et il livre son analyse et son opinion tirées de ce témoignage qu'il a relaté dans ce livre.

Nous sommes dans un débat d'idées, indispensable au caractère démocratique de notre société, car sinon cela ne peut conduire qu'à l'anesthésie du débat public. Je pense que la liberté d'expression doit rester le principe et que, dans cette affaire, pour pouvoir apprécier la bonne foi de M. Souaïdia, il me semble que vous pourriez asseoir votre raisonnement sur les deux axes juridiques suivants : le témoignage, la spécificité du témoignage, avec l'absence d'enquête de vérification des sources, et la jurisprudence sur la polémique politique adaptée à notre cas d'espèce – considérer en conséquence, comme je l'ai dit, que nous sommes dans un débat d'idées, dans un débat d'opinions, que tout le monde a livré son avis et son analyse sur cette affaire.

Concernant le directeur de publication qui, lui, est soumis aux critères classiques, je reprends les mêmes arguments. Ce débat s'inscrit à une époque donnée, après un débat déjà largement médiatisé, sur un sujet où l'on donne la parole à plusieurs personnes – peut-être pas à M. Nezzar –, et il y a une légitimité du but poursuivi. Pour le reste, on peut discuter de la pertinence des questions du journaliste, qui n'a pas été cité. Le directeur de publication est certes responsable en droit, mais ce débat s'inscrit dans cette même logique de débat d'idées et d'opinions. Bien évidemment, le téléspectateur sait que l'on fait une large place au livre, aux idées et à l'analyse de M. Souaïdia.

Voilà quels sont les éléments juridiques que je soumets à l'appréciation du tribunal. Pour le reste, nous avons pendant une semaine vu se succéder à la barre différents témoins. C'était très riche. Je crois que nous avons laissé tout le monde s'expliquer de manière extrêmement détaillée avec chacun son analyse, son vécu, son expérience, parfois douloureuse : analyse politique, analyse économique, chacun a livré, là aussi, dans ce tribunal, son opinion.

Dans la salle, les gens sont partagés et un témoin vous a dit très justement : « Vous avez, M. le président, Mesdames du tribunal, en face de vous deux thèses, deux vérités. » Pour cela, pour ces deux thèses, pour ces deux vérités, pour tout ce qui s'est dit sur cette période de l'histoire contemporaine, pour conclure, je reprendrai la formule même du général Nezzar qui a initié cette procédure, je dirai : « L'Histoire jugera. »

Plaidoirie de M. le bâtonnier Bernard de Bigault du Granrut, pour la défense

Me du Granrut. — J'ai l'honneur de me présenter pour M. Marc Tessier, président de la société France-Télévision qui, je le rappelle, regroupe l'ensemble des chaînes propriété de l'État – on emploie le terme de « chaînes publiques », ce qui n'est peut-être pas une très bonne expression – qui sont France 2, France 3, La Cinquième et Arte.

S'il n'est pas partie directement aux débats sur les faits, il est par contre poursuivi, cité directement, comme auteur principal, de la diffamation impliquée dans ce procès, M. Souaïdia n'étant que le complice aux termes mêmes des dispositions de la loi.

Préalablement à mes explications, qui seront, comme celles de Mme le procureur, juridiques, je voudrais faire une réflexion. Je m'associe, tant au nom de M. Tessier qu'en mon nom personnel, à tout ce qui a été dit sur la sympathie, au sens étymologique du mot, c'est-à-dire « souffrir avec », à l'intention de toutes ces victimes ou parents de victimes que nous avons entendus, avec même de la sympathie pour tous ceux qui souffrent dans le grand débat algérien qui se poursuit et qui sont des victimes. On ne peut pas rester insensible à tout cela, à quelque génération que l'on appartienne.

Je ne voudrais pas jouer les anciens combattants mais, comme mon confrère Me Gorny, j'ai suffisamment d'ancienneté pour avoir vécu toute la guerre, pour avoir, il y a presque soixante et un ans jour pour jour, plaidé devant la Cour spéciale créée à l'instigation des nazis et voir quels sont les abus que, quelquefois, une justice sous domination étrangère peut rendre. Je suis, je crois, particulièrement bien placé pour dire que tous ces événements dramatiques nous touchent et que l'on ne peut pas les apprécier, les juger, et même plaider à leur occasion, sans se souvenir de tout ce que nous avons vécu en France sous l'Occupation : la déportation, les excès de la Libération et ce que l'Algérie connaît également, en souhaitant qu'elle puisse le plus rapidement possible revenir définitivement à un État de droit.

J'ai entendu avec beaucoup d'intérêt Mme le procureur se placer sur le terrain juridique, et reposer la question de la responsabilité du journaliste, de l'auteur d'un livre et, bien entendu également, de l'éditeur responsable de la diffusion, et j'aurai l'occasion d'évoquer à nouveau ces différents points.

Concernant les faits, je ne reviendrai pas sur le texte de la citation qui cite M. Tessier comme responsable à titre principal, auteur principal, du délit de diffamation et reprend un certain nombre de propos qui ont été produits, émis, à l'occasion d'une émission de la télévision le 27 mai 2001. Je ne reviens pas sur ces propos – je les ai cités, pour être précis, dans les conclusions que j'ai déposées –, mais j'aurai l'occasion de les évoquer au cours de ma discussion. Je vous demande simplement, concernant M. Tessier, de dire qu'il n'a pas commis le délit qui lui est reproché, qu'il n'est pas, en tant qu'auteur principal, responsable du délit de diffamation.

Je pense que cette affaire est importante, non seulement en ce qui concerne les événements dont nous avons vu retracer la genèse depuis quelques jours, mais également en raison de la nécessité que la justice donne bien l'apparence d'être juste.

Je voudrais m'expliquer complètement sur ces différents points, non pas seulement à l'adresse du tribunal (qui connaît sa jurisprudence), mais pour exposer ma thèse pour l'ensemble de ceux qui peuvent nous écouter, car je pense que c'est un des éléments nécessaires pour permettre à la justice d'être comprise.

Nous sommes dans un État de droit, nous devons le justifier. Les événements que nous connaissons, même en France, nous mettent bien souvent au bord de l'état de violence. C'est-à-dire que, bien souvent, des décisions ne sont prises – ou l'on tente de les faire prendre – que sous la pression de la rue. Cela n'est pas compatible avec un État de droit, et ici nous plaidons devant un juge, devant des juges qui représentent l'État de droit et c'est cette justice que je vous demande.

L'émission mise en cause a été produite le 27 mai 2001 par La Cinquième, chaîne de télévision qui l'a diffusée dans le cadre de ce que l'on appelle « Droit d'auteurs, spécial Algérie » consacrée à ce sujet. Elle est diffusée chaque dimanche à 11 heures, depuis le 11 février 1996. C'était la cent douzième émission de ce type, sous ce titre, avec le même journaliste animateur, et il n'y avait jamais eu jusqu'à présent aucune action à l'égard de ce qui a été dit dans cette émission. Le responsable de l'émission, je le souligne, précisait que ce sont les auteurs qui sont sur le plateau et pas les livres.

J'ai produit, dans mes conclusions, comme pièces annexes, la présentation d'un communiqué de presse qui a été fait en octobre 2001, mais qui reprenait le principe même de l'émission : elle a pour but « d'informer, d'expliquer et surtout débattre, sur le mouvement littéraire et celui des idées, à travers les auteurs ». Cette émission est d'abord faite pour mettre en contact le grand public et ceux qui écrivent : « Ce sont les auteurs qui sont sur le plateau et non les livres », précise Frédéric Ferney, critique littéraire au *Figaro* et animateur de cette émission depuis l'origine. Sont sur le plateau les écrivains venus indifféremment du monde politique, littéraire ou philosophique. Ces ouvrages peuvent être confiés à un ou plusieurs lecteurs, etc.

Il était précisé : « Cette émission est enregistrée dans les conditions du direct. » Je précise de quoi il s'agit. Nous voyons tous des émissions de variétés préenregistrées avec des acteurs, il peut y avoir des coupures, des reprises et ensuite l'émission est « montée » – pour employer l'expression technique – et diffusée aux téléspectateurs que nous sommes. Quand une émission est dite « dans les conditions du direct », elle est enregistrée et émise sans coupure ni modification. En l'espèce, vous avez vu le script de l'émission : c'est exactement ce qui a été enregistré, il n'y a eu aucune modification ensuite. C'est la signification d'« émission dans les conditions du direct » qui sont indiquées dans le communiqué de presse que j'ai versé aux débats.

Je voudrais préciser à cette occasion, puisque La Cinquième fait donc partie de France-Télévision, ce qu'il en est. Car bien souvent – et je n'en veux pas à mes amis journalistes – il y a une confusion, qui est due également aux responsables politiques, entre ce que sont les chaînes de télévision dites « publiques » (qui sont en réalité simplement propriété de l'État) et le service public de la télévision. Je constate tous les jours des confusions vraiment stupéfiantes quelquefois, parce que les titres ne correspondent pas au texte de l'article.

Hier soir, j'ouvrais le journal *Le Monde*, que tout le monde connaît, et qui écrivait ceci : « À la recherche du service public : journalistes, sociologues, militants associatifs ou politiques, livrent leur idée sur la télévision » ; et ensuite on évoque le « service public de la télévision ». Il n'y a pas de « service public de la télévision », que l'on soit bien clair ! Les chaînes publiques sont propriété de l'État, ce qui veut dire que l'État possède la totalité du capital de France-Télévision. À ce titre, l'État peut prélever une cotisation – ce qu'il fait avec la redevance de la télévision – et, pour le reste, être en concurrence avec les chaînes privées. Il n'exerce pas de « service public » : quand tel ou tel présentateur de France 2 présente le journal de 20 heures, il n'exerce pas un service public, il exerce sa profession de journaliste exactement comme sur TF1, avec la même liberté, les mêmes contraintes, les mêmes obligations et notamment les obligations de réserve concernant la diffamation à l'égard des tiers.

Pourquoi y a-t-il cette confusion ? Dans les cahiers des charges des chaînes publiques, il existe des « obligations de service public », mais qui sont limitées et précisées. J'en énumère quelques-unes pour être clair : les communications du gouvernement, l'organisation des élections et l'audience donnée à la télévision à tous les candidats, que ce soit à la présidence ou dans le cadre d'autres élections, et également l'obligation, notamment pour France 2, de diffuser le service religieux du dimanche. En dehors de cela, la liberté est totale pour le journaliste et il assume sa responsabilité de façon totale.

Mais il y a, comme dans les journaux, un responsable de la publication, qui aux termes de la loi est le P-DG. Et donc M. Tessier assume les responsabilités de directeur de la publication pour tout ce qui est produit sur France 2, France 3, La Cinquième et Arte. Une présomption existe, au terme de laquelle il est censé, comme le rédacteur en chef du *Monde* ou du *Figaro*, avoir tout lu ou tout entendu : si un délit a été commis, si une diffamation est diffusée sur les ondes, il est responsable. Je reviendrai sur cette notion de responsabilité, sur cette présomption de responsabilité plus exactement, car je pense que c'est l'occasion de le préciser. Cela étant, il est responsable et M. Tessier – je suis chargé de vous le dire – ne nie pas cette responsabilité : il l'assume complètement comme si c'était lui qui avait fait l'émission et il prend en charge complètement la responsabilité pénale à l'égard de l'excellent journaliste qui a fait l'émission (et qui a fait plus de cent émissions de ce genre).

Voilà précisées les conditions de la responsabilité du directeur de la publication concernant la télévision, qui est d'ailleurs un démarquage de celle en matière de journaux écrits.

Comme je vous l'indiquais, l'émission a été diffusée le 27 mai 2001. Quelle est cette émission ? Mes confrères et Mme le procureur ont évoqué qu'il y avait eu un « débat ». Mais le cadre de l'émission a changé, car il y avait quatre auteurs (Noël Favrelière, *Le Désert à l'aube*[5] ; Jean Faure, *Au*

5 Noël FAVRELIÈRE, *Le Désert à l'aube*, Minuit, Paris, 1960 ; nouvelle édition, 2001. C'est le récit autobiographique d'un militaire français qui a déserté pendant la première

pays de la soif et de la peur[6] ; Pierre Vidal-Naquet, *Les Crimes de l'armée française*[7] et M. Souaïdia pour *La Sale Guerre*) et il n'y a plus qu'un seul auteur dans ce qui vous a été présenté. Je vous ai produit le script qui a été établi par La Cinquième à partir de l'émission, et vous avez pu vérifier – et mes confrères également – que le script est absolument conforme à ce qui a été dit à l'antenne. Cet ensemble montre bien que les questions ont été posées par le journaliste et qu'il n'y a pas eu véritablement de débat ; tout au plus on a fait intervenir M. Favrelière, une fois, et M. Pierre Vidal-Naquet. C'est avant tout l'interview de l'auteur.

Il importe de préciser que l'ouvrage de M. Souaïdia était l'objet de cette émission, comme d'autres d'ailleurs, pour une raison simple : c'était un événement littéraire et historique. Quand je dis « littéraire », c'est de l'histoire contemporaine : ce témoignage a été tiré – j'ai eu cette précision par l'éditeur – à 65 000 exemplaires. Le sujet est particulièrement sensible, puisque tout ce qui paraît sur les événements d'Algérie est très ressenti en France, pour toutes les raisons historiques que nous connaissons (mais également par le fait qu'il y a beaucoup d'Algériens qui vivent en France et qui sont tout à fait attentifs à ce que l'on peut écrire sur leur pays – et nous le comprenons bien).

C'est dans ces conditions que M. Souaïdia a été invité à cette émission. Mettez-vous dans la peau, si je puis dire, du journaliste qui invite M. Souaïdia. Le livre a été publié depuis plus de trois mois, il n'a fait l'objet d'aucune poursuite en diffamation, d'aucun référé en suppression ou en interdiction et d'aucune instance au fond sur le plan civil – ce serait venu devant vous sur le plan de la chambre civile de la presse en dommages et intérêts (article 1382) ou en diffamation. C'est un élément comme un autre sur les événements en Algérie, mais qui a sa valeur, qui a son droit, parce qu'il a été officier, qu'il est réfugié politique en France et qu'il a donc une certaine possibilité d'intervenir – je ne dis pas autorité car ce serait déjà prendre parti, mais une certaine valeur de témoignage. C'est dans ces conditions que le journaliste, M. Frédéric Ferney, réalise cette émission.

Et c'est donc ensuite que la citation directe est délivrée, soit près de sept mois après la parution du livre et à la limite de la prescription de trois mois

---

guerre d'Algérie, révolté par les exactions dont il était témoin et qu'on lui demandait de commettre.

6 Jean FAURE, *Au pays de la soif et de la peur*, Flammarion, Paris, 2001. Aujourd'hui vice-président du Sénat, sénateur de l'Isère, Jean Faure a été appelé du contingent en Algérie de 1957 à 1959. Ce livre restitue son journal de l'époque, où il raconte « cette guerre curieuse, coloniale, qui prétendait faire le bien des populations ».

7 Pierre VIDAL-NAQUET, *Les Crimes de l'armée française. Algérie, 1954-1962*, Maspero, Paris, 1975 ; nouvelle édition : La Découverte, Paris, 2001. Cet ouvrage rassemble des textes émanant des autorités militaires, politiques et administratives françaises et des témoignages d'officiers et de soldats. Ils apportent la preuve de ces crimes dont l'armée française s'est rendue coupable en Algérie, mais aussi en Indochine, et dont les responsables ont tous été amnistiés sans avoir même jamais été sérieusement inquiétés.

après l'émission, plus exactement quatre jours avant l'expiration de ce délai.

Voilà les conditions factuelles dans lesquelles nous nous trouvons et dont je voudrais tirer les conclusions juridiques. J'ai repris dans mes conclusions les objections formulées par mes confrères avocats de Habib Souaïdia sur les conditions dans lesquelles la citation est parvenue au prévenu, et sur lesquelles le tribunal, ayant joint l'incident au fond, tranchera. J'avais demandé que me soit donné acte verbalement que je m'y associais complètement et je le confirme.

Nous arrivons maintenant à la responsabilité de M. Tessier sur le plan du principe. Pour retenir la responsabilité de M. Marc Tessier comme « auteur principal » du délit de diffamation, la partie civile invoque à son encontre les dispositions de l'article 93-3 de la loi du 29 juillet 1982 issue de la loi du 13 décembre 1985, aux termes desquelles « le directeur de la publication sera poursuivi comme auteur principal lorsque le message incriminé a fait l'objet d'une fixation préalable à sa communication au public ». Il n'y a pas de discussion sur ce point. Il ne s'agit pas d'une émission en direct. Je précise, pour ceux qui ne connaissent pas toutes les subtilités de notre droit pénal en matière de radiodiffusion, que, s'il s'agissait du direct, M. Tessier n'aurait pas pu être poursuivi car celui qui s'exprime en direct à la télévision assume pleinement la responsabilité de ses dires et il n'y a aucune possibilité, pour le responsable de l'émission, d'empêcher telle ou telle personne de proférer des injures ou des propos diffamatoires.

Nous sommes dans le cadre effectivement de l'article 93-3, le message incriminé avait bien fait l'objet d'une fixation préalable à cette communication en public, avec cette précision que l'enregistrement a été fait dans les conditions du direct. Le message enregistré lors de l'émission a été retransmis à l'antenne sans aucune modification.

M. Tessier ne conteste donc pas sa responsabilité si elle devait être retenue. Mais pour qu'elle le soit, il faut trois conditions : que les propos jugés soient jugés diffamatoires, que la preuve de leur vérité ne soit pas jugée comme établie s'il y avait eu une offre de preuve et que la bonne foi de M. Tessier ne soit pas retenue et constatée.

Je pense que ce point est tout à fait important, car beaucoup de ceux qui sont présents à cette audience ne connaissent pas les difficultés que peut présenter ce texte. C'est un texte particulier qui permet de dire que l'on est responsable pénalement de ce qui est accompli par autrui. J'entends bien que cela repose sur la présomption que le directeur de la publication voit tout, qu'il passe ses nuits à se faire passer tout ce qui sera ensuite reproduit à l'antenne, dans les quatre antennes dont il a la responsabilité. C'est une présomption, elle existe, mais elle a tout de même posé des questions aux juristes et notamment à la Cour de cassation. Mais la Cour de cassation, dans la chambre criminelle, a effectivement jugé que ce texte n'était pas contraire à la Convention européenne des droits de l'homme, qui dit que nul ne peut être poursuivi et personnellement condamné pour des faits qu'il n'a pas commis.

Voilà ce qu'a précisé la jurisprudence : « Le directeur de la publication, dont le devoir est de surveiller et de vérifier tout ce qui est diffusé à l'antenne, dès lors qu'il s'agit d'une émission préenregistrée, est de droit responsable des propos tenus au cours de celle-ci quand leur caractère diffamatoire est démontré. Une telle présomption, qui peut être combattue par la preuve contraire et faire l'objet d'un débat contradictoire dans le respect des droits de la défense, ne méconnaît pas les dispositions des articles 10 et 6.1 de la Convention européenne de sauvegarde des droits de l'homme. Aucune disposition ne subordonne la poursuite à titre principal du directeur de publication à la mise en cause du journal. »

La Cour de cassation ajoute : « Le directeur de la publication doit répondre d'une faute personnelle. » Vous voyez le tempérament qu'elle met à la présomption, c'est-à-dire qu'à l'intérieur de la présomption il doit y avoir une faute personnelle « dont il peut s'exonérer par tous moyens ». C'est le cas classique de ce que nous appelons la « présomption simple », c'est-à-dire qu'il n'y a pas en l'espèce de présomption irréfragable, contre laquelle on ne peut pas apporter de preuve ; c'est la présomption simple, qui admet la preuve contraire. Cela va plus loin que la loi de 1881 qui prévoit la bonne foi comme excuse : là, c'est par tout moyen je peux prouver que je n'ai pas commis de faute.

Une telle preuve contraire n'a pas été rapportée en l'espèce, nous dit la décision de la Cour de cassation du 7 mars 2000, dans l'affaire Gouilloux-Beauchamp (qui était directeur de la télévision à l'époque).

L'étendue de la présomption : d'avoir lu toutes les lignes d'un journal, vu toutes les émissions de la chaîne de télévision. C'est un droit pénal singulièrement dérogatoire au droit commun. Nous savons tous depuis Giraudoux (dans *La guerre de Troie n'aura pas lieu*) que les juristes ont des explications à tout, mais, tout de même, se pose la question de la compatibilité avec nos principes généraux du droit pénal, que je me permets de rappeler – article 121-1 du Code pénal : « Nul n'est responsable que de son propre fait » ; article 121-3 : « Il n'y a point de crime ou de délit sans intention de le commettre. » On voit difficilement comment cela est compatible avec le fait de dire que le directeur de la publication est responsable d'un acte auquel il n'a pas participé, mais peut-être qu'il aurait pu lire – et c'est cette présomption qu'il aurait dû lire et tout arrêter s'il y avait un délit et que sa culpabilité puisse être retenue.

J'entends bien, mais c'est une obligation singulière. Je voulais appeler l'attention du tribunal sur le fait que nous sommes dans un domaine extrêmement particulier et qu'il faut bien dire que la possibilité d'intervenir est limitée. On peut toujours dire : « Vous auriez dû. » C'est comme le directeur d'une usine qui a 1 000 ouvriers et qui dit à un ouvrier qui commet une maladresse qu'il aurait dû prendre les précautions pour prévenir l'accident.

Vous auriez dû lire, et si vous aviez vu l'émission en question, vous auriez dû l'interdire ou faire des coupures pour empêcher qu'il y ait une diffamation, que jusqu'à présent personne n'avait relevée. Vous voyez les problèmes particuliers : car c'est très noble de dicter des principes juridiques, et je comprends qu'il soit nécessaire de trouver un responsable d'une façon générale et aux yeux de l'opinion publique, car, quoi qu'il arrive, il faut trouver un responsable. En matière de publication, il faut trouver un responsable dès lors que l'on ne peut pas poursuivre tous les journalistes individuellement. Dans ces conditions, on considère que le directeur de la publication a cette responsabilité.

M. Tessier n'essaie pas d'échapper à sa responsabilité. Il assume complètement la responsabilité prise par le journaliste lors de cette émission, mais je voulais simplement faire toucher du doigt au tribunal combien il est important de percevoir la difficulté des responsabilités à exercer par un président et que la preuve contraire doit être retenue comme très libérale et qu'il faut l'examiner avec une possibilité d'exemption maximum puisque encore une fois la Cour de cassation nous dit que l'on peut faire la preuve « par tout moyen ».

Arrivons au caractère diffamatoire des propos tenus par M. Souaïdia. M. le président, Mesdames, toute affaire présente un intérêt et une particularité, autrement elle n'aurait pas à venir devant le tribunal. Celle-là est assez extraordinaire sur ce plan précis sur lequel je veux me placer. Voilà un livre qui est publié, qui ne donne lieu à aucune demande en rectification, aucune action judiciaire, même civile, je vous l'ai précisé, et donc, en toute bonne foi et en toute liberté, le journaliste invite l'auteur à commenter son livre.

Il ne vous échappera pas que le commentaire de ce livre, c'est en réalité l'émission. Le tribunal a vu la cassette et je pense qu'il pourrait reprendre quelques minutes de son délibéré pour la revoir une nouvelle fois. Il verra, et je parle sous le contrôle de mes contradicteurs, que le journaliste, lorsqu'il pose des questions, se rapporte au livre, lit le livre, ne rédige pas des questions *proprio motu*, il lit le livre. C'est dans ces conditions qu'il y a une similitude, une coïncidence totale entre le livre et l'émission. J'en veux pour preuve, comme je l'ai dit amicalement à mon excellent confrère Me Gorny, qu'il a commis une erreur. Un de ses arguments a consisté à nous dire qu'une question avait été posée, mais il a oublié de voir que, dans le document que j'ai communiqué, il y avait un guillemet. Le guillemet est ouvert et pas fermé. Il peut y avoir une erreur et je vous absous complètement si j'en ai le pouvoir.

Quand on lit la question qui a été lue tout à l'heure par mon confrère Me Gorny, je vous lis le texte et vous allez trouver identiquement ce qui est dans le livre à la page 192, deuxième paragraphe : « Ce qui me révolte aussi profondément, c'est le soutien apporté à ces assassins par les grandes puissances mondiales, et en particulier la France. Alors qu'elles disent défendre les droits de l'homme et lutter contre les injustices partout dans le monde, aucune d'elles n'a osé dire non aux généraux d'Alger. Au contraire, elles ont soutenu leur guerre, financièrement et politiquement. La France les a toujours aidés discrètement, en leur vendant des armes, en formant les éléments du DRS, sans parler du blanchiment des centaines de millions de dollars détournés par les généraux avec la complicité des banques françaises (mais aussi suisses et autres). »

Il était assez singulier qu'un journaliste pondéré, et tout son comportement le montrait, prenne parti d'une façon aussi violente, aussi précise, contre son pays, la France. C'était extraordinaire, mais ce n'était pas extraordinaire à partir du moment où il formulait sa question à l'auteur : « Vous avez dit cela, quel est votre commentaire ? » C'était son devoir de journaliste, d'intervieweur, pour prendre cette expression, et l'ensemble des questions qui ont été posées le sont exactement dans les mêmes conditions.

Quand j'ai rédigé mes conclusions je m'étais proposé, mais je ne l'ai pas fait et j'ai peut-être eu tort, de mettre deux colonnes : dans l'une, ce qui était écrit dans le livre – vous avez dans mes conclusions un extrait des passages principaux du livre – et dans l'autre, les passages de la citation. Vous allez trouver essentiellement les mêmes faits présentés d'une façon différente, mais il n'y a aucune contradiction fondamentale entre les formules de la citation et ce qui a été écrit dans le livre.

Je vais le reprendre car – le tribunal m'excusera de refaire cette lecture – pour l'ensemble de ceux qui nous écoutent c'est indispensable car beaucoup de personnes ne connaissent pas le livre.

Page 28 : « Les anciens maquisards issus de l'ALN, originaires pour la plupart de l'est du pays, ont longtemps exercé le contrôle de l'ANP grâce à leur "légitimité historique", avant d'être évincés par les fameux "déserteurs de l'armée française" comme les généraux Larbi Belkheir, Benabbes Ghezaïel, Mohamed Touati, Khaled Nezzar et Mohamed Lamari. » Je vous rappelle que le terme « déserteurs de l'armée française » est retrouvé dans l'émission.

Page 49, l'affaire de Guemmar : « Cette affaire nous a beaucoup étonnés, car, à l'époque, il n'y avait encore eu aucun acte terroriste, et on ne parlait pas du tout des groupes armés islamistes. Khaled Nezzar a ouvertement mis en cause le FIS, l'accusant d'être derrière cette affaire. »

Page 51 : « J'ai appris par la suite que les généraux Nezzar, Touati, Médiène, Lamari, Guenaïzia et Belkheir, accompagnés d'un civil, Ali Kafi, secrétaire général des anciens moudjahidines (anciens combattants), étaient partis voir Chadli pour exiger qu'il remette sa démission. Il paraît que le ton persuasif de Nezzar et les promesses d'impunité de Médiène ont fini par avoir raison de l'entêtement du président. Un dossier était entre les mains du patron des services. Il mettait en cause le fils du président impliqué dans une importante affaire de détournement de fonds connue comme l'"affaire Mouhouche".

« Juste après le premier tour des élections législatives, près de deux cents officiers supérieurs avaient signé une pétition pour exiger le départ du président (c'est le général Nezzar qui leur avait demandé de signer ; ceux qui ont refusé seront écartés plus tard). Chadli n'avait plus le choix. Il était encerclé de toute part. Il a compris que s'il s'entêtait, il risquait d'être assassiné. Là, on lui proposait la vie sauve et l'impunité. »

Page 61 : « La presse occidentale appellera ces généraux (auxquels il faut ajouter Khaled Nezzar) les "janviéristes", allusion au coup d'État de janvier 1992. »

Voilà les passages principaux.

Enfin, page 191 : « Ces généraux n'ont jamais voulu "défendre la République" : ils ont déclaré la guerre à tout le peuple algérien et non aux islamistes, une sale guerre d'intérêts pour défendre leur pouvoir et leur argent, celui du pétrole qu'ils volent depuis des années aux Algériens et qu'ils veulent transmettre à leurs enfants. Khaled Nezzar, Larbi Belkheir, Mohamed Lamari, Mohamed Médiène, Fodhil Chérif, Smaïn Lamari, Gaïd Salah, Liamine Zéroual, etc. : la liste est longue de tous ces "décideurs" qui ont plongé l'Algérie dans le malheur. »

Voilà ce qui est écrit dans le livre. Le journaliste a lu le livre et a considéré qu'il n'y avait aucune difficulté puisqu'il n'y avait pas diffamation. On me dira que les actions en diffamation doivent se faire dans les délais de trois mois et que M. Nezzar n'était pas forcément en France, le temps de consulter ses avocats… Pas du tout ! Qu'est-ce que nous constatons dans la citation ? Que tout ce que je viens de vous lire n'est pas diffamatoire ! Ce n'est pas moi qui le dit, c'est M. Nezzar lui-même. Vous pouvez reprendre la citation. La partie civile précise, dans la citation, que l'ouvrage est consacré aux événements qui déchirent l'Algérie depuis 1992. Le général Khaled Nezzar précise que les passages du livre le mettant en cause ne « portent aucunement atteinte à son honneur et à sa considération ». Je précise, pour les non-initiés, que porter atteinte à l'honneur et à la considération, c'est la définition de la diffamation.

Le journaliste ne connaissait pas l'appréciation qui serait faite trois mois après sur ce livre, mais il était dans le même état d'esprit, c'est-à-dire qu'il déduisait le fait – et il avait raison puisque l'avenir le lui a montré – que ce qu'il avait lu dans le livre n'était pas considéré comme diffamatoire mais était simplement un témoignage, faux ou vrai – je n'ai pas à prendre parti sur ce point –, passionné ou pas (car nous avons vu lors de l'interrogatoire que les deux parties, physiquement aujourd'hui devant vous, sont passionnées, attachées à leur pays et ont certainement des conceptions différentes de ce que doivent être la gestion, le gouvernement de ce pays et les voies et moyens à utiliser, et sont toutes les deux animées du même esprit). Le journaliste a pensé que c'était un témoignage utile – et nous le verrons tout à l'heure – à l'avancement de la connaissance de ce qui a pu se passer en Algérie, encore que 1992, c'est encore très récent. Il faudra peut-être attendre cinquante ans pour que les événements soient connus (concernant la Seconde Guerre mondiale, nous ne connaissons pas tout et c'est simplement maintenant que sortent des documents intéressants). Il a donc pensé, à juste titre, que c'était un témoignage qui devait être porté à la connaissance du public, non seulement par l'édition écrite (65 000 exemplaires), mais aussi grâce à la puissance de la télévision.

J'ai souvent dit à des journalistes que le plus grand journal français n'est pas un journal de l'Ouest tiré à un million d'exemplaires, lu par 2 ou

3 millions de personnes : quand il y a une grande émission de télévision, c'est 8 à 10 millions de personnes qu'elle atteint. Incontestablement, il y a une possibilité de diffusion à la télévision et c'est précisément le but d'une émission comme celle-ci de faire lire les gens, de les intéresser à la lecture ; et, contrairement à ce qui avait été prévu parfois par beaucoup d'intellectuels, l'arrivée de la télévision n'empêche pas la lecture, et les tirages de livres sont plutôt en augmentation parce qu'une excitation de la curiosité peut se produire.

Le journaliste a lu le livre et n'a pris aucun parti à aucun moment. J'en veux d'ailleurs comme démonstration : on a dit qu'il avait pris parti, qu'il était partial, qu'il y avait une erreur de lecture dans le thème de l'émission, mais il est certain que la citation en diffamation ne vise aucun des propos du journaliste, c'est-à-dire qu'aucun de ses propos n'est soumis au tribunal comme étant diffamatoire. Cela m'apparaît capital. L'auteur a été conduit à confirmer ses écrits, les commentaires qu'il a faits n'apportant l'affirmation d'aucun fait nouveau par rapport au contenu de l'ouvrage.

Vous pourrez relire les passages que j'ai signalés. Je pense que j'ai reproduit à peu près tous les passages dans lesquels M. Nezzar est cité. Vous verrez qu'il n'y a aucun fait nouveau, même si la présentation est parfois un peu différente. J'entendais M. le bâtonnier Farthouat nous dire ce matin qu'il avait des éléments nouveaux concernant la corruption, etc. Non, car, dans le dernier passage que je vous ai lu, on parle de questions de pétrole et que l'on s'est enrichi pour le donner à ses enfants, le général Nezzar est cité, mais on ne dit rien de plus dans l'émission de télévision. Vous voyez que, par ses questions impartiales, le journaliste a bien fait son travail.

La reconnaissance par le général Nezzar que les propos figurant dans l'ouvrage ne portaient « aucunement atteinte à son honneur et à sa dignité » : cela explique péremptoirement le fait que des poursuites n'aient pas été engagées dans les trois mois de la publication du livre, ce n'était pas une erreur et pas une négligence.

Je connais votre jurisprudence. Si des propos diffamatoires avaient été repris d'une façon nouvelle, peu importe qu'ils n'aient pas été antérieurement poursuivis. La répétition de la diffamation permet la réouverture du délai. Ce n'est pas le cas en l'espèce : ce qui importe, c'est que la partie civile elle-même ayant déclaré que tout ce je vous ai lu (extraits du livre) n'était pas diffamatoire, alors tout ce qui est dans l'émission ne l'est pas non plus puisqu'il s'agit des mêmes termes. Le renouvellement de propos qui ne sont pas diffamatoires ne peut pas constituer une diffamation et les propositions du journaliste ne sont pas incriminées.

J'en viens à la dernière partie de mon explication, l'exception de bonne foi. La bonne foi de M. Tessier doit être appréciée de manière différente de la bonne foi de l'auteur du livre, qui livre sa conviction, les faits dont il a été témoin ou qui lui ont été rapportés. Il prend ses responsabilités sur ce point-là. Concernant M. Tessier, la position est différente. Se mettant à la place du journaliste, est-ce que le journaliste a été associé à la

« diffamation » éventuelle qui aurait pu se produire ? Je dis non parce que les questions ont été tout à fait impartiales. Il a simplement – vous verrez la jurisprudence concernant l'interview que je vous signalais tout à l'heure – fait son travail de journaliste et d'intervieweur. Mais la reconnaissance du fait qu'il n'ait pas prononcé de paroles diffamatoires rejaillit sur M. Tessier et exonère celui-ci de toute responsabilité historique.

Pourquoi est-ce que ce livre a été l'objet de cette interview lors de l'émission de télévision ? Le choix du livre de M. Souaïdia répondait à un souci légitime de porter à la connaissance des téléspectateurs de La Cinquième des éléments d'information sur des événements qui se déroulaient en Algérie, spécialement depuis l'année 1992. Et Dieu sait si, en France, même des personnes assez éloignées d'événements d'Algérie avaient suivi ce qui est en fait l'objet essentiel des débats aujourd'hui, c'est-à-dire la question de la responsabilité de l'arrêt du processus électoral.

J'ai entendu tous les témoins. Effectivement, on parle également, et nous en avons tous parlé avec des précisions très grandes, de l'existence des massacres, des exactions, des abus, des détentions arbitraires, etc. Mais à entendre tous les témoins – c'est mon interprétation, mais je peux me tromper –, tout cela découlerait d'une prise de position politique qui a été prise. Les uns disent qu'il aurait fallu modifier la loi électorale, les autres qu'il fallait laisser l'expression de la population dans les conditions de l'élection et puis faire l'expérience du FIS pour démonter l'incapacité qu'il aurait eu à gérer l'Algérie. C'était un pari risqué, mais voilà les thèses qui s'affrontent. Ce sont des thèses historiques. En réalité, ce qui était en débat depuis cinq jours devant votre juridiction, ce n'est pas la responsabilité éventuelle de massacres qui ne sont que des conséquences immédiates de ce qui a pu se passer, mais la responsabilité d'un choix politique qui a été fait et dont on dit qu'il a été fait avant tout par les généraux, et notamment par M. Nezzar, et non pas tellement par la puissance politique en place.

Incontestablement, ce livre qui prenait parti sur ce point constituait un élément de choix historique, un élément de discussion et donc on était bien placé – je reprends ce que disait Mme le procureur de la République – car on était dans un domaine politique. Je crois avoir noté exactement son expression : « C'est un débat d'idées, et je dirai d'idées politiques. »

Quelle a été, au regard de la jurisprudence, la position du journaliste ? Je vous citerai quelques décisions de jurisprudence. Vous les connaissez bien, mais pour la clarté des débats il faut le rappeler. C'est une décision qui a été rendue dans une affaire Bouillon par votre chambre le 7 décembre 1994 : « Il apparaît légitime, pour un journaliste, à l'occasion de la sortie d'un film, de rapporter des déclarations de l'auteur du film, au demeurant déjà reprises par de multiples médias. Dès lors que ces propos sont rapportés en toute neutralité, sans appropriation, le journaliste donnant une égale importance à l'opinion inverse, en l'occurrence l'information ou l'existence d'un communiqué, le bénéfice de la bonne foi doit être reconnu à ce dernier et au directeur de la publication. »

Puis, à l'occasion d'un un jugement du 14 janvier 1994, vous avez eu l'occasion de préciser – on l'a déjà évoqué – les conditions de la bonne foi. Qu'est-ce que la bonne foi ? C'est une notion difficile qui gagnait à être précisée et vous avez dit ceci : « Pour admettre la bonne foi, la jurisprudence exige la réunion d'au moins quatre éléments : la légitimité du but poursuivi, l'absence de l'animosité personnelle, la prudence et la mesure dans l'expression, la vérification des sources, la qualité de l'enquête. »

Je viens de vous dire qu'en l'espèce, pour M. Tessier et le journaliste dont il assure la responsabilité pénale, la légitimité du but poursuivi est évidente : c'est la contribution au débat historique, combien difficile, sur les événements d'Algérie. L'absence d'animosité personnelle : le journaliste n'a fait preuve d'aucune animosité personnelle, et les questions qu'il a posées – la cassette le montre bien – ne sont que la lecture du livre. Cela paraît comme une nouvelle implication, ce n'est que la lecture du livre et c'est absolument important.

Concernant la prudence et la mesure de l'expression, il ne s'est pas spécialement exprimé, car dans une interview c'est un peu spécial et il existe une jurisprudence spéciale sur l'interview qui montre bien que le journaliste est tout à fait en retrait et ne prend pas à son compte ce qui est dit. La vérification des sources, en l'espèce, c'était le livre. La qualité de l'enquête, en l'espèce il n'y a pas lieu à enquête, il y a une interview.

Je vous indiquais – et je veux les citer – des décisions de jurisprudence concernant la responsabilité du journaliste dans le cadre d'interviews. Vous avez jugé, toujours dans votre chambre, le 16 février 1999 – il n'y a pas longtemps –, une affaire Giraud et Tissot, affaire sensible car l'affaire Tissot, je vous le rappelle, c'est la question de l'interview à l'occasion d'une enquête qui avait trait à l'utilisation des fonds publics par le conseil régional et la régularité des marchés passés pour la rénovation des lycées. Cette affaire est toujours en instruction et la presse en a beaucoup parlé.

Vous avez jugé : « Les journalistes, dans le cadre d'une interview, n'ont pas à se justifier d'une enquête sérieuse, leur rôle se bornant précisément à poser des questions à leur interlocuteur. En l'espèce, l'actualité et l'intérêt du sujet traité – l'utilisation des fonds publics – justifient à l'évidence, au lendemain de l'ouverture d'une information judiciaire, l'interview de la présidence de la commission des marchés. » C'est votre tribunal qui parle : « Si le contenu des questions posées par les journalistes n'a pas été emprunt de neutralité, puisque les mots trucage, détournement de fonds, pot-aux-roses sont employés, les journalistes n'ont pas dépassé les limites d'une nécessaire provocation destinée, dans ce genre d'exercice, à faire réagir un responsable politique et à lui faire livrer le fond de sa pensée. Ils doivent dès lors être relaxés des fins de la poursuite. »

Vous avez admis la bonne foi des journalistes en l'espèce qui avaient pris parti, et ce n'était pas à égalité, pesant le pour et le contre, et qui accusaient l'interviewé d'un certain nombre de faits. Malgré cela, vous avez expliqué l'importance de l'affaire et la nature de l'affaire.

Concernant les obligations du directeur de la publication, on peut dire – j'y ai fait allusion tout à l'heure – « Est-ce que vous n'auriez pas dû vous faire présenter la cassette ? », à supposer que ce soit possible, et, après lecture ou visionnage de la cassette, dire : « Il fallait supprimer cette émission ou la couper. » À ce moment-là se pose la question : si on dit que le responsable de la publication est responsable pénalement, est-ce que cela veut dire que lorsqu'il se fait présenter la cassette qui sera diffusée dans les 24 ou 48 heures, il doit faire effectuer des coupres ?

Cela n'est pas possible, parce qu'à ce moment-là il porterait atteinte aux droits légitimes de ceux qui ont parlé et vous l'avez jugé, le 25 avril 2000, dans une affaire Capa contre Blondeau où il est indiqué : « Dès lors que l'éditorial litigieux a été rédigé dans l'intérêt légitime du public, sur un sujet essentiel pour la démocratie, le journaliste ayant livré sa conviction en termes mesurés en dirigeant d'ailleurs ces faits sur une autre personne que la demanderesse, laquelle a été présentée davantage comme une captive économiquement et financièrement, il peut être admis au bénéfice de la bonne foi. » Ces propos s'inscrivent dans le cadre d'une controverse tout à fait admissible dans le débat démocratique – je reprends l'expression de Mme le procureur – à partir de faits incontestablement troublants.

En l'espèce, il était imputé à la société demanderesse, agence de presse productrice d'une émission de télévision intitulée « Place de la République », d'avoir censuré un de ses journalistes et ce, dans le souci de plaire à un client particulièrement puissant. Placée dans son contexte, la censure correspondait à l'action d'interdire une publication ou de supprimer un passage de celle-ci afin d'empêcher l'expression d'une idée ou d'une doctrine. Cette imputation incontestablement a attenté à l'honneur et à la considération d'une agence de presse dont l'objet essentiel est de permettre la plus large diffusion d'informations et des idées, et qui s'est vu reprocher de trahir sa mission.

Est-ce que vous pensez que M. Tessier devait dire : « Coupez telle ou telle partie de l'émission, tel ou tel passage, parce qu'elle est diffamatoire ? » Il n'y avait pas de possibilité : cela aurait été en contradiction avec le fait que l'auteur n'avait pas été poursuivi ; et aussi une atteinte à l'engagement du communiqué de presse, que c'était une émission émise dans les conditions du direct, c'est-à-dire sans modification.

Dernière hypothèse : est-ce qu'il aurait dû interdire totalement cette émission ? Je crois que je n'ai pas les éléments pour le dire, que ce serait trop lui demander, que ce serait se faire juge à l'avance de faits qui n'étaient pas sérieusement contestables. Je ne dis pas que, s'il y avait véritablement des injures manifestes contenues dans l'émission, il ne devrait pas interdire l'émission et prendre des mesures pour qu'elle ne soit pas diffusée. Mais, en l'espèce, nous ne sommes pas dans ce contexte.

Voilà l'essentiel des jurisprudences. Vous avez jugé, dans une affaire du 15 novembre 1999 : « L'auteur de l'interview qui a livré avec sérieux et sans déformation avec cette exigence d'exactitude qui caractérise le compte rendu, tout en s'abstenant de reprendre à son compte les propos ainsi rapportés, de les approuver ou de les commenter, en se référant autant qu'il était possible à la source, c'est-à-dire en lisant le livre, dénote d'une neutralité qui lui permet de bénéficier de la bonne foi. »

Enfin, vous avez également une décision importante parce qu'elle a trait à un pays étranger, le Congo, dans lequel il y a eu des événements dramatiques. C'est un jugement du 19 septembre 2000 dans lequel il est indiqué ceci : « En conséquence, le tribunal considère que les éléments dont le journaliste disposait pouvaient lui permettre, dans le contexte d'un état d'urgence humanitaire et compte tenu de la nécessité de provoquer la réaction de l'opinion publique, de stigmatiser le comportement des leaders politiques en leur imputant la responsabilité des massacres de populations civiles et d'une situation susceptible d'engendrer la commission de génocide. L'objectivité et la prudence du ton employé sont caractérisées. [...] La bonne foi étant reconnue au journaliste, le directeur de la publication est également relaxé. »

Voilà ce que je pouvais dire au tribunal concernant l'existence de la bonne foi du directeur de la publication. Je pense que j'ai fait la preuve, par tous moyens, par tous les moyens de raisonnement, par tous les moyens de citations de la jurisprudence, par tous les moyens de l'interprétation des textes, que M. Tessier et, par conséquent, ou par voie de cause, le journaliste qui a procédé à l'interview a bien rempli son travail, ses obligations de journaliste, avec l'impartialité qui était nécessaire.

Je souligne, ce que j'ai déjà indiqué, que le débat portait surtout sur des questions politiques : c'est un débat démocratique. Il a porté sur l'interruption du processus électoral, qui aurait eu, aux yeux d'un certain nombre d'informateurs, des conséquences dramatiques. C'est donc une décision politique, c'est donc un débat absolument étranger à toute volonté de dénigrement et, *a fortiori*, de diffamation. Et c'est dans ces conditions que je vous demande de reconnaître que M. Tessier doit bénéficier de la bonne foi à l'occasion de la diffusion de cette émission.

L'audience est suspendue à 15 h 47 et reprise à 16 h 07.

M. Stéphan, *président*. — Nous allons poursuivre avec les plaidoiries de la défense de M. Souaïdia.

Plaidoirie de Me William Bourdon, pour la défense

Me Bourdon. — M. le président, Mesdames du tribunal, en prenant la parole devant vous, je me souviens d'un conseil qui m'a été donné, quand j'étais un « bébé avocat », par mon maître de stage, Philippe Lemaire : « William, n'oubliez jamais, quand vous vous présentez devant une juridiction, de commencer par ces mots : "J'ai l'honneur de défendre". » Ces mots, « J'ai l'honneur de défendre », qui dans une première lecture sont évidemment l'expression d'une courtoisie, ces mots qui prennent tout leur sens quand on défend le pire des meurtriers, ces mots, ici, trouvent une totale cohérence lorsque je commence à défendre Habib Souaïdia : un homme d'honneur, un petit capitaine [8] Courage, face à un général qui vient ici tenter de récupérer un honneur soi-disant perdu, l'honneur perdu de l'armée algérienne – et l'Histoire dira bien entendu depuis quand, M. le président, Mesdames, cet honneur est perdu.

Évidemment, une question se pose tout de suite à votre tribunal, M. le président, Mesdames, et c'est une question difficile, douloureuse. Cette question tient à une interrogation : est-il possible de réparer l'honneur d'un homme dont tout démontre qu'il en a totalement galvaudé le sens et la portée ? En commençant à défendre Habib Souaïdia, évidemment, je ne peux faire autrement que souligner le télescopage incroyable des dates, des symboles et des coïncidences.

En effet, cette audience est cintrée par le haut par l'entrée en vigueur de la Cour pénale internationale et par le bas, par le quarantième anniversaire de l'indépendance de l'Algérie. Renvoi de symboles étonnant où, le premier jour, la communauté internationale rappelle que le droit international, de façon définitive, transcende toutes les souverainetés, et où, aujourd'hui, l'audience se termine par l'anniversaire de l'arrachement d'une souveraineté dont on sait maintenant qu'elle a été indéfiniment instrumentalisée, utilisée, pour masquer et dissimuler les plus grandes tragédies.

Défendre Habib Souaïdia, c'est d'abord, et en premier lieu, tordre le cou, faire justice d'une affirmation, ici ou là développée, et qui consisterait à dire que Habib Souaïdia, de façon monolithique, monomaniaque même, n'aurait eu qu'un seul dessein, celui de stigmatiser les exactions de l'armée algérienne. Alors que l'on sait, par les quelques mots qui sont les siens dans l'introduction de son ouvrage, qu'il écrit : « Ceux qui s'intéressent à la situation algérienne connaissent, même s'ils ne l'avouent pas toujours, l'ampleur des abominations commises contre le peuple, par les terroristes islamistes et par les forces de sécurité. »

Le tribunal se souviendra que Habib Souaïdia, dès l'ouverture de son ouvrage, stigmatise les crimes des uns et des autres, et écrit : « Si les crimes des uns ont été largement médiatisés et, à juste titre, unanimement condamnés, ceux des autres (armée, police, gendarmerie, milices) ont été souvent minimisés. » Il n'est pas l'homme d'une seule pensée unidirectionnelle, obsédé à accabler l'armée : il renvoie d'entrée de jeu, dos à dos, les crimes des uns et des autres, en exprimant clairement ce que nous partageons, c'est-à-dire que les crimes ici ne sauraient pardonner et excuser les crimes là-bas, et que le sang coulé ici à aucun moment ne peut assécher le sang coulé là-bas.

Il le dit également au début de l'émission, quand il est interrogé par les journalistes : « Je m'appelle Habib Souaïdia, je suis un ancien officier ayant appartenu aux troupes spéciales de l'armée algérienne. Ceux qui

---

8 En fait, Habib Souaïdia était sous-lieutenant.

s'intéressent à la situation de l'armée algérienne connaissent, même s'ils ne l'avouent pas toujours, l'ampleur des abominations commises contre le peuple par les terroristes islamistes et par les forces de sécurité. » J'ai donc définitivement tordu le cou à cette légende que l'on a voulu ici installer, à cette profanation de la pensée de Habib Souaïdia. Habib Souaïdia n'a pas écrit ce livre uniquement dicté, inspiré, par le souci et la volonté de stigmatiser les exactions de l'armée algérienne.

En évoquant ce petit capitaine Courage, dont je disais à l'instant qu'il est un homme d'honneur, j'ai une pensée tout à coup sur le fait que cette audience a poussé jusqu'à l'incandescence, jusqu'au paroxysme, ce paradoxe des affaires de presse qui vous sont soumises où parfois, bien souvent, vous êtes obligés d'être juridiquement corrects en condamnant le diffamateur et en rendant hommage au diffamé, en vous faisant violence à vous-mêmes tant le diffamé est parfois l'expression du pire de l'humanité, l'expression de l'immoralité, l'expression du cynisme.

Ce paradoxe est, aujourd'hui, à son point d'incandescence car il est acquis à l'issue des débats, et notamment des débats d'hier, qui resteront jusqu'à la fin des temps dans nos mémoires, que si quelqu'un ici a diffamé, c'est le général Nezzar qui a diffamé le peuple algérien, la société algérienne, et qui, au-delà, a diffamé l'humanité. Car que sont d'autres l'ensemble des crimes commis que des faits attentatoires à l'honneur et à la considération du peuple algérien et de l'humanité ?

Ce paradoxe, vous allez le résoudre, bien sûr, par une relaxe absolument définitive de Habib Souaïdia. Mais, pour ce faire, il faut néanmoins que nous continuions, Antoine Comte et moi, à rappeler tous les éléments factuels et juridiques qui fondent de façon définitive la bonne foi du petit capitaine Courage, Habib Souaïdia.

Habib Souaïdia, M. le président, Mesdames du tribunal, par pudeur, et de notre côté par volonté de ne pas lasser le tribunal, est resté relativement taisant, discret, pudique, sur le coût qu'a représenté pour lui ce livre. D'aucuns ont déjà raillé sur le nombre d'exemplaires : comme s'il avait pu, extraordinaire prophète, anticiper, spéculer, sur le succès de son livre… Sur le coût, donc, pour Habib Souaïdia, en termes personnels : l'exil, les menaces contre lui, contre sa famille, les difficultés aussi de devoir affronter – j'en dirai quelques mots tout à l'heure – le catalogue parfait de toutes les méthodes utilisées dans l'histoire contemporaine par les dictateurs pour s'opposer aux victimes en se posant comme sauveurs, mais aussi pour disqualifier, diaboliser systématiquement les opposants, ceux qui leur résistent, ceux qui se rebellent. Ceux qui, dans la lumière de cette audience, sont apparus, comme Habib Souaïdia, face à la barbarie, face à la tragédie, comme des justes : il est un symbole de tous ces justes que nous avons entendus hier, symbole qu'il porte avec des épaules qui ne sont peut-être pas assez larges pour étayer l'immensité de ce qui s'est incarné tout au long de cette audience sur sa petite personne.

Habib Souaïdia a eu également à affronter ce torrent de boue et de venin qui est venu s'installer, et qu'on a tenté d'installer, sur lui, sur sa crédibilité, sur sa légitimité : « délinquant », « faussaire », « contrefacteur »… J'y reviendrai dans quelques instants.

Face à ce jeune capitaine Courage, face à lui, s'est présenté le général Nezzar. Le général Nezzar dont toute la salle, dont tout le monde, a pu relever, à l'occasion de nombreux témoignages, que le naturel – mais c'est les militaires, c'est atavique – est revenu tellement au galop qu'il a eu, à quelques instants, des postures, des comportements, des mots, des attitudes, qui trahissaient tout ce qu'il est et tout ce dont il vient.

Étrange paradoxe : vous pourrez, M. le président, Mesdames du tribunal, vous devrez dire que pour partie la bonne foi de Habib Souaïdia est venue de la bouche du général Nezzar. Ce qu'a dit Habib Souaïdia est vrai car d'une certaine façon, dans bien des cas, malgré lui, contre lui, le général Nezzar – et c'est étrange pour un général – s'est tiré une balle dans le pied en venant confirmer pour partie les propos du petit capitaine Habib Souaïdia.

Son avocat, avec une apparente habileté, est venu nous dire, en substance : « Je ne lui décernerai pas le premier prix de la nuance, cet homme est peut-être un peu maladroit, il commet des erreurs. » Mais la maladresse a bon dos pour tenter de jeter un masque pudique sur ce naturel d'homme autoritaire, d'homme inflexible qui a posé des questions comme si les témoins devaient se mettre au garde-à-vous devant lui, d'homme qui, dans un étrange lapsus, vous a confondu avec le procureur. Ce lapsus témoignait-il de la confusion qui, trop souvent, est faite en Algérie entre les juges et les procureurs, ou témoignait-il de la crainte que lui inspirait jusqu'à hier le juge français devant la réitération des plaintes déposées contre lui ? Je n'ai pas les moyens de lire dans la conscience du général Nezzar et je n'en ai pas envie.

Le général Nezzar, M. le président, Mesdames du tribunal, et ce point sera relevé longtemps dans les mémoires, a utilisé toute la rhétorique universelle du dictateur, du tortionnaire ; un discours de la méthode nous a été proposé. Mais avant même d'y venir, permettez-moi de m'arrêter sur ses mémoires, sur les conclusions de ses mémoires où il écrit – c'est lui qui parle – (page 222) : « Le FIS, par divers stratagèmes, a usé et abusé de la bonne foi des Algériens, manipulé et exploité leur profonde croyance en l'islam pour arriver au pouvoir. La fin justifie les moyens. »

Peut-on considérer qu'un homme qui revendique le fait que la fin justifie les moyens, puisse considérer que son honneur a été flétri ? Peut-on le concevoir, alors qu'il a manipulé les fins, alors qu'il a manipulé les moyens, alors qu'il a inventé de toute pièce une histoire, celle d'un peuple en « danger de mort » dont il aurait été le « sauveteur » ? Alors qu'il a voulu prouver – il a tenté de le faire croire au tribunal –, par des spéculations imaginaires, que sans lui le chaos et l'abomination auraient régné sur l'Algérie ? Alors que l'on sait aujourd'hui, par des éléments de preuves versés au débat, par les témoignages, que cette preuve, M. le président, Mesdames du tribunal, vous ne l'oublierez pas, n'est pas rapportable : elle est, par essence, spéculative, elle repose sur des hypothèses. Et les quelques hypothèses qui ont été proposées par le général Nezzar ont toutes été battues en brèche, annulées, pulvérisées par les témoins, entendus sous serment devant vous. Ils ont expliqué que la certitude du score du FIS n'était pas évidente. Salima Ghezali et Hocine Aït-Ahmed ont expliqué que les Algériens avaient des ressources, des institutions, des forces, des convictions qui pouvaient leur permettre de faire face au danger – c'est vrai, évident, personne ne pouvait le nier – que pouvait représenter pour les démocrates l'installation du FIS au pouvoir, même si son hétérogénéité, la vitalité de la société algérienne et la société civile algérienne pouvaient permettre de dresser les plus hauts paravents.

Oublions un instant, M. le président, Mesdames du tribunal, cette spéculation, oublions ce discours, ces témoins, la tragédie ou la barbarie. Par commodité du raisonnement – j'ai besoin de me forcer intellectuellement, mais le souci d'efficacité me guide –, plaçons-nous dans la logique du général Nezzar.

Soit, le FIS était rempli de petits Ben Laden en puissance. Soit, la sauvagerie la plus absolue allait s'abattre de façon certaine sur l'Algérie. Soit. Ce propos, il est crédible, on peut l'entendre jusqu'à un certain point. En forçant au plus près la réflexion, on peut l'entendre. Mais on ne peut pas l'entendre si l'on sait, par l'ensemble des témoins et de la documentation versée aux débats, que non seulement le général Nezzar n'a pas été le « sauveur » du peuple algérien, mais qu'il a été le destructeur de la démocratie algérienne, par lequel les libertés publiques ont été bafouées. Celui par lequel est venu le mépris du citoyen – c'est M. Ghozali, votre ami, votre témoin, qui le dit –, celui d'une « dérive totalitaire ». C'est Ghozali qui le dit, et je rappelle Ali Haroun qui s'est interrogé dans nos débats : « Quel est ce discours offensant pour la société algérienne ? » Mais, M. Haroun, c'est M. Ghozali, que vous, conseiller du prince, âme damnée, avez installé au pouvoir, qui le dit !

On ne peut pas louer un faux sauveur, on ne peut pas louer quelqu'un qui se présente comme un sauveur et qui a saccagé les libertés publiques, on ne peut pas louer quelqu'un qui prétend avoir sauvé l'Algérie du chaos et qui lui a amené le cauchemar, peut-être pour des générations.

On peut d'autant moins le faire que l'on sait, M. le président, Mesdames du tribunal, par différents témoignages – sur lesquels je reviendrai dans quelques instants – que, de façon quasiment définitive, cette proximité du chaos aurait été un prétexte pour prendre le pouvoir, le conserver à tout prix. On sait – et je fais ici une incise –, par le témoignage de M. Samraoui, que tout a été entrepris pour que s'installe le pire : on a soufflé sous les cendres, on a attisé les braises, on a fabriqué le terrorisme. Même s'il serait méprisant, pour la vérité et la réalité, de dire que tous les terroristes islamistes ont été les créatures des services algériens, ils l'ont été, de toute évidence, à bien des moments. Samraoui le dit, Chouchane le dit.

Et pensons un instant au témoignage du jeune Mosbah qui, avec une émotion dont j'ai même du mal à parler, tellement elle nous a tous étranglés, vient nous dire : « Quand je suis sorti, j'ai eu envie de les tuer. » Comment toute cette hiérarchie a-t-elle pu imaginer qu'en torturant en masse des jeunes gens innocents, qui n'avaient aucun lien, ni de loin ni de près, avec l'islamisme, on n'allait pas faire lever nécessairement des cohortes, des légions de terroristes ? On les a fabriquées, on les a favorisées, on a tout fait pour pérenniser une situation de guerre civile, pérennisation qui était la condition non pas du sauvetage de l'Algérie, mais du sauvetage, pour les généraux algériens, de leurs propres crimes, c'est-à-dire les crimes politiques et financiers de leur petit clan (dont a parlé M. Benderra), responsable maintenant depuis une décennie.

Mais cela ne suffit pas. Il ne suffit pas de prendre la posture du sauveur face à l'« ennemi intérieur », rhétorique bien connue depuis trente ans à Buenos Aires, Santiago et Belgrade. Il faut aller plus loin et, pour aller plus loin, que fait-on ? D'abord, vieille tactique depuis que les dictateurs existent, on criminalise les victimes. C'est ainsi que tous les plaignants qui ont déposé plainte contre le général Nezzar sont devenus dans sa bouche, quand il a été entendu – on a versé aux débats le procès-verbal d'audition –, d'infâmes islamistes, d'horribles terroristes en puissance. Y compris le jeune Lyès Laribi, qui a publié un livre, *Dans les geôles de Nezzar* – il sera aussi versé aux débats –, et dont on sait qu'il n'a rien à voir avec l'islamisme : le général Nezzar dit dans son audition, contre toute évidence, contre tout bon sens, qu'il était affilié à un syndicat de travailleurs à une date où ce pauvre gamin n'était encore qu'étudiant. On est sur le point même d'offenser le magistrat qui vous entend, mais peu importe, il faut à tout prix persévérer dans cette tactique : « Ceux qui m'accusent, m'accusent sans preuve ou sont l'expression de l'ignominie. » C'est la tactique du général Nezzar : criminaliser, diaboliser les victimes.

Mais face à certaines victimes, c'est difficile. Alors, le général Nezzar, face à un ancien officier, se lève, se dresse, indigné. Face à M. Benderra, l'air blême, il rappelle qu'il a un misérable F3 et un sous-sol qu'il a aménagé – j'y reviendrai, Antoine Comte aussi. Mais face au témoignage de Nassera Dutour, face au témoignage de Salima Ghezali, face au témoignage du jeune Mehdi Mosbah, avons-nous vu le général Nezzar demander la parole ? Qui se souvient de l'expression de la volonté du général Nezzar de venir répliquer, contredire ? Votre silence était un aveu, votre silence était la signature des crimes qui vous sont reprochés : vous n'alliez tout de même pas dire, ni vos avocats, que Mehdi Mosbah était un petit cousin de Ben Laden.

Puis, il y a cette unanimité absolue de toutes les organisations internationales, nationales, de droits de l'homme, FIDH, Amnesty International, les unes et les autres qui, depuis 1991, de façon récurrente, disent, redisent que la torture, les exécutions sommaires, les assassinats, les enlèvements, sont utilisés comme une méthode de répression systématique. Il y a même une pièce communiquée par le général Nezzar lui-même, l'annexe 75 au mémoire qu'il a communiqué au Parquet, le point 79 où le Comité contre la torture rappelle qu'il reste « préoccupé » par les exécutions extrajudiciaires, les disparitions, la recrudescence de la torture depuis 1991…

C'est vous qui communiquez cette pièce, général ! Et c'est vous et vos sbires, vos laquais, comme ce M. Rezzag-Bara, qui viennent expliquer que les ONG, s'agissant d'Amnesty International, c'est « comme le catalogue des Trois Suisses ». M. Rezzag-Bara explique dans une interview – je l'ai interrogé sur ce point – que les organisations internationales, les organismes de défense des droits de l'homme et les institutions internationales sont les « sous-traitants » des organisations de lutte armée.

Mais pour donner satisfaction au général Nezzar, M. le président, Mesdames du tribunal, il faut que vous rédigiez un attendu disant : « Attendu que la preuve a été rapportée que l'ensemble des témoignages versés aux débats, entendus à la demande de la défense, que l'ensemble des rapports rédigés par les différentes organisations de défense des droits de l'homme et institutions internationales, ne sont que l'expression et l'inspiration de l'Internationale islamiste ou de l'Internationale socialiste… » Si vous ne le dites pas, vous êtes obligés d'accorder à Habib Souaïdia l'intégrale bonne foi qu'il mérite.

Mais pour ce faire, comme malgré tout la cause est un peu difficile et qu'il est compliqué de prétendre que tout cela n'est que vilenies, mensonges et médisances et que toutes les informations communiquées par ces organisations internationales des droits de l'homme ont été puisées « dans les caniveaux », ne sont que des « ragots » – pour reprendre les délicieuses expressions de la partie civile –, il faut évidemment parler de « groupuscules » – c'est l'expression d'un des avocats du général Nezzar. Ou, pire encore, il faut expliquer que les organisations internationales des droits de l'homme adopteraient la « stratégie de l'écureuil », se nourriraient les unes les autres, ne seraient en permanence que les contrefacteurs les unes des autres.

Puisque vous avez parlé de la stratégie de l'écureuil, vous auriez pu parler de la « stratégie du coucou » et expliquer que les ONG déposent leurs petits œufs malfaisants dans les cartables des fonctionnaires internationaux des Nations unies, qui, eux, effectivement, ne cessent de stigmatiser les exactions commises par le pouvoir militaire en Algérie depuis 1991. Mais jusque-là, évidemment, vous ne pouvez pas aller…

Votre tribunal prendra connaissance – l'oralité des débats n'exige pas que j'en fasse lecture – de l'ensemble de la documentation, de cette unanimité mondiale s'agissant de l'Algérie. Il prendra également connaissance d'un rapport publié par le Département d'État américain, dont on peut convenir que, parfois, ses indignations sont à géométrie variable et qu'il peut, parfois, faire preuve d'une certaine mansuétude vis-à-vis de tel ou tel dans le périmètre de ses intérêts politiques régionaux. Et là, ô stupeur, en Algérie, on réagit : dans son dernier rapport sur la situation des droits de l'homme dans le monde, le Département d'État considère qu'en Algérie la situation des droits de l'homme demeure « faible ». C'est un doux euphémisme dans la bouche d'un fonctionnaire américain : des problèmes sérieux persistent.

Il n'en fallait pas plus pour piquer au vif les autorités algériennes, qui espéraient que les événements du 11 septembre, la providence, avaient relégué cette question au second plan des préoccupations de la communauté internationale. Ici, l'aveu est écrit : le 11 septembre est apparu comme une extraordinaire occasion, providentielle, pour venir donner, *a posteriori*, une légitimité à autant d'illégalité, d'injustice et d'arbitraire.

Mais puisqu'il faut rapidement faire le tour de ce catalogue, de ce *vademecum* publié *live* par le général Nezzar pour expliquer qu'il est un innocent qu'on accable sans preuve et que toutes les preuves fournies contre lui ne sont que médisances fabriquées, il faut dire encore un mot, brièvement, des moyens utilisés s'agissant de certains témoins et s'agissant de Habib Souaïdia.

Un mot à propos de Habib Souaïdia, dont M. le bâtonnier Farthouat a dit en substance : « Comment peut-on croire cet homme ? Il a été condamné à quatre ans d'emprisonnement correctionnel, c'est un délinquant. Son livre est évidemment définitivement sali par son casier judiciaire. » Mais comment peut-on, un instant, espérer administrer cette preuve alors que Habib Souaïdia a protesté de son innocence, a expliqué qu'il avait été convoqué par un juge militaire, en juin 1995, qu'il avait été tancé, qu'on avait exercé contre lui des menaces, car tout le monde savait, dans le peloton, qu'il protestait, qu'il n'était pas d'accord et que, ne prenant pas au sérieux ces menaces, il avait continué pour être ensuite condamné pour « vol qualifié » – il l'a dit –, sur la base d'un témoignage arraché et fabriqué ?

Comment pouvez-vous donner le moindre crédit à la condamnation de Habib Souaïdia, compte tenu des explications qu'il vous donne ? Et compte tenu du fait qu'il ressort de l'ensemble des rapports des différentes organisations, tels que je les ai énumérés, et des témoignages entendus hier, que le plus grand arbitraire règne dans l'administration de la justice ? Et notamment dans l'administration de la justice militaire en Algérie : c'est le royaume des preuves fabriquées et des faux témoins ; les aveux y sont, le plus souvent, obtenus sous la torture. Comment voulez-vous crédibiliser une condamnation, alors que nous avons administré la preuve que les éléments de preuve auxquels sont adossées les condamnations en Algérie ne sont en général que des tristes rappels, en miniature, du procès de Kafka ?

Vous écarterez donc toute cette mauvaise littérature sur la condamnation de Habib Souaïdia. Et même, pour bien montrer que cette question est loin de me gêner, je reviens sur le fait qu'elle figure dans la liste annexée au rapport qui a été rédigé par le « panel » onusien.

On relèvera, M. le président, Mesdames du tribunal, que l'ONU est brocardée quand l'ONU critique l'Algérie. Et quand un panel onusien, composé de hautes personnalités, avec une évidente volonté de ménagement, ne rudoie pas trop l'autorité algérienne, son rapport est immédiatement encensé. Ce qu'il y a de tout à fait extraordinaire dans ce rapport que vous lirez, c'est qu'il est extraordinairement critique sur l'utilisation de la torture dès 1991, sur les exécutions extrajudiciaires – même si on sent, dans le ton employé, une certaine complaisance, une certaine volonté de ménager ce pays, bastion contre l'intégrisme, ce pays dont les intérêts financiers et politiques expliquent, ici ou là, autant de petites lâchetés, de complaisance, sinon de médiocrité.

Dans la liste recensant ces condamnations, permettez-moi de vous dire, M. le président, Mesdames du tribunal, que ceux qui en sont les auteurs ont fait coup double : d'un côté, cela permet d'écarter des militaires rebelles, des militaires qui refusent de marcher droit, ceux dont a parlé hier M. Samraoui ; et de l'autre, de justifier du fait qu'en Algérie les auteurs des exactions les plus graves seraient systématiquement vilipendés et condamnés. Mais à y regarder de plus près, il n'y a pas la trace d'une condamnation pour torture dans ce listing, pas la trace d'une condamnation, pour exécution extrajudiciaire, d'un militaire de haut rang : il y a des condamnations de groupes d'autodéfense, de vandalisme, de vols de moutons, d'attentats à la pudeur… Bref, je n'en dis pas plus, par charité.

Mais pour Habib Souaïdia, sans doute que la condamnation pénale était insuffisante : il fallait que l'autorité judiciaire algérienne se rappelle à son bon souvenir et le condamne, il n'y a pas plus tard que quelques mois, à vingt ans d'emprisonnement pour « atteinte au moral de l'armée ». Au moment même – étrange coïncidence – où le général Nezzar venait dans des circonstances singulières – sur lesquelles je reviendrai tout à l'heure – négocier et obtenir une audition aux petits soins, le 4 avril 2002 (j'en dirai quelques mots à la fin de mes explications).

M. le président, Mesdames du tribunal, il faut, pour tordre le cou à différentes démarches qui ont été accomplies ici ou là, revenir un instant sur la science développée par certaines personnes pour porter atteinte au crédit de Habib Souaïdia ou de certains témoins.

Le colonel Samraoui – c'est une question que je lui ai posée – explique qu'en Algérie des services de renseignements utilisent des journalistes, différentes professions, pour fabriquer des faux, des faux témoignages, pour infiltrer. Cela vous a été très précisément décrit. L'expression même de ces méthodes est venue s'installer y compris dans cette audience : elle est venue s'installer à travers un homme, M. Mouloud Benmohamed, qui était initialement cité comme témoin par la défense, par les avocats du général Nezzar, dont vous observerez qu'il a tenu un compte rendu d'audience « précis et fidèle » au bénéfice du journal *El Moudjahid*[9]. Il a même considéré que les avocats de Habib Souaïdia « perdaient leurs nerfs ».

Vous me direz que si nous avons « perdu nos nerfs » de façon aussi spectaculaire, vous verrez aussi les propos tout à fait « agréables » tenus à

---

9 Voir *supra*, chapitre 4, note 30, p. 333.

l'endroit de M. Souaïdia, de ses témoins, de ses mandataires, et les propos exquis et laudateurs à propos de ceux qui sont de l'autre côté de la barre… Par charité, je crois qu'il ne faut pas en dire plus, sinon rappeler que dans un quotidien, *La Croix*, sous la plume d'un journaliste algérien, cet homme est décrit de la façon suivante : il est décrit comme un « journaliste flic », « connu de tous pour travailler avec la Sécurité militaire [10] ». Il était dans le box des journalistes hier : je n'ai pas vu sa jolie frimousse, mais il est vrai que je ne l'ai pas cherchée avec beaucoup d'obstination…

C'est ce Mouloud Benmohamed qui a publié ces deux exquis opuscules, en service commandé, pour disqualifier Habib Souaïdia et Nesroulah Yous : il est venu recueillir, en forçant la main, un certain nombre de témoignages [11]. En d'autres cieux et dans d'autres lieux judiciaires, il aurait été condamné depuis très longtemps pour subornation de témoignage. C'est Mouloud Benmohamed qui fait dire au père d'une victime – je l'ai interrogé, vous vous reporterez aux notes d'audience –, M. Hamid Bouamra, qu'il était l'instigateur de la création du « groupe de légitime défense » : c'est lui qui l'écrit, alors que Hamid Bouamra, interrogé, dit absolument le contraire. C'est cet homme, M. Hamid Bouamra, qui, lorsque je l'interroge, explique qu'il a rencontré non pas un mais deux journalistes, non pas un jeune journaliste avec sa carte de presse, timide, non, trois journalistes, deux voitures, deux personnes qui ne se sont pas présentées. Bref, tout démontre que l'on a envoyé un certain nombre de personnes en service commandé pour tenter à tout prix de disqualifier M. Habib Souaïdia.

Pour que la mémoire de votre tribunal soit intacte, la cassette de TF1, communiquée par les deux parties, sera versée aux débats. Dans cette cassette – c'est expliqué dans une sous-cote qui sera dans mon dossier de plaidoirie –, il est fait justice, à travers deux témoignages audiovisuels, s'agissant de deux événements dont on a dit abusivement, de l'autre côté de la barre, qu'ils étaient l'expression de l'imaginaire fertile de Habib Souaïdia, de tout ce qui a été écrit de nauséabond à l'encontre de Habib Souaïdia : les personnes interrogées confirment – il s'agissait de très proches, d'un côté le frère, de l'autre côté la veuve, ils se trouvent dans le dossier de plaidoirie – et indiquent que les agissements décrits par Habib Souaïdia sont bien le fruit des services de la Sécurité militaire.

Nous vous demandons un instant, si vous avez suffisamment d'énergie et si le fruit de votre délibéré vous y mène, pour regarder cette cassette qui tord le cou aux différentes manœuvres opérées par les mandataires – ils sont nombreux – du général Nezzar.

Il a fallu, M. le président, Mesdames, et c'était le respect du contradictoire qui le commandait, évidemment entendre quelques témoins. Ici, je voudrais dire quelque chose d'extrêmement simple et je suis fier de le dire

10 Amine KADI, « À Bentalha, les survivants ne se mentent plus », *La Croix*, 1er février 2001.

11 Voir *supra*, chapitre 1, note 10, p. 41 ; et chapitre 3, note 9, p. 204.

le premier. Nous, avocats de Habib Souaïdia, nous nous inclinons devant toutes les victimes. Nous, avocats du petit capitaine Courage, nous considérons que les larmes des uns valent les larmes des autres. Nous, nous ne limitons pas notre hommage aux seuls témoins victimes que nous avons fait citer. Nous, nous n'instrumentalisons pas la souffrance pour tenter de venir donner un peu de crédit à des propos dont tout démontre maintenant qu'ils ont été définitivement sans fondement. Nous, nous ne tentons pas un seul instant de venir brocarder, railler, diminuer la puissance de l'émotion suscitée par certains témoignages, et j'ai été un peu étonné d'entendre, de l'autre côté de la barre, d'un des avocats du général Nezzar, que l'émotion distillée, provoquée, par l'une des témoins d'hier aurait été anéantie et pulvérisée par la politisation imaginaire de son propos.

S'il y a bien un moment d'universalité dans cette audience, s'il y a bien un moment de recueillement commun, c'est celui que nous avons eu tous ensemble, hier après-midi, à l'audition des témoignages. De Nassera Dutour, formidable de dignité et de courage, qui s'est adressée à vous, au général, en vous demandant, en vous haranguant : « Rendez-moi mon fils ! », mais dans une pudeur, une dignité, une sobriété, qui rendaient l'émotion encore plus respectable. De Salima Ghezali, qui illustre si magnifiquement ce mot du poète qui dit que la beauté, d'une certaine façon, est en soi une résistance. Enfin, le jeune Mosbah nous a tous fait pleurer. Le jeune Mosbah qui a mis en cause directement la responsabilité de l'institution militaire, dès 1991, sans provoquer autre chose que des petites agitations et des bâillements du général Nezzar.

Ces témoins, implacables, constituent autant d'indices graves et concordants de la responsabilité pénale du général Nezzar dans les crimes de torture pour lesquels il a été poursuivi.

Ce faisant, permettez-moi de faire une incise. S'il n'y a pas de doute sur le fait que s'agissant du propos : « Ils ont tué des milliers de gens pour rien », la bonne foi est établie, même si Habib Souaïdia a été extrêmement modeste s'agissant de milliers de gens, s'il n'y a pas de doute sur le fait que la bonne foi de Habib Souaïdia est établie s'agissant du fait que le pouvoir en Algérie est confisqué, dirigé, par les militaires – Antoine Comte en dira tout ce qu'il faut en dire –, il ne saurait y avoir de doute sur le fait non plus que l'expression « lâche, profiteur » a été totalement prouvée, établie, par l'ensemble des éléments que nous avons versés au débat ainsi que par les témoignages que votre tribunal a entendus.

Ils l'ont été pourquoi ? D'abord parce – Habib Souaïdia l'a dit – la lâcheté, ce n'est pas simplement le fait de prendre un Gulf Stream à minuit douze, un 25 avril 2001, pour échapper à son juge. La lâcheté, c'est l'organisation d'un système qui vous prémunit contre toutes formes de mise en cause de votre propre responsabilité. La lâcheté, c'est le fait de torturer massivement des jeunes contre lesquels on sait que l'on n'a rien, alors que l'on va laisser courir, comme l'a rappelé le colonel Samraoui, ceux qui sont listés dans une liste de 1 000 à 2 000 personnes comme des présumés terroristes. Ceux-là, on les laisse filer, et les autres, on les accable. La lâcheté, c'est l'organisation par tous moyens de son immunité et de son impunité. La lâcheté, c'est le fait de se faire envoyer en catastrophe, par l'ambassade d'Algérie, au Quai d'Orsay un fax qui dit : « Le ministère des Affaires étrangères a l'honneur de porter à la connaissance de la France que le général Khaled Nezzar est en mission officielle en France pour une semaine. » La lâcheté, c'est de faire croire au Parquet de Paris, pendant quelques heures, qu'on est en mission officielle, alors que l'on vient dédicacer un livre. Il faut les efforts d'une imagination juridique très fertile du Quai d'Orsay pour tenter de faire croire, faire espérer un instant au procureur de la République de Paris que la pilule va passer. L'argument était si irrésistible que l'avion, de façon tout aussi irrésistible, s'est posé simultanément au Bourget.

Évidemment, on organise sa venue. Évidemment, on fait en sorte d'être entendu, on accepte de poser et de répondre à quelques questions des services de police : « Mais est-ce que vous avez été dans les camps, général ? », réponse : « Non, ce n'était pas mon rôle et, de toute façon, j'étais malade. » On ne sait pas si c'est parce qu'il était malade ou si ce n'était pas son rôle. Il n'en dit pas plus. Il y a une multitude de contradictions, d'aberrations, dans les déclarations du général Nezzar, qui sont stigmatisées dans la partie juridique du document « antimémoire » qui sera versé aux débats, et je vous renvoie, si vous en avez le courage et l'énergie, à la lecture. Je crois que la lâcheté est parfaitement établie.

Si hier après-midi – car la raison d'État ne désespère jamais de s'infiltrer dans la réflexion du juge, après cette audition du 4 avril 2002, qui a été l'acte prémonitoire et préparatoire de la venue du général Nezzar, l'acte qui lui permettait d'organiser ici sa tranquillité –, un classement sans suite est intervenu dans une certaine précipitation à l'aune des témoignages recueillis hier tout l'après-midi, qui peut contester que les trois personnes qui ont été entendues hier, ainsi que celles d'avant-hier, apportent autant d'indices graves et concordants de la responsabilité du général Nezzar dans le crime de torture ? Personne.

Il n'y a plus beaucoup de témoins pour le général Nezzar. Il y a un bateleur, le bouffon du roi, Boudjedra. Encore une fois, je ne vais pas en dire grand-chose. Il y avait une vanité tellement obscène qui sortait de lui que nous avons voulu estimer qu'il n'était pas très délicat de lui poser d'infinies questions. Un immense écrivain doublé, de toute évidence, d'un immense historien. Cet homme, d'ailleurs, présente une caractéristique, comme un certain nombre de témoins du général Nezzar, qui est une forme de tromperie extraordinaire sur la marchandise, sur laquelle je voudrais que votre tribunal s'arrête un instant, qui consiste à dire : « Vous êtes obligés de me croire, car je suis la légitimité même, parce que j'ai été victime. Moi, l'écrivain, j'ai été victime, j'ai été opposant. » Ou Ali Haroun, celui qui souffle les bons mots ou les bonnes expressions au général Nezzar, son âme damnée : « Moi aussi, j'étais en France, j'étais opposant. » Comme si le fait à un moment donné de s'être trouvé en contradiction avec le pouvoir en place vous donnait un brevet de légitimité et de crédibilité absolue, comme si tous leurs comportements ne portaient pas la marque d'une attitude qui a été inspirée par l'opportunisme, le cynisme et le ralliement de dernière heure pour pouvoir gérer des petits intérêts personnels ou d'autres ambitions inavouées ou inavouables.

Jeudi matin, deux ou trois personnes ont été entendues. Mme Aslaoui, dont on a dit qu'elle ferait honneur à la magistrature française. Il suffit de lire la lettre qu'elle a écrite à la mère d'un disparu pour que personne ici ne doute un seul instant qu'elle n'a sa place dans aucune magistrature d'un État de droit digne de ce nom.

Je crois aussi, M. le président, Mesdames du tribunal, que lorsque vous approcherez de la réflexion de votre délibéré, je crois aussi que vous ne pourrez pas oublier, vous ne pourrez pas écarter, et vous n'écarterez pas, l'ensemble des témoignages qui ont été recueillis ici et qui établissent de façon définitive la réalité des propos reprochés à Habib Souaïdia. Vous n'oublierez pas non plus, et notamment, les témoignages des économistes, Benderra et Hidouci : ils ont parfaitement décrit – et ce sera ma dernière observation s'agissant des témoignages – ce système très particulier où dès lors qu'on a pris le pouvoir, avec un prétexte dont je crois qu'il a été totalement et définitivement démystifié, dès lors que l'on fabrique des événements et des situations pour pérenniser le pouvoir, y compris les terroristes, et que, comme Frankenstein, d'une certaine façon la créature a échappé à son géniteur, dès lors que l'on s'enrichit sur le dos de la population et des victimes, il ne serait pas très élégant, et même peut-être un peu périlleux, d'afficher dans la banlieue d'Alger autre chose qu'un F3 ; une villa trop tapageusement, luxueusement décorée ne serait pas de bon ton dans le climat actuel. Les richesses et les ressources sont ailleurs, et bien ailleurs, et chacun le sait.

Mais la caractéristique de ce système, M. le président, Mesdames du tribunal, c'est l'obligation de le pérenniser. C'est que plus on commet des crimes graves, moins on les reconnaît. Plus on commet des crimes graves, plus il faut organiser son impunité. Plus on commet des crimes graves, plus on redoute de rendre le pouvoir. Plus on commet des crimes graves, alors qu'aujourd'hui tout le droit international renvoie des messages forts sur le fait que le temps, l'espace, n'abolit en rien l'impunité des plus grands bourreaux, plus on se trouve condamné à se maintenir à tout prix, et par tout moyen, au pouvoir. Voilà la dialectique absolue du petit quarteron de généraux d'Alger dont le général Nezzar semble – l'est-il vraiment ? – être le mandataire ou en service commandé.

Le général Nezzar, il faut non pas lui rendre hommage mais souligner quand même que, grâce à lui, des gens ont été entendus, grâce à lui, une parole muselée à Alger a pu s'exprimer ici, grâce à lui – et chacun comprend le sens qu'il faut donner au vocable –, une fenêtre, peut-être vers un espoir moins tyrannique, moins violent pour le peuple algérien, s'est entrebâillée, s'est ouverte. Grâce à lui, l'audience d'hier, et celle d'avant-hier, ont été autant de paravents contre tous les négationnismes d'aujourd'hui et de demain, ceux des porte-parole, des thuriféraires des généraux d'Alger. Grâce à lui, une émotion ici nous a tous étranglés, nous a tous bouleversés. Grâce à lui, une vérité, qui était muselée, aujourd'hui commence à surgir. Grâce à lui, derrière l'apparence de la légalité, la légalité dont l'État algérien semble être véritablement le champion, grâce à lui, le masque de cette légalité s'est craquelé, est tombé, pour mieux révéler l'immensité des injustices, de l'arbitraire, des souffrances.

En d'autres termes, en déboutant le général Nezzar, en ne lui rendant pas l'honneur qu'il demande, honneur perdu sans doute depuis si longtemps, vous ferez mieux que cela. Vous rendrez à Habib Souaïdia son honneur, le seul qui mérite d'être rendu et loué ici. Au-delà de Habib Souaïdia, vous rendrez peut-être un bout de leur honneur aux centaines de milliers de victimes algériennes offensées. Votre encre, l'encre de votre jugement, sera aussi celle de Jankélévitch qui disait : « Il n'y a pas de limite à la mémoire de celui qui témoigne de l'enfer qu'il a subi. »

Je vous remercie.

Plaidoirie de Me Antoine Comte, pour la défense

Me Comte. — Mesdames du tribunal, M. le président, les temps ont changé. Les temps ont changé et, regardant la partie civile, je ne peux m'empêcher de penser à l'automne d'un patriarche.

Les temps ont vraiment changé. Les instruments internationaux nouveaux sont là pour permettre à tous les suppliciés du monde de venir devant la justice et de tenter d'obtenir justice.

Les temps ont changé, parce que votre justice n'est plus sensible à la raison d'État, comme dans des périodes passées. Vous avez rendu, ici, des décisions qui font que l'on sait que la raison d'État, sous toutes ses formes, est une chose pour vous insensible.

Il y a à peine un an, le chef d'État du Congo-Brazzaville, Denis Sassou Nguesso, le chef d'État du Tchad, Idriss Deby, le chef d'État du Gabon, Omar Bongo, tous ces présidents à vie qui venaient ici se plaindre de ce qu'ils avaient été qualifiés, correctement, de criminels, de prédateurs, d'assassins, tous ceux-là vous leur avez dit : « Les instruments internationaux font que cette offense à chef d'État n'est pas compatible avec la convention européenne. » Sur un appel du Parquet, l'affaire est venue devant la cour d'appel de Paris, dont on aurait pu penser qu'elle confirme votre jugement en raison d'une décision très récente de la Cour européenne (dans une affaire opposant celui que l'on a appelé « notre ami le roi », avec quelque ironie, au *Monde*). Eh bien, la cour d'appel de Paris n'a pas confirmé votre décision sur la question de la compatibilité de l'offense ou de la non-compatibilité de l'offense à chef d'État avec la convention européenne.

J'ai appris cela, comme tout le monde, dans *Le Monde*, hier, et je me suis précipité pour prendre connaissance de l'arrêt. Avec quelque plaisir, même si c'est une décision qui n'est pas conforme à d'autres décisions de la Cour européenne, j'ai relevé que l'un des arguments que je vous avais soumis, sans arrêt, presque dans une litanie insupportable pour votre tribunal – expliquant que lorsque le pouvoir, que lorsque tout pouvoir procède du sommet, à ce moment-là la critique à l'égard des actes de ce pouvoir remontait fatalement au sommet mais n'était pas offensante –, avait été repris dans un attendu qu'il me plaît de vous soumettre. La Cour a dit exactement ceci : « Si la critique politique du fonctionnement de l'État atteint nécessairement l'homme d'État, et dans certains cas constitue même une critique de la personne, cette circonstance est imputable à la structure même des États analysés et au rôle primordial qu'y joue le président. Cette circonstance ne saurait être retenue contre les prévenus, sauf à les priver de tout droit d'examen et de critique des institutions et du fonctionnement de certains pays. »

Les temps ont changé, M. le président, Mesdames du tribunal, et vous y avez contribué. Il n'y a pas seulement les instruments internationaux qui peuvent obliger le juge français, lorsqu'une personne est sur son territoire, à lui demander de répondre d'un certain nombre d'infractions introduites par les conventions internationales dans le droit interne. Vous avez, vous-mêmes, aidé à ce changement, de sorte que je peux vous dire, avec une infinie confiance : ce que vous jugez ici est tellement semblable à ce que vous avez jugé hier, qu'il faut en tirer, comme on dit, toutes conséquences de droit.

Rappelons d'abord que de l'autre côté de la barre, on a pratiqué ce que j'appelle la théorie de la périphérie vers le centre.

Tour à tour, avant même que l'on ait produit, le 21 juin, le livre de M. Yous sur les massacres de Bentalha, *Qui a tué à Bentalha ?*, on avait déjà, de l'autre côté, cité des témoins pour qu'ils viennent devant vous dire que tout ce qu'écrivait M. Yous était faux. C'est pour cela que, ne l'ayant pas cité – le débat n'étant pas vraiment là –, nous avons demandé à votre tribunal de l'entendre très brièvement, et contradictoirement, sur un certain nombre de points précis. Finalement, ce n'est pas le procès que l'on a voulu de l'autre côté de la barre, pas plus que le livre, comme l'a rappelé Mme le substitut, n'est l'objet du procès.

Le procès qui vous est soumis, c'est celui de l'émission dont M. le bâtonnier a rappelé les termes. Trois passages sont analysés et je vais les analyser avec vous, dans le détail, au regard des témoignages qui ont été apportés devant vous.

Premier passage qui serait diffamatoire : « Les généraux sont les décideurs de la politique algérienne. » Notre client les accuse d'avoir arrêté le processus électoral et qu'il s'en est suivi des morts par milliers en raison de la guerre civile. Dans ce premier passage, il fait une comparaison – sur laquelle je reviendrai –, qui a semblé insupportable de l'autre côté de la barre, entre les généraux Massu, Aussaresses et Nezzar.

Le deuxième passage, c'est la question de l'attitude « lâche » des généraux algériens, selon M. Souaïdia et, en l'occurrence, du plaignant, quand celui-ci a appris qu'il faisait l'objet d'une plainte au mois d'avril 2001, au moment où il était sur le territoire français.

Le troisième passage est celui où il est qualifié de « déserteur de l'armée française » et où M. Souaïdia estime que cette guerre a mené à la « faillite » et que les généraux en ont profité.

Première observation : une question juridique se pose à vous. Ce n'est pas une question simple, c'est une question que nous n'avons découverte qu'à cette audience, car le plaignant a indiqué à votre juridiction qu'il n'avait pas l'intention d'attaquer un petit capitaine (« ex- », a-t-il ajouté) et que s'il le faisait, c'était parce que, à travers sa personne, l'honneur et la réputation du gouvernement et du peuple algériens étaient atteints.

C'est une première question que votre juridiction devra se poser. La notion d'atteinte personnelle est à la fois une question de forme et une question de fond de l'action en diffamation. Dès lors, il vous appartiendra de dire si, en effet, tous les passages qui sont souvent au pluriel, et que l'exploit introductif d'instance a transformé au singulier parfois, atteignent véritablement le plaignant lui-même. C'est une question fondamentale, car je ne suis pas loin de penser que le procès qui a été diligenté ici est une espèce de substitut, mais j'y reviendrai.

Examinons, au regard des témoignages, car c'est cela la richesse d'un procès pénal, c'est la matière humaine historique qui nous est livrée, les affirmations considérées comme diffamatoires par un plaignant.

Premier passage : « Les généraux sont des décideurs. » Là, c'est incessant, les témoignages qui disent la même chose. Prenons quelques exemples. Commençons par M. Mohammed Harbi, espèce de figure héroïque, magnifique, de mon point de vue, engagé à quinze ans dans la lutte algérienne – celui-ci était ailleurs *(il désigne le général Nezzar)* –, participant de toute sa foi, de toute sa volonté, de toute sa force, à toutes les étapes de cette lutte algérienne et se retrouvant, parce que en effet les révolutions dévorent leurs enfants, à peine deux ou trois ans après l'Indépendance, emprisonné, assigné à résidence, et devant fuir son pays au début des années soixante-dix.

Sur les généraux et les décideurs, il a une formule qui me paraît frappée au coin du bon sens. Il dit : « C'est comme la Prusse, c'est un État au service d'une armée, et non une armée au service d'un État. » Mohammed Harbi ajoute que la mainmise de l'armée sur la révolution algérienne a été permanente, avec son cortège d'assassinats politiques pour régler des questions politiques, avec des interventions répétées dans les affaires de l'Algérie, avec l'arrivée au pouvoir, en 1962, de M. Ben Bella, soutenu par l'armée, déposé trois ans après par la même armée qui a placé comme chef de l'État son patron, M. Boumediene.

M. Ben Bella, quant à lui, aussi, est parti pour la prison et l'assignation à résidence. Je dis à votre tribunal, parce que c'est quelqu'un que j'aime beaucoup, que je connais, qu'il a été, avec Mandela, l'un des plus vieux prisonniers sur le continent africain. C'est au bout d'environ vingt ans qu'il a été enfin permis à M. Ben Bella de quitter l'emprisonnement et l'assignation à résidence. L'armée est omniprésente en Algérie, elle est l'ossature du pouvoir.

Hidouci est acteur de cette période charnière, après les émeutes d'octobre 1988, émeutes sanglantes où, comme vous l'a dit Mme Ghezali : « Nous étions naïfs, nous étions radicaux, mais nous ne pensions jamais qu'ils pourraient nous tirer dessus. » Après ces émeutes sanglantes, M. Hidouci arrive au pouvoir dans le gouvernement Hamrouche.

Nous sommes mi-1989 et il quittera le pouvoir dix-huit mois plus tard, il vous l'a expliqué. Que dit-il ? Cet homme qui, grand commis de l'État, fin, intelligent, met toute sa science au service des réformes, témoigne que c'est à travers ce premier gouvernement de l'ouverture, ce que l'armée ne supportera jamais, que seront données à ce pays les lois fondamentales, la Constitution, la fin de l'unipartisme. Voilà ce qui est en cause dans cette affaire quand l'armée prend le pouvoir.

Il dit qu'en décembre 1990, rejoignant en cela les mémoires de M. Nezzar, l'armée pose ses conditions et exige le ministère de l'Intérieur. Le gouvernement Hamrouche tombe en 1991 et, le lendemain ou parallèlement, en même temps, je ne sais comment dire, l'état de siège est proclamé.

M. Ghozali vous démontre en creux que tous les pouvoirs appartiennent à l'armée et que, comme disait l'un ou l'autre des témoins, il n'y a qu'une façade civile de la part des responsables politiques. Tous les pouvoirs sont donnés aux militaires à partir de la proclamation de l'état de siège. Tous sans exception.

Regardez, c'est d'abord la publication, le 12 juin 1991, de l'état de siège lui-même, le décret du 4 publié le 12 : les autorités militaires sont investies des pouvoirs de police. Ensuite, le décret du 25 juin créant des centres de détention : la mesure de placement est prononcée par les autorités militaires investies des pouvoirs de police. Puis, décret du 25 juin fixant les conditions d'assignation à résidence : la mesure d'assignation à résidence est prononcée par les autorités militaires investies des pouvoirs de police. Ensuite, décret du 25 juin précisant les modalités d'interdiction de séjour : la mesure d'interdiction de séjour est prononcée par les autorités militaires. Pour terminer, dans cette structuration du pouvoir qui est pris par l'armée, décret du 25 juin qui affine, si j'ose dire, les conditions de la proclamation de l'état de siège : les autorités militaires peuvent interdire toute publication, réunion ou appel public jugés « de nature à provoquer ou entretenir le désordre et l'insécurité ». L'interdiction des publications donne lieu à saisie, à toute heure du jour et de la nuit, en tout lieu, des documents frappés par cette mesure.

Que reste-t-il à M. Ghozali puisqu'il nous fait la démonstration qu'il n'a plus aucun pouvoir ? Est-ce que je peux dire qu'il expédie les affaires courantes qui lui restent ? Non, je ne peux même pas le dire, car grâce à Mme Aslaoui nous savons que M. Ghozali voulait peut-être changer la loi sur le scrutin, dans un parti unique, dans un Parlement unique, tenu par le parti unique, puisqu'il n'y avait pas eu d'élections libres, et il n'a pas pu le faire. M. Ghozali, tenu par les militaires – qu'il me permette cette expression, il comprendra –, marionnette des militaires, ne peut rien faire.

Voilà sur ce premier point. Que dire d'autre ? Que M. Souaïdia a parfaitement raison, dans cette émission, quand il dit : « Les militaires décident de tout. Nous n'avons pas d'hommes politiques en Algérie ; ce n'est pas comme vous en France, pendant la guerre d'Algérie, vous aviez des hommes politiques. Nous, nous n'avons que des militaires décideurs. »

Il dit aussi, toujours dans cette première affirmation jugée diffamatoire, et c'est le centre de ce procès : « Ils ont décidé d'arrêter le processus électoral. »

Nous avons fait venir en effet M. Aït-Ahmed et je ne peux tout d'abord que m'inscrire en faux contre ce que j'ai cru comprendre qui avait été dit ce matin par la partie civile sur la « théâtralité » de l'apparition de M. Aït-Ahmed. M. Aït-Ahmed est un homme qui est un « historique » de la révolution algérienne. Tous les historiques de la révolution algérienne ont connu des difficultés extrêmement sérieuses. Dans cet avion, en 1956, premier acte de piratage aérien de l'État français, qui, passant au-dessus de l'Algérie, a été détourné de sorte que l'on a pu arrêter toute la direction du FLN, se trouvait M. Boudiaf, il est mort, se trouvait M. Khider, il a été assassiné, se trouvait M. Ben Bella, il a été emprisonné vingt ans, et se trouvait aussi M. Hocine Aït-Ahmed.

Il est vrai que, en tant qu'avocat, j'ai estimé devoir, avec mon confrère, ne pas faire connaître à l'avance sa présence ici. Je l'ai estimé parce que dans le système algérien il est rare que les actions soient directes ; elles sont souvent indirectes. M. Hocine Aït-Ahmed vous a expliqué que lors de sa campagne électorale de 1995, le trésorier de son parti avait été mystérieusement assassiné…

M. Hocine Aït-Ahmed est un acteur central de cette période charnière. Que vous dit-il ? Il dit que l'armée a arrêté le processus électoral. Il vous le dit. Il a rencontré deux fois le plaignant, qui ne l'a pas contesté – et ils se sont d'ailleurs en effet expliqués sur ces deux entretiens –, et lui a demandé – il vous a dit : « Je parle sous serment » – expressément de ne pas intervenir dans le processus après le premier tour des élections. Le plaignant, selon M. Hocine Aït-Ahmed, lui aurait donné sa parole. Vous savez ce qu'il en est.

Après, et nous avons entendu cette litanie de l'autre côté de la barre, a eu lieu la manifestation du 2 janvier 1992. Hocine Aït-Ahmed, devant vous, vous a expliqué qu'en réalité cette manifestation était appelée par les forces qui étaient contre l'interruption du processus électoral. Il a rappelé les slogans, l'encadrement de cette manifestation, 5 000 militants de son parti, et tout le monde a admis que c'était lui qui était apparu au balcon d'un hôtel connu à Alger.

Mais de l'autre côté de la barre, on ne cesse de dire que cette manifestation ainsi que tout le peuple algérien étaient en faveur de l'interruption du processus électoral et que, en quelque sorte, l'armée s'est fait prier d'intervenir dans les affaires. C'est faux, c'est totalement faux, et c'est démontré par l'ensemble des éléments que vous connaissez maintenant. J'ajoute, si de l'autre côté de la barre on n'y voit pas d'inconvénient, que j'ai voulu retrouver – mais je ne l'ai fait que ce matin – sur le site du *Monde* un article relatif à cette manifestation. Je l'ai mis à mon dossier et je le communiquerai à mes confrères. Et s'ils m'autorisent à lire le titre, je le lirai : Algérie, 4 janvier 1992, Jacques de Barrin avait écrit cet article : « À l'appel du Front des forces socialistes de M. Aït-Ahmed, 300 000 personnes ont manifesté à Alger pour sauver la démocratie. » C'est *Le Monde*, cela vaut ce que cela vaut. Je le dis à votre tribunal. Voilà une documentation précise sur cette manifestation.

Me Farthouat. — On fait état d'une pièce que je ne connais pas.

Me Comte. — Quand vous avez interrogé M. Harbi, vous aviez des articles de 1964 que je n'avais pas. Je trouve cela normal que l'on ait chacun des informations inédites, parce que les choses vont très vite.

Si on veut avoir une idée du rôle de l'armée dans cette interruption du processus électoral, mis à part ce que peuvent dire tels ou tels témoins, il faut prendre connaissance, et s'y arrêter quelques instants, comme je l'ai fait au début, de la lettre du président Chadli : « Devant l'ampleur de ce danger imminent, je considère, en mon âme et conscience, que les initiatives prises ne sauraient actuellement garantir la paix et la concorde citoyenne. » Cette lettre est datée du 11 janvier. De quelles « initiatives prises » le président Chadli veut-il parler si ce n'est de celles qui tendent à suspendre, interrompre, le processus électoral ?

Alors, on assiste à une espèce de ballet de légalité formelle où l'on constate telle vacance, telle vacance, telle vacance, et où il en sort une junte. On aurait pu penser que l'on se serait appuyé sur la Constitution de 1989, qui venait d'être votée, qui instituait un Haut Conseil de sécurité. Non, on met en place une junte. Je n'ai pas d'autre mot pour la création *ex nihilo* de ce Haut Comité d'État.

Et qui retrouve-t-on dans ce Haut Comité de l'État ? Nous retrouvons le plaignant, M. Boudiaf, dont on sait ce qu'il est devenu, M. Haroun, puisqu'il a témoigné devant vous. Je m'y arrête. M. Haroun a été dans le gouvernement de M. Ghozali – c'est-à-dire dans le gouvernement qui a donné tous les pouvoirs de police aux militaires, sans exception, y compris celui d'interrompre la presse, de saisir les journaux – ministre des Droits de l'homme. Je me suis souvenu, pendant qu'il témoignait, de quelqu'un que j'aimais beaucoup, Henri Noguères, qui a été pendant longtemps président de la Ligue des droits de l'homme. Au début des années quatre-vingt, informé de ce que le gouvernement envisageait de désigner un secrétaire d'État aux Droits de l'homme (en la personne d'un monsieur dont on ne se souvient plus aujourd'hui, qui s'appelait Malhuret, si ma mémoire est bonne), il a dit à ce propos, alors que nous n'étions pas, dans cette période-là, en France, dans une situation similaire, et je crois que nous pouvons être d'accord sur cette comparaison historique : « Il n'est pas possible d'avoir un membre du gouvernement chargé des droits de l'homme, car tous les matins il devrait démissionner. »

M. Haroun a non seulement été ministre des Droits de l'homme dans ce gouvernement de façade du pouvoir militaire mais, de surcroît, il a été membre de cette junte. De l'autre côté de la barre, on a trouvé l'argument imparable selon lequel cette junte a rendu le pouvoir au bout de deux ans, ce qui était son mandat.

La question de savoir à qui le pouvoir a été rendu est une question qui n'a jamais effleuré la partie civile, mais de surcroît on ignore d'autres expériences africaines. Parlons-en. Au Mali, au début des années quatre-vingt-dix, il y a eu des manifestations monstrueuses des étudiants, de la jeunesse, de tous les laissés-pour-compte de la société malienne, et l'armée a tiré, et tiré encore… Et puis un jour, heureusement, des militaires, que l'on va qualifier d'un peu nationalistes et un peu républicains, ont fait un coup d'État, et ont déposé le dictateur. Car il n'y a pas d'autre mot. C'était un dictateur, avec son parti unique, son syndicat unique, comme on le voit en Algérie avant 1988.

Une conférence nationale s'est mise en place. Ce capitaine, qui s'appelle Touré, a dit : « Le temps de la conférence nationale, j'expédie les affaires courantes. » Les lois fondamentales ont été votées par cette conférence nationale et, au bout du temps du travail de cette conférence nationale, le pouvoir a été rendu, mais pas à une autre caste militaire, pas à quelqu'un choisi encore par l'armée, il a été rendu par des élections libres à des partis qui avaient eu le temps de s'organiser. Voilà ce qu'est une voie démocratique en Afrique. Pour terminer sur le Mali, c'est ce capitaine Touré qui est aujourd'hui président de la République, car il vient d'être élu il y a tout juste un mois.

Une petite parenthèse toutefois : l'ensemble du parti unique, l'ensemble du gouvernement, a comparu devant une cour d'assises à Bamako, jugé par des jurés pour répondre de crimes de sang, et j'ai eu l'honneur d'être aux côtés des parties civiles dans ce cas.

Cette sortie de crise voulue par l'armée, la prise du pouvoir ni plus ni moins, le coup d'État habillé légalement, devait mener à l'aventure, à la spirale de la violence, comme Hocine Aït-Ahmed en avait prévenu le général Nezzar. Cette analyse de M. Hocine Aït-Ahmed a été partagée par les hommes du terrain et c'est ce qui fait la force de cette procédure que celui-ci a voulue, car ce que vous a dit M. Samraoui est exactement la même chose.

À partir d'octobre-novembre 1990, explique-t-il, on a fait en sorte que le FIS soit un épouvantail et ainsi commence l'enchaînement du système : tortures, exactions, déportations vers les centres qui ont été créés le 25 juin 1991 par le gouvernement Ghozali. Il va plus loin : en 1992, c'est-à-dire au moment du coup d'État, que se passe-t-il ? Les listes des gens véritablement dangereux, ceux qui viennent d'Afghanistan, ceux que l'on a pistés, ceux que l'on a infiltrés depuis le départ, ces gens-là ne sont pas arrêtés, mais on arrête des pans entiers de la société, comme le jeune Mosbah que vous avez vu.

Alors oui, l'armée intervient dans le pouvoir en Algérie, l'armée a toujours été la colonne vertébrale de ce pouvoir qui a, en effet, l'intelligence – c'est dommage qu'elle trouve des complicités – de se donner une façade civile.

Ce passage se termine, M. le président, Mesdames du tribunal, par la comparaison jugée ignominieuse entre le général Massu, le général Aussaresses et le général Nezzar. C'est ce que Souaïdia dit, c'est un des passages de l'émission.

De mon point de vue, Habib Souaïdia fait une erreur historique : le général Massu recevait des ordres du pouvoir civil, le général Aussaresses recevait des ordres du général Massu et, de ce point de vue, il fait une erreur en comparant Nezzar et les généraux Massu et Aussaresses, car il n'y a pas d'ordre du pouvoir civil de ce côté-là, il y a les pleins pouvoirs aux militaires.

Mais cela aboutit à la même chose, et il a le droit de faire cette comparaison. Vous avez entendu Mosbah, ce jeune garçon, venir témoigner devant vous. Séchez vos larmes, tout cela est écrit depuis longtemps : « Tu sais nager, dit Lorca penché sur moi, on va t'apprendre. Allez, au robinet ! Soulevant ensemble la planche sur laquelle j'étais toujours attaché, ils me transportèrent ainsi à la cuisine. Là, ils posèrent sur l'évier l'extrémité du bois où se trouvait ma tête. Deux ou trois paras tenaient l'autre bout. La cuisine n'était éclairée que par une vague lumière du couloir. Dans la pénombre, je distinguais Érulin, Charbonnier et le capitaine Devis qui semblait avoir pris la direction des opérations. Au robinet nickelé qui luisait au-dessus de mon visage, Lorca fixait un tuyau de caoutchouc. Il m'enveloppa ensuite la tête d'un chiffon [c'est la même chose que Mosbah], tandis que Devis lui disait : "Mets-lui un taquet dans la bouche." Au travers du tissu, Lorca me pinçait le nez. Il cherchait à m'enfoncer un morceau de bois entre les lèvres pour que je ne puisse fermer la bouche ou rejeter le tuyau. Quand tout fut prêt, il me dit : quand tu voudras parler, tu n'auras qu'à remuer les doigts. Il ouvrit le robinet. Le chiffon s'imbibait rapidement. L'eau coulait partout, dans mon nez, dans ma bouche, sur mon visage. Mais pendant un temps je pus encore aspirer quelques petites gorgées d'air. J'essayais, en contractant le gosier, d'absorber le moins possible d'eau et de résister à l'asphyxie en retenant le plus longtemps que je pouvais l'air dans mes poumons, mais je ne pus tenir que quelques instants. »

1957, *La Question*, et Henri Alleg, que je salue, comme tous les suppliciés, tous, quelles que soient leur couleur de peau, leur origine, parce que le sang est toujours rouge : « J'ai terminé mon récit. Jamais je n'ai écrit aussi péniblement. Peut-être tout cela est-il encore trop frais dans ma mémoire. Peut-être aussi est-ce l'idée que, passé pour moi, ce cauchemar est vécu par d'autres au moment même où j'écris et qu'il le sera tant que ne cessera pas cette guerre odieuse. »

En toute simplicité, je vous dis que la comparaison était admissible.

Deuxième « diffamation » (je suivrai l'exploit introductif d'instance) : « Ces généraux sont trop lâches. » Quel est le propos ? Le propos est d'abord pluriel, on le sait, on l'a déjà développé dans nos conclusions, montrant la relative distanciation entre le singulier de l'exploit introductif d'instance et le pluriel du script de l'émission, mais passons sur ce détail.

Ici, vous aurez une question typiquement juridique, en matière de presse, à régler, sur la conception de l'honneur militaire. De quoi s'agit-il ? Il s'agit de la plainte que nous avions déposée, avec mon confrère Me Bourdon, au nom de trois suppliciés algériens, entre les mains du Parquet au mois d'avril 2001, au moment où le plaignant venait ici pour son livre, car c'est sa présence qui fonde la compétence territoriale, vous le savez. Que dit exactement M. Souaïdia ? Il dit que sa conception de l'honneur militaire, c'est qu'une personne de haut grade doit assumer ses actes. Or, il y a un fait objectif, que de l'autre côté de la barre on a reconnu : le général Nezzar a été exfiltré – je dis exfiltré, c'est l'expression que j'ai employée en avril 2001 pour un journal –, il a été exfiltré et renvoyé en Algérie. Et, aujourd'hui, son avocat, M. Gorny, vient de vous dire : « À la demande des services français, il est parti. » Il a donc bien été exfiltré.

« Conception de l'honneur » : vous savez que c'est un débat, et un sacré débat. J'aurai, pas tellement pour votre tribunal car il comprend ce que je dis, mais pour cette audience, la délicatesse de ne pas citer la jurisprudence à laquelle je pense. Elle ne convient pas dans un tel débat. Mais la question s'est posée de savoir : qu'est-ce qu'une atteinte à l'honneur ? Est-ce quelque chose de subjectif ou d'objectif ? Dans une affaire en particulier, ce tribunal, il y a une dizaine d'années, avaient dit que c'était une notion assez subjective et, dans la même affaire, la cour d'appel, puis la Cour de cassation, avaient dit : « Non, il faut comprendre l'atteinte à l'honneur comme une question objective. » La personne qui ressent cette atteinte doit être comprise, par n'importe qui dans la rue, qui subirait le même type d'atteinte et la percevrait comme telle.

Alors, je dis à votre juridiction qu'en effet on sait que je n'ai pas une grande sympathie pour l'armée en tant que telle, quelle que soit l'armée, que ses hiérarchies me déplaisent, que cette autorité me déplaît – sinon je ne serais pas avocat d'ailleurs –, mais, en tout cas, la conception que je me fais de l'honneur est qu'effectivement on doit assumer ses actes. Là, Habib Souaïdia se trompe car, historiquement, ce que nous voyons c'est que l'honneur est inversement proportionnel à la hiérarchie.

Je prends ces exemples à dessein. Tandis que les mutins de 1917 allaient se faire fusiller pour rien, la tête haute, on a vu en 1945 le maréchal Pétain ne pas assumer ses actes de collaboration et feindre la surdité pendant son procès. Tandis qu'on subissait l'arrogance et la morgue de cette armée prussienne, nazifiée, à Nuremberg on ne voyait plus trace de cette morgue et de cette aristocratique attitude.

Nous nous souvenons tous, ici, de ce malheureux général Pinochet si malade que, quand il a atterri à Santiago du Chili, il a tout à coup retrouvé une jouvence…

M. Habib Souaïdia a tort, historiquement, mais vous direz, vous, si sa conception qu'il se fait de l'honneur d'un haut responsable militaire est contraire à celle que tout le monde peut comprendre. D'autant qu'il dit, et c'est une phrase qu'il a traduite pour votre tribunal car elle n'avait pas été comprise, y compris dans le script de l'émission : « Ce n'est pas une question de barrette, pour moi, c'est un *djoundi* », un bidasse, « ce n'est pas un chef d'état-major ou un général-major ».

Troisième propos reproché : « Ancien déserteur de l'armée française » et les conclusions qui en sont tirées quant au profit que tire l'armée de cette situation de guerre.

Déserteur de l'armée française, soyons clairs. Que ce soit Mme Flautre, M. Harbi, M. Souaïdia lui-même, Mme Chevillard, tout le monde vous dit que « déserteur de l'armée française » c'est une caractérisation historique des sédimentations différentes de l'armée algérienne. Cela veut dire qu'il y avait plusieurs factions, comme l'a dit M. Harbi, et que l'une d'entre elles provenait des déserteurs de l'armée française qui rejoignaient l'armée des frontières tandis que l'autre venait de la résistance intérieure. De ce point de vue, j'ai joint cette lettre, difficilement lisible, écrite par M. Vidal-Naquet, car il ne pouvait pas se présenter devant le tribunal, à mon dossier : vous verrez qu'en effet il dit qu'il y avait deux armées et c'est encore un témoignage qui va dans le sens de ce que disait M. Souaïdia. Il n'y a là aucune espèce d'atteinte à l'honneur et à la considération du plaignant, dès lors qu'il est évident que c'est une caractérisation strictement historique.

Le dernier point concerne la guerre que mènent les généraux et dont ils profitent en entraînant le pays « vers la faillite ». Je dirais que vous avez droit là à une espèce de tautologie : bien évidemment, ceux qui mènent la guerre, mènent le pays à la faillite. N'importe quelle guerre civile, quelle qu'elle soit, mène un pays à la faillite. Il n'y a pas d'exemple dans l'Histoire où une guerre civile n'ait pas ravagé un pays : l'Angola, le Congo-Brazzaville, c'est le saccage du pays, le pays ravagé et des gens morts pour rien.

C'est une tautologie. Vous aurez les chiffres en mémoire, ceux donnés par un certain nombre de témoins ici : 150 000 à 200 000 morts. De quoi a-t-on été protégé en Algérie dès lors qu'il y a 150 000 à 200 000 morts au bout de dix ans de guerre civile ? C'est une question récurrente de ce débat : de quoi a-t-on été protégé ? 7 000 disparus, et vous observerez que le président actuel, M. Bouteflika, parle de 10 000. Il y a donc une contradiction avec l'ONDH – mais on a compris ce qu'était l'ONDH et comment il était budgétisé. « Treize millions de pauvres », disent un ou deux témoins, et je crois que le rapport de Mme Flautre va dans le même sens. Effectivement, vous avez là un pays absolument, totalement ravagé par la guerre ; c'est une évidence.

Vous vous souviendrez du témoin Benderra, ancien responsable d'une banque nationale algérienne, qui vous explique comment fonctionne l'économie là-bas. Il dit : « Le pétrole, c'est carrément une malchance car cela ne nous a peut-être pas encouragés à construire une économie productive. C'est une économie de rente et les grands secteurs d'importation sont pris par un certain nombre de clans », parmi lesquels figure celui du plaignant. C'est son point de vue, c'est un point de vue qui est autorisé, qu'il a le droit de tenir devant vous, mais c'est vrai qu'il a rangé le plaignant parmi les quelques-uns qui profitent de ce système.

J'en ai terminé de ce long débat pour vous dire deux ou trois choses strictement juridiques.

Tout d'abord, de l'autre côté de la barre, dès qu'une personne se présente, que ce soit M. Benderra, M. Habib Souaïdia, M. Samraoui, on dit : « Vous êtes amer. » Et la seule explication aux témoignages de ces gens, ou au témoignage écrit de M. Souaïdia, est : « Vous êtes amer. » Votre tribunal ne sera pas arrêté par des considérations qui visent à abaisser les témoins. Nous n'abaissons pas les témoins de l'autre côté de la barre, nous pensons simplement que la question a été totalement débattue et que deux points de vue s'opposent, qu'ils sont aussi respectables l'un que l'autre, quoique irréconciliables.

Mais vous aurez une question juridique de fond à régler. Vous savez aussi bien que nous que les termes généraux ne sont pas diffamatoires et vous avez ici des termes généraux, beaucoup de termes généraux. Et ces termes généraux ne relèvent pas de la diffamation, comme cela a été rappelé dans maintes et maintes décisions de votre tribunal, de la cour supérieure, si j'ose dire, de la Cour suprême enfin. Les termes généraux ne sont pas diffamatoires. Quand on dit : « De qui ces gens parlent-ils, de qui se moquent-ils ? Ils sont lâches », on utilise des termes généraux, sauf à démontrer très concrètement que l'un de ces termes se rapporte à M. Nezzar en particulier.

Deuxième problème, car il est vrai que cette question de la bonne foi est centrale, M. le bâtonnier vous a lu une décision à laquelle je tiens beaucoup parce qu'elle a, incontestablement, pour un journaliste, et *a fortiori* pour quelqu'un qui témoigne, apporté un élément décisif à la bonne foi.

De quoi s'agissait-il ? Il s'agissait de M. Lissouba, ancien chef d'État du Congo, qui poursuivait *Témoignage chrétien* (dont le rôle pendant la guerre d'Algérie a été exemplaire, rappelons-le au passage pour que l'on ne confonde pas tout ici), que je défendais. C'était un article sur le génocide au Congo et les termes du tribunal étaient ainsi : « En conséquence, le tribunal considère que les éléments dont M. Lindell [le journaliste de *Témoignage chrétien*] disposait pouvaient lui permettre, dans le contexte d'un état d'urgence humanitaire, et compte tenu de la nécessité de provoquer la réaction de l'opinion publique, de stigmatiser le comportement des leaders politiques en leur imputant la responsabilité des massacres des populations civiles et d'une situation susceptible d'engendrer la commission de génocide. »

Votre tribunal est saisi de choses qui ne sont pas si lointaines de cela, bien que je déteste la facilité des comparaisons historiques que l'on emploie souvent de l'autre côté de la barre, entre telle période de l'Histoire et telle autre période de l'Histoire. Je déteste cela, car cela me semble « a-historique ».

J'en aurai terminé en vous demandant une dernière chose. Je voudrais que votre décision aide à rompre une espèce de fatalité, cette espèce de terrible prédiction de Kateb Yacine qu'il avait ainsi formulée : « Dans ce pays de malheur, tous les dix ans le sang coule. J'ai vu trop de blancs-becs, enflammés comme vous, courir toujours à la même défaite. Qu'avez-vous fait avec vos drapeaux contre les mitrailleuses ? Toutes les révoltes s'apaisent aussi vite que les sanglots d'enfants. Nos maisons sont démolies au canon. La milice et l'armée viennent renforcer la police. On vous frappe, on vous humilie, on vous fait travailler de force, on tire sur vos cortèges maudits, et tout cela rejaillit sur des innocents. » 1955, Kateb Yacine.

Que votre décision permette de rompre cette espèce de fatalité qui fait saigner l'Algérie et tous ceux qui l'aiment.

M. Stéphan, *président*. — Merci Me Comte. M. Souaïdia, avez-vous quelque chose à ajouter ?

M. Souaïdia. — M. le juge, en 1994, j'étais encore opérationnel. Malheureusement, M. Nezzar et ses avocats n'ont pas parlé de.... Ils ont pris certaines soi-disant vérités et disent que c'est la vérité. Je voulais parler d'un massacre qui a eu lieu à Aïn-Defla en 1995. À l'époque, on a annoncé à la presse algérienne, et par les autorités officielles, qu'il y avait eu 1 000 terroristes abattus. Croyez-vous que dans une guerre, dans une guérilla contre les terroristes, on peut tuer 1 000 terroristes ?

Je voulais vous expliquer qu'un officier déserteur activait dans ce maquis d'Aïn-Defla. C'était un sous-lieutenant et ils l'ont arrêté une première fois parce que soi-disant un de ses cousins était islamiste. La Sécurité militaire avait arrêté l'islamiste quelques jours avant lui et, sous la torture, il avait dit qu'il avait un cousin sous-lieutenant dans l'armée. Du coup, cet officier a rejoint le maquis avec beaucoup d'armes ; il y a eu des soldats morts à l'intérieur de la caserne. Il savait très bien qu'il n'avait rien fait, mais il savait que s'il était arrêté, il serait torturé et exécuté. Il a rejoint le maquis. Il était dans la région d'Aïn-Defla, et c'est pour cela que je vous parle de cette région.

Dans cette opération, comme je le raconte dans le livre, on a vu le chef d'état-major de l'Armée nationale et populaire que M. Nezzar a nommé – *(s'adressant à M. Nezzar)* c'est lui qui vous a remplacé, car c'est vous qui l'avez amené à ce poste. Il a demandé au général Bey Saïd de ramener la tête du sous-lieutenant terroriste : il a fait couper sa tête et l'a amenée jusqu'à Alger, au commandement de la 1re région militaire [12].

---

12 « Cet officier sera abattu en mai 1995, au cours de l'opération "Aïn-Defla 2" (menée six semaines après une première grande opération dans la région de Aïn-Defla, dont je

Aujourd'hui, M. Nezzar est venu à Paris, avec sa troupe, pour ramener ma tête. Je ne sais pas s'il va la couper. Vous avez un problème avec moi, M. Nezzar. Je vous dis tout simplement que mon père est mort en 1995, et je n'ai pas parlé de votre père qui était un déserteur, qui était dans l'armée française. Vous dites des mensonges car, si on va vérifier si mon père était un commandant de l'armée française, on va vous dire que vous êtes un menteur. Il est mort, mais il ne vous a rien fait. Vous avez un problème entre vous et moi.

M. Stéphan, *président*. — Merci Monsieur. Vous pouvez vous asseoir.

À l'issue de ces débats qui ont été riches et qui étaient sous-tendus de passions importantes – mais comment en serait-il autrement ? –, le tribunal tient à remercier les avocats d'avoir assuré, à leur niveau, la sérénité de ces débats. Le tribunal a souhaité que les témoins et les parties puissent s'exprimer aussi largement et spontanément que possible et je pense que cela a été le cas.

Le tribunal remercie également le public. Ces passions, on a bien senti qu'elles étaient présentes. Le tribunal remercie le public, malgré certains débordements qui étaient inévitables, dans l'ensemble, d'y avoir également contribué, ainsi, bien entendu, que le service d'ordre qui, tout en étant présent comme il le devait, a tout à fait assuré également la sérénité de ces débats. Le tribunal tenait à le dire.

Cette affaire est donc mise en délibéré. La décision sera rendue le vendredi 27 septembre 2002 à 13 h 30.

L'audience est levée à 17 h 46.

---

reparlerai plus loin). Mohamed Lamari lui-même avait ordonné au général Saïd Bey, commandant de la 1re région militaire, qu'on lui "ramène sa tête". Ce qui sera fait : son corps sera décapité et sa tête amenée dans un sac jusqu'au MDN, sur le bureau de Lamari ! J'ai eu la confirmation de cet épisode horrible (connu par ailleurs par la plupart des officiers des forces spéciales) par un officier du DRS que j'ai connu en prison : il travaillait à l'époque au Commandement des forces terrestres et tout le monde y parlait de cette scène particulièrement choquante » (Habib SOUAÏDIA, *La Sale Guerre*, *op. cit.*, p. 130).

Le jugement

République française
Au nom du peuple français
Tribunal de grande instance de Paris, 17e chambre,
chambre de la presse

Jugement du 27 septembre 2002

Nº d'affaire : 0125405790

PROCÉDURE D'AUDIENCE

Par exploits d'huissier en date du 24 août 2001, M. Khaled Nezzar, de nationalité algérienne, général en retraite de l'armée algérienne et ancien ministre de la Défense, a fait citer devant ce tribunal (17e chambre correctionnelle, chambre de la presse), à l'audience du 2 octobre suivant, M. Marc Tessier, président de la chaîne télévisée La Cinquième, M. Habib Souaïdia, et la société de télévision La Cinquième, pour y répondre, respectivement en qualité d'auteur, de complice et de civilement responsable, du délit de diffamation publique envers un particulier, prévu et puni par les articles 29 alinéa 1er et 32 alinéa 1er de la loi du 29 juillet 1881 et les voir condamner à lui verser, avec exécution provisoire, la somme de 1 franc (0,15 euro) à titre de dommages et intérêts et celle de 100 000 francs (15 244,90 euros) sur le fondement de l'article 475-1 du code de procédure pénale, outre diverses mesures de publication.

Pour fonder ses prétentions, M. Nezzar se réfère à la diffusion, le 27 mai 2001, sur la chaîne La Cinquième, d'une émission intitulée « Droits d'auteurs, spécial Algérie », d'une durée de cinquante minutes, au cours de laquelle plusieurs écrivains ont été amenés à s'exprimer sur des livres qu'ils avaient consacrés à l'Algérie.

Dans ce cadre, M. Souaïdia a été invité pour évoquer l'ouvrage dont il était l'auteur, intitulé *La Sale Guerre*, publié aux Éditions La Découverte, ayant pour objet de relater son expérience d'officier dans l'armée algérienne depuis 1989, alors que son pays connaissait une situation de crise depuis l'année 1988.

Or M. Nezzar estime que, lors de cette émission, M. Souaïdia a tenu des propos diffamatoires à son égard.

À l'audience du 2 octobre 2001, le tribunal a fixé à 3 000 francs (457,35 euros) la consignation, laquelle a été versée le 26 novembre 2001, et renvoyé contradictoirement l'examen de l'affaire à l'audience du 11 décembre 2001 pour fixer.

Ensuite, l'affaire a été renvoyée successivement aux audiences des 5 mars et 4 juin 2002 pour fixer, puis à celle du 1er juillet 2002, à 13 h 30, pour plaider. À cette date, M. Marc Tessier et la société civilement responsable étaient représentés par leur conseil, M. le bâtonnier du Granrut. M. Habib Souaïdia était présent, assisté de ses conseils, Me Comte et Me Bourdon. La partie civile, M. Nezzar, également présente, était assistée de ses conseils, M. le bâtonnier Farthouat et Me Gorny.

In limine litis, les conseils de M. Souaïdia ont déposé des conclusions, auxquelles s'est associé M. le bâtonnier du Granrut, demandant au tribunal d'annuler l'exploit introductif d'instance, aux motifs que, d'une part, les passages incriminés n'étaient pas qualifiés de manière claire au regard des différentes diffamations envisagées par la loi du 29 juillet 1881, d'autre part, il existait une inadéquation entre les propos incriminés et ceux réellement tenus et, enfin, les conditions de délivrance de l'exploit introductif d'instance à M. Souaïdia avaient violé les droits de ce dernier.

Les conseils de la défense ont développé leurs arguments au soutien de cette prétention formelle. La parole a ensuite été donnée, sur cet incident, aux avocats de la partie civile et au ministère public, la défense s'étant exprimée en dernier. Le tribunal, après en avoir délibéré, a décidé de joindre ces incidents au fond.

Ensuite, après visionnage des passages de l'émission incriminée, il a été procédé à l'interrogatoire de M. Souaïdia, puis à l'audition de la partie civile.

L'affaire a été renvoyée en continuation à l'audience du 2 juillet 2002 à 9 h 30. Elle a été ensuite renvoyée, successivement, dans les mêmes formes, aux audiences du même jour à 13 h 30, du 3 juillet 2002 à 9 h 30 et 13 h 30, du 4 juillet 2002, à 9 h 30 et 13 h 30, pour audition des différents témoins cités par les parties.

Un nouveau renvoi en continuation a alors été décidé pour le 5 juillet 2002 à 9 h 30, date à laquelle les conseils de la partie civile ont plaidé. Un dernier renvoi a été décidé pour le même jour à 13 h 30. Le ministère public a alors été entendu en ses réquisitions et les avocats des prévenus et de la société civilement responsable en leurs plaidoiries, la défense ayant eu la parole en dernier, conformément à la loi.

À l'issue des débats, au cours desquels un traducteur-interprète était présent, l'affaire a été mise en délibéré et le président a, conformément aux dispositions de l'article 462 alinéa 2 du code de procédure pénale, informé les parties que le jugement serait prononcé a l'audience du 27 septembre 2002, à 13 h 30.

À cette date, la décision suivante a été rendue.

SUR LES EXCEPTIONS SOULEVÉES *IN LIMINE LITIS*

Aux termes des conclusions qu'ils ont déposées, les prévenus demandent au tribunal de constater la nullité de l'exploit introductif d'instance sur le fondement des trois motifs, précédemment cités, qui seront successivement examinés.

La partie civile, pour sa part, a conclu au rejet des prétentions de forme émises par la défense.

1) Sur la qualification des faits incriminés

Argumentation de la défense

Il est fait tout d'abord valoir par la défense que, si la partie civile a indiqué, dans la citation délivrée, qu'elle considérait les propos par elle poursuivis comme constitutifs d'une diffamation prévue par l'article 29 alinéa 1er de la loi du 29 juillet 1881, elle n'a, dans le corps de cet acte, aucunement qualifié les faits, au regard des différentes diffamations envisagées par ladite loi. En outre, dans le dispositif de ce même acte, elle s'est référée à une « diffamation publique envers une personne physique », nullement prévue par la loi, l'article 32 alinéa 1er, visé dans ce dispositif, sanctionnant la « diffamation publique envers un particulier ».

De plus, la partie civile étant titulaire d'un passeport diplomatique délivré par les autorités algériennes, lesquelles l'avaient investie d'une mission officielle, une nouvelle ambiguïté existerait quant à l'application des dispositions de l'article 32 alinéa 1er visé par M. Nezzar.

Motifs du tribunal

Il doit être tout d'abord observé que, dans le dispositif de son acte introductif, la partie civile a expressément indiqué qu'elle entendait poursuivre les propos incriminés par elle sur le fondement des articles 29 alinéa 1er et 32 alinéa 1er de la loi du 29 juillet 1881, le dernier texte ainsi mentionné sanctionnant, de façon exclusive, la diffamation commise envers un particulier.

Dans ces conditions, si M. Nezzar a employé, dans le dispositif de la citation, la formule « diffamation envers une personne physique », laquelle n'est effectivement pas prévue comme telle par la loi, le visa des textes prévoyant et sanctionnant l'infraction poursuivie permettait à la défense de comprendre sans ambiguïté que les propos incriminés l'étaient au titre de la diffamation publique envers un particulier.

De plus, la partie civile n'a aucunement fait référence, dans l'acte de citation, à l'existence d'une fonction ou mission diplomatique, susceptible de donner lieu à application des dispositions de l'article 37 de la loi précitée.

Enfin, il doit être rappelé que si M. Nezzar a évoqué, dans l'acte introductif, sa qualité d'ancien ministre algérien, l'article 31 alinéa 1er de la loi sur la presse, qui sanctionne, de façon spécifique, la diffamation commise, notamment, envers un « membre du ministère » dans l'exercice de ses fonctions, est inapplicable aux étrangers possédant une telle qualité.

De l'ensemble de ces éléments, il doit être conclu que M. Nezzar a entendu agir au titre de la diffamation commise envers particulier, prévue et réprimée par les articles 29 alinéa 1er et 32 alinéa 1er de la loi du 29 juillet 1881 et que la défense n'a pu se méprendre sur la nature du fondement choisi par le requérant.

En conséquence, ce premier moyen de nullité de la citation sera rejeté.

2) *Sur la réalité des propos tenus*

Argumentation de la défense

Il est fait encore valoir par la défense qu'il existerait une inadéquation entre les propos poursuivis par M. Nezzar dans la citation qu'il a fait délivrer et ceux qui auraient été réellement tenus par M. Souaïdia dans l'émission incriminée.

Ainsi, est mentionnée, dans l'acte introductif d'instance, la phrase qu'aurait prononcée M. Souaïdia : « Il n'a pas le courage de dire : “Si vous avez quelque chose contre moi, je suis là. Jugez-moi”. »

Or le script de l'émission rapporterait, sur ce point précis, le propos suivant : « Ils n'ont pas le courage de dire : “Si vous avez quelque chose contre moi, je suis là. Jugez-moi…” »

La substitution d'un pluriel par un singulier entraînerait en conséquence une dénaturation du texte, contraire aux exigences de l'article 53 de la loi du 29 juillet 1881.

Motifs du tribunal

Il n'est pas contestable que M. Nezzar a, dans la citation, mentionné, de façon précise, les propos qu'il attribuait à M. Souaïdia et qu'il estimait diffamatoires à son égard : il s'ensuit que les exigences de l'article 53 de la loi sur la presse, ont été, sur ce point, satisfaites.

Concernant l'existence d'une dénaturation éventuelle des propos effectivement tenus, cette question ne peut être dissociée du fond de l'affaire, puisqu'elle nécessite un examen des termes employés par le prévenu.

Ce moyen sera également rejeté.

3) Sur la régularité de l'acte délivré à M. Souaïdia

Argumentation de la défense

Il est fait valoir enfin, dans les conclusions déposées pour M. Souaïdia, que la délivrance de l'acte introductif le concernant serait irrégulière.

En effet, la citation mentionne que l'intéressé est domicilié chez l'éditeur ayant publié son livre, à savoir les Éditions La Découverte, 9 *bis*, rue Abel-Hovelacque à Paris 13e, alors qu'il est de jurisprudence constante que l'auteur ne peut être cité au siège de son éditeur, sans que s'ensuive, nécessairement, une violation des droits qu'il tire de l'article 55 de la loi du 29 juillet 1881, lui permettant de prouver la vérité des faits diffamatoires dans un délai de dix jours à compter de la délivrance de la citation, dès lors que le siège de l'éditeur ne peut être considéré comme étant le domicile réel de l'auteur.

En outre, en l'espèce, le titre de voyage de M. Souaïdia mentionne que l'intéressé demeure 54, rue Mouzaïa à Paris 19e. Or, après une tentative de signification de l'exploit au siège des Éditions La Découverte, l'huissier audiencier a découvert une autre adresse de ce prévenu, 13 *bis*, rue Parmentier à Paris 11e, chez Mme Hanna, adresse à laquelle l'acte a été délivré en mairie, l'intéressé n'ayant pu prendre connaissance de la citation que le 3 septembre 2001, alors que le délai de dix jours précité était presque expiré.

Ainsi, les droits de M. Souaïdia auraient été violés, puisque l'intéressé aurait été mis dans l'impossibilité de faire une offre de preuve et d'exercer un droit fondamental prévu par la loi sur la presse.

Motifs du tribunal

L'examen de la signification de la citation délivrée à M. Souaïdia fait apparaître que, si l'acte indique effectivement l'adresse du prévenu chez son éditeur, il porte également la mention selon laquelle l'huissier a appris qu'il était « actuellement » domicilié chez Mme Hanna, 13 *bis*, avenue Parmentier à Paris 11e. Après avoir vérifié que l'intéressé résidait bien à cette adresse et que le nom de Hanna figurait sur la boîte aux lettres n° 44, l'huissier a délivré l'acte, le 24 août 2001, à la mairie du 11e arrondissement de Paris, personne n'ayant pu le recevoir à l'adresse précédemment indiquée. Il a alors, conformément aux dispositions de l'article 558 du code de procédure pénale, adressé une lettre recommandée avec avis de réception, invitant le destinataire à retirer la copie de l'acte en mairie. M. Souaïdia prenant connaissance de l'ensemble de ces éléments en signant l'accusé de réception de la lettre recommandée le 3 septembre 2001, ce qui n'est pas contesté.

Il doit être observé tout d'abord que, contrairement à ce qui est soutenu par la défense, l'adresse de M. Souaïdia « chez Mme Hanna, 13 *bis*, avenue Parmentier à Paris 11e » ne saurait être considérée comme une ancienne adresse, dès lors, d'une part, que l'huissier précise clairement les vérifications auxquelles il a procédé quant à la réalité de cette domiciliation et que, d'autre part, le prévenu a signé l'accusé de réception de la lettre recommandée parvenue à l'adresse de Mme Hanna.

Quant au délai de dix jours prévu par l'article 55 de la loi du 29 juillet 1881, le prévenu se borne à faire valoir que celui-ci était « presque expiré » lorsque, le 3 septembre, il a pris connaissance de l'acte déposé en mairie, mais il n'a, au demeurant, pas notifié d'offre de preuve quelconque, dont la recevabilité aurait, alors, pu être examinée au regard de l'impossibilité absolue dans laquelle il se serait trouvé de la formuler pendant le délai.

En conséquence, les modalités de signification de l'acte délivré à M. Souaïdia ne ressortent pas comme ayant porté atteinte aux droits légitimes de sa défense, et en particulier à ceux qu'il tire des dispositions spécifiques de la loi sur la presse.

Ainsi, ce dernier moyen de nullité, avancé par la défense, sera également rejeté.

Sur l'application de la loi d'amnistie

Il convient d'observer qu'en cours de délibéré est intervenue la loi du 6 août 2002 portant amnistie, laquelle, en ses dispositions de l'article 2-3e, a prévu qu'étaient amnistiés de plein droit les délits prévus par la loi du 29 juillet 1881 sur la liberté de la presse, dès lors qu'ils ont été commis avant le 17 mai 2002.

Le délit de diffamation publique envers un particulier, prévu et puni par les articles 29 alinéa 1er et 32 alinéa 1er de la loi du 29 juillet 1881, entre dans cette catégorie d'infractions et ne figure pas dans la liste des exceptions prévues par la loi du 6 août 2002.

Les faits reprochés aux prévenus remontant au 27 mai 2001, il convient donc de constater l'extinction de l'action publique, par application des dispositions de l'article 6 alinéa 1er du code de procédure pénale.

Toutefois, aux termes de l'article 21 alinéa 3 de la loi précitée portant amnistie, « si la juridiction de jugement a été saisie de l'action publique avant la publication de ladite loi, cette juridiction reste compétente pour statuer, le cas échéant, sur les intérêts civils ». Tel est le cas en l'espèce, les citations introductives d'instance ayant été délivrées le 24 août 2001. Il convient donc pour le tribunal d'examiner les éléments constitutifs du délit et les arguments des parties.

Au fond

1) Rappel des faits

M. Habib Souaïdia est né en 1969 en Algérie, où il a vécu et poursuivi sa scolarité. S'étant orienté vers la carrière militaire, il a suivi des formations dans des écoles spécialisées, puis a exercé les fonctions de sous-lieutenant dans diverses unités, au moment où débutaient, en 1988, les événements dramatiques que devait connaître l'Algérie durant plusieurs années.

Après une condamnation en 1995 à une peine de quatre ans d'emprisonnement, l'intéressé, libéré en 1999, a fui son pays en avril 2000, pour gagner la France, où il a sollicité et obtenu le statut de réfugié politique.

Souhaitant témoigner de l'expérience qui avait été la sienne, il a, par l'intermédiaire de Mohammed Sifaoui, réfugié algérien comme lui, rencontré M. François Gèze, responsable des Éditions La Découverte, et fait publier, le 8 février 2001, un ouvrage intitulé *La Sale Guerre*.

Relatant dans ce livre son expérience militaire en Algérie, au sein d'unités spéciales affectées au combat contre les terroristes islamistes, M. Habib Souaïdia stigmatise le comportement adopté par l'Armée nationale populaire algérienne, depuis les émeutes sanglantes ayant abouti à l'état de siège proclamé le 6 octobre 1988, en dénonçant les exactions commises par les militaires. Il leur impute ainsi leur participation à des massacres, des assassinats et des actes de torture à l'endroit de la population civile, parfois sous couvert de menées imputées aux terroristes islamistes. Le prévenu affirme également que l'armée n'a pas hésité à procéder à des exécutions sommaires sur des personnes simplement présumées appartenir à des organisations terroristes.

L'auteur précise dans son ouvrage que sa propre arrestation est intervenue à un moment où il a manifesté sa désapprobation par rapport aux agissements commis par l'armée et que c'est dans ces conditions, après avoir été libéré, craignant pour sa propre sécurité, qu'il a décidé de se réfugier en France.

Il convient de préciser qu'une discussion s'est engagée entre le prévenu et M. Sifaoui, témoin entendu à l'audience, au sujet des conditions dans lesquelles le livre avait été rédigé et publié, M. Sifaoui dénonçant en particulier une dénaturation du témoignage de M. Souaïdia par M. Gèze. Cette polémique a donné lieu à une action judiciaire de ce dernier, du chef de diffamation publique envers particulier, à l'encontre de M. Sifaoui, lequel a été relaxé par jugement du 17 octobre 2001 de cette chambre, au motif, notamment, que la controverse entre les parties revêtait un tour politique manifeste, devant autoriser une certaine liberté de ton.

C'est pour s'exprimer au sujet de son livre que M. Souaïdia a été invité par la chaîne télévisée « La Cinquième », en compagnie de quatre autres écrivains ayant eux-mêmes rédigé des ouvrages sur la situation politique et sociale de l'Algérie depuis la guerre d'indépendance, et ce, en présence d'un animateur journaliste, M. Frédéric Ferney.

Cette émission, intitulée « Droit d'auteurs, spécial Algérie », a fait l'objet d'une fixation préalable dans les conditions du direct et a été diffusée sur cette chaîne le 27 mai 2001, à partir de 11 heures et pour une durée de cinquante minutes.

Dans ce cadre, M. Souaïdia, rappelant sa propre expérience, a mis en cause la responsabilité des militaires algériens, et en particulier celle du général Nezzar, ancien ministre de la Défense (en fonction notamment lors de l'interruption du processus électoral en janvier 1992) et ancien membre du Haut Comité d'État mis en place à la suite de la démission du président Chadli Bendjedid.

Ce sont trois passages de ces propos, qu'il convient de rappeler, que M. Nezzar estime diffamatoires à son égard et qu'il incrimine dans le cadre de l'instance actuelle.

Premier passage :

M. Souaïdia : *« Je vais vous dire une chose. C'est le contraire de ce qui est arrivé aux Français pendant la guerre de libération. À l'époque, il y avait des hommes politiques en France. Chez nous, il n'y en a pas. Les hommes politiques sont des généraux, c'est eux qui décident. Il n'y a pas de président. Cela fait dix années qu'il n'y a pas de président, plus même.*

« Il y avait des généraux, ce sont eux les politiciens, c'est eux les décideurs, c'est eux qui ont fait cette guerre. C'est eux qui ont tué des milliers de gens pour rien du tout. C'est eux qui ont décidé d'arrêter le processus électoral, c'est eux les vrais responsables, c'est eux les vrais responsables.

« Pour moi, ces gens-là, il n'y a aucun pardon, on ne peut pas pardonner.

« Je ne peux pas pardonner au général Massu et au général Aussaresses les crimes qu'ils ont commis, comme je ne peux pas pardonner au général Nezzar, ex-ministre de la Défense.

« Il faut qu'on juge les coupables. »

Deuxième passage :

M. Souaïdia : *« Ils sont trop lâches. Un ministre de la Défense nationale qui dit qu'il a protégé la République ! De qui ces gens parlent ?*

« Lui quitte la France à minuit.

« Il n'a pas le courage de dire : "Si vous avez quelque chose contre moi, je suis là, jugez-moi." Voilà, ce n'est pas la question des grades qu'il porte sur les épaules, car pour moi c'est un [inaudible], *c'est pas un général-major. Pour moi, quelqu'un comme ça, il doit passer devant un tribunal. Je condamne la France. »*

Troisième passage :

Journaliste : *« Le soutien de la guerre par la vente d'armes et le blanchiment de centaines de millions de dollars avec la complicité des autorités françaises… »*

M. Souaïdia : *« Non, mais il ne faut pas oublier une chose, ces généraux comme Nezzar, c'est un déserteur de l'armée française. »*

Journaliste : *« Ce que vous montrez très bien, c'est donc quand vous sortez vous découvrez votre pays, vous remarquez que la guerre a*

profité à certains, vous dites, militaires, douaniers, islamistes, hommes politiques, se sont enrichis pendant ces années de guerre par je ne sais quel miracle.
« C'est un livre très amer, votre carrière est brisée. »
M. Souaïdia *: « Pas uniquement moi tout seul, tous ces jeunes Algériens, mêmes les insoumis, pas uniquement moi.*
« La guerre, les stratèges pensent la guerre, ce sont les fous qui mènent cette guerre.
« Ce sont les lâches qui en profitent, c'est exactement ce qui est arrivé, chez nous, ce sont les ex-déserteurs de l'armée française qui ont mené le pays vers l'anarchie, vers la faillite.
« Ce sont eux les responsables. »

M. Nezzar estime que le prévenu lui attribue non seulement la responsabilité de l'interruption du processus électoral, mais également celle d'avoir commis des tueries et des crimes, d'être un lâche ayant profité de la situation spécifique en Algérie en s'enrichissant personnellement au détriment des intérêts de son pays, et enfin de faire partie des ex-déserteurs de l'armée française, coupables d'avoir mené l'Algérie à l'anarchie et à la faillite.

Exposant à l'audience le sens de son action, il a fait valoir, à titre liminaire, qu'il avait été personnellement attaqué par M. Souaïdia, dans des termes qui ne sauraient être reconnus comme relevant de la simple polémique.

Il a souligné également le décalage existant entre la mise en cause dont il avait fait l'objet dans cette émission et les termes proprement dits du livre de M. Souaïdia, expliquant ainsi les raisons pour lesquelles il n'avait pas engagé d'action judiciaire relativement à l'ouvrage lui-même, dans la mesure où, d'une part, la personne principalement visée était le général Lamari, et où, d'autre part, le livre ne lui imputait pas de faits de meurtre et de torture, contrairement aux affirmations de M. Souaïdia lors de l'émission télévisée, lesquelles, ainsi qu'il l'a déclaré lors de l'audience, « ont sali l'armée, l'Algérie et son peuple ».

M. Nezzar a encore relevé que, tant dans l'ouvrage que lors de l'émission, le prévenu avait procédé, de façon constante, par amalgame. Ainsi, il n'avait nullement fait de distinction parmi les victimes des terroristes et celles supposées être de l'armée. Dans le même sens, M. Souaïdia avait attribué la responsabilité de l'ensemble de la situation et de ses conséquences à l'armée et à ses responsables – notamment à la partie civile –, sans faire état de celle, considérée pourtant par M. Nezzar comme essentielle, de ces mêmes terroristes islamistes.

Enfin, la partie civile, de manière solennelle, a tenu à indiquer qu'elle n'avait pour tous revenus que ceux tirés des activités professionnelles qui avaient été les siennes et que son train de vie, relativement modeste, était totalement incompatible avec un enrichissement personnel, lequel, pour être affirmé par M. Souaïdia, n'en était pas moins parfaitement inexistant.

2) Sur le caractère diffamatoire des propos incriminés

On rappellera, en préalable, que la diffamation est définie par l'article 29 alinéa 1er de la loi du 29 juillet 1881 comme « toute allégation ou imputation d'un fait qui porte atteinte à l'honneur ou à la considération de la personne ou du corps auquel le fait est imputé ».

Il convient donc à présent de rechercher si les propos incriminés par la partie civile présentent, comme elle le soutient, les caractères ainsi rappelés, en examinant successivement les trois passages retenus par elle.

Premier passage

Il est imputé aux généraux algériens d'avoir confisqué l'ensemble des prérogatives du pouvoir (« Les hommes politiques sont des généraux, c'est eux qui décident ») en interrompant le processus électoral et d'être, à ce titre, les « vrais » responsables de la guerre civile qui en est résultée, se rendant coupables de la mort de milliers d'individus.

Prêter à une personne d'avoir exercé un pouvoir politique ne lui revenant pas de droit, au détriment de ceux qui devraient l'exercer légalement, d'avoir méconnu les règles démocratiques en ayant décidé de mettre fin à des élections et d'avoir, ce faisant, précipité sciemment un pays dans le chaos et la violence, en portant ainsi la responsabilité de la mort de populations, présente incontestablement le caractère diffamatoire que lui attribue la partie civile.

Il est tout aussi avéré que M. Nezzar, visé expressément en sa qualité de général et d'ex-ministre de la Défense, est assimilé aux « décideurs » désignés comme responsables des exactions et du coup d'État dénoncés par le prévenu, lequel conclut qu'il ne peut être pardonné à de tels individus et que ces derniers doivent être jugés.

Deuxième passage

Ces propos se situent dans le droit fil de ceux qui viennent d'être évoqués en ce qu'ils font référence au nécessaire jugement des généraux présentés comme responsables du conflit algérien.

Il est ici attribué au général Nezzar, désigné en sa qualité de « ministre de la Défense », dont il n'est ni contestable, ni contesté d'ailleurs, qu'elle s'applique au plaignant, d'avoir cherché à fuir ses responsabilités, en quittant en pleine nuit, de façon particulièrement précipitée, un pays dans lequel il se trouvait provisoirement, à savoir la France, de peur d'avoir à répondre de ses actes devant un juge français saisi d'une plainte déposée par plusieurs victimes ou familles de disparus algériennes.

Il convient de rappeler que ce passage fait l'objet d'une contestation des prévenus quant à la conformité des propos tenus par M. Souaïdia avec ceux incriminés par l'acte introductif d'instance.

La citation fait état de la phrase : « Il n'a pas le courage de dire : "Si vous avez quelque chose contre moi, je suis là. Jugez-moi". » Or le script de l'émission rapporterait, sur ce point précis, le propos suivant : « Ils n'ont pas le courage de dire : "Si vous avez quelque chose contre moi, je suis là. Jugez-moi…" »

Il sera tout d'abord rappelé que les propos déférés au tribunal sont ceux qui ont été réellement tenus lors de l'émission, à partir de l'enregistrement, non contesté, qui lui est soumis. Par ailleurs, la distorsion invoquée, à la supposer établie, n'est d'aucune incidence sur le caractère diffamatoire des propos poursuivis, lequel concerne principalement le passage précédemment examiné ainsi que l'identification de la personne visée.

Or, il est établi que M. Nezzar, seul cité au début du passage incriminé (un « ancien ministre de la Défense »), est mis en cause au regard d'un événement précis le concernant exclusivement, à savoir les conditions précédemment détaillées de son départ de France, et qu'il est donc incontestablement et prioritairement visé, en dépit de l'utilisation d'un éventuel pluriel.

Ainsi, les propos tenus par M. Souaïdia lors de l'émission télévisée, tout à fait compréhensibles en eux-mêmes et parfaitement résumés par l'emploi du terme « lâche », présentent M. Nezzar comme ayant fui, alors même qu'il allait devoir s'expliquer sur des faits pour lesquels sa responsabilité était directement mise en cause.

De tels propos portent également atteinte à l'honneur et à la considération de celui qui en est l'objet et présentent donc le caractère diffamatoire que leur attribue la partie civile.

Troisième passage

Ce dernier passage a pour objet de dénoncer la responsabilité d'un groupe – désigné sous la formulation « déserteurs de l'armée française » (par référence aux militaires initialement engagés au sein de l'armée française et ne l'ayant quittée qu'au moment précis où l'Algérie retrouvait son indépendance) –, au regard de l'actuel conflit algérien.

Selon le prévenu, les intéressés, ressortant comme mus par un opportunisme certain, et auquel le terme de « lâches » est de nouveau appliqué, auraient profité des conflits internes dont souffre actuellement l'Algérie pour s'enrichir personnellement et conduire le pays vers la faillite et l'anarchie.

Nommément mentionné comme faisant partie de ce groupe, M. Nezzar, dont la qualité de déserteur de l'armée française est précisée, fait donc valoir, à juste titre, qu'une telle imputation revêt un caractère attentatoire à son honneur et à sa considération.

3) Sur la bonne foi

Les prévenus, qui n'ont pas fait d'offre de preuve, invoquent le bénéfice de la bonne foi : les imputations diffamatoires étant réputées faites de mauvaise foi, il leur appartient d'en rapporter la preuve contraire.

Il convient tout d'abord de rappeler que M. Souaïdia, qui n'est ni journaliste, ni écrivain professionnel, ne peut se voir opposer les critères habituellement retenus par la jurisprudence pour caractériser la bonne foi.

En effet, le prévenu, dont les déclarations au cours de l'émission litigieuse s'inscrivent dans le cadre d'une polémique, relative à des événements contemporains l'opposant aux responsables de l'armée algérienne, et notamment à M. Nezzar, depuis sa condamnation en Algérie et sa fuite vers la France, s'explique sur les circonstances qui l'ont amené à relater son expérience personnelle au sein d'unités spécialisées de l'armée algérienne.

Le tribunal relève également que les débats, qui ont permis d'entendre les nombreux témoins cités par les parties et d'examiner les pièces produites par celles-ci, ont, par leur richesse et leur intensité, fait ressortir le caractère fortement contrasté des positions soutenues de chaque côté de la barre, ces divergences de vues se reproduisant pour chacun des passages retenus comme diffamatoires, qui seront examinés successivement.

Sur le premier passage

Celui-ci comporte l'allégation selon laquelle les généraux algériens auraient confisqué la réalité du pouvoir, auraient pris la décision d'interrompre le processus électoral et auraient ainsi été directement à l'origine d'événements ayant entraîné la mort de milliers de personnes.

Les débats ont conduit, à cet égard, à distinguer trois étapes successives.

Le premier tour des élections législatives

Concernant tout d'abord les événements antérieurs à l'interruption du processus électoral, survenu en janvier 1992, on rappellera qu'à la suite d'émeutes sanglantes, en octobre 1988, ayant provoqué la mort de plusieurs centaines de personnes, une nouvelle Constitution a été adoptée en février 1989, ouvrant la voie au multipartisme.

Lors d'élections municipales, en juin 1990, le Front islamique du salut a obtenu une large victoire. C'est dans ce contexte qu'au premier tour des élections législatives, le 26 décembre 1991, ce parti religieux a obtenu cent quatre-vingt-huit sièges, contre quinze au Front de libération nationale, vingt-cinq au Front des forces socialistes et trois à des indépendants.

Faisant valoir que ce résultat amenait au pouvoir un parti religieux fanatique qui mettait directement en danger la démocratie et les libertés publiques et que l'emprise du FIS était telle qu'il était impossible de prendre une quelconque mesure en vue de trouver une issue à cette situation, laquelle devait nécessairement conduire à l'interruption du processus électoral, la partie civile a notamment invoqué :

— le témoignage de M. Sid-Ahmed Ghozali : ministre des Affaires étrangères en 1991, appelé à exercer les fonctions de chef du gouvernement à la demande du président Chadli, en juin de cette même année, celui-ci a souligné le fait que sa nomination, ainsi que l'exercice de sa mission, avaient été exclusifs d'une intervention des militaires. Selon ce témoin, le fait, pour le FIS, de détenir la quasi-totalité des communes avait été déterminant pour le résultat des élections législatives, dans la mesure où ce parti avait manipulé les listes électorales dans chaque municipalité et que cette fraude avait été mise en évidence par l'annulation ultérieure d'un million de votes et par l'impossibilité, pour un nombre équivalent de citoyens, de trouver leur nom sur les listes électorales ;

— les déclarations de M. Ali Haroun, ministre des Droits de l'homme de juin 1991 à janvier 1992, puis membre du Haut Comité d'État, lequel, comparant la situation algérienne de celle époque à celle de l'Allemagne en 1933, a affirmé qu'à la suite des élections locales les islamistes étaient devenus les plus puissants, que c'étaient eux qui avaient préparé les élections législatives, et que leur action avait été marquée par de nombreux agissements contraires à la sincérité du scrutin (cartes d'électeurs non distribuées, absence de noms sur les listes électorales, présence illicite dans les bureaux de vote).

Pour sa part, la défense, tout en ne méconnaissant pas l'impact de l'implantation du FIS à la faveur des élections locales, a soutenu que plusieurs solutions auraient pu être mises en œuvre, de nature à assurer un déroulement démocratique des élections législatives, s'appuyant à cet égard :

— sur l'audition de M. Aït-Ahmed, président du Front des forces socialistes : celui-ci a en effet prétendu que si les élections s'étaient déroulées en juin 1992, comme cela était initialement prévu, le FIS n'aurait pas été en mesure de sortir vainqueur du scrutin. Selon l'intéressé, c'était, en fait, les décisions prises, à l'époque, par le pouvoir (proclamation de l'état de siège, redécoupage électoral, nouvelle loi électorale) qui avaient conduit à la victoire du FIS. M. Aït-Ahmed a d'ailleurs ajouté qu'après le premier tour des élections il avait lui-même cherché à obtenir un sursaut du peuple algérien, au moyen d'une manifestation qu'il avait organisée le 2 janvier 1992, sous le slogan « Ni État policier, ni République islamiste », et qu'il était pareillement possible de contester l'élection de certains députés, du fait de fraudes observées ;

— sur les affirmations de Mme José Garçon, journaliste spécialiste de la question algérienne, selon laquelle aucun moyen politique légal n'avait été mis en œuvre pour empêcher que les islamistes sortent vainqueurs des élections législatives, alors, notamment, qu'il était possible, pour le gouvernement, de faire en sorte que le découpage électoral ne favorise pas ce parti.

L'interruption du processus électoral

La dualité des positions des parties, mise en évidence concernant le premier tour des élections législatives, est apparue, de la même façon, à l'examen des motivations de la décision d'interruption du processus électoral et des conditions dans lesquelles celle-ci est intervenue.

Ainsi, la partie civile a soutenu que ce choix politique était devenu inévitable, seule une décision de cette nature étant susceptible d'empêcher une prise en main définitive du pouvoir par le FIS.

Les témoins cités par M. Nezzar ont ainsi insisté sur les changements intervenus au sein de la société sous l'influence du FIS, notamment par les habitudes vestimentaires ou alimentaires et par la recrudescence de prêches exaltés.

Donnant à la manifestation du 2 janvier 1992 un sens profondément différent de celui avancé par M. Aït-Ahmed, ils ont affirmé que la population algérienne avait, à cette occasion, appelé à l'interruption du processus électoral ; de plus, cette décision était devenue inéluctable, dès lors que le président Chadli avait démissionné, ce qui avait entraîné la mise en place du Haut Comité d'État. Sur ce point précis, la partie civile a souligné que le président avait pris sa décision librement, M. Ghozali évoquant même une attitude démissionnaire, voire dépressive, de longue date de l'intéressé.

La défense a fait valoir, au sujet de cet événement, présenté comme décisif, une tout autre approche. Plusieurs témoins ont ainsi évoqué l'existence d'un véritable coup d'État, au cours duquel le président Chadli avait été contraint à la démission.

Concernant la responsabilité de ces événements, le témoin Aït-Ahmed l'a attribuée à ce qu'il a nommé une « mafia politico-militaire », ajoutant que, selon lui, M. Nezzar portait une grande responsabilité dans l'interruption du processus électoral, alors pourtant que la partie civile lui avait auparavant personnellement déclaré, dans le cadre d'une rencontre entre les deux hommes à la suite du premier tour des élections : « Nous n'interviendrons jamais. »

Enfin, la défense a souligné que, même en cas de victoire du FIS, la présence, au sein de ce mouvement, de personnalités modérées était de nature à atténuer grandement les perspectives pessimistes – présentées comme définitives – annoncées par les partisans de l'interruption du processus électoral.

Les conséquences de l'interruption du processus électoral

Si l'audience a montré que plusieurs interprétations pouvaient être données aux événements qui viennent d'être relatés, il est constant qu'à partir de leur survenance l'Algérie a basculé dans une situation de violence, qui, pour avoir existé antérieurement, est alors devenue extrême, ainsi qu'en attestent les témoignages de personnes ayant, de façon personnelle, été les victimes de cet état de fait.

Mais, ici encore, les débats ont mis en exergue les appréciations très différentes, voire antagonistes, pouvant être portées sur des événements identiques.

Concernant la responsabilité, imputable, selon la partie civile, aux islamistes, dans la perpétration de nombreux massacres, le tribunal a entendu :

— le témoignage de Mme Hadjrissa épouse Ghazi Attika et de sa sœur Mme Hadjrissa Saâdia, qui ont relaté dans quelles conditions leur père, enlevé par les terroristes, avait été tué, elles-mêmes profitant de la protection des policiers et des officiers de l'armée. Un mois plus tard, les mêmes terroristes, faisant référence au décès de leur père, avaient emmené les deux sœurs, puis les avaient retenues contre leur gré dans le maquis, en les exploitant et en les violant à plusieurs reprises, les deux femmes ne devant la vie sauve qu'à leur fuite et au fait qu'elles avaient été de nouveau recueillies par des militaires ;

— celui de Mme Zamine, qui a fait état des circonstances particulièrement dramatiques dans lesquelles son mari avait été enlevé puis tué par les islamistes, affirmant d'ailleurs connaître ces personnes et les fuir désormais ;

— la déposition de M. Daho Mohamed, relative à l'assassinat de son enfant de quinze ans : contrairement aux affirmations contenues dans le livre de Habib Souaïdia – selon lequel l'enfant aurait été brûlé vif par les militaires –, le témoin a expliqué que son fils avait, en réalité, été égorgé parce qu'il revendait des cigarettes à Lakhdaria, alors qu'une telle vente était interdite par les islamistes ; ce père a également été formel sur le fait que cet acte était l'œuvre des terroristes, dont il a d'ailleurs cité les noms à la barre ;

— les déclarations de M. Hamid Bouamra, présent à Bentalha le 22 septembre 1997, où plusieurs centaines de personnes devaient être assassinées. Le témoin a imputé sans ambiguïté la responsabilité de ce massacre aux terroristes islamistes (dont il devait également citer certains noms), précisant que c'était l'intervention de l'armée qui avait empêché ces individus de poursuivre leurs actions criminelles.

Concernant, de façon plus générale, la situation que connaissait alors l'Algérie, M. Nezzar a justifié les mesures d'exception et de restriction des libertés individuelles par la gravité des faits commis et n'a pas démenti que, dans ce cadre exceptionnel, des « dépassements » aient pu avoir lieu de la part de certains militaires, indiquant cependant que ces derniers avaient été sanctionnés et que des informations précises sur ce point avaient été adressées à des représentants de l'ONU s'étant rendus sur place.

L'argument, invoqué par la partie civile, quant à la mise en œuvre de garanties concernant les droits de l'homme a été confirmé par M. Haroun, qui avait occupé les fonctions de ministre dans ce domaine, ainsi que par M. Rezzag-Bara, qui a déclaré assurer, depuis l'année 1992, la direction d'un organisme des droits de l'homme.

En définitive, la conclusion retenue par M. Nezzar et par plusieurs témoins consiste à affirmer que l'accusation d'avoir délibérément interrompu le processus électoral relèverait d'un complot visant à déstabiliser l'armée, alors qu'elle était le seul rempart contre les menées islamistes, pour finalement aboutir à un effondrement de l'État, M. Souaïdia apparaissant, dans ce contexte, comme l'objet d'une manipulation habile de la part des terroristes.

Les pièces et témoins de la défense tendent, au contraire, à démontrer que c'est précisément la répression aveugle mise en place par le pouvoir qui, en visant indistinctement les différents groupes de personnes, soumises on non au FIS, avait conduit, notamment des jeunes, à rejoindre les maquis et à faire allégeance aux islamistes, la seule volonté de l'armée, sous couvert de protéger la population, étant de se maintenir au pouvoir.

Quant au comportement des militaires, plusieurs témoins ont fourni une version sensiblement différente de celle livrée par la partie civile :

— s'agissant du massacre de Bentalha, le tribunal a ainsi entendu le témoin Yous, auteur d'un livre sur ce sujet, versé aux débats, lequel a entendu dénoncer, au minimum, l'inaction totale de l'armée, malgré sa présence, lors de la commission de ces faits ;

— de même, M. Abderrahmane El-Mehdi Mosbah a décrit, de manière particulièrement précise et circonstanciée, les conditions inhumaines et dégradantes dans lesquelles il avait été arrêté, détenu puis torturé par les militaires, sans raison, alors qu'il n'était nullement islamiste, au point d'insulter sa mère et de lui reprocher de l'avoir mis au monde ;

— M. Samraoui a indiqué avoir été affecté à un service de contre-espionnage et avoir, à ce titre, participé à différentes actions, visant à déstabiliser le FIS par tous les moyens. Il a d'ailleurs précisé sur ce point : « Ce que je peux dire, c'est que d'une part les enlèvements, les tortures, les exécutions sommaires faisaient partie du lot. Le problème, c'est qu'on ne sanctionnait pas de tels agissements. » Soulignant qu'en définitive beaucoup de personnes, parmi les plus dangereuses, n'avaient pas été arrêtées, le témoin a déclaré avoir quitté l'armée car il réprouvait certaines pratiques et ne pouvait accepter de lutter contre les terroristes avec des méthodes identiques à celles employées par ces derniers.

Concernant la sauvegarde des droits de l'homme, alléguée par la partie civile, la défense a apporté plusieurs atténuations à ce qui avait pu être avancé, soulignant le fait que les organisations algériennes des droits de l'homme invoquées par M. Nezzar étaient en réalité extrêmement dépendantes du pouvoir.

En outre, le témoin Patrick Baudouin, ancien responsable de la Fédération internationale des droits de l'homme, a déclaré que la première visite qu'il avait pu faire en Algérie, au contact des organisations présentes dans ce pays, lui avait laissé le sentiment constant de dissimulation et de mensonge, évoquant à ce titre la personne de M. Rezzag-Bara, lequel lui avait expliqué que, « en Algérie, ça va beaucoup mieux ». Une deuxième visite, en juin 2000, lui avait toutefois laissé une impression plus favorable, beaucoup de personnes ayant pu être rencontrées, mais M. Baudoin devait mettre en exergue l'importance du problème posé par les personnes disparues, dont le nombre réel selon lui (15 000) était sous-évalué par le pouvoir (4 600).

Mme Nassera Yous, épouse Dutour, elle-même victime de la disparition d'un fils, a relaté le combat qui était le sien et l'indifférence à laquelle elle s'était heurtée, notamment de la part de M. Rezzag-Bara.

Sur le deuxième passage

Concernant ce passage, relatif aux conditions du départ de France de M. Nezzar, alors qu'il devait être entendu sur la base des plaintes déposées contre lui, le plaignant, par lui-même et par ses conseils, a admis avoir eu connaissance de ces plaintes et du fait qu'il devait être entendu à leur sujet, mais a indiqué que, selon lui, cette audition était de nature à entraîner un incident diplomatique entre l'Algérie et la France, pays dans lequel il se trouvait pour la promotion d'un ouvrage dont il était l'auteur ; cette audition avait d'ailleurs été ultérieurement réalisée – ainsi qu'en atteste la retranscription versée aux débats – et des décisions de classement sans suites avaient été prises par le Parquet.

Du point de vue de la défense, le départ de France de M. Nezzar manifestait sa volonté de fuir ses responsabilités, lesquelles pouvaient être recherchées dans un pays dont les autorités judiciaires étaient compétentes pour l'entendre sur les actes de tortures dénoncés à son encontre.

Sur le troisième passage

En ce qui concerne le qualificatif de « déserteur » appliqué au général Nezzar, la défense a fait prévaloir le témoignage de M. Harbi, lequel a évoqué le ralliement à l'armée algérienne d'officiers ayant, par patriotisme, quitté l'armée française lors de la guerre d'indépendance, ainsi que celui de Mme Chevillard, journaliste ayant rédigé une étude sur l'Algérie, selon laquelle un tel adjectif relèverait de la « formule historique ».

Quant à l'imputation d'enrichissement personnel, contestée par M. Nezzar, le témoin M. Benderra, haut responsable bancaire en Algérie, a mis en évidence le fait que, si l'interruption du processus électoral avait, au départ, coïncidé avec un processus de réforme économique, celui-ci avait, ensuite, été abandonné, entraînant, de façon incontestable, un constat de faillite. Le témoin a ajouté que, de façon tout aussi manifeste, certains généraux, dont M. Nezzar faisait indiscutablement partie, avaient profité de cet état de fait.

L'ensemble de ces éléments, qui ont émergé au fil des débats, a tout d'abord mis en lumière le caractère dramatique de la situation algérienne depuis près de quinze ans. En effet, si les chiffres avancés varient, nul ne conteste l'ampleur du nombre de morts et de disparus, et le tribunal, en écoutant plusieurs témoins cités de part et d'autre de la barre, a pu prendre la mesure, indépendamment de leur origine, des souffrances endurées par la population de ce pays, victime d'une véritable guerre civile.

Il est, dès lors, parfaitement légitime que s'instaure un débat, à la hauteur de tels événements, quant à la genèse et aux responsabilités d'une telle situation. Il doit être pareillement admis que l'évocation d'une controverse de cette ampleur, compte tenu de l'importance des enjeux, engageant l'avenir d'un pays et la vie de sa population, peut justifier des positions divergentes, empreintes de passion, voire d'excès.

Il est constant, en l'espèce, que M. Habib Souaïdia a réellement exercé des fonctions d'officier au sein de l'armée algérienne et qu'il a nécessairement, à ce titre, participé à la lutte engagée dans son pays contre le terrorisme islamiste.

Il est vrai que les parties sont opposées sur les motifs pour lesquels M. Souaïdia a été arrêté, incarcéré et condamné, le prévenu dénonçant la volonté de l'armée de mettre fin à certaines protestations qu'il commençait à émettre, alors que la partie civile affirme que c'est à la suite de faits de vols commis dans le cadre de ses fonctions que l'intéressé a été poursuivi, sans que les débats, dans le cadre de la présente instance, aient permis de trancher cette question.

Il est encore exact qu'une polémique a existé quant aux conditions d'élaboration du témoignage de M. Souaïdia, ayant abouti à la publication de son ouvrage, mais il n'en demeure pas moins que les seuls propos déférés au tribunal sont ceux que le prévenu a tenus dans le cadre de l'émission de télévision incriminée.

Or, il ressort des débats que la thèse soutenue par M. Souaïdia, sans avoir été formellement démontrée au terme des audiences qui lui ont été consacrées, est cependant partagée par d'autres personnes.

Ainsi, en ce qui concerne le *premier passage* poursuivi, plusieurs témoins, notamment M. Aït-Ahmed, haut responsable politique algérien, ou encore M. Samraoui, membre d'un service de contre-espionnage, ont abondé dans le sens du prévenu quant au rôle de l'année dans les événements antérieurs et postérieurs à l'interruption du processus électoral et dans les conséquences qui s'en sont suivies.

S'agissant des propos relatifs au *départ de M. Nezzar de France*, alors qu'il devait être entendu par un juge français sur les plaintes déposées contre lui, les circonstances spécifiques de cet épisode pouvaient légitimement conduire le prévenu à estimer, fût-ce à tort, que le plaignant cherchait à fuir ses responsabilités, alors, de surcroît, que la partie civile elle-même ne conteste que le motif mais non les circonstances de ce départ.

Quant aux termes contenus dans le *troisième passage* poursuivi, le tribunal observe, d'une part, que le qualificatif de « déserteur » se réfère à une réalité historique non sérieusement contestée par la partie civile et, d'autre part, que l'allégation d'enrichissement personnel a été corroborée par le point de vue du témoin M. Benderra, ancien haut responsable d'un organisme bancaire, auquel il peut être reconnu, au minimum, un certain sérieux dans l'expression de ses opinions.

Au vu de l'ensemble de ces éléments, le tribunal relève que, si M. Nezzar a pu, à juste titre, s'estimer atteint dans son honneur, en ce qu'il a été visé de façon personnelle, et pratiquement exclusive, dans les propos tenus par M. Souaïdia, alors qu'à l'évidence les responsabilités dénoncées doivent être partagées, le plaignant – qui a lui-même pu faire connaître ses propres idées dans un ouvrage publié postérieurement à celui du prévenu – doit, pareillement, admettre que le caractère particulièrement dramatique de la situation algérienne, ainsi que les fonctions éminentes occupées par lui lors d'événements cruciaux, autorisent des sujets comme M. Souaïdia, ayant été personnellement impliqués dans ce conflit, à faire part de leur expérience, fût-ce d'une façon virulente, quand bien même les idées ainsi émises ne correspondraient pas à sa propre interprétation des événements.

En tout état de cause, il n'appartient pas au tribunal de se prononcer sur la véracité des thèses soumises à son appréciation, que seule l'Histoire pourra déterminer, ainsi que l'a d'ailleurs déclaré M. Nezzar lui-même (« L'Histoire jugera »).

Ces considérations conduisent le tribunal à estimer que les déclarations de M. Habib Souaïdia, dans les circonstances qui viennent d'être définies, et en dépit de leur gravité concernant la personne de M. Nezzar, n'ont pas excédé les limites de la tolérance qui doit être autorisée en la matière et ressortissent au cas présent du droit à la liberté d'expression.

Il y a lieu, par conséquent, d'accorder au prévenu Souaïdia le bénéfice de la bonne foi.

La bonne foi du directeur de la publication s'appréciant en la personne de celui qui a formulé les imputations, le fait justificatif de bonne foi appliqué à M. Souaïdia exclut, ce faisant, la responsabilité de M. Tessier, lequel sera également mis hors de cause.

PAR CES MOTIFS

Le tribunal statuant publiquement, en matière correctionnelle, en premier ressort et par jugement contradictoire, à l'égard de Habib Souaïdia, prévenu, par jugement contradictoire (art. 411 du code de procédure pénale) à l'égard de la chaîne de télévision La Cinquième, civilement responsable, par jugement contradictoire à l'égard de Khaled Nezzar, partie civile, et après en avoir délibéré conformément à la loi ;

En la forme

REJETTE les exceptions de nullité soulevées ;

Au fond

CONSTATE l'extinction de l'action publique par voie d'amnistie, en application des dispositions de l'article 2-3e de la loi du 6 août 2002 ·

Statuant sur l'action civile,

DIT que les éléments constitutifs du délit de diffamation ne sont pas réunis ;

DÉBOUTE la partie civile de l'ensemble de ses demandes

Annexes

1. *Interview du capitaine Hacine Ouguenoune. porte-parole du MAOL*[1]

Est-ce que vous pouvez nous dire qui vous êtes et les principales étapes de votre carrière dans l'armée algérienne ?

Je m'appelle Hacine Ouguenoune, né le 5 juin 1963 à Médéa, Algérie ; je suis un ancien cadet de la révolution algérienne. J'ai rejoint la SM (Sécurité militaire) en 1982, pour faire ensuite une formation d'ingénieur d'État à la Polytechnique militaire. Puis j'ai été affecté au Centre principal d'investigation militaire de Ben-Aknoun, qui dépend de la DCSA (Direction centrale de la sécurité de l'armée), jusqu'à la fin août 1990. De là, j'ai été réaffecté au bureau militaire de l'ambassade à Paris, jusqu'à ma sortie de l'armée au début 1995.

Pourquoi êtes-vous parti en 1995 ? Pourquoi avez-vous déserté en Angleterre ?

J'ai déserté parce que je voyais que ce qu'on faisait n'avait plus rien à voir avec ce qu'on nous avait appris, surtout après l'assassinat du président Boudiaf dont je connais très bien les détails. Il se trouve que tous les principes pour sauver l'Algérie, construire un État fort, ont été bafoués tout au long de ces années. Donc je voyais que ce qu'on faisait, c'était juste obéir à des ordres venus d'en haut et qui ne servaient en fait qu'à conforter une espèce de caste : les généraux faisaient du business et nous, on était là pour les assister et faire ce qu'ils voulaient.

---

1 Interview en vidéo recueillie à Londres, le 14 juin 2002, par le journaliste Jean-Baptiste Rivoire. Le capitaine Ouguenoune, dit « Haroun », réside à Londres où il a obtenu le statut de réfugié politique à la fin de l'année 1999. Il avait accepté de témoigner au procès en faveur de Habib Souaïdia : ayant été dans l'impossibilité de se rendre à Paris, il avait donc proposé d'enregistrer cette interview, qui devait être projetée lors du procès. Cela n'a malheureusement pas été possible, faute de temps.

Vous avez participé à la création du MAOL, le Mouvement algérien des officiers libres. Quels sont ses objectifs ?

Le MAOL a été créé par des officiers supérieurs, je n'ai pas assisté à sa création. Ce sont d'autres officiers supérieurs, parmi lesquels le général Mohamed Touahri et le colonel Hachemi Touabih, assassinés en 1998. Ils ont créé le MAOL pour redonner à l'armée tout le crédit bafoué pendant les années quatre-vingt-dix et pour rendre à l'institution militaire son honneur. Parce qu'ils ont fini par voir sur le terrain et par comprendre que les gens qui sont encore actuellement aux commandes de l'institution militaire n'étaient là que pour servir leurs propres intérêts personnels et qu'ils étaient en train de mener le pays à la faillite.

En octobre 1988, vous étiez en poste à la DCSA, la Direction centrale de la sécurité de l'armée, une des trois branches des services secrets. Quelles étaient vos fonctions exactes et quel a été le rôle du général Nezzar dans la répression d'octobre 1988 ?

En octobre 1988, j'étais officier de recherche au CPMI sous les ordres du commandant Abderrahmane, *alias* « Le Tigre ». Ce centre était responsable de la gestion sécuritaire des événements d'octobre 1988. Khaled Nezzar venait presque chaque jour en tant que CFT (commandant des forces terrestres) pour suivre ce qu'on faisait, étant donné que nous étions le poste de commandement opérationnel de tout le grand Alger. Donc il savait absolument ce qu'on faisait. Et c'est lui, du reste, qui donnait les instructions pour être très très ferme avec les manifestants.

Est-ce qu'il savait ce qui se passait dans la répression, ce qui se passait exactement ?

Oui, il savait ce qui se passait et il avait donné des ordres stricts disant carrément « Tuez s'il faut tuer » et d'être très fermes. Il fallait, selon lui, montrer qui commandait dans le pays. Il ne fallait pas du tout être indulgent, il fallait aller jusqu'au bout avec les manifestants. Il a lui-même, un jour, quand il est venu au centre, félicité quelqu'un qui venait de tuer deux manifestants. C'était un caporal des forces spéciales qui avaient été mises à notre disposition, et ce même caporal a été muté par Nezzar à l'ambassade de Paris comme membre de la sécurité de l'ambassade. Donc cela pour le féliciter d'avoir tué deux personnes…

Que se passait-il au centre de Sidi-Fredj ?

Sidi-Fredj, c'était un centre de colonie de vacances qui a été réquisitionné par la DCSA pour en faire un centre administratif ; c'était un centre très grand, qui comportait plusieurs baraques. Le problème, c'est qu'à Ben-Aknoun le centre était petit : on ne pouvait pas à l'époque effectuer beaucoup d'arrestations, car les capacités du centre ne le permettaient pas (il ne pouvait en accueillir que quelques dizaines à peine). Par contre, le centre de Sidi-Fredj permettait de placer des centaines de personnes dans les baraques et on pouvait se permettre de transférer ensuite les gens les plus « intéressants » de Sidi-Fredj vers Ben-Aknoun. La torture était faite dans les deux centres, mais surtout à Ben-Aknoun, car c'est là que se trouvait le gros des services.

Est-ce que le général Nezzar pouvait ignorer ce qui se passait à Sidi-Fredj ?

Impossible ! Impossible parce que c'est le général Nezzar qui a donné des instructions. C'est impossible qu'il puisse dire « Je ne le savais pas », parce qu'il venait chaque jour pour voir ce qu'on faisait, il venait chaque jour pour avoir des informations et pour diriger justement toute l'équipe qui s'occupait de la gestion de la crise.

Quelles étaient les méthodes de torture ?

Des méthodes de torture qu'on peut appeler « classiques » : cela pouvait aller de l'humiliation par une simple gifle à la gégène, l'eau de Javel et l'eau, l'électricité, la bouteille, on pouvait tout se permettre. On pouvait tout se permettre parce que le chef du CFT, le général Nezzar, nous avait donné carte blanche pour faire ce qu'on voulait. Donc c'était la porte ouverte à tous les dépassements.

Il y avait des gens qui mouraient sous la torture ?

Bien sûr. Octobre 1988 a généré beaucoup de morts, mais ça a été le black-out total, personne n'en a parlé.

Comment fonctionnait le CPMI où vous étiez affecté ? Quelles étaient ses activités, était-il impliqué dans la répression ?

Le CPMI, c'est le Centre principal militaire d'investigation, c'est-à-dire qu'on faisait de la recherche et de l'investigation sur les grosses affaires. C'est le CPMI par exemple qui a organisé la liquidation du chef islamiste Bouyali en 1987 et donc il avait acquis beaucoup d'expérience dans la gestion des crises et des situations spéciales. C'est dans ce sens que le centre a été le pivot dans toute la répression d'octobre 1988.

Quelles étaient les méthodes de répression ?

C'était les arrestations au milieu de la nuit, les tortures : on pouvait faire tout ce qu'on imaginait. C'était au gré de l'officier qui était en charge d'un dossier.

Est-ce que la torture est devenue quelque chose de généralisé en Algérie après 1990 ou était-ce quelque chose d'exceptionnel ?

Malheureusement, la torture est devenue institutionnalisée vers 1992. Le Poste de commandement opérationnel (PCO), qui a été créé par Larbi Belkheir et Smaïl Lamari (et donc Nezzar aussi), devait regrouper tous les services de lutte contre le terrorisme : gendarmerie, police, Sécurité militaire (pour ne pas dire DRS). Donc tous ces services étaient centralisés sous la coupole du général Smaïl Lamari, colonel à l'époque, et ce centre à Châteauneuf, Chevalley (en face du siège de formation de l'École de police nationale, à l'époque le lieu a été choisi dans le but de servir de centre opérationnel, CPO), donc pas loin de Ben-Aknoun, était responsable de toutes les arrestations des militants islamistes.

Quand les gens étaient arrêtés, tous les moyens étaient permis pour avoir des résultats très vite. Il fallait donc absolument les faire parler. Les gens mouraient d'une manière continue sous la torture. C'était tout à fait normal que les gens meurent sous la torture et personne n'était redevable pour ces morts. Les vies humaines ne comptaient plus. C'était l'impunité totale.

Et c'est à partir de cette période, malheureusement, que l'emploi de la torture s'est généralisé dans les autres corps : les gendarmes après cela torturaient dans les gendarmeries, les policiers dans tous les commissariats, les militaires dans toutes les unités militaires et la Sécurité militaire (la DCSA et la DCE) étaient bien sûr la référence dans la torture. C'est ce qui a fait que le nombre de disparus a grimpé d'une manière extraordinaire. Je ne pense pas que dans le monde il y ait un nombre aussi important de disparus sous la torture qu'en Algérie. C'est extraordinaire !

Vous l'évaluez à combien ?

Ça serait presque une offense que d'évaluer le nombre tellement il est effarant. Parce que chaque victime compte. Si j'avance le chiffre de 20 000, je pourrais aussi dire plus, tant il y a eu de personnes arrêtées. Toutes les vies comptent et les chiffres dépassent très largement les 20 000 disparus.

Le MAOL est accusé dans la presse algérienne d'être lié aux islamistes ou au FIS. Qu'est-ce que vous répondez à cela ?

On dit : « Pour abattre son chien, on dit qu'il est enragé. » Alors, on nous a aussi accusés d'être à la solde des Marocains, on nous a accusés d'avoir été créés par la DGSE, ils ont ensuite dit qu'on a été créés par la CIA… C'est la méthode classique des Algériens pour diminuer tout ce qui est contre eux. Le MAOL a été créé par un ensemble d'officiers supérieurs intègres qui ont décidé de redonner à l'armée son honneur, d'installer la démocratie en Algérie et d'essayer d'apporter la solution qu'il faut à la crise algérienne qui ne peut en aucun cas être militaire.

Pourtant, vous étiez dans les unités de l'armée au moment de la répression de 1988, au moment du coup d'État de 1992, donc vous avez participé à cette répression ?

Oui, on a participé mais on était sous des ordres, on ne pouvait pas dire non. Dire non, cela voulait dire qu'on se déclarait ennemi des généraux. C'était impossible de dire non.

C'était dangereux ?

Ce n'était pas dangereux, c'était vital. Si on disait non, c'est qu'on avait signé son arrêt de mort. Beaucoup d'officiers supérieurs – même au sein des services – qui ont refusé d'exécuter des ordres, ont été simplement liquidés et leur liquidation a ensuite été imputée cyniquement aux groupes islamistes.

Ces militaires ont été liquidés par un « escadron de la mort » qui a été créé par Larbi Belkheir. Sa gestion a été exclusivement donnée au général Smaïn (colonel à l'époque) et c'est lui qui a créé cet « escadron 192 » : 1, pour le mois de janvier, et 92, symbole de l'année du coup d'État. Le nombre d'officiers qu'ils ont liquidés est incroyable. Donc, ils faisaient d'une pierre deux coups : d'une part, ils liquidaient les officiers opposants et, d'autre part, leur mort servait à attiser la haine au sein des autres officiers puisqu'on disait qu'ils avaient été assassinés par des islamistes. C'est avec cela aussi qu'ils encourageaient les gens à faire des « dépassements » et à s'impliquer encore plus dans la lutte antiterroriste.

Comment expliquez-vous que depuis 1992 il y ait peu de policiers ou de militaires algériens qui aient parlé pour expliquer ce qui s'était vraiment passé ?

Concernant les militaires, il faut dire d'abord que ce n'est pas facile de sortir d'Algérie. Et même si on réussit à sortir, il faut beaucoup de courage pour parler. Si vous parlez, vous mettez en danger de mort toute votre famille. Ce sont ces pratiques de prendre en otage toute une famille que les généraux ont appliquées pour réduire au silence tous les opposants ou tous les militaires algériens qui ont à dire quelque chose. Cela a été tout le temps leur politique.

2.
Lettre de Pierre Vidal-Naquet à Me Antoine Comte, 2 juillet 2002

Cher Maître,

Retenu loin de Paris par un état de santé déficient, il m'est impossible d'être présent à l'audience où je suis cité comme témoin dans le procès intenté par le général Nezzar au capitaine Habib Souaïdia.

Je le regrette d'autant plus que j'ai participé à l'émission télévisée mise en cause par le général Nezzar et je ne puis que confirmer l'impression très favorable que m'ont donné la personne et les paroles du capitaine Souaïdia.

J'estime que, depuis 1965 et même depuis 1957, la malheureuse Algérie est passée sous la coupe d'un clan militaire, dont le général Nezzar est un représentant éminent. C'est l'ALN des frontières, qui ne s'est guère battue, qui dès 1962 a mis Ben Bella au pouvoir tandis que le colonel Boumediene avait en main le pouvoir militaire qui est devenu le pouvoir tout court en juin 1965. Depuis lors, à l'exception d'une courte période après Octobre 1988, c'est la caste militaire qui a confisqué à son profit l'Algérie, s'emparant notamment de revenus pétroliers. C'est de cette confiscation que le capitaine Souaïdia a été le témoin. Je ne songe pas à innocenter les islamistes, mais il est clair qu'une partie au moins des massacres qu'on leur attribue est en réalité l'œuvre de l'armée dans laquelle le général Nezzar a joué un rôle éminent.

Voilà, cher Maître, ce que j'aurais dit à l'audience si j'avais pu être présent.

Veuillez agréer, mon cher Maître, l'expression de mes sentiments les meilleurs.

Pierre VIDAL-NAQUET

3.
Liste des sigles

ALN	Armée de libération nationale.
ANP	Armée nationale populaire.
APC	Assemblées populaires communales.
APW	Assemblées populaires de wilaya.
CFT	Commandement des forces terrestres.
CNT	Conseil national transitoire.
CPMI	Centre principal militaire d'investigation.
CTRI	Centre technique de recherche et d'investigation.
DAF	Déserteurs de l'armée française.
DCE	Direction du contre-espionnage.
DCSA	Direction centrale de la sécurité de l'armée.
DDSE	Direction de la documentation et de la sécurité extérieure.
DGDS	Délégation générale de la documentation et de la sécurité.
DGPS	Direction générale de la prévention et de la sécurité.
DRS	Département de renseignement et de sécurité.
FFS	Front des forces socialistes.
FIDA	Front islamique du djihad armé.
FIDH	Fédération internationale des Ligues de droits de l'homme.
FIS	Front islamique du salut.
FLN	Front de libération nationale.
GIA	Groupes islamiques armés.
GLD	Groupes de légitime défense.
GPRA	Gouvernement provisoire de la République algérienne.
HCE	Haut Comité d'État.
HCS	Haut Conseil de sécurité.
LADDH	Ligue algérienne de défense des droits de l'homme.
LADH	Ligue algérienne des droits de l'homme.
MAOL	Mouvement algérien des officiers libres.
MEI	Mouvement pour l'État islamique.
MIA	Mouvement islamique armé.
MSP	Mouvement de la société pour la paix.
MTLD	Mouvement pour le triomphe des libertés démocratiques.
ONDH	Observatoire national des droits de l'homme.
PPA	Parti du peuple algérien.
PRS	Parti de la révolution socialiste.
SM	Sécurité militaire.

Chronologie

1830-1962. - Colonisation de l'Algérie par la France.

1954-1990

1er novembre 1954. - Déclenchement par le FLN (Front de libération nationale) de la guerre de libération.

5 juillet 1962. - Indépendance de l'Algérie : Ahmed Ben Bella est le premier président de la République démocratique et populaire, le FLN est le parti unique.

19 juin 1965. - Le colonel Houari Boumediene prend le pouvoir en organisant un coup d'État.

27 décembre 1978. - Mort de Houari Boumediene.

Janvier 1979. - Un conclave militaire désigne le colonel Chadli Bendjedid à la tête de l'État.

5-10 octobre 1988. - Manifestations de jeunes et révoltes dans toutes les grandes villes du pays. L'armée réprime brutalement : plus de cinq cents personnes sont tuées, des milliers sont blessées, la torture est systématique. Le président Chadli promet des réformes politiques et économiques.

16 novembre 1988. - Le général Khaled Nezzar est nommé à la tête de l'état-major de l'armée.

23 février 1989. - La nouvelle Constitution reconnaissant le multipartisme est adoptée par référendum. L'armée se retire du comité central du FLN. De nombreux partis politiques se forment et sont légalisés : le RCD (Rassemblement pour la culture et la démocratie) est agréé en février, le FIS (Front islamique du salut) en septembre et le FFS (Front des forces socialistes), parti clandestin depuis 1963, en novembre.

9 septembre 1989. - Mouloud Hamrouche est nommé Premier ministre en remplacement de Kasdi Merbah ; son équipe affiche un ambitieux programme de réformes, notamment économiques.

12 juin 1990. - Premières élections locales pluralistes : le FIS remporte 54,25 % des suffrages exprimés, le FLN 28,13 %, le RCD 2,08 %. Le FFS et le MDA (Mouvement pour la démocratie en Algérie) boycottent ce scrutin. Le taux d'abstention est de 34,85 %.

25 juillet 1990. - Le général Khaled Nezzar est nommé ministre de la Défense.

4 septembre 1990. - Les services de renseignements sont réunis, sous son autorité, par le général K.Nezzar au sein du Département de renseignement et de sécurité (DRS), reconstituant ainsi l'ex-Sécurité militaire (qui avait été éclatée en 1987). La direction du DRS est confiée au général Mohamed Médiène, dit « Toufik ». Le DRS comporte trois directions : la Direction du contre-espionnage (DCE), dirigée par le général Smaïl Lamari, dit « Smaïn » ; la Direction de la documentation et de la direction extérieure (DDSE), dirigée par général Saïdi Fodhil ; et la DCSA (Direction centrale de la sécurité de l'armée), dirigée par le général Kamel Abderrahmane.

1991

25 mai. - Le FIS appelle à une grève générale illimitée exigeant la modification de la loi électorale pour les législatives et des élections présidentielles anticipées.

5 juin. - Le gouvernement de Mouloud Hamrouche démissionne, les élections législatives sont reportées et l'état de siège est déclaré. Des milliers de manifestants sont emprisonnés dans des camps ouverts au Sahara.

30 juin. - Les deux leaders du FIS, Abassi Madani et Ali Benhadj, sont arrêtés.

13 octobre. - L'Assemblée nationale adopte une nouvelle loi électorale pour les élections législatives.

29 novembre. - Le poste militaire de Guemmar, près de la frontière tunisienne, est attaqué par un groupe armé.

26 décembre. - Premier tour des élections législatives : 7 822 625 votants, sur 13 258 554 inscrits (abstentions : 41,00 % ; blancs ou nuls : 6,97 %). Sur les 6 897 719 suffrages exprimés, le FIS en recueille 3 260 222 (47,27 %), le FLN 1 612 947 (23,38 %), le FFS 510 661 (7,40 %), le Hamas 368 697 (5,35 %) et le RCD 200 267 (1,51 %). Deux cent trente-deux sièges (sur quatre cent trente) sont attribués au premier tour : le FIS en remporte cent quatre-vingt-huit, le FFS vingt-cinq et le FLN seize. Le deuxième tour des élections est prévu pour le 16 janvier 1992.

1992

2 janvier. - Plusieurs centaines de milliers de personnes manifestent à Alger à l'appel du FFS et de son président Hocine Aït-Ahmed, pour « sauver la démocratie » et mobiliser les abstentionnistes au deuxième tour.

11 janvier. - Le président Chadli annonce sa démission. On apprend que l'Assemblée nationale a été dissoute le 4 janvier : le Conseil constitutionnel (CC) fait état d'un décret présidentiel du 4 janvier « relatif à la dissolution de l'Assemblée nationale ». Le président du CC, sollicité pour assumer l'intérim de la présidence, constate l'impossibilité constitutionnelle de remplir cette charge.

12 janvier. - Le Haut Conseil de sécurité (HCS), composé de six personnes (dont trois généraux, le général Nezzar en est membre), « constate » l'impossibilité de poursuivre le processus électoral.

14 janvier. - Création du Haut Comité d'État (HCE) composé de cinq membres : Mohammed Boudiaf, qui revient de son exil marocain ; le général Khaled Nezzar, ministre de la Défense ; Ali Haroun, ministre des Droits de l'homme ; Ali Kafi, président de l'Association des anciens moudjahidines ; Tidjani Haddam, recteur de la mosquée de Paris. Le HCE déclare assumer les pouvoirs du président jusqu'à la fin du mandat de ce dernier en décembre 1993.

Protestations dans tout le pays, début des arrestations de masse.

22 janvier. - Arrestation d'Abdelkader Hachani, n° 3 du FIS. Ali

Haroun indique que 5 000 personnes ont été arrêtées, le FIS parle de 14 000 personnes.

9 février. - L'état d'urgence est proclamé.

13 février. - Annonce par les autorités de la création de sept centres de détention dans le sud du pays.

4 mars. - Dissolution du FIS par la chambre administrative d'Alger.

29 mars. - Le gouvernement dissout les assemblées communales à majorité FIS.

29 juin. - Assassinat du président Mohammed Boudiaf par un membre de sa garde lors d'un déplacement à Annaba.

15 juillet. - Abassi Madani et Ali Benhadj, les deux dirigeants du FIS, sont condamnés à douze ans de prison.

26 août. - Premier attentat aveugle : une bombe explose à l'aéroport d'Alger, faisant neuf morts et cent vingt-trois blessés.

Septembre. - À la demande du général Nezzar, création, sous la direction du général Mohamed Lamari, du CCC/ALAS (Centre de conduite et de coordination des actions de lutte antisubversive), réunissant les unités des « forces spéciales » de l'armée chargées de mener la lutte antiterroriste.

30 septembre. - Promulgation du décret législatif n° 92-03 relatif à la lutte contre la subversion et le terrorisme appelé loi « antiterroriste ».

5 décembre. - Le couvre-feu est instauré dans la région d'Alger.

1993

8 janvier. - Soixante-dix-neuf militaires sont jugés par le tribunal militaire : vingt condamnations à mort.

7 février. - Reconduction de l'état d'urgence pour une durée indéterminée.

2 mars. - L'organisation Amnesty International publie un rapport dans lequel elle s'inquiète de la grave détérioration de la situation des droits de l'homme et la généralisation de la torture après l'instauration de l'état d'urgence.

3 mars. - L'ONDH (Observatoire national des droits de l'homme) déclare avoir enregistré « dix cas probables » de torture en Algérie.

13 février. - Visite du ministre français de l'Économie et des Finances, qui confirme l'aide économique et commerciale accordée à l'Algérie : apport de 5 milliards de francs pour l'année 1993.

6 mai. - Ouverture du procès des auteurs présumés de l'attentat de l'aéroport d'Alger, devant le tribunal d'exception d'Alger. Lors d'une parodie de justice, sept d'entre eux seront condamnés à mort (et exécutés le 31 août 1993).

17 mai. - Un « texte d'exception » édicté par le gouvernement interdit le port de tenues islamiques dans les entreprises et les administrations publiques.

26 mai. - L'écrivain et journaliste Tahar Djaout est victime d'un attentat qui sera attribué aux islamistes. Il décède le 2 juin. Cet assassinat sera suivi dans les mois suivants de nombreux autres, visant particulièrement les intellectuels et personnalités ayant soutenu l'interruption du processus électoral.

29 mai. - Le couvre-feu est élargi aux régions de M'sila, Chlef et Djelfa.

Juillet. - Signature de plusieurs contrats dans le domaine des hydrocarbures : avec le Portugal, pour la fourniture de gaz, des sociétés française, japonaise et américaine pour des équipements et des aménagements.

10 juillet. - Le général Liamine Zéroual est désigné au poste de ministre de la Défense pour remplacer le général K. Nezzar, qui reste membre du HCE. Le général Mohamed Lamari est nommé chef d'état-major de l'armée.

22 août. - Assassinat de Kasdi Merbah, ancien chef de la Sécurité militaire et chef d'un parti politique. Il venait de lancer un appel aux groupes armés et aux responsables politiques de négocier et aux militaires de se retirer de la politique. Cet assassinat est imputé aux islamistes, mais il est fort probable qu'il s'agisse de la liquidation par un clan du pouvoir d'un acteur important de la réconciliation.

Septembre. - Une « commission nationale de dialogue » est constituée pour préparer la « conférence nationale de réconciliation » à l'issue de laquelle sera choisi le successeur du HCE.

14 septembre. - Création de l'instance exécutive du FIS à l'étranger présidée par Rabah Kébir.

26 septembre. - L'Algérie reprend contact avec le FMI pour un crédit *stand-by* de 4 milliards de dollars sur trois ans.

23 octobre. - Enlèvement de trois agents consulaires français par un groupe islamiste : ils sont libérés quatre jours plus tard, en même temps que les ravisseurs rendent public un communiqué enjoignant les étrangers à quitter le pays avant le 1er décembre.

9 novembre. - Quatre-vingt-huit islamistes sont arrêtés en France. Ils seront en grande partie extradés vers le Burkina-Faso.

Décembre. - Visite d'une délégation du FMI en Algérie, préconisant une dévaluation du dinar de 50 %, la privatisation du secteur public, la réduction du déficit budgétaire et la libération des échanges extérieurs.

Visite d'une délégation parlementaire française pour assurer un soutien financier accru à l'Algérie.

1994

Janvier. - La conférence nationale est boycottée par la majorité des partis politiques. Le HCE est dissous et, le 30, Liamine Zéroual est désigné président de la République pour une période de trois ans.

4 janvier. - L'organisation américaine Human Rights Watch publie un rapport sur la détérioration des droits de l'homme en Algérie et déplore le silence de la France devant les excès de la répression. Elle appelle les créanciers de l'Algérie à établir un lien entre leur assistance et des progrès dans le retour à la démocratie et la fin des atteintes aux droits de l'homme.

23 février. - Le directeur général du FMI, M. Camdessus, se rend à Alger pour discuter du rééchelonnement de la dette extérieure.

3 mars. - Le ministre de l'Économie algérien se rend en France pour négocier ce rééchelonnement.

10 mars. - Près de mille détenus s'évadent de la prison de Tazoult (ex-Lambèse). Au cours des trois mois suivants, les forces de sécurité multiplient les arrestations de civils dans tout le pays, et surtout dans l'Algérois : plusieurs milliers de personnes sont tuées ou « disparaissent ».

12 mars. - Un communiqué du « GIA » affiché sur tous les murs de la ville de Berrouaghia instaure un couvre-feu à 21 heures. Il s'agit en fait d'un faux visant à couvrir une vaste campagne d'arrestations et d'exécutions sommaires : le lendemain, une vaste opération d'arrestations est entreprise par les militaires dans la ville de Berrouaghia, plus de cent soixante-dix citoyens sont arrêtés. Quarante cadavres seront retrouvés quelques jours plus tard aux quatre coins de la ville.

Une vaste opération de ratissage est menée par l'armée dans la région de Batna suite à l'évasion de Tazoult. Les montagnes environnantes sont intensément bombardées, provoquant d'importants incendies. On parle d'une centaine de civils tués.

21 mars. - Le chef d'état-major de l'armée, le général Mohamed Lamari, reçoit une délégation de signature du chef de l'État pour « tous actes et décisions, y compris les arrêtés ». Deux jours plus tard, le ministre de l'Intérieur, le colonel Salim Sadi, annonce que les réservistes peuvent être mobilisés « pour venir en appoint aux forces de l'ordre ».

26 mars. - Le général Mohamed Betchine, ancien chef des services de renseignements, est nommé conseiller du chef de l'État.

Avril. - Signature avec le Club de Paris d'un accord de rééchelonnement de la dette extérieure (environ 26 milliards de dollars). Le dinar est dévalué de 40 %. Offensive française au sein du G7, de l'Union européenne et vis-à-vis des États-Unis pour le soutien économique de l'Algérie.

Juin. - Création de la première milice dans le village de Bouderbala (wilaya de Bouira), dirigée par un commerçant issu de la nomenklatura locale, un certain Ammi Mekhfi Zidane, âgé de soixante ans. Cette milice encadrée par l'armée est l'objet d'une importante médiatisation par les services de l'action psychologique.

7 juin. - Un arrêté confidentiel relatif au « traitement de l'information sécuritaire » est adressé aux directeurs de la presse par le ministère de l'Intérieur.

29 juin. - Une bombe explose près de l'hôpital Mustapha à Alger, au passage d'une marche organisée par le RCD à l'occasion du deuxième anniversaire de la mort de Mohammed Boudiaf : trois civils sont tués. Le responsable de ce parti accuse la « mafia politico-financière » de vouloir l'assassiner.

Juillet. - Création de l'AIS (Armée islamique du salut).

11 juillet. - La France annonce qu'elle va débloquer au profit d'Alger un crédit de 6 milliards de francs en 1994.

31 juillet. - Les chancelleries occidentales parlent de 30 000 morts depuis le coup d'État du 11 janvier 1992.

22 septembre. - La presse annonce qu'à ce jour cent vingt écoles ont été brûlées dans la wilaya de Chlef.

25 septembre. - Le chanteur Matoub Lounès est kidnappé près de Taourirt Moussa, à 35 km de la ville de Tizi-Ouzou, par un groupe armé. Le Mouvement culturel berbère (tendance RCD) menace de déclencher une guerre totale contre les islamistes si le chanteur n'est pas libéré avant le 28 septembre, ultimatum qui sera annulé quelques jours plus tard. Matoub Lounès sera libéré, mais certains militants de la région parleront par la suite d'un plan conçu par un clan du pouvoir avec la complicité d'activistes locaux.

Octobre. - Après avoir placé les deux leaders du FIS en résidence surveillée, le président Zéroual annonce l'ouverture d'un dialogue avec eux.

31 octobre. - Le général Mohamed Lamari est promu général-major, tandis que le général Liamine Zeroual annonce l'échec du « dialogue » avec les partis d'opposition. Il prévoit des élections présidentielles « avant la fin de l'année 1995 ».

1er novembre. - Une bombe explose au cimetière de Sidi-Ali (Mostaganem) lors d'une cérémonie anniversaire à la mémoire des martyrs de la guerre de libération nationale. Cinq jeunes scouts sont tués et dix-sept autres blessés. Curieusement, des caméras de télévision étaient en place bien avant l'explosion pour pratiquement retransmettre en direct le carnage.

11 novembre. - La chaîne de télévision anglaise BBC diffuse un reportage sur la situation dramatique en Algérie réalisé par son envoyé spécial Phil Reeds. La torture et les exécutions sommaires perpétrées par les agents de l'État y sont dénoncées.

13 novembre. - Massacre à la prison de Berrouaghia : plus de cinquante détenus sont tués par les forces de la gendarmerie.

24 décembre. - Détournement sur l'aéroport d'Alger d'un Airbus d'Air France par un commando du GIA (Groupe islamique armé). Trois otages sont exécutés. Sur l'aéroport de Marignane, où l'Airbus s'est posé, le GIGN tue les quatre pirates de l'air et libère les passagers.

1995

13 janvier. - Les principaux leaders de l'opposition (FLN, FFS, FIS, MDA, PT...) signent à Rome une plate-forme pour une « solution politique et pacifique à la crise ».

17 janvier. - L'Observatoire national des droits de l'homme relève dans son rapport annuel trois cent vingt-sept cas de « dépassements » imputables à des membres des services de sécurité.

30 janvier. - Explosion d'un véhicule piégé devant le commissariat central d'Alger : quarante-deux morts et des dizaines de blessés.

Février 1995. - Les cours spéciales sont dissoutes, mais les dispositions du décret législatif n° 92-03 du 30 septembre 1992 (relatif à la lutte contre la subversion et le terrorisme) sont introduites dans le code pénal.

Le Département d'État américain publie une estimation selon laquelle la guerre aurait fait 30 000 morts entre février 1992 et février 1995.

22 février. - Massacre à la prison de Serkadji : près de cent détenus sont tués par les forces de la gendarmerie.

26 mars. - Accord avec l'Italie pour le rééchelonnement d'une partie de la dette extérieure publique.

3 avril. - Décision de créer quatre « zones d'exclusion » dans le sud du pays, permettant de préserver les sites gaziers et pétroliers.

27 avril. - Un appel pour « la paix et la démocratie en Algérie » est lancé par des intellectuels qui exigent que le gouvernement français suspende « toute aide militaire au pouvoir ».

12 mai. - Accord avec les banques créancières sur le rééchelonnement de plus de 3 milliards de dollars de dette commerciale.

3 juin. - Lembarek Boumaarafi, assassin présumé de M. Boudiaf, est condamné à mort par le tribunal d'exception d'Alger. La veuve de M. Boudiaf refuse d'assister au procès, qu'elle qualifie de « mascarade ».

Juillet. - Le GIA revendique une série d'attentats à la bombe en France.

10 juillet. - Le gouvernement interdit la journée portes ouvertes sur les droits de l'homme organisée par les partis signataires du « Contrat national » de

Rome qui devait se tenir au cinéma « L'Algéria » (Alger).

11 juillet. - Le cheikh Abdelbaki Sahraoui, âgé de quatre-vingt-cinq ans, membre fondateur du FIS, est assassiné dans sa mosquée, rue Myrrha, dans le XVIIIe arrondissement de Paris.

21 juillet. - Rééchelonnement par le Club de Paris sur des créances algériennes d'environ 7,5 milliards de dollars, couvrant des paiements jusqu'en mai 1998.

Octobre. - Le FFS et le FIS indiquent un nombre de 70 000 morts depuis 1992.

Novembre. - On apprend l'assassinat par le GIA de plusieurs dirigeants du FIS, dont Mohamed Saïd et Abderrazek Redjam, qui l'avaient rallié.

16 novembre. - Élections présidentielles : Liamine Zéroual est élu avec 61 % des suffrages exprimés. Les signataires de l'accord de Rome ont boycotté les élections. 350 000 militaires et miliciens armés sont déployés à travers le territoire national pour surveiller le « bon déroulement » des « élections » présidentielles.

23 décembre. - Confirmation de la signature avec British Petroleum d'un contrat de 3 milliards de dollars et d'une durée de trente ans, pour l'exploitation de sept gisements de gaz à Aïn-Salah.

1996

17 janvier. - Abdelhamid Mehri est destitué de son poste de secrétaire général du FLN. Le FLN rejoint le giron du pouvoir militaire.

15 février. - Signature d'un contrat avec la firme américaine Arco pour un partage du champ de Rhourd El-Baguel.

18 février. - Le couvre-feu instauré depuis décembre 1992 est levé.

27 mars. - Enlèvement de sept moines du monastère de Tibhirine par un commando du GIA (qui annoncera le 23 mai leur assassinat ; leurs dépouilles seront retrouvées le 30 mai).

Avril-juin. - Accords de rééchelonnement de la dette publique avec la France (1,5 milliard de dollars), l'Italie (1,7 milliard de dollars), et de 2,2 milliards de dollars de la dette privée par le Club de Londres.

1er août. - L'évêque d'Oran, Mgr Pierre Claverie, et son chauffeur sont tués par l'explosion d'une bombe déposée à l'évêché.

Novembre. - Inauguration d'un pipeline de gaz vers l'Espagne.

28 novembre. - Adoption par référendum d'une nouvelle Constitution qui accorde des pouvoirs très étendus au président de la République.

23 décembre. - Les hebdomadaires *La Nation* et *El Hourrya*, connus pour leurs prises de position courageuses pour la paix et la démocratie réelle, sont suspendus par un artifice administratif (dettes impayées).

1997

4 janvier. - Le Conseil national transitoire (CNT) adopte une loi encadrant et organisant les milices (baptisées Groupes de légitime défense), dont la création avait été encouragée par l'armée dès 1994.

11 février. - Amnesty International condamne les massacres de civils perpétrés quotidiennement et demande à ce que des enquêtes approfondies et transparentes soient menées afin de s'assurer que les responsables de ces atrocités soient traduits en justice.

Février. - Création du RND (Rassemblement national démocratique), parti du président Zéroual.

5 juin. - Élections législatives : le RND obtient la majorité des sièges (cent cinquante-cinq), suivi de loin par le parti Hamas (soixante-neuf sièges). De nombreux partis d'opposition dénoncent des fraudes massives.

7 juillet. - Abdelkader Hachani, nº 3 du FIS, qui se trouve en détention préventive depuis janvier 1992, est jugé pour appel à désobéissance envers l'armée ; condamné à cinq ans de prison, il est libéré immédiatement.

Juillet-septembre. - Pendant tout l'été, des dizaines de massacres de civils attribués aux groupes armés islamistes sont perpétrés, principalement dans l'Algérois.

28 août. - Massacre à Raïs, localité de l'Algérois, causant la mort de deux cents à quatre cents personnes.

5 septembre. - Massacre à Béni-Messous, dans la proche banlieue d'Alger : près de cent cinquante morts.

22 septembre. - Massacre à Bentalha : plus de quatre cents victimes.

30 septembre. - Le haut-commissaire de l'ONU aux droits de l'homme, Mary Robinson, déclare, après son entrevue avec le ministre algérien des Affaires étrangères, être très préoccupée de la détérioration des droits de l'homme en Algérie.

1er octobre. - Entrée en vigueur de la trêve unilatérale décrétée par l'Armée islamique du salut. D'autres groupes armés se rallieront peu de temps après.

13 octobre. - L'Organisation mondiale contre la torture lance un appel à la Commission des droits de l'homme de l'ONU pour la convocation d'une session extraordinaire afin d'étudier la situation dramatique des droits de l'homme en Algérie.

14 octobre. - Quatre organisations internationales (Human Rights Watch, Amnesty International, Fédération internationale des droits de l'homme et Reporters sans frontières) appellent à la création d'une commission internationale d'enquête sur les massacres de populations en Algérie et demandent à la Commission des droits de l'homme de l'ONU de convoquer une session extraordinaire pour examiner la situation en Algérie.

23 octobre. - Élections locales, marquées par une abstention massive (60 %) et une fraude généralisée. Le RND obtient la majorité des communes.

30 décembre. - Massacres dans trois villages situés dans la région de Rélizane (Kherarba, Ouled Sahnine et Ouled Tayeb) : trois cent quatre-vingt-six civils sont tués.

1998

4 janvier. - Plus de cent cinquante civils sont massacrés dans trois villages (Meknessa, Souk El-Had et Had Chekala) de la région de Rélizane, selon des sources hospitalières. D'après certaines sources, les massacres perpétrés dans la région de Rélizane auraient fait près de mille morts.

5 janvier. - Le Département d'État américain se prononce pour une commission d'enquête internationale sur les massacres en Algérie. Le Royaume-Uni se joint à la demande des États-Unis. Le secrétaire général de l'ONU se déclare « très préoccupé » par la dégradation de la situation en Algérie.

11 janvier. - Massacre dans le village de Sidi-Hamed (Algérois) : plus de cent civils sont tués.

19 janvier. - Une délégation de la « troïka », composée de trois secrétaires d'État de pays de l'Union européenne, se rend en Algérie suite à la vague de massacres mais elle n'émet aucune condamnation ferme.

8 février. - Visite de cinq jours d'une délégation de neuf parlementaires européens sous la direction d'André Soulier (France), qui déclareront que les massacres sont commis par le GIA.

22 juillet. - Mission d'information d'une délégation de l'ONU, un « panel » de cinq personnalités, pendant deux semaines. Leur rapport ne formulera que des critiques très modérées sur la responsabilité des forces de sécurité dans la violence

11 septembre. - Le président Liamine Zéroual annonce qu'il démissionne et que des élections présidentielles anticipées seront organisées en février 1999. Celles-ci seront ensuite reportées au mois d'avril.

Octobre. - Le général Mohamed Betchine, conseiller du président Zéroual, doit remettre sa démission.

1999

15 avril. - Élection à la présidence de la République d'Abdelaziz Bouteflika, désigné par la hiérarchie militaire. Les six autres candidats se sont retirés la veille du scrutin en dénonçant la fraude organisée. Dès son arrivée au pouvoir, le nouveau président annonce que la tragédie algérienne a fait, depuis 1992, 100 000 morts et près de 10 000 disparus.

20 juillet. - La loi dite de la « concorde civile » est promulguée : elle prévoit une exonération ou réduction de peines pour les membres des groupes armés qui se rendront, pour autant qu'ils n'aient pas commis de crimes de sang ou de viols. Cette loi doit être votée par voie référendaire. Elle dispose que la possibilité de bénéficier des mesures de clémence prendra fin le 13 janvier 2000.

16 septembre. - Le pouvoir obtient un plébiscite pour son président : 99 % de « oui » lors du référendum sur la démarche présidentielle concernant la « concorde civile ».

2000-2002

29 mars 2000. - Le pouvoir « autorise » quatre organisations des droits de l'homme (Amnesty International, Human Rights Watch, FIDH et Reporters sans frontières) à se rendre en Algérie. Elles s'y rendront tour à tour au cours du premier semestre de l'année et dénonceront dans leurs rapports respectifs la poursuite des graves violations des droits de l'homme et l'impunité dont bénéficient leurs responsables, y compris les islamistes « repentis » coupables de crimes de sang.

Octobre 2000. - Publication en France du livre de Nesroulah Yous, *Qui a tué à Bentalha ?* (La Découverte), qui provoque un tollé dans la presse algérienne.

Février 2001. - Publication en France du livre de l'ex-sous-lieutenant Habib Souaïdia, *La Sale Guerre* (La Découverte), qui déclenchera une levée de boucliers contre son auteur de la part de la presse et des autorités algériennes.

18 avril 2001. - Un jeune homme est tué par des gendarmes en Kabylie : la région s'enflamme et la répression est brutale, faisant plus de cent morts au cours des semaines qui suivent. Depuis, la Kabylie s'est installée dans une rébellion permanente.

25 avril 2001. - Trois plaintes pour torture sont déposées devant le Parquet de Paris contre le général K. Nezzar, en visite à Paris. Il est

« exfiltré » vers Alger le jour même, avec l'aide des autorités françaises.

30 mai 2002. - Élections législatives, marquées par la fraude et l'abstention : le FLN remporte la majorité absolue des sièges à l'Assemblée.

À la fin 2002, le bilan de onze années de guerre est évalué, selon différentes sources, à plus de 200 000 morts, plus de 10 000 disparus, des dizaines de milliers de torturés, plus de 500 000 personnes exilées et près d'un million et demi de déplacés.

Pour en savoir plus

Sur la première guerre d'Algérie

BRANCHE Raphaëlle, *La Torture et l'Armée pendant la guerre d'Algérie, 1954-1962*, Gallimard, Paris, 2001.

CARLIER Omar, *Entre nation et djihad. Histoire sociale des radicalismes algériens*, Presses de Sciences Po, Paris, 1995.

HARBI Mohammed, *Le FLN, mirage et réalité. Des origines à la prise du pouvoir (1945-1962)*, Éditions Jeune Afrique, Paris, 1980.

—, *Une vie debout. Mémoires politiques*, tome 1 : 1945-1962, La Découverte, Paris, 2001.

MARAN Rita, *Torture. The Role of Ideology in the French-Algerian War*, Praeger Publishers, New York, 1989.

MEYNIER Gilbert, *Histoire intérieure du FLN, 1954-1962*, Fayard, Paris, 2002.

STORA Benjamin, *Histoire de la guerre d'Algérie (1954-1962)*, La Découverte, coll. « Repères », 1993.

THÉNAULT Sylvie, *Une drôle de justice. Les magistrats dans la guerre d'Algérie*, La Découverte, Paris, 2001.

VIDAL-NAQUET Pierre, *La Torture dans la République (1954-1962)*, Minuit, Paris, 1998.

—, *La Raison d'État*, textes publiés par le Comité Maurice Audin, Maspero, Paris, 1962 (nouvelle édition : La Découverte, Paris, 2002).

Sur l'Algérie contemporaine
et la deuxième guerre d'Algérie

ABOUD Hichem, *La Mafia des généraux*, Lattès, Paris, 2002.

AÏT-EMBAREK Moussa, *L'Algérie en murmure. Un cahier sur la torture*, Hoggar Print, Genève, 1996.

ALI YAHIA Abdennour, *Algérie, raison et déraison d'une guerre*, L'Harmattan, Paris, 1996.

AMNESTY INTERNATIONAL, FÉDÉRATION INTERNATIONALE DES LIGUES DES DROITS DE L'HOMME, HUMAN RIGHTS WATCH, REPORTERS SANS FRONTIÈRES, *Algérie, le livre noir*, La Découverte, Paris, 1997.

BEDJAOUI Youcef, AROUA Abbas, AÏT-LARBI Meziane, *An Inquiry into the Algerian Massacres*, Hoggar Print, Genève, 1999.

BURGAT François, *L'Islamisme en face*, La Découverte, Paris, 1995 (édition de poche : La Découverte, Paris, 2002).
—, *L'Islamisme au Maghreb*, Karthala, Paris, 1988.
CHALABI El-Hadi, *La Presse algérienne au-dessus de tout soupçon*, Éditions INA-YAS, Alger-Paris, 1999.
CHAREF Abed, *Algérie, le grand dérapage*, L'Aube, La Tour d'Aigues, 1994.
—, *Algérie, Octobre 88, un chahut de gamins ?*, Laphomic, Alger, 1990.
COMITÉ ALGÉRIEN DES MILITANTS LIBRES DE LA DIGNITÉ HUMAINE ET DES DROITS DE L'HOMME, *Livre blanc sur la répression en Algérie (1991-1994)*, tome 1, Hoggar Print, Genève, 1995 ; tome 2, 1996 ; supplément, 1996.
DENAUD Patrick, *Algérie, le FIS : sa direction parle*, L'Harmattan, Paris, 1997.
GOUMEZIANE Smaïl, *Le Mal algérien. Économie politique d'une transition inachevée, 1962-1994*, Fayard, Paris, 1994.
HANOUNE Louisa, *Une autre voix pour l'Algérie. Entretiens avec Ghania Mouffok*, La Découverte, Paris, 1996.
HARBI Mohammed, *L'Algérie et son destin, croyants ou citoyens*, Arcantère, Paris, 1992.
HIDOUCI Ghazi, *Algérie, la libération inachevée*, La Découverte, Paris, 1995.
LARIBI Lyès, *Dans les geôles de Nezzar*, Paris-Méditerranée, Paris, 2002.
MALTI Djallal, *La Nouvelle Guerre d'Algérie. Dix clés pour comprendre*, La Découverte, Paris, 1999.
MARTINEZ Luis, *La Guerre civile en Algérie*, Karthala, Paris, 1998.
MOUFFOK Ghania, *Être journaliste en Algérie*, Reporters sans frontières, Paris, 1996.
PROVOST Lucile, *La Seconde Guerre d'Algérie*, Flammarion, Paris, 1996.
SOUAÏDIA Habib, *La Sale Guerre. Le témoignage d'un ancien officier des forces spéciales de l'armée algérienne, 1992-2000*, La Découverte, Paris, 2001.
TOUATI Amine, *Algérie, les islamistes à l'assaut du pouvoir*, L'Harmattan, Paris, 1995.
REPORTERS SANS FRONTIÈRES, *Le Drame algérien. Un peuple en otage*, La Découverte, Paris, 1994 (nouvelles éditions : 1995 et 1996).
WILLIS Michael, *The Islamist Challenge in Algeria. A Political History*, New York University Press, New York, 1997.
YOUS Nesroulah (avec la collaboration de Salima Mellah), *Qui a tué à Bentalha ? Algérie, chronique d'un massacre annoncé*, La Découverte, Paris, 2000.

Articles

ADDI Lahouari, « À l'ombre de la terreur, l'armée algérienne confisque le pouvoir », *Le Monde diplomatique*, février 1998.
—, « Enquêtes sur les dissensions au sein de la hiérarchie militaire algérienne sur fond d'émeutes », <http://www.algeria-watch.org/farticle/analyse/addi_dissensions.htm>, juin 2001.
ALGERIA-WATCH, *Dossier de presse sur le procès Nezzar/Souaïdia*, <http://www.algeria-watch.org/farticle/nezzar_souaidia/nezzar_souaidia.htm>, juillet 2002.

ATTAF Rabha, « L'affaire de Ouargla, mythe fondateur du discours de l'éradication », dossier « L'Algérie en contrechamps », *Peuples méditerranéens*, janvier-juin 1995.

GÈZE François, « Françalgérie : sang, intox et corruption », *Mouvements*, n° 21-22, 16 mai 2002.

GHEZALI Salima, « Ce qu'ils ont fait de nous », <http://www.algeria-watch.org/farticle/analyse/salima_ghezali_fev02.htm>, février 2002.

KETTANI Kamel, « Concorde civile, impunité et droit international », *Sanabil, Journal électronique pour un Maghreb des droits de l'homme*, <http://www.maghreb-ddh.org/sanabil/numero1/kettani.html>, mars 2001.

KHELILI Mahmoud, « La torture en Algérie (1991-2001) », <http://www.algeria-watch.org/mrv/mrvtort/torture_khelili.htm>, octobre 2001.

MAOL, « L'affaire Boudiaf », <http://www.anp.org/affaireboudiaf/affaireboudiaf.html>, 1999.

—, « L'opération "Virus" », <http://www.anp.org/affairekasdi/affairekmerbah.html>, 1999.

—, « L'affaire des otages du consulat français », <http://www.anp.org/affairedesotages/affairedesotages.html>, septembre 2000.

—, « Dossier : l'état de discorde », <http://www.anp.org/etatdediscorde/etatdeladiscorde.htm>, 2000.

—, « L'affaire Matoub », <http://www.anp.org/affairematoub/affairmat.html>, 2001.

RAHAL-SIDHOUM Saïda, « Sur la berbérité en Algérie », *Sanabil, Journal électronique pour un Maghreb des droits de l'homme*, <http://www.maghreb-ddh.org/sanabil/numero1/sidhoum.html>, mars 2001.

RAVENEL Bernard, « L'or noir, un enjeu stratégique », propos recueillis par G. Delaunoy, *Vivant univers*, nov.-déc. 1998.

SELLAM Sadek, « Des colons aux colonels, camp, extermination, éradication », *in* Catherine COQUIO (dir.), *Parler des camps, penser les génocides*, Albin Michel, Paris, 1999.

SIDHOUM Salah-Eddine, « La Sécurité militaire au cœur du pouvoir. Quarante ans de répression impunie en Algérie, 1962-2001 », <http://www.algeria-watch.org/mrv/mrvrepr/repression_1962_2001.htm>, septembre 2001.

—, « Violence et terrorisme d'État (1962-2001) », <http://www.algeria-watch.org/mrv/mrvrepr/chronologie_repression.htm>, septembre 2001.

TALAHITE Fatiha, « Économie administrée, corruption et engrenage de la violence en Algérie », *Tiers Monde*, n° 161, 2000.

TAOUTI Brahim, « La torture dans l'Algérie d'aujourd'hui », <http://www.algeria-watch.org/farticle/justice/torture_taouti.htm>, sans date.

—, « Affaire des disparus forcés ou involontaires en Algérie », <http://www.algeria-watch.org/mrv/mrvdisp/disptaouti.htm>, sans date.

ZIREM Youcef, « La presse algérienne, mirage et réalité », *Le Jeune Indépendant*, mars et avril 2001.

Table

3. Audience du 3 juillet 2002

Auditions de :

4. Audience du 4 juillet 2002

Auditions de :

5. Audience du 5 juillet 2002

Plaidoiries et réquisitoire :

Annexes

BUSSIÈRE CAMEDAN IMPRIMERIES
GROUPE CPI

Composition Facompo, Lisieux
Impression réalisée sur Cameron
à Saint-Amand-Montrond (Cher)
en octobre 2002.
Dépôt légal : octobre 2002.
N° d'impression : 024773/1.
Imprimé en France